피터 럭크만의 주석서

욥 기

피터 럭크만 지음
윤 지 영 옮김

말씀보존학회

THE BIBLE BELIEVER'S COMMENTARY

THE BOOK OF JOB

By

Peter S. Ruckman, Ph.D.

Bible Baptist Bookstore

Pensacola, Florida

1997 / Korean by Word of God Preservation Society

Seoul, Korea

피터 럭크만의 주석서

욥 기

이 책을 내면서

욥기는 인류 역사상 최초로 기록된 책이다. 로마카톨릭이 성도들의 손에서 성경을 빼앗아 버렸던 암흑시대(A.D. 500-1500년)에는 어쩔 수 없었지만 종교개혁과 더불어 인쇄기의 발명으로 성경이 출간되기 시작하면서부터 성령의 조명을 받은 사람들은 성경을 해석하기에 이르렀다. 그중에는 하나님께서 쓰신 손길들도 있었지만, 좀 더 정확한 주석을 쓴 사람이 나와야겠다는 것이 성경을 알기 원하는 사람들의 한결같은 숙원이었다.

그동안 성경 주석가들은 모두 욥기를 손대었고, 다른 책은 간과하면서도 유난히 욥기에 관심을 표명하는 사람들도 있었다. 그중 어떤 사람은 수박 겉핥기식으로 다루었고 어떤 사람은 핵심에 이르지도 못한 채 펜을 던지기도 했다. 그 이유는 이 책이 다른 책과 달리 너무나 광범위하고 심오한 부면을 다루고 있으므로 참으로 성령님께서 쓰시는 손길이 아니면 이 책을 다룰 수 있는 능력이 없기 때문이었다.

세월이 흐르면 흐를수록, 사람들이 욥기 주석서를 쓰면 쓸수록 욥기를 제대로 주석한 주석서의 필요성은 계속 되었다. 그런데 그 일을 1978년에 피터 럭크만 박사가 해 낸 것이다.

냉정히 돌이켜 보면 다른 모든 주석가들도 나름대로 의욕은 있었지만 욥기의 진수를 제대로 파악하지는 못했다. 어떤 사람은 이 책에 들어 있는 영적 부면을 어느 정도 다루기는 했지만, 욥기가 다루고 있는 예언적 사실을 보는 데는 극히 미흡했다.

욥기는 책 중의 책이요, 가장 위대한 책이라고 단언할 수 있다. 욥기가 다룬 내용들을 보면 "과학"과 "진화론"은 하나님의 말씀 앞에서 입도 뻥긋 못하게 되어 있다.

욥기의 기록 연대를 B.C. 1800년경으로 본다면, 지금부터 3,800년 전에 하나님의 영감으로 기록된 이 책이 "악투루스, 오리온, 플레아데스 성단과 남쪽의 방들"을 언급하고 있는 것이다(욥 9:9; 38:32). 이 책이 기록된 지 3,800년 후에 아틀란티스호가 북쪽이 어딘지를 잘 모르고 있을 때 이 책은 하나님의 보좌가 있는 곳을 알려 주고 있다. 『**북쪽을 빈 자리에 펼치시고**』(욥 26:7,8). 또 욥기는 셋째 하늘의 "깊음"을 언급하고 있다. 이 깊음은 지구의 대양들의 물을 다 합쳐도 비교가 안 되는 약 30억 톤의 물인데, 이 표면이 현재 얼어 있음을 알려 주고 있지 않은가? (욥 38:30, 합 3:10-15, 계 4:6) 바람, 구름, 비, 천둥, 번개, 물방울, 수증기, 회오리바람, 이슬, 서리, 눈이 하나님의 작품임을 다루고 있는 가장 위대한 책이 바로 욥기인 것이다(욥 28:25,26; 36:27,28; 37:3).

아담 이전에 있었던 천상의 존재들(heavenly beings)인 하나님의 아들들이 창조의 경이(창 1:1)를 노래하는 것(욥 38:7)과 이름만 들었지 실제로 본 적은 없는 세 가지 특이한 동물들인 유니콘(욥 39:9), 비히못(욥 40:15), 리비야단(욥 41:1-34)을 언급하고 있다. 특히 이 리비야단이 개역

한글판성경과 그 외 알렉산드리아 이단들이 만든 성서들에는 "악어"라고 되어 있으나 이것은 큰 실수이다. 이 리비아단이야말로 마귀의 정체를 폭로한 것이기 때문이다.

지금부터 3,800년 전에 전령(우체부)이 있었고(욥 9:25), 치즈를 먹었으며(욥 10:10), 철제 무기와 강철로 만든 활을 사용했음을 알 수 있고(욥 20:24), 글 쓰는 도구로 철필과 납이 있었음을 알 수 있다(욥 19:24).

형벌로는 발을 차꼬에 채웠음을 알 수 있고(욥 13:27), 그때나 지금이나 좀이 옷을 먹었다. 3,800년 동안 좀은 진화하지 않고 남아 지금도 그대로 좀으로 있다는 사실이다(욥 4:19).

하나님은 영으로 하늘들을 단장하셨고, 그의 손이 꼬부라진 뱀을 지으셨다(욥 26:13). 또 사람의 영과 혼이 그때도 구분되었는데(욥 7:11), 20세기 보수주의 복음주의 신학자들은 아직도 이 사실을 몰라 인간이 "영혼"과 "몸"으로 구분되어 있다고 믿는다.

이뿐 아니라 이 책은 구렁과 지옥을 말하고 있다(욥 33:24; 26:6). 또 아담을 언급하고 있다(욥 31:33).

욥기에 나타난 인간에 대한 시각은 다분히 부정적이다. 인간을 신뢰하지 말라는 것이다. 『**죽을 인간이 하나님보다 더 의롭겠느냐? 사람이 자기의 창조주보다 더 순결하겠느냐? 보라, 하나님은 자기 종들에게도 신뢰를 두지 아니하시며 그의 천사들도 우둔하다 책망하셨나니 좀 앞에서도 부서져 버리는 먼지에 기초를 둔 진흙집에 사는 자들은 얼마나 덜 신뢰하시겠느냐?**』(욥 4:17-19)

이 책을 읽는 독자는 피터 럭크만 박사를 다시 평가하게 될 것이며, 지금까지 감추어졌던 여러 가지 신비들을 이 책에서 찾아낼 수 있을 것이다. 진리의 지식에 눈을 뜬 사람은 자신만 알고 그것으로 그치는 것이 아니라 주위에 있는 다른 사람들을 가르칠 수 있어야 한다. 이것이 곧 하나님의 일을 하는 것이다. 이 책이 독자 여러분의 영적 성장에 많은 도움이 되기를 기원해 마지않는다.

1997. 8. 18.

이 송 오 목사

서 문

성경은 보편적인 책이다. 그래서 성경은 나이나 성별에 상관없이 모든 인류의 모든 형태의 삶에 보편적인 호소력을 가지고 있다. 이러한 이유 때문에 성경 66권은 25세기가 넘도록 계속 이어져 내려왔으며 여러 곳에서 다양한 사람들에게 영향력을 끼쳐 왔다. 성경은 "진리의 대양에 있는 한 방울의 진리"가 아니라 오히려 모든 진리의 대양이 한 방울로 응집된 것이다. 다섯 개의 대륙에서 성경 독자 500명을 무작위로 뽑아서 성경에서 그들이 가장 좋아하는 책이나 성경 중 가장 위대한 책이 무엇이냐고 묻는다면 대부분은 로마서, 요한복음, 요한계시록을 들 것이다. 마틴 루터(Martin Luther, 1483-1546)는 로마서와 갈라디아서를 선호했고, 샘 존스(Sam Jones, 1847-1906)와 요한 웨슬리(John Wesley, 1703-1791)는 잠언과 야고보서를 사랑했다. 예언을 연구하는 대부분의 신학자들은 다니엘과 요한계시록에 편중한다. 소수만이 누가복음과 베드로전서를 꼽을 것이다. 구원받지 않은 사람들은 대개 마태복음을 선택하고, 오순절파와 성결교는 십중팔구 사도행전을 선택할 것이다. 갓 거듭난 그리스도인이 진리에 뿌리를 내리기 위해서는 데살로니가전서를 읽어야 함에도 불구하고 소수의 사람들만이 그 책에 관심을 기울인다. 고린도후서가 사역에 관한 가장 위대한 책임에도 불구하고 대부분의 사역자들은 사도행전을 선호한다. 몇몇 배짱 좋은 사람들은 히브리서를 좋아하고, 이사야서나 시편 같은 구약을 손꼽는 그리스도인도 있다.

그러나 문학인에게 있어서 책 중의 책은 욥기이다. 욥기는 인생에 대해 깊이 생각하고 깊이 느끼는 사람에게는 책 중의 책이다. 시편은 혼의 마음 속 외침을 생생하게 묘사할 뿐이며, 잠언은 지혜의 샘을 다룰 뿐이다. 그런데 이 지혜가 갑자기 욥기에서 불쑥 튀어나온다. 욥기에 관해서 빅토르 위고(Victor Hugo, 1802-1885)는 "욥기야 말로 인간 지성의 가장 위대한 걸작일 것이다."라고 했다. 필립 샤프는 "이 책에 필적하거나 이 책의 선배라고 할 만한 책은 없다."라고 기록했다. 토머스 칼라일(Thomas Carlyle)은 욥기에 관해 "욥기와 같은 문학적 업적을 남긴 작품은 지금까지 없었다."라고 말했다. 딘 브래들리는 "욥기는 성경에서 독보적인 책이며, 세상의 문학 작품 중에서 영감받은 히브리어 시의 꽃으로 우뚝 솟아 있다."라고 말했다(〈성경 주석가〉, 엑셀 저, 베이커 출판사). 왓슨은 사무엘 데이비슨을 인용해서 "제 일급 광도를 가진 별처럼 욥기 저자의 눈부신 천재성은 사람의 감탄을 자아낸다."라고 말했다. 테니슨 경(1809-1892)은 "욥기는 고대와 현대의 모든 시 중 가장 위대하다."라고 했고, 루터는 욥기는 "성경의 어떤 다른 책들보다 웅장하고 숭고하다."라고 했다.

이런 문학적 평판 외에 두드러진 두 가지 역사적 사실이 있다 :

1. 욥기는 이 세상의 모든 책들 중 진정한 의미에서 최초의 책이다. 욥기 이전에 기록되었다고 여겨지는 책들, 즉 〈달변가 농부, *The Eloquent Peasant*〉(B.C. 1800), 〈길가메시 서사시, *The Gilgamesh Epic*〉(B.C. 2000),

〈이푸베르, *Ipuwer*〉(B.C. 2000), 〈바바, Baba〉 (B.C. 1600), 〈스네페루의 제사장, *The Priest of Sneferu*〉(B.C. 2900), 〈파흐트 프타호텝, *Phaht Ptahhotep*〉(B.C. 2600), 그리고 소위 〈사자의 서, *The Book of the Dead*〉 (B.C. 3400)에는 다음 네 가지 공통점이 있다.

a. 역사 속에서 일어난 예언적 자료가 부족하다.

b. 기록 당시의 시대를 뛰어넘는 과학적 자료가 부족하다.

c. 짜임새와 극적 전개가 부족하다.

d. 인류가 가진 최초의 주요 문제, 즉 '왜 의인이 고난을 받는가?'에 관한 토론이 부족하다(이 문제는 인류가 항상 가져온 문제이며 앞으로도 그럴 것이다).

바빌론 책들(B.C. 2400), 니퍼(Nippur)의 책들(B.C .2220), 아메네모페(Amenemope, B.C. 1400), 그리고 플라토(Plato), 탈레스(Thales), 파르메니데스(Parmenides), 플로티노스(Plotinos), 헤라클레이토스(Heraclitus)의 저서들에 비해 욥기는 우뚝 솟아 있다.

2. 욥기에는 크리스토퍼 콜럼버스(Christopher Columbus, 1492) 시대까지도 알려지지 않은 물리 과학에 관한 진술들이 포함되어 있다. 그리고 향후 30년 내로 성취될 예언들이 언급되어 있으며, 불교 신자나 도교 신자나 브라만교 신자나 유교 신자가 지금까지 찾지 못했던 영의 세계에 관한 계시들이 있고, 〈사자의 서, *The Book of the Dead*〉 어디에서도 찾아 볼 수 없는 죽음 이후의 삶을 계시하고 있으며, 신약에서 발견할 수 있는 회심과 헌신의 영적 예가 있고, 그리스도의 속죄와 중보 사역에 관한 모형이 있으며, 플라토(Plato)나 소크라테스(Socrates), 마르크스(Marx), 프로이트(Freud), 다윈(Darwin) 등의 저서에서는 결코 해답을 찾을 수 없는 고난과 고통에 대한 해답이 있다. 성경의 정경에 포함된 책이나 그렇지 못한 책을 막론하고 지금까지 기록된 최초의 책인 욥기가 그 뒤를

이어 나오는 모든 책을 압도하고 있다. 최소한 고통과 고난과 죽음이라는 인간의 기본적인 문제들을 다루는 데 있어서는 그렇다.

『**너희가 욥의 인내를 들었고**』(약 5:11), 주께서는 의인이 어떤 사람인지를 세상에 보여주시기 위해 세 사람을 선정하셨는데, 그 중 한 명이 욥이다(겔 14:20). 욥기 31장에는 십계명의 요구를 훨씬 뛰어넘는 개인의 의가 제시되어 있다.

사도행전, 갈라디아서, 에베소서, 빌립보서, 골로새서 주석서(피터 럭크만의 주석서 시리즈, 말씀보존학회, 1996-1997)에서 NASV의 오류를 다루었기 때문에 그런 엉터리 번역을 여기서까지 열거할 필요는 없을 것이다. 그러나 라오디케아 시대(1900-1980)의 배교를 잘 보여 주는 〈리빙바이블〉(1966)과 NEB(1960)를 소위 현대 "성서들"의 표본으로 선택해서 주석서에서 그것들에 관해서 가끔씩 언급할 것이다. NASV처럼 〈리빙바이블〉도 책을 팔기 위해, 논리적 긍정주의자들의 전매특허인 한 입으로 두 말하는 속임수를 사용한다. 그 책은 명백히 성경을 의역한 것이다. 테일러도 서문에서 이것을 인정하고 있다. 그 책의 표지에는 "의역된 리빙바이블"(The Living Bible paraphrased)이라고 되어 있다. 도대체 "살아 있는" 성경이 무엇인가? 그들은 독자들이 읽고 있는 것이 "살아 있는 성경"(The Living Bible)이라고 믿도록 하면서 그 책의 저자는 그 안에 작은 글씨로 그의 저서는 "의역"일 뿐이라고 고백하고 있다. 도대체 무엇을 의역했단 말인가? "의역된 살아 있는 말씀," 이것이 라오디케아 시대의 전형적인 접근 방식이다. 그러므로 그렇게 놀랄 것도 없다. 이것이 1880년 이후로 진짜 "살아 있는" 성경인 〈킹제임스성경〉(1611)을 전복시키기 위해 근본주의자들과 보수주의자들이 해 온 일이다. 피터 럭크만의 주석서 시리즈를 읽어 본 독자들은, 그 책을 선전하면서 일구이언하고, 이중 기준을 적용시키며 두 얼굴을 가진 허튼 수작을 잘 간파할 것이다. 밥존스대학의 닐과 커스터는 "헬라어 원문"을 들먹이며 이런 일을 끊임없이 자행하고 있다. 그들이 말하는 헬라어 원문이란 네슬, 수터, 웨스트코트, 홀트, 바이스, 알란드 등이 만든 열두 개의 히스키안(Hesychian) 원문을 의미한다. 로크만 재단(Lockman Foundation)도 이런 식의 일을 잘 한다. 테일러의 저서인 〈리빙바이블〉은 테일러가 "살아 있는 성경"을 의역한 것이다. "살아 있는 성경"이 무엇인가? 테일러가 의역한 것은 성경이 될 수 없다.

히믈러(Himmler), 괴벨스(Goebbels), 아이히만(Eichman), 히틀러(Hitler), 회스(Hoess), 괴링(Goering), 디트리히(Dietrich)는 이미 40년 이전에 이런 다중적인 의미에 정통했다. 독일 나치의 집단 수용소는 이런 형태의 용어를 사용해서 효과를 봤다. 1884년 이후 시중에 나온 모든 번역본은 이런 고의적인 거짓말이 특징이다(〈뉴스코필드성경〉 서문 참조). 현대인들은 헬라어 어근이나 라틴어를 더 이상 공부하지 않으며, 1940년부터 1960년 사이의 대학원생들은 1920년부터 1940년 사이의 고등학교 졸업생이 이해한 정도의 언어와 문법 이해력의 절반에도 미치지 못하기 때문에 보통 사람은 분석할 수 없는 용어로 표현하는 것이다.

테일러의 〈리빙바이블〉은 8백만 부 이상이 팔렸는데, 이것은 빌리 그래함의 열성적인 선전 덕분이었다. 그러므로 〈리빙바이블〉을 이 주석서에 포함시켜서 부패한 다른 번역본들인 RSV, RV, ASV, 칠십인역, 그리고 클라크, 랑게, 제미에슨, 포셋, 브라운, 더멜로우와 다른 사람들의 주석서들과 비교해 보는 것이 좋겠다. [테일러는 현대의 전천년 "근본주의자"의 모범이 되는 인물이다. 이들은 하나님의 진노를 무시하고(The Living Bible, 424,436쪽), 향상된 계시들을 담고 있는 참조 구절들을 파괴시키고(Ibid., 441,445쪽), 1582년 예수회 성경과 타협하고(Ibid., 761,994쪽), 바로 코

앞에 있는 진리도 찾아내지 못한다(Ibid., 428,777쪽). "반역한 여자"(삼상 20:30) 대신 "암캐"(bitch)라는 표현을 집어넣고, "무엇을 뒤쫓고 있거나" 라는 표현 대신 "변소에 갔거나"(왕상 18:27) 같은 표현을 집어넣는 정도는 이들에게는 아무것도 아니다. 이것은 배설물(dung, 빌 3:8)처럼 전혀 현대적인 표현이 아니다.] 케네스 테일러(Kenneth Taylor)의 저서를 읽는 독자들은 그가 결코 "살아 있는 성경"을 출판한 것이 아니라는 사실을 기억해야 한다. 그는 거룩한 성경을 자기 멋대로 의역했을 뿐이다. 그런데도 책 표지에 그런 말을 언급하지 않는다. 그렇게 해서 〈리빙바이블〉로 그냥 통용되는 것이다. 그것은 성경이 아니다. 요즘의 그리스도인들은 너무 쉽게 속는다. 사람들은 "성경"을 산다고 생각하고 이 책을 산다. 그러나 그 책은 성경이 아니다. 마치 ASV와 이상한 나라의 앨리스가 성경이 아닌 것과 같다.

테일러가 쓴 책의 제목은 철학과 "향상된 사고"를 내세우는 현대 학파의 혼동과 아주 유사하다(위너, 마그노, 라이헨바흐 등). 〈존재하시는 하나님, *The God Who Is There*〉이라는 제목의 프란시스 쉐퍼가 쓴 책에서 이런 것을 잘 분석하였다(1968). 그 책의 주요 골자는 헤겔, 사르트르, 다다, 고갱, 반 고흐, 폴록, 미로, 세잔느, 몬드리안, 카뮈, 키에르케고르, 클레, 아인슈타인, 하이데거, 번스타인, 헨리 밀러를 따라서 그들의 종착역까지 가 보면 불가지론적인 정신 착란을 보게 된다는 것이다. 그 종착역에서는 단어가 그 의미를 잃어버린다. 위에 열거한 사람들은 미술, 문학, 과학, 종교, 음악에서 나타나는 것처럼 철학의 "무의미" 학파를 대표한다. "자료"라는 단어는 논리적 긍정주의 학파(콩트, 러셀, 마흐 등)에서는 아무런 의미가 없다. 이것은 마치 화성학, 대차 평균, 음영, 원근, 구도, 음색, 화음, 문체, 타이밍, 문법, 구성 등이 현대 전위 음악이나 미술 문학에서는 아무런 의미도 없는 것과 같다. 단어를 무차별적으로 사용하고, 문제를 뒤얽히게 하고, 서로 맞지 않는 색깔을 함께 쓰고, 원근과 비율을 무시하고, 음색과 가치를 왜곡시키고, "자료"와 "증거"를 잘못 처리하면서 거의 100년간 용어들을 잘못 사용한 후에 이제는 그리스도인 사회에서 공개적으로 거짓말을 한다. 〈리빙바이블〉은 쉽게 설명된 성경이 아니라 쉽게 설명한다는 미명 하에 본문을 바꾸어서 의역한 것이다. 〈뉴스코필드성경〉도 공인 역본이 아니며, NASV도 미국의 표준 성경이 아니다. 이것은 마치 바르트, 니부어, 틸리히, 앨런 리처드슨, 존 로빈슨이 성경을 믿는 그리스도인이 아닌 것과 같다.

이 주석서에서 계속해서 전제로 삼는 것은 1611년 〈킹제임스성경〉이 지금까지 오류가 증명된 적이 없는, 살아 계신 하나님의 무오한 말씀이라는 것이다. 다른 모든 권위들은 이 궁극적인 권위로 판단되어야 한다. 이 성경을 모든 철학자, 음악가, 변호사, 의사, 과학자, 헬라어 학자, 인류학자, 히브리어 학자, 개정자, 주석가, 사제, 교황, 주교, 설교자, 교육자의 저서와 나란히 놓고 성경과 불일치할 때는 그 저서들을 내던져 버려야 하는 것이다.

근본주의나 보수주의 학자들이 욥기에서 범해 놓은 오류들을 바로잡는 데 시간을 허비하지는 않겠다. 왜냐하면 그들에게 욥기는 영적인 문제만을 다루는 책일 뿐이며, 그들은 욥기에서 예언을 다루는 구절들을 대부분 무시해 왔기 때문이다. 영적인 문제만을 고수한다면 누구라도 욥기 주석을 훌륭하게 써낼 수 있다. 왜냐하면 이런 문제들은 너무나 강하고 분명하게 언급되어 있기 때문에 서로 다른 해석을 내놓을 여지가 없기 때문이다. 그러므로 보수주의자들과 근본주의자들이 쓴 대부분의 욥기 주석서는 읽을 만하고 교훈을 얻을 수 있다. 그러나 그들의 주석서는 그 이상의 가치는 없다. 왜냐하면 욥기 26,37,38,40,41장에 가면 99%의 보수주의자들이 너무나도 분명한 성령의 말씀을 오만하고도 뚱명스럽게 거부하기 때문이다. 틸리히(Tillich), 니부어(Niebuhr), 랄프 소크만(Ralph Sockman), 파이크 주교(Bishop Pike), 유진 카슨 블레이크(Eugene Carson Blake)가 이런 사람들이다. 여러 차례 언급한 바와 같이 성경의 권위에 대해 현대 보수주의 학자들이 갖는 태도는 무신론자나 사탄 숭배자와 별반 다를 것이 없다.

우리는 〈킹제임스성경〉의 66권을 접할 때 취하는 태도와 같은 태도로 이 위대한 책에 접근할 것이다. 즉 본문을 있는 그대로 전적으로 믿고 신뢰하며(살전 2:13) 자신이 성경을 고칠 만큼 똑똑하다고 생각하는 "경건한" 학자들은 결코 믿지 않을 것이다. "경건한"이라는 말을 여기에 집어넣은 이유는 이 말이 현대의 파괴적 비평가들이 사용하는 속임수이기 때문이다. 이들은 믿음의 "근본 사항"들을 믿는다고 고백하는 사람들로서 "경건"하다는 평판을 가진 사람은 얼마든지 자기 마음에 맞게 성경을 갈기갈기 찢을 수 있다고 생각한다. 갈라디아서, 에베소서, 마태복음, 사도행전, 요한계시록, 빌립보서, 골로새서 주석서를 공부한 독자는 〈킹제임스성경〉 본문이 대적자들에게 제기하는 문제들을 그들은 단 하나도 답변하지 못한다는 것을 잘 알고 있다. 1969년부터 1978년 현재까지 그들이 내놓은 반박 사항은 욕과 비방과 잡담과 오만한 비웃음에 지나지 않았다. 우리에겐 그런 것은 별 문제가 되지 않는다. 이 나라는 자유민주주의 국가니까. 무지와 구체적인 증거 부족을 이렇게 공개적으로 드러내는 것을 보면 그들이 다루는 것이 무엇인지 잘 드러난다. 그러므로 이 "자격 있는 권위자들"과 "인정받는 학자들"이 우리를 전혀 진지하게 대하지 않는 것처럼 우리도 그렇게 그들을 대할 것이다.

결국 지금까지 9년간 그들은 〈킹제임스성경〉이 지식을 가르쳐온 사람들을 어떻게 바로잡아 왔는지 자세히 읽어 왔다. 지난 9년간 "저런 과격한 극단주의," "저런 미치광이 같으니라구!"만을 중얼거렸다면 그들은 성경적인 어떤 것을 토론하는 데 성경이나 성경 저자에 대해 사실은 충분히 알지 못하는 것이다. 이 주석서에서는 사람들의 수많은 오류들을 계속해서 바로잡을 것이다. 이들은 밥존스대학, 펜사콜라 기독대학, 그레이스 성경협회, 리버티 성경 대학 등의 교수진들이 쓰는 교과서를 저술한 사람들이다. 이런 일은 어려운 일이 아니기 때문에 자랑할 만한 일도 아니다. 우리에게는 절대적 진리의 무오한 책이 있다. 이 책으로 카일(Keil), 레인지(Lange), 델리취(Delitzsch), 엑셀(Excell), 드라이버(Driver), 데이비슨(Davidson), 움브라이트(Umbreit), 에발트(Ewald), 피크(Peake), 버드(Budde), 굿(Good), 메이어(Meyer), 덤(Duhm), 마르크스(Marx), 시에그필드(Siegfield), 슐롯만(Schlottman) 등을 특별한 노력도 기울이지 않고 아주 훌륭하게 바로잡을 수 있다.

"광신적인 극단주의"나 맹목적인 편견으로 이런 일을 하는 것이 아니다. 이상, 철학, 비평, 추측, 연구, 조사, 분석, 반대 의견, 변이 그리고 자신들이 성경을 고칠 만큼 똑똑하다고 생각하는 사람들이 성경을 변개시킨 것을 주의 깊게 살펴본 이후에 이렇게 하는 것이다. 우리의 주장은 물리학 분야의 아인슈타인, 로렌즈, 밀러, 퍼미 등이 했던 주장만큼이나 건전하며, 지난 500년간 국제 정책 분야에서 유엔이나 로마카톨릭 교회가 해왔던 주장보다 훨씬 더 건전하다.

1. 하나님께서는 살아 계신 분이다.

2. 하나님께서는 자신이 창조하신 물질계의 피조물에게 관심을 가지고 계시다.

3. 하나님께서는 인간들이 서로 의사소통을 하는 것과 같은 방법으로 이 피조물들과 직접 의사소통을 하신다. 즉 말로 의사소통을 하신다.

4. 완벽한 계시를 축자적으로 영감을 불어 넣으실 만큼 능력 있으신 하

나님은 오류 없이 그것을 보존할 만큼 능력이 있으시다.

5. 진리를 찾는 죄인들이 이 계시에 쉽게 접근할 수 있어야 한다.

우리는 가정이 아니라 사실을 다룬다(*The Monarch of the Books*, 1973, *The Christian's Handbook of Manuscript Evidence*, 1970 참조).

다른 사람들은 진리를 찾아 여전히 어둠 속에 있을 수 있어도(고후 4:4) 우리는 그렇지 않다.

성육신한 진리를 찾았다고 큰소리치는 사람들이 여전히 기록된 진리(요 17:17)를 찾아 헤매지만 우리는 그렇지 않다. 우리에게는 기록된 진리와 성육신 하신 진리가 있다. 우리의 독단적 성향과 확신이 자유주의와 보수주의 학자들을 완전히 분노케 하고 흥분시켜서 그들이 거의 살인을 할 지경에 이른다 할지라도 진리는 변하지 않는다. 자유주의와 보수주의 학자들은 절대 진리를 자신들의 "관대한" 무지로 대체시키기 위해 "관용적인 불가지론" 뒤로 숨어 버리지만, 우리는 성경을 변개시키지도, 그들에게 순응하지도 않았다. 하나님의 은혜로 앞으로도 그러지 않을 것이다. 바울은 누군가가 무지하면 "무지하게 내버려 두라."(고전 14:38)고 말한다. 이 구절은 30년간 헬라어 문법을 공부해 온 근본주의 신학교의 박사들과 RSV 개정 위원회의 구원받지 못한 신학 박사들에게 적용될 수 있다. 무슨 말로 변명한다 해도 무지는 무지다[힐즈(Hills)의 〈킹제임스성경 수호, *King James Bible Defended*〉, 84,85쪽 참조].

우리는 성경이 『**주의 말씀은 내 발에 등불이요, 내 길에 빛이니이다.**』(시 119:105)라고 말씀하고 있기 때문에, 모든 진리의 원천이시며 우리 구원의 창시자이시고 완성자시며, 모든 선하고 온전한 선물을 주시는 분이시며, 모든 지식과 지혜의 처음과 마지막이신 분의 조명을 받고자 한다. 이와 같은 인도자가 있기 때문에 "과학적 해석," "비평 서적," "의심할 여지없는 학자적 지위," "기념비적인 연구," "광대한 기술 자료"라는 이름으로 자신들이 진리를 증오하고 있다는 사실을 가리는 미혹당한 죄인들의 말도 되지 않는 소리에 대해서는 전혀 신경 쓰지 않겠다. 휴대용 200와트짜리 등불이 있는 사람에게 손전등이 왜 필요하겠는가? 우리는 하나님께서 말씀하신 것을 문맥 속에서 말씀하신 그대로 믿을 것이다. 4,000명의 "헌신된 천재들"이나 "경건한 학자들"이 이 진리를 바꾸고자 하는 구절들에서도 우리는 그들을 가볍게 받아넘길 것이다. 우리에게는 성경의 저자가 계시고, 우리에게는 성경이 있다. 그분은 우리에게 『**성경을 상고하라**.』(요 5:39)고 말씀하셨고, 그 말씀을 우리 가까이에 두셨다(롬 10:8). 이런 관점에서 볼 때 우리에게는 카일(Keil), 델리취(Delitsch), 게제니우스(Gesenius), 하카비(Harkavy), 움브라이트(Umbreit), 포셋(Fausset), 마우러(Maurer), 모펫(Moffat) 등의 파괴적인 학자들은 필요 없다.

학자 연합 소속의 다른 많은 학자들을 포함해서 위에 열거한 학자들은 성경적 문제를 다룰 때는 참으로 불필요한 사람들이다. 왜냐하면 그들에게는 절대 권위가 없으며 단지 자신들의 두뇌만 있을 뿐이기 때문이다. 그들이 우리의 말이나 혹은 하나님의 책을 수정하려고 할 때 그들에게는 어리석은 죄인들이 만들어 낸 오류투성이의 자료만이 있을 뿐이다. 우리가 가진 곧은 자는 결코 휘거나 치수가 변하지 않는다. 우리는 모든 히브리어 본문[드로시(DeRossi), 케니콧(Kennicott), 맛소라 본문]과 헬라어 본문(바티칸사본과 시내사본 등)을 〈킹제임스성경〉으로 판단할 것이다. 그것들에 잘못이 있으면 우리는 확실한 믿음을 가지고 그것들을 바로잡아 줄 것이다. 왜냐하면 하나님께서는 자신의 무오한 말씀을 보존하시는데 지금까지 증명된 단 하나의 오류도 없었다고 믿기 때문이다.

"성경의 절대 권위를 의심할 여지없이 지지하는" 대학(밥존스, 휘튼, 펜사콜라 기독대학, 성서침례, 하일스 앤더슨, 테네시 템플)에 다니고 있다고 속고 있는 신학생들은 성경의 절대 권위를 믿는 미국 내 주요 기독교 대학이 두 개도 되지 않는다는 것을 곧 알게 될 것이다. 이 사람들이 말하는 "성경"은 존재하지도 않고, 이미 사라졌으며, 입수할 수도 없고, 이론적으로만 존재하는 "원본"일 뿐이다. 설령 그들이 원본을 발견한다 해도 발견하자마자 〈킹제임스성경〉을 수정하는 것처럼 뜯어 고칠 것이다. 현대 기독교 교육에서는 이중 기준을 적용한다(*The Monarch of the Books* 참조). 그 결과 두 권위가 서로 상충될 때는 학교가 최종권위가 되어 신의 역할을 한다. 현대에도 신비적인 부두교가 있다. 〈신앙, *Faith*〉, 〈성경적 관점, *The Biblical Viewpoint*〉, 〈주의 칼, *The Sword of the Lord*〉 같은 잡지에 그런 모습이 보인다. 그들은 다음과 같이 주장한다. "기독교 학자들이 최종권위다. '신뢰할 만한 것'과 '신뢰할 만하지 않은 것'을 우리가 구별해 주겠다. 사람들이 우리처럼 똑똑해질 때까지 우리가 그 역할을 담당하겠다. 그런 다음에 이렇게 배운 사람들이 다른 사람들에게 믿어야 할 것과 믿지 말아야 할 것을 말해 줄 수 있을 것이다. 다른 사람들도 우리처럼 똑똑해질 때까지 말이다."

그러나 그런 뻔한 거짓말에 속지 않는 우리에게 지난 18세기 동안 주석가들이 써 놓은 주석(출애굽기, 호세아, 요엘, 아모스, 미카, 나훔, 창세기, 잠언, 오바댜 주석)은 모두 시간 낭비이며 토론하는 것도 무익하다. 아무리 스스로 현명하다고 생각하는 죄인일지라도 성경은 그 사람을 판단할 수 있다. 구원받았고 "경건하며," "헌신되었다"고 해서 옛 본성이 뿌리째 없어지는 것은 아니다. 육은 여전히 육이며, 육이 무덤 속에서 썩어갈 때도 〈킹제임스성경〉은 건재하다. "수천 개의 필사본"을 찾는 "수천 명의 선한 사람들"이 1800년 이후로 "믿을 만한 번역본들"을 양산해 왔다는 현시대의 환상은, "수천 권"의 책을 읽는 "수천 명의 독일인들"이 제 3제국(1933-1945)을 건설할 것이라고 말하는 것과 같다. 모든 것이 다 끝난 뒤에 제 3제국의 설립과 발전을 추적해 올라가면 15명에게로 집약되는데, 이들 중 10명도 다른 사람의 명령을 따랐을 뿐이다. "수천 명의 경건하고 헌신되고 열성있는"(존 R. 라이스의 말을 인용하자면) 이 사람들은 종교개혁 본문을 ASV(1901)와 NASV(1963)같은 쓰레기로 대체시키면서 40명의 교사들을 열거한다. 이 교사들이란 배교한 9명의 지도자들을 따랐던 어리석은 자들이다. 오리겐(Origen), 어거스틴(Augustine), 그리스바흐(Griesbach), 제롬(Jerome), 웨스트코트(Westcott), 홀트(Hort), 티센돌프(Tischendorf), 샤프(Schaff), 네슬(Nestle)이 바로 그들이다. 소경들[로버트슨(A.T. Robertson), 마켄(J.G. Machen), 웨스트(Wuest), 티엠(Thieme), 왈부어드(Walvoord)]이 소경들을 따를 때 아무리 "헌신되고" "열성 있다" 해도 모두 시궁창에 빠지는 꼴이 된다. 이 주석서에서 우리가 전제로 삼는 것은 하나님은 참되시나 모든 사람은 거짓말쟁이라는 것이다. "모든 사람"에는 지난 6천 년간 우리가 만나고, 대화하고, 가르침을 받고, 보고, 책으로 읽고, 밑에서 배운 모두가 해당된다. 우리의 전제는 성경을 만지작거리는 어떤 죄인도 성경으로 그 잘못을 바로잡을 수 있다는 것이다. 어떤 죄인은 근본주의나 보수주의 신학교에서 받은 신학 박사나 문학 석사 학위를 자랑하는데 우리는 그런 것에 전혀 관심이 없다. 그런 것은 성경을 기록하신 "전능하신 주 하나님"께는 전혀 중요하지 않다(시 119:99,100). "자격을 갖춘 권위자들"이 성경과 일치하지 않을 때는 우리 아이들을 바로잡아주는 것만큼이나 빠르게 그들을 바로잡아 줄 것이며, 그들의 학위나 명성은 전혀 고려하지 않을 것이다.

욥기는 42장, 1,070절, 10,102단어(영어 〈킹제임스성경〉의 경우)로 되어 있다. 각 장은 대환란의 각 달에 해당한다. 욥은 7일 낮과 밤을 땅에 있었다(욥 2:13). 1일은 다니엘의 칠십째 주의 1년에 해당한다. 욥기는

144개의 논리적 단락으로 나눌 수 있고, 크게는 6개로 대구분을 지을 수도 있다(1,2장, 3-14장, 15-21장, 22-31장, 32-37장, 38-42장). 참으로 "우연하게도" 144,000명의 "하나님의 종들"이 환란 때 인을 받으며(계 7장), "6"은 적그리스도와 연관해서 너무도 눈에 띄는 숫자이다. 이스라엘의 12 지파에서 나온 144,000명의 동정인 유대인들은 대환란 때 두 번 나온다(계 7,14장). 이들은 "영적 이스라엘," "여호와의 증인들"로 오해되는 경우가 많다. 욥기는 다니엘의 칠십째 주를 다루는 성경에서 가장 위대한 책 중 하나이기 때문에 이런 논리적 구분을 보고서 놀랄 것은 없다. (학자 연합에서는 "장을 세는 것"과 전천년주의에 대해서 벌써부터 피의 복수를 할 것처럼 소리를 지르지만 다행히도 우리는 그런 소리에는 신경쓰지 않는다. 왜냐하면...!)

"욥"이란 말은 박해받는다는 뜻이다(환란 때 이스라엘처럼). 욥은 이스라엘이 환란 때에 있게 될(사 63:1) 에돔 땅에 있다(애 4:21). 욥을 박해한 자가(욥 1:6-9) 환란 때 이스라엘을 박해할 것이다(계 12:13). 그래서 욥의 "사로잡힘"도 당연히 종국에는 회복된다(욥 42:10). 이것은 마치 이스라엘의 사로잡힘이 환란 끝에 돌이켜지는 것과 같다. 여기에는 부활도 포함되기 때문에(겔 37:12,13, 행 26:6-8) 욥의 죽은 자녀들도 욥기 끝에서 부활한다(욥 42:13). 그러나 400명의 주석가들은 그렇지 않다고 주장한다!

욥기는 곧 시작될 대환란 때 이스라엘이 겪는 고통을 다루고 있으며 성경에서 가장 위대한 책 중 하나이다.

욥기의 예언을 다룰 때 학자들이 보여 주는 자료는 너무나 미미하다. 이는 C.I. 스코필드의 열렬한 찬양자였으며 전천년설을 표방하는 학자였던 윌리엄 비더울프조차도 욥기에서 재림에 관한 참조 구절을 단 하나도 발견하지 못했다는 사실에서 알 수 있다. 비더울프의 〈천년왕국 성경〉(재림 성경)에는 욥기 19:25이 재림에 관한 유일한 참조 구절로 되어 있다.

그가 50개의 다른 참조 구절들을 놓쳤다는 것은 신비에 가까운 일로 최종 권위로서 〈킹제임스성경〉의 본문을 거부했다는 사실만이 이 신비를 설명할 수 있다. 바턴, 페이네도 〈성경 예언에 관한 대백과사전〉이라는 저서에서 피상적이고 얕은 지식만을 싣고 있다. 페이네 박사는 욥기에서 예언에 관한 참조 구절 10개를 발견한다. 마지막 9개의 장에서만도 20개 이상의 참조 구절이 있는데도 말이다.

적그리스도, 마귀, 환란 때 군대의 이동, 재림의 경로, 환란 때의 이스라엘의 상황, 휴거에 수반되는 현상들, 아마겟돈 전쟁 등에 관한 묘사 외에도 환란 때 죽음을 구하는 사람들, 환란 후반기의 재앙들, 이 기간 중에 있을 마귀 숭배 등이 나온다. 보수주의 학자들이 이 모든 참조 구절들을 지나쳐 버리는 이유는 고의적으로 〈킹제임스성경〉을 깎아내리고 성경에 나온 진술들을 있는 그대로 받아들이지 않기 때문이다. 이들은 우리가 "본문에 없는 말을 한다."라고 비난한다. 편견에 가득 차서 성경의 권위를 거부하고 대신 허튼 소리를 늘어놓는 이 오만하고 자기중심적이며 자만심이 강한 사람들이 우리를 박해하는 것이다. 그들은 영적으로 눈이 멀었기 때문에 자기들의 코앞에 있는 것 외에는 보지 못한다. 욥기에는 요한복음과 마가복음을 합친 것보다 재림에 관한 참조 구절이 더 많다.

잠시 중요한 자료를 살펴보도록 하자.

자유주의자, 근본주의자, 불가지론자, 영지주의자, 무신론자, 보수주의자들에게는 욥기의 기록 연대와 저자가 가장 두드러진 논의의 대상이다. 그러나 이 책의 인간 저자는 욥기 32:16에서 일인칭 단수로 나와 있으며, 같은 문맥에서 청중을 "그들"로 언급하면서 서술하고 있다. 이런 이유 때문에 욥기 32:16은 시중의 모든 번역본에서 변개되었으며, 1800년 이후로 모든 주요 주석가들은 이 구절을 믿을 만하다고 인정하지 않았다. "믿을 만한" [섬너(Sumner), 버논(Vernon), 멕지(McGee), 라이스(Rice), 로버트슨(Robertson) 등 잘못 인도함을 받은 형제들의 말을 인용하자면] 번역본이 있었는데도 말이다. 욥기처럼 오래된 책의 저자는 알 수 없다는 것이다. 그래서 자유주의 신학교의 성경을 거부하는 배교자들과 보조를 맞추어 1800-1980년의 근본주의자들과 보수주의자들은 "아무도 욥기의 저자를 알 수 없다."라는 우화를 만들어 냈다. 욥기 32:16의 엘리후의 말을 삭제하거나 변개시킴으로써 이런 일을 자행하는 것이다. 심지어 포셋마저도 독일과 영국의 성경을 거부하는 자유주의자들의 압력을 이기지 못하고 엘리후는 욥기를 쓸 만한 능력이 없었다고 주장한다(주석, 9쪽). "선두 그룹의 학자들"은 "욥기"의 저자를 알 수 없다는 데 무조건적으로 동의한다. 그렇게 해서 욥기의 연대를 그들이 원하는 대로 잡고서, 족장 시대(B.C. 2000-1600)와 모세 시대(B.C. 1600-1300)부터 시작해서 솔로몬 통치(B.C. 1000)나 포로기 이후(B.C. 520-400)까지 추측한다. 엘리후가 저자라면, 이 책의 기록 연대를 야곱과 에서 시대 이후로 바꾸려는 모든 시도가 좌절되기 때문에 어떠한 희생을 치르더라도 이교 문학의 종교적 입지를 고수해야 하는 것이다. 왓슨(〈해석자 성경〉, 2권, 694쪽)은 "모세 이전에는 그렇게 정교한 표현을 할 수 없으며 그 누구도 그렇게 '당황스런 것들'을 다뤘을 리 없다."고 말한다.

사무엘 콕스는 연대를 솔로몬 이후로 잡는다. "하나님에 대한 인간의 관조"는 발전해 왔다는 것이다. 그는 찰스 다윈의 진화론 체계를 따르고 있는 것이다. 그의 주장은 솔로몬 이전에는 "하나님에 대해서 욥이 가진 개념"을 그 누구도 가질 수 없다는 것이다. 콕스가 내놓은 "결정적 증거"는 아담에서 다윗까지 이어지는 히브리서 11장의 믿음의 영웅들에 욥이 언급되지 않기 때문에 욥기가 솔로몬 이전에 기록됐을 리 없다는 것이다. 그런 식으로 보자면 히브리서 저자는 어떻게 해서 유다(창 44:18-25), 피느하스(민 25:6-13), 칼렙(수 15:13-20), 요나단(삼상 14:1-5), 셈을 언급하지 않는가? "궁핍과 고난과 학대"(히 11:37)가 욥에 대한 묘사가 아니라면 도대체 누구를 묘사하는 것인가? 하워드 휴즈를 묘사하는 것인가?

왓슨은 욥기와 〈사자의 서, *The Book of the Dead*〉가 "놀랍도록 유사"하다고 인정하지만 그것은 오히려 문제를 더 복잡하게 할 뿐이다. 왜냐하면 〈사자의 서〉에는 구성도, 역사적으로 증명할 수 있는 예언적 자료도, 인간이 갖는 주요 문제에 대한 해답도 없기 때문이다. 욥기가 〈사자의 서〉를 따른 것이라면 그 기록 연대가 모세 시대보다 훨씬 이전이 된다. 〈사자의 서〉가 욥기의 일부를 베낀 것이라면 〈사자의 서〉가 첫 번째로 기록된 책이 아니다. B.C.3400년경에 기록된 것으로 추정되는 〈사자의 서〉를 읽어본 사람이라면 그것이 전혀 책이 아니라는 것을 쉽게 알 수 있다. 그것은 몇십 개의 관에서 발견된 종잇조각들을 모은 것이기 때문이다.

레난은 욥기가 기록된 이후에 엘리후가 자신에 관한 부분을 첨가했다고 주장한다. 많은 주석가들은 욥기가 "포로기(B.C.600-400)의 히브리 사상가들"에게 가깝다는 이유로 욥기를 "포로기 이후"의 것으로 생각한다. 사무엘 콕스와 메레디스 클라인(위클리프 주석)에 따르면 저작 연대가 솔로몬 시대거나(〈성경적 예증, *The Biblical Illustrator*〉, 베이커 출판사, 9쪽), 그렇지 않으면 저자가 솔로몬이라는 것이다. "그 책의 웅장함과 자연스러움"은 "선지자들의 종말론적 예언" 이전에 있어야 한다는 것이다. (이와 같은 독단적인 주장은 욥기에서 50개의 종말론에 관한 진술을 폐기시킨 후에 만들어진 것이다.) 콕스와 크리네가 욥기에 얼마나 많은 "종말론적인 예언"이 있는지 안다면 그들은 기절할 것이다. 〈새성경 주석, *New Bible Commentary*〉에는 대다수의 죽은 정통주의 배교자들이 욥기에 접근하는 접근 방식이 잘 나타난다. 저자인 헤브너는 욥기의 저작 연대와 역사적 배경이 다른 문학 작품에 나오는 시보다 별로 중요할 것이 없다고 말한다(오에스터리와 로빈슨을 인용하면서).

지금까지 기록된 최초의 저질 책을 공동 집필하는 데에 움브라이트(Umbreit)과 마우러(Maurer), 제미에슨(Jamieson), 포셋(Fausset), 브라운(Brown), 버나드 램(Bernard Ramm), 그리고 다른 "복음주의자들"이 힘을 모았다. 그러나 C.I. 스코필드(〈스코필드 관주 성경〉, 569쪽)는 최소한 욥기가 초기 저작물임을 주장한다. 벌링거는 뒤로 물러나서 모세를 그 저자로 볼 수 있는 시기인 B.C.1516년까지 연대를 옮겨 놓는다. 아담 클라크는 욥기가 율법이 주어진 이후에 기록되었다고 하면서 모세의 율법이 욥의 인생과 행위에 있어서 쟁점이 되었음을 증명하기 위해 수많은 참조 구절들을 인용한다(욥 31:9,16,26,32). 다른 사람들은 "알려지지 않은 시인," "문학적 천재," "포로기 이후의 서기관" 등을 들먹거린다. 성경 비평, 성경 신학, 성경 개론[벵겔(Bengel), 셈러(Semler), 펠(Fell), 벤틀리(Bentley), 파우루스(Paulus), 바우어(Baur) 등] 등에 관한 문학 작품집에 익숙한 사람들은 이런 식의 "학자들"이 무엇을 만드는지 잘 안다. 즉 요구르트를 만드는 것이다.

개방적인 마음을 가진 불가지론적 태도를 취하는 상대주의 신학자들의 주장을 따르자면 "알려지지 않은 누군가가" 이사야의 절반을 썼고, "알려지지 않은 누군가가" 요한계시록을 썼으며, "알려지지 않은 누군가가" 마태복음을 썼고, "알려지지 않은 누군가가" 창세기를 썼다. 그러나 그런 식으로 문제를 해결하다 보면 결국에는 진리의 하나님이 사도행전 17장의 "알지 못하는 신"이 되어버린다. 적어도 하나님의 계시의 빛으로 보면 "자비로운 불가지론자"는 불경건한 무식자일 뿐이다. 욥기 32:16을 믿고 싶지 않다면 그것은 그 사람 자유이다. 여기는 자유국가니까. 그러나 성경을 믿는 우리가 그런 사람들을 분별 있는 사람으로 여길 것이라고는 생각지 말라. 그들에게 없는 자료가 우리에게 있는데 우리가 왜 그들의 무지에 동화되어야 하는가? 자신의 어리석음을 광고하고 다니지 말라. 무지로 전향하는 일은 오늘날 기독교 교회들이 결코 해서는 안 되는 일이다!

그러나 무지한 자들은 오늘날 교회에게 자신들의 어리석음이 필요한 것처럼 "교부들" 시대에도 자신들의 엄청난 어리석음이 필요하다고 생각한다. 칠십인역(A.D.150-350)의 저자들에게는 욥기가 너무나 어렵게 여겨졌기 때문에 기원후에 나온 필사본들에서는 욥기의 사분의 일이 사라지고 없다. 던은 1,2,42장이 "어떤 인기 있는 책의 조각들"이라고 생각한다. 데이비슨은 욥기의 연대를 포로기 시대인 B.C.597년으로 잡는다. 프톨레미와 게제니우스는 우스가 아리비아 사막 북쪽에 위치한다고 생각했는데, 이는 실제보다 200마일 이상을 잘못 잡은 것이다. 롤링슨은 300마일 동쪽으로 그 위치를 옮겨서 칼데아 우르 지방으로 잡는다. 다른 비평가들의 견해를 빌자면 욥이 아브라함, 모세, 솔로몬, 다윗, 아하수에로, 느부캇넷살 시대에 살았던 아라비아인, 이집트인, 시리아인, 이스라엘인, 이두메인, 혹은 함족이 되어 버린다. (하기야 인생의 묘미는 다양성이니까...)

욥기 본문을 볼 때 욥기의 저자가 욥을 위로하러 왔던 세 명의 "위로자들"과 같은 시대 사람이었다는 증거는 상당히 많다. 이것이 너무나도 분명하기 때문에(욥 32:1-16 참조) 벌링거는 욥기의 연대와 저자에 관한 기술에서 현명하게도 엘리후를 빼버렸다(〈컴패니언 바이블〉, 666쪽!!!). 벌링거가 욥기에 나오는 모든 사람의 이름을 저자를 제외하고 모두 열거했다는 사실은 세대주의자에게는 참으로 놀라운 일이다.

이것이 바로 파괴적 비평가가 〈킹제임스성경〉의 본문에 접근할 때 취하는 전형적인 태도이다. 헬라어와 히브리어 어근에 대한 많은 설명으로 둘러 싸여서 히브리어, 아라비아어, 콥트어, 시리아어, 칼데아어 단어 입문서와 어휘집, 그리고 번역본들과 탈굼(Targums, 구약성경을 아람어로 번역한 것)들, 비평 서적들과 주석서들, 필사본과 "부연 설명"으로 가득 찬 세속 역사 자료들이 필립 샤프를 질식시키는 바람에 이 현대의 학자라는 사람은 자신이 논하고 있는 책의 주요 인물조차도 찾을 수 없게 된다. 욥, 하나님, 사탄 외에도 욥기에서 주요 인물 중 하나가 엘리후이다. 엘리후가 말하는 부분이 여섯 장에 걸쳐서 나오며, 이것은 전체 욥기 중 가장 긴 말이다. 욥 자신마저도 여섯 장보다 더 길게 말하지는 않는다(욥 26-31장). 엘리후가 빌닷, 소팔, 엘리파스와 함께 있었다는 사실을 벌링거는 왜 알지 못했는가?

간단하다. 그는 지금까지 살았던(1700-1900) 최악의 독일 합리주의자요, 영국의 이신론자로서 욥기의 진짜 저자를 없애는 데 너무 열중한 것이다. 벌링거가 전천년 근본주의자라는 사실은 〈킹제임스성경〉을 믿는 문제에 접하게 되면 아무런 의미가 없게 된다.

엘리후는 자기 자신이 욥기의 저자라고 말한다(욥 32:16). 그리고는 자기 자신을 뺀다(욥 42:1-10). [후반부에서는 "세 명의 친구"만이 언급된다(욥 42:7).] 욥기의 기록 연대는 즉각적으로 해결된다. 그러나 "자격을 갖춘 권위자들"에게는 쓸 만한 것이나 논할 것이 아무것도 없어서 1800년 이후의 모든 학자들과 주석가들은 욥기 32:16을 슬며시 지나친다. 학자들의 논쟁은 그들에게는 어떤 희생을 치르더라도 반드시 지켜야 하는 것이기 때문이다.

엘리후가 저자라는 사실에 근본주의자들, 무신론자들, 불가지론자들, 보수주의자들, 카톨릭, 그리고 복음주의자들은 다음과 같이 반대한다.

1. B.C. 1900-1600년에 쓰인 언어치고는 "너무 발전되었다." [NCCC의 〈해석자 성경〉이나 위대한 19,20세기 자유주의자인 브릭스(Briggs)가 쓴 저서 중 어떤 것이라도 살펴보라.]

2. 출애굽기와 파라오와 모세의 율법에 대한 참조 구절이 너무나 많다(욥 13:24; 4:9; 18:15; 12:17,24; 8:17,18,19; 8:8,10; 20:17; 29:6; 6:4; 16:13). [열거한 것 중 80%가 미래에 성취될 전천년주의적 예언이다. 그런데도 학자들은 이 사실을 놓치고 있다. 왜냐하면 그들 중 90%가 진리를 변개시키는 무천년주의자나 후천년주의자이기 때문이다.]

3. 내용이 전혀 "원시적"이지 않다. [솔로몬이 욥기를 기록했거나 최소한 욥기를 번역했음을 증명하기 위해 아담 클라크가 세워놓은 비교 설명을 참조할 것(Ibid., 7-11쪽).] 종교적으로 자유주의자인 라잇풋(1880)만이 엘리후가 저자임을 인정한다. 그러나 라잇풋은 즉각적으로 엘리후가 모세 이후 시대까지 살았다고 덧붙인다. 욥기 마지막 부분에 이르게 되면 이러한 "첨가"와 만나게 될 것이다.

위에 언급한 세 가지 반론에 대해 우리는 다음과 같이 말할 수 있다.

A. "현대인"이 가장 진보했다는 가정은 모든 진화론자들의 종교적 독단이다. 그라프 벨 하우젠 학파의 이런 광신적이고 극단적인 엉터리 이론은 참으로 지루하다. 많은 학교에서 성경의 처음 다섯 권의 연대를 B.C. 1000-400년으로 보고 있다. "언어가 너무 진보"했거나, "제사장 개념이 너무 발달"했다거나, "일신론의 고도의 윤리적 기반이 없었다."는 등의 이유를 댄다. 이런 애들 장난에 대해 로버트 딕 윌슨은 50년도 더 이전에 답변을 해 놓았다(〈구약의 과학적 고찰〉, 무디, 1959). 그러므로 그 기본을 다시 살펴보는 것은 시간 낭비라고 하겠다[힐스(Hills), 〈킹제임스성경 수호, *The King James Version Defended*〉, 1973, 70-82쪽]. 언어의 혼란이 일어난 바벨탑 사건 이후 테만 지역에서 언어가 얼마나 잘 발달했는지는 아무도 모른다. 이들은 엘리후의 저서를 모세가 히브리어로 번역하지 않았다는 것도 알지 못한다(출 2:10). 세속 증거로 성경을 계속해서 판단

하려고 하는 사람은 정말 어리석은 것이다. 세속 증거는 성경을 거부하는 어리석은 자들이 고안해 낸 것이다. 세속 증거를 성경으로 판단하는 것이 올바른 법칙이다. 자신들이 죽어서 어디로 가는지도 모르는 과학적 상대주의자들의 타락한 가정에 성경이 매일 것 같은가! 말도 되지 않는다! 오히려 과학적 상대주의자들, 국제 사회주의자들, 긍정적 사고가들, 고고학자들, 논리적 긍정주의자들, 경험적 물리학자들이 성경에 복종해야 한다(히 4:12,13). [뒤범벅이 되기 전에, 하늘과 땅이 없어진 뒤에도 여전히 남아 있을 성경으로 자신의 사고 체계를 바로잡으라.]

B. 출애굽기에 대한 참조 구절들로 추정된다. 욥기를 과거의 역사에 한정시키고, 고난에 관한 영적 교훈으로만 적용 범위를 제한시키려고 애쓰는 대다수의 학자들은 욥기가 적그리스도(욥 40:15), 다니엘의 70째 주(욥 24장), 마귀(욥 41장), 재림(욥 37:1-5), 이스라엘의 회복(욥 42장)을 그린다는 사실을 무시했다. 출애굽기 15장은 휴거의 모습이며(출 15장 주석 참조), "욥기"가 이 문제를 논하는 곳에서 성령께서는 출구를 크고도 분명하게 제시해 주신다. 성경을 믿는 사람들만이 성경을 알 수 있는 것이다. 모세의 율법에 대한 참조 구절(욥 20,29,31장)들로도 생각된다. 스트라우스, 아스트룩, 레난, 데베테, 그라프 등의 진화론에 근거한 가설을 기반으로 해서 모세 이전에는 어느 누구도 윤리적 원리나 희생제에 대해 그렇게 많은 지식을 가질 수 없다고 생각한다. 예를 들어 아담 클라크가 출애굽기 18:12과 창세기 8:20(혹은 12:8)을 봤더라면 욥이 드리는 번제나 희생제가 "모세 이후"라는 어리석은 생각은 하지 않았을 것이다. 또한 이교도 왕(창 20:5)은 욥기 31:9를 전혀 문제 삼지 않았으며, 아비멜렉이 아브라함을 야단칠 때(창 20:8-11) 모세는 태어나지도 않았다. 아담 클라크는 (자신의 주석서 2-11쪽 서문에서) 모세 이전의 사람들은 이런 문제에 무지했다고 추측한다. 그러나 로마서 1:19와 2:14로 그의 생각을 바로잡을

수 있다.

C. "문체"에 대한 논쟁은 학자 연합이 잠언에 관해 우리에게 제시하는 속임수만큼이나 오래된 것이다. "문체"는 아라비아 시인들의 작품과 일치하는데 그들은 심판과 운명의 여신에 관한 많은 철학적 질문에 많은 시간을 보낸 사람들이다. 스타일은 드라마나 서사시이고 호머(Homer), 버질(Virgil), 오비드(Ovid), 호레스(Horace), 바가바드기타(Bhahavadgita)의 작품과 보조를 같이한다. 문학의 초기 역사에서(B.C. 1800-1700) "욥기"에 필적할 만한 작품을 발견할 수 없는 이유는 성령 하나님께서 이 최초의 진짜 "책"을 기록하셨고, 그 책에서 인류에게 가장 기본적이고 첫째가는 주요 관심사인 죄와 고통의 연관성을 다루고 있기 때문이다. 이 책에 필적할 만하거나 유사한 작품을 정신없이 찾고 있는(B.C. 500년 이전에) 학자들은 막다른 골목에 접어들게 된다. 하나님 자신이 인류에게 직접 전달하신 것에 정말로 필적할 만한 것은 없다. 그분 자신이 기록하신 것에 필적할 만한 것은 전혀 없다.

엘리후가 B.C. 1700년이 되기 훨씬 전에 이 책을 썼다는 타당한 4가지 객관적인 증거들이 있다.

1. 출애굽기에 나온 연대를 비교해 보면 벌링거가 제시한 연대(B.C. 1996)보다 훨씬 이전에 아브라함이 태어났음을 알 수 있다. 라킨(Larkin)은 B.C.2111년으로 못 박고 있는데 이는 벌링거보다 115년 앞서는 것이다. 이 115년이 에서와 그의 아들들의 연대(창 36장)에 더해지면 욥기 2:11의 "테만인"은 B.C. 1780년에 욥을 "위로"하게 된다(창 36:15). 왜냐하면 테만은 에서의 손자이고 에서의 형제인 야곱은 B.C. 1700년 전에 손자들이 있었기 때문이다. 창세기 35-37장 주석에서 어셔 주교가 제시한 연대는 B.C. 1800-1780년인데 이 날짜는 이집트에서의 "430년"을 고려해

볼 때 맞지 않는다(출 1:8-10 주석 참조).

2. 욥기에 나오는 인물의 배경은 모두 족장 시대이다. 수하인 빌닷(욥 2:11)은 수아와 연관되며(창 25:2), 예레미야 49:8의 에돔과 명백히 연결된다. "테만인 엘리파스"는 창세기 36:10,11에서 그 이름을 얻었고, 분명히 예레미야 49:7과 아모스 1:11,12에 나오는 에돔과 연계된다. "후스"(창 22:21)의 형제는 같은 문맥에서(렘 25:23) 찾아볼 수 있으며, 계속해서 예레미야에서 참조 구절을 얻을 수 있다. 예레미야는 52장으로 되어 있다(4×13). "예레미야"란 말은 "쫓겨난"(cast out)을 의미한다. 이 표현은 그 책에서 13번 나온다. 예레미야는 분명히 요한계시록 11:1-4의 모습을 미리 보면서 예언한 것이다. 이때 아이를 갖는 여자들에 대해 경고하신 구세주께서(마 24:19) 예레미야에게 결코 아이를 갖지 말라고 말씀하셨다(렘 16:2). 소팔은 엘리파스와 빌닷처럼 신원을 파악하기가 쉽지 않다. 그러나 "우스 땅"에 소팔이 살았다고 추측하는 것이 가능하다. 왜냐하면 예레미야가 "우스 땅"을 에돔과 동시에 언급하기 때문이다(애 4:21, 렘 25:20). 창세기 36:28에서 우리는 우스 자신이 (이 사람의 이름을 따서 그 땅 이름이 붙여졌다.) 에돔 땅에 살았던 "호리인"임(창 36:20,21)을 알 수 있다. 그러므로 욥기의 배경은 시내가 아니라 에돔이며, 그 등장인물은 에서의 손자들과 동시대인들이다. 모세와 동시대인이 아니다.

3. 대부분의 주석가들은 아담이 살았던 이전 시대에 관한 참조 구절을 완전히 간과한다. 그때 홍수가 있었다(욥 8:8; 21:13; 22:15,16; 20:7-15; 31:33; 15:19). 이 구절이 언급되면 주석가들은 연대기적 중요성에 대해서는 전혀 주석을 달지 않는다. 그들 중 아무도 욥기의 등장인물들이 범죄자들과 범죄들에 관해 말할 때 그들 마음속에 아담과 홍수 때의 육체를 생각하고 있었다는 사실이 이상하게 여겨지지 않았다는 것인가?

욥기가 "모세 이후"에 기록된 것이라면 왜 파라오가 언급되지 않는가?

파라오는 출애굽 이후로 "죄수 중 우두머리"가 아닌가? 게다가 욥기에는 창조에 관한 주제가 왜 계속해서 나오는가?(욥 25:5; 26:7-14; 38:4-10; 15:15 등) 창세기 6장의 "하나님의 아들들"이 왜 언급되는가?(욥 1,2,38장) 여호수아, 재판관기, 사무엘상에는 "하나님의 아들들"에 관한 언급이 없다.

4. 연대 문제를 단번에 확고하게 매듭짓자면 욥기 어느 곳에서도 "모세의 율법"에 관한 언급이 없는 이유는 무엇인가? 여호수아나 느헤미야를 읽어 본 사람들은 팔레스타인을 정복한 이후에는 (출애굽 이후) 히브리어 성경에 "모세의 율법"이나 "율법책"이라는 표현이 9번은 언급되며, 포로기 이후 기간에는 15번 이상 언급되는 것을 알 것이다. "토라"(히브리어로 "율법")란 단어가 출애굽기 12:49와 말라키 4:4 사이에 100번 이상 나온다. 그런데 그 단어가 욥기에서 유일하게 언급되는 때는(욥 22:22) 하나님께서 욥에게 직접 말씀하실 수 있는 뭔가에 관한 언급이다. 하나님께서 마지막에(욥 41,42장) 욥에게 그 말씀을 하셨던 것과 정확히 일치한다. 벌링거가 말한 것처럼 욥이 잇사칼의 아들이라면(창 46:13) 어떻게 자신의 할아버지나 증조할아버지의 이름을 기억하지 못하겠는가? 야곱의 아들들이 아브라함의 축복에 대해(창 12:1-4) 몰랐다고 말하려는가? 욥이 야곱의 자손이었다면 욥에게는 그런 재앙이 일어나지 않았을 것이다. 왜냐하면 아브라함의 축복을 약속받은 후손에게 그런 일이 일어날 수 없기 때문이다. 욥이 야곱의 자손이었다면 엘리후가 왜 이 문제를 언급하지 않았겠는가? 엘리후는 나홀의 둘째 아들이며 아브라함의 형제인 부스의 자손임이 명백한데도 말이다(창 22:21). 본문을 있는 그대로 보면(욥 32:16) 엘리후라는 이름의 증인이 이 책을 기록한 것을 알 수 있으며, 이 책은 우리에게 인생에서 가장 중요한 문제를 제시해 준다.

"욥기"는 인간 본성의 뿌리를 다룬다. 독자들이 욥이 겪은 일을 겪는다면(욥 2:8), 즉 철학, 정치학, 과학, 교육, 미술, 음악, 문학이 고난이라는 근본적인 문제를 조금도 해결하지도 완화시킬 수도 없는 그런 상황 속에 있다면 어떻겠는가? 지금까지 기록된 책 중 가장 먼저 기록되고 가장 오래된 책이 이러한 상황을 다루고 있다는 것은 참으로 적절하다 할 수 있다. 고통과 고난은 인생에서 참으로 흔하게 일어나는 일이다. 심지어 궁핍과 고뇌조차도 욥이 경험한 그 정도에는 미치지 못한다. 질병, 고난, 궁핍, 사별, 눈물, 오해, 질책, 근심, 고뇌, 고통, 죽음은 인간에게는 당연한 몫이다(욥 14:1,2). 이 세상은 여전히 "눈물의 골짜기"이며, 과학과 교육은 그것을 바꾸는 데 아무 것도 기여하지 못한다. "의약의 진보"와 "과학 기술"을 언급하는 무지한 인간들은 진통제와 병원치료와 전문 치료는 전 세계 인구의 2% 이하가 누리는 사치라는 사실은 말하지 않는다. 세계가 안고 있는 문제점들은 미국 중산층의 문제보다 훨씬 더 광범위하다.

이 증거로 우리는 욥기를 "영적으로 묵상"하기 위해 일반적으로 사람들이 택하는 것과는 다른 "주석서들"을 택했다. 이 주석들은 "20세기 현대인"의 실제 경험에서 나온 것이며, 과학이나 교육이 인간의 운명을 전혀 진보시키지 못했음을 분명하게 보여준다.

욥기를 기도하는 마음으로 77번 읽고 주석가들의 중요한 주석들을 조심스럽게 살펴본 후 기념비적인 "히브리어 학자"인 리차드 움브란트(Richard Wurmbrand)의 몇몇 주석을 따라가 보기로 했다. 움브란트 형제와 더불어 독일 저자들인 테오도르 플리에버(Stalingrad)와 윌리 하인리히(The Crack of Doom)의 주석이 New ASV나 ASV를 번역하는 데 인생을 낭비한 "히브리어 권위자들"의 억측보다는 훨씬 더 낫다는 결론을 내렸다. 하랄란 포포프와 스테인(Treblinka)의 기여가 없었다면 욥기 주석은 참으로 "학자적 태도"를 갖지 못할 것이다. 우리는 또한 데이비슨, 움브라이트, 포셋, 카일, 드라이버, 게제니우스 그리고 유진 코곤(Eugene

Kogon)에 찬동하는(The Theory and Practise of Hell) 휘튼, 무디, 풀러, 달라스의 교수진들을 무시하기로 결정했다. 오히려 우리는 고등학교도 끝 마치지 못한 미세스 솔터(Escambia Rest Home)의 주석에 지면을 할애하고자 한다. 대학교에 가본 적도 없는 조지 윌리엄(플로리다 파나마 시)에게도 기꺼이 지면을 할애할 것이다. 이 사람들은 미국 기독교 학교에서 구약학을 가르치는 박사들보다 욥기를 더 훌륭하게 다룰 줄 안다. 볼티모어시의 싸구려 아파트 단지에 살았던 마사와 버사 시에겔(메릴랜드, 볼티모어)도 "건전한 해석"을 위해 살펴볼 만하다. 희극적 요소를 위해 NEB와 1901년의 ASV를 비교용으로 택했다. 죽은 정통보수주의자들의 일반적인 관점을 보려면 헤브너(새영어성경 주석), 메레디스 클라인(웨스트민스터 신학교), 더멜로우를 보면 된다. 〈강단의 주석〉은 1800년 이후로 욥기에 가해진 파괴적 작업의 배경을 제공해 준다.

이미 언급한 바와 같이 이 사람들과 다른 사람들이 공손하게 "더 나은," "더 정확한"이란 표현을 써서 〈킹제임스성경〉의 본문을 수정할 때 우리는 "결코," "실없는 소리"란 표현을 써서 반박할 것이다. 1611년 〈킹제임스성경〉 본문은 1800년 이후로 나온 모든 학자들의 주석을 바로잡아줄 수 있다. 그러므로 우리는 〈킹제임스성경〉을 권위 있는 기준으로 삼고 모든 근본주의 학교의 성경 교수들의 오류를 판단할 것이다.

이 주석서를 읽을 때 성경학도는 다음 사항에 특별한 주의를 기울여야 한다.

1. 학자들이 본문에 가하는 끊임없는 공격들을 제쳐두고 본문을 있는 그대로 보면 사도 시대 이전에 있었던 과학적 정보를 얻을 수 있다(욥 26,38장).

2. 학자들은 과거에 구령 메시지나 장례식 메시지에서 하나님께서 높이셨던 본문에 연합 공격을 가하고 있다(욥 19:26; 1:21 등).

3. 학자들은 욥기 40:15와 41:1에 나오는 비히못과 리비야단에 관한 구절들을 일반적으로 믿지 않는다.

4. 학자들은 욥이 육체의 부활을 믿었다는 것(욥 42:16)을 일반적으로 거부한다. 이 일은 욥기 42:1의 정확한 문맥에서 볼 때 다니엘의 칠십째 주(단 12:1-6) 마지막에 일어날 것이다. 이 때 이스라엘의 포로 됨이 실제로 돌이켜질 것이다(욥 42:10).

5. 고난을 다루는 구절들 중 많은 부분이 4중의 의미를 지니는데 먼저는 욥 자신에게, 그 다음은 속죄를 이루시는 그리스도께, 그 다음은 지옥에 있는 사람들에게, 그 다음은 환란 때 유대인들에게 적용된다(욥 16,18,30장).

6. 주요 주석가들은 욥기에 있는 예언적 암시에 대해 완전히 무지하다. 하나같이 무지한 대부분의 주석가들과 번역가들은 본문을 변개시킨다. 고의적인 무지로 눈이 멀어서 구절을 바로 적용시키지 못하기 때문이다.

7. 다음의 두 가지 것에 관해서만 대표적인 주석가들은 의견의 일치를 보이고 있다. 즉 하나님께서는 의인을 축복하고 악인을 심판하신다는 것이다.

무작위로 30개 정도의 욥기 주석서들을 살펴본 독자라면 그 30명의 학자들이 드라마를 쓰려 한다는 것을 알게 될 것이다. 그 결과 욥을 위로하러 온 세 명의 위로자들은 비평가들의 유형을 대표하는 인물들이 된다. 즉 전통주의자, 독단주의자 등이다. 에발트는 이 세 명의 위로자들이 "대표적인 인간 유형을 시적으로 의인화"한 것(〈성경적 예증〉, 13쪽)이라고 말했는데 자신의 책꽂이에 있는 책들을 보고 이런 말을 한 것이다. 포셋은 엘리파스를 "자신의 신조에서 결코 벗어나지 않는 신학자"라고 말하면서 그를 종교적인 독단주의자로 본다. 오늘날까지 엘리파스에 대한 시각은 이런 식이다. 15장을 주의 깊게 읽어 보면 엘리파스는 빌닷이나 소팔만큼 "전통주의자"임을 알게 된다. 그러나 25장에서 빌닷이 하는 말을 보면 그는 전혀 "전통주의자"가 아니다. 욥기에 나오는 모든 인물은 때로 같은 식으로 말한다. 그러므로 이 "위로자들"에게 접근할 때 큰 차이점을 찾고자 하는 것은 어리석은 짓이다. 욥은 종종 자신의 친구들의 철학을 사용하기도 한다. 우리는 어디서 이런 일이 일어나는지도 살펴볼 것이다. 위로자들이 한 말은 많은 부분이 사실이다. 그것이 "전통적"이든 그렇지 않든 그런 것은 상관이 없다. 모든 것이 다 끝난 뒤 심지어 엘리후조차도 앞서 나온 토론에 더 많은 진리를 첨가한다. 아침처럼 나타나서 어둠에 빛을 주신 분은 바로 하나님 자신이다(욥 38장, 고후 4:1-6). 엘리후가 자기의에 대해 어떻게 이해했는지와는 상관없이 엘리후는 욥의 동료로서 같은 말을 반복한다.

엄청난 고통과 무서운 환경으로 사탄이 공격하는 데는 어떤 정형적인 형식이 있는 것이 아니다. 욥과 같은 상태에 있는 사람의 생각을 체계화할 수는 없다. 7장 이후 그와 친구들 사이에서 벌어지는 토론은 "단계적인 프로그램"에서 나온 체계화된 계획의 산물이 아니다. 그것들은 어떤 문제를 토론하는 데 있어 감정적인 발전에 따라 진행되는 것으로 너무나 개인적이고 너무 무게가 있기 때문에 등장인물 중 누구도 오랫동안 도표처럼 체계적으로 말하지는 못한다.

우리는 과학, 교육, 종교를 세 개의 "쓸모없는 의사들"(욥 13:4)이라고 부를 수 있다. 그런 것들은 소크라테스, 플라토, 아리스토텔레스가 만든 스토아 철학에 봉사하는 바보들에게나 맞는 것들이다. 욥기에 나오는 혈전은 뜨겁고, 과격하며, 개인적이고, 모욕적이며, 여러 차례 신성 모독에 접근한다. 그것이 바로 이런 상황에서 당연히 나오는 모습이다. 재난은 결코 체계적인 사건이 아니다.

성경은 결코 아담의 아들들의 타락한 본성을 미화시키지 않는다. 욥이 처한 상황에서는 "체계화된 사고"나 "지적 반박" 같은 것이 있을 수 없다.

욥은 자신이 할 수 있는 모든 반격을 다하고 있고, 32장에 이르기 전에 그의 친구들은 손에 잡히는 것은 아무거나 집어 들고서 욥을 강타한다. 욥기에서 "순례의 과정"을 찾고자 한다면 실망할 것이다. 고통과 고난은 그 특유의 언어를 가지고 있으며, 재난과 사별은 감정을 표현하는 데 좀처럼 "공식"을 사용하려 하지 않는다. 혼란과 혼동은 보병 전투나 내전, 거의 죽을 뻔한 고문을 겪은 사람의 미친 마음을 나타내는 특징이다.

욥기에 나온 인물들을 유형화시키려 하지 말라. 그렇게 되지도 않는다.

욥기 42:7,8에는 욥기 4-31장의 장황한 연설에 대한 참조 구절이 없다. 욥이 "옳게" 말했다고 하나님께서 말씀하신 것으로 보아 이것은 분명하다. 그렇게 말씀하시기 두 장 전에 주께서는 이미 욥이 잘못 말했다고 욥을 책망하셨다!(욥 40:7,8) 욥은 욥기 42:3-6에서 옳게 말했다. 세 명의 친구들은 이런 고백을 하지 않았다. 그들은 욥과 같은 배를 타고 있었으면서도 그것을 알지 못했다. (욥기 42장에서 이것에 관해 더 자세히 설명하겠다.) 욥기 마지막 장에서 엘리후가 자신에 관해 언급하지 않았다는 것만으로 충분하리라. 욥기 33:12; 34:10,19,23; 36:3; 37:24의 말을 선언했을 때 엘리후도 또한 옳은 말을 했다. 하나님의 다루심을 엘리후가 분석한 것에서 다른 점은 자기 의가 "악인"이 저지르는 다른 죄과들만큼 커다란 죄라는 것을 깨달았다는 점이다. 결국 "자아"가 그 뿌리이며(딤후 3:2), 우리 중 어느 누구도 욥이나 욥과 같은 처지에 있는 사람에게 감히 돌을 던지지 못한다(요 8:7). 모든 육체는 풀이며, 하나님은 하나님이란 사실을 잊어서는 안 된다. 즉 하나님만이 완전하게 의로우신 유일하신 분이다. 자기 의를 내세우는 욥과 같은 사람을 우리는 비난할 수 없다. 그러나 그 자기 의가 바로 문제였고(욥 40:1-14), 하나님의 거룩하심에 대한 계시만이(욥 42:1-6) 그 문제를 풀 수 있다.

얼마나 경이로운 책인가! 한 저주받은 인간의 고뇌의 와중에서, 친구들과 가족, 재산, 건강, 그리고 살아야 하는 동기조차도 파괴된 그 상황 속에서도 주께서는 "학생"에게 엄한 태도를 풀지 않으신다! 피부가 썩어 들어가는 질병과 잠 못 이루는 밤과 육신을 뒤덮는 벌레와 열병과 악몽과 "번영의 때의 친구들"이 조롱하는 와중에서도 주 하나님은 우리가 가진 진짜 문제, 즉 자아를 지적하시는 것이다! 자기 의는 마땅히 경고를 받아야 한다. "경건하고 헌신됐으며 성별된 그리스도인"은 자신이 가는 길을 잘 살펴보라! 하나님께서는 외모를 존중하지 않으신다. 스테판은 성령으로 충만했다. 그래서 살해되었다. 바울은 성령으로 충만했으며 그래서 195번의 채찍을 맞았다. 그리스도는 육신을 입으신 하나님이시지만 십자가에 처형되셨다. 존 후스(1369-1415)는 참으로 "경건"했지만 사람들은 화형대에서 그를 화형시켰다.

루마니아의 경찰서 어두운 지하 감옥에서(1948-1956) 리차드 움브란트는 하나님 앞에서 춤을 췄고 하나님 외에는 아무도 없는 데서 설교를 했다. 그의 혼의 가련한 절규 속에서, 정신이 산란해지고 착란증상이 일어나는 바로 그곳에서 우리는 다시 풀리지 않는 질문을 던질 수밖에 없다. 왜 의인이 고난을 받는가? 잿더미 위에서 외치는 욥의 절규는 인생의 근본적인 질문을 던진다. 하나님이 계시다면 왜 그분은 나로 그분을 보게 하지 않으며, 나나 나의 친구들을 이런 식으로 대하시는가? 그분이 선한 하나님이신가? 무신론자나 불가지론자들 중 그 누구도 욥기를 회피할 수 없다. 잿더미(욥 2:8)는 도시의 쓰레기장에서 흔히 발견되는 것이므로(마 5:22) 욥의 고통은 그리스도의 고난과 이스라엘의 고난의 모습을 보여줄 뿐만 아니라 하나님의 의 대신 자신의 의를 신뢰하는(롬 10:1-5) 지옥에 있는 사람의 버려진 혼의 모습을 보여주고 있다(욥 30:17-20). 간단히 말하자면 욥기는 신구약의 모든 주요 교리를 다루는 광범위한 책으로 이 교리들은 고통, 자아, 고난, 죽음, 심판 등을 다룬다. 수세기를 걸쳐 구원을 받았든 구원을 받지 않았든 모든 사람은 다음의 무시무시한 절규에 직면해야 한다. 『**오 내 친구들아, 너희는 나를 불쌍히 여기라. 너희는 나를 불쌍히 여기라. 이는 하나님의 손이 나를 치셨음이라**』(욥 19:21).

이제 "에돔"에 있는 "우스 땅"으로 가서 고난에 대해 처참할 정도로 침묵을 지키시는 우리의 주님을 좀 더 알아보도록 하자. 그곳에서는 비행기, 자동차, 울타리, 담, TV, 보트, 카세트, 휴가를 위한 숙박 시설, 가구, 냉방장치, 라디오, 은행, 가게, 청구서, 소송, 축구 경기장, 고속도로, 모터사이클, 쇼핑센터 같은 것들이 인생의 진짜 문제점들에 우리가 관심을 쏟지 못하도록 방해하지 못한다.

허식과 장식은 다 멀리 던져 버리라! 20세기의 온갖 장식과 장신구들은 저 멀리 던지라! 『**너는 잠시 가만히 서 있으라. 내가 네게 하나님의 말씀을 알게 하리라**』(삼상 9:27).

조만간 여러분과 나는, 혹은 우리 가족이나 친구들은 이런 저런 형태로 "잿더미"를 맞이하게 될 것이다. "우스 땅"을 먼저 방문해 보는 것이야말로 그러한 고난에 대해 우리 자신을 가장 잘 준비시키는 방법이다.

바울도 많은 고난을 당했으나(고후 11장 참조), 우리가 당할 수 있는 모든 종류의 고난을 다 경험한 것은 아니다. 바울은 아내나 아이들을 잃어 본 적이 없다. 또 바울은 절름발이가 되거나 지긋지긋한 병에 걸려 본 적도 없다. 욥은 바울보다 물질적으로 더 많은 것을 잃었다. 욥은 이런 모든 것을 경험했고, 하나님께서 욥을 노아와 다니엘과 나란히 두셨을 때(겔 14:14) 하나님께서는 창조주가 피조물에게 줄 수 있는 최고의 찬사를 그에게 하신 것이다(눅 7:28). 그러므로 그리스도인이 공부하기에는 성경에서 욥기보다 더 유익한 책은 없을 것이다. 왜냐하면 미국 그리스도인들은 대체로 아프리카와 아시아의 구원받지 못한 사람들보다 더 물질을 추구하는 성향이 있기 때문이다.

내 혼아, 일어나라! 엘리후는 성령의 영감을 받아서 말하려고 한다!(욥 32:8) 엘리후가 책 중의 책이며 시 중의 시이며, 한 죄인의 명성과 박해와 손실과 인내와 보상에 대한 서사시를 읊을 때 우리의 관심을 집중시키도록 하자.

차 례

• 이 책을 내면서 · 5
• 서문 · 9

욥기 1장 · 45
욥기 2장 · 67
욥기 3장 · 84
욥기 4장 · 102
욥기 5장 · 113
욥기 6장 · 131
욥기 7장 · 150
욥기 8장 · 165
욥기 9장 · 177
욥기 10장 · 196
욥기 11장 · 205
욥기 12장 · 217
욥기 13장 · 237
욥기 14장 · 253
욥기 15장 · 275
욥기 16장 · 297
욥기 17장 · 312
욥기 18장 · 322

욥기 19장 · 332
욥기 20장 · 357
욥기 21장 · 369
욥기 22장 · 397
욥기 23장 · 411
욥기 24장 · 429
욥기 25장 · 445
욥기 26장 · 454
욥기 27장 · 472
욥기 28장 · 487
욥기 29장 · 517
욥기 30장 · 531
욥기 31장 · 548
욥기 32장 · 574
욥기 33장 · 586
욥기 34장 · 609
욥기 35장 · 638
욥기 36장 · 648
욥기 37장 · 672
욥기 38장 · 686
욥기 39장 · 736
욥기 40장 · 759
욥기 41장 · 779
욥기 42장 · 792

이 책에 인용된 성경 구절은 〈한글킹제임스성경〉입니다.

욥기 1장

1:1 우스 땅에 한 사람이 있었는데, 그의 이름은 욥이더라. 그 사람은 온
전하고 정직하며, 하나님을 두려워하고 악을 피하는 사람이더라.
2 그에게 일곱 아들과 세 딸이 태어났으며
3 그의 재산도 양이 칠천이고 낙타가 삼천이며 소가 오백 겨리요, 암
나귀가 오백이며 아주 많은 가족을 두었으니 이 사람은 동방의 모든
사람 가운데서 가장 큰 자더라.
4 그의 아들들이 각자 자기 생일에 가서 자기들의 집에서 잔치를 베풀
고 사람을 보내어 그들의 세 누이도 불러서 함께 먹고 마시더라.
5 그 잔칫날들이 지나면 욥이 사람을 보내서 그들을 성결케 하였는데
아침 일찍 일어나 그들 모두의 수대로 번제를 드렸으니 이는 욥이
말하기를 "혹시 내 아들들이 죄를 짓고 그들의 마음속에 하나님을 저
주하였을까 하노라." 함이더라. 욥은 계속해서 이같이 행하더라.

첫 문장은 역사의 한 시점에서 이 지상에서 실제로 살았던 역사적인 한 인물을 언급한다. “우스 땅”(1절)은 아람의 아들(창 10:23)의 이름을 따서 붙여진 이름이다. 아람은 셈의 아들이었다. 이 땅은 에돔 땅인 이두메에 있는 것이 분명하며(아라비아, 페트라), “페트라”라는 도시로 그 위치를 짐작할 수 있다. 그 도시는 에돔 땅에 있는 사해 남쪽에 있다. 환란 때 유대인들은 이 도시로 도망하게 되며 그 뜻(“반석”)은 이스라엘의 반석이신 주 하나님에 관한 구절과 예언적으로 연계된다(시 18:2; 31:3; 42:9; 71:3 등). “우스”는 세일의 가족 중 디산의 아들이며(창 36:28), 벌링거에 따르면 창세기 22:21의 “후스”이기도 하다. 그러나 그 땅은 창세기 22:21의 후스가 태어나기 전에 이름이 붙여진 것 같다. 〈강단의 주석〉(7권, 1쪽)과 제미에슨, 포셋, 브라운은 우스가 팔레스타인 북동쪽에 있으며 다마스커스와 하란에 더 가깝다고 주장한다. 그러나 우스는 에돔에 있으며(애 4:21), 파라오와(렘 25:19) 필리스티아인 사이에서 팔레스타인을 에워싸고 있는 나라들에 포함된다(렘 25:20).

그 위치는 의심할 여지없이 에돔이며, 이곳은 바로 유대인 남은 자들이 밤에 만나를 거둬들이는 곳으로(애 5:9, 미 7:14), 예수 그리스도께서 왕의 대로로 오시는 곳이다(민 21:22).

칠십인역(A.D. 330-500, 결코 기원전에 기록되지 않았다.)은 욥이 “오시스”(오시티디)의 땅에 있다고 말한다. ASV와 New ASV 위원들은 “기원전 칠십인역”을 믿기는 하지만, 욥기 1:1에 나타난 이런 분명한 변개를 감히 따르지는 못한다. (이들은 〈킹제임스성경〉을 수정하기 위해 기원 후에 나온 카톨릭 필사본을 사용한다.)

『**그의 이름은 욥이더라**』(1절). 에스겔 14:20와 야고보서 5:11에 따르면 욥은 실존 인물이었다. 그가 “아브라함의 오대손”이었는지[대상 7:1의 “요밥” - 철자는 “야숩”(Jashub)], 혹은 그가 에돔의 두 번째 왕이었는지[창

36:33의 "요밥"(Jobab)]는 중요치 않다. 그는 실존 인물이었으며 실제 땅에서 살았고, 서문에서 언급한 바와 같이 그가 살았던 시기에 대해서는 의심의 여지가 없다. 그는 B.C.1800-1600년에 살았다. 욥이 잇사칼의 셋째 아들이라면(벌링거) B.C.1706년에는 겨우 20살이었을 것이다. 그리고 그가 죽었을 때는 B.C.1516년경으로 210살이었을 것이다. 그러나 우리는 다음 두 가지 이유로 앞의 날짜를 선호한다.

1. 벌링거는(스코필드, 잉글리쉬, R.A. 토레이, 존 라이스, 로크만 재단처럼) 고등 비평이라는 학자의 압력과 "과학"의 거짓 발견물에 종종 굴복한다. 그럴 때마다 그는 〈킹제임스성경〉을 수정한다.

2. 아브라함이 태어난 시기를 B.C.1996년으로 잡아야 할 이유가 전혀 없다. 만약에 출애굽기 12:40의 430년간의 "체류 기간"을 215년이라는 두 기간으로 나누어서 전설적인 칠십인역의 요구에 부응하려고만 하지 않는다면 그럴 이유가 전혀 없다. 아브라함이 태어난 시기에 대해 클라렌스 라킨(Clarence Larkin)이 추정한 연도가 훨씬 더 가능성이 있으며, 이 날짜는 B.C.2100년에 더 가깝다. 욥기에 나오는 욥이 잇사칼의 아들이라고(창 46:13 참조) 생각하는 것은 좀 심한 억측인 것 같다. 잇사칼은 자신의 아들들을 이집트로 데리고 갔고 그들 중 아무도 B.C.1491년에 모세가 출애굽을 인도할 때까지는 이집트에서 나오지 않았다. 창세기 27:37과 36:8의 사실을 알고서도 야곱의 자손들 중 하나가 에돔에 가서 무엇을 했겠는가? "에돔의 통치자들"이 활개를 치는 나라이며 하나님께서 에서에게 주신 땅에서(민 20:18) 그가 어떻게 "동방의 모든 사람 가운데서 가장 큰 자"(3절)가 되었겠는가?

아담 클라크(Adam Clarke)는 욥기의 중요성을 감추기 위해서 링에 올라선 첫 번째 인물이다. 그는 "욥"이라는 단어는 "슬퍼하는," "우는 사람"이라는 의미라고 말한다(주석 23쪽). 그러나 "욥"의 히브리어 어근은 "박해받는 자"라는 뜻이다. 이스라엘처럼 욥은 사탄에게 박해를 받는다(욥 1:6-21). 그러므로 욥은 요한계시록 12장에서 발견되는 것처럼 이스라엘의 고난을 보여 주는 분명한 모형이다.

『**그 사람은 온전하고**』(1절). 이 단어가 성경에서 죄가 없다는 뜻으로는 거의 쓰이지 않는다는 것에 주의해야 한다. 열왕기하 20:3과 역대기상 28:9에 나오는 "온전한 마음"은 "만물보다 거짓되다"(렘 17:9)고 언급되고 있다. 역대기하 16:9과 이사야 38:3에도 같은 말이 나온다. 누가복음 1:3에서 누가는 모든 것에 대한 모든 세부 사항을 안다고 말하는 것이 아니다. 마태복음 5:48에서는 한쪽으로 치우치지 않는 것을 말한다. 역대기하 8:16에서는 물리적 건물에 대해 말하고 있다. 누가복음 13:32에서는 이미 죄 없으신 분이 "온전해질 것"이라고 말씀하고 계신다. 히브리서 13:21에서는 자신이 하는 모든 일에서 죄 없는 사람은 아무도 없다. 왜냐하면 "죄를 짓지 아니하는 의인은 땅 위에 한 명도 없기" 때문이다(전 7:20). 빌립보서 3:12에서 바울은 자신이 "이미 온전해진" 것이 아니라고 말한다. 그럼에도 불구하고 바울을 포함해서 몇몇 그리스도인들은 온전하다!(빌 3:15) 성경에서 "온전하다"는 말은 "맞추다, 적응시키다, 완성하다, 끝내다, 정확하게 하다"는 뜻이다. "죄 없음"과는 아무 관계도 없다. 이것을 증명하려면 욥이 "온전함"(욥 9:20,21)을 "죄 없는 온전함"과 연관시켜 말하는 것을 주목하라. 욥은 죄가 없지 않다. 왜냐하면 그는 자기 의를 내세웠기 때문이다(욥 40:8 참조). 그의 "정직함"(욥 1:1)은 자기 의에서 그를 구원할 수 없었다. 정직은 아무도 구원하지 못한다!

그러나 "온전한 사람"(욥 2:3 주석 참조)에게는 네 가지 특징이 있다.

1. 그는 하나님을 두려워한다(〈피터 럭크만의 주석서 잠언〉 1:7 참조).
2. 그는 악을 피한다(욥 1:1).

3. 그는 정직하게 행한다(욥 31:1-15 주석 참조).

4. 그는 규칙과 규제, 율법, 당대의 사회적 관습에 외적으로 복종한다는 의미에서 "온전하다."

2절과 3절은 그 자체로 설명이 충분하다(욥 42:13 주석 참조). 욥은 "동방의 사람"(3절)이다. 그러므로 셈족이다(〈피터 럭크만의 주석서 창세기 I〉, 말씀보존학회, 1995, 10:21 주석 참조).

아브라함, 이삭, 야곱에서 나온 족장들과는 달리 욥은 도시에 살았고, "순회 법정"에서 재판하는 자리에 앉는 원로들 중 하나였다(욥 31:21). 반면 아브라함의 자손은 "체류자들, 순례자들, 타국인들"로 불리다가 여호수아 때에야 도시에서 살면서 "성문에 앉기" 시작한다.

『**이 사람은 동방의 모든 사람 가운데서 가장 큰 자더라**』(3절). 욥기를 공부하면서 지금 우리는 변변찮은 어떤 사람을 다루고 있는 것이 아니다. 성경에서 어떤 남자나 여자가 위대하다고 말하면(왕하 4:8) 그들은 참으로 위대한 것이다. 마술사 시몬 같은 인물은(〈피터 럭크만의 주석서 사도행전〉, 말씀보존학회, 1997, 8:9 주석 참조) 결코 하찮은 존재가 아니었다. 하나님께서 솔로몬에게 "동방 나라의 모든 자손의 지혜"보다 더 뛰어난 지혜를 주셨을 때(왕상 4:30), 하나님께서는 "헛되고 헛되니 모든 것이 헛되다."는 솔로몬이 깨달은 첫 번째 교훈을 가르치기 위해서 솔로몬을 욥기로 인도하셨다.

『**그의 아들들이 각자 자기 생일에 가서**』(4절). 이 구절은 일 년에 한 번 일곱 번의 "생일 파티"를 여는 구절로 해석되는 것이 일반적인 해석 방법이다. 욥의 딸들은 "그들의 형제들과 먹고 마시도록" 초대된다(4절). 욥의 가족은 아주 친밀한 관계를 유지했는데, 자매들을 "파티"에 초대하는 것으로 보아 이 잔치가 비도덕적인 모임은 아니라는 것을 알 수 있으며 진정한 기쁨과 감사의 때였던 것이 분명하다. 그러나 욥은 사람 안에 있는 것을 알았기 때문에(요 2:25) 어떤 것도 당연시하지 않고 축제가 끝나면 그들을 성결케 한 다음 일찍 일어나 "그들 모두의 수대로 번제를" 드렸다(5절). 주께서는 이 번제를 받으신다. 이것은 이 책의 끝에서 욥의 세 친구에게 하신 명령으로 볼 때 분명하다(욥 42:8). 생일이 일곱 번의 각기 다른 날이라면 일 년에 일곱 번의 잔치가 열린 것이며 이것은 제미에슨의 추측보다는 더 가능성이 있다. 제미에슨은 각 아들이 일주일 동안 자신의 생일에 7일간의 "잔치를 하는" 연례행사가 있었다고 추측한다.

창세기 22:3에서 아브라함은 희생제를 드리기 위해 아침에 일찍 일어난다. 물론 희생제는 아브라함 훨씬 이전부터 있어 왔다(창 8장).

1:6 하루는 하나님의 아들들이 와서 주 앞에 섰고 사탄도 그들 가운데 왔더라.

7 주께서 사탄에게 말씀하시기를 "네가 어디서 왔느냐?" 하시니 사탄이 주께 대답하여 말씀드리기를 "땅에서 여기저기, 위아래로 두루 다니다 왔나이다." 하니

8 주께서 사탄에게 말씀하시기를 "너는 내 종 욥을 유의해 보았느냐? 세상에 그와 같은 사람은 아무도 없나니 그는 온전하고 정직한 사람으로 하나님을 두려워하고 악을 피하는 자니라." 하시니라.

9 그때 사탄이 주께 대답하여 말씀드리기를 "욥이 아무런 이유 없이 하나님을 두려워하리이까?

10 주께서 그와 그의 집과 그가 소유한 모든 것에 사면으로 장벽을 두르심이 아니니이까? 주께서는 그가 손으로 하는 일에 복 주셨고 그

의 재산이 그 땅에서 늘어나게 하셨나이다.

11 그러나 이제 주의 손을 내밀어 그가 소유한 모든 것을 쳐 보소서. 그
리하시면 그가 주를 정면으로 저주하리이다." 하더라.

12 주께서 사탄에게 말씀하시기를 "보라, 그가 소유한 모든 것이 네 권
세에 있으나 다만 그의 몸에는 네 손을 대지 말라." 하시니 사탄이
주의 면전에서 물러가니라.

이때 욥의 인생의 무대에 "우리 형제들의 고소자"(계 12:10)가 등장한다. 그는 성경에서 50번 이상 등장하며 주 예수 그리스도의 인격과 사역 다음으로 하나님의 말씀에서 가장 중요한 인물이다. 성경에는 18명의 적그리스도의 유형이 나온다(〈짐승의 표〉, 말씀보존학회, 1997 참조). 성경에서는 베드로, 야고보, 요한에 관한 정보보다 이 "죄의 사람"(살후 2:1-3)의 인격과 사역에 관한 정보가 더 많다. 성경에서 사탄은 능력과 지혜에 있어서 하나님 다음이다(슥 3:1,2). 천사장조차도 사탄을 비방할 수 없다(유 1:9). 그는 별 노력도 들이지 않고 "온 세상"(계 12:9)을 미혹할 수 있다. 그는 거의 6,000년간의 기록된 역사 속에서 그와 함께 링에 오른 모든 사람을 패배시킨다(한 사람만 제외하고).

성경에 나오는 사탄은 통치자이며(예수 그리스도처럼), 신이고(예수 그리스도처럼), 천사이며(예수 그리스도처럼, 〈피터 럭크만의 주석서 갈라디아서〉, 말씀보존학회, 4:14 주석 참조), 메시아이고("기름부음을 받은," 겔 28:14), 왕이다(욥 41:34). 주 예수 그리스도처럼 그는 흰 말을 타며(계 6:1,2), 성경을 인용하고(눅 4:10), 도시인 신부를 가지고 있으며(계 17장), 예수 그리스도처럼 그에게도 사역자들, 사도들, 교회들이 있다(행 19:37). 그가 활동하는 주요 영역은 종교 영역이며 "종교"를 제거하기 위해 종종 과학과 교육을 사용하기는 하지만 일시적으로만 그럴 뿐이다. 이 선견지

명이 있는 "이 세상의 신"(고후 4:4)에게는 미래에 성취될 계획이 있다. 외계에서 지구로 내려와서(계 12:3-12) 인류의 지배자이며 구세주로 자처하며 보좌에 앉는 것이다(살후 2:1-10). 그는 과거에는 그룹이었으며(겔 28:14), 현재는 용이며(사 27:1,2), "빛의 천사"로 나타난다(고후 11:1-14). 모든 천사는 남성이므로 그도 외계에서 온 한 남자로 세상에 모습을 나타낼 것이며(계 13:18, 사 14:16), 과학, 교육, 종교가 지난 6,000년 동안 풀지 못했던 문제들을 해결할 수 있다고 말할 것이다.

『**사탄도 그들 가운데 왔더라**』(6절). 여기에 사탄과 함께 온 "하나님의 아들들"(6절)은 아담 이전의 존재들이다(욥 38:7 주석 참조). 그들은 시편 82편과 창세기 3:5의 "신들"로 창세기 6장 주석에서 이들에 대해 자세하게 설명해 놓았다.

이 장면은 열왕기상 22장과 연결된다. 거기서는 거짓말하는 영이 아합을 속이고 "한 방" 먹인다. 『**사탄도 그들 가운데 왔더라**』(6절)는 말이 과거 시제로 단순한 서술체로 본문에 나온다. 그러나 고통, 죽음, 마귀 숭배, 배교, 무지, 거짓말, 도둑질, 굶주림, 살인, 저주로 가득 찬 6,000년이라는 인간 역사의 관점에서 볼 때 이 말은 참으로 무시무시한 말이다. 사탄이 시몬 베드로와(눅 22:31) 다윗(대상 21:1)을 노린 것처럼 여러분을 노렸다면, 그러한 상황에서 살아남기 위해서는 하나님께서 주실 수 있는 모든 은혜와 하나님의 사람들이 해 줄 수 있는 모든 기도와, 성경에서 읽을 수 있는 모든 약속과 성령께서 주실 수 있는 모든 위로가 필요하게 될 것이다. "사탄도 그들 가운데 왔더라."는 "다가올 사건들"의 전조이다. 이런 선언에 참여할 가능성이 조금이라도 있다는 것을 알기만 해도 피가 얼어붙을 것이다.

『**네가 어디서 왔느냐?**』(7절) [마 26:50에서 이 질문의 짝을 살펴보라.] 이 질문에는 사탄이 지상에 있을 수도 있음을 시사한다. [행 14:12 주석에 나오는 "쥬피터"에 대한 설명과 요한계시록 12:10의 "우리 하나님 앞에서"에 관한 주석 참조!] "땅에서 여기저기"(7절)라는 말은 "두루 다니는" 베드로전서 5:8의 "울부짖는 사자"와 일치한다. "땅에서"(in the earth, 7절)라는 표현은 8절에서 욥을 언급하며 나오는 "세상에"와 일치한다. 물론 이 말은 지구 안(inside the earth)을 의미하지는 않지만 사탄이 땅 속을 여행할 수 있는 가능성은 얼마든지 있다.

『**너는 내 종 욥을 유의해 보았느냐?**』(8절) 사탄이 욥을 "유의해 보았다"는 것은 분명하다. 여호수아(출 33:11), 모세(수 1:1), 다윗(시 19:11,13), 야고보(약 1:1), 유다(유 1:1), 요한(계 1:9), 바울(딛 1:1) 같은 사람들이 하나님을 섬길 때 사탄은 그들을 "유의해 본다." 하나님을 섬기는 어떤 사람을 하나님께서 높이시면(요 12:26) 경배받기를 원하는 한 신이(살후 2:2-8) 이 경쟁자에게 관심을 표명하지 않겠는가?

『**욥이 아무런 이유 없이 하나님을 두려워하리이까?**』(9절) 즉 "욥이 당신을 두려워하는 동기가 단순히 그가 경건하기 때문이라고 생각하는 겁니까?" 마귀는 재빨리 욥을 고소한다. 『**주께서... 사면으로 장벽을 두르심이 아니니이까?... 그가 손으로 하는 일에 복 주셨고...**』 사탄이 내세우는 전제는 분명하다. 욥은 부유하고 안전하기 때문에 선하다는 것이다. 그를 안전하게 보호하는 것과 부를 제거하고 나면 욥은 타락하게 될 것이라는 것이다. 『**그가 소유한 모든 것을 쳐 보소서. 그리하시면 그가 주를 정면으로 저주하리이다**』(11절).

이것은 우주의 지방 검사가 욥을 박해하는 모습을 완벽하게 보여 준다.

그리스도는 우리의 중보자시며 변호인이시다. 즉 그분은 피고측 고문 변호사로 형사 변호사이신 것이다. 사탄은 사형이나 그와 연관된 어떤 것이라도 수행할 수 있는(욥 2:6) 완전한 권세를 가진(히 2:14) 지방 검사로 나타난다. 9-11절에서 우리는 사탄의 이론을 알 수 있다. 즉 빈민가가 범죄자를 양산한다는 것이다. 생태 문제가 범죄 행위 배후에 있다. 환경 탓이다. 사회적 상황 탓이다. 소득이 문제다. 가난 탓이다. "기존 체제" 탓이다. 욥의 위치에 대해 사탄이 분석한 것은 나름대로 적절하다. 이것을 구약의 "구속 역사"로 간과하기 전에 거울에 비친 자신의 모습을 볼 필요가 있다. 하나님께서 욥에게 그러셨던 것처럼 오늘밤 여러분을 발가벗기신다면 그래도 여전히 도덕적으로 영적으로 신뢰할 만한 사람으로 남아 있을 수 있겠는가?

이 장면은 실제 상황이다. 오늘날에도 정기적으로 이런 일이 일어난다. 이 장면에는 "묵시적"이거나 상상의 산물은 전혀 없다. 죄나 죽음만큼 실제적이며 "현대적인" 일이다. 현대 과학자들이 이 장면을 본 적이 없다거나 살아서 그런 언급을 한 적이 없다는 사실은 전혀 중요하지 않다. 여기서 성경은 베일을 걷고 하나님의 계시가 아니면 전혀 알 수 없는 초자연적인 영역을 볼 수 있게 해준다. 이것을 거부하고 싶다면 생명을 걸고 거부할 수도 있다. 불교, 카톨릭, 공산주의는 절대 진리를 거부하고, 어떤 분명한 목표도 없이 통합을 향해 간다. 이와 같이 현대의 모든 종교·철학 체계는 신약에 나오는 구원에 대한 계시를 거부한다. 구원이란 불못에서 나오는 것일 뿐만 아니라 "이 세상의 신"(고후 4:4)에게서 빠져나오는 것이다. 어떤 신학이나 과학이나 철학 단체는 실제로 살아 있는 인격인 사탄이라는 존재를 비현실적인 것으로 만들어 다음 사항을 거부하게 만든다는 것을 알지 못한다.

1. 성경적 속죄 교리(〈피터 럭크만의 주석서 골로새서〉, 말씀보존학회,

2:8-16 주석 참조).

2. 믿는 자들을 위한 올바른 영적 전쟁(엡 6:10-18).

3. 현대의 문제들의 기원에 관한 창세기의 설명.

4. 메시아께서 그분의 사역을 준비하는 것에 관한 복음서의 설명(눅 4:1-13 참조).

5. 지상에서 일어나게 될 사건을 다루는 요한계시록의 역사적 사실성(계 11,12,13,19,20장 주석 참조).

사탄을 "악의 원리," "신화에 나오는 대적자," "요정" 정도로 처리하는 사람은 성경을 믿지도 않는 것이며 마귀의 실체를 올바로 파악할 수도 없다.

『**이제 주의 손을 내밀어**』(11절). 하나님의 손과 사탄의 손이 얼마나 밀접하게 작용하는지 주의해 보라. 주께서는 즉시 『**다만 그의 몸에는 네 손을 대지 말라**』(12절)고 말씀하시고, 다음 장에서는 『**네가 나를 움직여 그를 대적하도록 하여 까닭없이 그를 파멸시키려 하였으나**』(욥 2:3)고 말씀하신다. 사무엘하 24:1과 역대기상 21:1에서 특이한 상호 교환 과정을 주의해 보라. 출애굽기 12:12,13,23의 말씀에서도 이와 같은 것을 찾아 볼 수 있다. 주님과 사탄은 너무도 가까이서 일하기 때문에 하나님의 계시와 성령의 조명을 떠나서는 이 둘을 구별하는 것은 불가능하다. 재난, 질병, 무능력, 죽음, 부채, 이혼, 유기, 저주, 마약 남용 등이 발생할 때 이 둘을 구별하는 것은 참으로 어렵다. 모든 헌신된 하나님의 자녀들이 맨 처음 직면하게 되는 실제적인 문제는 이것을 분별하는 것이다. 즉 이 장애는 주께서 나를 막으시기 위해 경고하시는 것인가, 이 일을 그만 두게 하려고 사탄이 하는 일인가? 욥처럼 어려움에 처하게 되면 대부분의 사람들은 욥의 아내처럼 생각한다. 욥의 아내는 자신의 남편이 하나님께 저주를 받고 지옥으로 가는 것이 정해졌다고 생각했다.

『**보라, 그가 소유한 모든 것이 네 권세에 있으나**』(12절). 하나님께서 허락하신 뜻의 첫 번째 조치는 욥에게 속한 것은 모두 사탄에게 넘겨줘서 “그 육신을 멸망케” 하는 것이었다(고전 5:5). 우리는 여기서 하나님의 허락 없이는 사탄은 아무것도 할 수 없다는 것을 알 수 있다. 하나님께서 욥의 자녀들과 재산을 사탄에게 넘겨주셨지만 욥의 건강은 보류해 두셨다. 다음 장에서는 욥의 건강을 파괴시키고 생명은 남겨 두신다(욥 2:6). 즉 사탄은 하나님께서 그에게 허락하신 것만큼만 할 수 있다(롬 8:28). 거듭난 하나님의 자녀에게 이것은 큰 위안이 된다. 왜냐하면 상황이 아무리 악화되더라도(예를 들면 로마서 8:25-35), “피로 씻음 받은”(계 1:5) 구속받은 혼을 파괴하도록 허락하지는 않으시기 때문이다! 이 얼마나 감사한 일인가! 할렐루야!

『**사탄이 주의 면전에서 물러가니라**』(12절, 카인을 언급하는 창세기 4:16의 말씀과 비교).

욥의 드라마를 계속하기 전에 잠시 로비로 나가서 “자격을 갖춘 권위자들”이 욥기의 서두 장면에 대해 무슨 말을 하는지 살펴보도록 하자.

아담 클라크와 메레디스 클라인(위클리프 주석)은 문제를 전혀 처리하지는 못했지만 본문에 별 큰 수정을 가하지는 않는다. 반면 헤브너는 칠십인역 필사본이 히브리 본문의 20%를 삭제했다고 조심스럽게 말한다(Ibid., 421쪽). 피크는 “재산”(substance, 3절)을 “가축”(cattle)으로 바꿨고, 버드는 “마음”(heart, 5절)을 “생각들”(thoughts)로 바꿨다. “저주하였을까”(cursed, 5절)란 단어가 에발트, 델리취, 딜먼, 데이빗슨, 슐룻만의 저작물에서는 “말로 표현된 작별”(bidden farewell)로 바뀌었다. [5절의 “저주”라는 단어는 어떤 경우에는 “축복”으로 번역될 수도 있다. 〈킹제임스성경〉 본문의 독보적인 권위를 이것으로도 알 수 있다. 왜냐하면 오늘날 많은 미국인들이 "he blesses him out"이라고 하면 "그를 저주했다"(he cursed him)는 뜻이기 때문이다. 오에스터리와 로빈슨은 욥기의 연대와 역사적 배경은 전혀 중요하지 않다고 말하고 있으며 〈리빙바이블〉(Living Bible, 틴데일 출판사)은 3절에서 셈족에 관한 언급을 지우고 "그 지역 전체에서"(in that entire area)로 대체시켰다. 이상하게도(배교를 공부한 사람에게는 이상할 것이 없다.) 테일러(죽은 성경, The Dead Bible)는 여기서는 "하나님의 아들들"(6절)을 "천사들"로 번역하지 않는다. [사탄의 인도를 받는 보수주의 학자들에 관해서는 사도행전 14,16,19장 주석 참조.] "저주하였을까"(cursed, 5절)를 "하나님에게서 돌아서다"로 변개시키기 전에 테일러는 미국 유대 출판협회에서 영어로 출판한 맛소라 본문을 무시한다. 왜냐하면 그 출판물에는 "신성을 모독하였을까"(Blasphemed)로 되어 있기 때문이다. [〈킹제임스성경〉의 본문은 대개 리빙바이블(The Living Bible) 같은 먼지떨이보다는 히브리 맛소라 구약 본문에 훨씬 더 가깝다. 〈뉴스코필드성경〉은 본문에서 네 단어를 고치고서는 독자들에게는 그것이 "공인 역본"이라고 생각하도록 속이고 있다. 〈뉴스코필드성경〉의 서문에는 그 책이 〈킹제임스성경〉이라고 되어 있는데 〈킹제임스성경〉의 본문은 그 성경의 난외에 처박혀 있다. 〈뉴스코필드성경〉은 〈킹제임스성경〉이 전혀 아니다.]

1:13 하루는 욥의 아들들과 딸들이 그들의 맏형 집에서 음식을 먹고 포도주를 마시고 있는데
14 한 심부름꾼이 욥에게 와서 말하기를 "소들은 밭을 갈고 나귀들은 그 옆에서 풀을 뜯는데
15 사베인들이 그것들을 덮쳐서 빼앗아 갔고 정녕 칼날로 종들을 죽였

으며 나만 홀로 피하여 주인께 고하러 왔나이다." 하더라.

16 그가 아직 말하고 있는데 또 한 사람이 와서 말하기를 "하나님의 불 이 하늘에서 떨어져 양들과 종들을 불살라 진멸하였나이다. 나만 홀로 피하여 주인께 고하러 왔나이다." 하더라.

17 그가 아직 말하고 있는데 또 한 사람이 와서 말하기를 "칼데아인들 이 세 무리를 지어 낙타들을 덮쳐 끌고 갔고 정녕 칼날로 종들을 죽였으며 나만 홀로 피하여 주인께 고하러 왔나이다." 하더라.

18 그가 아직 말하고 있는데 또 한 사람이 와서 말하기를 "주인님의 아들들과 딸들이 그들의 맏형 집에서 음식을 먹고 포도주를 마시 고 있는데,

19 보소서, 광야로부터 큰 바람이 와서 그 집 네 모퉁이를 치니 그 집 이 그 청년들 위에 무너져서 그들이 죽었나이다. 나만 홀로 피하여 주인께 고하러 왔나이다." 하더라.

20 그때 욥이 일어나 그의 겉옷을 찢고 머리를 밀고 땅바닥에 엎드려 경배하며

21 말하기를 "내가 내 어미의 태에서 맨몸으로 나왔으니 내가 맨몸으 로 그리 돌아가리이다. 주신 분도 주시요, 빼앗아 가신 분도 주시니 주의 이름을 송축하나이다." 하더라.

22 이 모든 일에도 욥이 죄를 짓지 아니하였고 어리석게 하나님을 탓 하지 아니하였더라.

욥의 생애에서 이런 재앙이 일어난 연도는 제시되지 않았지만 이런 재앙이 일어난 뒤에도 욥은 140년을 더 산다. 10명의 아이들을 낳고 『**아주 많은 가족**』(3절)을 둘 만한 시간이 있어야 하므로 이런 끔찍한 시험이 일어났을 때 욥이 70세였다고 생각해도 그리 지나친 것은 아니다. 어떤 사람은 50세로 생각하기도 하지만 이삭이 75세까지 결혼을 하지 않았고 야곱이 77세가 넘어서야 결혼한 것을 참작한다면 욥이 70세도 되지 않아서 10명의 아이를 낳았다고 보는 것은 위험하다. 욥의 친구들도 욥에게 말하기를 『**네 아비보다 훨씬 더 늙은**』(욥 15:10) 사람들을 알고 있다고 했다. 욥은 이런 고난을 겪은 후에도 140년을 더 살았으므로 그 구절의 늙은 사람들은 150-200살은 족히 된 사람들일 것이다.

4명의 사자들이(14,16,17,18절) 욥의 귀에 끔찍한 소식을 전한다. 사베인, 칼데아인, 번개, 그리고 허리케인으로 욥은 재산과 자녀들을 잃는다. 그는 완전히 망한 것이다. 그의 재산은 다 없어지고 주식도 사라졌으며 파산 선고를 하게 된다. 이것도 부족하기라도 한 듯 10구의 시체까지 묻어야 할 판이다!

욥에게 일어난 일보다 더 무서운 일은 인생에서 그리 많지 않다. 이런 설명을 이해하고도 21절에서 보이는 욥의 반응에 놀라지 않는 사람은 참으로 무정한 독자이다. 하나님의 손에서 그런 강타를 당하고도 “영과 진리로 경배”할 수 있는 사람이 우리 중 누구인가? 자녀를 묻어본 적이 있는가? 그것도 하루에 10명을? 우리 중에는 아들이 죽는 것을 보느니 차라리 자신이 죽겠다고 할 사람이 있을 것이다. 트레블링카, 부첸발트, 아우슈비츠의 죽음의 수용소에 있는 유대인이라 할지라도 하루에 10명의 자녀를 잃은 사람이 있었겠는가? 10명의 자녀를 잃고 살아남아서 자녀들을 묻는 것보다 그들과 함께 죽는 편이 더 낫지 않겠는가?

주석가들은 욥기 1:13-21을 평하는 데 너무나 가볍게 재잘거리거나 혹은 너무나 냉담하고 너무나 간단하게 말한다. “일회용품들과 가정용 편의용품들”이나 “고통이 가하는 강한 일격” 등으로 일반화시키는 것은 핵심을 간파하지 못한 말이다. 핵심은 이렇다.

1. 존스 타운 홍수 때(1889), 어떤 여자가 떠다니는 나무판자에 자신의 아

이들을 태우고 띄워 보내면서 아이들에게 입맞추며 작별 인사를 하고 그들을 위해 기도했다. 그 중에는 아직 4살이 되지 않은 아이도 있었다. 홍수가 지나간 뒤 그녀의 아이들은 시체로 발견되었다. 그녀는 아이들을 잃은 과부가 되서 자신의 가족이 있는 버지니아로 돌아왔다. 존스 타운을 떠나면서 그녀는 공허하게 말했다. "모든 것이 끝난 이곳을 떠나야겠어요."

2. 1960년대 오하이오 캔턴에서 한 여자와 그녀의 남편이 집에 돌아와서 4명의 아이들이 불에 타 죽은 것을 발견하게 됐다. 그녀는 몇 주를 정신 병원에서 보낸 뒤에야 가까스로 정상적인 생활을 하게 되었다.

욥이 10명의 아이들을 잃었다는 말은 말 그대로 그들이 모두 죽었다는 뜻이다. 구전된 전설도 아니며, 동화나 신화도 아니다. 욥이 일곱 아들들과 세 딸들을 잃는 데에는 24시간도 채 걸리지 않았으며, 욥은 그들을 잃어버린 것을 슬퍼했던 것이다.

『**주신 분도 주시요, 빼앗아 가신 분도 주시니 주의 이름을 송축하나이다**』(21절). 사탄이 가져갔지만(히 2:14) 하나님께서 허락하신 뜻 안에서만 그렇게 한다. 욥은 21절을 말하면서 죄를 짓지도, "어리석게 하나님을 탓하지"도 않았다.

13절은 설명이 필요 없다.

『**사베인들이 그것들을 덮쳐서**』(15절). 사베인들은 아브라함과 크투라의 손자인 시바(창 25:3)의 후손이다. 이것으로 볼 때 욥의 시대는 에서와 야곱 시대거나 아니면 그보다 조금 더 뒤이다. 사베인들은 사막의 약탈자들이다. 사탄은 한 사람을 남겨서 그 소식을 전하게 한다. 『**그가 아직 말하고 있는데**』(16절) 혼자 남은 목동이 그 다음 재앙을 알린다. 욥의 재난은 그가 호흡을 가다듬을 시간도 없이 2중으로 몰아친다. 『**그가 아직 말**

하고 있는데』(17절) 더 나쁜 소식이 도착한다. 『**칼데아인들이 세 무리를 지어**』(17절). [이 구절을 보고 제미에슨과 포셋과 브라운은 "우스"가 시리아의 극북동쪽 모퉁이에 있는 유프라테스 지역에 있다고 생각하게 된다. 그들은 바빌론(칼데아) 출신의 칼데아인들은 에돔과는 전혀 상관이 없다고 생각한다. 그러나 칼데아인들은 욥이 등장하기 100년 전 페트라(에돔) 도처에서 싸움을 하고 있었다. 창세기 14장에서 시날 왕(창 14:1)은 아브라함 시대에 소돔과 고모라 근처에 군대를 가지고 있었다. 소돔과 고모라는 "우스 땅에 있는" 페트라에서 50마일 거리도 되지 않는다. 성경은 항상 "유명한 주석가들"을 평하는 최고의 주석이다(〈피터 럭크만의 주석서 소선지서〉 합 1:6-8 주석 참조).

『**그가 아직 말하고 있는데**』(18절) 또 다른 사자가 들어온다. 매번 사탄은 일을 저지르고 나서 단 한 사람만 살아남게 한다. 이로 인해 재앙이 더욱 돋보이게 되고 욥은 회복될 소망을 잃게 된다.

『**광야로부터 큰 바람이 와서**』(19절). "그 집의 네 모퉁이"가 동시에 무너진 것으로 보아 허리케인이나 사이클론 같은 회오리바람일 수 있다. 19절에서 독자는 욥의 딸들이 언급되지 않은 것에 주의해야 한다. 이 딸들은 욥기 끝에서(욥 42:14) 이름이 나온 유일한 사람들이기 때문에 흥미로운 일이다. 클라인(Kline), 클라크(Clarke), 벌링거(Bullinger), 제미에슨(Jamieson), 윌리엄스(Williams), 포셋(Fausset), 브라운(Brown), 〈"새성경" 주석, *New Bible Commentary*〉(개정판)은, 이상하게도 이 딸들에 대한 언급이 없는 것을 눈치 채지 못한다. 그들은 전혀 설명을 하지 않는다. 제미에슨은 자신의 한 권짜리 주석에서 "청년들"(young men)은 룻기 2:21에서처럼 "젊은 사람들"(young people)로 바꿔야 한다고 말한다. 룻기

2:21에서 사용된 같은 단어가(히브리어 "*나아림*") 바로 욥기 1:19의 문맥 속에도 있다(사실을 말하자면 이 단어는 젊은 사람들이 아니라 "종들"에 해당하는 단어로 15,16,17절에 나오는 단어와 같다). 15,16,17절의 "청년"은 "종들"이다. 왜냐하면 이들은 욥을 위해 일하고 그의 가축을 돌보기(3절) 때문이다. 19절의 청년들은 그의 아들들이다. 그러므로 15,16,17절의 청년들과는 구별되어야 한다. 〈킹제임스성경〉의 번역자들은 이 구별을 했다. "불일치"에 대해 어떤 번역가도 정직하게 "소동을 일으킬 수"는 없다. 왜냐하면 그들 자신들도 같은 단어를 어떤 곳에서는 "젊은 사람들"로, 다른 곳에서는 "청년들"로 번역하며, 때로는 "종들"(맛소라 성경)로도 번역할 수 있기 때문이다. 화자의 말로 볼 때(18절) 딸들도 죽었음은 당연하다. 왜냐하면 종이 "나만 홀로 피하여 주인께 고하러 왔나이다."(19절)라고 말했기 때문이다. [이스라엘의 세 명절 때 남자들만 나타나는 것과 연관해서 이 문제를 더 연구해 볼 필요가 있다. 이것은 첫 번째 부활의 세 부분과 일치한다(고전 15:23 참조).]

『그때 욥이 일어나 겉옷을 찢고 머리를 밀고 땅바닥에 엎드려 경배하며』(20절, 에 4:1, 미 1:16 참조). 이 두 행동은 깊은 슬픔을 보여주는 상징적인 행동이다. 첫 번째는 죽음을 상징하는 것으로 육체를 찢는 것이다(히 10:20). 두 번째는 불필요한 모든 것을 벗는 것을 상징하며(출 33:5), 한 사람의 나체를 덮을 수 있는 모든 것을 잃었다는 뜻이다(행 22:23 주석 참조). **『땅바닥에 엎드려 경배하며』**(20절). 욥으로 하여금 "술을 마시거나" 자살을 하게 충동질하는 대신 사탄은 욥이 기도 모임을 갖도록 충동질한 꼴이 되어 버렸다!

『내가 내 어미의 태에서 맨몸으로 나왔으니 내가 맨몸으로 그리 돌아

가리이다. 주신 분도 주시요, 빼앗아 가신 분도 주시니 주의 이름을 송축 하나이다』(21절). 자신의 가족과 소유에 쏟아 부어지는 하나님의 진노에 대해 욥이 보인 반응은, 인간이 지상에서 살아 숨 쉬는 한 참다운 성도의 태도가 어떤 것인가를 보여 준다. 욥의 상황에 처해서도 하나님을 저주하는 대신(11절) 하나님을 "송축"할 수 있다면(시 34:1; 103:11,20,21 등) 제 1계명을 지키는 데는 별 어려움이 없을 것이다.

욥기가 여기서 끝난다면 욥의 가슴 속에 묻어둔 쓴 뿌리를 아무도 찾아내지 못할 것이다. 즉 우리 모두 안에 있는 자기 의를 내세우는 "자아"가 욥에게도 있었던 것이다. 죽어가던 강도는(눅 23장) "성공한" 셈이다. 그는 결코 살아남아서 그리스도인들이 실업인 모임에서 싸우고, "하나님의 영광을 위해" 돈을 훔치고 출석에 대해 거짓말을 하고, 자신이 경쟁할 수 없는 사람들을 비방하고, 하나님의 말씀을 부인하고 타락하는 것을 보지 않았다. 죽어가던 강도(눅 23장)는 회심하자마자 하나님과의 "교제에서 벗어날" 기회도 없이 곧바로 영원한 집으로 갔기 때문이다. 욥은 재난을 당하고서 영웅적인 반응을 보인 후에도 계속 살아가야만 한다.

문제는 시간이다.

21절 이후(혹은 2:10 이후) 본향에 가서 영광을 받는 대신 욥은 적어도 8일을 더 지내고, 그 후 세 "친구들"을 처리해야만 한다. 이 친구들은 하나님께서 그들의 복지 수표를 거두어 가셨다면 하나님을 저주했을 사람들이다. 사탄은 인간의 본성을 안다. 그래서 욥에게 시간을 준다. 그리고 종국에는 쌓아 놓은 공적을 날려버리려 한다. 엔트로피 법칙은 다른 곳에서 일어나는 것과 똑같이 사람 안에서도 일어난다. 존 웨슬리가 죄 없는 삶을 살아야 한다고 말한 면에서는 옳았을 수도 있다. 그러나 매순간(1분에 60초, 한 시간에 60분씩) 기도 가운데 하나님과 교제할 때만 죄 없는 삶을 사는 것이 가능하다. 다른 지름길은 없다. 시간이 지나면 퓨즈가 나가고 절연체가 얇아진다.

여기서 잠시, 고통 중에 있는 사람의 거룩한 외침과 욥기 19:22(『**어찌 하여 너희가 하나님처럼 나를 박해하느냐?**』)를 비교해 보도록 하자. 사탄이 24시간 내에 욥에게 모든 것을 던져서도 할 수 없었던 일을 빌닷과 소팔과 엘리파스는 시간의 도움으로 할 수 있었다. 사람의 혼을 시들게 하는 것은 반격이 아니다. 피가 물이 되고 심장이 귓속에서 박동할 때까지 계속되는 포병의 폭격이다. 영국 스미스필드의 화염 속에서도(1557-1559) 좋은 간증을 지킨 사람들이 많이 있다. 그러나 이들은 뉴 헤브라이즈 군도에서 존 패튼이 받았던 압력(1824-1907)을 받았더라면 결코 견디지 못했을 것이다. 혹은 보샹 빅(1902-1975)이 거의 전 생애 동안 받았던 압력을 받았더라면 결코 살아남지 못했을 것이다.

우리 모두는 같은 방법으로 와서 같은 방법으로 떠난다(21절). 즉 맨손으로 와서 맨손으로 떠나는 것이다. 시체를 입관하거나 화장시키기 전에 죽은 몸을 씻긴다. 그러나 옷을 입힌 채로 씻기지는 못한다. 자동차 사고나 폭탄에 맞아 즉사한다고 해도 어쨌든 맨손으로 간다. 왜냐하면 그런 사고에서는 옷이 다 날아가 버리기 때문이다. 탁 트인 들에서 죽을 수도 있고 옷을 입은 채 대양에 빠져 익사할 수도 있다. 그렇다 해도 개미들과 파리들(혹은 조개들과 물고기들)이 그 몸을 뒤덮을 쯤에는 여전히 "맨손"이다. 올 때도 빈손이요, 갈 때도 빈손이다(전 7:8,14). 욥은 자신이 태어나기 전에 꿈꾸지 않는 수면(dreamless sleep)에 잠긴 무의식 상태에 있었으며(욥 3:16,17), 만일 그가 구원받았다면 그 상태로 돌아갈 것임을(욥 10:18-21) 인식한다. 물론 이것은 갈보리 이후에 우리가 죽을 때와는 다른 경우이다. 우리는 미래의 휴거 때까지 주님의 품에서 의식 있는 상태로 쉴 것이며(살전 5:8,9; 고후 5:1-12), 그 뒤 우리의 "사랑하는 이"(솔 2:16)와 함께 영광스러운 섬김의 영원을 보내게 될 것이다.

『**주신 분도 주시요, 빼앗아 가신 분도 주시니**』(21절). 빼앗아 간 자는 사탄이지만(12-19절), 사탄이 한 일을 주님께서 한 일로 돌렸다고 해서 욥이 주님께 비난받지는 않았다. 사탄은 "하나님의 일꾼"으로서 행동했다(롬 13:1-4). 욥은 그런 대우를 받을 만한 일은 전혀 하지 않았지만 "마음을 아시는"(욥 42:4, 암 4:13) 분은 욥이 어느 정도의 "연단"(욥 23:10 - 우리 모두 그렇지 않은가?)이 필요함을 아셨다. 그래서 하나님께서는 "고난의 용광로"(사 48:10)에 욥을 집어넣으신다. 그리고 "이 모든 일에도 욥은 죄를 짓지 아니하였고 어리석게 하나님을 탓하지"(22절, 욥 2:10 참조) 않았다. 야고보서 3:2의 온전한 사람처럼 욥은 몸을 복종시켰다. 욥은 천 명 중에 단 한 사람도 할 수 없는 일을 할 수 있었다. 즉 자신의 혀를 제어할 수 있었다. 비록 잠시뿐이기는 했지만!

한편 〈리빙바이블〉은 욥의 고전적인 답변을 가련할 정도로 왜곡시키고 있다. 그 역본에는 여기 욥의 강력한 절규가 "죽을 때 아무것도 갖지 못할 것이다."로 줄어들었다. 『**어리석게 하나님을 탓하지 아니하였더라**』(22절)를 "비방하다"(revile)로 대체시킨 것은 진리를 더욱 축소시킨 행위이다. NEB는 본문이 무엇을 의미해야 하는지는 전혀 상관하지 않고 욥이 "불합리"(unreason)하게 하나님을 탓하지 않았다고 말한다. 에발트와 다른 사람들은 21절의 "태"가 "어머니 지구"의 태라고 말한다. 〈뉴스코필드성경〉은 1830년에 아담 클라크가 쓴 주석과 일치시키기 위해 그 구절에 "thee"라는 단어를 첨가시킨다. 제미에슨, 포셋, 브라운은 에발트를(19세기) 따라서 태는 "시적으로 보편적인 어머니"인 지구라고 본다. 그리고 이에 대한 증거로 시편 139:15를 댄다. 그러나 시편 139편에서 다윗은 말 그대로 창조(창 1:27; 2:7 참조)를 말하고 있는 것이지 자신의 개인적인 탄생을 언급하는 것이 아니다. 제미에슨, 포셋, 브라운은 이 두 구절을 단순히 영적으로만 해석한다(오리겐처럼). 그리고 나서 사사로운 해석을 우리에게 제시한다. 다행스럽게도 유대인들이 출판한 맛소라 성경에는 〈킹제임스성경〉의 본문과 일치한다.

움브라이트는 욥은 "하나님을 대적해 어리석은 짓을 범하지" 않았다고 말한다. 반면 B. 둠은 욥은 하나님을 "불쾌하게 한 적이" 없다고 말한다. 버드는 욥이 땅에 입맞추었다고 말하고, 딜먼(Dillmann)과 픽(Peake), 벌링거(Bullinger)는 본문을 수없이 변개시킨다. 이 모든 것은 같은 범주에 속한다. 즉 실없는 헛소리일 뿐이다.

욥기 2장

2:1 하루는 또 하나님의 아들들이 와서 주 앞에 섰고, 사탄도 그들 가운
데 와서 주 앞에 섰더라.
2 주께서 사탄에게 말씀하시기를 "네가 어디서 왔느냐?" 하시니 사탄이
주께 대답하여 말씀드리기를 "땅에서 여기저기, 위아래로 두루 다니
다 왔나이다." 하니
3 주께서 사탄에게 말씀하시기를 "너는 내 종 욥을 유의해 보았느냐?
세상에 그와 같은 사람은 아무도 없나니 그는 온전하고 정직한 사람
으로 하나님을 두려워하고 악을 피하는 자니라. 네가 나를 움직여 그
를 대적하도록 하여 까닭없이 그를 파멸시키려 하였으나 그는 아직
도 그의 완전함을 굳게 붙잡고 있느니라." 하시니
4 사탄이 주께 대답하여 말씀드리기를 "*사람의* 피부로 *사람의* 피부를 바
꾸오니 정녕 사람이 자기 생명을 위하여 자기의 모든 소유를 주리이
다.
5 그러나 이제 주의 손을 내밀어 그의 뼈와 살을 치소서. 그리하시면

그가 정면으로 주를 저주하리이다." 하자
6 주께서 사탄에게 말씀하시기를 "보라, 그가 네 손에 있느니라. 다만
그의 생명은 남겨 둘지니라." 하시더라.

시간이 흐른다. "시간이 약이다"라는 옛 속담도 있지만 시간은 또한 사람들을 끝장내기도 한다. 사람들을 침대 병원이나 무덤에 집어넣는 것은 결국 "시간"이기 때문이다(〈확실한 예언의 말씀〉 참조).

『**하루는 또**』(1절). 본문의 욥의 생애는 연대기적으로 된 것이 아니다. 일주일에서 일 년 정도 시간이 경과했다고 말할 수도 있다. 어쨌든 천상의 무리들은 그들이 한 일을 평가받기 위해 보고를 한다. 이것은 실제 장면이다. 『**사탄도 그들 가운데 와서 주 앞에 섰더라**』(1절).

1장의 대화가 여기서도 반복된다. 다만 주께서 『**네가 나를 움직여 그를 대적하도록 하여 까닭없이 그를 파멸시키려 하였으나 그는 아직도 그의 완전함을 굳게 붙잡고 있느니라.**』(3절)는 말씀을 덧붙였을 뿐이다.

위의 말씀은 예수 그리스도께서 요한복음 15:25에서 하셨던 말씀과 흡사하다. 주석가들은 욥기 후반부에서 몇몇 구절을 설명할 때 이 말씀을 잊어버린다. 욥이 욥기 9:22에서 "온전한 자와 악한 자"에 대해 한 진술은 올바르다. 주님께서도 욥의 자녀들과 재산을 빼앗을 아무런 "이유"가 없었음을 인정하신다(욥 2:3). 그런데도 시험은 계속된다! [환란 때 이스라엘도 마찬가지가 될 것이다.]

『***사람의* 피부로 *사람의* 피부를 바꾸오니**』(4절). 예외는 법칙을 증명해 준다. 대부분의 사람은 그 무엇보다 자신의 육신을 더 귀하게 여기는 것이 법칙이다(엡 5:29). 자신의 자녀들을 죽을 만큼 사랑할 수는 있어도(삼하

18:33) 자녀를 잃었다고 해서 자살하는 사람은 그리 많지 않다. 사탄의 요지는 냉소적이며 비웃는 태도이다. 그러나 그것은 소름이 끼칠 정도로 사실이다. 욥은 죽음을 원했지만(욥 3:20) 자신의 목숨을 끊지는 않았다(엘리야, 모세, 요나처럼).

『***사람의*** **피부로** ***사람의*** **피부를 바꾸오니 정녕 사람이 자기 생명을 위하여 자기의 모든 소유를 주리이다.**』 인간은 살아남기 위해 자신의 인품과 명성과 심지어 인간성마저도 포기한다. 유럽 시민들은 부첸 월드에서 시체를 먹었다(1942-1944). 아우슈비츠 죽음의 방에서 청년들은 그들의 어머니와 아버지의 몸을 짓밟고 공기를 얻고자 했다. 반면 그들의 아버지와 어머니도 같은 이유로 자기의 어린 자녀들을 짓밟아 죽게 했다. 『***사람의*** **피부로** ***사람의*** **피부를 바꾸오니**』 사람들은 "나는 이런 짓은 하지 않을 거예요!"라고 말한다.

어떤 상황에 처하게 되면 자신이 어떻게 변할지 우리는 모른다.

내가 아는 몇몇 그리스도인들은(틀림없이 그리스도인들이다!) 단돈 50센트를 위해서라도 다른 그리스도인들을 죽일 것이다. 그 일에 책임을 지지 않아도 된다고 생각한다면 그럴 것이다. 잘 먹고 잘 입고 살면서도 그리스도 안에 있는 형제를 미워하는 사람들인데 무슨 일을 할지 어떻게 알겠는가?

미국이 바탄에서 무조건 항복을 한 지(1942) 12일 뒤인 4월 21일에 미국 포로들은 캠프 오도넬(루존)에 도착했다. 이 12일 동안 그들 중 200명 이상이 행군 중에 지쳐서 쓰러졌다. 누군가가 기절할 때마다 총에 맞아 죽었다. 그 행군을 감독했던 일본 경비병들은 코레지도에서 카바나투안까지 죽은 사람들을 길게 늘어놓았다. 행군 중에 비틀거리는 사람이 있으면 그와 나란히 가면서 말한다. "잠 오지? 드러누우면 달콤하고도 긴 잠을 자게 될 거야." 왜 포로들을 죽였는가? 간단하다. 일본군들은 포로들과 노닥

거리는 데 시간을 낭비할 수 없었던 것이다. 죄수들에게는 시간과 돈과 음식이 든다. 그리고 일본군들에게는 이 세 가지가 모두 부족했다. 그런 상황에서 누가 살 수 있겠는가? 『*사람의* **피부로** *사람의* **피부를 바꾸오니**』

보수적인 성향을 띤 미군 장교들이 베트남에서 종종 부하들의 습격을 받은 이유를 아는가? 간단하다. 장교들이 살아 있으면 그 군대는 덤불 속에서 필사적인 육박전에 돌입하게 되기 때문이다. 땅에서 맨투맨으로 때려 눕힐 때까지는 동양인을 멈추게 하지 못한다. 핵폭탄으로 전멸시키는 수밖에 없다. 핵폭탄은 값이 더 싸지만 모두들 그것을 사용하는 것을 두려워한다. 그래서 베트남전은 궁지에 몰릴 수밖에 없었다. 제2차 세계대전에서 확실하고 충분한 전투병과 장교가 출현하면 - 공격적인 보병 공격이 최상이라고 믿는 군인 - 그는 자신의 군대에게 습격을 받을 위험에 처하게 된다. 베트남에 주둔한 군대는 전쟁에서 이기기 위해 거기 있었던 것이 아니다. "365일" 후에 살아서 집에 가기 위해 거기 있었던 것이다. 그래서 대위, 소령, 중령이 자신의 부하들에게 살해되어 침낭에서 죽은 채로 발견되는 일이 허다했다 『*사람의* **피부로** *사람의* **피부를 바꾸오니**』

나부터 살고 보자는 것이 인간 본성의 보편적 법칙이다. 가끔 예외가 있긴 하지만 예외는 법칙을 증명해 줄 뿐이다. 그리고 이렇게 말하는 것은 슬픈 일이기는 하지만 "뛰어난 학자," "경건한 사람," "영적인 일들"에 대해 말하는 현대의 그리스도인 "유명 인사들"은 거만하게 잘난 체하는 사람들에 지나지 않는다. 그들은 종교개혁 성경, 성령께서 주시는 자유, 차세대의 설교자들을 희생시켜서 자신의 자아를 보좌에 앉히는 사람들이다.

『*사람의* **피부로** *사람의* **피부를 바꾸오니... 자기 생명을 위하여 자기의 모든 소유를 주리이다.**』 사람은 가족을 먹여 살리기 위해 감옥에 가기도 한다. 경쟁자를 제거하기 위해 전기의자에 앉을 위험을 무릅쓰기도 한다. 남은 여생을 휠체어나 병원 침대에서 살게 된다는 것을 알면서도 살아남기 위해 5천불을 지불하기도 한다. 구약의 말씀은 귀하게 여겼으나 자신의 생명은 귀하게 생각지 않았던 스테판이나, 복음은 귀하게 여겼으나 자신의 생명은 귀하게 여기지 않았던 바울이나, 죄인들을 위해 자신의 생명을 내놓은 주 예수 그리스도 같은 예외는 법칙을 증명해 줄 뿐이다. 국제 사회주의자들이나 공산주의자들이 정권을 잡게 되면 먼저 그들은 "반역적인 혁명가들을 대항하여 반역"을 일으킬 수 있는 요소를 제거한다. 그들의 피부를 다른 사람의 피부와 바꾸는 것이다. 그 반대도 마찬가지다. 5,800년간의 과학, 교육, 종교가 이러한 인간 본성의 기본 요소를 변화시켰다고 생각하는 사람은 스스로를 속이는 천치일 뿐이다.

『**이제 주의 손을 내밀어 그의 뼈와 살을 치소서**』(5절, 엡 5:29과 비교). 이렇게 하면 당연히 효과가 있게 마련이다. 뼈와 살은 아픈 곳이다. 건강이 좋을 때 참을 수 있는 것도 사지가 아프고 육신이 타고 찢겨질 때는 살벌한 고문이 된다. 예외는 법칙을 증명해 준다. 마라야에서는(1943-44) 미국 조종사들을 잡으면 산 채로 껍질을 벗겼다. 러시아에서는(1942-44) 포로들의 종지뼈에 탄외피를 관통시켰다. 전쟁 포로에게서 정보를 빼내는 일반적인 방법은 긴 칼을 꺼내 들고 불지 않으면 거세시키겠다고 협박하는 것이다. 『***사람의* 피부로 *사람의* 피부를 바꾸오니**』

『**그리하시면 그가 정면으로 주를 저주하리이다**』(5절). 독자들은 리처드 움브란트가 쓴 〈감옥 벽보다 더 강한〉이라는 책을 즉시 읽고서 진리를 깨달아야 한다. 욥처럼 움브란트는 가족을 잃었고(일시적으로), 욥보다 더 오랜 기간 동안 인간의 지성이 생각해 낼 수 있는 모든 악랄한 장치에 넘겨져서 "하나님을 저주하고 죽으라."(욥 2:9)는 강요를 받았다. 그러나 그는 결코 그렇게 하지 않았다. 그러나 움브란트 안에 있는 "옛 사람"이 욥기 29,30,31장에서 욥이 한 것처럼 말할 수밖에 없었던 때도 있었다. (〈감옥 벽보다 더 강한〉에 있는 설교를 참조하라.) 움브란트의 책을 읽어 보라. 그 책은 인간의 마음, 즉 모든 인간의 마음을 비추는 거울이다.

이 경우 사탄은 그의 희생자의 도덕적인 힘을 과소평가했다. 욥의 인품은 그의 명성만큼이나 강했다. 명성은 순간에 쌓이고 순간에 무너진다. 그러나 인품은 평생에 걸쳐 형성된다. 명성이란 어떤 사람이 마땅히 그래야 하는 모습이고, 인품은 현재 있는 그 사람 자신이다. 명성을 통해 부하게도 가난하게도 될 수 있지만, 인품은 사람을 행복하게도 비참하게도 만든다. 인간의 명성은 한 시간 내에 다 알 수 있지만, 한 인간의 인품은 35년이 지난 이후에야 드러나게 된다. 『**보라, 그가 네 손에 있느니라. 다만 그의 생명은 남겨 둘지니라**』(6절). 무서운 허락이 다시 떨어진다(욥 1:12). 욥은 정확하게 말하자면 꼼짝할 수 없는 처지에 빠진 것이다. 하나님의 계획과 사탄의 계획을 전혀 알지 못한 상태에서 욥은 내키지는 않지만 지상에서 인간이 가진 모든 것을 잃고 인내의 한 본이 된다. "부를 잃으면 많은 것을 잃은 것이고, 건강을 잃으면 더 많은 것을 잃는 것이며, 혼을 잃는 것은 모든 것을 잃은 것이다." 욥은 이제 건강, 친구, 아내의 신뢰를 잃고 종국에는 마음의 화평과 하나님에 대한 신뢰까지 잃게 된다. 욥은 이제 생명을 제외한 모든 것을 잃는다. 그 생명마저도 살아갈 가치가 없다(욥 3:1-26).

바울이 죽은 지 몇 백 년 뒤에 기록된 부패한 칠십인역은 5절에서 "저주"(curse)라는 말을 "축복"(bless)으로 바꾸었다. 그러나 모세에서 다윗 벤구리온(David Ben Gurion)에 이르는 모든 정통 유대인은 이 부분을 "신성 모독"으로 읽는다. 〈리빙바이블〉은 "하나님의 아들들"(1절)을 천사들로 오역했으며 창세기 6:4에서는 같은 단어를 "천사들"로 번역하지 않았다. [〈리빙바이블〉은 전혀 성경이 아니다. 이 성서는 선전하는 것처럼 부연 설명을 하고 있지도 않다. 이것은 테일러 씨가 사사로이 해석한 것을 빌리 그래함과 남침례교단이 선전한 것일 뿐이다. 창세기 9:26,27에서 〈리빙바이블〉은 광고하는 것처럼 "부연 설명"에 근접하지도 못한다. 욥기 9:6, 요한복음 1:13, 누가복음 23:42, 잠언 13:13, 예레미야 23:37, 요한계시록 13:18, 스카랴 9:9; 12:10, 다니엘 3:25, 이사야 6:13을 사사로이 해석했을 뿐이다.]

2:7 그러므로 사탄이 주의 면전에서 떠나가 발바닥에서 머리끝까지 심한 종기로 욥을 치니
8 욥이 질그릇 조각을 가져다가 그것으로 자기 몸을 긁고 재 가운데 앉아 있더라.

『**심한 종기**』는 천연두, 문둥병, 상피병 등 여러 가지로 해석이 되어 왔다. 칠십인역은 8절에서 "시 밖에서"(헬라어 : "엑소텍스폴레오스")를 첨가했다. 그렇게 되면 이 질병이 "문둥병"이란 말이 된다. 욥의 친구들이 욥에게서 "멀리" 떨어져 있었다(12절)는 사실을 그 증거로 들 수 있다. 그러나 본문에는 친구들이 멀리 떨어져 서 있었다는 언급은 없다. 다만 『**그들이 멀리서 눈을 들었으나 그를 알아보지 못하자 목소리를 높여 울더라. 또 그들은 각기 자기 겉옷을 찢고 하늘을 향하여 자기들 머리 위에 티끌을 뿌리더라.**』(12절)고 말했을 뿐이다.

욥의 의학적 상태에 대해 퀘인 박사는 매우 흥미로운 진단을 한다(의학사전, 1권 431쪽). 퀘인 박사는 이 병이 "상피병 아라분"이며 "전염병은 아니지만 세브릴 발작으로 특징지워지며, 피부와 홍륜(紅輪) 조직에 염증과 점진적인 이상 발달 현상이 있으며 주로 사지와 젠틸라 조직에서도 같은 증상을 나타낸다. 때로 임파선이 붓고 확장되어서 특별한 선충 헤모토조아의 피로 인해 병적인 우울증 상태나 혹은 영양 부족 상태가 수반된다." 라고 했다. (무슨 말인지 알겠는가!)

그러나 "종기"(7절)는 일반적으로 문둥병이나 상피병에는 수반되지 않으므로 이 문제는 여전히 미해결이다. 대환란 때 주 하나님께서 이스라엘에 대해 말씀하시는 부분에서 욥의 질병이 가장 잘 묘사되어 있다(신 28:59-61, 레 16:16 참조). 서문에서 언급한 바와 같이 욥기는 대환란의 모형이며, 요한계시록 16:2를 읽어 보면 즉각 그 유사성을 보게 된다. 욥은 천연두나 문둥병이나 상피병에 걸렸을 수도 있다.

『**욥이 질그릇 조각을 가져다가**』(8절). 도기류의 파편이거나 깨진 도자기 조각을 말한다. 이것은 고름과 벌레들을 긁어서 떨쳐버리기 위해 사용되었으며, "긁는 도구"로 사용했을 수도 있다. 『**욥이... 재 가운데 앉아 있더라**』(8절, 겔 27:30, 욘 3:6과 비교). 욥은 처음에는 땅 위에 앉아 있었다(욥 1:20). 이것은 고난으로 인해 인간이 할 수 있는 한 최대로 낮아진 것을 나타낸다. 이제 욥은 재 가운데 자리를 잡고 있다. 이것은 "재는 재로, 먼지는 먼지로"를 상징한다. 이것은 썩어 버린 죽은 인간의 모습이다(마 11:21, 창 18:27, 단 9:3, 렘 6:26 등). 재는 몸이 불타는 곳에서 발견되는 것이므로(게헨나, 도시의 쓰레기장) 욥은 도시 외곽에서 "생태학적으로 오염"된 쓰레기에 앉아 있는 것이 분명하다. 이제 잿더미 대학에 등록을 한 욥은 거기서 유럽, 아시아 혹은 미국 내 최고의 대학에서 "유명한 학자"가 가르칠 수 없는 것을 배우게 된다.

2:9 그때에 그의 아내가 욥에게 말하기를 "당신이 아직도 당신의 완전함

을 간직하려 하느뇨? 하나님을 저주하고 죽으라." 하더라.
10 그러나 욥은 그녀에게 말하기를 "당신은 어리석은 여자들 가운데 하
나가 말하듯이 말하는도다. 무슨 말을 그리하느뇨? 우리가 하나님의
손에서 좋은 것을 받았을진대 나쁜 것도 받지 아니하겠느뇨?" 하며
이 모든 일에도 욥은 자기 입술로 죄를 짓지 아니하더라.

아담 클라크와 게제니우스(위대한 히브리어 사전 편집자)는 욥의 아내가 "하나님을 송축하고 죽으라."고 말했다는 의견을 내놓는다. 그러나 그런 의견은 대적자의 사역을 과소평가한 것이다. 무오한 〈킹제임스성경〉의 본문은 욥기 1:11로 게제니우스와 클라크의 실수를 재빨리 바로잡아 준다. 욥의 아내는 보좌가 있는 방과 직통 전화로 연결되어 있다. 그녀가 한 말을 변개시키기 전에 다시 한 번 그것을 살펴봐야 한다. 그녀는 사탄을 대신해서 하나님을 떠나라고 욥에게 "애원"했다. "최초의 원본이 축자적으로 영감"받았다던 때라고 할 수 있는 셋째 하늘의 공회가 열리는 회의실에 욥의 아내가 참석하고 있었다 해도(욥 1:11) 이보다는 더 잘 하지 못했을 것이다.

욥의 아내, 아담의 아내, 다윗의 아내(삼하 6:20), 아브라함의 아내(창 16:2)는 때때로 요한 웨슬리의 아내 정도밖에는 그들의 남편들에게 도움이 되지 않는다.

『**당신이 아직도 당신의 완전함을 간직하려 하느뇨?**』(9절) 이런 모든 일이 일어났는데도 완전함을 간직하려 하는가? 아이들은 죽고, 재산은 다 날아가고, 가축은 빼앗기고, 치료도 할 수 없는 병이 들고, 기도는 응답되지 않는 이 상황에서! "당신이 아직도 하나님의 뜻 가운데 있는 영적인 성도라고 생각하느뇨?" "소경이 어떻게 하나님의 뜻 안에 있을 수 있겠느뇨?"(요 9:2) 가난뱅이가 어떻게 구원받을 수 있겠느뇨?(눅 18:26) 죽은 자를 살릴 수 있었던 사람에게서 어떻게 연약함이 발견될 수 있겠느뇨?(고후 12:10)

욥이 당한 시련은 참으로 큰 시련이다. 고난 중에 있는 사람이 인내해야 하는 가장 어려운 것은 그 사람의 불운을 그가 저주받았다는 확실한 증거로 보는 사람들의 조소이다(〈피터 럭크만의 주석서 빌립보서〉 1:28 주석 참조). 이것이 마태복음 27:39,41과 예수 그리스도의 죽음과 일치한다는 것이 참으로 놀랍지 않은가? 내 자신이 옳고 스스로도 옳다는 것을 알고 있는데 그 대가가 고난이라면(벧전 2:19-21) 나를 가장 괴롭게 하는 것은 사랑하는 사람들과 친척들이 "성공은 영적 능력이다," "출석률이 하나님의 축복을 의미한다," "돈은 하나님과의 교제를 뜻한다," "정통을 고수하는 것이 하나님의 말씀에 신실하다는 증거이다."는 견지에서 생각하거나, 혹은 그보다 더 심하게 "책의 판매량이 20세기에 가장 강력한 문인을 결정한다!"고 생각하는 것이다.

아, 우리는 얼마나 쉽게 "외모"(삼상 16:7)로 판단하는가!

『**하나님을 저주하고 죽으라**』(9절). 즉 "계속해서 극복해 보시지! 하나님께서는 분명히 너를 대적하고 계시며 그것을 부인할 수 없어. 하나님과 올바른 관계를 가지고 있는데도 이런 일들이 네게 일어났다고 말하지 마. 이 봐 욥, 왜 위선을 부리는 거지? 차라리 무신론자나 사탄 숭배자가 돼서 지옥에나 가시지." 어떻게 이런 소리가 "배우자"의 입에서 나오는가? [형사 피고가 판사에게 말했다, "판사님, 내가 저 여자를 아는 만큼 판사님이 저 여자를 아신다면 내가 아내를 버렸다고는 말 못할 겁니다! 나는 아내를 버린 유기자가 아니라 도피자입니다!"]

플로리다에 살고 있는 훌륭한 그리스도인 한 사람을 알고 있는데, 그는 그리스도를 증거하며, 교회 출석에도 신실하며 가족에게도 헌신적이며 주는 데도 신실하다. 8년 전에 그의 어머니가 돌아가셨고, 처남이 죽었으며, 아들이 죽었고, 사위와 자신의 집이 불타 없어졌으며, 그와 그의 아내는 병원에 세 번이나 입원했고, 그 다음에는 딸의 집이 박살이 났다. 그런데도 그가 하나님을 찬양하지 않거나 하나님의 자비 안에서 즐거워하지 않는 것을 본 적이 없다. 마을 사람들은 이렇게 말할지도 모른다, "저 사람에게는 틀림없이 하나님께 고백하지 않은 심각한 죄가 있을 거야. 그래서 하나님께서 이런 식으로 저 사람을 다루고 계신 거야." 이런 말은 바로 욥의 배교한 세 친구가 욥에게 했던 말과 정확히 일치한다!(욥 8:4-6)

『그러나 욥은 그녀에게 말하기를 "당신은... 무슨 말을 그리하느뇨? 우리가 하나님의 손에서 좋은 것을 받았을진대 나쁜 것도 받지 아니하겠느뇨?...』(10절) 아내에게 그녀가 어리석은 여자처럼 말한다고 이야기한 후 욥은 로마서 8:28의 기초를 놓는다. 우리는 하나님의 손에서 나쁜 것도 받는다. 욥은 하나님의 손에서 "나쁜 것"을 받았다. 이 단어가 어떻게 사용되었는지 특히 예레미야 애가 3:38, 예레미야 4:6; 6:19; 18:11; 19:3; 49:37, 요나 3:10에서 살펴보라(단 9:12과 사 45:7도 참조할 것). 대부분의 경우에는 사람들의 사악함 때문에 그들에게 끔찍한 일이 일어나도록 허락하신다고 주님께서 말씀하신다. 출애굽기 32:12-14에서 주님께서 자신이 계획하신 나쁜 일을 "후회"하셨다는 것은 단지 사악한 사람들의 행동으로 인해 발생하게 될 논리적 결과가 일어나지 않도록 결정하셨다는 것이다(〈피터 럭크만의 주석서 출애굽기〉 참조). 주 예수 그리스도께서는 사람들이 "사악"하다고 말씀하신다(눅 11:13).

건물 중개업자가 만 이천 달러 상당의 건물 두 개를 뉴욕 주에 있는 잭 위츠젠즈 캠프에 기증했다. 그 건물은 각각 50명의 소년을 수용하기로 되어 있었다. 그러나 나중에 그는 사업에 실패하게 되었고 결국 파산하게 되었다. 잭은 그 중도업자에게 그 사람이 기증한 것에 대해 유감을 표했다. 왜냐하면 그 기증으로 인해서 그의 사업에 무리가 갔고 결국 파산하게 되었기 때문이다. 그러나 그 중개업자는 이렇게 말했다, "형제, 내게 남은 마지막 재산을 없애려 하지 말아요. 주님께 드린 그 만 이천 달러는 아직 남아 있단 말이에요!!"

한 네덜란드 선원이 있었는데(1830), 돛대에서 떨어져 팔을 심하게 다쳐서 절단하게 되었다. 수술 전에 그는 미소를 지으며 말했다, "하나님, 감사합니다. 절단할 팔에 관절염이 있었거든요!"

1940년대에 한 설교자가 부흥 집회에서 한 청년을 봤는데 그 청년은 죄에 대한 찔림을 받고 있었다. 네 번째 밤에 설교자는 그 청년에게 다가가서 그리스도께서 요구하시는 것을 역설했다. 그 청년이 설교자에게 말한 내용은 다음과 같다.

"목사님, 나는 구원받고 싶지만 구원받으면 하나님께 내 재산의 많은 부분을 드려야만 할 거예요. 그런데 그렇게 하고 싶지 않아요. 나는 서부 캔자스에서 가장 큰 밀 농장을 네 개 소유하고 있어요. 내가 구원받으면 일 년에 만 달러 이상을 주님께 드려야 할 거예요. 알다시피 항상 부자로 있는 것은 아니거든요. 사실 불경기 때는 너무 가난해서 음식을 얻기 위해 쓰레기통을 뒤졌던 때도 있었어요. 어느 날 밤 미시건 호숫가에서 한 무리의 부유한 사람들이 항구에 있는 요트 갑판에서 술 파티를 벌이는 것을 본 적이 있어요. 그 사람들은 티본스테이크를 먹지도 않고 갑판에 던지는 거였어요. 나는 부두에서 그 모습을 보면서 그 사람들을 저주하고 맹세했어요. 그리고 얼마 후에 나도 부자가 됐고 그런 요트를 갖게 됐는데 파티를 열면서 나 자신도 티본스테이크를 던지곤 합니다!"

그는 계속 말했다. "나는 요트도 가지고 있고, 지난 5년간 거의 매일 티본스테이크를 먹었지만 나는 비참한 상태입니다. 나는 구원을 받지 못했으며 그 사실을 알고 있습니다. 나는 구원을 받고 싶지만 구원을 받게 되면..."

목사는 그 밀 농장 주인과 함께 기도했고 그를 하나님께 맡겼다. 일주일 후에 그는 그리스도를 자신의 구세주로 영접했다. 그는 즉시 평강을 얻게 되었고 주님께 풍성하게 드리기 시작했다. 그러나 일 년도 안 되서 그는 서부 캔자스에서 온 전보를 받게 되었다. 전보 내용은 다음과 같았다, "메뚜기 떼 습격. 농작물이 다 망가졌음. 8,000에이커 손실. 적자." 그 지주는 자신을 그리스도께 인도했던 목사에게 그 전보를 보여 주었다. 목사는 놀라움과 연민으로 고개를 떨구며 말했다, "이런, 정말 안됐군요! 끔찍한 일이군요! 마귀가 이런 일을 해서 주님 안에 있는 당신의 믿음을 뒤흔들고 있는 것이 분명해요!" 그 남자는 웃으며 말했다, "목사님, 들어 보세요! 목사님께서 말씀하시기를 주님께서 모든 동물을 만드셨다고 말씀하셨잖아요, 그렇죠?" "네, 그렇습니다." 목사가 말했다. "내가 구원받았을 때 모든 밀을 다 주님께 드렸습니다. 맞죠?"

"네, 내가 보기엔 그랬다고 생각합니다." 목사가 말했다.

"그렇다면, 목사님, 밀도 주님의 것이고 메뚜기도 주님의 것인데, 주님께서 자신의 메뚜기를 자신의 밀로 먹이시는 것은 그분 마음이죠. 나는 걱정 안 해요!"

『**이 모든 일에도 욥은 자기 입술로 죄를 짓지 아니하더라**』(10절). 욥은 자신도 모르는 사이에 겟세마네를 지나고 있다. 욥의 의지는 하나님의 뜻에 자신이 어떻게 반응할 것인가를 결정하는 일을 제외하고는 활동을 멈춘 상태이다. "고문대 위에서 행복한 사람은 없다."는 옛 속담이 있다. 욥은 고문대 위에 있는 것이다. 즉 비참하나 신실하고, 고통스럽지만 감사하고, 고문당하지만 기도하고, 버림받았지만 신뢰하고, 당혹스런 일을 당했지만 진실한 것이다! 얼마나 뛰어난 인물인가!

〈리빙바이블〉과 NASV에 사용된 부패한 칠십인역 필사본은 9절에 다음과 같은 알렉산드리아의 촌극을 첨가시켰다. "내 구원의 희망을 얼마나 더 기다려야 하며 당신이 얼마나 오랫동안 견디겠느뇨? 보소서, 땅에서 당신을 기억함이 없으니, 당신의 아들들과 딸들마저도 당신을 기억하지 않나이다. 슬픔으로 내 태에는 고통과 쓰라림이 있나이다. 당신은 집 밖에서 밤을 보내며 앉아 있고, 이러쿵 저러쿵 어쩌고 저쩌고." (알렉산드리아에 있던 몇몇 서기관들은 종알대는 입을 가진 아내로 인해 어려움을 겪었던 것이 틀림없다. 그렇지 않고서야 어떻게 원문에도 없는 욥의 아내의 말을 100단어 이상 첨가시켰겠는가?)

2:11 그때 욥의 세 친구가 욥에게 닥친 이 모든 재앙을 듣고, 각기 자기 고장으로부터 왔으니 테만인 엘리파스와 수하인 빌닷과 나아맛인 소팔이니 그들이 서로 약속을 하고 욥과 함께 슬퍼하고 그를 위로하러 왔더라.

12 그들이 멀리서 눈을 들었으나 그를 알아보지 못하자 목소리를 높여 울더라. 또 그들은 각기 자기 겉옷을 찢고 하늘을 향하여 자기들 머리 위에 티끌을 뿌리더라.

13 그리하여 그들이 그와 함께 칠 일 낮과 칠 일 밤을 땅바닥에 앉아 있었으나 그에게 한마디도 말하는 사람이 없었으니 이는 그들이 욥의 고통이 매우 심한 것을 봄이더라.

자, 마침내 욥의 "친구들"이 등장한다. "3"이란 숫자가 참으로 연민을 느끼게 할 만큼 눈에 띈다. 욥이 부유할 때 셀 수도 없이 많은 친구들이 있었다(욥 29:1-25)는 것을 잊지는 않았을 것이다! 탕자가 먼 나라에서 돌아왔을 때 그에게는 몇 명의 "친구들"이 있었는가? 자신이 가진 모든 것을 다 탕진하고 그 땅에 큰 흉년이 들었을 때 "음식 찌꺼기"를 먹어야만 했던 것을 알지 못하는가? 욥의 "세 친구"(11절)는 진정한 친구들이었다. 벼룩, 벌레, 깡통, 맥주병, 자동차 타이어, 파열된 냉장고, 다 낡은 매트리스가 널려 있는 도시 쓰레기장에 나앉은 욥을 세 친구가 찾아왔을 때, 그들은 최소한 진정한 친구들이었다고 할 수 있다.

『**테만인 엘리파스**』(11절)는 분명히 창세기 25:5-15나 창세기 36:10,11과 연관이 있다. 『**수하인 빌닷**』(11절)은 창세기 25:2,3과 에스겔 25:13과 연결된다. 이 두 구절에서 보면 빌닷과 엘리파스 둘 다 에돔 출신이다. 『**나아맛인 소팔**』(11절)은 여호수아 15:21-24,41에 나오는 땅과 관련이 있다.

11절에 있는 "위로"라는 단어에 주의를 기울여 보자. 그들은 함께 와서 욥과 함께 슬퍼하는 데 동의했을 뿐만 아니라 "욥을 위로"(11절)하는 데 동의했다. 이 "위로"가 어떻게 바뀌었는지는 욥기 12:1,2; 13:4에 잘 설명되어 있다. 욥과 같은 처지에 있는 사람을 진정으로 "위로"할 수 있는 사람이 누구인가? 욥과 같은 처지에 있는 사람이 얻을 수 있는 훌륭한 "위로"는 침묵으로 함께 칠 일을 슬퍼하는 것이다(13절, 칠 일에 대해서는 삼상 31:13, 겔 3:15 참조).

전에 언급한 바와 같이 "세 친구"를 인생을 보는 각각의 철학으로 정형화시키려는 시도는 전혀 소망이 없다. 엘리후를 포함해서 이 세 명은 모두 이런 저런 방법으로 결국 욥을 저주하게 되고, 엘리후를 포함해서 이 세 명은 그들의 대화 내용 중에서 하나님께서는 선한 사람들에게 재앙을 주시지 않으며 악한 사람들에게만 재앙을 주신다는 뜻을 넌지시 비친다. 이것이 인간 본성의 보편적인 특징이다(행 28:4 주석 참조). 이런 특징은 너무도 강해서 지상에 있는 8억의 사람들 - 혹은 그 이상 - 은 "선한 삶"

을 살면 지옥에 가지 않을 것이라고 생각한다.

"욥의 인내"(약 5:11)가 이제 표명된다. 욥은 침묵 가운데 168시간을 보낸 후에야 입을 연다(욥 3:1). 단 한 마디의 중얼거림이나, 한 마디의 불평이나, 동정을 구하는 단 한 마디의 애원도 하지 않고(욥 6:23), 하나님께서 자신을 다루시는 것에 대해 훌쩍거리며 단 한 마디도 하지 않는다. 『**너희가 욥의 인내를 들었고**』(약 5:11). "환난이 인내를 이루는"(롬 5:3) 것이라면 욥은 우리가 평생 인내한 것보다 더 많은 인내를 그 칠 일 동안 이루었다.

『**울더라...각기 자기 겉옷을 찢고...자기들 머리 위에 티끌을 뿌리더라**』(12절). 다시 동양식 제스처가 두드러진다. 눈물은 슬픔을 나타내며 옷을 찢는 것은 기꺼이 죽고자 하는 것을 보여 주며(히 10:20), 머리에 티끌을 뿌리는 것은(행 22:23 주석 참조) "나를 묻으라"는 의미이다!

『**이는 그들이 욥의 고통이 매우 심한 것을 봄이더라**』(13절, 사 57:17,18과 민 12:12,14 비교). 욥의 고통이 어찌 심하지 않다고 할 수 있겠는가? 운명의 신이 사람에게 손길을 뻗치니 아이들은 죽고, 돈과 재산을 잃고, 아내는 패역하고, 치료할 수 없는 질병을 얻게 되었다. 이보다 더 끔찍한 일이 있을 수 있겠는가? 지옥에 가지 않고서도 상황은 얼마나 더 악화될 수 있는가? (애 3장, 욥 10,16,17장을 공부할 때 독자는 이런 질문을 숙고해 봐야 한다.) 욥은 참으로 처참한 지경이다. 구약에서 욥이 당한 것처럼 강타를 받은 사람은 아무도 없다. 다윗, 모세, 사울, 여호수아, 카인, 노아, 야곱, 삼손, 엘리, 히스키야, 예후, 웃시야, 아합, 요나는 욥이 박해당한 것처럼 사탄에게 박해당하지는 않았다.

인간적으로 말해서 바울과 요한 웨슬리는 욥과 같이 링에 오를 수 있는 유일한 두 사람이라고 할 수 있을 것이다. 그러나 바울은 아내와 아이들을 잃는 것이나 수백만 달러의 재산을 잃는 것이 무엇인지 경험하지 못했다. 바울은 가축과 재산에 관한 한 결코 "가장 위대한 사람"이 아니었으며, 마귀에게 사로잡힌 아내에 대해 인내해야 할 일도 없었다.

시간이 그 위력을 발휘하면서, 사탄이 예상했던 종착역에 욥이 아직 도착하지는 않았지만(욥 1:11), 욥은 최소한 자신이 태어난 날을 저주하기까지는 한다. 대화가 끝나기 전에 욥은 "환란에 동참하는 자신의 동료를"(계 1:9) 저주하기 직전 상태까지 간다.

욥기 3장

3:1 이후에 욥이 입을 열어 그의 날을 저주하니라.
2 욥이 고하여 말하기를
3 "내가 태어난 날과 '사내 아이를 배었다.'고 말했던 그 밤이 없었더라면
4 그 날이 캄캄하였더라면 하나님께서 위에서 그 날을 고려하지 아니
하시고 빛도 그 날에 비치지 아니하였더라면
5 흑암과 사망의 그늘이 그 날을 얼룩지게 하고 구름이 그 위를 덮어
그 날의 캄캄함이 그 날을 무섭게 하였더라면
6 그 밤으로 말하면 어두움이 그 밤을 엄습하여 그 해의 날들 가운데
들지 못하고 그 달들의 수에도 들어오지 아니하였더라면
7 보라, 그 밤이 적막하여 거기에서 아무런 즐거운 음성도 나오지 아
니하였더라면
8 애통하고자 하는 자들, 곧 그 날을 저주하는 자들이 그 음성을 저주
하였더라면
9 그 날의 새벽별들이 어두웠더라면 빛을 찾으나 얻지 못했더라면 그

날이 새벽을 보지 못하였더라면 *좋았으리라.*
10 **이는 그 날이 내 모태의 문을 닫지도 아니하였고 내 눈에서 슬픔을 가리지도 아니하였기 때문이라.**

욥의 친구들은 그 주 내내 서로는 이야기했을 수도 있지만(욥 2:13) 욥에게는 한 마디도 하지 않았다(욥 2:13). 이제 욥이 직접 자신의 입을 열어 "그의 날"(욥 3:1)을 저주한다. "그의 날"은 분명히 그의 생일이다(전 7:1). 3절의 남자 아이로 보아 이 구절(예언적으로)은 분명 대환란에 관한 구절이다(계 12:5, 사 66:8,9). 바울은 달을 채우지 못하고 태어난(고전 15:8) 이 "남자 아이"의 모형이다. 그리고 "캄캄한" 그날은(욥 3:4) 분명히 야곱의 고난의 때이다(습 1:15). 바턴 페인(Barton Payne) 박사 같은 전천년주의자와 비더볼프는 아주 어리석은 실수를 한다. 이들은 욥기에서 예언을 다루는 구절은 10개 정도밖에 없다고 말한다. 그러나 처음 열 장에서만도 20개가 넘는다. 명확성을 기하기 위해서 욥기 3:1-10에서 정확히 대환란과 일치하는 요소들을 나열한 뒤에 계속 주석을 달기로 하겠다.

1. 욥이 『**그의 날을 저주하니라**』(1절). 이것은 예레미야 20:14의 "저주"와 일치한다. [예레미야란 말은 "여호와께서 내던지실 것이다."라는 뜻이다. 내던진다(cast out)는 말이 예레미야 전체 52(13×4)장에서 13번 나온다. 예레미야는 분명히 요한계시록 11:1-3의 대환란 때에 남은 자의 모형이다. 너무나 분명하기 때문에 주석을 달 필요조차 없다.]

2. 『**사내 아이를 배었다**』(3절). 여기서 남자아이는 요한계시록 12:5의 사내 아이와 일치하며, 2차적으로는 주 예수 그리스도께 적용되기는 해도 그 구절에 대한 다른 설명은 있을 수 없다. 일차적으로는 다니엘의 70째 주에 나오는 "기름부음 받은 이"(애 4:20)에게 적용된다.

3. 출애굽기의 상황이 다시 반복되는 요한계시록 6:12과 16:10에서는

“그 날이 캄캄”(4절)하게 될 것이다.

4. 스바냐 1:15, 사도행전 2:20 등 많은 구절에 나오는 것처럼 “빛도 그 날에 비치지 아니할”(4절) 것이다.

5. 죽음을 가져오는 방사선이 지상에 있는 모든 것 위에 뿌려져서 대환란 때에는 이 지구에 죽음의 구름이 가로질러 갈 것이다(사 9:2, 시 44:19, 렘 13:16, 암 5:8 등). [성경을 거부하는 타락한 보수적인 학자들이 이사야 9:2이 초림 때 부분적으로 성취되었다고 말함으로써 이런 진리에서 돌이키도록 미혹하지 못하게 하라. (〈피터 럭크만의 주석서 마태복음〉, 말씀보존학회, 1996, 1,2,3장 주석 참조)].

6. 『**그 밤**』(6,7절)은 마태복음 13:43의 “해돋이”가 있기 전인 이 세대의 끝(마 28:19,20)을 언급한다.

7. 『**해의 날들 가운데 들지 못하고**』(6절), 그래서 다니엘의 70째 주는 괄호 안에 묶이게 되고 막간이 된다. 이 시기는 교회 시대와 천년 왕국 사이에 있게 된다.

8. 『**애통하고자 하는 자들**』(who are ready to raise up their mourning, 8절)은 적그리스도가 치명적인 상처를 입고(계 13:3) 죽게 되었을 때 있을(슥 11:17) 애도이다.

바턴 페인 박사 같이 순진하고 쉽게 속는 주석가들을 위해서(그의 소위 〈예언 대백과사전〉 참조) 히브리어로 “애도”(mourning)라는 단어에는 “리비야단”이 보존되어 있다(욥 41:1-34 주석 참조). 이것으로 볼 때 두 가지 적용이 가능하다. 그리스도께서 죽은 자들로부터 부활하신 것처럼 리비야단도 “부활”(raised up)하게 될 것이다. 보수주의와 근본주의 교수들이 이런 성경의 계시를 따라오지 못하는 이유는 그들이 〈킹제임스성경〉을 부적절하고도 어리석게 다루기 때문이다. 욥기에서 예언을 다루는 구절이 한 개에서 열 개 정도밖에 없다고 말하는 것은 사도 바울이 로마인들에게 보내는 서신서에 구원에 관한 참조 구절이 두 개밖에 없다고 말하는 것과 같다.

9. 『**그 날이 새벽을 보지 못하였더라면**』(9절)은 모세를 통해 이집트에 내려졌던 심판이(출 10:21-23 주석 참조) 모세가 이집트에서 "파라오"를 다시 대면하게 될 때(계 11:3-9와 주석 참조) 다시 반복될 것을 보여준다.

10. 『**내 모태의 문**』(10절)은 사무엘상 1:11의 『**사내 아이**』의 탄생과 일치한다(욥 2:9,10, 렘 13:21, 미 4:9,10, 살전 5:3).

욥의 한탄이 터져 나오는데 이 구절들은 "야곱의 고난"(렘 30:7)의 때를 다루는 참조 구절이다. 그리고 이 구절은 이런 대화를 "목마놀이" 정도로 취급하며, 기념비적인 건물을 짓고 체면을 차리는 배교자들을 저주하는 구절이다. 이들은 정치적으로나 경제적으로 자신들의 사업에 편의를 제공해 주지 않으면 하나님의 말씀에 있는 모든 것을 거부한다. "말씀과 교리"(딤전 5:17)를 가르치는 일에 수고하도록 임무를 부여받은 우리 같은 사람들은 종교를 직업으로 삼는 이런 "오스카 종교 대상" 수상자들에게 속지 않는다. 이들은 성경을 희생시켜서 "눈에 보이는 결과"를 얻기 위해 노력함으로써 메달을 획득한 것이다.

실제적인 면에서 이 구절을 보면 전혀 어려울 것이 없다. 자신이 태어나지 않았으면 더 좋았을 거라고 생각하면서 욥은 자신의 생일을 저주한다(마 26:24). 예레미야 20:15에서 예레미야와 동일한 태도를 욥도 취한다. 에스겔이 에스겔 5:12-17에서 말한 상태에 욥 자신이 서 있는 것을 발견하게 된다.

여기서 잠시 성경을 옆으로 치워 두고 "뛰어난 자격을 갖춘 권위자들"이 욥의 독백에 한 마디씩 하는 것을 살펴보자.

A. "시간이 더 이상 존재하지 않게 될 때까지 일 년은 항상 365일일 것"이기 때문에 "날들은 멸망할 수 없다"고 〈강단주석, *Pulpit Commentary*〉

은 설명한다(Ibid., 49쪽). 롤링슨(Rawlinson) 목사(켄터베리의 사제 평의원)은 성경을 읽는 데 시간을 별로 들이지 않은 것이 분명하다. 하나님께서는 이스라엘이 하나님과의 교제권 밖에 있을 때 수천 날들을 해의 연수로 계산하지 않으셨다. (〈세대적 진리〉에서 클라렌스 라킨이 제시한 도표를 참조하라.)

B. 〈강단주석〉은 8절은 "불가능한 생각"이라고 말한다. 그렇다면 "악어를 분노케 할 만큼 저돌적인 사람들..."(Ibid., 49쪽) 같은 쓰레기는 "가능"한가?

C. 리비야단이 "악어"라는 이런 우화는(욥 41:1 주석 참조) NEB(캠브리지 출판사, 1971)에 나오는 온갖 거짓말에 잘 보존되어 있다. E.S. 잉글리쉬(NSRB)는 리비야단이 악어일 "가능성"이 있다(NSRB, 1967, 599쪽)고 말함으로써 C.H. 도드에게 입맞춘다.

〈뉴스코필드성경〉이 〈킹제임스성경〉이 될 수 있다면 리비야단이 악어가 될 수도 있을 것이다. 즉 그런 일은 결코 있을 수 없다.

D. 아담 클라크는 롤링슨 목사에게 "애통하고자 하는 자들"은 "악어를 격동시켜서 갈기갈기 찢기고 싶어하는 사람들"을 의미한다(클라크의 주석서 32쪽 참조)고 말함으로써 잉글리쉬와 그의 친구들(컬버트슨, 파인버그, 맥크래, 웨니거, 맥클레인, 윌버 스미스, 왈부어드)를 인도한다. 슈텐스는 "애통"은 "악의 무리들"로 바뀌어야 한다고 말한다.

18, 19세기의 배교로 인해 하나님의 말씀을 심판하는 자리에 앉아서 그 말씀에 권위가 있음을 거부하면서 유수한 대학의 교수들을 가르쳤던 사람들은 모두 난파선에 승선한 것이다.

"리비야단"은 "신화에 나오는 하늘의 괴물"이다(R.A. 토레이, F.C. 아이슬렌, 앤드류 제노스, 존 R. 샘페이, 밀튼 테리, A.T. 로버트슨, 찰스 스코빌, D.R. 던간, J.W. 몬서, 이라 프라이스, 1901년 ASV 편집 위원).

리비야단이 지상에 착륙하게 되면 그것이 얼마나 "신화적"인지 알게 될 것이다(계 12:12!)

A.T. 로버트슨과 R.A. 토레이 같은 "선하고 경건한 사람들"이 알렉산드리아의 자유주의적이고 비유적 해석을 하는 속임수에 빠지는 것을 상상해 보라! 존 R. 라이스와 로버트 섬너가 이 사람들이 얼마나 경건한지를 말하면서 사람들로 하여금 하나님의 말씀에 대적하는 입장에 서게 하는 것에 대해 생각해 보라!

"달을 채우지 못하고 태어난" 바울도 10절에 나오는 욥의 애통과 짝을 이룬다. 그러므로 바울은 요나와 예레미야처럼 대환란 때 이방인에게 증거하는 유대인의 모형이 된다(계 7장 주석 참조).

E. 〈성경주석〉에서는 8절의 "애통"이 욥기 41:1의 리비야단이며 이 리비야단은 악어라고 말한다. [욥기 41:1 주석을 보고 하나님의 말씀을 그렇게도 많이 거부하고서도 어떻게 "말씀에 충실한" 주석서로 통할 수 있는지 전능하신 하나님께 여쭤보라.]

3:11 어찌하여 내가 태에서 죽어 나오지 아니하였던가? 어찌하여 내가 배에서 나왔을 때 숨을 거두지 아니하였던가?

12 어찌하여 무릎이 나를 보호하였던가? 어찌하여 내가 젖가슴을 빨았던가?

13 *그러면* 내가 지금 가만히 누워서 평안히 있었을 것이요, 잠들어서 쉬고 있었을 것이며

14 자신들을 위하여 황폐한 곳들을 세운 세상의 왕들과 의논자들과 함께하였거나

15 아니면 자기 집들을 은으로 채운 금을 가진 고관들과 함께하였거나

16 남모르게 유산된 것같이 내가 있지도 아니하여 빛을 보지 못한 아

기들 같았을 것이라.
17 거기는 악한 자의 고통이 그치며 거기는 곤비한 자가 평안을 얻게 되고
18 거기서는 갇힌 자들이 함께 쉬며 압제자의 음성을 듣지 아니하는도다.
19 작은 자와 큰 자가 거기 있으며 종이 자기 주인에게서 놓였도다.

서문에서 살펴본 바와 같이 요한계시록, 다니엘, 마태복음과는 다르게, 화자들의 역사적 실제적 배경을 다루기만 하면 욥의 말은 어려울 것이 전혀 없다. 욥은 분명히 자신이 죽었거나 처음부터 태어나지 않았었기를 희망하고 있다. 욥과 같은 처지에 있는 사람이 그런 말을 했다고 해서 누가 책망할 수 있겠는가? 평생을 휠체어에 의지해서 살았던 플로리다, 파나마 시의 조지 윌리엄스가 내게 말하기를 자신은 여러 차례 자신의 비참한 상태에서 벗어나려고 밤에 침대에서 굴러 떨어져 철로 된 방열기에 머리를 박았다고 한다. 그러나 그가 실패한 이유는 침대에서 굴러 떨어져 머리를 쳐 박는데 필요한 힘과 타성이 없었기 때문이었다. 조지는 회심한 후에 그리스도 안에서 즐겁고 승리에 찬 삶을 살았다. 그는 사우스랜드 곳곳에서 복음을 전했다. 그렇다 해도 구원을 받았건 받지 않았건 사랑하는 사람들에게 자신이 짐이라고 생각하면서 평생을 휠체어에 앉아서 사는 삶을 즐길 사람이 누가 있겠는가?

『**어찌하여 내가 태에서 죽어 나오지 아니하였던가?**』(11절, 시 59:10과 비교) 누군가의 무릎에서 "생명의 호흡"(창 30:3; 50:23 등)을 쉴 기회를 부여받지 못한 채 왜 사산되지 않았던가? 나를 기를 가슴이 왜 준비되어 있었던가?(렘 20:18)

우리 모두에게 때로 이런 생각이 들지 않겠는가?

이런 일을 경험한 적이 없다면 그 사람은 아직 진짜 인생을 맛보지 못한 것이다.

마거릿 홀던(플로리다, 파나마 시)이 40세였을 때 한 쪽 다리를 자르는 고통을 겪었고 다음에는 다른 쪽 다리를 절단하는 고통을 겪었다. 그녀가 입원한 병원에 가서 재림에 관한 그림을 그려줬을 때 그녀는 팔을 절단할 수술을 기다리고 있었다. 내가 천년 왕국에 대해 말해 줬을 때 그녀는 울었다. 내가 영적인 것들에 대해 물었을 때 그녀는 구원받은 적이 없다고 고백했다. 거기서 그녀는 그리스도를 자신의 구주로 신뢰했다. 그 동안 낭비한 삶에 대한 비애를 표현하면서 자신이 겪어온 문제들이 얼마나 고통스러웠는지를 말하며 흐느꼈다. 나는 그녀에게 그녀가 천년 왕국에서 가질 유업에 대해 말해줬다. 눈물을 흘리며 그녀는 말했다. “이제 주님을 위해 고통받을 수 있어요! 이제 그분을 위해 고통받을 수 있어요!” 그렇다, 그녀는 할 수 있다.

하루는 어떤 건달이 친구의 인도로 우리 집에 왔다. 나는 그 가련한 친구와 한 시간 동안 이야기를 했는데 그가 그리스도를 영접하도록 할 수가 없었다. 마침내 나는 말하는 것을 멈추고 그 사람을 응시했다. 그가 씹고 있는 껌은 여기저기 삐져 나온 뻐드렁니와 같이 황갈색이었다. 그가 숨을 쉴 때면 썩은 페투니아 나무 같은 냄새가 났다. 베이럼을 마셔왔던 것이다. 테니스화 사이로 발가락이 나와 있었다. 발바닥은 고무 밴드로 단단하게 조여져 있었다. 머리카락은 멍석 같았고 면도도 하지 않았으며 얼굴에는 아직도 세 개나 되는 상처 딱지가 있었는데 그것은 그 전날 밤에 누군가가 그에게 입힌 상처였다. 마침내 내가 말했다. “자네 아내는 어디 있나?” “없어요.” 나는 계속 몰아붙였다. “애들은 어디 있나?”

“가 버렸어요.”

“직업은?”

“없어요.”

"돈은?"

"다 날려 버렸죠." 그리고 그 건달은 울기 시작했다.

"건강은 어떤가?"

"잃었어요! 모두 잃었어요. 목사님, 모두 날려 버렸어요!"

"좋아, 자기 자신을 좀 보게! 자네는 40년간 마귀를 섬겼는데 마귀는 자네가 지금까지 가진 모든 것을 다 빼앗아 갔네. 그런데도 무엇 때문에 마귀를 그렇게도 사랑하면서 마귀에게서 등을 돌리지 못하고, 하나님의 아들을 자네의 구주로 받아들이지 못하는가?"

그는 아래로 내려갔다. 그는 소파 옆 마루에 무릎을 꿇었다. 그리고 우리는 기도했다. 그가 일어났을 때 그는 등에 옷을 입혀주실 수 있고, 배에 음식을 채워주실 수 있고, 주머니에 돈을 채워주실 수 있으며, 거실에 그의 아이들을 있게 하실 수 있는 한 주인을 모시게 되었다. 그러나 욥은 그렇지 못했다!

욥은 올바른 주인을 섬겼건만(욥 1:5) 잘못된 주인을 섬겼을 때 오는 대가를 받았다.

13-19절은 설명이 필요 없다. 이 구절들은 죽은 자들이나 혹은 결코 살아 본 적이 없는 자들의 상태를 묘사한다. 그 상태는 알려지지도 계시되지도 않은 상태이다(전 6:3). 물론 욥은 솔로몬의 관점에서 말하고 있다. 즉 주 예수 그리스도께서 죽으시고 장사되시고 부활하시기 전에 죽은 자의 상태를 말하고 있다. 『**가만히 누워서 평안히... 잠들어서 쉬고...**』(13절) 〈리빙바이블〉을 쓴 사람은 "자기 집들을 은으로 채웠다"(15절)는 관점에서 "자신들을 위하여 황폐한 곳들을..."(14절) 세웠다는 것을 이해할 수 없었다. 그래서 케네스 테일러(Kenneth Taylor)는 14절의 절반을 그냥 지워버리고는 사람들이 그 구절을 살펴보기 위해 시간을 내고 싶어 하지 않

을 만한 규모로 그 구절을 축소시켜 버린다. "대중의 언어"로 기록된 〈리빙바이블〉에서 찾아 볼 수 있는 전형적인 수법이다. 그러나 이 사사로운 해석("쉽게 하기 위해 자세한 설명으로 바꾸어 말한 것"이 아니다.)은 테일러가 처음 한 일이 아니다. 성경을 거부하는 불신자인(NEB) C.H. 도드는 10년 전에 자신의 출판물에서 똑같은 일을 했다. 그 후 테일러가 그의 발자취를 따랐던 것이다. 적어도 1880년 이후 "모든 길은 배교로 이어진다." 아는 바와 같이 도드가 그 일을 처음 시작한 것은 아니다. A.D.(B.C.가 아니다) 330-500년에 만들어진 칠십인역도 히브리어 구약의 맛소라 히브리 본문에는 있는 것을 삭제했다. [아주 짧은 방학 기간이 지난 후 알렉산드리아에서 다시 그런 일이 자행된다!]

칠십인역의 배후에 도사리고 있는 비합리적인 편견은(15세기 동안 "살아 있는 성서들"에서도 찾아 볼 수 있다.) "세상의 왕들과 의논자들"(14절)은 "자신들을 위하여 황폐한 곳"(14절)을 세울 수 없다는 속임수이다. "이집트의 오지만디아스"나 "오마 캬라얌의 루바이얏" 같은 문학 작품을 잘 알고 있는 사람이 이 구절의 적절성을 보지 못할 수 있는가? 어떻게 알렉산드리아의 교수진들(혹은 시카고 성경 대학, 서클빌 성경 대학, 콜롬비아, 달라스, 트리니티, 디트로이트, 베울라 하잇, 스터링, 이스턴, 휫워스, 웨스트몬트, 피에드몽, 타볼, 심슨, 사우스웨스턴, 스피링 아보, 시애틀 퍼시픽 등)은 자신의 책상에 앉아서 이사야 27:10, 에스겔 26:19, 예레미야 7:34, 스카랴 7:14, 에스겔 16:20, 말라키 1:4, 잠언 3:25의 중요성을 놓칠 수 있는가?

왕들과 의논자들은 황폐한 곳들을 세우려고 의도하지는 않았지만(시 19:10,11) 황폐한 곳들을 세운 것으로 드러난다!

죽은 영들이 있는 곳에 죽은 『**왕들과 의논자들**』(14절)과 『**자기 집들을 은으로 채운…고관들**』(15절)과, "빛을 보지 못한 아기들"이 있다. 거기서는 계급도, 인종도, 사회적 차별도 끝이 나며(17-19절), 현대의 정치 지도자들과 종교 지도자들이 큰 소리로 떠들며 선전하는 일들이 이루어진다. 죽음은 위대한 평등주의자이다. 구약의 관점에서 보면, 지친 자들은 쉼을 얻고(삼상 28:15), 사악한 자들은 지옥에서 더 이상 아무도 괴롭힐 수 없으며(17절), 포로들은(눅 4:18) 잠을 자고(요 11:11), 압제자는 그들에게 열렬한 연설을 할 수도 없다. **『작은 자와 큰 자가 거기 있으며, 종이 자기 주인에게서 놓였도다』**(19절). 그러나 사도 바울에 의하면(딤전 6:1-4) 죽기 전에는 놓이지 않는다!

3:20 어찌하여 불행에 처한 자에게 빛을 주시며 혼이 쓰라린 자에게 생명을 주시는고.

21 이런 자는 죽음을 바라나 오지 아니하므로 숨겨진 보배를 찾는 것보다 죽음을 찾아 더 파나니

22 그들이 무덤을 찾을 수 있을 때 심히 기뻐하고 즐거워하지 아니하랴?

23 하나님께서 둘러 막으시어 그 길이 감춰진 사람에게 어찌하여 빛을 주셨는가?

24 내가 먹기 전에 나의 탄식이 나오며 나의 울부짖는 소리가 물처럼 쏟아져 나왔도다.

25 이는 내가 크게 두려워하는 것이 내게 임하였고 내가 무서워하는 것이 내게 임하였음이라.

26 나는 안전한 가운데 있지 않았고 휴식도 가지지 않았고 편안치 않았는데도 고난이 임했도다." 하더라.

20절은 욥기의 품질을 보증해 주는 위대한 구절 중 하나이다. 단순히 "철학"이 아니라 인생에 대해 참으로 진지하게 생각하는 사람들을 위해서 이러한 "품질 보증" 구절들을 열거하겠다. 이 구절들은 질문 형식으로 나온다.

1. 『**그 길이 감춰진 사람에게 어찌하여 빛을 주셨는가?**』(욥 3:23)
2. 『**죽을 인간이 하나님보다 더 의롭겠느냐?**』(욥 4:17)
3. 『**사람이 자기의 창조주보다 더 순결하겠느냐**』(욥 4:17)
4. 『**사람이 무엇이기에 주께서 그를 높이시나이까?**』(욥 7:17)
5. 『**내가 악할진대, 어찌 내가 헛되이 수고하리이까?**』(욥 9:29)
6. 『**네가 찾는다고 해서 하나님을 찾아낼 수 있겠느냐?**』(욥 11:7).
7. 『**네가 전능하신 분을 완전히 찾아낼 수 있겠느냐?**』(욥 11:7)
8. 『**그러나 사람은 죽으면, 소멸되나니... 그가 어디 있는가?**』(욥 14:10)
9. 『**사람이 무엇이기에 깨끗하겠느냐?**』(욥 15:14)
10. 『**여인에게서 태어난 자가 의로워질 수 있겠느냐?**』(욥 15:14)
11. 『**어찌하여 악인이 살고... 정녕, 권력이 막강해지느냐?**』(욥 21:7)
12. 『**사람이 하나님께 유익할 수 있겠느냐?**』(욥 22:2)
13. 『**어찌 사람이 하나님과 더불어 의롭게 될 수... 있겠느냐?**』(욥 25:4)
14. 『**그러므로 지혜는 어디서 오는가? 명철이 있는 곳은 어디인가?**』(욥 28:20)
15. 『**내가 내 죄에서 깨끗이 되면, 나는 무슨 이익을 얻을 것인가?**』(욥 35:3)
16. 『**나를 지으신 분 하나님...은 어디 계시며**』(욥 35:10).
17. 『**네가 나를 정죄함으로써, 네가 의롭게 되려느냐?**』(욥 40:8)
18. 『**지식 없이 이치를 가리는 자가 누구니이까?**』(욥 42:3)

자, 이것들은 진정한 질문들이다. 이것들은 소크라테스, 아리스토텔레스, 플라토는 감히 논하지 못했던 장중한 질문들이다. "지선을 찾는다"고 위선을 부리면서 그들은 2, 3, 8, 9, 13, 16번 같은 질문들을 조심스럽게 우회했다. 대부분의 철학자들(〈피터 럭크만의 주석서 골로새서〉, 말씀보존학회, 1997, 2:8 주석 참조)은 14, 15, 18번을 회피한다. 서문에서 살펴본 바와 같이 욥기는 인생에서 기본적이고 근본적이며 뿌리가 되는 질문, 즉 "왜 의인이 고난받는가?"를 다룬다. 위의 질문들은 모두 이 문제와 연관되어 있으며, 이 질문에 답을 하거나 최소한 숙고해 보기 전에는(기도하면서) 하나님이나 사람에 대한 가치 있는 명철을 얻을 수 없다. 이 질문들에 대한 해답은 결코 현대 종교 철학자들[본회퍼(Bonhoeffer), 니부어(Niebuhr), 파이크(Pike), 틸리히(Tillich), 업다이크(Updike), 웨이글(Weigle), 허버(Herber), 루이스(C.S. Lewis), 카를 아담(Karl Adam), 도널드 베일리(Donald Baillie), 이안 바버(Ian Barbour), 피터 버거(Peter Berger), 브루케거(Bruckeger), 아이슬리(Eiseley) 등]의 방식을 취하지 않는다.

즉 다음에 열거한 것들과 유사한 방식을 결코 취하지 않는다.

1. 인간은 타인과의 관계 속에서만 자신의 정체성을 발견한다.

2. 사회의 비인격적인 관계에서는 강압을 포함한 분배 정의가 필수불가결한 사랑의 수단이다.

3. 강압적인 분리는 소수 집단에게는 모욕적이기 때문에 소수는 강제로 통합시켜야 한다.

4. 성숙으로 나아가는 첫걸음은 편견을 극복하는 것이다.

5. 여러 개의 대안에 직면한다 해도 우리는 변화의 필요성에 민감해야 한다.

6. 수평면으로 전이되는 인간의 궁극적인 관심사를 표현하는 것이 하나님의 생각이다.

7. 깊이 있는 차원과 상징에서는, 협력을 통해 이루어진 진리와 상대적 의미를 전적으로 밀어붙이면 역동적인 완전체가 되는 경향이 있다.

8. 현대 문명은 종교적 사실주의에 대한 해답이다.

9. 생기가 넘치는 종교는, 개념적인 체제 속에서 그 영역의 골격이 이

루어지는 조직보다 더 풍성하다.

10. 궁극적인 관심을 가지고 전체적으로 관여하는 것은 의미롭게도 근거 있는 박애주의와 인종적인 사회 환경과 연관된다.

제트 엔진에서 나오는 뜨거운 공기를 들이마셔도 이보다는 악취가 덜할 것이다. 에리히 프랑크(Erich Frank), 에리히 프롬(Erich Fromm), 킴 말테 브룬(Kim Malthe Bruun), 롤로 메이(Rollo May), 데이비드 리드(David Read), 데이비드 로버츠(David Roberts), 마르틴 부버(Martin Buber), 셰보니에(E. Cherbonnier)는 이런 식의 미치광이 신학으로 생계를 유지한다. 인간의 삶이 자신의 신조로 얽매이게 되면 그는 죽어서 자신의 "신조들"과 함께 지옥으로 가게 된다. 그 신조를 바꿀 겨를도 없이 지옥으로 가게 된다. 『**피부로... 피부를 바꾸오니**』

『**어찌하여 불행에 처한 자에게 빛을 주시며 혼이 쓰라린 자에게 생명을 주시는고**』(20절). 아시아와 아프리카에서 매년 기아로 죽어 가는 수천 명의 사람들은 어떤가? 어떤 어머니가 자신의 아이가 기아로 배만 볼록한 것을 보고 싶어 하겠는가? 아이의 팔 다리가 말라비틀어진 것을 보고 싶어 하는 어머니가 어디 있겠는가? 독일군에 속해 있던 독일 병사가 26년간을 포로수용소에서 보낸 뒤 1970년에 마침내 시베리아에서 죽게 되었을 때 어떻게 느꼈을 것 같은가? 5만 명 이상의 독일 전쟁 포로들이 제2차 세계대전이 끝났을 때 석방되지 않은 것을 알고 있는가? 그 중 절반 이상은 "지속적인 평화"가 도래한 후에 시베리아에서 죽었다. 또 한국 전쟁이 끝났지만 미국 전쟁 포로들이 다시 미국으로 다 돌아온 것은 아니다. 그들 중 몇은 "불행에 처하고... 혼이 쓰라린 자"였다.

『**이런 자는 죽음을 바라나 오지 아니하므로**』(21절). 이것은 역사일 뿐만 아니라 예언이기도 하다. 요한계시록 9:6은 대환란 때 사람들이 "숨겨진 보배를 찾는 것보다 더 죽음을 찾아 파지만"(21절) 죽을 수 없는 상황을 묘사하고 있다. 욥이 죽음을 찾아 "파는" 정도는 질그릇 조각으로 자신의 목이나 심장을 찌르거나 동맥을 끊을 정도는 아니다. 욥이 바라는 것은 분명히 하나님께서 시작하신 그 일을 하나님께서 빨리 끝내기를 바라는 것이다. 즉 욥을 완전히 파괴시키기를 바라는 것이다.

16구경 엽총을 입에 넣고 방아쇠를 당기고서도 그 이후로 10년을 더 산 사람들이 있다. "자살"을 시도했다가 3만 달러짜리 병원 청구서만 남긴 것이다. 칼 메닝거의 저서에는, 난로를 끌어안기도 하고, 숨통을 끊기 위해 굴뚝에서 뛰어 내리기도 하고, 가시 박힌 철사로 자기 목을 죄기도 하고, 속옷을 집어 삼켜서 질식해서 죽고자 하고, 끓는 기름 용기에 뛰어들거나, 동물의 피가 담긴 용기 속으로 뛰어든 사람들에 대한 사례로 가득 차 있다. 일부는 성공하고 일부는 성공하지 못한다. 자살을 하는 가장 확실한 방법은 목에 "자살용" 로프를 감고 가솔린으로 몸을 흠뻑 적신 다음 강 위로 가지를 뻗고 있는 나무에 오르는 것이다. 그리고 나무 가장자리에 로프를 묶은 뒤 권총을 당기고 나무 가지에서 뛰어내리는 동시에 담배 라이터에 불을 붙인다. (이렇게 치밀한 계획을 세우면 확실하게 죽을 수 있다. 총으로 실패할 경우 불에 탄다. 가솔린에 점화가 안 되도 목매달려 죽게 된다.) 불행하게도 (욥이 잿더미에서 그 광경을 보고 있는데) 그는 총으로 로프를 맞힌다. 그래서 강으로 첨벙 빠졌는데 물 때문에 불이 꺼진다. 강둑으로 기어 올라온 자살자는 중얼거린다. "이런, 수영을 배우지 않았더라면 익사할 뻔했잖아!"

항상 자살하겠다고 협박하는 성미가 못된 아내에 대해 그 남편이 하는 말, "약속! 약속! 항상 죽겠다는 약속뿐이야!"

『**그들이 무덤을 찾을 수 있을 때, 심히 기뻐하고**』(22절). 이 구절을 진정으로 이해하기 위해서는 헬라어와 히브리어 어휘집(새영어 주석, 위클리프 주석, 그리고 윌리엄스와 더멜로우, 아담 클라크와 존 피터 렌지가 쓴 저서들을 조심스럽게 덮고)을 책장에 넣고 에리히 마리아 레마르크가 쓴 〈서부 전선 이상 없다, *All Quiet on the Western Front*〉의 마지막 세 장을 읽어 봐야 한다. 폴 바우머의 죽은 얼굴 표정에서 "그는 끝이 온 것을 기뻐했다"는 것을 알 수 있었다는 레마르크의 말을 믿을 수 있다. 전투 보병에서 벗어날 수 있는 유일한 방법은 무덤이나 목발뿐이다(피터 럭크만의 〈하나님의 나라와 천국〉, 말씀보존학회, 1-3장 참조).

『**하나님께서 둘러 막으시어 그 길이 감춰진 사람에게**』(23절, 렘 20:8 참조!). 이번에 둘러 막으신 것은 욥기 1:10에서처럼 번영으로 둘러 막으신 것이 아니다. 이번에 이 울타리는 "가시 울타리"(잠 15:19; 22:5, 사 5:6; 7:23; 27:4, 렘 12:13)이며, 이 가시는 지옥에서 불타는 사람들과 연관이 있다(히 6:8, 삼하 23:6). 욥은 음식을 먹기 전에 음식에 복을 달라고 간구하는 대신 한숨을 쉬며(24절), 음식을 먹는 대신 신음한다(시 42:3). 24절의 "울부짖는 소리"는 말 그대로 울부짖는 것이다. 그런데도 수많은 보수주의 학자들은 그렇지 않다고 말한다. 시편 22:1과 32:3의 사자의 포효는 곤궁에 처한 유다 지파의 사자의 포효이다. 20세기의 학자들이(24절에 대해 아담 클라크가 한 주석 34쪽 참조) "울부짖는 소리"라는 말을 "신음," "신음하기"로 바꾸어 의미를 축소시키지 못하게 하려면 유진 코곤이 박식하게 저술한 〈지옥의 이론과 실체〉에 시간을 쓰고, 1901년판 ASV와 1971년의 〈리빙바이블〉, 로크만 재단과 "틴데일" 출판사의 책들에는 시간을 낭비해서는 안 된다.

『**이는 내가 크게 두려워하는 것이 내게 임하였고**』(25절)는 욥이 인생에서 비극이 일어날 가능성에 대해 미리 알고 있었음을 보여준다. 욥이 한창 번영을 누릴 때 욥은 단 한 번도 하나님께서 최고 재판장이시며 하나님께서는 매서운 판결을 주실 수도 있다는 것을 결코 잊지 않았다(욥 31:1-10 주석 참조). 욥은 인생에 대해서 긍정적인 관점뿐만 아니라 부정적인 관점도 가지고 있었다. 욥에게는 내일의 희망도 없었다. 『**나는 안전한 가운데 있지 않았고 휴식도 가지지 않았고 편안치 않았는데도 고난이 임했도다**』(26절). 의미는 너무나도 분명하다. "시온에서 편히 쉬며" 안주한 사람에게도 고난이 임할 수 있다(단 4:29-32). 이것이 일종의 "균형"의 체제이다(전 7:14). 욥은 결코 경계를 늦추지 않았다(욥 1:5 주석 참조). "보금자리"에 있었을 때조차도 그랬다(욥 29:2,3). 그는 이미 "이르렀다"거나 하나님의 징계의 손길을 벗어났다고 말할 만큼 주제넘은 행동을 한 적이 결코 없었다. 대개는 실족하거나 타락했을 때 문제가 야기된다. 그러나 욥의 경우에는 경계를 늦추지 않고 주의하고 있을 때 고난이 그에게 임했다. 그는 자신의 도덕 상태나 가족의 상태에까지 신경을 썼다. 거기다 욥이 질병으로 강타당했을 때 욥은 휴식을 가지지도 않았고 편안치도 않았다. 욥은 이미 자신의 가족과 재산을 잃었던 것이다. 굿과 아담 클라크는 25, 26절에서 첫 번째 사항을 이해하지 못하고 있다. 그래서 클라크는 26절에 세 개의 물음표가 있어야 한다고 말한다. 1901년의 부패한 ASV는 시제를 현재("was... had"에서 "am"으로)로 바꾸었다. 왜냐하면 로버트슨과 토레이를 포함해서 그 위원회에 참가한 사람 중에 그 구절을 이해할 수 있는 사람이 아무도 없었기 때문이다.

테일러(〈리빙바이블〉)는 무리를 따르고자 열망하면서도 무리를 따르면 "부연 설명"을 하지 못할 것을 두려워한 나머지 "나는 비대하지도 게으르지도 않았다..."라고 그 구절을 다시 써 버린다(!). NEB는 시제를 바꾼다.

프크, 둠, 버드는 늘 하는 변개를 제안하지만 그런 것들은 시간을 들여 살펴볼 만한 가치도 없다. 이 구절이 "욥의 고통의 시작"에만 해당된다는 우화는(제미에슨과 포셋과 브라운) 비참한 게릴라전에 지나지 않으며, 대다수의 핵심을 간파하지 못한 보수주의자들이 성경과 성경을 비교하는 것을 잊어버리고 전능하신 하나님을 바로잡으려는 일을 떠맡기 때문이다.

3장을 마무리하면서 칠십인역 필사본(〈리빙바이블〉에 사용됨)에서 진리를 혼란스럽게 하는 다양한 방법들을 살펴보고자 한다.

8절에서는 누군가가 "큰 고래"를 공격한다. (이 본문은 이해를 하기만 하면 참으로 독특한 본문이다.) 9절 끝에 "별"(star)이 첨가되었다. 14절에는 "자신들의 검을 자랑하는 사람들"(Who gloried in their swords)을 첨가시켰다. "격분한 분노를 살랐다."(Burnt out the fury of rage)를 첨가시켰다. 18절의 "갇힌 자들"(prisoners)을 "옛날 사람들"(Men of old time)로 대체시켰다. 23절에는 "그런 사람에게는 죽음이 휴식이다."(Death is rest to such a man)를 첨가했으며, 이 구절의 전체 사상을 제거해 버렸다. 이 외에도 다섯 개에서 열 개에 이르는 자잘한 변개를 시도했다. 소위 "믿을 만한 번역본들"의 출처를 밝히는 것만으로 만족하겠다. 이 번역본들은 웨니거, 슈일러, 밥 존스 3세와 하일스 앤더슨, 린치버그, 마이애미 교수진들이 추천하는 성서들이다. 이 "믿을 만한" 번역본들은 모두 시내사본과 바티칸사본을 그 근거로 하고 있으며, 바티칸사본은 오리겐의 6란 중 제5란에서 나온 것으로 학자 연합이 인용하는 필사본이다.

욥기 4장

4:1 그때 테만인 엘리파스가 대답하여 말하기를
2 "우리가 너와 이야기하고자 하면 네가 괴로워하겠느냐? 그래도 말하
지 않을 사람이 누구겠느냐?
3 보라, 네가 많은 사람을 가르쳤고 네가 힘없는 손들에게 힘을 주었도다.
4 네 말이 쓰러져 가는 자를 붙들어 세웠고 네가 연약한 무릎에 힘을
주었도다.
5 그러나 이제 그 일이 네게 임하여 네가 기진하였고 그 일이 너를 치
니 네가 고통을 당하는도다.

욥을 "위로"하고자 한 사람은(욥 2:11) 에돔 본토박이인 테만인이다. 그는 욥을 비난하는 사람 중에서 가장 온유해야 하는 사람이다. 그가 처음 욥을 위로할 때 자신이 하나님으로부터 계시를 받았다고 주장했다. 이 계시는 엘리후의 결론(욥 35-37장)과 욥기 40-42장에서 하나님께서 욥에게 직접 하신 말씀과 일치한다. 그러나 엘리파스는 7,8절과 욥기 5:1,4,5의

관점에서 볼 때 어떤 면에서도 "위로자"라고 불릴 수가 없다. 그는 온유한 태도를 보였을는지도 모른다. 그러나 욥과 같은 처지에 있는 사람에게는 사소한 책망이나 비난조차도 수천 볼트의 분노와 쓰라림을 불러일으키게 마련이다.

처음 다섯 절의 요지는 이렇다, "내가 너와 대화를 하려고 하면 네가 아마도 슬퍼하겠지만(2절), 입을 다문 채로 일주일을 더 여기에 앉아 있을 수는 없다. 그래서 우리는 말을 해야 한다(2절). 사람들이 어려움에 빠졌을 때 너는 그들을 도왔고 지도했다(3절) - 의사여, 네 자신이나 치료하라 - 그리고 너는 말로서 사람들을 위로했는데(4절) 이제 그 일이 네게 닥치니 - 의사여, 네 자신이나 치료하라 - 왜 너는 기진하는가? 왜 고통스러워하는가?"

엘리파스가 한 말에는 많은 진리가 있다. 문제는 그런 생각을 말하는 시기가 틀렸다는 데 있다(욥 1:21). 『**그가 다른 사람들은 구원하였으나 자기 자신은 구원하지 못하는도다.**』(마 27:42)와 얼마나 유사한지 살펴보라.

모순은 보편적 진리이다. 충고는 듣는 것보다 충고를 하는 것이 항상 더 쉽다. 자신과 자신의 가족이 모두 건강하고 새 보트로 낚시를 나가는 7월의 화창한 날에 로마서 8:28을 적용하는 것과 일곱 살짜리 아들이나 딸의 무덤에서 그 구절을 적용하는 것은 전혀 별개의 문제다. 전공이 "말"인 우리 설교자들은(고전 1:21) 상한 마음을 신중하게 다루는 법을 배워야 한다. 어떤 사람을 구둣발로 밟는 것처럼 밟으려면 오만하고 자기 의에 가득 찼으며 성경을 왜곡시키는 이 시대의 "유명 인사들"을 밟도록 하자. 그들은 자신들이 여기에 존재하는 것만으로도 우리에게 호의를 베푸는 것이라고 생각하며 한 평생을 사는 사람들이다.

나의 친한 친구인 존 홀과 고통과 잠못 이루는 밤에 대해 이야기한 적이 있다. 그는 오랫동안 휠체어를 타고 다니는 환자이다. 우리는 마약과 알약과 고린도전서 6:12에서 주어진 명령에 대해 이야기했다. 그러나 (여전히 테니스, 축구, 배구, 야구를 할 수 있는) 건강한 사람이 "상습적인 마약 복용"에 대해 이야기하는 것과, 하반신이 마비되고 고통으로 하루에 다섯 시간도 잘 수 없는 사람이 그런 것에 대해 말하는 것은 전혀 별개의 문제다. 그렇다. 설교자는 답을 안다. 설교자에게는 모든 해답이 있는 책이 있다. 그러나 욥의 "친족"에게 말할 때는 신경을 써야 한다. 세금을 면제받으면서 수백만 달러의 종교 주식회사를 운영하는 사람들이 트레일러에 살면서 가스와 전기와 전화세로 매달 쩔쩔매는 사람들에게 사역을 한다고 떠들어대는 것보다 더 우스운 일이 어디 있겠는가? 만약 내가 잭 하일스(Jack Hyles)에게 주일 학교를 운영하는 것에 대해 말하거나, 빌리 그래함에게 연합 부흥집회를 지휘하는 방법에 대해 말한다면 어떻겠는가? 엉망진창이 되지 않겠는가? 존 R. 라이스에게 신문 인쇄법을 말해 준다면 우습지 않겠는가? 밥 존스 2세에게 기독교 대학을 운영하는 것에 대해 말하는 것은 어떤가? 대단할 것이다. 누츠, 벨, 파노시안, 데이비스, 커스터(밥존스대학), 게제니우스, A.T. 로버트슨, 카일, 아담 클라크, 자카로포울로스(Zacharopoulos), 올브라이트(Albright), 힐리어스(Heelios), 시더리스(Sideris), J.G. 마켄이 만든 우스꽝스러운 본문으로 성경이나 우리가 가르치는 바를 바로잡고자 애쓰는 헬라어, 히브리어 학자를 우리가 어떻게 생각할 것 같은가? 성경을 믿고, 시간의 90%를 성경을 가르치고 성경을 설교하는 데 쓰는 우리가 물에 물 탄 듯, 술에 술 탄 듯 온화한 표정을 한 광고 담당 이사의 도움을 받아 우리의 일을 바로잡아야 한다고 생각하는가? 어림도 없는 소리다.

4:6 이것이 너의 두려움이며 신뢰요, 희망이며 네 길들의 정직이 아니더냐?
7 내가 네게 청하노니 기억해 보라. 무죄한데 망한 자가 누구며 의인

으로 끊어진 자가 어디 있느냐?

8 내가 본 바와 같이 죄악을 경작하는 자와 악을 심는 자는 같은 것을 거두나니

9 그들은 하나님의 입기운에 멸망하고 그의 콧김에 소멸되느니라.

10 사자의 으르렁거림과 사나운 사자의 소리와 젊은 사자들의 이빨이 부러졌도다.

11 늙은 사자는 먹이가 부족하여 죽어 가고 힘센 사자의 새끼들은 멀리 흩어지는도다.

엘리파스는 계속 말을 잇는다. 그러나 그가 다음 절로 가기도 전에 제미에슨, 포셋, 브라운, 클라크, 〈리빙바이블〉(ASV, New ASV, RSV, New RSV)과 죽은 시체들은 6절을 갈기갈기 찢어 놓는다. 본문에 있는 그대로 욥이, 두려워하는 것이 8절에 언급된다. 『**내가 본 바와 같이 죄악을 경작하는 자와 악을 심는 자는 같은 것을 거두나니**』(8절). 욥의 자신감과 희망과 "정직"(6절)은 7절에 명백하게 나와 있다. 『**네게 청하노니 기억해 보라. 무죄한데 망한 자가 누구이며 의인으로 끊어진 자가 어디 있느냐?**』 이 단순한 구문을 분류할 수 없어서 아담 클라크는 그 구절을 찢어서 이렇게 만들어 놨다, "네가 하나님을 두려워하는 것이 어디 있느냐?" 〈리빙바이블〉(ASV와 함께)은 필사본 증거도 없이 이 해석을 삽입시켰다. NEB는 한수 더 떠서 이렇게 말한다, "너의 종교도 너에게 전혀 위로가 안되느냐?" 6절의 "이것"은(이것도 또한 변조됨) 문맥으로 볼 때 7절과 8절을 언급한다.

이런 혼란은 현대의 보수주의 학자들의 자유주의 성향에서 나온 것이다. 이들은 "하나님의 두려움"이 "경건한 신뢰"(스코필드 관주성경)를 언급하는 것으로 만들어 버린다. 이런 문제는 잠언 1:7 주석에서 장황하게 다루었으므로 다시 살펴보지는 않겠다. 욥은 죄의 삯에 대해 알고 있었으므로(욥 4:8 문맥) 하나님과 죄를 두려워했다(욥 23:15). 그의 희망과 신뢰는 선을 뿌려서 선을 거두는 것이었으며(욥 31:1-20 주석 참조) 엘리파스도 이것을 알았다. 그래서 『**이것이 너의 두려움이며 신뢰요, 희망이며...**』라고 말했다. 그런 후 엘리파스는 계속해서 그것을 열거한다. 이것과 일치하는 예가 사도행전 2:16에 있다. 거기서 베드로는 "이것은...바이니"라고 말한 후 요엘이 말한 것을 열거한다.

엘리파스의 위로는 이런 식이다, "악을 행해서 비난을 받게 되는 것이 네가 두려워하는 것 아니냐? 너의 선행으로 너에게 축복을 가져오고 선을 행해야 살아남는다고 믿지 않았느냐? 『**내가 본 바와 같이**』(8절) 너의 이러한 두 가지 믿음은 사실인데 네가 그것을 잠시 잊은 것 같다. 네가 무죄하다면(7절) 하나님께서 너를 건져 내실 것이다(욥 5:17-27)." 이것이 바로 엘리파스의 입에서 나온 말이다. "권위자들"이 이 본문에 가한 우스꽝스러운 혼란은 조디아테스가 야고보서를 설명한 것만큼이나 전혀 성경적이지 않다(〈믿음의 행위, *The Behavior of Belief*〉, pp. 305,233,9,18,37, 61,67,241,258 등).

『**그들은 하나님의 입기운에 멸망하고**』(9절). 이 구절은 데살로니가후서 2:8과 이사야 11:4에 나오는 대환란이다. 네 장에서 성경 예언과 관련된 참조 구절은 12개가 있다. 그런데도 페인(Payne) 박사가 쓴 〈예언 대백과사전, *Encyclopedia of Prophecy*〉에는 욥기에 관한 "대백과사전"의 거의 80%가 사라지고 없다.

『**사자의 으르렁거림과 사나운 사자의 소리와 젊은 사자들... 늙은 사자... 힘센 사자의 새끼들**』(10,11절). 각각의 사자에 해당하는 히브리어 단어가 다 다르다. 문자 그대로 살펴보자면 다음과 같다. "쏜살같이 달려가는, 검거나 어두운, 젊은 사자, 혼합하거나 무릎을 꿇는, 젖을 빠는." 사탄과 주 예수 그리스도가 둘 다 "사자"로 언급되며, 곰과 표범 제국(단 7:4) 이전에 오는 세계 제국이 사자라는 점에서 이 단어는 마음속에 잘 간직해 둬야 한다. 에스겔 38:12,13의 "젊은 사자들"을 펨버와 라킨, 스코필드는 (현대 전천년주의자들을 위해) 영어를 쓰는 나라들로 본다. 다니엘 7장의 사자를 스코필드가 잘못 해석한 것을 기억한다면 (게벨라인(Gabelein), 로버트슨(Robertson), 잉글리쉬(English), 토레이(Torrey), 펜티코스트(Pentecost), 뉴웰(Newell), 다비(Darby), 백스터(Baxter), 레흐만(Lehman), 파인버그(Feinberg)에게 동의해서) 이것은 아주 중요하다. 다니엘 7:4의 날개 달린 사자는 바빌론이 아니다. 왜냐하면 다니엘 7장의 짐승들은 모두 바빌론의 마지막 왕이 죽은 이후에 나오기 때문이다(단 7:1). 성경 어딘가에 늙은 사자(영국이나 독일)와 그 후손들(미국, 캐나다, 오스트레일리아, 스코틀랜드, 아일랜드 등)이 잠복해 있다. 이 나라들이 성경 어디에 있는지 그 정체가 드러난다 해도 암스트롱(G.T. Armstrong)이 지난 30년 동안 가지고 놀아온 고양이는 아닐 것이다.

엘리파스가 갑자기 먹이를 사냥하는 사자들에 대해 말하는 것은 문맥과 전혀 맞지 않는다. 이 사자들이 하나님께서 "소멸시키실" 8절의 악인들이라고 보는 사람도 있다. 그러나 본문에는 무시하기에는 너무 많은 사자가 나온다. 테일러는 재림에 관한 참조 구절을 없애기 위해(살후 2:8) 9절을 변개시킨다. 그런 것은 그가 문제를 해결할 수 있는 최선의 시도라고는 할 수 있겠지만 이 문제를 해결하는 데는 전혀 도움이 되지 않는다. 〈강단의 주석〉도 "breath"를 "blast"로 변개시킴으로써 이 구절을 지워버린다. (또 다른 훌륭한 시도다!) 제미에슨과 포셋과 브라운은 10절의 구문이 마음에 들지 않는다고 거기에 "침묵한"을 덧붙여서 "으르렁"거리는 소리를 닫아 버린다. 그러나 그 소리들은 꺾이고 불경건한 모든 것도 깨지게 된다(단 2:35). 그것들은 다니엘 2:35에서 "멀리 흩어지고"(11절) 말라키 4:1-4에 따르면 "죽어 간다"(11절). ["유명한 학자들"이 〈킹제임스성경〉에 반대한다는 이유로 〈킹제임스성경〉의 본문을 배격하지 말라. 그들에게는 가능한 한 가장 강력한 말로 반대해야 한다(히 4:12,13).]

4:12 이제 내게 어떤 말씀이 가만히 이르렀고 내 귀가 그 말씀에서 작은 것을 받았으니

13 사람들이 깊은 잠에 들 무렵 그 밤에 본 환상들로 생각에 빠졌는데

14 두려움과 떨림이 내게 임하여 내 모든 뼈를 흔들었도다.

15 그때 한 영이 내 얼굴 앞을 지나니 내 몸의 털이 곤두섰는데

16 그 영이 가만히 섰으나 나로서는 그 형태를 분별할 수가 없었으며 한 형상이 내 눈 앞에 있는데 조용하였고 내가 한 음성을 들었는데 말하기를

17 '죽을 인간이 하나님보다 더 의롭겠느냐? 사람이 자기의 창조주보다 더 순결하겠느냐?

18 보라, 하나님은 자기 종들에게도 신뢰를 두지 아니하시며 그의 천사들도 우둔하다 책망하셨나니

19 좀 앞에서도 부서져 버리는 먼지에 기초를 둔 진흙집에 사는 자들은 얼마나 덜 신뢰하시겠느냐?

20 그들은 아침부터 저녁까지 멸망하고 아무도 생각해 주는 이 없이 영원히 멸망하느니라.

21 그들 안에 있는 그들의 탁월함이 사라지지 아니하겠느냐? 그들은 지혜도 없이 죽는도다.' 하더라.

엘리파스가 한 말은 모두 사실이며, 주께서 꿈으로 그에게 말씀하셨다(민 12:6)는 것은 전혀 의심의 여지가 없다. 성경이 기록되기 전에는 하나님께서는 종종 이런 식으로 사람들에게 자신을 계시하셨다(창 20:6). 더군다나 그 "영"(15절)이 한 말은 신 · 구약에 나오는 계시의 주요 부분과 전적으로 일치한다. 엘리파스가 21절에서 멈추고 욥을 껴안거나 적어도 그의 어깨라도 두드려줬다면 뒤이어 나오는 많은 비방들은 나오지 않았을지도 모른다. 그러나 엘리파스는 5:1-4을 계속 이어서 말하면서 희생자인 욥을 어리석고 저주받은 죄인으로 분류한다.

13절은 창세기 15:12와 일치하며 이것은 다시 대환란을 다룬다. 『**그때 한 영이 내 얼굴 앞을 지나니...**』(15절) 천사들은 "섬기는 영들"(히 1:14)이므로 여기에 나오는 영도 그들 중 하나다. 천사에게는 "형태"와 "형상"이 있기 때문이다(16절). 그의 짧은 설교는 "천사들보다 조금 낮게" 지어진 사람들, 즉 『**진흙집에 사는 자들**』(19절)에게 초점이 맞춰져 있다.

사람들은 "좀 앞에서도 부서져" 버린다(19절, 욥 27:18, 시 39:11 참조). 즉 사람들은 좀이 먹은 낡은 옷 한 조각처럼 부서져 없어진다(사 51:6). 사람들은 "아침부터 저녁까지 멸망"한다(20절). 즉 파리처럼 죽으며 매일 밤낮으로 매 시간마다 수백 명의 사람들이 죽어간다. 시편 49:12,16,17,20에 따르면 그들의 "훌륭함"은 사라져 버리고(21절), 그들은 "지혜도 없이 죽는다"(21절). 이것은 다윗이 시편 49:20에서 한 말과 정확히 일치한다. 사람들은 "멸망하는 짐승들과 같다"(시 49:20, 전 3:18). 사람들은 "먼지에 기초를"(19절) 두고 있으므로 먼지로 돌아간다(전 3:20). 즉 『**너는 흙이니 너는 흙으로 돌아갈 것이니라**』(창 3:19).

이처럼 연약하고 변하기 쉬우며 쉽게 깨지며 바람에 펄럭이며 쉽게 꺼지는 불꽃이 『**하나님보다 더 의롭겠느냐?**』(17절) 결코 그렇지 않다!

『**보라, 하나님은 자기 종들에게도 신뢰를 두지 아니하시며 그의 천사들도 우둔하다 책망하셨나니**』(18절). 이것은 욥의 고난의 때를 보여주는 첫 번째 진짜 참조 구절이다. 이 대홍수 기간을 보여주는 다른 구절들로는 9:8; 15:19; 21:13; 22:15,16과 다른 몇 구절이 더 있다. 욥과 그의 세 친구들이 하는 대화에서 계속 반복되는 주제는 파라오와 출애굽이나(클라크의 이론 참조) 바벨탑이 아니라 첫 번째 창조와 홍수이다.

하나님께서는 다윗, 모세, 유다, 야고보, 요한, 바울(그의 "종들")을 전적으로 신뢰하지 않으신다. 하나님께서 자신의 책 중간에 - 정확히 중간에(시 118:8) 두신 한 가지 경고는 인간을 신뢰하지 말라는 것이다. "죽을 인간"(17절)은 "하나님보다 더 의롭기"는커녕 결코 하나님만큼 의로울 수 없다. 하나님께서는 자신의 천사들도 우둔하다고 책망하셨다(18절). 이 문제는 다시 재림을 다루는데 그때 하늘에 있는 천사들 중 삼분의 일이 사탄 편에 서게 된다(계 12:4,9). 바턴 박사같이 쉽게 속는 사람들을 놀려주기 위해 존 밀턴은 요한계시록 12:9이 창세기 2장 이전에 일어났다는 우화를 만들어 냈다. 천사들은 어리석다고 책망을 받을 뿐만 아니라 어리석은 짓을 행하기도 한다(유 1:6, 벧후 2:4). 그러니 "진흙집에 사는 사람들"을 하나님께서는 얼마나 덜 신뢰하시겠는가?

이 구절은 조금도 흠잡을 데 없는 가을 하늘만큼이나 분명하다. 애매한 것이나 어려운 것은 하나도 없다. 일이 엉망이 되어 버리는 이유는 제미에슨과 포셋과 브라운, 레인지, 클라크, 피이스, 딜먼, 슐룻만, 게제니우스, 테일러, 클라인(Kline), 헤브너(Heavenor) 같은 사람들이 파괴적인 상상을 해내기 때문이다. 히브리어 본문은 〈킹제임스성경〉과 일치한다.

1. 소위 〈리빙바이블〉은 21절에 대해 설명을 하려는 시도조차 하지 않는다. 대신 케네스 테일러는 "초"(candle)에 관한 본문을 고안해 낸다.

2. 칠십인역은 21절에 나온 말들의 의미를 없애 버린다. NEB는 헬라어

나 히브리어의 어떤 필사본에서도 발견할 수 없는 구절을 만들어 낸다.

3. 마우러(Maurer)는 사람이 좀처럼 부서져 버린다고 생각한다. 그러나 본문은 그렇게 말하지 않는다.

4. 1901년 ASV는 "그들 안에서 끊어진 것은 장막 끈이 아닌가?"라고 말한다. 헤브너(새성경 주석)는 ASV를 재탕한 본문을 사용한다.

5. 미카엘리스(Michaelis)는 성막 끈이 21절에서 "느슨"해졌다고 생각한다. 반면 움브라이트(Umbreit)는 사람이 "느슨한 활시위"를 가지고 있다고 생각한다.

6. 메이어(Meyer)와 빅켈(Bickell)에 따르면 16절에는 "형태"가 없다. 물론 이들은 오리겐과 유세비우스가 하나님을 거짓말쟁이로 만들고자 결심하고서 만들어낸 칠십인역을 읽고 있는 것이다. 오늘날에도 많은 그리스도인들이 이런 짓을 한다.

7. 〈리빙바이블〉은 18절의 "종들"과 "천사들"을 같은 것으로 보고 있다. 그러나 이 두 단어는 히브리어로 완전히 다른 단어이다("*에벳*"과 "*말락*"). 이런 문제는 "학자들"의 "부연 설명"을 현대의 "그리스도인들"이 액면 그대로 받아들이고 있기 때문에 생긴다. 〈리빙바이블〉의 욥기 4:18은 부연 설명이 아니다. 테일러의 사사로운 추측일 뿐이다.

『**그들은 지혜도 없이 죽는도다**』(21절). 이 진술은 사실이다. "주를 두려워함이 곧 지혜"(욥 28:28)라면 대다수 인간은 결코 지혜를 얻지 못했으며, 특히 고등 교육을 받은 사람들은 더욱 그렇다. 고등 교육에서 가르치지 않는 것이 한 가지 있다면 그것은 "주를 두려워함이 곧 지혜"라는 것이다. 이것이 본문의 정확한 의미는 아니라 해도 한 가지 분명한 것이 있다. 즉 아무리 많은 지혜를 얻어도 죽음을 피할 수 없다. 모든 사람은 죽는다.

더군다나 우리 중 대부분은 우리 인생의 시련들이 우리에게 뭔가를 가르치기 위해 주어진 것이라는 교훈도 배우지 못하고 죽는다. 6,000년의 역사 동안 인간은 계속 죽었으며, (37개의 주요 전쟁은 빼고도) 하루에 500명 이상의 비율로 서로를 죽여 왔다는 것을 생각하면 인간은 "지혜도 없이 죽는" 것이 분명하다. 어떤 세대가 가난, 박해, 종교적 차이, 전쟁, 죄, 질병, 죽음, 기아를 종식시킬 만한 어떤 계획을 다음 세대에게 전해줄 수 있었다는 기록은 없다. 이런 계획을 가지고 있다고 큰소리치는 슈퍼맨(계 13:1-8)의 뒤를 이어 전쟁, 기아, 죽음, 지옥이 따라 나올 것이다(계 6:1-8).

욥기 5장

5:1 네게 응답해 줄 자가 있으면 지금 불러 보라. 네가 성도들 가운데 누구에게로 돌이키겠느냐?

2 분노가 미련한 자를 죽이고 시기가 어리석은 자를 죽이느니라.

3 나는 미련한 자가 뿌리박는 것을 보고 그의 거처를 즉시 저주하였느니라.

4 그의 자녀들은 안전함에서 멀리 있어 그들이 문에서 짓눌려 있어도 아무도 그들을 구해 주는 자가 없도다.

5 그들의 수확은 주린 자가 먹되 가시나무에서조차 가져가고 도둑이 그들의 재산을 삼키는도다.

이제 엘리파스는 식초에 소금을 섞어서 교묘하게도 그것을 욥의 열린 상처에 바른다. 먼저 그는 욥에게 로사리오 기도를 그만 두고 "마리아 만세"를 몇 마디 해보고(1절) "복되신 요셉"이나 "복되신 세례 요한"이 그를 곤경에서 구해주는지 지켜보라고 말한다. (이상하게도 엘리파스의 조롱은 마가복음 15:35에 나오는 대제사장들의 조롱과 비슷하다.) 『**네가 성도들 가운데 누구에게로 돌이키겠느냐?**』 아브라함, 노아, 에녹? 『**분노가... 죽이고 시기가... 죽이느니라**』(2절). 욥이 죽음을 바라는 것은 그가 "어리석고"(2절), "미련하다"(2절)는 증거라고 말하고 있다. 얼마나 대단한 "위로"를 하고 있는 것인가?

미련한 자가 "뿌리박는 것"(3절)은 모든 사람이 볼 수 있는 매우 일반적인 일이다. 그러나 어리석은 자의 뿌리는(말 4:1) 뽑힐 것이고(잠 2:22), 어리석은 자는 그 거처를(욥 18:14-19) 잃을 것이다. 이 구절은 욥에게만 언급되는 것이 아니라 적그리스도에게도 직접 초점을 맞출 수 있다(시 52편).

어리석은 자의 자녀에 대한 언급(4절)은 욥의 아내가 『**하나님을 저주하고 죽으라.**』고 말한 이후로 욥에게는 가장 큰 충격이다. 일어난 상황을 보면 욥의 자녀들은 "안전함에서 멀리" 있었고 "짓눌렸다"(욥 1:19). 아무도 "그들을 구해" 줄 수 없었다. 엘리파스가 의도했건 의도하지 않았건 그는 욥의 거처가 "저주받았다"고 말한 것이다. 5절은 상처에 모욕을 더하는 말이다. 왜냐하면 욥의 재산을 빼앗은 자들은 "도둑들"(5절)이었기 때문이다!(욥 1:15) 참으로 대단한 위로자다.

이렇게 해서 엘리파스는 욥의 고통에 불붙은 석탄더미를 쌓는다. 그의 충고는 열린 상처에 황산을 쏟아 붓는 것과 같다. 늘 그런 것처럼 여기서도 〈킹제임스성경〉을 비평하는 파괴적 비평가들은 진리의 말씀을 믿을 수도 없고 받아들일 수도 없다.

부패한 〈뉴스코필드성경〉은 〈킹제임스성경〉 본문을 1절 옆에 있는 여백으로 던져 버리고는("성도들") "거룩한 자들"로 대체시킨다. 이렇게 한 후 위원회는 곧바로 돌아서서 같은 단어를(히브리어 : "*카도시*") 호세아 11:12에서는 "성도들"로 번역한다. 〈킹제임스성경〉이 "일관성 없는 번역"을 했다고 불평하는 〈리빙바이블〉은 일관성이 없는데 뒤질세라 그 단어를 여기서는 "신들"로 번역했고 호세아 11:12에서는 "거룩한 자"로 번역한 다음 시편 89:7에서는 "천사들"로 번역을 했다. 이런 일을 가장 "경건하고" "헌신적인" 마음을 가지고 행하는 것이다. 그러면서도 〈킹제임스성경〉이 "영"을 매번 같은 방법으로 번역하지도 않았고, "하데스"를 매번 같은 식으로 번역하지 않았다고 비방한다.

NEB는 자녀들이 "문에서 짓눌려"(4절) 있는 대신 "법정에서 이마를 얻어맞도록" 만들었다. 도드는 "하늘의 창"(창 7:11)이라는 표현을 실제 그대로 받아들이지 않는다. 그러나 말씀을 있는 그대로 받아들이지 않으면 실제 문(왕하 7:17)에서 실제로 짓눌릴 수도 있다(왕하 7:2와 17-20 참조).

『**주린 자가 먹되 가시나무에서조차 가져가고**』(5절)는 아무것도 남기지 않고 이삭을 주워가는 것을 보여준다(판 6:4,6). 주린 도둑은 심지어 "가시나무" 속에 떨어진 곡식이나 과실을 줍기 위해 가시덤불 속에까지 들어간다.

칠십인역은 4절에 나오는 모든 동사를 잘못 번역했다. 헤브너에 따르면 성도들 대신 "천사들"이 돼야 하고, 5절에서는 강한 남자가 "큰 광주리들"(NEB)에서 뭔가를 움켜쥐고 있다(이것이 "살아 있는 언어"로 된 "새로운 번역" 중 하나이다). 힛직, 피크, 두훔, 버드, 올하우센은 처음 다섯 절에서 약 열 개를 바꿀 것을 제안한다. 마귀도 이보다 더 많이 바꿀 것을 제안하지는 않을 것이다.

5:6 역경은 티끌에서 오는 것이 아니요, 고생도 땅에서 생겨난 것이 아니지만

7 불티가 위로 날아가는 것과 같이 사람은 고생하려고 태어나느니라.

7절은 욥기에 나오는 위대한 구절 중 하나이다. 나중에(욥 7:7) 이런 종류의 구절들을 한데 묶어서 생명의 창시자께서 "인생"을 어떻게 보시는지 살펴 보도록 하자. 욥기에는 열 두 개의 "인생"에 대한 정의가 있다. 이것들은 모두 고대나 현대의 모든 철학자들의 업적을 합쳐 놓은 것보다 더 권위가 있다.

『**역경은 티끌에서 오는 것이 아니요, 고생도 땅에서 생겨난 것**』이 아니다(6절). 인간이 싸워야 할 대상이 해, 달, 강, 산, 땅, 나무, 동물이라면 인간은 (이브라함, 이삭, 야곱처럼) 질병 없이 살다가 점차적으로 노쇠해서 죽을 수 있다. 데이브 가드너가 말한 바와 같이 "이 나라에서 잘못된 유일한 것은 도시이다." 티끌과 땅이 저주를 받았기 때문에 결국 인간의 죽음에 책임이 있을 수는 있지만(창 3:17), 티끌과 땅은 역경과 고통의 원천은 아니다. 이 두 가지 불운은 인간 본성과(약 4:1-4, 딤전 6:10) 영의 세계(엡 6:10-16)에 그 뿌리를 두고 있다.

사람은 『**고생하려고 태어나느니라**』(7절). 왜냐하면 인간은 움직일 수 있는 한 빨리 창조주에게서 벗어나려고 하는(딤후 3:1-5) 타락한 피조 세계(창 3장)에 태어나기 때문이다. 세상에 있는 피조물들은 "허무한 데 굴복"(롬 8:20)한다. 전체 피조물이 고통 중에 신음하며 수고한다(롬 8:22). 인간이 이런 제도 안으로 들어오는 것은 "이 세상 신"(고후 4:4)이 통제하는 제도 속으로 들어오는 것을 의미한다. 이 세상 신의 손에 세상 왕국들은 넘겨졌다(눅 4:6). 우리의 본성이 우리를 거스르고, 세상 제도가 우리를 대적하고, 사탄이 우리를 대적하는(요일 5:19) 상황에서 우리는 "불티가 위로 날아가는 것과 같이 고생하려고" 태어난 것이다!(7절)

인간은 "날수가 적고 고통으로 가득" 차 있다(욥 14:1). 이런 고통 중 일부는 중산층 미국인이 두 살이 되기도 전에 경험하는 것이다. 엉덩이를 두들겨 맞는 것, 베인 상처, 엎질러진 우유, 까진 무릎, 혹이 난 머리, 손가락이 문틈에 끼이는 일을 겪으면서 세 살이 되기 전에 역경과 고통을 맛보게 된다. 열 살이 되기 전에 조롱, 배척, 성적 부진, 주먹 싸움, 식사를 거르고 자기, 점심 값이 없는 것 등의 고통을 겪는다. 스무 살이 되기 전에 여자 문제, 데이트 문제, 선생님 문제, 인기가 없는 것, 숙제, 학교 물품 부족, 더럽고 해진 옷, 인플레이션으로 고통을 겪게 된다. 삼십 살이 되기 전에 병원 청구서, 자동차 사고, 주차 위반 딱지, 수도관 파열, 막힌 화장실, 연소되지 않는 쓰레기, 실직, 전화세와 전기세, 가정 문제를 참아 내야 한다. 그리고 많은 사람들이 사십이 되기 전에 총상, 칼로 난 상처, 의사가 청구한 청구서, 변호사비, 장의사 비용, 재판 등으로 고통을 겪는다.

사람은 살아가면서 인생에 대해 배우게 되며, 진짜 인생을 경험하지 못하면(고후 1:4) 진짜 인생을 경험한 사람을 다룰 수 없다. "분리되고, 수백만 달러를 가지고 있으며, 헌신되고, 성별되었으며, 세금을 면제받고, 에어컨이 갖춰진 지역"에서 이루어지는 사역은 누군가를 진정으로 섬길 수 없다는 명백한 증거이다. 미국의 위대한 설교자들 - 보샹 빅(Beauchamp Vick), 해롤드 스미스(J. Harold Smith), 존 롤링스(John Rawlings), 메이즈 잭슨(Maze Jackson), 달라스 빌링톤(Dallas Billington), 라킨(B.R. Lakin), 프랭크 노리스(Frank Norris), 해롤드 사이틀러(Harold Sitler), 밥 존스 1세(Bob Jones Sr.), 모르드캐 햄(Mordecai Ham) - 중에서 하나님께서 그들을 "위대한" 설교자로 만드시기 전에 "지옥"을 통과하지 않은 사람은 하나도 없다. 오늘날 많은 종교적 정치인들과 전문적인 선전꾼들이 자기 몫으로 손에 움켜쥔 것은 성경적인 이슈를 회피함으로써 얻은 것들이다. "불티가 위로 날아가는 것과 같이 사람은 고생하려고 태어나며", 인생에서 마땅히 받아야 할 고생이라는 몫을 받지 않는 사람이 있다면 그것은 상아 궁전에 살면서 자신이 아무것도 아닌데도 대단한 사람인 체하며 살기 때문이다(고전 8:2).

1. 우리에게 문제가 발생하는 것은 우리로 생각하도록 만들기 위해서이다.
2. 우리에게 비평이 닥치는 것은 우리 자신을 점검하도록 하기 위해서이다.
3. 고통은 우리에게 인내를 가르치기 위해 온다.
4. 슬픔은 우리에게 연민을 갖도록 해 준다.
5. 낙담으로 우리는 겸손해진다.
6. 두려움이 우리를 압도하면 우리는 의를 낳게 된다.
7. 고난이 연이어 오는 것은 우리가 하나님만을 의지하고 "육신을 신뢰하지 않도록"(빌 3:3) 가르치기 위해서이다.

『**사람은 고생하려고 태어나느니라.**』

새로 산 스케이트를 신은 소년이 얼음판 위에서 연이어 여덟 번을 넘어졌다. 이를 지켜보던 사람이 그만 타고 집에 가라고 충고했다. 소년은 남자답게 일어서서 떨리는 입술로 대답했다. "그만 두려고 새 스케이트를 산 게 아니에요. 스케이트를 배우려고 산 거에요." 그리고 소년은 계속해서 연습했다.

내가 초상화나 풍경화를 그릴 때 얼마나 붓질을 많이 하는지 모른다. 2,000번 이상은 족히 되리라고 확신한다. 조각가가 자신이 원하는 이미지대로 대리석을 다듬는 데 끌로 대리석과 얼마나 많은 분투를 하는지 생각해 본 적이 있는가? 우리는 우리의 고통을 선택할 수는 없다. 선택할 수 있다면 그것은 더 이상 진짜 "고통"이 아니다. 무뚝뚝한 남편, 남편을 괴롭히는 아내, 아기 없는 결혼 생활, 관절염 등은 무엇이 우리를 괴롭게 하고 괴롭게 하지 않는 것인지 아시는 분이 우리에게 보내신 고통들이다.

주 예수 그리스도께서는 슬픔의 땀과 고통과 눈물을 아시며(사 53:3-9), 그것들을 느끼신다(히 4:15). 그분은 광부의 땀을 아시며, 하역 인부의 짐의 무게와 교대 근무의 지루함과 큰 기업을 운영할 때 일어나는 당황스러운 일과 트럭 운전사의 긴장과 매일 되풀이되는 집안일의 지루함을 아신다. 주님께서는 우리가 세상에서 어려움을 당할 것이라고 말씀하셨으며, 비록 우리가 구원받았다 해도 환난을 피할 수는 없다(요 16:3). 때로 우리가 고난을 극복하는 데는 기도, 은혜, 유머 감각, 친구들이 도움이 된다. 우리는 본향으로 가는 길에서 많은 것을 잃을 수도 있지만 아직 본향에 이른 것은 아니다. 본향에 도착할 때까지 우리가 받아야 할 몫은 지상에 살고 있는 구원받지 않은 사람들이 받는 것과 같은 몫이다. 적어도 "고통"에 관한 한 그렇다. 바울은 10년 동안의 사역 기간 중에 보통 사람이 한 평생 받는 것보다 더 많은 고난을 받았다. 못 믿겠으면 고린도후서 11장을 읽어 보라.

장작이 계속 탈 만한 힘이 있으면 불꽃은 위로 날아간다. 고통이 흙에서 발아되는 것은 아니지만(꽃들, 풀들, 잡초들처럼) 사람은 불꽃이 이는 불 속으로 들어가며(벧전 4:12), 자기 자신에 대해 지각을 얻기도 전에 연기와 불꽃과 바람과 함께 사라져가게 된다.

〈리빙바이블〉은 6절을 설명하려는 시도조차 하지 않고 그 구절의 의미와는 완전히 다른 본문을 개발해 낸다. 〈리빙바이블〉의 본문과 조금이라도 유사한 히브리어 필사본은 하나도 없다. 움브라이트는 "불티"를 "먹이가 될 새들"(birds of prey)로 대체시켰다. 게제니우스와 마우러는 "번개의 아들들"로 대체시켰고, 터무니없는 칠십인역은 "그렇다 해도 독수리의 새끼는 높은 곳을 찾는다"를 덧붙여서 〈리빙바이블〉에 합류한다. 벌링거는 "불티"를 "화염의 아들들"로 바꾸고 싶어 하며, 로마카톨릭의 벌게이트는 1절을 명령문으로 만들어서 독자들이 "성도들"에게 돌이켜야 하는 것으로 만들었다. 〈킹제임스성경〉에 기록된 대로 받아들이는 것을 결코 참지 못하는 죄인들을 다섯 종류로 분류해 볼 수 있다.

1. 로마카톨릭(마태복음, 사도행전, 창세기 주석 참조).
2. 무신론(M.M. 오헤어, 버트란트 럿셀).

3. 사탄과 마귀들(창 3:1, 요 8:44-47).
4. 죽은 정통 보수주의자들(피크, 렌달, 로버트슨, 마켄).
5. 근본주의자들(잉글리쉬, 조디아테스, 파인버그, 섬너, 라이스).
"빛과 어둠 사이에 어떤 교제"가 있을 수 있겠는가?

5:8 나는 하나님께 구하고 나의 일을 하나님께 맡기리라.
9 그분은 크고 헤아릴 수 없는 일들을 행하시며 셀 수 없는 놀라운 일들을 행하시나니
10 그분은 비를 땅에 내리시고 물을 들에 보내시며
11 낮은 자들을 높은 곳에 세우시며 슬퍼하는 자들을 높이사 안전한 곳에 있게 하시는도다.
12 그는 교활한 자의 계략을 좌절시키어, 그들의 손으로 그들의 사업을 실행할 수 없게 하시는도다.
13 그는 현명한 자들로 그들의 간계에 빠지게 하시며 심술궂은 자의 계획이 거꾸로 수행되게 하시는도다.
14 그들은 낮에도 어두움과 만나고 대낮에도 밤처럼 더듬느니라.
15 그러나 그는 가난한 자를 칼과 그들의 입과 또 강한 자의 손에서 구해 주시는도다.
16 그러므로 가난한 자가 소망을 지니고 죄악이 입을 닫느니라.

이 장면에서 욥은 분명히 엘리파스에게서 고개를 돌려 버렸을 것이다. 아니면 적어도 눈길을 땅으로 떨어뜨렸다. 아마도 집에서 만든 등 긁는 도구를 집어 들고 상처를 긁었을지도 모른다. 어쨌든 엘리파스는 갑자기 『**나는 하나님께 구하고, 나의 일을 하나님께 맡기리라.**』(8절)고 했다. 욥은 더 이상 듣지 않고 있다. (게다가 욥은 엘리파스가 나타나기 전에 이미 하나님께 자신의 명분을 말씀드렸다.)

뒤이어 나오는 말은 하나님을 영화롭게 하려는 의도이며, 또한 실제로 하나님께 영광을 돌린다. 그러나 그 말의 중심에는(12-14절) 욥이 간교한 계략가이며 그의 죄들이 마침내 그를 붙잡았다는 것이 암시되어 있다.

9절은 설명이 필요치 않다. 그 다음에는 주께서 하시는 "위대한 일들"이 나열된다.

1. 주께서는 "비를 땅에 내리신다"(10절). 현대 과학은 수증기의 증발과 응축으로 비가 발생한다고 속임수를 쓰지만, 비를 땅에 내리시는 분은 주님이시다.

2. 주께서는 "물을 들에 보내신다"(10절). 여기에는 비와 홍수가 다 포함된다.

3. 주께서는 요셉과 다윗과 바울과 그리스도께 하신 것처럼(빌 2:9,10 주석 참조) "낮은 자들을 높은 곳에" 세우신다(11절).

4. 주께서는 "슬퍼하는 자들을" 높이사 안전한 곳에 있게 하신다(11절). 이런 일은 세 번의 휴거 시에 일어난다(구약 성도, 교회 시대 성도, 환란 성도).

5. 주께서는 토비야, 게셈, 압살롬, 아히도펠, 바예수에게 하신 것처럼 "교활한 자의 계략을" 좌절시키신다(12절).

6. 주께서는 소크라테스, 아리스토텔레스, 사르트르(Sartre), 쇼(G.B. Shaw), 에리히 프롬(Erich Fromm), 하이데거(Heidegger), 틸리히(Tillich), 프로이트(Freud), 마르크스(Marx), 엥겔스(Engels), 레닌(Lenin)에게 하신 것처럼 현명한 자들로 "그들의 간계에 빠지게" 하신다(13절).

7. 주께서는 아돌프 히틀러, 무솔리니, 딘 러스크(Dean Rusk), 마이클

루터 킹 주니어, 존 덜레스(John Dulles), 앨저 히스(Alger Hiss), 케네디가 사람들, 파비안 협회, 유엔에 하셨던 것처럼 "심술궂은 자"의 계획을 무너지게 하신다.

8. 주께서는 a) 심술궂은 자의 검과 b) 강한 자의 손과 c) 그들이 하는 말의 결과에서 "가난한 자를 구해주신다"(15절).

『**그러므로 가난한 자가 소망을 지니고 죄악이 입을 닫느니라**』(16절). 불법은 아직 그 입을 벌리지 않았다(계 13,17장). 그러므로 이것은 예언적인 구절이다. 재림 때까지는 "온유한 자"가 땅을 유업으로 받지 못한다. 마태복음 24장과 야고보서 5장을 읽어 본 독자라면 환란 기간에 하나님께서 "가난한 자"를 대단히 강조하신다는 것을 볼 수 있다. 그 기간에는 "표를 받지" 않고서는 부자가 되거나 심지어 편안하게 지낼 수도 없다(계 13:15-18). 부유한 기독교계는 다니엘의 칠십째 주와 함께 끝이 날 것이다(시 41:1; 72:13; 22:16,22; 28:5; 19:13; 10:2,9; 12:5; 14:6; 35:10; 37:14; 70:5; 72:2; 86:1 등등).

사도 바울은 고린도인들에게 보내는 편지에서 13절을 인용하고 있다(고전 3:19). 바울은 유럽과 미국의 교육과 문화의 중심지인 아테네에서 70마일도 안 되는 거리에 있는 도시의 성도들에게 편지를 쓰고 있다(〈피터 럭크만의 주석서 사도행전〉 17:16-31 참조).

이 구절과 연관해서 재림에 적용되는 예언적인 참조 구절이 다섯 개 있다. 10절의 "비"는 시편 68:9, 호세아 6:3, 사무엘하 23:4에서 재림에 앞서 내리는 비와 일치한다. 비더울프는 〈재림 성경〉(베이커 출판사, 1972, 이전의 〈천년왕국 성경〉)을 쓰기 전에 400명 이상의 학자들(보수주의, 자유주의, 카톨릭, 근본주의 학자들)의 자문을 구했음에도 불구하고 그는 재림에 관련된 참조 구절을 찾을 수가 없었다. (〈재림 성경〉에는 이 성경이 "그리스도의 재림에 관련된 모든 성경 구절을 완비한 완전한 본문..."이라고 되어 있다. 상업 텔레비전에서도 이보다 더 거짓된 광고는 찾아 볼 수 없다.)

"높은 곳에 세워진" 사람들은 목덜미와 엉덩이를 잡혀서 끌려간다(시 50:2-5, 사 26:19, 욥 37:1-4). 이 단어들은 영적으로뿐만 아니라 교리적으로도 적용되어야 한다.

비더울프(Biederwolf)는 욥기 19:25이 욥기에 나오는 유일한 재림 관련 구절이라고 말한다(알포드, 아퀼라, 아레테아스, 어거스틴, 벵겔, 드라이버, 드와이트, 카스파리, 체인, 칼멧, 칼빈, 엘리콧, 베즈, 보스엣, 브라잇만, 바움가텐과 다른 400명의 도움을 받아서).

12,13절의 『**교활한 자**』와 『**현명한 자**』는 요한계시록 12,13장과 18:22을 언급하는 것이며, 『**낮에도 어두움과 만나고**』는 사도행전 2장과 요한계시록 16:10에 나온다. 반면 "칼"은 재림과 연관해서(계 19:15) 너무 많이 언급되기 때문에(겔 21:3-28) 비더울프가 학자들에게 시간을 낭비하지 않고 하나님의 말씀을 신뢰했더라면 욥기 19:25에 이르기 전에 재림에 관한 구절을 40개는 나열할 수 있었을 것이다. [우리는 자랑을 하고 있는 것도 아니며, 누군가를 격하시키는 것도 아니며, 우리 자신을 제외한 모든 사람을 헐뜯는 것도 아니다. 우리는 선하고 경건하며 "지적인 사람들"(라이스 박사가 〈킹제임스성경〉 본문에 "의심이 가는 단어들"이 있다고 주제넘게 거짓말을 하면서 한 말 : 1975년 10월호 〈주의 칼〉 참조)을 정죄하는 것도 아니다. 각각을 모두 합하여 8천 년이라는 시간 동안 교육을 받은 4백 명의 학자들이 과학과 전통과 철학을 따르는데도 그들이 성경 본문에 대해 뭔가를 가르칠 수 있다고 생각하는 사람은 영적으로 병을 앓고 있는 것이다.]

ASV(1901)는 "칼"을 가난한 자의 입에 넣음으로써 15절에서 재림에 관한 구절을 제거해 버렸다. "죽은 성경"(〈리빙바이블〉을 비꼬아서 하는 말)은 8절의 1인칭을 3인칭으로 바꾸어서 그 절의 전체 의미를 파괴시켜버렸다. NEB는 13절을 변개시킴으로써 고린도전서 3:19와 상호 관련 구절이 되지 못하게 만들었다. 총체적으로 부패한 칠십인역에는 칼이 아예 나오지 않는다. 이런 성경을 누가 추천하고 있는 것인가?

5:17 보라, 하나님께서 바로잡으시는 사람은 복이 있도다. 그러므로 너는 전능하신 분의 징계를 멸시하지 말라.

18 그는 아프게 하시다가 싸매시며 그는 상처를 내시다가 그의 손으로 온전하게 하시느니라.

19 그는 여섯 고난에서 너를 구해 주시고 정녕 일곱 고난에서는 어떤 악도 너를 손대지 못하게 하시리라.

20 기근 중에 그는 너를 죽음에서 구속하실 것이며 전쟁에서 칼의 권세로부터 구속하시리라.

21 네가 혀의 채찍을 피하여 숨게 될 것이며 멸망이 닥칠 때에도 그것을 무서워하지 아니하리라.

22 네가 멸망과 기근을 비웃을 것이며 땅의 짐승들을 무서워하지 아니하리라.

23 이는 네가 들의 돌들과 제휴하게 될 것이며 들의 짐승들이 너와 화목하게 될 것임이라.

24 그러면 너는 네 장막이 화평하게 되는 것을 알게 될 것이요, 네 거처를 찾아갈 것이며 죄를 짓지 아니하리라.

25 네 씨가 많아지며 네 후손이 땅의 풀같이 될 것도 네가 알게 되리라.

26 연수가 다 찬 후 네가 네 무덤에 가리니 마치 곡식단이 제때에 들

어옴 같으리라.

27 이것을 보라, 우리가 애써 그것을 살폈으니 바로 그렇도다. 너의 유
익을 위해 그것을 듣고 알지니라." 하더라.

여기서 처음 시작하는 말을 히브리서 기자가 인용했고, 잠언 3:11에서도 이 말이 발견된다. 이 부분에는 대환란과 천년왕국에 관한 구절이 너무나 많으므로 주석을 요약해야만 하겠다. 18절은 이스라엘을 다루는 신명기 32:39와 일치한다. 20절은 요한계시록 6:3-7에서 실제 그대로 일어난다. 19절의 『**일곱**』은 다니엘의 칠십째 주의 7년이 분명하다(단 9:27). 그리고 열거된 일곱 가지 일들은 대환란 때 지상에서 일어날 일들이다(20-23절). 24-26절은 천년왕국에서 이스라엘에게 실제로 일어날 것이다. [아직도 〈재림 성경〉이 "재림과 관련된 모든 성경 구절을 완벽하게 갖춘 본문..."이라고 생각하는가? 그런가? 정말 그런가? 그렇다면 성경을 읽어 본 적이 있는가? 어떤 성경을 읽어 봤는가?]

『**하나님께서 바로잡으시는 사람은 복이 있도다**』(17절). 이 말은 사실이다. 그러나 문제는 "징계가 당시에는 즐겁지 않고 슬픈 것" 같다는 사실이다(히 12:11). 화형대에서 기뻐할 사람은 아무도 없다. 증명된 바와 같이 욥은 징계를 받고 있으며, 형벌이나 저주를 받는 것이 아니다. 그러나 욥에게 그것을 납득시킬 수는 없을 것이다. 욥과 같은 처지에 있는 사람을 납득시키려고 애쓰지 말라. 욥과 같은 처지에 있는 사람에게는 1g의 동정과 위로가 2천 톤의 "올바른 교리"만 한 가치가 있다.

하나님은 우리를 말씀으로 징계하시며 그것은 가장 쉽게 받을 수 있는 "채찍질"이다(딤후 3:16). 그러나 이 마지막 세대의 그리스도인들은(딤후 4:1-6) 이런 종류의 "말로 맞는 채찍질"조차 받아들이지 않는다. 그래서 하나님께서는 가시를 사용하셔서(고후 12:7) 20세기의 이 위대하고, 해마다 평균 두 개의 새로운 역본을 내놓고, 어린이에게나 복음을 전하고, 경험을 나누며, 돈을 긁어모으는 사람들을 낮추셔서 자신이 거룩한 성경을 뜯어 고칠 만큼 똑똑하다고 생각하지 못하도록 하신다. 가시가 효과가 없으면 하나님께서는 때로는 채찍을 꺼내셔서(히 12:6) 성도에게 "따끔한 맛"을 보여 주신다(고전 11:32). 이 모든 것이 별 소용이 없으면 가지 치는 칼로(요 15:2) 가지들을 자르셔서 성령의 열매를 한 번 더 맺을 수 있게 해 주신다. 하나님의 징계를 받을 때 우리는 낙담하지 않는다. 즉 우울해하거나 포기하지 않는다(히 12장). 또한 징계를 멸시하지도 않는다. 징계를 과소평가하고 계속 죄를 짓지 않는다(잠언 19:18; 13:24; 3:11 주석 참조).

『**그는 아프게 하시다가 싸매시며 그는 상처를 내시다가 그의 손으로 온전하게 하시느니라**』(18절, 신 32:39 참조). 이것은 모두 사실이며 모두 예언적인 내용이다. 그러나 욥과 그를 고문하는 자들은 ("그의 위로자들"에게는 미안한 말이지만 그들은 욥을 고문하는 사람들이다.) 이 말이 욥에게 적용된다고 생각한다. 19절의 "여섯," "일곱"은 잠언 6:16에서 발견되는 것과 유사하다. 그러나 아담 클라크는 경솔하게 "여섯과 일곱이란 숫자는 여기서 많다는 의미로 쓰였다."고 말하면서 일축해 버린다. 그가 하는 말은 "100, 200, 300, 400이란 숫자는 서너 개를 나타낸다."고 말하는 것과 같다. 성경에서 여섯과 일곱 체계가 재림에 대한 성경적인 측량법임이 증명된 이후에도 그 체계를 일축해 버리는 사람들을 나는 이해할 수 없다. 창세기 2장과 요한계시록 20장 사이에는 6,000년이 있다. 7,000번째 해는 "안식"이 되어야 한다. 그렇지 않으면 출애굽기 25장, 레위기 23, 25장, 다니엘 9장, 창세기 1장, 요한복음 1,2,11장, 호세아 6장, 마태복음 17장, 누가복음 9장의 날짜 체계가 엉망이 된다. 하나님의 수학적 시간표가 엉망이 되기 전에 해, 달, 별들이 연대표에 맞추기 위해 그 진로를 바꾸게 된다(수 10:13). [〈일곱으로 일하시는 하나님, 말씀보존학회, 2003〉 참조]

19절의 일곱(많다는 뜻이 아니다.) "고난"은 다음과 같다.

1. 기근
2. 죽음
3. 전쟁
4. 칼
5. 혀로 하는 모독(계 13:5)
6. 멸망

7. 땅의 짐승들(계 9,16장). 멸망과 기근이 22절에서 합쳐지기 때문에 그것을 나누는 데 따라 여섯이 될 수도 있고 일곱이 될 수도 있다. 잠언 6:16에서도 이와 정확히 같은 것이 나온다. 일곱 개의 항목이 열거되는데 그 중 둘은 일치한다. 『**거짓말하는 혀**』(잠 6:17)와 『**거짓을 말하는 거짓 증인**』(잠 6:19).

여섯과 일곱 체계가 "어떤 것의 중요성에 관심을 기울이도록 하기 위해" 사용되는 "히브리어 관용어"라고 말하는 제미에슨과 포셋과 브라운, 아담 클라크는 자신들이 전혀 알지도 못하는 것에 대해 심각한 어조로 말하기 전에 자신들의 손가락 세는 법부터 배워야 할 것이다. 성경은 환란과 재림에 관한 진술을 할 때 "히브리어 관용어"로 쓰이는 표현을 쓰지 않는다.

24-27절은 그 문맥에 나온 대화 내용을 비교해 볼 때 세난도아 계곡에 있는 넓고 푸르게 펼쳐진 아름다운 초장처럼 보인다. 평화와 생명과 번영과 회복이 있는 아름다운 경관은 사실이라고 믿을 수 없을 만큼 너무 좋게 들린다. 최소한 욥에게는 그렇게 들린다. 그럼에도 그것은 욥의 "유익"(27절)을 위해 하는 말인 것이다. 그렇게 영광스러운 희망의 무지개가

모든 사람이 태어나서 죽을 때까지 사라지지 않고 떠 있지는 않는다는 것은 참으로 안타까운 일이다. 하나님의 계시를 온전하게 공부해 보면 이러한 유토피아에 대한 약속은 이 지상에서 오직 세 부류의 사람들에게만 가능하다는 것을 알 수 있다. 첫 번째는 아담부터 사도행전 2장까지 구원받고 죽은 사람들이다. 이들은 요한계시록 20:1-3 이전에 부활한다. 두 번째는 교회 시대에 구원받은 죄인이다. 이들은 "잠든" 뒤에는 본향인 새 예루살렘으로 갈 것이다. 그곳에는 "사망이나 슬픔이나 울부짖음이 없고 고통" 또한 없으며(계 21:4), "죄를 짓지도" 않을 것이다(욥 5:24). 세 번째는 다시 세워진 이스라엘의 남은 자들이다(롬 9:27). 이들은 천년왕국 때 주 예수 그리스도와 함께 지상에서 통치할 것이다[그리스도인들도 "그와 함께 고난을 받으면" 이 유업에서 몫을 얻게 될 것이다(롬 8:17)].

헬라 철학자들이 무분별하게 약속하는 "황금시대"와 힌두교와 불교 "지도자들"이 미혹되어 만들어낸 추측과 프랑스인들이 만들어 낸 "자유, 평등, 박애"라는 거미줄 같은 희망과, 로렌즈, 아인슈타인, 헉슬리가 만들어 낸 우스꽝스러운 진화론적인 이론들과, 히틀러의 폭력으로 지탱하는 "천년 통치"와 교황들의 신성모독적인 "거룩한 로마 제국"과 파시스트 원숭이들이 세운 소비에트 "인민 공화국"(그와 유사한 희망 없는 신기루)는 모두 같은 도장이 찍혀 있다. 즉 하나님을 믿거나 하나님께 복종하지 않고서도 "지상에 평화"를 가져 올 수 있다는, 중생하지 않은 인간이 스스로에게 갖는 결코 고쳐지지 않는 신념이 그 도장이다. 하나님께서는 죄 없으신 유대인 메시아 없이는 지속적인 평화는 없을 것이라고 이미 정하셨다.

『**죄를 짓지 아니하리라**』(24절). 이것이 진짜 하늘나라이다! 이 글을 읽고 있는 성경대로 믿는 사람들 중에 마음 저 밑바닥에서부터 『**오, 나는 비참한 사람이로다! 누가 이 사망의 몸에서 나를 구해낼 것인가?**』(롬 7:24)

라고 때로 외치지 않는 사람은 없을 것이다. 하루 24시간 내내 자신이 원하는 것은 무엇이나 생각할 수 있고 하고 싶은 것은 무엇이나 할 수 있는데 그것이 하나님을 기쁘시게 할지 그렇지 않은지에 대해 염려하지 않아도 된다. 내가 행하는 것이나 생각하는 것은 어떤 것이든지 하나님께서 진심으로 인정하시는 그런 곳에서 사는 것보다 더 축복되고 더 영광스러운 일이 있겠는가? "서로 사랑하고 동료 인간을 섬기는 것" 또는 "이 세상을 더 살기 좋은 곳으로 만드는 것"이라는 말은 하지 말라. 구원받지 못한 정치인들과 협잡꾼들과 종교 장사치들과 독재자들과 철학자들이 지난 60세기 동안 그런 말을 우리에게 해 왔는데, 통제되고 고립된 상황에서 잠깐 동안만이라도 죄 문제, 죽음 문제, 전쟁 문제, 진리 문제를 해결한 적은 결코 없다.

『네 씨가 많아지며 네 후손이 땅의 풀같이 될 것도 네가 알게 되리라』(25절). 이 구절은 욥에게 그대로 이루어지며(욥 42:10-13), 이스라엘의 "포로됨"이 돌이켜지면 이스라엘도 그렇게 될 것이다(욥 42:1-6 주석 참조). 욥은 180세가 넘어서 연수를 다 채우고 "그의 무덤"(26절)으로 간다.

〈리빙바이블〉은 이해하기에 쉽지 않다면서 이 구절을 변개시켜 버린다. 일인칭 복수(27절)가 아무런 이유도 없이 단수로 바뀌었고, "네 거처를 찾아갈 것이며 죄를 짓지 아니하리라."가 "너의 곡식 창고에서 아무것도 훔쳐가지 아니할 것이라."(24절)로 바뀌었다. 이것은 "네가 들의 돌들과 제휴하게 될 것이며"가 "양키 스타디움 1루는 화강암 판이다."를 의미한다고 말하는 것과 같은 "설명"이다. 19절을 터무니없게도 "그분은 너를 계속해서 구해 주실 것이다."로 잘못 해석한 것은 클라크, 포셋, 제미에슨 같은 사람들의 말을 심각하게 받아들였기 때문이다. "진지한" 성경 학도가 되기 위해서는 성경을 대적해서 재판하는 자리에 앉아 있는 사람의 말을 숙고해 볼 필요는 없다.

『**이것을 보라, 우리가 애써 그것을 살폈으니, 바로 그렇도다. 너의 유익을 위해 그것을 알지니라**』(27절). 하루아침에 열 명의 자녀들을 묻고, 아내는 자신을 대적하여 돌아서고, 세 사람을 죽이고도 남을 만한 병균에 감염된 사람에게 어떻게 이런 충고를 할 수 있겠는가?

욥기 6장

6:1 그러나 욥이 대답하여 말하기를
2 "오, 내 슬픔을 전부 달아보고 내 재앙을 다 저울에 놓아 보았으면!
3 지금 그것은 바다의 모래보다도 더 무거우므로 내 말들이 삼켜졌느니라.
4 전능하신 분의 화살이 내 안에 있으며 내 영이 그 독을 마셨나니 하
나님의 공포가 나를 치려고 진열하도다.

뒤이어 나온 장면은 입체 음향으로 녹음된 것보다 더 실제적이다. 욥은 엘리파스의 전체 담화 내용을 그냥 무시해 버린다. "내 유익을 위해서라니 그게 무슨 말이냐?" "이런 모든 일이 언제 일어나겠는가?" "누가 그것을 아느냐?"라고 말을 시작하지 않고 욥은 이렇게 말한다.

『내 슬픔을 전부 달아보고...』

욥은 엘리파스가 "고난"에 대해 말을 시작했을 때인 욥기 5:8 정도에서 트랙을 이탈한다. 우리가 욥이라면 방금 엄청난 일들을 겪었는데 풋내기의 입에서 나오는 교훈을 듣겠는가?

욥은 엘리파스가 설교를 반쯤 마쳤을 때 자기 연민에 빠져든다. (바울 서신에서 80구절을 인용하며 말을 했는데 욥이 듣지도 않고 자기 연민에 빠졌다고 해서 그에게 돌을 던질 수는 없다.)

『**전능하신 분의 화살이 내 안에 있으며**』(4절). 하나님께서 화살과 독과 "공포"로 자신을 휘감으셨다는 사람의 주의를 오랫동안 끌 수는 없다. 누가 욥에게 반박할 수 있는가? 지그문트 프로이트(혹은 아들러, 융, 랭크, 프롬, 호니, 라이크, 클라인, 쉴더) 같은 잘난 체하는 사람이 욥을 "의미 있는 총체"가 되도록 "그의 인성을 통합시켜서" "정체성의 형태가" "리비도와 에고 충동"이라는 "천성적으로 타고난 능력과 내재한 가능성"을 유효하게 할 수 있도록 애쓰는 것을 상상해 보라! 이것은 세 살 난 아이가 그랜드캐니언에다 대고 고함치는 소리같이 들릴 것이다.

욥은 불평한다. "아, 내가 인내하고 있는 것을 네가 정말로 안다면! 그것을 저울에 달아 본다면 2,000,000,000톤은 될 텐데! 나는 내 입을 열 수도 없다. 내 입을 연다면 내 말이 너에게는 옳게 들리지 않을 것이다. 너는 내 말을 들으려고도 하지 않는다. 하나님께서는 마치 화살 쏘는 연습을 하시는데 나를 목표물로 삼으신 것 같다. 그분은 독 묻은 화살을 내게 쏘시는구나. 하나님께서는 원수의 군대처럼 나를 에워싸셨다. 그분이 나오셔서 나를 멸망시키려 하시는구나!"

욥은 중간 중간에 터져 나오는 눈물을 억지로 삼킨다. 좀처럼 입을 열 수가 없다(3절). 여기서 (NEB 본문을 제외하고는 진리에서 가장 멀리 떨어져 있는) 〈리빙바이블〉의 터무니없는 본문은 "내 말이 거칠다고 해서 이상할 것이 뭔가?"라고 되어 있다. [케네스 테일러는 그 본문을 〈강단의 주석〉(103쪽)에서 취했다. 그래서 1881년 RV의 본문도 이와 같은 식으로 되어 있다. 이것은 이 죽은 성경을 〈리빙바이블〉이라고 부르기 거의 90년

전의 일이다.] 뒤죽박죽이 된 칠십인역에는 말들이 “헛되다”고 되어 있다. 이런 피상적인 본문 중 문맥과 일치하는 것은 전혀 없다. 욥의 말은 “삼켜졌을”(3절) 뿐만 아니라 욥은 독을 마시고 있다(4절). 이 화살들은 “악한 자의 불붙은 화살”(엡 6:16)과 아주 유사해서 이 둘을 분리시키기가 힘들다(시 38:2; 45:5; 120:4; 144:6, 슥 9:14, 합 3:11).

6:5 들나귀가 풀이 있는데 울겠느냐? 또한 소가 꼴 위에서 울겠느냐?
6 소금 없이 싱거운 것을 먹을 수 있겠느냐? 또한 달걀의 흰자위가 무슨 맛이 있겠느냐?
7 내 혼이 만지기를 싫어하는 것들은 마치 내 슬픈 음식 같도다.

이제 욥은 엘리파스에게 맞서고자 한다. 욥은 엘리파스에게 네 가지 질문을 하는데 이 질문은 모두 부정적이다. 들나귀가 먹을 것이 있는데 시끄럽게 울겠는가? 그렇지 않다. 소가 그 입을 여물통에 담그고 있는데 울겠는가? 그렇지 않다. 달걀의 흰자위가 맛이 있겠는가? 미각점이 비정상적이지만 않다면 그렇지 않다. 그러나 물론 “쇠비름 죽”도 먹을 수는 있다! [쇠비름 죽이라니. 이것이 바로 1952년 RSV 본문이다. 〈킹제임스성경〉에 나오는 “고어를 해결하기” 위해 기록됐다고 하는 “성서”가 이렇다.] 정말로 비정상적인 사람이라면 “당아욱”도 먹을 수 있다. [이건 NEB의 본문이다. 이것은 〈킹제임스성경〉의 “고어를 해결하기” 위해 만들었다는 성경이다.] 물론 달걀이나 “쇠비름”이나 “당아욱”을 꾸역꾸역 위 속에 집어넣을 수 없으면 달걀이라는 단어를 “실없는 말들”(empty words)로 바꿀 수도 있다(칠십인역). 차라리 모두 “외식”하러 나가서 이렇게 주문해 보는 것은 어떤가? “생선 기름을 곁들인 구운 수박 있나요?” 내 말은 자신이 하나님이라고 생각한다면 나 같은 사람들이 "자기 중심적"이라고 불평하는 일은 그만 두고 자기 자신의 성경을 직접 만드는 게 낫지 않겠느냐는 말이다.

이런 "현대식 최신" 역본(대중이 사용하는 "살아 있는 언어"로 번역되었다는)에 나오는 "쇠비름"이나 "당아욱"이 어디서 나온 것이라고 생각하는가? 〈강단의 주석〉에는 이런 정신 착란증이 보인다. "원시 시대에 달걀을 먹었다는 증거는 확실히 없다"(Ibid., 103쪽). 그래서 어쨌단 말인가? 그래서 전능하신 하나님께서, 학자 연합이 글을 쓰기 전에(혹은 증거를 "파헤치기" 전에) 어떤 증거를 제시하신다면 하나님의 합법적인 전시물들이 법정 밖으로 내던져져야 한단 말인가? 램지, 울리, 가스탕, 프리, 코니베어, 넬슨 글뤼크가 성경에 맞는 "증거"를 찾을 수 없다면 그렇다면 램지와 울리가 옳고 하나님이 틀렸단 말인가? 이것이 바로 "진리를 탐구할" 때 학자 연합이 보이는 태도이다. 욥의 시대 사람들이 간, 샐러드, 파이, 베이컨, 칠리, 치킨을 먹었다는 "증거"가 없다는 것이 다소 이상하게 생각된 적이 없는가? "고양이"라는 단어가 성경에서 단 한 번도 언급된 적이 없는데도 고양이가 이집트에서 가장 신성시되는 동물 중 하나라는 사실이 다소 이상하다고 생각해 본 적이 없는가? 모세는 이집트에서 40년간을 살았으며(〈피터 럭크만의 주석서 출애굽기〉 1,2장 참조) 이집트를 다루는 부분을 창세기에서 기록했는데(창 40-50장) 왜 모세는 "고양이"를 언급하지 않았는가? 고양이가 없었기 때문인가?

이것이 바로 우리가 노윅, 플럼터, 플러머, 리들, 슐라이어마허, 쇼트젠, 쇼트, 슈로더, 슈타이거, 트레겔레스, 티셴도르프, 톨럭, 웨스트코트, 홀트 등을 다룰 때 합리적인 "논리"로 통하는 "과학적 연구"이다.

"달걀"은 B.C. 2000년 이전 고대 풍요제에서 그 모습을 드러낸다. 이스터 축제(행 12:4 주석 참조)때 썼던 색칠한 달걀이 계속해서 나오는 것은 달걀이 꽤 오랫동안 어디에나 있었음을 보여 준다. 고대인들은 대개 그들의 신들(고전 10:28)에게 제물로 바친 것을 먹었다. 여기에는 사람들도 포함이 된다. "고대에는 달걀을 먹지 않았다"는 말도 안 되는 소리는 우리에겐 안 통한다.

『**내 혼이 만지기를 싫어하는 것들은**』(7절). "혼"이라는 단어가 어떻게 쓰였는지 주의해서 보자. 이것은 창세기 19:20, 레위기 22장, 에스겔 18장에서와 같이 육신의 생명을 나타낸다(창세기 2:7 주석 참조). 『**마치 내 슬픈 음식 같도다**』(7절). 이 구절은 이런 식으로 "부연 설명" 되었다. (이런 뻔한 거짓말을 양해하기 바란다.) "내가 그것을 먹는다는 생각을 하면 구역질이 난다." 그러나 최소한 이것은 "내 장이 부글거리는 소리를 내며 끓는다(NEB)"보다는 낫다. 움브라이트는 이렇게 말한다. "내 병은 역겨운 음식과 같다." 제미에슨과 포셋과 브라운이 "그런 것은 내 음식의 병"이라는 식으로 만든 본문은 믿지 말라. 대다수 보수주의 지성인들은 400년간 교육을 받고도, 요한 웨슬리, D.L. 무디, 조지 휫필드, 조나단 에드워드, 데이비드 브레이너드, 빌리 선데이, 피터 카트라잇, 찰스 피니가 반 년간 받은 교육으로 더할 나위 없이 훌륭하게 해낸 일들을 십분의 일도 따라가지 못한다. 본문의 의미는 학자들을 제외한 모든 사람에게 분명하다. 즉 "내가 건강할 때는 내가 원하는 음식을 선택했는데 이제 내가 병이 드니 토할 것 같은 음식을 먹어야 하는구나." 여기에는 더 깊은 의미가 담겨 있다. "내 혼은 슬픔과 고통과 고난과 불면과 외로움에 들러붙는 것을 거부하지만 이제 나는 매일 먹는 음식으로 이 다섯 가지를 먹어야 하는구나!"

6:8 오 내가 구하는 것을 갖는다면 내가 바라는 것을 하나님께서 내게

허락하신다면!

9 **나를 멸하시는 것이 하나님을 기쁘게 해 드린다면 그것마저 바라리라. 그가 그의 손을 풀어 나를 끊으시기를!**

10 **그러면 내가 위로를 받을 것이며 정녕 슬픔 가운데서도 마음을 모질게 먹으리니 그분께서 사정없이 그리하시기를 바라노라. 이는 내가 거룩하신 분의 말씀들을 숨기지 아니하였음이라.**

욥은 친구들에게 질문을 한다. (그들은 질문에 결코 답하지 않는다.) 그리고 이 가련한 남자는 눈물로 얼룩진 얼굴을 하늘을 향해 들고서 외친다. 『**내가 바라는 것을 하나님께서 내게 허락하신다면!**』(8절) 스폰지에서 식초를 비틀어 짜는 것처럼 이 말들은 마음을 쥐어짜서 나온 말이다. 이런 마음속에서 우러나오는 외침은 수백 년 동안 있어 왔다. 전쟁터, 광산, 교대 근무, 감옥, 시궁창, 병원, 묘지, 정신병동, 교회, 구명 뗏목 그리고 심지어 가정에서 이런 외침이 얼마나 많이 터져 나왔는지는 하나님만이 아신다. 하나님께서 인간의 마음속에 두신 성취되지 않은 소망은(롬 8:20) 수천 가지 형태가 있는데 이것들은 모두 인류에게 한 가지 위대한 진리를 인식시켜준다. 그러나 인류는 처음부터 그 진리를 거부해 왔다. 성취되지 않은 소망(시 41:1; 43:5)이 존재하는 이유는 감각으로 인지될 수 있는 물질인 이 세상과 이 생은 인생의 최종 목표가 아니며 인간이 가진 문제를 해결해 줄 수도 없다는 것을 하나님 자신이 인간에게 증거하시기 위해서이다. 마지막으로 분석해 보자면 진정한 "실재"는 하나님의 임재 안에 있는 하늘나라뿐이며 모택동, 카스트로, 록펠러, 케네디가 사람들, NAACP, RCC, SDA, CFR, HEW, UN, 국가 연합, 공산주의 인민 위원회, 국제 교육 협회 같은 미혹된 죄인들이 큰 소리로 외치는 "미래에 지상에 있을 어떤 좋은 것"은 모두 "민중의 유익을 위해서"라는 신뢰를 얻고자 하는 피리

부는 사나이의 속임수일 뿐이다(〈확실한 예언의 말씀〉 참조). 마귀에게 사로잡혔으며 선행을 강조하는 이런 사람들은 모두 죄의 찔림을 받는 양심을 동료 인간을 "도움"으로써 무마시키고자 애쓴다. 그것도 다른 사람을 희생시켜서 돕고자 한다. 이런 타락한 사람이 하는 말은 "그럼 좋아, 우리가 너를 죽이면 너는 너의 하늘나라로 갈 거야. 그렇지만 우리는 여기 남아서 세상을 더 살기 좋은 곳으로 만들 거다."이다. 사람들은 6천년 동안 서로를 죽여 왔을 뿐 아니라 어떻게 해서든지 계속해서 사람들에게 주신 하나님의 증거(성경)를 폐기시키려 하고 있으며, 카인이 아벨을 죽이기 이전에 없어져 버린 유토피아를 계속해서 찾고 있다.

『**내가 구하는 것을 갖는다면**』(8절). 아, 지상에 평화가 온다면! 내 어린 아들이 살아 있다면! 다음 달에 이 청구서를 지불할 수 있다면! 이스마엘이나 주님 앞에서 살게 하소서! 내가 이 사람 말고 저 사람과 결혼할 수 있다면! 우리 교회에 부흥이 온다면! 우리 가정에 화평이 있었으면! 아, 내 어머니가 구원받을 수 있다면! 아, 이 폭탄 속에서 내가 살아남을 수만 있다면! 아, 아, 아!

하나님은 당신을 도우실 수 있다. 하나님은 적절한 때에 그렇게 해 주실 것이다. 그러나 그분이 그렇게 해 주시지 않으면 인간은 하나님의 도움 없이도 자신이나 혹은 다른 사람이 자신의 문제를 해결해 줄 수 있다고 생각하는 어리석은 존재이다. 아사는 "주께 구하지 아니하고 의사들에게 구하였다"(대하 16:12). 그래서 그는 죽었다. 누가는 사랑받는 의사였고 하나님께서는 그를 사용하실 수 있지만, 하나님의 도움 없이 의사가 도울 수 있다고 생각한다면 그런 사람은 의사들과 별로 이야기를 많이 해 보지 않은 사람이다.

『**나를 멸하시는 것이 하나님을 기쁘게 해 드린다면**』(9절). 플라토는 자살을 하나님에 대한 반역으로 간주했고 아리스토텔레스는 "비겁한" 행동으로 생각했다. (소크라테스는 그 둘과 다른 의견이었다. 그는 이 두 사람보다 더 심한 자살 압력을 받고 있었다.)

『**그가 그의 손을 풀어 나를 끊으시기를!**』(9절). 성경에서 사람들이 스스로 죽기를 갈망할 때 하나님께서는 그 요구를 완전히 무시하신 적이 얼마나 많은지 아는가? 출애굽기 32:32의 모세와 요나 4:9의 요나와 누가복음 22:33의 베드로를 생각해 보라. 주께서는 삼손의 기도에는 응답하셨지만(판 16:30) 자살을 요구하는 기도에는 그다지 귀를 기울이시지 않는 것 같다. 칼 메닝거(Karl Menninger)는 욥의 갈망을 아마도 "니르바나(열반) 원리에 따라 타나토스(죽음의 본능) 충동에서 나오는 자기 파멸의 경향"이라고 말했을지도 모르겠다. (이런 말을 다 하려면 참으로 길다. 나는 언제라도 이런 장사꾼들의 용어를 써서 시간당 70달러는 벌 수 있다.)

지금까지 하나님의 손은 욥을 완전히 멸망시키지 않으셨다(욥 1:12; 2:6). 욥은 하나님께서 손을 푸셔서 이 비극을 끝낼 수 있도록 마지막 펀치를 날리시기를 간구하고 있다. 다시 한 번 말하는데 사람들을 섬기도록 부르심을 받은 사람은 이런 감정의 분출을 다룰 때 그 방법에 신경을 써야 한다.

오늘날 안락사에 관심이 집중되고 있다. 그러나 욥의 친구 중에는 욥을 죽이려고 한 사람은 없다. 최근(1973) 미국에서 한 젊은이가 병에서 자신을 해방시켜 달라고 애걸하는 병든 자신의 형제를 죽였는데 이에 대해 사면을 받았다. 전투에서 이런 상황은 매일 일상사처럼 일어난다. 제1차 세계대전 때에는 사타구니나 고환에 총알이 관통한 사람이 있었다. 그 고통에서 벗어나게 해 주기 위해 그런 사람을 종종 죽였다. 당시에는 "사상자

운반 헬리콥터"는 없었다. 그래서 부상당한 사람은 때로 "교전 중 어느 쪽 군대에도 속하지 않은 중간 지대"에 내려놓기도 하는데 그들은 삼일 정도를 그렇게 누워 있다가 죽는 것이다. 레마르크는 얼굴의 반이 다 날아가 버린 상태에서도 여전히 살아 있는 사람들을 봤다고 말한다. 그 말은 사실이다. 그 사람들의 등 부분이 폐나 콩팥 쪽으로 기울어 있었으며, 다리가 다 날아가 버린 상태에서도 그 남은 부분으로 뛰어가는 것을 봤다고 한다. 이 세상은 결코 "어린이의 정원에 나오는 몇 줄의 시"가 아니다.

1918년에 군대가 미국으로 북귀했을 때 한 여인이 안절부절 못하고 있었다. 기차에서 사람들이 다 내리고 짐까지 다 내렸는데도 남편은 보이지 않는 것이었다. 여인은 남편이 부상당해서 이 특별 수송기차로 고향에 온다는 것을 알고 있었다. 짐꾼들과 차장들에게 남편에 대해서 물어봤더니 "그 사람은 저 뒤쪽 화물칸에 있어요."라고 말해 주었다. 그 여인은 남편을 발견했다. 그는 농구 상자 안에 있었는데 팔과 다리 절단 수술을 받은 상태였다. 남편에게 남은 것이라고는 머리와 목과 몸통뿐이었다. 여인은 기절하고 말았다.

1945년 전쟁이 거의 끝날 무렵 노스이스턴 주에 살고 있던 어떤 어머니와 아버지는 샌프란시스코에서 걸려온 전화를 받았다. 아들이 집으로 오고 있는데 한 "친구"를 데리고 온다는 것이었다. 그 어머니와 아버지는 그 친구가 잠깐 방문하는 것이라면 같이 와도 된다고 말했다. 아들은 그 친구가 "심하게 부상"을 당해서 그 가족과 영원히 같이 살아야 한다고 말했다. 아버지는 부드럽게 말하려고 애썼다. "물론, 그렇지, 그래, 그래... 네가 좋다면 그 친구는 잠시 머물러도 된단다." 그래도 아들은 계속 밀어붙였다. "그렇지만 아버지, 내 친구는 두 다리를 잃었어요. 그를 사랑해 주고 잘 돌봐 줄 만한 사람들이 있는 곳에 있어야 해요. 그에게는 친척도 없어요." "그래, 우리가 할 수 있는 최선을 다하겠다. 그렇지만 너도 알다시피,

그 사람에게 희망이 없다면 얼마 후에는 다른 곳으로 가야 한단다. 우리는 그런 것을 다 참아낼 수는 없단다...." 그리고 전화가 끊겼다.

이틀 후에 그 어머니와 아버지는 샌프란시스코 경찰국으로부터 아들이 12층 호텔 창문에서 뛰어내려서 자살을 했다는 연락을 받았다. 그들은 샌프란시스코에 가서 아들의 장례식에 참석했다. 그들은 관을 옮기기 전에 관 속을 들여다봤다. 아들이 미국으로 돌아온 이후 처음으로 본 것이다. 아들의 두 다리는 엉덩이 부분에서 절단되어 있었다. 『**나를 멸하시는 것이 하나님을 기쁘시게 해 드린다면, 그것마저 바라리라.**』

『**하나님을 기쁘게 해 드린다면...그의 손을 풀어 나를 끊으시기를!**』(9절) 자신이 욥과 같이 잿더미 위에서 그와 같은 "몸을 입고"(히 13:3) 있어 보기 전에는 욥을 너무 비판하지 말라.

『**내가 거룩하신 분의 말씀들을 숨기지 아니하였음이라**』(10절). 이 "말씀"(잠 30:6, 엡 6:17 주석 참조)이라는 공포스러운 표현이 등장하자 클라크는 "나는 그의 강령을 거부할 수 없었다."로 본문을 바꾼다. 헤브너도 그 단어들을 생략하고 욥은 하나님의 어떤 명령도 "부인"하지 않았다고 말한다. 제미에슨과 포셋과 브라운도 그렇게 말한다. 이 위대하고 유명하며 보수적이고 헌신됐으며 경건하고 분리된 거짓말쟁이들은 "하나님의 말씀"을 항상 어떻게든지 왜곡시킨다.

"거룩하신 분의 말씀"을 이 사람들은 미워한다. 이들은 강령, 계명, 가르침, 원칙, 법령, 근본 사항, 교리(니케아 공회 참조)는 지킬 수 있지만 하나님의 말씀만은 결코 참지 못한다(요 5:47; 8:47). 존 R. 라이스처럼 이들은 모든 단어가 축자적으로 영감받았다고 이야기하면서도 모든 단어에 관한 한 어떤 성경도 신뢰할 만하지 못하다고 말한다. 존 R. 라이스가 "자신의 어머니와 아버지가 사용하던 성경"에 대해 늘상 하는 선전을 글로 쓰면서 그 성경이 하나님께서 말씀하신 모든 단어를 포함한 하나님의 말씀이라고 말할 때 그는 뻔뻔스럽게 거짓말을 하고 있는 것이다. 더 나쁜 것은 자신이 거짓말을 하고 있다는 것을 안다는 것이다. 라이스가 그 성경을 흔들어 보이며 (30,000명의 그의 동료들처럼) "이 책", "이 성경"이라고 소리칠 때 (그 자신의 믿음의 고백에 따르면) 그는 자신이 손에 가지고 있는 성경을 언급하고 있는 것이 아니다.

욥은 거룩하신 분의 말씀을 숨기지 않았다(10절). 그는 거룩하신 분의 말씀을 알았고(욥 23:12) 그의 친구들도 알았다. 클라크, 포셋, 브라운, 테일러, 게제니우스, 카일, 델리취, 둠, 버드, 클라인, 벌링거, 혹은 고드가 이 구절에 주석을 쓸 정도의 분별력이 있다고 생각하는 것은 수많은 대학 교수진들의 끝도 없는 속임수일 뿐이다. 이런 사람들은 뒤로 하고 (그들의 저서와 사역과 의견과 저작물들) 우리는 거룩한 성경의 무오한 말씀에 의지해서 하나님께서 진정으로 말씀하신 것(보존하신 것)을 보도록 하자. "교육"을 지성으로 오인한 6,000명의 교만한 사람들에도 불구하고 하나님께서는 자신의 말씀을 보존하셨다.

1. 엘리후(욥기의 저자)는 말하기를 『**전능하신 분의 영감**』(욥 32:8)이 사람들에게 명철을 주신다고 말한다.

2. 하나님께서는 욥 시대의 사람들에게 말씀하셨다(욥 22:22). 『**하나님께서 한 번 말씀하시고 두 번 말씀하셔도 사람은 그것을 알아차리지 못하는도다**』(욥 33:14).

3. 사람들에게 그들의 정직함을 보여 주기 위해 보내지는 메신저들이 있었다. 엘리파스는 욥이 탄식하기 바로 이전 장에서 이런 메신저 중 하나를 맞아들였다(욥 4:16,17).

4. 하나님께서는 모세 이전의 구약 시대에 사람들에게 계속해서 나타나

셨다(민 12:6). 하나님께서 그들에게 나타나셨을 때(행 7:2), 하나님은 단어들을 말씀하셨다(창 20:3,6,7).

5. 엘리후는 『**온전하신 분**』(욥 36:4)께서 한 말의 증인이시기 때문에 자신의 말은 거짓이 아니라고 말한다(욥 36:4).

6. 욥은 『**하나님의 영이 내 콧구멍에**』 있다(욥 27:3)고 말한 후에 욥기 28:28에서 하나님의 말씀을 단어 그대로 인용한다.

7. 이것으로 충분하지 않다면 욥은 하나님께서 그에게 보여주신 것을 가르쳤고(욥 27:11), 그가 정확하게 두 번 언급한 바와 같이 그것을 숨기지 않았다(욥 27:11). 왜냐하면 욥은 자신에게 필요한 음식보다 말씀을 더 귀하게 여겼기 때문이다(욥 23:12).

그러므로! 그러므로, ASV, RSV, NEB, 〈리빙바이블〉과 그 밖의 서른 개의 번역본들을 다음과 같은 이유로 선전하고, 지지하고, 팔고, 사용하고, 추천하는 사람들과 그 "성서들"을 거부해도 된다.

a. 하나님의 말씀을 믿지 않으려고 고의적으로 거부함.

b. 〈킹제임스성경〉에 대한 사악하고 편견에 가득 찬 증오심.

c. 성경을 믿는다고 큰소리치면서도 정작 성경에 대해서는 무한정 무지한 상태임.

d. 암흑시대의 로마카톨릭 "성서들"에 대한 보수적인 편견.

e. 어떤 언어로나, 그들 자신의 역본을 포함해서 어떤 역본으로나 성경과 성경을 비교할 수 없는 무능함.

욥이 순회 재판관으로 일했을 때(욥 29:7,8,9,11,22,23) 그는 기도와 계시로 하나님께서 그에게 주신 것을 전했다(욥 23:12). 그리고 "거룩하신 분의 말씀을 숨기지 않았다"(10절). 이와는 달리 밥존스대학, 트레이닝 유니언 쿼털리즈, 〈주의 칼〉, 크리스천헤럴드, 성경 월간 평론지, 전국 교회

협회, 〈오늘의 기독교계, Christianity Today〉(욥 31:34 참조)는 마치 더러운 넝마 조각을 밟듯이 성경을 짓밟는다. 정치적 종교적 소수 집단은 어떠한 설득으로도 욥을 괴롭히지 못했다. 이것은 그들이 노아, 아모스, 예레미야, 미카, 스테판을 괴롭히지 못한 것과 같다. 밥 존스 시니어 박사가 했던 말처럼 욥은 그렇게 했다. 즉 "한 사람이라도 하나님과 함께 한다면 다수가 된다." "거룩하신 분의 말씀"을 가지고 있던 욥은 종국에는 그의 "친구들"을 진짜 곤경에서 구해 준다(욥 42:7,8). "하나님의 진노"가(욥 42:7) 욥에게 불타오른 것이 아니라 "불의 가운데서 진리를 붙잡는 사람들"(롬 1:18)에게 불타올랐기 때문이다. 잠깐 동안은 욥이 주님에게 미움을 받고 있는 것처럼 보이지만 게임의 끝에는 욥이 블루칩을 모두 갖게 되고 그의 친구들은 구걸을 하게 된다.

6:11 내 기력이 어떠하다고 내가 소망을 가지겠느냐? 내 끝이 어떠하다고 내가 내 생명을 연장하겠느냐?
12 내 힘이 바위의 힘이겠느냐? 아니면 내 육신이 놋쇠의 육신이겠느냐?
13 내 도움은 내 안에 있지 아니하냐? 지혜가 내게서 아주 쫓겨갔느냐?

〈킹제임스성경〉의 본문에서는 이 탄식이 너무나 생생하기 때문에 "최신" 언어로 바꿀 필요가 없다. "내 힘이 다 사라졌는데 내가 무엇을 바랄 수 있겠느냐? 그 끝이 바르게 드러날 수 없는데 내가 내 생명을 왜 연장해야 하는가? 너희는 내가 놋이나 쇠로 만들어졌다고 생각하느냐? 나는 육체다. 하나님이 나를 도우려 하지 않으시니 내가 도움을 얻을 수 있는 곳은 나 자신뿐이다. 너희들은 내가 이것을 모른다고 생각하느냐? 지혜가 내게서 완전히 떠났다고 생각하느냐?"

주석가들, 개정자들, "단어 연구가들"이 단어들을 잘 차려 입혀서 자기들 생각대로 욥의 말을 바꾸는 것은 기름에 튀긴 쇠비름이며 삶은 당아욱이다. 욥은 "내가 어떻게 도움을 찾을 수 있을까..."(NEB), "내가 계속 하는..."(칠십인역), "내 안에는 도움이 없다"(제미에슨과 포셋과 브라운), "나에겐 도움이 없는가"(ASV, 1901)라고 말하지 않았을 뿐만 아니라, 욥은 욥이 하지도 않았는데도 했다고 어떤 바보가 말한 그런 어리석은 말을 한 적이 없다. 욥은 이렇게 말했다, 『**내 도움은 내 안에 있지 아니하냐?**』 믿는 마음으로 기도하면서 진지하게 성경을 공부했는데도 이것을 이해할 수 없는 사람은 성경을 개정하는 것은 고사하고 욥기를 설교하거나 주석을 쓰거나 가르쳐서는 안 된다.

6:14 고난받는 자에게는 그의 친구로부터 동정이 베풀어져야 하나 그 친구는 전능하신 분의 두려움을 저버리는도다.
15 내 형제들은 시내처럼 속임수로 행하고 시냇물의 흐름처럼 지나가나니
16 시내들은 얼음으로 인하여 검어지고 그 속에는 눈이 감추어져 있도다.
17 그 물이 따뜻해질 때 시내들은 사라지고 날씨가 따뜻해지면 그 자리에서 소진되는도다.
18 그 물이 흘러가는 길들은 잘못 간 길이라, 아무데도 이르지 못하고 끊어지는도다.
19 테마의 군대들이 바라보고 시바의 무리들도 그들을 기다렸도다.
20 그들이 바랐으므로 당황하였으며 그들은 거기에 가서 수치를 당하였도다.
21 이제 너희는 아무것도 아니라 너희가 나의 낙담을 보고 무서워하는도다.

다시 대환란과 연관된 구절이 나온다. 주석가들이 16-20절에 미끄러지지 않도록 편자를 대고 올라타서 이 구절들이 모세 시대 이전에 일어난 사건이라고 정의를 내리는데 반해 성령께서는 오바댜 9장, 하박국 3:3, 아모스 1:12, 예레미야 49:7,20, 시편 72:10,15을 가리키신다. 욥이 사용한 표현(『**전능하신 분**』)은 아브라함 시대에 흔히 사용된 표현임을 유의해야 한다(창 17:1; 28:3; 35:11; 43:14). 모세 시대에는 이 단어의 용례가 세 번밖에 안 나오는데 그 중 둘은 모세의 율법(민 24:4,16)하에 있지 않은 이방인 제사장과 연관되어 있다. 여기는 분명히 모세 이전의 "경륜"("구속 역사"를 좋아하는 사람들이 사용하는 죽은 정통주의 상투어구)이다.

욥의 말이 옳다. 고난당하는 사람에게는 "동정을 보여야" 한다. 어떤 사람이 그의 친구에게 동정을 보이기를 거부한다면 그 사람은 『**전능하신 분의 두려움**』을 버린 것이다(〈뉴스코필드성경〉의 주석에서처럼 "경외심"이 아니다).

욥의 친구들은, 새롭게 힘을 돋우기 위해 시내에 갔는데 시냇물이 말라 버린 것에 비유된다(17절). 겨울에 팔레스타인 시냇물은 얼어 있으며, 나중에는 검은 색을 띤 더러운 물이 된다(16절). 이것이 그곳 시내의 특징이다. 이 얼음이 녹으면(17절) "아무데도 이르지 못하고 끊어진다"(18절). 시내가 하루는 물로 가득 찼다가도 일주일 후면 물이 하나도 없게 된다. 욥의 친구들은 이런 얼음물이다. 그들은 누구에게도 위로가 되지 않을 뿐 아니라 결국에는 길을 잘못 들어선다(18절). 다음 구절에서 욥은 자신을 녹은 얼음에 비유하고 있다. (적어도 마른 목을 바싹 타게 할 수 있을 것이다.) 그의 친구들은 시바로 가는 군대의 호위를 받고 있는 대상인과 같다. 그들은 물웅덩이에 와서 물을 찾지 못하자 실망한다. 다른 쪽 끝에 있는 접대 위원회는(아라비아 남부에 있는 시바) 테만인들이 도착하지 않자 실망한다. 테만에서 온 대상들이 도착할 거라고 "그들이 바랐으므로 당황한다"(20절). 『**그들은 거기에 가서 수치를 당하였도다**』(20절)라는 말은 시내에 왔으나(15절) 목을 축이지 못한 테만인들을 언급한다. 그래서 이 비유는 두 가지로 적용된다. 욥의 친구들은 그에게 힘을 돋우어 주어야 할 시내와 같은데 그렇지 못한 것이다. 욥의 친구들은 위로하러 그에게 왔으나 그가 처한 상황으로 인해(2:12) 수치스러워하고 당황스러워 하는 여행자들과 같다. 21절은 이 해석을 절대적으로 확고히 해 준다. 『**이제 너희는 아무것도 아니라, 너희가 나의 낙담을 보고 무서워하는도다**』(21절).

인간의 양심을 가장 격동시키고, "죄에 대한 강박관념"을 일깨우며, 비평하게 충동질하는 것은 "악한" 하나님이 당신만큼 선하고 혹은 당신보다 더 선한 사람에게 행한 일을 보는 일이다. "십자가에 처형되신 그리스도"를 설교하면 너무나도 많은 종교적인 사람들이 화를 내는 이유를 아는가? 갈보리 주변만 어슬렁거리다가 지옥으로 가는 데는 세 가지 방법이 있다. 첫 번째는 십자가 사건은 하나님과 아무 상관이 없으며 그리스도는 자신의 신념을 믿다가 불필요하게 순교를 당했다고 말하는 것이다. 두 번째는 "사고는 누구에게나 일어날 수 있다", "우리는 선으로 악을 물리쳐야 한다", "그런 일은 일어나게 마련이야"라고 말하는 것이다. 세 번째는 그리스도는 자신의 구원을 이루기 위해서 자신의 죄값을 지불했다고 하는 것이다. 그러므로 우리도 구원을 얻으려면 행위가 있어야 한다는 것이다. 이 세 가지 외 여러분이 할 수 있는 일은 별로 많지 않다. 예수 그리스도께서는 모든 "의인"을 다 합친 것보다도 더 의로우신 분이지만 하나님께서는 "그를 아끼지 않으셨고", 사람이 지금까지 고안해 낸 것 중에서 가장 잔인한 죽음에 그를 넘겨주셨다. 이런 일이 그분에게 일어났다면 하물며 여러분이나 나에게는 어떤 일이 일어날 수 있겠는가(계 20:11-15 참조).

칠십인역에 있는 18절과 20절은 너무나 혼잡스러워서 성경 본문에 포함시킬 수가 없다. 에발트(Ewald), 슐룻만, 데이빗슨, 델리취, 시에그필드, 딜먼(Dillmann), 레이(Ley)는 이 장 처음 20개 절에서 그들 마음대로 약 30개의 절을 수정했다. 볼테르, 룻소, 셀수스, 탐 페인, 밥 잉거솔, 티모시 오리리는 열 개의 단어를 바꾸고도 눈 하나 깜짝하지 않을 것이다. 불신자가 보수주의자들보다 10배는 더 나은데 보수주의자를 인정해 줄 필요가 있는가?

6:22 내가 *언제* 내게 무엇을 가져오라 말하더냐? 아니면 나를 위하여 너희 재물로 보상하라 하더냐?

23 아니면 원수의 손에서 나를 구원해 달라 하더냐? 아니면 힘센 자의 손에서 나를 구속해 달라 하더냐?

24 나를 가르치라. 그리하면 입을 다물겠노라. 또한 내가 어디가 잘못되었는지 깨닫게 하라.

25 옳은 말들은 얼마나 힘이 있느냐! 그러나 너희 주장은 무엇을 책망하는 것이냐?

26 절망한 자가 말하는 것은 바람 같은 것인데 너희는 그 말을 책망하려고 하느냐?

27 정녕, 너희는 아비 없는 자를 압박하고 너희 친구를 위하여 구덩이를 파는도다.

28 그러므로 이제 너희가 만족하면 나를 쳐다보라. 내가 거짓말을 하고 있는지 너희에게 분명히 드러나리라.

29 내가 원하노니 너희는 돌이켜서 죄악이 없게 하라. 정녕, 너희는 다시 돌이키라. 내 의가 그 안에 있느니라.

30 내 혀에 죄악이 있느냐? 내 미각이 어찌 변질된 것들을 분별할 수 없겠느냐?

욥은 이제 직접 그의 친구들을 겨냥해서 말을 한다. 그는 대답을 기다리지도 않고 질문을 내뱉는다. "내가 너희에게 뭔가를 가져오라고 요구하더냐? 내가 재정적인 도움을 구하더냐?"(22절) "내가 너희 중 누구에게 하나님이나 사탄에게서 나를 구해 달라고 하더냐?"(23절) "너희가 말로써 나를 바로잡으려 하느냐?"(26절) "너희는 내가 거짓말을 한다고 생각하느냐? 선과 악에 관한 한 나의 분별이 너희의 분별보다 못하다고 생각하느냐?"(30절) 꽝, 꽝, 꽝!! 『**나를 가르치라. 그리하면 입을 다물겠노라. 또한 내가 어디가 잘못되었는지 깨닫게 하라**』(24절). 욥은 정말로 알고 싶어한다. 그는 부정직한 회의주의자도 아니며 누군가의 충고가 문제의 근본을 잘 간파한 것이면 그것을 일축하지도 않는다. 그러나 욥의 문제는 자기 의였다(27:5; 40:8). 그러나 욥의 "의사들"(13:4)은 욥이 "죄들을 범한 것"이라고 함으로써 욥의 질병을 오진했다.

『**옳은 말들은 얼마나 힘이 있느냐! 그러나 너희 주장은 무엇을 책망하는 것이냐?**』(25절) 이것은 그들의 주장이 옳지 않음을 암시한다. 『**절망한 자가 말하는 것은 바람 같은 것인데 너희는 그 말을 책망하려고 하느냐?**』 이렇게 말하는 것과 같다. "너희가 바람같이 내게서 나온 말들로 나를 옭아매려 하느냐?" 사람이 절망하면 의도하지 않은 많은 말들을 하게 마련이며, 자제심을 잃으면 건강할 때도 하지 않던 많은 것들을 말하게 마련이다. 3장에서 욥의 불평은 바람 같은 "단어들과 말들"로 이루어져 있다. 가족과 가정, 집, 가축, 재산, 땅, 건강, 친구들을 뚜렷한 이유도 없이 잃게 되면 누구나 바람처럼 되지 않겠는가?

『**나를 쳐다보라. 내가 거짓말을 하고 있는지 너희에게 분명히 드러나리라**』(28절). 욥은 말한다. "내가 거짓되게 너희를 비난하고 있는 것이 아니다. 너희가 거짓되게 나를 비난하고 있는 것이다. 아비 없는 자를 압제하는 사람(욥 31:21)은 내가 아니라 너희다." 욥은 친구들에게 "다시 한 번 생각해 보라"고 말한다.

『**내가 원하노니 너희는 돌이켜서 죄악이 없게 하라. 정녕, 너희는 다시 돌이키라. 내 의가 그 안에 있느니라**』(29절). 욥의 의는 그의 주장 속에 있었지만 문제는 이스라엘이 그들의 의를 신뢰했던 것처럼(롬 10:1-4) 욥도 자신의 의를 신뢰하고 있었다는 점이다. 더군다나 이제 욥은 그의 친구들에게 죄를 짓지 말라고 간청하고 있다. 『**죄악이 없게 하라**』(29절). 욥은 이 토론이 험담 일색으로 되어가는 것을 원하지 않는다. 그렇게 되면 그의 친구들은 제9계명을 범함으로써 하나님을 대적하여 죄를 짓게 될 것이다. 비록 "십계명"이 아직 "돌판"에 새겨지지는 않았지만 로마서 2:15에 따르면 그것은 욥의 청중들의 마음에 새겨져 있었다. 욥은 엘리파스와 그 친구들에게 단어들과 말들에 대한 말 많은 논쟁을 피하고 문제의 근본을 알아보도록 하자고 도전을 주고 있다. 말 많은 대화는 잠깐 사이에 더 많은 말을 불러일으킬 뿐이다.

욥기 7장

7:1 세상에 있는 인간에게는 정해진 시간이 있지 아니하냐? 그의 날들이
또한 품꾼의 날들과 같지 아니하냐?
2 종이 날 저물기를 열심히 갈망하고 품꾼이 자기 품삯을 기다리듯이
3 나도 허무한 몇 달을 보내게 되었으며 지루한 밤들이 내게 정해졌구나.
4 내가 누울 때 말하기를 '내가 언제 일어나며 언제 밤이 지나갈까?' 하
며 내가 새벽까지 이리저리 많이 뒤척거리는도다.
5 내 살은 벌레들과 흙덩어리로 옷입혀져 있으며 내 피부는 터지고 역
겹게 되었도다.
6 나의 날들이 베틀의 북보다도 빠르니 소망 없이 지나가는도다.

욥은 계속해서 불평한다. 그는 자신의 인생이 살 가치가 없으며, 잠도 잘 수 없으며, 자신은 쉬기 위해 하루가 끝나기를 갈망하는 노예와 같으며, 자신의 피부는 역겹고 혐오스러우며, 그에게는 기대할 만한 것이 아무것도 없다고 불평한다. 그의 관점에서 볼 때 이 모든 것은 사실이다.

아담 클라크는 1절을 "나쁜 번역"이라고 말한다. 이것은 존 R. 라이스가 요한계시록 22:14을 다룰 때 보인 태도와 정확히 일치하며, 웨스트가 로마서 8:22, 티엠이 데살로니가후서 2장, 조디아테스가 야고보서 5:20, 잉글리쉬가 다니엘 3:25을 다룰 때 보인 태도와 정확히 일치한다. 왜 좀 더 해보지 그런가? 그냥 여기서 아담 클라크가 엉터리 주석을 썼으며, 그의 "경건한" 삶은 하나님께서 존경하지 않으시는 쓰레기 조각 같은 주석과는 상관이 없다고 말해보지 그런가? 그렇게 말하는 것은 반더빌트의 집이(노스 캐롤리나) 지옥에서 히틀러가 쉬고 있는 곳과는 전혀 상관이 없다고 말하는 것과 같다. [코넬리우스 반더빌트는 지상에 사는 동안 단 하루도 누군가에게 새로운 탄생에 대해 말한 적이 없다.]

『**세상에 있는 인간에게는 정해진 시간이**』(1절) 있다. 이것은 신약의 사도행전 17:26과 구약의 시편 79:11과 일치한다. 이런 정하심은 베드로전서 2:8과 누가복음 12:46, 사도행전 17:31에서 너무나도 분명하게 드러나기 때문에 성경을 거부하는 근본주의자(축자적으로 영감을 받은 원본을 믿는)만이 클라크와 경쟁을 할 수 있었다. 인간의 날들은 "품꾼의 날들과 같다"(1절). 그가 일한 삯이 그에게 지불되기 때문이다(롬 6:23). "인간"은 종으로서 명령을 받았다(출 20장). 그래서 인간은 법을 어긴 것에 대해 형벌을 받는다(도덕적, 자연적, 사회적, 경제적, 혹은 하나님의 법을 어긴 것에 대해). 인간은 구원을 받았건 그렇지 않건 간에 일한 것에 대해 삯을 지불받는다(고전 3장, 고후 5장, 롬 2:1-5). 인간은 상을 얻든지 그렇지 않든지 간에 상을 얻기를 구한다(눅 12:43,44, 고전 3:1-14). 그리고 대부분의 사람들은 "허무한 날들"과 "지루한 밤들"(3절)을 경험한다. 욥은 자신이 받아야 할 몫보다 더 많은 것을 받았다. 그러나 처음 두 절에 나오는 것은 모두 교리적, 영적, 역사적으로 옳다. (미스터 클라크는 주석에서 심한 실수를 한 것이다.)

4절과 5절에서는 다시 예언이 나온다. 이것들은 이스라엘이 하나님의 명령을 거부할 때 이스라엘이 받게 될 저주이다(신 28장, 레 26장). 벌레로 옷 입혀진 육체와 역겨운 피부(5절)는 해 아래서 전혀 새로운 것이 아니다. 닥터 스탠리 패빌러드가 말라야에서 영국인과 미국인에게 사역을 했을 때 (그는 "콰이어강 위의 다리"를 건설하고 있었다.) 열려진 상처가 감염되지 않도록 하기 위해 방부제로 구더기를 사용했으며, 그의 "동료들"이 "파리들과 구더기 더미" 아래서 물이 촉촉하게 젖은 물질로 용해되어 가는 것을 종종 목격했다. 욥의 날들은 "베틀의 북보다도 더 빠르다"(6절). 마치 "베틀"을 가로질러 실이 짜여지는 것과 같다. 아담 클라크는 이렇게 말한다, "욥의 시대에 그런 기구가 사용되었는지 의심스럽다"(Ibid., 48쪽). 칠십인역에도 "북"이 삭제되었기 때문에 테일러에게는 선택의 여지가 별로 없었다.

7:7 오, 내 생명이 바람 같음을 기억하소서. 내 눈이 다시는 좋은 것을 보지 못하리이다.

8 나를 본 자의 눈이 다시는 나를 보지 못할 것이요, 주의 눈이 내 위에 있을지라도 나는 있지 아니하리이다.

9 구름이 소멸되어 사라져 버림같이 음부로 내려간 자도 다시 올라오지 못하리이다.

10 그는 다시 자기 집으로 돌아오지 못할 것이며 그의 처소도 그를 다시는 알지 못하리이다.

11 그러므로 내가 내 입을 삼가지 아니하고 내 영의 고통 가운데 말하리이다. 내가 내 혼의 쓰라림 가운데 불평하리이다.

이제 인생이 "바람"으로 정의된다(7절). 세상에서 가장 오래된 "진짜" 책은 인생을 열두 가지로 정의하고 있다.

1. 인생은 바람과 같다(욥 7:7).
2. 인생은 베틀의 북과 같다(욥 7:6).
3. 인생은 노예 상태와 같다(욥 7:1).
4. 인생은 시험과 같다(욥 7:18).
5. 인생은 그림자와 같다(욥 8:9).
6. 인생은 경주마와 같다(욥 9:25).
7. 인생은 독수리가 나는 것과 같다(욥 9:26).
8. 인생은 빠른 배와 같다(욥 9:26).
9. 인생은 바람에 날리는 나뭇잎과 같다(욥 13:25).
10. 인생은 썩은 나무와 같다(욥 14:8-10).
11. 인생은 꽃과 같다(욥 14:2).
12. 인생은 구름과 같다(욥 30:15).

이것이 생명의 창시자께서 주신 지혜의 책에서 발견되는 인생에 대한 묘사이며, 우리들 대부분이 일생 동안 겪는 것보다 더 많은 것을 1년에 겪은 한 사람과 연관되어 있다. 솔로몬이 말한 "헛되고 헛되고 헛되니 모든 것이 헛되도다."를 좋아하는 사람은 더 회의주의적이 될 수 있다. 어떤 사람은 "너희 인생이 안개니라."고 한 야고보의 말을 택하고 싶어 할지도 모른다. 그러나 살 만한 가치가 있는 유일한 진짜 삶은 바울이 『**내게 사는 것이 그리스도니**』(빌 1:21)라고 말한 인생이다. 주 예수 그리스도는 생명이시므로(요 14:6) 그 나머지 인생들은 욥기에 나오는 열 두 가지 중 하나로 분류될 수 있다(잠 15:24; 18:21; 8:35; 22:4; 4:13; 10:17에 나오는 "인생"에 대한 주석 참조).

A. 인생은 바람과 같다. 즉 인생은 영적인 것이며(요 3:5-8), 영적인 것

들을 부차적인 것으로 생각하고서(겔 37:9,10) 여전히 인생의 "의미"와 "완성"을 찾고 있는 하이데거, 사르트르, 키에르케고르 같은 바보들은 다윈, 헤켈, 헉슬리, 그리고 다른 원숭이 인간과 같은 부류에 속한다.

B. 인생은 베틀의 북과 같다. 뒤로 앞으로, 뒤로 앞으로 베틀의 북은 지나간다. 그러고 나서 처음에 했던 것, 즉 싹뚝 잘린다! 실이 지나간다!

C. 인생은 노예 상태이다(욥 7:16 주석 참조).

D. 인생은 시험과 같다. "양"에 해당하는 헬라어(요 10장 참조)는 수습생에 해당하는 단어이다. 즉 "심사"를 받는 사람이다. 권투 선수나 육상 선수가 훈련을 받을 때 "시험"을 받지 않는다면 어떻겠는가? 바울은 그리스도인의 삶이 권투 시합이나 달리기와 같다고 말했다(고전 9:26). "시운전"이 무엇이라고 생각하는가? 욥은 말한다, 『**주께서 매일 아침... 그를 시험하시나이까?**』(18절) 주 예수 그리스도께서는 광야에서 시험을 받으셨고, 헤롯과 빌라도 앞에서 "재판"(trial)을 받을 때까지 계속 그의 전체 인생은 시험이었다.

E. 인생은 그림자와 같다. 그림자는 12시간, 기껏해야 16시간만 계속된다. 그러고는 끝이다. 태양은 동틀녘부터 어두워질 때까지 그림자를 만든다. 그 다음부터 생기는 그림자는 진짜 그림자가 아니다. 그 다음부터는 인공 빛으로 만들어진 것이다.

F. 인생은 경주마와 같다. "경주마는 출발점에 서 있다! 그리고 출발한다!" 인생은 경쟁이다. 갈기가 나란히 달리고, 안장과 안장, 박차와 박차, 딸가닥 거리는 말발굽 소리, 말의 코에서는 콧김이 뿜어져 나오고, 근육은 긴장한다. 저쪽 모퉁이를 돌아 질주해서 최후의 직선 코스를 달리고 경주는 끝이 난다. 인생은 경주 트랙이다(히 12:1-3). 경주에 내기를 걸 수도 있다. "기수"에게는 명령이 주어지고 메시지를 가지고 달리라는 명령이 주어진다. 여러분도 여러분의 메시지를 가지고 있는가? 누가 여러분에게 달

리라고 명령했는가?(렘 23:21 참조!)

G. 인생은 독수리가 날아가는 것과 같다. 독수리가 먹이를 향해 돌진하는 것처럼 인생은 빨리 지나간다. 그리고 다림추가 지상에 떨어지는 것같이 비행을 멈춘다. 단번에 급강하한다.

H. 인생은 빠른 배와 같다. 보이는가 싶더니 사라지고 없다. 식사를 끝마치기도 전에 수평선 너머로 사라지고 있다. 어떤 사람은 자신의 나침판과 지도로 항해를 하고 돛단배의 침로는 주로 바람이 부는 대로 결정된다(행 27장 주석 참조).

I. 인생은 바람에 흩날리는 나뭇잎과 같다. 나뭇잎은 무기력하고 여러 요인에 따라 좌우되고, 곧 낙엽 더미 위에서 썩어간다. 너무도 약해서 폭풍 앞에 파리처럼 떨어진다.

J. 인생은 썩은 나무와 같다. 죄들이 우리 내부에서부터 우리를 좀 먹는다. 우리는 나이가 들고 썩어간다. "나무꾼"이 우리를 쓰러뜨리지 않는다 해도 잠시 후면 쓰러지게 되고 불에 태우는 데 말고는 전혀 쓸모가 없다(겔 15:2-5).

K. 인생은 꽃과 같다. 꽃들은 군집을 이루어 자라며 수고도 하지 않고 물레질도 하지 않지만(마 6:28) 하나님께서 그들을 위해 공급해 주신다. 어떤 것은 아름답고 어떤 것은 그렇지 않다. 어떤 것은 독이 있고 어떤 것은 해롭지 않다. 어떤 것은 번성하고, 어떤 것은 그렇지 않다. 하나님께서 자신의 정원에서 그분께서 보시기에 좋은 대로 꽃을 꺾으신다(솔 4:16; 6:2 비교).

L. 인생은 구름과 같다. "잠깐 보이다가 사라지는" 안개이다(약 4:14). 구름에는 진짜 단단한 성분이 없다. 그리고 바람에 따라 이리저리 움직이며 열이 주전자에서 밖으로 나갈 때처럼 꽉 붙들 수가 없다.

이 모든 비유에는 계속 반복해서 강조되는 한 가지 진리가 있다. 다양한 특성과는 상관없이 분명하게 드러나는 한 가지 주제는 인생은 짧다는 것이다. 주어진 모든 것이 움직이거나 급속도로 변한다. 급속도로 지나가다가 사라진다. 시계는 사실은 "째깍, 째깍" 하며 가는 것이 아니라, "빨리, 빨리" 하며 가는 것이다. 여러분의 "수명이 다 찰 때까지" 갈 수도 없다. 세금이 또 한 번 인상되기 전에 그 수명이 다 될지도 모른다.

7:12 내가 바다나 아니면 고래라서 주께서 나를 감시하시나이까?
13 내가 말하기를 '내 침상이 나를 위로하고 내 보금자리가 내 불평을 줄여 준다.' 할 때
14 주께서 꿈으로 나를 놀라게 하시고 환상들을 통하여 나를 두렵게 하시기에
15 내 혼이 질식되기를 택하며, 내 생명보다 오히려 죽음을 택하리이다.
16 내가 내 생명을 싫어하며 내가 항상 살기를 원치 아니하오니 나를 내버려 두소서. 이는 내 날들이 헛됨이니이다.
17 사람이 무엇이기에 주께서 그를 높이시나이까? 주께서 주의 마음을 그에게 두시나이까?
18 주께서 매일 아침 그를 찾아보시며 매 순간마다 그를 시험하시나이까?
19 언제까지 주께서는 내게서 떠나지 아니하시며 내 침을 삼킬 때까지도 나를 내버려 두지 아니하시나이까?
20 오 사람을 보존하시는 주여, 내가 죄를 지었사오니 내가 주께 무엇을 하리이까? 어찌하여 주께서는 나를 주를 거역하는 표로 삼으셔서 나로 하여금 내 자신에게 짐이 되게 하시나이까?
21 어찌하여 주께서는 내 허물을 용서하지 않으시고 내 죄악을 제하여 버리지 아니하시나이까? 이제 내가 흙 속에 잠들리니 주께서 아침

에 나를 찾으실지라도 내가 있지 아니하리이다." 하더라.

욥의 이 두 번째 연설에는 몇 가지 두드러진 것들이 있다. 첫 번째는 20절에 있는 죄들에 대한 정직한 고백이다. ASV(1901)와 〈리빙바이블〉은 이것을 왜곡시켜서 고백을 질문으로 바꾸었다. 이 배교한 부패본들은 둘 다(전에 존 R. 라이스가 추천한 성경) 오리겐의 칠십인역에서 그 본문을 취하고 있다. 히브리어 본문에는 "만약에"가 없다. 헬라어 단어 "*에이*"를 오리겐과 다른 사람들이 알렉산드리아에서 삽입시켰다. 담화 중간에 욥이 갑자기 하나님께 직접적으로 고백하는 것을 이해할 수 없었던 것이다. 그러나 전에 말한 바와 같이(욥 5:8과 6:2에서) 욥의 대화는 모든 것이 차가우리만큼 훌륭하고 세련된 아테네의 "스토아" 같은 형태를 띠지 않는다. 제미에슨과 포셋과 브라운은 여기서는 ASV를 따르는 것은 두려워하고 있지만, 주석에서 두 번째 절에 "죄를 짓다"는 말을 넣어서 전체 구절을 의문문으로 만들어 버린다. 그래서 "내가 어떤 죄를 지어야 할까...?"가 되어 버렸다.

아주 전형적이다. "멍청이"가 되는 것을 너무 염려한 나머지 매번 자신들이 좋을 대로 전능하신 하나님을 경멸하는 모든 "경건하고 총명한" 근본주의자들의 전형적인 모습이다. 전형적이다. 두 생각을 지닌 사람은 그의 모든 길에서 안정이 없다.

이번에는 욥 자신의 두 생각을 주의해서 보도록 하자. 슬픔과 고뇌 속에서 욥은 다시는 무덤 속에서 나오지 못할 것이라고 부르짖는다(8,9절). 그러나 19:25에서 욥은 (더 고취되어 고백하면서) 벌레가 그의 몸을 파괴시킨 뒤에 자신의 "육체를 입고" 하나님을 볼 것이라고 외친다! 그러나 8, 9절에서는 욥은 인간이 그의 무덤에서 나와 "자기 집"과 "그의 처소로" "돌아오지 못할 것"(10절)이라고 조심스럽게 말한다. 욥은 몸의 부활이 아주 먼 미래에 있으리라는 것을 알고 있으며, 그때에는 그의 집과 처소가 더 이상 없으리라는 것도 알고 있다.

『**내가 내 혼의 쓰라림 가운데 불평하리이다... 내 혼이 질식되기를 택하며... 나를 내버려 두소서... 내게서 떠나지 아니하시며... 나를 내버려 두지 아니하시나이까?**』(11,15,16,19절) 하나님께 자신에게서 떠나셔서 자신을 혼자 내버려 두라고 말하는 것이 용서받지 못할 죄라면 욥은 1분에 다섯 번이나 "죽음의 선을 넘어섰다." (로마카톨릭이 "견진례"를 진지하게 받아들이는 정도로 하나님께서 욥의 기도를 진지하게 듣지 않으셔서 다행이다.)

그러나 욥은 수백만 명의 사람들이 생각해 왔으며 지금도 생각하고 있는 것을 말하고 있는 것뿐이다. 예를 들어 11절에서 욥은 대다수의 비참하고 교육받은 오늘날(1800-1980)의 불가지론자들과 공산주의자를 대변하고 있으며, 로마 제국 때(B.C. 100 - A.D. 200)의 대다수의 가난에 찌든 노예들을 대변하고 있으며, 권위를 무시했던(유 1:8) 모든 시대의 수백만의 똑똑한 회의론자들을 대변하고 있다. 그는 단순히 그의 마음을 이야기하고 있으며 "있는 그대로 말하고 있는" 것이다. 윌슨 박사는 상피병에는 "깊게 내재한 불타는 고통이 있으며, 때로 뼈와 관절에 고통이 있고...이 고통은 밤에는 더욱 극심해져서 잠을 못 이루게 된다."(퀘인, Ibid., 817쪽)고 말한다. 욥을 뒤덮은 벌레에 대해서 퀘인 박사는 그것들은 "필라리아 산퀴니스 호미니스"라고 말한다. 그것들은 긴 실 같으며 흰색에 아무런 무늬도 없다. 벌레에 뒤덮이고 불타는 고통 중에 있는 욥은 12절과 21절 사이에서 하나님께 일곱 가지의 불평을 제기하는데 그 중 일부는 너무나도 논리적이어서 그것을 읽으면 카톨릭 신자가 거의 무신론자가 될 수도 있을 정도다!

『어찌하여 주께서는 내 허물을 용서하지 않으시고 내 죄악을 제하여 버리지 아니하시나이까?』(21절) 좋은 질문이다. 욥은 자신이 완전하지 않음을 인정하고 있고(욥 9:21), 자신은 스스로를 정당화시킬 수 없으며(욥 9:20), 자신이 어리석다는 것을 인정하고 있다(욥 9:2).

우리는 다시 한 번 욥기가 얼마나 신실하게 기록되었는지를 천천히 살펴봐야 한다. 욥은 이런 것들을 말하는 것과 동시에 27:5과 31장을 언급했다! 이것은 우리가 서문에서 언급했던 것과 정확히 일치한다. 즉 진정한 고난, 고통, 사별은 그것을 표현하는 데 논리적이거나 합법적인 방법을 취하지 않는다. 헨리가 〈Invictus〉를 썼을 때 그는 제정신이 아닌 사람처럼 말한다. 움브란트가 루마니아의 지하 감옥에서 한 사람의 청중(하나님)에게 설교했을 때 항상 앞뒤가 맞게 말을 한 것은 아니었다. 그럴 수밖에 없었다. 매를 맞고 강철 막대로 맨발바닥을 때리는데도 "일관성"을 유지할 수 있겠는가? 어느 날 밤 움브란트는 감옥에서 미치광이가 내는 듯한 웃음소리를 들었다. 그는 그 소리가 무슨 소리인지 인지했으며, 앞으로 어떻게 될 것인지도 알았다. 어두운 독방에서 미쳐 버린 그의 몇몇 친구들이 움브란트 앞에서 팔을 등 뒤로 묶여서 끌려갔던 적이 있었기 때문이다. 이제 그에게 들리는 소리는 그 자신의 목소리였다. 욥기를 고쳐서 욥이 항상 "이성을 잃지" 않은 것처럼 만들려고 애쓰는 것은 어리석은 짓이다. 욥과 같은 상황에서는 늘 앞뒤가 맞는 말만 할 수는 없기 때문이다.

하나님께서는 왜 한 인간을 용서하시고 그의 불의를 없애시는가?

주께서 결과적으로는 그렇게 하셨지만(히 8:12, 롬 3:24-26 참조) 욥이 잿더미 위에 앉아 있는 현재 상황에서 그것이 무슨 유익이 있겠느냐는 말이다. 우리는 우리 자신의 죄들을 없앨 수 없다. 황소와 염소의 피로도 그렇게 할 수 없다(히 10:4). 하나님께서 죄들을 없애지 않으신다면 누가 그렇게 할 수 있는가? 그리고 하나님께서 그렇게 하지 않으신다면 어떻게 되겠는가? 전기 치료? 집단 치료? 분별력 훈련? 수치료법? 뇌전엽(腦前葉) 절제술? "크리스천" 사이언스? 리세르긴산 디에틸아미드 환각제? "가치 분류?" 고해성사? 이런 것 중 하나라도 효과가 있다면 이런 것을 사용하거나 신뢰하는 모든 사람들은 생명을 창조하신 하나님과 함께하는 죽음 이후의 생명에 대해 왜 정확한 말을 해 주지 못 하는가? 이런 수단이 효과가 있다면 "경배드리는 자들"이 "죄들에 대한 의식"을 더 갖겠는가?(히 10:2) 분명한 의식 속에서 요한일서 5:10-13을 주장하면서도 중생하지 않은 정신과 의사, 사제, 마약 중독자, 교수는 미국 내에서 단 한 사람도 찾아 볼 수 없다.

『**사람이 무엇이기에 주께서 그를 높이시나이까?**』(17절) 다윗도 시편 8:4과 144:3에서 같은 질문을 한다. 그러나 욥과 다윗이 이 질문을 할 때 그들의 마음에는 니부어(Niebuhr), 틸리히(Tillich), 업다이크(Updike), 프롬, 도스토옙스키(Dostoevskii)가 그 질문을 할 때와는 전적으로 다른 것이 있었다. 현대의 종교적이고 정신 심리학적 지식을 갖추고 있으며 국제적인 인본주의자들은 항상 "인간 만세"를 외친다. "인간이 만물의 척도"(프로타고라스)이든지 그렇지 않든지 간에 최소한 인간은 인간을 측정하는 자료서의 성경을 매번 빠뜨려 버린다. 사회주의 성향을 띤 사람들은 여기서 한 구절 저기서 한 구절을 빼내서 이런 저런 것을 증명하기를 좋아한다. 그러나 그들에게 로마서를 구절 대 구절을 비교해서 설명해 줄 것을 부탁하면, 그들이 그런 일을 시도하는 것을 보려면 그들 인생에서 기적이 일어나기 전에는 불가능하다. 다윗과 욥은 둘 다 부정적인 견지에서 "인간"에게 접근한다. "인간이란 무엇인가?" 인간은 참으로 왜소하고 참으로 더럽고(욥 25:4), 참으로 보잘것없으며 참으로 가증하며(욥 15:16) 참으로 무기력하다(욥 7:20). "천사들보다 조금 낮게" 지음 받은(시 8:5, 그리고 그 이후 계속해서 더 낮아진다.) 인간은 지구에서 제대로 살아가는 방법을 배우기도 전에 자신이 살고 있는 행성을 파괴시키기 직전의 상황에 이르렀다. “과학자들”(이 잘못된 명칭을 용서하기 바란다.)은 인간이 지구상에 살게 된 지가 1,000,000년에서 13,000,000년 정도라고 생각하고는 인간이 참으로 오랜 기간을 살아오기라도 한 것처럼 보이도록 한다. 참으로 바보스런 일이다. “천사들보다 조금 낮게”(시 8:5, 이것은 천사들이 그렇게 세련된 존재가 아님을 보여 준다.) 지음 받았기 때문에, 전체적인 관점에서 볼 때, 인간은 계속적으로 생존할 수 없으며, 환경을 깨끗하게 유지할 수 없으며, 계속적인 살상 없이 평화를 유지할 수 없으며, 맑은 정신을 유지할 수 없으며, 하나님의 말씀을 이해할 수 없으며, 죄를 그칠 수 없으며, 자신의 혼을 구원할 수 없으며, 죽은 후에 어디로 가는지 찾아 낼 수 없으며, 하나님의 명령을 받고도 거기에 순종할 수 없으며, 옷과 음식으로 만족할 수 없으며, 행복이나 건강이나 죄들의 용서를 살 수 없다. 차라리 에베레스트산 정상에서 농구를 하는 것은 가능할지라도 말이다.

『**내가 바다나... 고래라서**』(12절). 여기서 아담 클라크가 파라오의 수장을 언급한 것은 욥기 15:19에서 모세와 이스라엘인에 대해 설명해 놓은 정도의 수준이다. 둘 다 명석한 설명이 아니다. 아담 클라크는 욥기가 출애굽 이후에 기록되었다는 주장으로 자신의 주석을 시작한다. 그래서 그는 계속해서 이스라엘이 이집트에서 나오는 것을 언급한다. 제미에슨, 포셋, 브라운은 최소한 욥기 15:19에서는 속임을 당하지 않는다. 이들은 욥기 15:19을 창세기 11장의 참조 구절로 본다. 그러나 욥기 15:18의 “조상”이 셈과 함과 야펫이라는 것은 한 눈에 알 수 있다.

그러나 헬라어와 히브리어 지식이 있는 독자는 클라크와 같은 사람들이 어떻게 해서 이런 온전치 못한 주석을 달았는지 이해할 수 있다. 그렇게 되는 과정은 “엉망진창 정신 착란”이라고나 할 수 있다. 『**내가 바다나**

아니면 고래라서』(12절). 클라크는 에스겔 32:2에서 "*타님*"(히브리어로 고래)이라는 단어를 보고 그 구절이 파라오에 관한 구절임을 인지하자마자 곧바로 욥기 7:12의 "타님"으로 달려들어서 이 구절도 파라오가 수장되는 구절이라는 결론을 내렸다. 이런 정신 착란에는 열다섯 가지가 잘못되었는데 그중 다섯 개만 열거하도록 하겠다.

1. 파라오는 고래와 "같을"(겔 32:2) 뿐이지 고래는 아니다.

2. 에스겔 32장의 파라오는 출애굽 때의 파라오가 아니다.

3. 에스겔 32장의 파라오는 하나님께서 그를 고래에 비유하셨을 때 살아 있었다. 익사한 것이 아니다.

4. 욥은 솔로몬이 죽은 이후에 살았던 파라오에 대해 하나님께서 에스겔에게 하신 말씀을 설령 들었다 해도 알지 못했을 것이다.

5. 욥기 7:12 앞 뒤 20구절 내에서 누군가가 "익사"했다는 언급은 없다.

자신의 전 생애를 거룩한 말씀을 전복시키는 데 헌신한 1880년부터 1980년까지의 "경건하고 헌신된 보수주의자들"의 저서에는 이보다 더 엉망진창인 것이 더 많다. 이런 엉터리 주석의 전형적인 예가 존 R. 라이스의 마태복음 주석서에 나온다. 그 주석에서 라이스는 그리스도께서는 자신이 겟세마네에서 나오기 전에 마귀가 그를 죽이지 못하게 해 달라고 기도하고 있었으며, "죽음"이 그리스도께서 말씀하신 "잔"이라고 말한다. 또 다른 좋은 예는 케네스 웨스트의 데살로니가후서 2장에 관한 저술과 조디아테스가 쓴 소책자들이다. 거기에는 온통 엉터리뿐이다. 헬라어로 진리의 말씀을 전복시키지 않고서는 단 세 페이지도 넘어가지 못한다. 예를 들어 이 책들의 요한복음 1:13이나 히브리서 6:1-6을 참조해 보기 바란다.

케네스 테일러는 본문에서 "바다"를 설명하려는 시도는 전혀 보이지 않고 단순히 그것을 완전히 삭제해 버렸다(계 22:19). 〈리빙바이블〉에는 예후디의 칼로 난도질된 성경 구절들이 "부연 설명"이라는 이름으로 가득 차 있다(렘 36:23).

하나님께서는 고래들을 그렇게 세심하게 "감시"하지 않으신다. 마태복음 12:40의 고래는 하나님의 선지자 중 하나를 삼켜 버렸고 사흘 후에 그를 다시 내뱉었다(욘 2:1-8 주석 참조). (어리석은 보수주의자들은 헬라어 "케토스"는 "그런 뜻일 수 없기" 때문에 그건 고래가 아니라고 말한다.) 주께서는 바다들뿐만 아니라(욥 36:30; 38:8,16; 41:31) 강들도 주의 깊게 보신다(계 9:14). "바다"에 있는 "바다 괴물"에 대해 알고 싶으면 앞의 참조 구절 중에서 마지막 구절을 살펴보기 바란다. 주께서는 때로 언제 "폭풍"을 일으켜야 하는지 바다들에게 말씀하시고(시 89:9), 때로는 언제 잠잠해야 하는지를 말씀하신다(마 8:24,26,27).

욥은 식욕을 잃어 버렸다. 그는 불면증으로 고생하고 있으며, 기진맥진해서 마침내 잠이 들면(13절) 총천연색 악몽을 꾼다(14절). 죄를 고백해도 해결이 되지 않는다. 그래서 욥은 그와 같은 환경에 있는 사람이 다다를 수 있는 양식 있는 결론을 내린다. 즉 자신은 하나님께 버림받았고 조금이라도 더 빨리 죽어 떨어지는 것이 그에게는 더 낫다는 결론을 내리는 것이다. (욥의 아내가 거기 있었다면 이 결론을 얼마나 잘 수용했을까?)

세 번에 걸쳐 그리스도를 찾으려고 애쓴 한 젊은이가 우리 신학원에서 공부한 일이 있다. 그를 주께로 인도했어야 했던 사람들은 매번 상황을 혼란스럽게 만들었다. 처음 사람은 그를 앞으로 나오게 해서 무릎을 꿇게 하고는 구원받는 방법을 말해주지 않았다. 두 번째 사람은 그가 이미 구원을 받았으며 단지 "재헌신"이 필요할 뿐임을 확신시키려고 애썼다. 그리고 세 번째 사람은 그가 이런 저런 식으로 예정되었다고 말했다. 그래서 그 사람은 자신은 지옥에서 저주받기로 정해졌다는 합리적인 결론에 이르렀다. 배를 버리고 "구원받을 모든 희망을 포기한" 채 그 젊은이는 자신이 살고 있는 마을에서 가장 높은 언덕으로 올라갔다. 그리고 그 언덕에서 가장 높은 건물로 올라가서 하늘을 향해 주먹을 흔들며 하나님을 저주하면서 그가 하나님을 어떻게 생각하는지를 하나님께 말하면서 족히 20분을 끌었다. 6주가 못 돼서 그 청년은 거듭났고 지금 사역을 하고 있다. 때로 "유일한 합리적인 결론"은 비합리적인 비방이다.

욥기 8장

8:1 그러자 수하인 빌닷이 대답하여 말하기를
2 "네가 언제까지 이런 일들을 말하려느냐? 네 입의 말이 언제까지 강한 바람같이 되겠느냐?
3 하나님께서 심판을 왜곡하시겠느냐? 아니면 전능하신 분이 정의를 왜곡하시겠느냐?
4 만일 네 자식이 그분을 거역하여 죄를 지어서 그들의 허물로 인하여 그분께서 그들을 내버리셨을 때
5 만일 네가 때마침 하나님을 찾아 전능하신 분께 네 간구를 드린다면
6 만일 네가 순수하고 정직하다면 그분께서는 반드시 지금 너를 위해 일어나사 네 의의 처소를 번영케 하시리라.
7 네 시작은 미약하였어도 네 나중 끝은 크게 중대하리라.

이제 수하인 빌닷이 등장한다(1절). 몇몇 주석가들에 따르면 그는 "전통주의자"를 대표한다. 〈뉴스코필드성경〉(577쪽)에 있는 스코필드 주석에는 빌닷의 "경건한 상투어"와 "금언"에 대해 말하면서 이런 주장을 정당화하려고 시도한다. 그러나 욥이나 엘리후의 말에서처럼 빌닷의 말에도 진부한 상투어나 금언은 없다. 죽은 정통 보수주의자들이 욥기를 옛날 알렉산드리아의 구호 아래로 끄집어 내려서 그것을 조직화된 구조 속으로 정형화시켜서 자신들의 틀 속에 넣으려는 시도일 뿐이다.

빌닷의 접근 방법은 매우 명백하다. "너의 고난들에 대해 청산유수로 말하는 것은 그만두라. 하나님은 실수하지 않으신다. 너의 자녀들이 죄를 범한 것이라면 그들은 죽어 마땅한 것이었으며, 네가 올바로 되어서 하나님께 구하고 너의 생을 좋게 해 달라고 간구하면 하나님께서는 나중에 너를 번성케 하실 것이다"(주님께서는 정말로 그렇게 하신다). 빌닷이 한 말은 사실이며 그가 한 말은 최소한 "경건한 상투어"로는 분류되지 않는다. 예를 들면, 하나님은 심판(3절)이나 정의(3절)를 왜곡하지 않으신다. 욥의 말은 욥 자신이 인정한 바와 같이(욥 6:26) 강한 바람 같으며(2절), 욥의 『**나중 끝**』(7절)은 크게 증대된다(욥 42:6-14). 빌닷이 진짜로 실수한 유일한 것은 "시기를 잘못 잡은 것이다"(욥 1:21; 2:13 참조). 이것은 또한 우리 중 많은 사람들이 하는 실수이다. 빌닷은 말한다. 『**만일 네가 순수하고 정직하다면 그분께서는 반드시 지금 너를 위해 일어나사...**』(6절). 우리는 하나님을 무리하게 재촉해서 어떤 일을 하지 못하게 한다. 하나님께서는 은 접시에 아침 식사를 담아 당신의 침대에까지 날라다 주는 칭찬받는 벨보이가 아니다. "기도를 부탁해서 받아들여주는" 이런 개념은 경계해야 한다. 왜냐하면 자신들의 책에는 점잖고 명예롭게 글을 쓰는 것을 가장 중요하게 생각하는 자들이, 그리스도 안에 있는 형제를 공격하는 개인적인 글을 쓰거나 하나님의 말씀을 부패시키는 자신들의 행위를 변호하려 할 때는 위선적이고 신랄하며 뒤틀린 육신의 펜으로 글을 쓰기 때문이다. 생동감이 넘치며, 즐겁고 승리에 찬 "응답된 기도"에 관한 글이 모두 하나님을 신뢰하는 사람들에게서 나왔다고 생각하는가? 이런 책 중 일부는 자신들이 미워하는 사람들의 설교를 대중에게 알리기를 거부한 사람들이 쓴 것이다. (이들이 미워하는 설교자들은 그 책을 쓴 저자들보다 더 위대한 구령자이다.) 어떤 이들은 그들과 관련이 있는 사람들을 선전함으로써 자유주의자들과 함께 지름길을 택하고, 어떤 이들은 성경보다 자기 자신에게 더 많은 권위를 부여하고, 어떤 이들은 〈킹제임스성경〉을 드높이는 광고를 파는 것을 거부한다. 그러면서도 성경 문제에 직면하게 되면 "구령"이 진짜 이슈라며 투덜거리기 시작한다. 그러나 이런 사람들은 전에는 빌리 그래함이 성경 문제를 희생하고서 "구령"을 강조한다고 빌리 그래함을 갈기갈기 찢었던 사람들이다.

『**만일 네가 순수하고**』(6절). 온갖 영화를 누리는 바리새인이 있다!! 『**만일 이분이 선지자라면**』(눅 7:39) 누가 순수하고 누가 그렇지 않은지를 "나처럼!" 『**알았으리라.**』 맞다. 늘 그런 법이다. 겉으로는 달콤한 냄새가 나며 겉으로는 하얗게 씻겨 있으나 감자 한 봉지나 시멘트 한 부대를 들기 위해 자신의 새끼손가락 하나도 더럽히려고 하지 않는(마 23:1-3) 이 바리새인들은 "순수"해지기 위해 이방인의 건물 바깥에 머무르고자 한다(요 18:28). 그렇다. 그리고 그들은 하나님의 아들을 죽였으며(행 7:52) 할 수만 있었다면 그분의 친구들도 죽였을 것이다(행 12:1-6; 23:12).

그들 자신의 종교적 신념에 관한 정통적이고 근본적인 사항에 관한 한 바리새인들은 모두 "근본주의자들"이었다. 로마카톨릭 사제와 교황들처럼 그들은 정통 "신자"가 마땅히 믿어야 할 바를 믿는다고 고백했다. 그러나 바리새인들과 그리스도를 따르는 사람들 사이에 존재하는 커다란 차이를 살펴보자. 다른 무엇보다도 그때와 마찬가지로 오늘날에도 존재하는 차이점은 세 가지로 두드러지게 나타난다.

1. 그리스도의 제자들은 대부분(84%나 92%) 평범하고 교육받지 못한(행 4:13) 노동자였다(눅 4:18).

2. 그리스도의 제자들은 협회나 조직이 아니라 한 사람을 따랐다(마 5:19, 고전 11:1).

3. 그리스도의 제자들은 하나님의 말씀과 성령의 사역을(갈 3:5) 죄인들(마10:1-20)에게 하도록 가르침을 받았다. 그들 중 어느 누구도 "로마카톨릭 교도"에게 "성사"를 행하라는 명령을 받지 않았다.

바리새인들이 베드로와 야고보와 요한에 대해 참을 수 없었던 것은 그들이 하는 거리 설교였다. 바리새인들은 자신들이 소유하고 통제할 수 있는 건물에 하나님을 가둬두기를 원했다(행 7:48). 그들은 자신들이 지갑끈을 잡고 있는(요 12:6) "보물 창고"에 "하늘의 공적"이 쌓이기를 바랐다. (이 말에 불편한 느낌이 드는 사람이 있는가?) 그렇다면, 『**네가 바르게 행하면 받아들여지지 않겠느냐?**』(창 4:7)

한 번은 텍사스의 한 교회에서 훌륭한 모임에 참석했다. 그곳에 가기 전에 〈주의 칼〉의 편집자 중 하나가 "한 형제"에게 훌륭하고 달콤한 "그리스도인"의 편지를 썼는데 "럭크만 형제"를 그 교회에 들이는 것에 대해 경고하는 편지였다. "럭크만 형제"가 깨끗하지 못하다는 것이 그 이유였다. (그는 이 말을 첫 번째 편지에서 쓴 것이 아니라 여기 이 도시에 있는 나의 친한 친구 중 한 사람에게 보내는 나중 편지에 이렇게 썼다.) 이 사람은 자기 자신을 "박사"라고 불렀는데 자신의 생애에서 석사학위도 받아 본 적이 없는 사람이었다. 이 "경건하고, 헌신된" 형제는 텍사스에 있는 그 교회 모임에 자기와 같은 깨끗한 사람이 참석하면 훨씬 더 좋은 모임이 될 것이라고 생각한 것이다. 이 특별한 편집인은 설교자들을 위해 삽화를 그리는데 그중 65%가 성에 관한 것이다(마 12:34 주석 참조). 이 설교자가 말하고자 한 것은 이렇다, "내가 사는 것처럼 당신이 산다면 당신은 깨끗한 것이고, 당신이 내 기준을 어긴다면 당신은 깨끗하지 않은 것이다." 그는 자신이 하나님이라고 생각한다. 더욱 가엾은 것은 이 불쌍한 죄인이 로마서 7:1-4에 대해 설명한 이론은 참으로 엉터리라는 것이다. 그는 이 구절을 로마카톨릭 교회와 정확하게 똑같이 다루었다.

『**네가 순수하고**』(6절). 우리가 욥기 42:8을 믿을 수 있다면, 욥은 그의 친구들보다 더 깨끗했다. 욥이 피부병을 앓았던 반면 그들은 마음과 입의 병을 앓고 있었다.

청구서가 지불되지 않거나, 출석률이 떨어지거나, "자신의 간증을 잃거나," 헌금이 줄거나, 라디오 방송 프로그램을 잃게 되거나, 교사진을 잃을까 봐 지독한 공포 속에서 사는 현대의 유명한 기독교 인사가 있다. 뭔가 결정을 할 때는 마음에 주님이나 성경이 아니라 이런 것들을 염두에 두고 결정을 한다. 마음의 문제다. 깨끗한 손에 더러운 마음이다. 욥은 더러운 손을 가졌지만 마음은 깨끗했다.

8:8 내가 바라노니 너는 이전 시대 사람들에게 묻고 그들의 조상들이 탐구한 바를 들을 준비를 하라.

9 (우리는 겨우 어제부터 살았기에 아무것도 모르니 이는 땅 위에서 우리의 날들이 그림자임이라.)

10 그들이 너를 가르쳐 말하지 아니하며 그들의 마음에서 나온 말을 발설하지 아니하겠느냐?

11 골풀이 진창이 아니고서도 자라날 수 있으며 창포가 물 없이도 자라나겠느냐?

12 그것이 아직 푸르러 베지 않았어도 다른 채소보다 먼저 마르느니라.

13 하나님을 잊어버리는 모든 길도 그러하며 위선자의 소망도 사라지리니,
14 그의 소망이 끊어질 것이요, 그의 의지함이 거미줄같이 되리라.
15 그가 자기 집을 의지할 것이나 그 집이 서 있지 아니할 것이요, 그가 그것을 굳게 붙잡아도 그것은 견뎌 내지 못하리라.
16 그가 태양 앞에 푸르고 그의 가지는 자기 동산에서 뻗어나가며
17 그의 뿌리가 돌무더기를 감싸고 돌 가운데서 산다 해도
18 주께서 그를 그 자리에서 멸하시면 그 자리도 그를 부인하여 말하기를 '내가 너를 본 적이 없다.' 하리라.
19 보라, 이것이 그의 길의 기쁨이니 그 땅에서 다른 것들이 자라나느니라.

이 부분에서 첫 번째 절은 욥기를 B.C. 14세기나 15세기로 밀어붙이고자 하는 학자들을 아주 훌륭하게 바로잡아 준다. "이전 시대"가 출애굽기나 바벨탑을 언급하지 않는다는 것은 확실하다. "이전 시대"는 욥기 11:16; 12:15; 9:5,6; 21:14; 22:15,16; 31:33; 4:18에 정의되어 있다. 여기에는 "우둔하다고 책망받은" 천사들(창 6:1-4), "홍수로 뒤덮인" 기초(창 8,9장), 아담의 죄(창 3장), 셈과 함과 야펫이 출현하기 전에 있었던 "홍수의 물들이 말라 버린 것"이 포함된다. 이런 것들이 빌닷, 엘리파스, 엘리후, 욥의 마음속에 생생하게 살아 있다. 주석가들이 "이전 시대"를 출애굽기나 여호수아서를 지칭하는 것으로 만들려고 왜곡시키는 것보다 더 우스꽝스럽고 가엾은 일은 없다.

"이전 시대"의 "조상들"(8절)은 셈과 함과 야펫이다. 셈과 함과 야펫이 그들의 아버지를 도와 방주를 만드는 동안 배운 한 가지 교훈이 있다면(창 6,7장 주석 참조) 그것은 뒤이어 나올 욥기 8:13-22이다. 좀 더 주의를 기울여 보면, 모세는 누군가가 배울 만한 것을 아무것도 기록하지 않았다. 그와 대조적으로 교수 매체는(10절) 『**그들의 마음에서 나온 말**』(10

절)들을 발설한 "그들"(즉 8절의 "조상들")이다.

뒤이어 위선자의 "소망은 사라질"(13절) 것이라는 진술이 나온다. 위선자는 자랄 진흙이 없는 골풀처럼, 사막에서 자라고자 애쓰는 갈대처럼, 시들어 버리는 채소처럼(12절), 막대기나 빗자루만으로 완전히 제거되는 거미줄처럼(14절) 사라질 것이다. 14절은 바로 욥을 겨냥하고 있으며 욥기 7:6에서 욥이 한 말과 대조를 보이기 위해 일부러 한 말이다. 18절은 고난받는 성도에게 함부로 쏘아 대는 또 다른 말이며 이것은 욥이 욥기 7:10에서 했던 말을 부인하기 위해 일부러 한 말이다. 빌닷은 사정거리에 있다. 그는 자신이 생각하기에 "유해 동물"이라고 생각되는 것을 향해 "근접 사격"을 하고 있다. (13-18절은 적그리스도와 에스겔 28:14에 있는 "돌들의 장소"에 직접적으로 적용된다. 주석가들이 이런 상호 관련 구절을 제거하기 위해 아무리 애를 쓴다 해도 그렇다.)

현 세대(욥의 세대)가 그들의 인생이 "겨우 어제부터 산 것"(9절)이며, 그들은 "아무것도"(9절) 알지 못한다고 한 것을 주의해서 살펴봐야 한다. 이런 고백이 "조상들이 탐구한 바"(8절) 바로 뒤에 나오는 이유가 무엇인가? "이전 시대의 조상들"은 족히 900살이 넘도록 살았는데 반해 욥의 시대의 "조상들"은 운이 좋으면 250살 정도까지 살았다는 것이 그 이유이다. 성경적 논리를 회피할 수 없다. 창세기 6-10장의 끔찍한 사건에 대한 기억이 테만인들의 마음속에 여전히 생생하게 살아 있었다. 욥기의 연대가 모세와 파라오의 때라는 주장은 숙고할 가치가 전혀 없다.

위선자는 자기 집을 의지하는데(15절), 그 집은 거미줄이 그를 지탱해 주는 정도밖에는(14절) 그를 지지해 주지 못한다는 것이 결국 드러날 것이다. 위선자는 자기 가솔들을 돌본다는 의미에서(행 16:31, 히 11:7) 자신의 집을 꽉 붙잡을 수도 있다. 그러나 그의 후대는 그의 조카까지도(욥 18:19) 멸망할 것이다(4절). 성령님 자신이 직접 문맥적으로 "육체로 나타난 사탄"(사 14:9-15)이 나오는 이사야 14:22로 가는 길을 우리에게 보여 주신다. 이것으로 볼 때 이 구절의 교리적 내용은 명백히 대환란에 해당한다. 이것은 "진리의 성경"에 나오는 예언을 토론하는 일을 페인과 비더울프가 떠맡았을 때 그들이 한 일이 얼마나 희극적인지를 우리에게 다시 상기시켜준다. 성경 자체나 성경의 저자에게 의지하는 대신 히브리어나 헬라어 단어 속을 이리저리 달리고, "전통적인 해석"을 향해 이리저리 뛰고, 유명한 "기독인사들"의 주위를 맴돌다가 매번 신학적인 참사로 끝을 맺는다. 예를 들어, 오스트레일리아에서 나온 〈명백한 진리〉에 나오는 배교한 헛소리들을 살펴보기 바란다. 특히 죄인들이 물속에서 침례를 받을 때 성령을 받는 것에 대해 늘어놓은 말도 되지 않는 소리들을 참조하기 바란다. 사도행전 2:38 이후에는 물속에서 침례를 받음으로써 성령을 받는 죄인은 신약 어디에도 그 사례가 없으며, 사도행전 2장에 나오는 사람들 중 어느 누구도 거기에 주어진 유대인의 규례에 따라(행 2:38) 물속에서 침례를 받지 않았다. 두 개의 "믿을 만한 번역본"을 추천함으로써 자신의 협회가 그 둘 사이에 최종 중재인으로 나서는 협회의 "선전꾼"과 광고 이사에게 화가 있을지어다! 프로테스탄트 개혁에 쓰인 영어 본문보다 더 우월한 위치를 차지하고 싶다는 이유로 자신이 전능하신 하나님보다 더 많은 것을 알고 있다고 생각하는 너희 기독교계의 "실력자들"에게 화가 있을지어다!

『**그가 태양 앞에 푸르고**』(16절, 시 37:2,5 참조). 『**그의 뿌리가 돌무더기를 감싸고**』(17절). 실제로 이 모습은 그 뿌리가 썩은 잔해더미에까지 이르고(렘 9:11; 51:37, 사 17:1, 신 13:16과 비교) 땅 속에 묻힌 돌들을 지나는(수 7:26; 8:29 참조) 성장하고 있는 나무의 모습이다(16절). 하나님께서 이 사람을 『**그 자리**』(18절)로부터 멸망시키신다면 (사도행전 1:25과 요한계시록 9:11에 있는 적그리스도의 자리를 살펴보라.) 그것은 "뿌리째 뽑히는"(마 3:10) 나무와 같을 것이며 그 "자리"는 『**내가 너를 본 적이 없다.**』(18절)고 말할 것이다. 적그리스도의 길(혹은 문맥적으로는 모든 "악인")에 있는 "즐거움"은 거짓이며, 환상이며 일시적이고 속이는 것이다.

『**그 땅에서 다른 것들이 자라나느니라.**』(19절)는 적그리스도의 무리들을 대신해서(사 17:11, 시 72:16, 잠 11:28) 식물처럼 돋아나게 될 사람들을 언급하는 것이 분명하다(마 13:38).

『**그 꿈은 분명하고 그 해석은 확실하나이다.**』(단 2:45). 페인과 비더울프가 이런 예언적 구절들을 찾아낼 수 없는 이유는 (다른 400명의 학자들도 마찬가지이다.) 자신들이 〈킹제임스성경〉을 심판할 자리에 앉을 자격이 있다고 생각하기 때문이다.

이 구절을 다시 살펴보자면 대다수의 기독교 교육가들과 학자들은 하나님께서 다음과 같은 방법들로 그 분의 책을 발전시킬 수 없었다고 결정해 버린다.

1. 테일러(죽은 성경)는 "조상들"(8절)을 "역사책들"(기록된 책들)로 대체시킨 다음 조심스럽게 본문에서 "이전 시대"에 관한 참조 구절을 제거시켜 버렸다. 적절한 대명사인 "그들"(10절)을 중성("지혜")으로 바꾼 뒤에 테일러는 13절의 위선자를 잘 차려 입혀서 더 이상 위선자가 아닌 것으로 만들어 버린다. 이 정도는 괜찮다고 한다면 이 외에 테일러는 "내버리셨을 때"(4절)를 "그들을 벌하셨다."로 바꿈으로써 욥의 자녀들의 죽음을 언급하는 빌닷의 말을 파괴시켜 버렸다. (8,000,000명의 영적 젖먹이들이 그 책을 사기 때문에 이 "성서"를 믿어야 한다고 생각하는 사람이 있다!)

2. 〈뉴스코필드성경〉은 교묘하게 〈킹제임스성경〉 본문을 총체적으로 부패한 1901년판 ASV로 대신하고 "심판"(3절)을 "정의"(justice)로 번역한

다음 같은 절에서 "정의"(JUSTICE)를 "의"(righteousness)로 변개시킨다(그런데 이 ASV는 오클라호마 시립대, 락마운트, 노스 팍, 피크빌, 니악, 메시아, 멘체스터, 미시시피, 리버티 성경대학, 베일러, 머서, 피에드몽, 퍼맨, 테네시 템플, 캐더빌, 포트워스, 달라스, 무디, 휫튼, 화이트워스 성경대학, 디트로이트, 서클빌, 그리고 다른 만 개의 대학에서 추천하고 있다). 물론 이런 일은 이 책을 산 어떤 얼간이에게 그 책이 〈킹제임스성경〉이라고 말한 후에 이루어진 것이다. 1901년의 이 가엾은 실패작(ASV)를 만회하려고 결심이라도 한 듯 〈뉴스코필드성경〉의 편집인들은 14절과 18절에서 〈킹제임스성경〉을 ASV 본문으로 대체시켰다. 보수주의 학교의 교수진들은 〈킹제임스성경〉이 아니라면 어떤 역본이라도 큰 소리를 질러가며 선전해야 한다. 그렇지 않으면 그 책(〈킹제임스성경〉)이 믿음과 실행의 모든 문제에서 최종권위가 되어 버릴 것이기 때문이다. 이런 일이 일어나지 못하도록 교수진들은 그리스도의 몸에게 계속해서 어떤 형태로든지 ASV를 추천하는 일에 동의한다. 이것은 하나님께서 버리신 교회의 쓰레기 조각들로 지금까지 쓰레기통을 채워 온 것들이다. 그것을 추천하는 극단주의자들의 급진적인 광기는 정신 이상적인 현상에 너무나 근접해서 ASV 본문을 〈킹제임스성경〉에 실제로 살짝 넣고서 그 본문에 대해 곧바로 고의적인 거짓말을 한다 - 〈뉴스코필드성경〉 참조.

3. 〈강단의 주석〉은 제미에슨과 포셋과 브라운, 듐, 피크, 버드, 헤브너만큼이나 열심히 욥기의 저작 연대를 제거하려고 애쓴다. 8절은 사실은 "태고 이래로 세대에서 세대로"(from generation to generation since the remotest times)라는 뜻이라고 말하고 있다. 이 복수("times")가 얼마나 말끔하게 이전 "시대"(단수)를 파괴시켜 버리는지 주의해 보라. 참으로 훌륭하게 처리했다.

4. 터무니없는 칠십인역은 (이것을 어거스틴과 오리겐은 "축자적으로

영감"받았다고 생각했다.) "시대"를 "세대"(generation, 8절)로, "위선자"를 "불경건한"(13절)으로 바꾸고 18절의 "내가 너를 본 적이 없다." 대신 "네가 그와 같은 것들을 본 적이 없느냐?"를 집어넣었다.

5. 더멜로우는 "욥기를 읽을 때는 어디서나 RV가 사용되어야 한다."고 말한다. [이것은 이렇게 말하는 것과 같다, "루터의 '로마서 서문'을 읽을 때는 어디서나 메인 캠프(Mein Kampf)가 사용되어야 한다." RV는 연합통신이 가진 신뢰성 정도밖에는 신뢰할 것이 없다. "믿을 만하다."는 20세기에 "권위"를 대체시키기 위해 사용되는 상투어이다.]

6. 클라인(위클리프 성경 주석)은, 4절에서 칠십인역과 같이 "내버리다."라는 표현을 제거시킨 RSV(1952) 본문을 선호한다.

7. 포셋은 여러 차례 넘어지지 않고 이 장 전체를 통과한다. 그는 대부분의 경우에 학자들을 무시하고 우리에게 훌륭한 상호 참조 구절의 목록을 제공해 준다. (예를 들면 욥기 8:5의 참조 구절로 시편 78:4; 73:23을 든 것이다.) 움브라이트와 마우러는 이 장을 엉망으로 반죽해서 최하급 희곡을 만들어낸다.

우리는 "죽음이 우리를 갈라놓을 때까지" 종교개혁 성경인 〈킹제임스성경〉이 교회사를 통틀어서 근본주의자, 보수주의자, 신정통주의, 자유주의 학자가 쓴 어떤 책들이나 "성서들"보다 더 중요하며 더 권위가 있다고 계속 반복해서 말할 것이다. 4,000명의 구원받은 학자들이 〈킹제임스성경〉의 본문을 고치는 데 합의한다 해도 우리는 완전히 그들을 무시할 것이다.

8:20 보라, 하나님께서는 온전한 사람을 버리지 아니하시며, 행악자들을 도와주지 아니하시나니,
21 웃음으로 네 입을, 즐거움으로 네 입술을 채워 주시기 전에,

22 너를 미워하는 자들은 수치로 옷입을 것이요, 악인들의 처소는 없어지리라." 하더라.

〈킹제임스성경〉의 본문에는 모든 것이 명확하다. 하나님은 욥을 내던지시지 않으며 "행악자들"(1절)을 돕지도 않으신다. 더군다나 하나님은 욥의 입을 웃음과 즐거움(21절)으로 채우시며, 그를 미워하는 자들은 수치로 옷입게 하신다(22절). 예수 그리스도께서 돌아오시면 요한계시록 19:21에서 "악인들의 처소는 없어진다"(22절).

빌닷의 말에는 신랄함이 역력하다. 그는 하나님께서 욥의 자녀들을 "버리셨다."라고 방금 말했다(4절). 만일 그 자녀들이 마땅히 취해야 할 태도를 보였다면(20절) 하나님께서 그들을 버리지 않으셨을 것이라고 말한 것이다. 이런 말들은 틀림없이 병으로 고통당하는 사람을 얼음송곳으로 찌르는 것과 같다. 왜냐하면 욥은 항상 바로 이런 일로부터 자기 자녀들을 지키기 위해 예방 조치를 하는 데에 최선을 다했기 때문이다(욥 1:5). 자녀들이 "온전하지" 않았더라면(20절) 욥은 진작 그 일을 처리했을 것이다. 이것은 마치 3일 동안 자동차 수리를 했는데도 별로 상태가 좋지 않아 다시 조립하기 전에 분해한 부품들을 모두 깨끗하게 해서 기름칠한 팬에 뒀는데 누군가가 지나가다가 자동차가 달리도록 조립을 하지 못하는 이유는 부품들이 더럽기 때문이라고 말하는 것과 같다.

욥기 9장

9:1 그러자 욥이 대답하여 말하기를
2 "나는 그 일이 진실로 그러한 줄 알지만 어떻게 사람이 하나님과 더
불어 의로우리요?
3 만약 사람이 그분과 논쟁한다면 천 개 가운데 하나도 대답할 수 없
으리라.
4 그는 마음이 현명하시고 힘이 강하시니 누가 그분을 대적하여 자신
을 완고케 하여 번성하였느냐?
5 그가 산들을 옮기셔도 그것들은 모르며, 그가 그의 진노로 그것들을
무너뜨리시는도다.
6 그가 땅을 그 자리에서 흔드시니 그 기둥들이 흔들거리며
7 그가 해에게 명하시니 해가 떠오르지 아니하고 별들을 봉하시는도다.
8 그는 홀로 하늘들을 펴시며 바다의 파도 위를 밟으시는도다.
9 그는 악투루스와 오리온과 플레아데스 성단과 남쪽의 방들을 만드시며
10 그는 발견치 못하는 위대한 일들과 정녕 셀 수 없이 많은 이적들을

행하시는도다.

욥은 지금까지 언급된 말들을 생각해 보고 숙고해 보기 시작한다(2절). 그러나 곧 이전에 한 말을 반복한다(12-22절). 욥은 『**나는 그 일이 진실로 그러한 줄 알지만**』이라고 시작한다. 즉 빌닷이 한 말들(9-22절)이 맞다는 것을 그도 인정한다. 하프와 오르간을 가지고 춤추던 홍수 이전의 사람들(21:14)은 하나님께 그들을 떠나가라고 말했고 욥도 『**언제까지 주께서는 내게서 떠나지 아니하시며**』(욥 7:19)라고 말했기 때문에 빌닷은 어쩔 수 없이 이것을 욥에게 적용시켰다. 그러나 욥의 믿음 없음은 전적으로 다른 상황이다. 홍수 이전의 죄인들은 하나님께서 인종 혼합(유 1:6,7), 집단 치료, 사탄 숭배(벧후 2:4), 외계 여행(눅 10:18, 히 1:14, 창 6:1-6)에 간섭하고 계셨기 때문에 하나님께서 "그들과 다투시는 것"을 그만두기를 원했다. 반면 욥은 하나님께서 천천히 고문하면서 그를 죽이고 있다고 느꼈기 때문에 하나님이 그를 그만 괴롭히기를 원한 것뿐이다.

사두개인과 바리새인들이 그런 것처럼(마 21:23!) 『**만약 사람이 그분과 논쟁한다면 천 개 가운데 하나도 대답할 수 없으리라**』(3절). 이것은 참으로 진리이다. 예수님 당시의 종교적 유명 인사들과 그리스도 사이에 있었던 대화 내용을 공부해 본 적이 있는가? 예수님께서 그들에게 얼마나 많이 답변해 주셨으며(막 2:25; 7:5-8; 10:3-5), 그들이 얼마나 많이 예수님께 답을 할 수 없었는지(마 22:46, 막 3:4) 그 수를 세 본 적이 있는가? 성경에 "모든 사람의 입이 닫히고" 온 세상이 "하나님 앞에 죄가 있게"(롬 3:19) 된다고 말한 것은 누군가의 "믿음"에만 국한 된 것을 말하고 있는 것이 아니다. 그것은 과학적이고 역사적인 사실을 진술하는 것이다. 백보좌 심판에서는 자신이 좋아하는 모든 질문을 할 충분한 시간이 있다(잠 20:8,9). 그런 후에 여러분은 하나님의 질문에 대답해야 한다! 아이큐가

150인 대학 교수나 핵물리학자가 60년간 "종교"를 공부해 왔기 때문에 자기에게 던져진 첫 번째 질문에 답할 수 있으리라고 생각지 말라. 주께는 "현명한 자를 그들 자신의 간계에 빠뜨리시는" 방법이 있다(고전 1-3장).

『누가 그분을 대적하여 자신을 완고케 하여 번성하였느냐?』(4절) 카인이 그랬는가? 노아의 홍수 이전 사람들이 그랬는가? 마귀가 그럴 것 같은가?(욥 41:24) 파라오가 그럴 수 있었는가?(출 7:3 주석 참조) 유다가 그랬는가? 아니면 여러분이 그렇게 하겠는가?(잠 29:1 주석 참조) 욥은 아프리카나 아시아(혹은 사우스캐롤라이나나 앨라배마나 미네소타)의 여느 종교인처럼 "만들어진" 것들로(시 19:1-4) 삼위일체 하나님의 권능을 알고 있었다(롬 1:20).

하나님은 어떤 분이신가?

1. 산들을 제거하시고 그것들을 뒤엎으신다(계 16:20, 사 64:1).
2. 땅을 흔드시고 떨게 하신다(사 24:19-21).
3. 태양을 떠오르지 못하게 하신다(출 10:21 주석 참조).
4. 별들을 봉하신다(행 2:19,20).
5. 하늘들을 펼치신다(히 1:10-12, 시 19:1-6).
6. "바다"의 물결을 밟으신다(시 135:6, 합 3:15). 이 바다를 대서양이나 지중해와 비교한다면 대서양이나 지중해는 침 한 방울 정도로 보이게 된다!
7. 악투루스, 오리온, 플레아데스, "남쪽의 방들"(욥 38:32)을 만드신다.
8. 위대한 일들을 셀 수도 없이 많이 행하신다(롬 11:33).

이것들은 욥기 38-41장에서 하나님께서 욥의 주의를 환기시킨 것들 중 일부이다. 욥이 이런 일들을 방금 언급했는데도 하나님께서는 이런 것들을 알지 못한다고 욥을 호되게 꾸짖으신 것은 주목할 만하다. 그러나 여기서 다시 일이 그렇다고 머리로 아는 것과 그 지식을 바탕으로 마음속에서 행하는 것과는(히 11:1-4) 큰 차이가 있는 것이다. 지상에 사는 모든 구원받은 사람은 하나님은 전능하시며, 무소부재하시며, 전지하시며, 그분이 최우선 순위가 돼야 한다는 것을 알지만 그분의 뜻과 우리의 뜻이 상치되면(마 26:42 주석 참조) 갑자기 우리는 다음과 같은 모순에 봉착하게 된다. "우주의 하나님께서 내 소득이나 내 건강에 대해 실수하신 것이 아닌가?" 그렇다. 사람들은 이런 식으로 생각한다. 대부분 구원받은 독일인들은 하나님께서 홍수, 불, 허리케인, 조수, 폭우를 통제하신다고 믿는 데는 아무런 어려움이 없지만, 하나님께서 세탁기를 고치실 수 있다는 것, 칫솔을 찾으실 수 있다는 것, 또는 잃어버린 열쇠를 제 자리에 갖다놓으실 수 있다는 것, 손수건을 주실 수 있다는 것, 두통을 치유하실 수 있다는 것을 믿는 것은 매우 어려워한다.

『**그는 악투루스와 오리온과 플레아데스 성단과 남쪽의 방들을 만드시며**』(9절). (팔레스타인에서는 보이지 않는 "남쪽의 방들"에 대해서 욥은 어떻게 알았을까?) 이 단어들은 칠십인역, 벌게이트, 탈굼, 시리아역, 아라비아역, 커버데일, 베케, 그리고 현대의 유럽 역본들에는 다양한 순서로 되어 있다. 그러나 항상 그런 것처럼 〈킹제임스성경〉을 고수하는 것이 최상이다. "악투루스"는 북극성 주위를 도는 대웅좌(큰 곰)이다. 흔히 "북두칠성"이라고 불리며, 아라비아인들은 "비엘의 세 딸들"이라고 했으며, 그 별자리에서 다른 네 별은 "운반되는" "가마"를 이루고 있다. 브링클리는 여기서 언급된 별들이 황소좌와 전갈좌라고 추측하고서 (이 별들이 나타나는 것으로 보아) 욥의 시대는 홍수 이후 약 818년이 경과한 때, 즉 아브라함의 시대(약 B.C. 2000년) 이전이라는 계산을 해 낸다.

"오리온"은 히브리어 "마르둑"("마라드" - 반역적인)을 번역한 것인데, 이 별자리는 힘센 사냥꾼이라고 불리며 아담의 13대손인 님롯["니므르"(반역)에서 나온 이름]을 직접적으로 언급한다. 이것은 "플레아데스" 남쪽 별자리를 구성하고 있는 "성단"이다. 육안으로 여섯 개의 별을 볼 수 있으며, 그 중 하나인 알리콘은 밝기가 증가해 왔다. 이것은 프톨레미의 체계 범주에는 열거도 되지 않은 것이다. 이 여섯 개의 별들은 때로 "아틀라스의 딸들"로 언급되기도 한다. 고대에는 플레아데스는 동쪽을 상징했고, 오리온은 서쪽을 상징했다. 악투루스는 북쪽을, "열두 궁성"(욥기 38:32)은 남쪽을 상징했다. (열왕기하 23:5에서 그 단어는 "행성들"로 번역된다.)

9:11 보라, 그분이 내 곁을 지나가시나 내가 보지 못하며 또한 그분이 나아가시나 내가 그분을 알아차리지 못하는도다.

12 보라, 그분이 취해 가시는데 누가 막을 수 있으랴? 누가 그분께 '무엇을 하시나이까?'라고 말하겠느냐?

13 만약 하나님께서 그의 진노를 거두지 아니하시면 교만한 돕는 자들이 그분 아래 굽히는도다.

14 그런데 내가 감히 어찌 그분께 대답하겠으며 그분과 따지려고 내 말을 택하랴?

15 내가 의롭다 할지라도 그분께 감히 대답하지 못하고 다만 나의 재판자에게 간구할 뿐이라.

16 비록 내가 부르짖어 그분이 내게 대답하셨을지라도 나는 그분이 내 음성에 경청하셨다고는 믿지 아니하리라.

17 그분이 폭풍으로 나를 부수시고 까닭없이 내 상처를 많게 하시며

18 그분이 나로 숨도 쉬지 못하게 하시고 괴로움으로 나를 채우시는도다.

당신의 뼈와 살 속에 있는 모든 것이, 하나님께서 당신을 구해 줄 수 없거나 구해 주지 않으실 것이라고 말하는데 "하나님의 위대하심과 선하심"에 계속해서 머무르기란 참으로 어렵다. 10절에서 욥은 그 눈에 멍한 표정을 짓는다. 그리고 일인칭 단수가 그의 대화에서 즉시 나타난다. 11절 - "내... 내가... 내가..." 일단 우리의 눈이 주님에게서 떠나면(히 12:2,3) 육신이 그 자신을 다시 주장하게 된다(롬 6:6-20). 『**내가 감히 어찌...**』(14절), 『**내가... 할지라도**』(15절), 『**내가... 감히 대답하지 못하고...**』(15절), 『**비록 내가 부르짖어...**』(16절), 『**나는... 믿지 아니하리라...**』(16절), 『**그분이... 나를 부수시고**』(17절), 『**그분이 나로... 못하게 하시고**』(18절), 『**괴로움으로 나를 채우시는도다**』(18절). 지금 누가 욥의 관심을 자신이 아닌 다른 것에게로 돌릴 수 있겠는가? 몸 전체가 쓰리고 아픈 상처와 딱지 덩어리이고, 잠만 자면 계속 악몽을 꾸며, 마음은 천 갈래 만 갈래로 찢어지고, 지상에는 동정심을 보이는 친구 한 사람 없는 상황에서 하나님의 위대하심과 선하심을 설교할 수 있겠는가?

지하 30피트의 비좁은 감옥에서 리처드 웜브란트는 3년간 고독 속에 수감되었으며 그 기간 동안 그는 해도 달도 별들도 꽃들도 눈도 하늘도 결코 보지 못했다. 웜브란트가 하나님께 "불의한 하나님의 법"에 대해 설교하면서 주님께 "너는 살인하지 말라."와 "너는 도둑질하지 말라."와 같은 계명들이 뭐가 잘못됐는지를 말한 것은 마음에 화가 나고 비통하고 분개한 상태에서 단지 자신의 상심한 마음에 유머를 던져 주고 하나님과 다소의 교제를 즐기려고 한 것뿐이다. 웜브란트는 단순히 자신의 메시지로 자신의 마음을 주께 쏟아 놓고 그렇게 해서 교제를 회복하고자 한 것뿐이다! 이때 설교한 대부분의 "설교들"은 마치 욥기 10:1-18에서 나온 것처럼 보인다. "내가 왜 이토록 고통을 받아야만 하는지 나는 모르겠다."(〈감옥 벽보다 더 강한〉 156쪽)라고 말한 웜브란트의 이 말은 사실이며, 그가 욥의 입에서 방금 나온 말을 인용했다 해도 이보다 더 잘 말할 수는 없었을 것이다.

『보라, 그분이 취해 가시는데, 누가 막을 수 있으랴?』(12절) 아무도 없다. 이 순간 하나님께서 당신의 돈과 건강, 직업, 사역, 가족, 재산, 그리고 생명을 "취하고자" 하시면 그것들은 모두 사라진다. **『누가 그분께 '무엇을 하시나이까?'라고 말하겠느냐?』**(12절) 지금까지 살았던 거의 모든 과학자와 교육가, 철학자, 예술가, 작가, 정치가, 교황이 그렇게 했지만 그리 대단한 것은 되지 못했다. 하나님께서 바빌론과(B.C. 539), 페르시아(B.C. 330), 그리스(B.C. 100), 로마(A.D. 400), 스페인(16세기), 독일(1945), 영국(1945), 미국(1980)을 취하실 때 "무엇을 하시나이까?"라고 묻는다고 해서 단 한 나라도 되돌려지지 못한다. 진흙이 토기장이에게 그분이 만드신 것에 대해 왜 이렇게 만들었느냐고 물을 수는 있지만(롬 9:20), 말을 한다고 해서 진흙의 형태가 바뀌지는 않는다(렘 18:6). 진흙을 완전히 망가뜨리지 않으면 그렇게 되지 않는다. 최종적으로 분석해 보면, 주님의 계획은 설 것이나(잠 16:4,9,33 주석 참조) 유엔, 세계 공회, 로마카톨릭 교회, 연방 정부, 보건 교육 후생성, CIA, FBI, CFR이 하는 일이나 구상하는 것은 그 어떤 것도 주님의 계획을 조금도 바꾸지 못한다. 주님께서는 시드키야를 버리셨고 결코 돌이키지 않으셨다(렘 52장). 주님께서는 이집트의 수뇌를 내버리셨고 결코 돌이키지 않으셨다(출 15장). 주님께서는 이스라엘을 그 땅에서 내쫓으시고 그들이 자기 자신들의 국기를 높이 올릴 때까지 25세기 동안을 방황하게 하셨다. 주님께서는 브라이언 스턴버그가 장대높이뛰기 세계 챔피언이었을 때 그의 건강을 빼앗으셨다(1960년대). 그는 트램펄린 위에서 운동을 하다가 등뼈가 부러졌고 다시는 장대높이뛰기를 할 수 없었다. 그러나 그런 재난을 통해 그는 구원받았고 그 이후 신실하게 예수 그리스도를 증거했다(롬 8:28). 하나님께서 타소의 사울을 "빼앗으셔서" 그 자리를 사도 바울로 대신 채우실 때 아무도 "무엇을 하시나이까?"라고 말할 수 없다. 그렇게 말한다 해도 아무것도 바뀌지 않는다.

『만약 하나님께서 그의 진노를 거두지 아니하시면 교만한 돕는 자들이 그분 아래 굽히는도다』(13절). 예를 들면 열왕기하 19:13, 예레미야 52장, 다니엘 4장, 마태복음 23:33 등이 있다. 하나님의 화가 불타오르면 어떤 마을이 불탄다(마 22:7). 강도질하고, 강탈하고, 살인하고, 도둑질하도록 고무된 이교도들이 불을 질렀다고 뉴스 매체에서 보도하든지 아니면 원자폭탄을 투하하는 "과학적 발전"과 방화범들이 그 원인이라고 하든지 주님께서 그것을 하시거나 허락하시면(욥 1,2장을 기억하라!) 그것은 "훌륭하게 수행된다."

욥은 가장 위대한 연설 중 하나를 한다. 뒤이어(19-22절) 인간의 혼의 특성이 벌거벗은 채로 드러난다. 다음 아홉 구절에서 욥이 말하는 것처럼 말하지 않는다면 그 누구도 "있는 그대로 사실대로" 말하는 것이 아니다.

하나님께서 욥에게 올바른 답변을 요구하신다면 대답할 수 없다는 것을 욥은 인정한다(15절, 욥 16:21; 23:4; 10:15도 같은 맥락에서 참조하라). 동시에 욥이 어떻게 부르짖는지를 주의해 보자. **『내가 그분 앞에 나의 송사를 고하고 항변으로 내 입을 채우기 원하노라. 그분께서 내게 대답하시는 말씀을 내가 알기 원하며 그분께서 내게 말씀하신 것을 깨닫기 원하노라』**(욥 23:4,5). 이것은 고통과 고난의 문제를 해결하기 위해 모든 수단을 시도해 보는 "자아"(에고)일 뿐이다. 석가모니(B.C. 563-483)는 욥의 말에 나오는 적대적인 것을 제거함으로써 고통을 느끼지 못하도록 스스로를 마취시켜 버렸다. 그러나 이 "반대되는 것들"은 인생의 일부이며, "실체"의 일부이다. 움브란트가 그 문제를 진지하게 진술한 바와 같이, "누가 온전한 실체를 아는가? 우리는 따로 떨어진 어떤 실체 속에서 살았다...

조용하고 정상적인 삶을 산 사람에게 이것은 이상하게 보인다." 하나님께서 이 반대되는 것들 위에 계시다는 이유로, 그리고 이것들이 존재하지 않는 것으로 여긴다고 해서 자신이 "신"이 되거나 "신"으로 변모되지는 않는다. 그런데도 불교, 유니티, 유니테리언주의, 크리스천 사이언스는 그렇게 하고자 시도한다. 이러한 스스로를 속이는 자기중심적인 사람들 중 한 사람의 말을 인용하자면, "누군가가 '나는 존재한다'고 진정으로 말한 이후에야 '하나님은 있다'고 말할 수 있다." (출 3:14에서 하나님께서 계시하신 관점에서 보자면 이런 말은 다음과 같이 말하는 것과 같다. "당신 자신이 스스로 하나님이라고 주장한 이후에야 하나님의 존재를 당신이 허락할 수 있다." 욥은 그렇게 어리석지는 않다.)

『**내가 의롭다 할지라도 그분께 감히 대답하지 못하고**』(15절). 왜냐하면 "답변"을 하면서 불의가 드러나게 될지도 모르기 때문이다. 『**다만 나의 재판자에게 간구할 뿐이라**』(15절). 욥은 자신이 얼마나 유약한지를 알고 있다. 하나님과 이야기를 나눌 기회가 부여된다면 그는 자비를 구할 것이다(욥 7:21). 그리고 욥은 결국 그렇게 한다!(욥 42:1-4)

『**비록 내가 부르짖어 그분이 내게 대답하셨을지라도 나는 그분이 내 음성을 경청하셨다고는 믿지 아니하리라**』(16절). 정말 그렇다. 매번 기도할 때마다 의심하는데도, 하나님께서 응답하셔서 10센트를 얻게 된다면 그 사람은 오늘밤 깡통에 든 개 먹이를 먹는 대신 로스 비프를 먹을 수 있을 것이다. 그러나 욥의 경우는 이 상황보다 훨씬 더 나쁘다. 하나님께서는 욥을 "폭풍"(17절)으로 부수고 계시며 "까닭 없이 그의 상처"(17절, 욥 2:3 참조)를 많게 하신다! 욥은 그의 목과 호흡이 질병으로 감염되었기 때문에(18절) 일관성 있게 말을 할 수가 없다. 공기("나의 숨")로 채워지는 대신 욥은 "괴로움"(18절)으로 가득 차 있다. (이것과 시편 22편, 이사야 53장의 십자가의 고난에 관한 구절들이 얼마나 일치하는지 살펴보라.)

9:19 힘으로 말하면, 보라, 그분이 강하시고 심판으로 말하면 누가 내게 변호할 시간을 정해 주랴?

20 비록 내가 스스로 의롭다 해도 내 입이 나를 정죄할 것이요, 비록 내가 온전하다 말한다 해도 그것 역시 나의 패역함을 증거하리라.

21 비록 내가 온전하다 할지라도 내가 나의 혼을 알지 못하리니 내가 내 생명을 멸시하리로다.

22 일이 다 한가지라. 그러므로 내가 말하기를 '그분은 온전한 자와 악한 자를 멸망시키신다.' 하였도다.

욥은 "비록"(혹은 "만약," if)이란 말을 일곱 번 한다(16,19,20,27,29,30절). 그리고 이 "조건절"은 모두 사실이다. 폴 앤더슨, 찰스 아틀라스, 유리 브라소브, M. 스크맨스키, 록키 마르시아노, 막스 클레인, 코키 노야(스모 레슬링 선수), 래리 크존카, 마소야마, 산도우(역도 선수)처럼 "힘으로 말하면 그분(하나님)이 강하시다"(19절). 별자리들과 은하계를 허공에 던지시는 분은 "사람의 다리"의 힘(시 147:10)에 감동되지 않으신다! 그분이 한 행성을 택하시어 지구와 충돌시키고자 하시면 NFL과 AFL의 라인배커들은 길을 잃어버린 아이처럼 도움을 구하며 소리지를 것이다. 대환란에 맞는 욥의 상대역은 선지자 예레미야이다. 예레미야는 『**용사는 자기 힘을 자랑하지 말고**』(렘 9:23)라고 말한다.

『**심판으로 말하면**』(19절). 누가 청문회를 정해 주겠는가? 하나님께서는 이미 한 날을 정하셨고(행 17:31), 그 누구도 그날을 앞으로나 뒤로나 변경시킬 수 없다. "오순절파"나 나사렛파, "성화된" 이후의 웨슬리언 감리교도처럼 『**비록 내가 온전하다 말한다 해도 그것 역시 나의 패역함을 증거하리라**』(20절). 어떤 사람이 자신은 죄가 없다고 말한다면 진리가 그 사람 안에 있지 않다(요일 1:8)고 요한은 같은 말을 반복해서 말한다. 죽거나 휴거될 때까지는 "죄의 뿌리를 근절"시킬 수 없다(요한일서 3:9을 잘못 해석하면서 학자인 체하지 말아야 할 것이다. 커스터, 조디아테스, 파노시안, 벨, 누츠, 웨스트, 티엠, 로버트슨은 모두 사실은 그렇지 않다는 뭔가를 증명하기 위해 이 구절에서 "헬라어"로 달려간다. 그러나 이들은 학자라고 할 수 없다).

우리의 입은 우리의 혼을 있는 그대로 드러내는 것이다(잠 19:28; 21:23; 26:28). 그러므로 하나님께서 가난한 자를 그들의 "입에서" 구하실 것이라고(욥 5:15 참조) 말한 점에서 엘리파스는 옳다. 그리고 그것은 참으로 "대단한 구원"이다. 더군다나 여러분이 온전하다 해도(사실은 그렇지 않지만) 자신의 혼을 알지 못한다. 욥처럼 당신은 자신의 생명을 "멸시"할 것이다.

이 모든 것은 교리적이고 실제적인 진리이다. 누군가가 자신의 입을 열어서 행위로 스스로를 의롭게 하고자 하는 순간 그 사람은 카톨릭 사제나 캠벨주의 목사처럼 자신의 입으로 스스로를 저주하는 것이다. 이것을 알기 때문에 카톨릭 사제들과 캠벨주의 목사들은 조심스럽게도 영원한 생명을 현재 소유하고 있다는 고백을 결코 하지 않는다. "겸손"해지기 위해 이런 고백을 조심스럽게 피해야만 하는 것이다. 불행히도 이런 고백을 회피한 "그리스도인"은 요한일서 5:10-13에서는 거짓말쟁이로 분류된다. 스스로 거짓말을 하지 않고서는 하나님을 거짓말쟁이로 만들 수 없다. 행위로 의롭게 될 수 있다고 하면서 야고보서 2:24을 따르다가 지옥으로 간다면, 요한일서 5:10-13에 따라 하나님을 거짓말쟁이로 만드는 것이다. 하나님을 거짓말쟁이로 만들지 않는 사람은 영생의 확신을 가졌다고 고백한다. 캠벨주의와 카톨릭은 이 둘을 할 수 없다. 그들은 로마서 4:5에 근거해서 영광스러운 본향으로 가는 대신 야고보서 2:24에 의거해서 불못에서 타는 편을 택한다.

누군가가 죄가 없다고 주장하면(요한의 글을 무시하면서) 그 고백 자체가 그 사람이 부패했음을 증명해 준다. 주 예수 그리스도를 제외하고 죄 없는 사람은 없다. 자신이 죄가 없다고 고백한다면 누군가가 그 고백에 대해 15분간 질문을 하기도 전에 그 사람의 아내와 딸이 그 고백을 파기시킬 것이다.

"죄가 없다."는 의미로 온전한 사람이 있다면 그 사람은 자신이 온전하다는 사실을 몰라야 한다. 왜냐하면 더 거룩해지면 거룩해질수록 스스로가 더럽다는 것을 더 잘 알게 되기 때문이다(로마서 6,7장에서 이 문제에 관해 읽어보라). 조나단 에드워즈(1703-1758)는, "내 마음을 들여다보고 절망적인 위악함을 볼 때면 그것은 지옥보다도 무한정 더 깊은 구렁으로 생각된다."라고 말했다. 조나단 에드워드는 그 누구의 기준으로 봐도 이 세기의 어떤 사람보다도 "깨끗한" 삶을 살았다. 영국 성공회의 성인이라고 할 수 있는 한 주교가 "나는 설교할 때도 죄를 짓고 기도할 때도 죄를 짓는다. 나의 엄숙한 회개에도 회개가 필요하며 나의 눈물도 예수 그리스도의 보혈로 씻겨야 한다!"고 했다. 사람이 이런 입장에 서게 되면 그 사람은 자신의 생명을 멸시하게 되고(21절) 삶을 전적으로 포기하는 데까지 이르며(갈 2:20) 거기서 구해냄을 받기를 구한다(롬 7:24).

『일이 다 한가지라. 그러므로 내가 말하기를 '그분은 온전한 자와 악한 자를 멸망시키신다.' 하였도다』(22절). 욥의 표현은 거칠지만 그 말은 옳다. 엘리파스와 빌닷의 이론은, 선한 사람은 상처를 입지 않고 빠져나올 것이고 악인은 멸망할 것이라는 말이지만 이것은 법칙을 증명하는 예외를 가진 반쪽짜리 진리이다. 악인이나 의인이나(욥 10:15) 다 심각한 수술을 받을 수도 있고, 악인이나 의인이나 충돌 사고로 인해 1,500달러의 손해를 볼 때도 있고, 악인이나 의인이나 이혼 법정에 가야만 할 수도 있고, 악인이나 의인이나 휠체어에서 일생을 보낼 수도 있고, 악인이나 의인이나 전투에서 총에 맞을 수 있으며, 악인이나 의인이나 폭탄이 비처럼 쏟아부어지는 곳에서는 부상당할 수 있으며, 악인이나 의인이나 죽어서는 그 몸이 땅의 구덩이 속으로 들어가게 된다. 최소한 이 점에 있어서는 욥이 옳고 빌닷은 틀렸다.

『**그러므로 내가 말하기를**』(22절). 욥은 욥기 3:25와 6:29에서 암시적으로 이 말을 한다.

9:23 만일 갑작스러운 재앙이 사람을 죽이면 그분이 무죄한 자의 시련을 비웃으시리라.
24 세상이 악인의 손에 주어졌고 그분은 그 재판관들의 얼굴을 가리셨으니 그렇지 않다면 그가 어디에 있으며 누구리요?
25 이제 나의 날들이 전령보다도 더 빨라 달아나 버리니, 좋은 일을 보지 못하는도다.
26 그 날들은 빠른 배들처럼 지나가 버리고 먹이를 향해 달려드는 독수리 같도다.

"재앙"이 누군가를 죽이면(출 12:23) 하나님께서는 무죄한 자의 시련을 비웃으신다는 것이 욥이 한 비난이다. 욥기 10:3에서 하나님께서 "악인의 계획"에 빛을 비춰 주신다고 고소한 것으로 보아 이것은 명백하다(움브라이트와 제미에슨과 포셋과 브라운은 이 구절을 가능한 한 많이 변개시킨다. 그러나 〈킹제임스성경〉에는 이 구절이 여전히 살아남아 있다. 〈리빙바이블〉은 이 구절의 절반을 제거해 버렸다). "재앙"과 "시련"은 이사야 10:26과 28:15-18을 지나 우리를 다시 다니엘의 칠십째 주로 인도한다. 잠언 1:26의 관점에서 볼 때 욥의 말은 겉보기처럼 그렇게 터무니 없지는 않다. 하나님께서는 "무죄한 자"의 시련을 비웃으시거나 조롱하시지 않지만(계 6:10,11) 자기 의를 내세우는 자들의 시련은 비웃으시며 조롱하신다고 약속하신다(잠 1:30).

『**세상이 악인의 손에 주어졌고**』(24절). 이것은 요한계시록 13장에 명백하게 나와 있다. 『**그분은 그 재판관들의 얼굴을 가리셨으니**』(24절). 즉 하나님은 잘못된 재판이 이루어지는 데 책임이 있으시다! 『**그렇지 않다면 그가 어디에 있으며 누구리요?**』(24절) 하나님이 하신 것이 아니라면 누가 혼란을 가져오겠는가?!

이러한 비난 속에서 〈리빙바이블〉이나 〈현대인을 위한 기쁜 소식〉이나 진리에 대한 어떤 다른 대체물을 가지고는 진리에 접근할 수 없다. 재판관들의 얼굴을 덮는 자가 "악인"(24절)이라면 "악인"은 누구인가? 누군가가 "악인의 손"(24절)에 세상을 넘겨줬다. 누가 그랬는가? 욥기 1,2장과 누가복음 4장에는 전능하신 하나님께서 그렇게 하셨다고 기록되어 있다.

죄가 세상에 들어오도록 하나님께서 허락하시지 않았다면 누가 그랬겠는가? 그룹이 사탄이 되도록 하나님께서 허락하신 것이 아니라면 누가 그랬겠는가? 한 명의 최고의 "주권자"(절대적 통제권을 가진)가 있다면 어떻게 해서 자기 자신이 아닌 다른 존재의 발밑에 이런 상황을 펼쳐놨는가?

이것이 무신론자가 하나님과 벌이는 논쟁이다. 이 문제를 풀기 위해서 존 칼빈(1509-1564)은 하나님께서 다른 그 무엇도 아닌 오직 자신의 "선하시고 기뻐하시는 뜻"에 근거해서 임의적으로 어떤 사람은 "선택"하시고 어떤 사람은 버리신다는 교리 체계를 만들어 냈다. 그러나 다시 진리는 이 두 입장 사이에 있다. 하나님께서 비록 사탄에게는 욥을 징계할 만한 "이유"(2:3)가 없다고 말씀하셨지만 - 행 18:14의 의미에서 - 욥을 징계하신 데는 이유가 있었다. 그분은 욥의 시련에서 세 가지 긍정적인 결과를 얻으신다.

1. 인간이 겪는 진짜 고난을 기록한 진정한 책을 얻게 된다. 이 책에서 고난은 초자연적 존재와 연관된다는 것을 알 수 있다. 이 책은 그 자체로 인류에게 500,000,000,000,000달러의 가치가 있다.

2. 그분은 욥의 종교적, 도덕적 자아의 뿌리에 묻힌 그의 진짜 "자아"를 보여 주시는 데 성공하신다. 거기서 하나님께서는 욥이 그분의 징계를 수락할 정도까지 욥을 겸손하게 만드신다(욥 42:1-6).

3. 하나님께서는 욥이 "하나님을 두려워하고 악을 피하는" 데 대하여 욥의 소유를 두 배로 늘려 주시고 그에게 복 주시고 보상해 줄 "명분"을 스스로에게 제시하신다.

그러므로 존 칼빈이 에베소서 1:4에서 하나님의 행동 뒤에 있는 하나님의 "임의적이고 선하시며 기뻐하시는 뜻"에 관해 허튼 소리를 하는 것은 자신의 머리로 이해할 수 없는 하나님을 소유하기를 거부한다는 고백일 뿐이다. 칼빈이 때로 옳게 보고 있다는 것도 사실이다. "하나님께서 심술궂고 무분별하게 뭔가를 행하기라도 하는 것처럼 잔임함과 무지를 하나님의 탓으로 돌리지 말자. 대신 하나님께서 행하시는 모든 일에 감탄을 자아내게 할 만한 정의와 선하심과 공평하심을 인정하자." 그러나 이 진술을 칼빈의 "제한된 속죄"와 "저항할 수 없는 은혜"에 꿰어 맞춘다면(개혁 신학자들이 쓴 조직 신학 참조) 전체 "면화에서 채취한" 신학적 옷은 그 솔기가 터져 버릴 것이다.

25,26절은 욥기 7:7에서 설명했다.

9:27 비록 내가 말하기를 '내 불평을 잊고 내 고통을 떠나 스스로를 위로 하자.' 한다 해도

28 나는 나의 모든 슬픔을 무서워하나니 주는 나를 죄 없다 여기지 아니하실 줄 내가 아나이다.

29 내가 악할진대 어찌 내가 헛되이 수고하리이까?

30 비록 내가 내 몸을 눈 녹은 물로 씻고, 내 손을 아무리 깨끗하게 씻는다 해도

31 주는 나를 개천에 빠지게 하시리니 내 옷마저도 나를 혐오하리이다.

32 그는 나처럼 사람이 아니시므로 내가 그분께 대답할 수도 없고 우리가 함께 재판받으러 갈 수도 없으며

33 우리 사이에 중재인도 없으니 우리 둘에 손을 얹을 자도 없도다.

34 그의 막대기를 내게서 가져가시고 그의 두려움으로 나를 무섭게 하지 않으시기를 원하노라.

35 그리하면 내가 말하고 그분을 두려워하지 아니하리라. 그러나 나는 지금 그런 처지에 있지 않노라.

욥은 계속 투덜거리면서 이제 하나님께 말을 하고 그 다음에는 자기 자신에게, 그리고 친구들에게 말을 한다. 그가 이 말을 끝내기 전에 그의 친구들은 너무도 화가 나서 그의 면전에서 욥을 거짓말쟁이라고 부른다(욥 11:3).

만약 욥이 혼잣말로 "좋아, 이 모든 혼란을 용서하겠어. 그리고 나가서 돌에 맞아 나 자신을 위로하겠다"(27절)라고 말한다 해도 여전히 효과가 없다. 왜냐하면 욥은 아직 하나님께 자기 자신을 설명할 일이 남아 있기 때문이다(28절). "만약 내가 칼빈이나 어거스틴이 말한 어떤 아기들처럼 저주받기로 미리 정해진 것이라면 내가 희생제를 드리며 기도하고 악을 피한 것이 도대체 다 뭐란 말인가? 가서 술이나 먹고 술에 취하는 것이 더 낫겠다! 내가 깨끗하게 한들 무슨 소용이 있는가?(30절) 내가 백합처럼 하얗게 될 때까지 문지른다 해도 하나님께서 나를 시궁창에 밀어 넣으실 마음을 가지고 계시다면(31절) 내가 다시 시궁창에서 기어 나와도 더러운 냄새가 코를 찌를 것이며 내 옷은 문둥병에 걸릴 것이다"(레 13:51,52). 욥은 고함을 지른다. "하나님은 나와 같은 죄인이 아니시다(32절). 내게는 내 일을 법정에 가지고 갈 기회도 없다(32절). 내가 법정에 선다 해도 도대체 누가 나를 대변해 주겠는가?(33절) 죄인과 하나님을 동시에 대변해 줄 사람이 있는가? 차라리 그분으로 하여금 나를 때려죽이게 하라! 나는 이미 그분을 두려워하고 있다. 내가 이미 그분을 두려워하고 있는데 나를 공포 속으로 몰아넣는 이유가 뭔가? 하나님께서 잠깐 나를 모질게 대하신다면 나도 답변할 수 있지만, 숨을 한 번 쉬는 데도 7일 동안 고통이 있고 분비물이 나오는구나!"

욥은 "도가니" 속에 있다. 정련시키는 주인의 정련시키는 불이(말 3:2,3) 욥의 몸뿐만 아니라 혼까지 태우고 있으며, 하나님의 "원광을 정제시키는 용광로"의 작열하는 열기가 욥의 호흡을 질식시키고 있다. 아, 얼마나 불행한 사람인가!

『**비록 내가 내 몸을 눈 녹은 물로 씻고**[눈 녹은 물은 보통 물보다 더 순수한 것으로 생각되었다] **내 손을 아무리 깨끗하게 씻는다 해도**[즉 지금보다 더 깨끗하게 씻는다 해도] **주는 나를 개천에 빠지게 하시리니**』

(30,31절). 욥은 하나님께 대한 확신이 별로 남아 있지 않았다. 어쩌면 욥은 하나님께 대해 궁극적인 자신감을 가지고 있을지도 모른다. 즉 하나님께서 그를 깨끗하게 하시기 위해(롬 4:5; 5:4), 잠깐 더럽게 하신다고 믿는 것이다.

눈과 얼음으로 뒤덮인 북극 어딘가에서 북극성이 북극 탐험가의 묘를 표시하는 청동 널빤지에 빛을 비추고 있다. 이 사람은 19세기에 죽었는데 그의 묘에는 이런 글이 새겨져 있다, "이제 나를 씻으소서. 내가 눈보다 더 희게 되리이다." 녹은 눈에서 나온 물이 양모 속으로 스며든다. 그 물은 양모를 어떤 표백제보다도 더 하얗게 해준다. 결국 우리의 수습생(욥 7:18)은 하나님의 양들 중 한 마리이다. 양은 울타리에 스스로를 문질러도 자신을 깨끗하게 할 수 없다. 목자가 양들을 깨끗하게 해 준다(요일 1:7).

"심판자"가 나타날 때까지는 욥이 법정에 설 날이 오지 않는다(33절). 이 "심판자"는 물론 요한일서 2:1의 위대한 변호인인 주 예수 그리스도시다. (사도 요한이 죽은 지 거의 100년 뒤에, 칠십인역을 기록하면서 오리겐은 "중보자"란 단어를 본문에 기록했는데 이것은 디모데전서 2:5을 구약으로 옮긴 것이다. 이것은 다른 수많은 증거와 함께 펜사콜라기독대학 교수진과 브라이언, 콘코디아, 카비넌트, 이스턴, 돌트, 샌프란시스코, 비욜라, 이스턴메노나이트대학의 교수진으로 하여금 사도들이 알렉산드리아의 헬라어로 된 구약을 사용했을 만큼 어리석었다고 생각하도록 하기 위한 또 하나의 시도이다.)

욥이 "심판자"를 원하자마자 완전한 심판자가 되는 조건들이 나오는 것은(욥 10:4,5) 눈여겨볼만 하다! 이 "심판자"는 자신이 고난받은 일들로 "순종"을 배워야만 하고, "천사들의 본성"을 입는 것이 아니라 아브라함의 씨에서 나와서 "그의 형제들과 같게" 되어져야만 한다(히 2:16).

RV(1881)에는 "눈 녹은 물" 대신 "잿물"로 되어 있다. 테일러는 "잿물"이라는 단어를 "가장 순수한 물"에 첨가시켜서 성령과 1881년 성경 개정 위원회 양쪽의 기분을 상하지 않게 하려 한다. 그러나 그는 ASV(1901)의 각주를 베끼고 있었던 것에 지나지 않는다. 레위기 13장과 유다서 1:23에서 (감염된 옷에 관한) 참조 구절을 찾을 수가 없어서 〈리빙바이블〉은 13절을 저자의 원래 의도와는 완전히 다르게 설명한다. 반면 NEB는 "잿물"을 30절에 다시 집어넣는다. 이것은 성령의 말씀에 분개하는 성경 변개자들의 환상에 맞추기 위해 첨가된 것이다.

욥기 10장

10:1 내 혼이 내 삶에 지쳤으니, 내가 내 불평을 나 자신에게 두고, 내가 내 혼의 괴로움 가운데 말하리라.
2 내가 하나님께 말씀드리오니 나를 정죄하지 마옵소서. 어찌하여 주께서 나와 논쟁하시는지 내게 보여 주소서.
3 주께서 억압하사 주의 손으로 지으신 것을 멸시하시고 악인의 계획에 빛을 비춰 주시는 것이 주께 선하니이까?

신음과 애곡 소리는 계속된다. 욥은 자신의 삶에 지쳐 있다(1절). 하나님이나 사람이나 마귀가 자신의 삶에 어떠한 일을 하든지 상관하지 않는다. 욥은 그 혼의 쓰라림 속에서 불평을 한다(1절). 그는 하나님께 말한다. 『**나를 정죄하지 마옵소서. 어찌하여 주께서 나와 논쟁하시는지 내게 보여 주소서**』(2절). 하나님께서 『**이제 오라, 우리가 서로 변론하자.**』(사 1:18)라고 말씀하지 않았는가? 그런데 왜 침묵을 지키시는가?(로버트 앤더슨 경의 〈하나님의 침묵〉, 말씀보존학회, 1999. 참조) 『**주께서 억압하사... 멸시**

하시고, 악인의 계획에 빛을 비춰 주시는 것이 주께 선하니이까?』(3절) 욥은 무의식적으로 "대적자"이며 "고소자"인(잠 17:11 주석 참조) 사탄의 자리에 서게 된다! 욥은 하나님이 압제자이며 악을 행하는 자들과 연합하고 있다고 비난하고 있는 것이다!

10:4 주께서는 육신의 눈을 가지셨나이까? 아니면 주께서는 사람이 보듯이 보시나이까?
5 주의 날들이 사람의 날들과 같나이까? 주의 연수가 사람의 날들과 같아서
6 주께서는 나의 죄악을 조사하시며 나의 죄를 찾으시나이까?
7 주께서는 내가 악하지 않은 줄을 아시나이다. 또 주의 손에서 벗어날 자가 아무도 없나이다.
8 주의 손이 나를 만드시고 나의 일체를 형성하셨으면서도 이제 나를 멸하시나이다.
9 내가 주께 간구하오니 주께서는 나를 진흙같이 만드셨음을 기억하옵소서. 주께서는 나를 다시 티끌로 데려오시겠나이까?
10 주께서는 나를 젖처럼 쏟지 아니하셨으며 나를 치즈같이 엉기게 하지 아니하셨나이까?
11 주께서는 나를 가죽과 살로 입히시며 뼈와 힘줄로 나를 두르셨나이다.
12 주께서는 나에게 생명과 은총을 베푸셨으며 주의 돌아보심이 내 영을 보존하셨나이다.
13 주께서는 이것들을 주의 마음속에 감추셨나이다. 나는 이 뜻이 주와 함께 있는 줄 아나이다.

『**주께서는 육신의 눈을 가지셨나이까?**』(4절) 마태복음 1장까지는 그렇지 않다! 『**주께서는 사람이 보듯이 보시나이까?**』(4절) 마태복음 1장까지는 그렇지 않다! 『**주의 날들이 사람의 날들과 같나이까?**』(5절) 누가복음 4장까지는 그렇지 않다! 『**주의 연수가 사람의 날들과 같아서**』(5절). 누가복음 23장까지는 그렇지 않다! 욥이 말하는 요지는 누가복음 4장까지 사탄이 강조한 핵심이다(히 5:8,9 참조). 누가복음 4:8에 이를 때까지는 심지어 삼위일체의 두 번째와 세 번째 위이신 분조차 사탄을 책망하지 않으신다(슥 3:2). 사탄이 하나님께 인간에 대해 고소하는 것은 간단하다(아니 간단했다!), "주께서 어떻게 그것을 아시나이까? 주께서는 배고파 본 적도 목말라 본 적도 없었으며, 피로와 죽음과 유혹과 병을 참아내야 한 적이 지금까지 한 번도 없었습니다!" 그러나 하나님은 누가복음 23장에서(골 2:14,15 참조) 고통 속에서 부르짖으셨던 것이다!(살전 4:13-18)

『**주께서는 내가 악하지 않은 줄을 아시나이다**』(7절). 누가복음 5:30과 요한복음 9:24에서 바리새인들이 그 단어를 사용한 의미에서 볼 때(바울이 갈라디아서 2:15에서 쓴 표현 참조) 욥은 "악하지" 않았다. "악하다"고 하는 이 구약적 표현은 매우 사악하고 비도덕적이며 무자비한 범법자를 칭하는 말이다. 이런 의미에서 욥은 "악한" 자는 아니지만 로마서 3:12-23와 이사야 64:6(전 7:20)의 의미에서 볼 때 욥과 유다는 차이가 없다. 『**또 주의 손에서 벗어날 자가 아무도 없나이다**』(7절). 즉 "뭔가 잘못을 찾고 있기라도 하는 것처럼 왜 나를 철저히 조사하시는 겁니까? 주께서는 내가 어디서 어떻게 언제 죄를 지었는지 다 아시며 내가 노력한다 해도 나는 주께로부터 도망할 수 없습니다. 『**주의 손에서 벗어날 자가 아무도 없나이다.**』" 시계를 분해하듯이 욥을 분해할 필요는 없다. 하나님께로부터 도망할 수 있는 사람은 아무도 없기 때문에(시 139:1-11) 욥은 어디로도 피하지 않는다. 이 시점에서 욥은 하나님과 직접 상대하고 있다. 욥의 "위로자들"에 관해 말하자면 차라리 도시 쓰레기장에 혼자 남겨지는 편이 더 나을 것이다.

『**주의 손이 나를 만드시고**』(8절). 사실이다(욥 13:12, 시 139:5 참조).

『**주께서는 나를 진흙같이 만드셨음을 기억하옵소서**』(9절). 사실이다(창 3:19 참조).

『**주께서는 나를 가죽과 살로 입히시며**』(11절). 사실이다.

『**뼈와 힘줄로 나를 두르셨나이다**』(11절). 사실이다.

『**주께서는 나에게 생명과 은총을 베푸셨으며**』(12절). 사실이다. 『**나는 이 뜻이 주와 함께 있는 줄 아나이다**』(13절). [욥이 "내가 거룩한 분의 말씀들을 숨기지 아니하였음이라"고 말한 것이 단순히 "계명들에 복종한 것"(욥 6:10)이라고 말하는 사람도 있다.]

욥이 한 질문은 하나님을 믿는 지상의 모든 성인이 묻거나, 적어도 생각해 온 질문이다. 하나님께서는 우리를 "젖처럼" 쏟아 부으셨고 "치즈처럼" 엉기게 하셨다(10절). 그리고 8-12절에 묘사된 모든 고난으로 자신의 피조물을 멸하시거나(8절) 인간이라는 것 때문에(5,6절) 죄인을 억압하신다(3절). 이유가 뭔가? 이런 생각을 해 본 적이 없는가?

인간은 이런 질문에 대답하기 전에, 그의 조성자께서 인간의 "눈을 뜨게" 하셔야 한다. 인류에게는 "안약"이 필요하다(계 3:18). 하갈은 주의 천사를 보기 위해 이것이 필요했으며(창 16장), 욥은 자기 의를 보기 위해서는 그것이 필요했다. 엘리사는 하나님의 보호하심을 보기 위해 그것이 필요했고(왕하 6:17), 아브라함은 희생제물을 보기 위해 그것이 필요했다(창 22:13). 엠마오로 가던 두 제자는 부활을 보기 위해 "눈을 떠야" 했다(눅 24:31). 침례인 요한은 성령을 보기 위해 그의 눈을 뜰 필요가 있었고(요

1:33), 엘리사는 휴거를 보기 위해 하나님께서 그의 눈을 뜨게 하셔야 했다(왕하 2장). 그리고 여러분도 눈을 떠야 한다!

10절은 부드러운 액체가 딱딱한 고체로 변화되어 가는 과정인 인간 태아의 형성과 발전을 보여준다. 11절은 우리의 뼈들이 말뚝 같고 근육은 가로장 같고, 전체 "성막"(출 25:9 주석 참조)에는 그 위를 덮는 천으로 된 텐트(살과 피부)가 있음을 보여준다.

〈리빙바이블〉의 "부연 설명"은 본문의 의미를 완전히 제거할 만큼 의미가 다르기 때문에 생략하기로 하겠다. 둠과 버드는 6절에서 "죄악"에 반대하면서 그것을 "세웠다"(built)로 읽고 싶어 한다. 피크와 다른 사람들은 7절은 "배신행위도 없다"로 되어야 한다고 생각한다. 신약이 완성된 후 오랜 세월 후에 기록된 칠십인역은 8절을 "그 후에 주께서 내 마음을 바꾸셨나이다."라고 읽어야 한다고 주장한다. NEB는 13절에서 구두점을 바꿔서 14절을 다른 식으로 읽게 만들었고, 벌링거는 "악한"(7절)을 "무법"으로 해야 한다고 생각한다.

10:14 내가 죄를 지으면 주께서는 나를 표시하시고 나를 나의 죄악에서
면제하지 아니하시리이다.
15 내가 악해도 내게 화요, 설령 내가 의롭다 해도 나는 내 머리를
들지 못하리이다. 나는 혼란으로 가득 찼나이다. 그러므로 나의
고난을 보소서.
16 이는 나의 고난이 증가되기 때문이라. 주께서는 사나운 사자처럼 나
를 사냥하시고 주께서는 다시 내게 놀라운 분이심을 보이시나이다.
17 주께서는 나를 반대하는 주의 증거들을 새롭게 하시며 내게 주의
분노를 더하시니 변화와 전쟁이 나를 대적하나이다.

욥이 “자기 의”의 문제에 대해서 얼마나 갈팡질팡하는지 보자. 욥은 『**내가 악할진대**』(욥 9:29)라고 했다가 10:7에서는 『**주께서는 내가 악하지 않은 줄을 아시나이다.**』라고 했다가 10:15에서는 다시 『**내가 악해도**』라고 하는 것이다. 양심은 우리를 그대로 내버려 두지 않는 것이다. 바리새인이 자신이 “다른 사람들과 같지 않음을”(눅 18:11) 하나님께 감사하고 있을 때 그의 마음 안에서, 저 깊은 곳에서 뭔가가 말한다. “그래, 다른 사람들 만큼이라도 돼 보렴!!”

죄는 표시를 남긴다(14절). 벽에서 못을 빼내어도 못 구멍은 여전히 못이 있었던 표로 남는다. 하나님께서는 정당한 근거 없이는 어떤 사람의 불의를 사하지 않으신다(롬 3:26). 왜냐하면 하나님께서 사람들의 불의를 사하시면 하나님 자신이 의롭지 되지 못하기 때문이다(출 34:7).

아무 죄나 용서해 주고 “팔을 활짝 벌리고” “당신을 용서한다”고 말하는 1900-1980년의 자유주의 “신”은 통합되고 희석되었으며 각종 요소가 합해진 “산타클로스”이다. 메리 베이커 에디, 찰스 알렌, 엠멧 폭스, 에밀리 케디, 레스리 웨더헤드의 저서에서 그런 모습이 아주 많이 나온다. 이 사람들은 새로운 탄생이 구원받은 사람과 구원받지 못한 사람을 나누지 않는다고 생각하고서, 하나님의 자녀를 겨냥한 구절들(고전 13장)과 이스라엘을 겨냥한 구절들(마 6,7장)과 구약 성도를 겨냥한 구절들(시 23편)을 무차별적으로 섞어 버린다. 그들은 단 한 번도 하나님께서 말씀하신 그 일을 하지 않는다. 즉 그리스도를 거부한 채 “성사를 주장하는 사람들”이나 선행을 주장하는 사람들과, 믿음을 통해 은혜로 구원받아 값없는 선물을 받음으로써 거듭난(골 1:14) 사람들 사이에 붉은 피로 똑바른 선을 긋지 않는 것이다. 어떤 죄라도 눈감아 주며, “미안해요.”라고만 하면 어떤 죄라도 용서해 주는 신은, 고해성사를 하는 죄인이 거룩하지 않은 것과 마찬가지로 전혀 거룩한 신이 아니다. 발라암과 유다 이스카리옷처럼 파라오는 "내가 죄를 지었도다."라고 말했지만 하나님께서는 그들을 용서하지 않으셨다. 절대로, 아무것도 용서하지 않으셨다(벧후 2장, 유 1:11, 롬 9장).

『**나는 혼란으로 가득 찼나이다**』(15절). "하나님은 혼란의 창시자가 아니므로"(고전 14:33) 욥의 근처 어딘가에 사탄의 손길이 있는 것이 분명하다. 욥이 자신의 고난에 대해 생각하면 할수록 고난은 증가된다(16절). 욥은 하나님께 자신의 상황을 봐 주시고(15절) 그것을 "숙고"해 주실 것을 간구한다. 주 예수 그리스도는 사자이시며(계 5:5) 재림 때는 무시무시하시지만(렘 25:30), 욥을 사냥하는 무시무시한 사자는(벧전 5:8) 주 예수 그리스도가 아니다(16절). 욥의 종기와 상처와 딱지와 뼈 조직은 욥을 반대하는 "증거"이다(17절). 욥에 관한 한 하나님께서는 욥에게 전쟁을 선포하셨다(욥 10:17; 6:4 비교).

10:18 어찌하여 주께서는 그때 나를 태에서 나오게 하셨나이까? 오 내가 숨을 거두어서 아무 눈도 나를 보지 않았더라면!
19 나는 존재하지 않았던 것처럼 되어야 했고 태에서 무덤으로 옮겨져야 했나이다.
20 내 날들이 적지 아니하나이까? 그러하오니 그치시고 나를 내버려 두시어 나로 위로를 조금 갖게 하소서.
21 내가 돌아오지 못할 곳, 즉 흑암의 땅과 사망의 그림자에 가기 전에 그리하소서.
22 흑암의 땅은 흑암 그 자체와 같으며 사망의 그림자의 땅에는 전혀 질서가 없으니 그곳에서는 빛도 흑암 같나이다." 하니라.

욥은 계속해서 말한다. 그는 자신의 혼이 삶에 지쳐 그 쓰라림 속에서 불평하고 있다고(욥 10:1) 말한다. 욥이 뭔가를 하겠다고 말하면 그는 그것을 한다!

『**어찌하여 주께서는 그때 나를 태에서 나오게 하셨나이까?**』(18절) 나와 싸우시려고?(17절) 나를 표적으로 삼으시려고?(14절) 나를 멸망시키시려고?(8절) 나를 억압하시려고?(3절) 『**내가 숨을 거두어서 아무 눈도 나를 보지 않았더라면!**』(18절, 욥 3:9-12,16과 비교) 『**그치시고 나를 내버려 두시어**』(20절). 욥은 차라리 죽어 안식을 취하고 싶어 한다. 그곳은 『**흑암의 땅... 사망의 그림자의 땅... 전혀 질서가 없으니 그곳에서는 빛도 흑암 같나이다**』(22절).

이것은 모두 모세 시대 이전에 보여주신 계시의 관점에서 보면 사실일 수 있다. 욥이 말한 것 중 일부를 나중에 다윗 시대 이후에 솔로몬이 반복해서 말한다. 요나를 제외한 어느 누구도 "스올"(지옥)에서 올라와서 그것에 관해 말해 주지 못했다(욘 2:3-7). 사무엘이 올라왔을 때(삼상 28:15) 그는 "아브라함의 품"이 어떤 곳인지에 관해 아무런 정보도 주지 않는다. 육체가 죽은 상태에서 다시 살아난 열왕기상 17:22나 열왕기하 4:34의 젊은이들도 아무런 정보를 주지 않는다(행 9:40 주석 참조).

욥이 말한 "무덤"은 히브리어로 "케베르"이며 "스올"(창 49:33 주석 참조)과는 다르다. 욥이 무의식적으로 여기서 묘사하고 있는 것은 마태복음 22:13과 베드로후서 2:17의 "바깥 어둠"이다. 적그리스도와 그의 거짓 선지자들이 아마겟돈 전쟁(계 19:20) 이후에 "불못" 속에 있기는 하겠지만, 이 묘사는 적그리스도의 종착역과 일치한다는 사실에 주목하기 바란다(욥 15:22,23,30,34). 한편 최근(지난 2년 사이에) 늑장꾸러기 과학자들이 그 불이 너무 뜨거워서 화염의 색깔이 검은 색인 별들을 발견했다. 그것이 과학자들의 문제를 해결해 주는 것은 아니지만 우리는 이 정보에 대해 감사한다. 그들이 〈킹제임스성경〉을 따라잡기 전에 이런 새로운 "발견"으로 따라잡아야 할 항목이 너무나 많아서 그들을 기다려 줄 시간이 없다.

욥기 11장

11:1 그러자 나아맛인 소팔이 대답하여 말하기를
2 "말이 많으니 대답이 없겠느냐? 말로 꽉 찬 사람이 의롭게 되겠느냐?
3 네 거짓말이 사람들을 잠잠케 하겠느냐? 네가 조롱하면 너를 부끄럽게 할 사람이 없겠느냐?
4 네가 말하기를 '나의 교리는 순수하고 나는 네 눈에 깨끗하다.' 하는도다.
5 그러나 오, 하나님께서 말씀하시고, 너를 대적하여 그의 입술을 여시어
6 지혜의 비밀들을 네게 보여 주시기를 바라나니 그 비밀들은 있는 것의 두 배로다! 그러므로 하나님께서는 네게서 네 죄악이 받을 것보다 적게 거두심을 알라.

이제 소팔이 등장한다. 학자들은 소팔이 "도덕주의자"를 대표하는 것으로 생각한다. 전에 언급한 바와 같이 이 세 사람을 정형화하려는 모든 시도는 무익하다. 에발트는 욥의 세 친구를 "인간 유형을 대표하는 인물들"

로 만들려고 애쓰는 사람들의 전형이다(〈성경적 예증, *The Biblical Illustrator*〉, 베이커 출판사, 13쪽 참고). 나아맛인 소팔은 빌닷이 한 말을(욥 11:13; 8:5) 그대로 반복하며, 엘리파스가 방금 한 말을(욥 11:15-17; 5:24-26) 정확하게 되풀이한다. 이 세 사람은 모두 악인을 정죄한다(욥 11:20; 8:13; 4:8).

『**어리석은 자의 음성도 말이 많음으로 알려지느니라.**』(전 5:3)라는 이유로 소팔은 욥을 어리석은 자라고(2절) 말한다. 『**네 거짓말이 사람들을 잠잠케 하겠느냐?**』(3절) 그러나 욥이 무슨 거짓말을 했단 말인가? 욥은 위대함을 하나님께 돌리고(욥 9:1-10), 자신의 무지를 고백했으며(욥 9:15-21), 자신이 실수하기 쉽다는 것을 고백했으며(욥 9:9-31), 자신이 죄인임을 고백했고(욥 7:20), 자신을 조성하신 분으로 하나님을 드높였으며(욥 10:8-13), 하나님은 거룩하시다고 고백했고(욥 10:14,15), 스스로를 의롭게 할 수 없다고(욥 9:2) 고백했다! 욥이 했던 유일한 거짓말은 "넌지시 내비치는 말"(욥 10:3)이었지 새빨간 거짓말이 아니었다. 그렇다 해도 욥과 같은 상황에 처한 사람에게 누가 먼저 돌을 던질 수 있겠는가? 어쨌든 소팔은 상당한 크기의 돌을 집어 들어서 휙 던진다. 『**하나님께서는 네게서 네 죄악이 받을 것보다 적게 거두심을 알라**』(6절).

이 말은 사실이다. 우리가 "당연히 받아야 할 것"을 받는다면 우리는 모두 지옥에 있게 될 것이다(스 9:13 참고). 그러므로 카인의 불평은(창 4:13) 전혀 타당한 것이 아니다. 욥의 불평도 마찬가지다. 그러나 다시 말하지만 욥이 그가 마땅히 받아야 할 것보다 적게 받고 있는 것이라면 나아맛인 소팔은 자신이 받아야 할 몫에서 어떻게 벗어날지가 의심스럽다. 『**하나님을 두려워하고 악을 피하는 사람**』(욥 1:1)이 소팔이 묘사한 만큼 사악하다면(욥 11:11,14,20) 소팔 자신의 모습은 어떤지 궁금하다!!

『**네가 말하기를 '나의 교리는 순수하고 나는 네 눈에 깨끗하다.' 하는도다**』(4절). 이제 소팔은 거짓말을 하고 있다. 욥은 이런 말을 한 적이 없다. 욥기 10:7과 9:22에서 이런 "암시"를 한 적은 있지만 소팔이 말한 것처럼 하지는 않았다. NEB, NASV, 〈뉴스코필드 주석성경〉, 〈리빙바이블〉에 있는 말도 욥은 하지 않았다.

『**그러나 오, 하나님께서 말씀하시고**』(5절). 하나님께서는 말씀하신다(욥 38-42장). 『**너를 대적하여 그의 입술을 여시어**』(5절). 하나님께서는 욥을 대적하여 자신의 입술을 여시기는 하지만 하나님께서 그렇게 하실 때 욥은 바르게 대답한다(욥 42:7). 반면 소팔은 바르게 대답하지 못한다(욥 42:8). 욥은 소팔만큼이나 하나님께서 말씀하시기를 고대한다. 사실 욥이 소팔보다 더 그것을 열망하고 있다(욥 13:23,24).

그뿐이 아니다. 하나님께서는 말씀하셨고 하나님께서 하신 말씀들은 그분의 입과(왕상 13:26) 그분의 계명들(삼하 12:9)과 동일시된다. 왜냐하면 그것들은 그분의 입술에서 나오는(욥 11:5) 말씀들(롬 3:2)이기 때문이다. 우리는 과학적 귀납법으로(말 3:6) 누구의 교리를 믿어야 하는지 안다(요 7:17). 또한 우리는 우리의 죄악으로 말미암아 하나님께로부터 받아야 할 것보다 적게 받고 있음을 안다. 우리의 행위대로 지불해야 한다면 우리 모두는 불못 속에 있게 될 것이다(엡 2:1-8).

11:7 네가 찾는다고 해서 하나님을 찾아낼 수 있겠느냐? 네가 전능하신 분을 완전히 찾아낼 수 있겠느냐?

8 그것은 하늘만큼 높으니 네가 무엇을 하겠으며 지옥보다 깊으니 네가 어찌 알 수 있겠느냐?

9 그 크기는 땅보다 길고 바다보다 넓으니라.
10 만일 그분이 끊으시고 가두시며 함께 모으신다면 누가 그분을 막겠느냐?
11 그는 허망한 사람들을 아시며 사악함도 보시나니 그분이 사악함을 고려치 아니하시겠느냐?
12 사람이 들나귀 새끼같이 태어나도 허망한 사람이 현명하게 되느니라.

7절은 욥기에 나오는 가장 뛰어난 질문(욥 3:20) 중 하나이다. 철학(골 2:8)에서 이 질문은 "인식론"이라는 제목으로 나오며, 인간은 이 질문에 어떻게 대답하는지에 따라 이신론자, 유신론자, 범신론자, 불가지론자, 무신론자, 다신론자 등으로 이름이 붙여진다. 질문은 "하나님을 찾는다고 해서 찾을 수 있겠으며, 하나님을 발견한다 해도 하나님의 본성을 진정으로 이해할 수 있겠느냐?"이다.

이 질문의 두 번째 부분은 A.D. 325년 니케아 공회에서 있었던 모든 논쟁의 핵심이었다. 반면 이 질문의 앞부분에 대한 논쟁은 1600-1900년 사이에 진행되었으며 배교의 시대인 라오디케아 시대까지 이어지는, 엄청난 철학적 논쟁의 뿌리를 형성한다. 르네 데카르트(Rene Descartes, 1594-1650)와 크리스티안 볼프(Christian Wolff, 1679-1754)는 무정부주의와 국제 공산주의로 가는 길을 선도한, 최초의 성경을 거부하는 "사상가들"이었다. 데카르트의 철학은, 신이란 인간의 주관적인 생각의 산물이며, 자기 존재만이 증명될 수 있는 실체라는 결론을 내린다. 그 다음으로 스피노자(Spinoza, 1632-1677)와 라이프니쯔(Leibnitz, 1646-1716)가 그들의 "지식"에 공헌을 한다. 그 지식이란 간단하게 보자면 이렇다. "'탐구'를 통해서만 인간은 전능하신 분을 찾을 수 있으며, 전능하신 분이 만일 '발견된다면' 물질로 이루어진 우주 에너지의 중심으로 판명될 것이다. 스피노자는 기원전의 헬라 철학자들처럼 범신론자였다. 조지 버클리(George Berkeley, 1685-1753)와 데이비드 흄(David Hume, 1711-1776)은 이 원래의 입장으로 되돌아왔지만(B.C. 400-100년대의 영지주의 저서 참고) 물질에 실체가 있다는 것은 부인했다. 그러므로 예수 그리스도는 결코 실제적으로 나타난 적이 없으며, 그분께서 구체화시킨 사상만이 있을 뿐이라는 것이다. 임마누엘 칸트(Immanuel Kant, 1724-1804)는 마침내 어떤 것에 관해서 "본래 그대로" 확실하게 알 수 있는 것은 아무것도 없다고 말함으로써(소팔의 질문 참고!) 철학자들 사이에 남아 있었던 그나마 제대로 된 부분마저 없애 버린다. 칸트가 자신의 창조주에 대해 기껏 생각해 낸 것은 하나님은 존재할지도 모르고 존재하지 않을지도 모르지만 "그분이 존재한다고 믿는 것이 도움이 될 것"이며 "처신을 잘 할 수 있는" 동기가 된다는 것이다. 〈이성의 범주 내에서의 종교〉에서 칸트는 뒤이어 올 400명의 철학자들에게 모범을 보인다. 즉 내가 합리화할 수 있고 이해할 수 있는 것이 '성경'이고 내가 이해할 수 없는 것은 신화이며 전설이라는 것이다. 헤겔(Hegel, 1770-1831), 하이데거(Heidegger, 1889-1976), 사르트르(Sartre, 1905-1980), 러셀, 제임스, 듀이, 니베르트 비너(Nibert Wiener, 1894-1964)는 모두 이 기본 틀을 따르고 있으며, 그들이 "개인주의"를 외치기는 하지만 소팔의 질문에 답하는 문제에 있어서는 한 깍지 안에 있는 일곱 개의 완두콩이다. 그들에 따르면 해답은 이렇다. "개인적인 지식이라는 의미에서 하나님에 대해 어떤 것도 확실하게 발견할 수 없다. 하나님은 단순히 우주의 에너지장 내에서 작용하는 에너지라고만 이해할 수 있다." 즉 마지막 일곱 명의 주요 철학자들(다윈, 헤켈, 헉슬리, 콩트, 슐리크, 비트겐슈타인, 스튜어트 체이스, S.I. 하야카와)은 하나님을 아는 지식(신학)에 관한 한 불가지론자이며, 요한일서 5:8-12, 로마서 8:1-30, 에베소서 1,2장, 골로새서 1-3장, 갈라디아서 1장, 요한복음 17장, 베드로후서

2,3장, 요한계시록 20-22장을 믿지 않는 자들이다.

소팔의 질문에 대한 해답은 볼프, 칸트, 데카르트가 자기들의 어린이용 침대에서 나온 널빤지를 핥기 1,000년도 더 전에 자세하게 제시되었다. 사람은 하나님을 알 수 있다(요 17:3,7,8,23,25; 8:19,37,44,45, 요일 3:1,2; 5:19, 마 11:27, 히 10:30, 골 1:6). 5,000명의 "자격을 갖춘 권위자들"이 요한, 바울, 마태가 무식하다고 생각한다 해도 백보좌 심판에 서게 되면 자신들의 생각이 틀렸다는 것을 알게 될 것이다. 인간은 천성적으로 "하나님을 찾지" 않는다(롬 3:11). 성경은 분명히 "하나님을 찾는 인간"을 기록한 것이 아니다(출애굽 이후에 기드온이 하나님을 알았던 것보다 홍수 이전에 아담이 하나님에 대해 더 많이 알았다!). 지상에 있는 어떤 죄인이라도 원하기만 하면 15초 이내로 하나님을 찾을 수 있다(요 7:17). 인간이 가진 문제는 머리 문제가 아니라 마음의 문제이다. 하나님을 "사람"으로 바꾸고(롬 1:23) 사람을 "들나귀 새끼"로 바꾸는(욥 11:12!) 타락한 지성(롬 1:28)에서 나온 고집 세고 거만한 이론들은(딤후 3:4) 합리적인 것이 될 수 없다. 바울이 "내가 믿은 분을 알고"(딤후 1:12)라고 말하기 바로 전에 "육체로 나타나신 하나님"(딤전 3:16)을 불렀다. 데카르트, 기번스, 스피노자, 콩트, 흄, 홉스, 마취, 러셀, 코르지브스키, 케에르케고르, 사르트르가 여기에 동의하지 않으면 자기들의 영원한 운명이 있는 자기들의 고향으로 갈 수 있다. 바울은 바울의 본향으로 갈 수 있다. 사람들이 이것을 받아들이든지 그렇지 않든지 간에 결국은 그렇게 된다(롬 3:3-5).

그러나 남부 식으로 말하자면 하나님을 "온전하게" 발견하는 일은 이와는 다른 문제이다. 하나님의 평강은 모든 생각을 지키며(빌 4:7), 그분의 사랑은 꺼지지 않고(솔 8:7), 그의 풍요함은 헤아릴 수 없으며(엡 3:8), 그의 선물은 말로 다 표현할 수 없고(고후 9:15), 그의 즐거움은 말로 다 할 수 없으며(벧전 1:8), 그의 말씀은 형언할 수 없다!(고후 12:1-4) 어떤 사람들이 그분을 모른다 할지라도 우리 중 몇은 그분을 안다. 그분을 모르는 사람이 있다면 "주의 인자하심을 맛보도록"(벧전 2:3) 초대하는 바이다. 그분은 "인자하실" 뿐 아니라 보배로우시다(벧전 2:4-6). 칸트는 이해할 수 없어도 술주정뱅이 제리는 이해할 수 있다!("술주정뱅이 제리"는 제리 맥컬리가 세계에서 가장 위대한 사회사업가가 되기 전에 바텐더가 그에게 붙여준 이름이다.) 『**지혜로운 자가 많지 않고**』(고전 1:26,27). 무한한 성령을 이해할 수 있을 때까지 구원받는 것을 연기한다면 그것은 지옥이 꽁꽁 얼어붙을 때까지 기다리는 것과 같다. 왜냐하면 그분의 영원한 임재는 언어로 다 묘사될 수 없기 때문이다(출 3:14 주석 참조). 물론 "지자"(知者)라 해도 자신이 알려지지 않은 물체 속으로 융합될 때까지는 "알 수 없는 물체"의 본질을 알 수 없다. 부처조차도 그렇게 생각했다. 그러나 우리 그리스도인은 "그의 안에서 온전하게" 되며 그분 안에는 "신격의 모든 충만함"이 몸의 형태로 거하신다!(골 2:9,10) 사람들이 우리가 안다고 생각하는 것 이상을 우리는 안다!

하나님을 알고자 한다면 그분과 교제하는 데 시간을 들이라(삼상 1:13). 하나님을 알고 싶다면 그분께서 추천하시는 사람들의 말에 귀를 기울이라(마 10:40). 하나님을 알기 원한다면 도서관과 TV와 라디오와 잡지와 신문을 버리고 사막의 뒤쪽 면으로 나가서(갈 1:17), 〈리빙바이블〉의 10년 판매 실적보다 1년 판매량이 더 많은 〈킹제임스성경〉에 시간을 투자하라.

『**그것은 하늘만큼 높으니... 지옥보다 깊으니 네가 어찌 알 수 있겠느냐?**』(8절, 시 139:8 참조) "하나님의 온전하심"(7절)이 이 질문들의 주제이다. 하나님의 온전하심을 측정하자면 『**그 크기는 땅보다 길고 바다보다 넓으니라**』(9절, 〈피터 럭크만의 주석서 에베소서〉, 말씀보존학회, 1997, 3:18 주석 참조).

『**만일 그분이 끊으시고 가두시며 함께 모으신다면...**』(10절) 만약 그분이 (욥의 자녀들을 끊으신 것처럼) 여러분의 자녀들을 끊으신다면, 만약 그분이 (욥에게 하셨던 것처럼) 여러분을 병상에 눕게 하신다면, 만약 그분이 (욥에게 하신 것처럼, 욥 6:4; 10:17) "공포"들을 모아 오신다면, 그렇다면 『**누가 그분을 막겠느냐?**』 아무도 막지 못한다. 하나님께서 여러분을 "불경건한 자"(시 22:16)나 사탄에게 넘기셔서 "육신을 멸망"(고전 5:5) 시키신다면 하나님 자신이 그것을 멈추시기 전까지 여러분은 풀려나지 못한다. 만약 공산주의자들이나 카톨릭이 밤에 여러분을 체포해서 정신 개조 정신 병원에 집어넣는다면 하나님이 직접 마귀를 제압하시기 전에는 그 사람은 제정신으로 그곳을 나오지 못한다.

중국에 선교사로 간 한 캐나다인이 체포되어서 "인민 법정"에서 재판을 받았다. [행 21:28에서 "백성"(인민)이란 단어를 보라.] 그는 공개적인 보호감독에 처해졌고 사상 교화 과정을 억지로 들어야 했다. 공산주의에 대한 교육을 받는 동안 한 강사가 아주 상습적으로 그를 난폭하게 다루었다. 마침내 이 강사는 "학도들"로 가득 찬 강의실에서 그에게 말했다. "너의 하나님이 어디 있지? 기도하면 하나님이 들어 준다고? 가서 너의 하나님께 너를 위해 뭔가를 해 달라고 기도해서 그가 그것을 이루어 주시는지 보자! 너의 하나님이 어떻게 하는지 보자!" (마 27:42과 비엔나에 있는 합리적 긍정주의자들을 비교하라.) 그 선교사는 아무것도 생각할 수가 없었지만 어쨌든 기도하기 위해 무릎을 꿇었다. 주께서 그에게 기도할 말들을 주셨다. 그는 하나님께 이 중국인 강사의 눈을 멀게 하셔서 하나님이 존재하시는 것을 알 수 있도록 해 달라고 하나님께 기도했다. 선교사가 자리에서 일어났을 때 그 강사는 박쥐처럼 눈이 멀었다. 얼마 후 그 중국인 공산주의자는 회심했고 그 후 인민들이 쇠꼬챙이로 그의 콧속을 관통시켜서 그를 살해했다(행 21:28).

『**사람이 들나귀 새끼같이 태어나도, 허망한 사람이 현명하게 되느니라**』(12절). 신구약에서 가장 위대한 영적 "금광" 중 하나가 그들의 얼굴을 정면으로 쏘아보고 있는데도 〈리빙바이블〉, NEB, 클라크, 헤브너, 클라인, 제미에슨, 포셋, 마우러, 브라운, 더멜로우, 파인버그, 랑게, 움브라이트, 에발트는 그 금광을 망쳐버리거나 아니면 가로등처럼 그 옆을 지나친다. 『**허망한 사람들**』(11절)은 진리를 구하고("허망한 사람이 현명하게 되기 때문에") 진리를 찾기 위해 스스로를 분리시키기도 하지만(잠 18:1 주석 참조) "주를 두려워함"이 없이는 "지혜의 시작"이 없으므로 그런 것은 소용이 없다. "들나귀 새끼"를 어린양(출 13:13)으로 바꿔주는 새로운 탄생만이 그 일을 해낼 수 있다. 이스라엘의 메시아 왕이 십자가에 못 박히도록 예루살렘으로 태우고 간 것은 "어린 들나귀 새끼"이다. 들나귀는 사람이 등에 타기 전에는 길들여지지 않는다. 들나귀들은 밤 늦게 숲속에서(혹은 사막에서) 뛰어 돌아다닌다. "어떤 어미들은 거칠다"(옛 남부 농부의 말을 인용하자면). 채찍으로도 들나귀를 길들일 수 없다(잠 26:3). 왜냐하면 "길이 들 때까지는 채찍을 이해할 수 없기 때문이다." "사람이 등에 올라타기 전까지는 길들일 수 없다"(마 21:1-6). 데카르트, 스피노자, 헤겔, 라이프니쯔, 산타야나를 비롯한 모든 철학자들이 "하나님을 찾을" 수 없는 이유(욥 11:7)를 아는가? 하나님께서 그들에게 재갈을 물리고 안장을 얹는 것을 싫어하기 때문이다. 값없이 현명하게 될 수 있는데(본문) 그들은 "현명하게" 되고자 애쓰면서 자신들의 어리석은 목을 꺾는다(출 13:13에서 실제로!).

11:13 네가 네 마음을 준비하여 그를 향하여 네 손들을 편다면
14 죄악이 네 손 안에 있다면 멀리 버려서 사악함이 네 장막에 거하

지 못하게 하라.

15 그러면 그때에는 네가 점 없는 네 얼굴을 들어 정녕, 네가 굳게 서고 두려워하지 아니하리니

16 이는 네가 네 불행을 잊을 것이며 흘러가는 물처럼 그것을 기억할 것임이라.

17 네 사는 날이 정오보다 더 맑으리니 네가 비칠 것이요, 네가 아침 같이 되리라.

18 네게 소망이 있으므로 안전할 것이요, 정녕, 네가 네 주위를 파서 네가 평안함 속에서 쉼을 가지리라.

19 또 네가 누울지라도 너를 두렵게 할 자가 없겠고 정녕 많은 사람이 네게 자문을 청하리라.

20 그러나 악인의 눈은 보지 못하여 도망하지 못하리니 그들의 소망은 숨을 거두는 것과 같으리라." 하니라.

이제 소팔은 5:24-26에서 엘리파스가 했던 말을 다시 반복하고 있다. 그는 욥이 깨끗하게 하고 "바르게 해서" "기도하러 가면"(13절), 욥이 기도하기 전에 회개하기만 하면(14절) 『**흘러가는 물처럼**』(16절) 자신의 비참함을 잊을 것이라고 말한다. 욥은 "아침같이" 빛날 것이며(재림 관련 구절), "악인의 눈은 보지 못하는" 데 반해(재림 관련 구절) 그는 "평안함 속에서 쉼"을 가질 것이다(재림 관련 구절). "점"이란 단어는 적그리스도와 관련된 신약의 계시에서 가장 중요한 단어들 중 하나이다. 그래서 스피로스 조디아테스(Spiros Zodhiates)는 〈믿음의 행위, The Behavior of Belief〉(이 제목은 전적으로 잘못 붙여진 것이다. 이것은 오늘날 "불신의 행위"에 관한 가장 생생한 책 중 하나이다.)라는 책에서 이 단어를 영적으로 해석해 버린다. 표범의 표를 받아(계 13:2, 레 13:24,38) "점이 생긴 얼굴"

은 점 박힌 옷(유 1:23)과 관련이 있다. 에디오피아인(렘 13:23)이 "그의 점들"을 바꿀 수 없는 것과 같이 대환란 때 성경을 거부하는 사람도 "세상으로부터 자신을 흠 없이"(약 1:27) 지킬 수 없다. 그리스도는 "점도 없고 흠도 없는" 어린양(벧전 1:19)이며 그의 신부도 점이 없다(엡 5:27). 그러므로 적그리스도는 "점을 표시하기 위해 X를" 사용하는 점이 있는 짐승이다(계 13:2). 본문(야고보서에서)에 대한 조디아테스의 설명은 클라크, 더 멜로우, 헨리, 랑게, 와트슨, 게벨라인(대다수의 "탁월한 성경을 거부하는 권위자들"을 포함해서)이 욥기 11:15를 설명해 놓은 것만큼 얄팍하고 전혀 계시가 없다(〈짐승의 표, 말씀보존학회, 1997〉 "점"에 관한 부분 참고).

『**흘러가는 물처럼**』(16절)은 셈과 함과 야펫("그들의 조상들" 욥기 8:9)을 증거하는 구절이다. 욥이 사는 날이 "정오보다 더 밝게"(17절) 될 것이라는 것은 마태복음 13:43과 말라키 4:1-4과 명백하게 일치한다. 근본주의 대학에서 40년간의 교육을 받고 박사 학위를 받은 구원받은 사람들만이 이 구절에 있는 예언을 보지 못한다.

『**네가 네 주위를 파서**』(18절)는 아브라함과 이삭이 "물구덩이"를 놓고 싸우지 않고 샘을 팠던 것처럼(창 21:25; 26:19) 유대인들이 자신의 우물을 파게 될 에스겔 12:5-7과 관련된 구절이다. 이 구절을 〈리빙바이블〉에서는 우스꽝스럽게도 "네가 서두르지 않게 될 것이다."로 잘못 설명해 놓고 있는데 이것은 공인된 진리에 대해서 티모시 모리의 〈희망 중독자, *A Hope Addict*〉 정도의 설명밖에 되지 않는다. [ASV에서도 이 구절을 변개시켰는데 테일러와 같은 생각을 따르고 있으며 이 두 개의 부패한 역본은 1971년의 NEB와 일치하고 있다. 여기서 "파다"(dig)라는 단어(히브리어 "차파르")는 ASV의 창세기 21:30; 26:15,18,19,21, 출애굽기 7:24, 전도서 10:8에서 "파다"(DIG)로 번역되었다. 이 단어를 다른 식으로 번역한 이 "유명한" 불신자들(복음적인 보수주의 선두주자)의 변덕은 휘튼, 풀러, 댈러스, 밥 존스, 콜롬비아 등의 교수진에 있는 현대의 위선자들의 전형적인 모습이다. 이들은 〈킹제임스성경〉이 같은 단어를 일관성 없게 여러 단어로 번역했다고 항상 불평하는 사람들이다.

『**많은 사람이 네게 자문을 청하리라**[suit]』(19절). 여기서 "suit"이라는 단어는 1980년에 "법률 소송"과 연관해서 사용되는 것과 같이 사용되고 있다. 많은 사람들이 자신의 문제에 대해 욥에게 지혜와 자문을 구하기 위해 온다. 그래서 이 "소송들"(suits)은 현대의 법정 소송에서 "탄원," "청원"으로 불린다. 이 구절의 나머지는 욥 자신의 인생에도 적용되며, 환란 때 이스라엘의 남은 자에게도 적용이 된다(잠 30:17; 11:7). 움브라이트, 게제니우스, 피크, 버드는 늘 해 왔던 것처럼 이 구절을 바꿀 것을 제안하지만 그것들 중 살펴볼 만한 가치가 있는 것은 하나도 없다. 17절과 관련해서 롤린슨 목사(〈강단의 주석〉, 194쪽)의 독단은 학자 연합의 태도와 같다. 이들은 자기들이 말하고 있는 것에 대해서 그들 자신도 모르고 있다고 말해 주는 사람들을 "독단적"이라고 생각하는 사람들이다. 롤린슨은 "히브리어로는 이런 의미가 없을 수도 있다."고 하나님에게 말하고 있을 뿐이다. (즉 "네가 비칠 것이요 네가 아침같이 되리라."라는 의미가 아닐 수 있다는 것이다.) 이 구절이 이런 의미가 아니라면 그리스도의 재림에 관한 두 개의 참조 구절을 놓쳐버리게 된다. 원래의 의미가 아니라면 그 의미에 대해서 이 사람이 추측하는 것은 저 사람이 추측하는 것만큼 훌륭한 추측일 수 있다. 무정부주의자들은 다 거기서 거기다.

욥기 12장

12:1 욥이 대답하여 말하기를
2 "틀림없이 너희만 사람이요, 지혜가 너희와 함께 죽겠구나.
3 그러나 나에게도 너희 같은 명철이 있으며 나도 너희보다 못하지
아니하니, 정녕 그 같은 일을 누가 알지 못하겠느냐?
4 나는 자기 이웃에게 조롱당하는 자와 같아 하나님을 부르나 이웃이
답변을 하니 정직한 의인이 조소를 당하는도다.
5 그 발이 곧 미끄러질 자는 편히 지내는 자가 자기 생각으로 멸시하
는 등불 같도다.
6 강도들의 장막들은 번성하며 하나님을 진노케 하는 자들은 평안하
니 하나님께서 그들의 손에 풍성하게 가져다 주심이라.

욥은 비록 "군대식 유머"이기는 하지만 유머 감각을 회복하기 시작했다. 욥은 11:11,12의 폭격에 쓴 웃음을 지으며 말한다. 『**틀림없이 너희만 사람이요,**[행 21:28에서 "사람들"의 외침을 참고하라] **지혜가 너희와 함께 죽**

겠구나』(2절). 〈킹제임스성경〉의 영어 본문이 도드(NEB)과 테일러(LB)가 만들어 놓은 어설픈 설명보다 훨씬 더 강하다. 2절과 같은 비꼬는 투의 말에는 "뼈"가 들어 있다. 〈킹제임스성경〉에 나오는 욥의 말은 "설탕과 향료"나 어떤 "훌륭한" 것과 전혀 섞이지 않은 순수한 철이다. 욥이 사용하는 특이한 단어들은 (도드와 테일러는 이 단어들을 제거해 버렸다.) 창세기 6:1-5에 나오는 "유명한 사람들"인 "신들"에 관한 숨겨진 참고 구절이다. 이 구절은 외계에서 오게 될 "우주인"을 다루는 구절이므로 다시 학자들은 연합 전선을 펴서 어떤 희생을 치르더라도 이 본문에 드러난 계시를 제거시키기 위한 음모를 꾸민다. 제미에슨과 포셋과 브라운은 이것을 "한 민족"(a people)으로 바꾸었고 부패한 칠십인역은 "사람들"로, 아담 클라크(Adam Clarke)는 "가장 현명한 사람들"(Ibid., 65쪽)로 바꾸었다.

『**그러나 나에게도 너희 같은 명철이 있으며... 그 같은 일을 누가 알지 못하겠느냐?**』(3절) 인간이 하나님의 성품을 완전히 이해할 수 없다는 것을 그 누가 모르겠는가?(욥 11:7) 인간이 들나귀처럼 태어난다는 것을(욥 11:12) 클라크, 더멜로우, 헨리, 라이트풋, 라이스, 헤브너, 클라인, 벌링거, 엘리코트, 조디아테스를 제외하고 그 누가 모르겠는가? 회개하고 올바르게 행하는 사람을 하나님께서 축복하신다는 것을 그 누가 모르겠는가?(욥 11:16-19) 『**나는 자기 이웃에게 조롱당하는 자와 같아**』(4절, 11:3; 5:9 참조). 욥이 거실에서 무릎을 꿇고 "하나님, 무엇이 잘못된 것인지 제게 보여 주십시오."라고 기도했는데 소파에 누워 있던 어떤 방문객이 "그래, 욥, 내가 기꺼이 보여 주겠다."고 말하는 것과 같다고 욥은 말하고 있는 것이다(『**이웃이 답변을 하니...**』). 이런 경우의 고전적인 예로 이런 이야기가 있다. 정신병자 수용소에서 어떤 사람이 통계를 내고 있고 "동물"이 줄을 서 있다. 첫 번째 사람에게 자신이 누구인지 묻는다. 그는 맹세컨대 자신이 “나폴레옹”이라고 말한다. 하나님께서 자기에게 나폴레옹이라고 말씀하셨기 때문이라는 것이다. 이 말에 다섯 번째에 서 있던 사람이 얼굴을 빠금히 내밀고 분개해서 말한다. “나는 그런 말 한 적 없어!” 성경에 나오는 사례로는 엘리야가 바알을 대신해서 답변해 주는 예가 있다(왕상 18:27). 바알의 선지자들이 자신들의 “신”을 부를 때(욥 12:4) 엘리야가 대답한다. “너희의 신이 너희로 기다리게 하니 내가 다른 전화선으로 답변하겠다.”

5절에서 욥은 확신에 차서 당당하게 발걸음을 내딛는 사람은 누가 자기에게 횃불이나 손전등을 주면 콧방귀를 뀐다는 것이다. “멸시하는 등불”은 “그 발이 곧 미끄러질 자”에게만 필요하다. 아담 클라크는 이 구절의 앞뒤를 분간할 수가 없어서 이 구절을 설명하지 않으며 심지어 열거하지도 않는다. 그러나 성경을 찢어 산산조각을 내고서 성경을 푸는 데 골머리를 앓는 사람은 아담 클라크만이 아니다. 파렴치한 1901년 ASV는 어휘집, 문법, 히브리어와 칼데아어 어근, 알렉산드리아의 이단들과, 프린스톤, 하버드, 예일, 웨스트민스터, 하이델베르크, 에딘버러, 콜게이트, 시카고, 루이즈빌 등의 교수진의 도움을 다 받고서도 이 구절을 이해할 수가 없었다. 테일러(LB)도 이 구절에서 소경을 따라가다가 시궁창에 빠진다. 그는 그 구절에서 “발”이나 “등불”에 관한 언급을 전혀 하지 않는다. 모든 사람이 그 열차에 타고 우쭐대며 멸망으로 향해 간다. 클라인(위클리프 주석, 472쪽)은 등불이나 발이 없다. 칠십인역에는 등불이나 발이 없다. NEB (1971)에는 등불이나 발이 없다. 여러분이 발마다 세 개씩 손전등을 든 지네라 해도 NRSV에서는 발이나 등불을 찾을 수가 없다. 잠언 25:19이 적절한 상호 참조 구절이다. 욥은 그의 빛을 필요로 하지 않는 사람들에게 무가치한 등불이라고 한 포셋에게는 주의를 기울일 만하다(1866 - RV를 출판하기 전). 사람들은 욥의 충고나 지도를 따르려 하지 않을 것인데 욥의 발이 "곧 미끄러질" 것이기 때문이다. 욥이 한 말은 사실이다. 하나님의 말씀을 알고자 열망하며(하나님의 말씀은 "빛"이다. 시 119:130) 하나님을 따르려고 하는 미국 그리스도인들이 유일하게 가지고 있는 진짜 문제는 NEB, TEV, TLB, ASV, NASV, RV, RSV, NRSV, 〈현대인을 위한 기쁜 소식〉 같은 것들을 높이 평가하고자 한다는 것이다. 이런 가련한 부싯돌의 불꽃들이 지상의 모든 것을 비추는(엡 5:13) 정오의 태양(〈킹제임스성경〉)이 이글거리고 있는데도 여전히 "성경" 역본으로 간주되고 있다.

1880-1980년의 성경을 거부하는 그리스도인들을 좀 더 비평적으로 살펴보기 전에 먼저 이 장을 끝마치도록 하자.

12:7 그러나 이제 짐승들에게 물어 보라. 그들이 너를 가르치리라. 공중의 새들에게 물어 보라. 그들이 너에게 말해 주리라.

8 아니면 땅에게 고하라. 그리하면 그것이 네게 가르쳐 주리라. 또 바다의 고기들도 네게 선포하리라.

9 이것들 중 그 어느 것이 주의 손이 이 일을 이루신 줄 알지 못하겠느냐?

10 모든 생물의 혼과 모든 인류의 호흡이 그의 손 안에 있느니라.

11 귀가 말들을 시험하지 아니하느냐? 또 입이 음식을 맛보지 아니하느냐?

이 구절은 〈킹제임스성경〉의 무오한 권위의 영광을 드러낸다. 이 장의 주석을 끝마칠 때까지 비평가들에 대해 논하는 것을 보류할 것이다. 뒤이어 나오는 구절들은 너무나 장엄하고 환한 빛을 주기 때문에 교육받은 죄인들의 어리석은 추측으로는 거기에 그림자를 드리울 수 없다.

『그러나 이제 짐승들에게 물어 보라... 공중의 새들에게... 땅에게... 바다의 고기들도 네게 선포하리라』(7,8절). 이 구절에 앞서 나오는 욥의 쓰라리고 냉소적인 비평(6절)은 성경을 그 문맥은 고려하지 않고 무차별적으로 인용하는 사람을 영적 인도자로 신뢰할 수 없음을 가르쳐 주는, 세상에서 가장 위대한 구절 중 하나이다. 하나님을 진노케 하는 사람은 "평안하지" 못하며, 강도들의 손에(6절) "풍성하게"(렘 52:17-20) 가져다주는 것은 단순히 하나님께서 허락하신 뜻일 뿐이다. 강도들의 장막이 "번성"한다면(6절) 그것은 일시적인 현상일 뿐이며(욥 15:34; 18:6,14) 욥은 자신의 이름을 알고 있는 것만큼이나 분명하게 이 사실을 잘 알고 있다. 욥은 단지 화가 나고 비통해할 뿐이며, 이 시점에서 그의 유머 감각은 신랄해질 수밖에 없다.

그러나 종교개혁 성경을 수정하기에 앞서 "짐승들과 새들과 땅과 물고기들"(7,8절)에게 귀를 기울인다면 그들에게서 뭔가를 배울 수 있다! 이 시점에서 주요 주석가들의 저서를 완전히 덮어 버리는 편이 클라크, 더멜로우, 제미에슨, 포셋, 엘리코트, 브라운, 클라인, 헤브너, 게제니우스를 다 합쳐도 이 두 구절에 관해 사분의 일 쪽을 채울 정도의 정보도 얻을 수가 없다. 그러나 여기 본문에는 얼마나 위대한 정보가 있는가!?

"짐승들"이 우리에게 무엇을 가르치는가?

구원받은 사역자들은 황소와 같다(고전 9:9,10). 그러나 영적 "수술"을 받지 않았으면서도 사역을 한다고 하는 자들은 예수 그리스도를 죽이려 하는 "황소들"(bulls, 시 22:12)이다! 거짓 선지자들은 개들이고(벧후 2:22), 지도자들은 "양의 옷을 입은 이리들"(마 7:15)이며, 그리스도인들은 "양"이고(요 10:14,28), 이스라엘에게는 목자가 필요하다(겔 34:6,11,15). 자기 의를 내세우며 성사들을 주장하는 사람들은 뱀들과 같으며(마 23:33), 그들은 그들 자신보다 "두 배나 더 악한 지옥의 자식들"인 독사들을 낳는다

(마 23:15). 지상에서 가장 더러운 두 종류의 동물(돼지와 개)은 구원받지 못한 남자들과 여자들을 상징하며(벧후 2:22), 구원받지 못한 사람은 들나귀와 같고(욥 1:12,13 주석), 주 예수 그리스도와 마귀는 둘 다 사자에 비유되며, 결국 "정글의 왕"은 "유다 지파의 사자"(계 5:5)가 된다.

『**이제 짐승들에게 물어 보라.**』

짐승들에게 묻고 싶지 않다면 "공중의 새들"에게 가서 물어보라! 사람들은 새들과 같으며(마 6:26), 비둘기는(마 3:16) 그리스도의 눈을 나타내므로(솔 5:12) 성령의 모형임을(요 1:32) 알 수 있다. 기도의 용사들은 좋은 의미에서 독수리들과 같다(사 40:31). 반면 파라오와 느부캇넷살은 나쁜 의미에서 독수리로 비유된다(겔 17:3, 호 8:1). 공중의 새들은 영들을 상징하며(계 18:2), 까마귀(창 8:7)는 더러운 영을(마 13:19), 독수리는 굶주린 사람들을(레 11:14) 상징한다. 하나님의 돌보심은 참새들에게까지 미치며(마 10:29-31), "공중의 새들도 거처가 있지만" 하나님의 아들은 머리 둘 곳도 없었다. 어떤 설교자들은 홍관조(紅冠鳥) 같으며, 어떤 설교자들은 공작과 같다(행 24:2-8). 어떤 사람들은 카나리아 같고 어떤 사람들은 조롱하는 새들과 같다(이들은 교단 본부에서 내려온 자료들을 반복해서 읽을 뿐이다). 어떤 설교자들은 죄를 심하게 공격하는 매와 같고, 어떤 설교자들은 양쪽 편을 다투게 해서 이익을 취하는 박쥐들 같고, 어떤 설교자들은 백조들 같아서 그들의 사역을 품위 있게 수행하며, 어떤 설교자들은 참새들 같아서 총에 맞거나 이리저리 돌아다니기만 하며, 어떤 설교자들은 바다 갈매기들 같아서 한 번에 한 명씩 사람들을 낚는다. 어떤 설교자들은 홀로 구름 너머로 높이 나는 독수리들 같아서 땅의 형세에서 가장 작은 세밀한 것까지도 찾아내서 폭풍이 몰아치기 전에 경고의 외침을 보내 준다.

『**이제... 공중의 새들에게 물어 보라.**』

사람들을 낚는 "낚시꾼"은 어떨는지?(마 4:19) 바다의 "물고기들"은 독불장군처럼 고독하게 혼자 다니거나 아니면 떼를 지어 다닌다. 어떤 것들은 소심하고, 어떤 것들은 거칠고, 어떤 것들은 휘황찬란하게 치장을 한 반면 어떤 것들은 위장을 하기도 한다. 어떤 것들은 작고 어떤 것들은 크고, 어떤 것들은 너무 작아서 육안으로는 보이지 않는다. 물고기들은 육식만 하는 물고기들도 있고 채식만 하는 물고기들도 있다. 1,500피트 아래에서부터 수면까지 어떤 깊이에서도 헤엄을 치는 놈도 있다. 물고기를 잡기 위해서는 그물, 낚싯줄, 고리, 막대기, 낚싯줄 감는 릴, 총, 작은 보트, 화살, 물고기 잡는 통발, 바구니, 폭약 등을 모두 준비해야 한다. 어떤 것들은 때로 아름답고 어떤 것들은 추하며 어떤 것들은 보통 평이하고, 어떤 것들은 매혹적이다. 이들은 배핀 만에서부터 적도에 이르기까지 지상의 어디에서나 찾아볼 수 있으며, 사람들처럼 먹는 때가 있고, 사람들처럼 생육하는 때가 있고, 사람들처럼 생존을 위해 투쟁하고, 대개는 사람들처럼 적들이 있으며, 사람들처럼 숫자가 너무 많아서 문제를 야기하기도 하며, 사람들처럼 병과 죽음의 문제를 가지고 있고, 사람들처럼 움직이는 데 일정한 습관이 있다.

『**이제... 바다의 고기들도 네게 선포하리라.**』

아직까지도 설교 자료를 얻지 못했다면 - 물론 더멜로우, 랑게, 헨리, 클라크, 제미에슨(Jamieson)과 포셋(Fausset)과 브라운(Brown), 피크 등에서는 자료를 얻지 못할 것이 분명하다 - 『**땅에게 고하라. 그리하면 그것이 네게 가르쳐 주리라.**』

나무들은 사람처럼 군집을 이룬다. 그리고 사람처럼 자라고 또 죽으며, 사람처럼 부활하고, 시들고 쓰러지며(사람처럼), 잘린다(사람처럼). 어떤 나무들은 다른 나무들보다 더 크고, 어떤 것들은 다른 것들보다 더 단단하고, 어떤 것들은 가지치기를 하고 비료를 주는 극도의 보살핌을 필요로

하며, 또 어떤 것들은 그대로 둬야 잘 자란다(사람처럼!). 어떤 나무들은 방수가 되며, 어떤 나무들은 벌레가 먹지 못한다. 어떤 것들은 열매를 맺고 어떤 것들은 열매를 맺지 못한다. 꽃들도 거의 이와 같다(창 2:7 주석 참조). 지구의 화석 기록을 보면 창세기 1:1 이후로 두 번의 대재난이 있었음을 알 수 있다. 바위층을 통해 대격변의 증거를 발견할 수 있다. 석유 저장과 "뼈가 함유된 균열 틈"에서 지진과 너무나 엄청나서 불가사의라고 할 수밖에 없는 규모의 허리케인이 동반된 화산의 주기적인 격동의 표시를 발견하게 된다. 땅 속에 있는 엄청난 "단층"에서는(갈릴리에서 퀸 빅토리아 호수까지 이르는) 극의 변이가 있었음을 보게 된다. 두 개의 산맥(피레네에서 히말라야와 안데스에서 시에라네바다까지) "산의 생성"이 비 또는 빙하 등에 의해 된 것이 아님을 알 수 있다.

『이것들 중 그 어느 것이 주의 손이 이 일을 이루신 줄 알지 못하겠느냐?』(9절) 하이데거는 알지 못한다. 다윈도 몰랐다. 사르트르도 모른다. 유엔도 모른다. 보건교육후생성도 몰랐다. 아인슈타인도 모른다. 하버드와 콜롬비아 교수진도 모른다. 바이너와 키에르케고르도 모른다. 소크라테스, 아리스토텔레스, 플라토, 아낙시만드로스, 아낙시메네스, 스탈린, 레닌, 피타고라스, 혹은 케네디가 사람들도 알지 못했다.

진짜 교사 - 하나님께서 만드신 세계(시 19:1-6) - 에게서 인간이 무언가를 배우지 못하는 이유는 서구의 고등 교육과 "과학적 발견물" 때문이다. 성경은 조류학(마 6,7장), 물고기학(전 9:12), 생물학(시 147편), 지질학(시 8:4), 인류학(시 139편), 지형학(전 1장), 인종학(창 10장), 천문학(시 19:1-5)을 가르쳐 준다. 성경은 인류가 지금까지 보아 왔고 앞으로 보게 될 모든 과학 서적 중에서 가장 정확하고도 유일한 교과서이다. 그러므로 그리스도인이건 그렇지 않건 과학자들이 "발견해 낸 것들"을 신뢰하

는 것은 분별력이 없는 행동이다. 이 과학자들은 미혹된 어리석은 자들로서 자신들의 연구 조사가 모세, 누가, 엘리후, 솔로몬, 사무엘, 다윗, 마태, 마가, 요한, 베드로, 야고보, 유다, 바울, 그리고 다른 영감받은 저자들이 기록한 계시보다 더 우월하다고 생각한다.

나의 군대 동기 중 한 사람인 "오스틴"이 무기력한 술주정뱅이가 돼서 1952년에 한국과 만주에서 고향으로 돌아왔다. 테네시 멤피스에 있는 한 사람(웨브너 부인)이 그에게 때때로 전도지를 우편으로 부쳐 주고 그를 위해 기도하며 증거했다. 그는 마침내 병원에 입원하게 되었다. 내장에 종양이 생겨 출혈로 죽어 가고 있었다. 모든 검사를 다 받은 후에(아무런 희망도 없이) 그는 대합실에 혼자 앉아 있었다. 그때 우연히 한 그리스도인 의사가 들어가서 오스틴에게 가서 한쪽 팔을 그의 목에 두르고, 동정적인 어조로 말했다. "이런, 뭐가 문제죠? 구원받지 못했습니까?" 그는 구원받지 못한 상태였다. 오스틴은 그 의사의 인도로 15분도 채 되지 않아서 그리스도께 인도되었다.

유물론적이고 논리적이며 긍정적이고 인공두뇌를 갖고 있으며 진화론적이고 현상적이며 통합적이고 컴퓨터화된 국제 사회주의자들의 진짜 문제가 무엇인 줄 아는가?

어떤 "정신과 의사"가 6개월 동안 독일 셰퍼드에게 배구공을 드리블하는 법을 가르치려고 애를 썼다. 그러나 계획한 "프로그램"을 다 시도해 보아도 소용없게 되자 최후의 방법으로 개를 공과 함께 자신의 사무실에 두고 밖으로 나간 다음 문을 잠갔다. 5분 후에 살금살금 문으로 가서 열쇠 구멍으로 자기가 가르친 것이 어떤 결과를 가져왔는지 엿봤다. 그 구멍을 통해서 그는 황갈색의 커다란 눈과 정면으로 마주쳤다.

『**이제 짐승들에게 물어 보라. 그들이 너를 가르치리라**』(7절). 이성을 가진 인간이 하나님의 명령에 불복종하는 반면, 하나님의 명령에 복종하지 않는 "어리석은" 동물은 없다. 동물들 중에 분수나 방정식을 풀거나 여러 가지 도구를 고안해 내서 사용하는 동물은 없지만 100,000,000년 전에 (다윈에 따르면) 북태평양 해변에서 처음으로 등장했다는 거미는 자신의 몸무게보다 2,000배나 되는 조가비를 들어 올리는 데(수축과 확장 법칙에 따라) 젖은 실크 줄 위에서 "본능"에 따라 그렇게 하는 것이다. 인간의 본능은 왜 그런 일을 할 수 없는지 모르겠다. 수학, 물리학, 기계학, 화학을 공부하지 않은 사람이 3,600톤의 콘크리트를 1,800피트 상공으로 들어올릴 수 있는가?

카나리아에게 큰부리새의 부리가 있다면 카나리아는 씨를 집을 수가 없다. ("어머니 자연"은 참으로 대단하지 않은가?) 펠리컨의 부리가 병아리 부리라면 어떻게 그 입에 물고기를 담을 수 있겠는가? 그 반대도 마찬가지다. 병아리는 물갈퀴가 없는데도 물속에서 어떻게 그렇게 멀리까지 헤엄칠 수 있는가? 물고기를 낚는 새들은 발톱의 등과 앞쪽에 있는 작은 톱니에 맞춰서 미늘이 있는 갈고리가 있다. 누가 물고기에게 아가미를 통해 호흡하도록 가르쳤는가? 동물들은 추상적인 것을 기억하지 못하는데도 4,000년 동안 "습득된 지식"이 어떻게 전달되는가?

돌진하는 새들에게 수직으로 돌격하는 대신 비스듬히 돌진해서 공격하라고 누가 가르쳤는가? "원형의 아치"는 18세기에 유럽에서 두 사람만이 풀 수 있었던 문제였다. B.C. 1000년에 살았던 돌진하는 새들이 그 문제를 어떻게 풀었는가? "지구의 축이 경사진 것과 그 결과로 기류의 순환과 압력이 수반된다는 것을 그들은 "본능으로" 알았는가? ("자연"이 참으로 장엄하지 않은가?) **『이제... 공중의 새들에게 물어 보라. 그들이 너에게 말해 주리라.』**

태평양 연안의 해변에 서식하는 새의 부리는 그 먹이가 되는 벌레의 구멍과 정확하게 일치한다. 또한 부리 끝에서 약 3/8인치쯤 되는 곳에는 돌쩌귀 구실을 하는 늘어진 부분이 있다. 이것이 있어서 이 부리는 의사들이 사용하는 기다란 족집게처럼 구멍 안에서 열리게 된다. 그런 다음 새는 벌레를 삼키기 전에 물 가장자리에서 부리에 묻은 모래를 씻어낸다. 바닷새들은 이 돌쩌귀가 달린 부리가 발달하지 못한 이유가 뭔가?

"본능"은 자동적이지도, 어떤 종에게서 "진화"한 것도 아니다. "본능이란 하나님께 부여받은 지혜"이다. 이것을 믿는 것이 좋을 것이다.

『**주의 손이 이 일을 이루신 줄...**』(9절) 이 사실을 믿지 못한다면 그것은 좌익 TV 프로그램, 신문, 라디오, 대학 교육을 받은 교사들에게 너무나 오랫동안 세뇌되어서 자기가 알고 있는 제한된 지식의 범위를 넘어서는 것은 아무것도 볼 수 없기 때문이다. 욥은 이런 것들을 주께서 이루신 것을 알고 있다. 욥은 또한 새들, 짐승들, 물고기들은 하나님의 지식과 허용하심 속에서 서로 먹고 먹히며 사는 것을 알고 있다(욥 12:6에서처럼). 하나님께서는 이런 일을 이사야 11장과 로마서 8장까지 지속하실 것이며 지상에 있는(혹은 외계에서 온) 그 어떤 과학자들이나 교육가들이 시도해 온 그 어떤 일도 이 문제를 결코 해결하지 못한다. 주 예수 그리스도의 재림에 앞서 있게 될 대환란 기간에는 맹수들과 탐욕스러운 새들이 나온다(계 6:8; 19:17).

"이름 있는 출판사들"(존 R. 라이스의 말을 빌면)에서 출판한 욥기 주석서에 돈을 더 이상 낭비하기 전에 기도하면서 조심스럽게 다음 사실을 생각해 보는 것이 좋겠다. 1880년 이후 모든 주요 주석가들은 "우스 땅"의 위치를 정하는 데 쏟았던 정도의 지면을 욥기 12:7,8에는 전혀 할애하지 않는다.

『모든 생물의 혼과 모든 인류의 호흡이 그의 손 안에 있느니라』(10절). 이 구절은 동물들도 "혼들"로 분류될 수 있으며(민 31:28), "우리는 그분 안에 살고 움직이며 존재"(행 17:28)하고, 하나님께서 살아 있는 모든 것들의 최종 항소 법원이심(사 57:16)을 보여 준다. 인간의 귀는 "시험하는 말들"(11절)을 위한 법정이며, 유쾌한 말들은 "고기"(히 5:14)이다. 이는 그 말들이 꿀(시 119:103), 빵(눅 4:4), 사과(잠 25:11), 우유(벧전 2:2)와 같기 때문이다. "듣는 데 둔한 귀"(행 28:27), "도가니"에서 단련되어서(시 12:6) 석가모니, 공자, 모하메드, 카가와, 마오쩌둥, 노자, 그리고 교황들이 지금까지 말했거나 생각한 가장 순수한 말들보다 일곱 배나 더 순수해질 때까지 정련을 통해 순수하게 되는 것을 거부하는 가려운 귀(딤후 4:3)에게 화가 있을지어다! 로마서 3:1-3; 5:24; 3:36과 로마서 8장의 말씀들이 진실이 아니라고 생각되면 그 말씀들을 시험해 보라. 성경과 성경에 나오는 약속들을 시험해 볼 때까지는 "실존적이고 선험적이며 증명할 수 있는 자료"가 필요하다는 말은 하지 말라. 자신의 생명을 창조하신 분이 말씀하신 것들을 시험해 본 적도 없는 핵물리학자가 "인본주의," "불가지론"에 대해 말하는 것보다 더 우스꽝스러운 일이 있을 수 있겠는가?

12:12 나이 든 자에게는 지혜가 있고 명철은 날들의 긴 것에 있으니
13 지혜와 능력이 그분께 있고 계략과 명철도 그분께 있도다.
14 보라, 그가 허시면 다시 세울 수 없고 그가 사람을 가두시면 열 수 없느니라.
15 보라, 그가 물들을 거두시니 물이 마르고 그가 또 물들을 보내시어 땅을 뒤집는도다.

12절의 『**나이든 자**』(ancient)는 간접적으로 셈을 언급하는 것이며 『**날들의 긴 것**』은 600년이 짧은 인생이었던 때를 언급한다(창 5장과 주석 참조). 그러나 교리적으로 이 "나이든 자"(the ancient)는 요한계시록 1:14의 양털 같은 머리를 가지신 메시아이다. 그에게 "지혜와 능력"(13절)이 있다. "나이든 자"에게는 "계략과 명철"(13절)이 있는데, 이는 이사야 11:2에 따르면 그분에게 "지혜와 명철의 영"이 있기 때문이다.

『**그가 허시면 다시 세울 수 없고**』(14절). 에스라와 느헤미야가 성벽들을 재건하기는 했지만 그것들은 A.D. 70년에 다시 허물어졌다(티투스 장군에 의해서). 그 이후에도 대환란 때 다시 재건되지만(계 11:1,2) 주 예수 그리스도께서 천년 왕국에서 그것들을 다시 세우시기 전에(행 15:16) 그것들은 무너질 것이다. 그분께서 노아와 그의 아들들에게 하셨던 것처럼 『**그가 사람을 가두시면 열 수 없느니라**』(14절). 노아와 그의 아들들을 방주에 가두신 다음 하나님께서는 "물들"을 보내시어 『**땅을 뒤집는도다**』(15절). 계속해서 이 대홍수에 관한 구절이 욥기에서 반복되어 나온다. 이것은 욥과 그의 친구들이 생각해 낼 수 있는 죄와 심판에 대한 가장 큰 예가(출애굽기 4장이나 열왕기상 18장이 아니라) 창세기 4-10장에 속한 것임을 보여 준다. 하나님께서 한 사람을 감옥에 넣으시고 문을 닫으셨을 때(사 61:1,2) "포로들에게 구원이 선포될 때까지"(눅 4:18, 엡 4:8) 그는 나올 수 없다. 하나님께서 한 사람을 병원 침실에 넣고 닫으시면 그 사람은 위를 쳐다봐야만 한다.

『**닫으면 열 자가 없으리라**』(사 22:22). 그분이 준비가 되시면 여실 것이다. 일단 그분이 문을 닫으면(계 3:7) 서른다섯 개의 "사람들의 언어"로 된 "새로운 번역본들"은 지상에서 진리로 인도하는 문을 단 하나도 열지 못한다(계 2,3장과 주석 참조). 하나님은 요나를 고래 뱃속에 가두셨다.

(마 12:40에 관한 웨스트의 헬라어와 조디아테스의 헬라어는 신경 쓰지 말라. 이 사람들은 자기들의 성경에 대해 요나보다도 더 모르는 사람들이다.) 요나는 하나님께서 그 고래의 입을 여실 때까지 "입 속 아래"에 있었다. 주님께서는 엘리야 시대에 "물들을 거두셨던"(15절) 것처럼 다니엘의 칠십째 주 마지막 삼 년 반에도 물을 거두실 것이다.

12:16 능력과 지혜가 그에게 있으며 속는 자와 속이는 자가 그의 것이라.
17 그는 의논자들이 약탈당하도록 이끄시며 재판관들도 어리석은 자가 되게 하시는도다.
18 그는 왕들의 속박을 풀어서, 끈으로 그들의 허리를 묶으시는도다.
19 그는 통치자들이 약탈당하도록 이끄시며 권세자를 무너뜨리시는도다.
20 그는 신실한 자의 말을 거두어 가시며 늙은 자들의 명철을 제하시는도다.
21 그는 통치자들에게 멸시를 쏟으시며 권세자의 권세를 약하게 하시는도다.
22 그는 암흑에서 심오한 것들을 찾아내시며, 사망의 그림자를 빛으로 가져오시는도다.
23 그는 민족들을 흥성케도 하시고 멸망시키기도 하시며 그는 민족들을 확장시키기도 하시고 다시 좁히기도 하시는도다.
24 그는 땅의 백성 중에서 우두머리의 마음을 빼앗아 가기도 하시며 그들로 길이 없는 광야에서 방황하게도 하시는도다.
25 그들은 빛 없는 어둠 속에서 더듬거리나니 그는 그들로 술취한 사람같이 비틀거리게 하시는도다.

욥은 이제 마구 말을 쏟아내고 있다. 아무도 그의 말을 중단시킬 수 없다. 욥은 하나님께서 원하시는 일은 무엇이든지 원하시는 때에 행하신다고 말하고 있다. 욥은 지금 이런 상태에 있으며 그는 주파수를 엘리후와 하나님께 맞추고 있다.

『**속는 자와 속이는 자가 그의 것이라**』(16절, 딤후 3:13 참조). 그분은 아히도펠의 정신을 혼미하게 하셨고, 그 다음에는 후새에게 경청하는 사람들을 혼미케 하셨다. 그분은 유다를 혼미케 하셨고 그 다음에는 유다와 협상한 자들을 혼미케 하셨다. 적그리스도는 "속이는 자"(요일 4:1)이며 하나님께서는 자신이 보기에 좋으신 대로 그를 처리하실 것이다. 그분은 이집트와 에디오피아에서 그곳의 위대한 사람들을 발가벗기시고 맨몸과 맨발로 끌려가게 하셨던 것처럼(사 20:2,3) "그는 의논자들이 약탈당하도록" 만드신다(17절). 삼손에게 하셨던 것처럼 "재판관들도 어리석은 자"가 되게 하신다(17절). 고함치며 삼손을 조롱하는 무리가 섬기는 신은 삼손의 하나님을 상징하는 궤 앞에서 똑바로 앉을 수도 없는 그런 신인데(삼상 5:4) 그런 사람들 앞에서 백성의 위대한 재판관이자 구원자가(판 16:21) 눈멀고 발가벗겨진 채 조롱당한 것이다.

그분은 므낫세를 그 "감옥"에서 빼내서 그의 왕국에 돌아오게 해 주셨던 것처럼 "그는 왕들의 속박을 푼다."(18절) 주께서는 코레스에게 행하셨던 것처럼(사 22:21-25) "끈으로 그들의 허리를 묶으신다"(18절). 그분은 시드키야와 여호야킴에게 하셨던 것처럼(대하 36:6,7,18) "통치자들이 약탈당하도록 이끄신다"(19절). 또한 그분은 파라오(출 15장)와 느부캇넷살을 전복시키셨던 것처럼(렘 50:23) "권세자를 무너뜨리신다"(19절).

그분은 유럽 전체와 러시아의 거의 절반을 통제했던 한 죄인의 시체가 언젠가 불에 탈 것이라고 선언하셨다. 그분은 또 다른 죄인(에디오피아와 북아프리카를 정복하는 일을 도왔던 한 사람)의 시체를 로마에서 거꾸로 매다셨다. 루돌프 회스가 거의 2,000,000명의 유대인들을 죽이는 일을 감독한 이후 그 죄인의 목을 매다셨다. 나폴레옹과 샤를마뉴는 그분의 전능하신 손 아래 비틀거리며 넘어진다. 그리고 그들은 알렉산더 대왕, 크세르크세스, 한니발, 스키피오, 시저, 다리우스 대제의 먼지와 자신들의 먼지를 섞는다.

그분은 사카랴의 입을 막으셨던 것처럼(눅 1:20) "그는 신실한 자의 말을 거두어 가신다"(20절). "그분은 늙은 자들의 명철을 제하신다"(20절, 잠 8:15 주석 참고). 수많은 훌륭한 십자가의 군인들도 나이가 들면 사라진다. 예레미야의 경고를 받아들이지 않은 것으로 인해 주께서 시드키야의 백성에서 하셨던 것처럼(렘 52장) "그는 통치자들에게 멸시를" 쏟으신다(21절). 그분은 감정의 동요나(판 11:35) 더 뛰어난 경쟁 상대를 일으키셔서(삼상 18:8) "권세자의 권세를 약하게 하신다"(21절). 입다와 사울이 이 구절을 읽었다면 그 의미를 알았을 것이다. 삼손은 민수기 6:9의 요구 사항을 충족시키지 못했기 때문에 힘을 잃었다(판 16:21). 우주를 계시하시거나(욥 26:5-14, 엡 3:18) 미래를 계시하시는 것처럼(시 68편) "그는 암흑에서 심오한 것들을 찾아내신다"(22절). 그러나 죽음과 무덤이라는 인간의 문제를 해결하신다는 의미에서(고전 15:55), 또한 A.D. 1990-2000에 있을 "죽음의 기계"(death machine)를 계시해 주신다는 의미에서(암 5:8, 렘 13:16, 시 44:19) 그분은 "사망의 그림자를 빛으로 가져오신다"(22절).

이사야 9:3에서처럼 『**그는 민족들을 흥성케도 하시고**』(23절) 대양을 덮을 만큼 많은 "잎들"을 내게도 하시고(마 24:32), 그런 다음 민족들은 "통 속의 한 방울 물"과 같기 때문에(사 40:15) 이집트, 바빌론, 로마, 그리스, 페르시아, 영국에게 하셨던 것처럼 "멸망시키기도"(23절) 하신다. "야펫"이란 말은 "그가 확장시킬 것이다"(창 9:27 주석 참고)라는 뜻이므로 "그는 민족들을 확장시키기도 하신다"(23절). 그리고 그들을 다시 좁히기도 하신다. 아주 작은 지면에 민족들을 들어가게 하셔서, 민족들이 주간 고속도로에 차가 다니도록 하기 위해서 이스라엘을 대적해서 아라비아의 편에 서게 하신다! "전쟁에서 낙담하고"(신 20:8 참조) 벌거벗은 채 도망하며(암 2:16) "쫓는 자가 없어도"(왕하 7:6) 도망한다는 점에서 "그는 땅의 백성 중에서 우두머리의 마음을 빼앗아 가기도 하신다"(24절). 하나님께서 길을 보여 주시지 않으시면 "길이 없는 광야에서 방황하게"(24절) 된다. 유대인들은 전에 방황한 것과 똑같이(시 78편) 다니엘의 칠십째 주에 다시 여기서 방황하게 될 것이다(호 2:14-16). 『**그들은 빛 없는 어둠 속에서 더듬거리나니, 그는 그들로 술취한 사람같이 비틀거리게 하시는도다**』(25절, 욥 5:14 참고). 대환란 끝에 "민족들"(23절)은 이런 상황에 처하게 될 것이다. 민족들이 "술취한 사람처럼 비틀거리며"(사 24:18-20), 새까만 어둠 속에서 우박 세례를 받는 상황에서도(계 16:21), 유엔은 괴물들에게 통제를 받고 고통을 당하며(계 9:1-11) 피를 마시며(계 16:5,6) 약물 중독에 걸린 사람들과 함께(계 9:21) "왕국을 도래시킬 것이다." NCC와 보건교육후생성은 "인간이 인간에게 행하는 비인간성"을 뿌리 뽑기 위해 "희망차게 전진"할 것이며 그 결과로 "인간은 인간이라는 이름에 걸맞는 가치 있는 존재"가 될 것이며 이 세상은 편견, 완고함, 인종적 소수 집단을 없앰으로써 "더 살기 좋은 곳"이 될 것이다. 항상 똑같은 노래이며 똑같은 음색에 똑같은 템포에 늘 똑같은 열쇠이다. 즉 다 같이 미친 것이다. 세상에서 가장 낙천적인 사람들은 정신병 수용소에 수감된 사람들이다.

나아맛인 소팔에 맞서서 욥이 토해내는 말들의 1/3을 살펴봤으므로 이제는 잠깐 학자 연합에 눈을 돌려서, 〈킹제임스성경〉 본문이 이들의 오만한 가죽에 얼마나 많은 채찍질을 가했는지 보도록 하자.

1. 1901년의 ASV는 "주"(9절) 대신 "여호와"라는 단어를 포함하고 있는

데 그렇게 해서 왕국회관에 모인 사람들의 화를 가라앉히고 있다. "여호와"란 단어를 구약에만 한정시키고 신약에서 그리스도를 "피조물"로 부름으로써(ASV, 1901, 요 9:38), 필립 샤프와 그의 파선당한 승무원들(달라스, 노스웨스턴, 펜사콜라기독대학, 미드웨스턴, 맬런, 피드몬트, 밥존스 등에 있는 많은 교수진들)은 무의식중에 가장 훌륭한 여호와의 증인 성경을 출판하게 된다. 여호와의 증인 교리에 너무나 성실해서 신세계역본만이 그것을 능가할 수 있을 정도다.

2. 테일러(〈리빙바이블〉)는 6절의 3인칭 복수를 2인칭 단수로 바꾸었으며, 9절을 삭제하고 세 구절을 그 본래의 위치에서 이탈시키고서도 그 순서가 7,8,9절로 되어 있다고 생각하도록 속이고 있다. [테일러는 사무엘상 20:30에서 요나단을 "암캐의 자식"(son of a bitch)이라고 부른 다음에 이런 일을 한 것이다. 이렇듯 "일관성이 있는 것"은 아무것도 없는 것 같다.]

3. 〈뉴스코필드성경〉은 "킹제임스성경"이라고 큰소리를 치면서 〈킹제임스성경〉 본문을 다섯 군데나 변개시킨다. 이것 중 세 개는 그 옛날의 썩어 빠지고 냄새나는 1901년 ASV를 본문에 집어넣은 것이다. 미국 내 모든 주요 기독교 학교에서 (존 R. 라이스를 포함해서) 일 년에 50번씩 끈질기게 선전을 해 대도 하나님께서는 이 썩은 성서를 존중하지 않으신다.

4. NEB(1971)은 11절의 교리적 진리를 의심스러운 것으로 바꾸어 버린다. 홍수 이전 시대에 관한 구절이 12절에서 삭제된다. 도드는 22절을 삭제하고 그것을 25절 뒤에 넣는다. 최소한 도드는 테일러보다는 더 정직하다(위 내용 참고). 왜냐하면 도드도 절 표시를 제거해 버렸는데 본문이 아니라 각주에서 절을 표시하는 표를 제거해 버렸기 때문에 최소한 그 구절의 위치가 맞지 않다는 것을 독자들이 알 수 있게 했기 때문이다. (이런 속임수를 더 보려면 밥존스대학과 펜사콜라기독대학에서 사용하는 NASV의 요한일서 5:6-8을 보면 된다.)

5. ASV(1901) 위원회의 눈먼 안내를 따라서 〈강단의 주석〉은 9절에서 "여호와"로 대체시키고 "통치자들"(19절)을 "제사장들"로 변개시켰다.

6. 아담 클라크는 "저작 연대"에 관한 자신의 솔직한 심정을 무심코 드러내게 된다. 그는 욥기의 저자가 "자신의 시선을 이사야 3:1-3에 두고 있었을지도 모른다."라고 말한다. (참으로 뛰어난 연역법이다!) 이 말은 욥기가 솔로몬 시대보다 200여 년 이후에 기록되었다는 의미이다.

7. 클라인은 9절이 "그들의 신을 자신들의 손에 쥐고"(RV, 1884)로 되기를 원한다. 또한 "통치자들"(19절)이 "제사장들"(ASV 1901)로 돼야 한다고 생각한다.

8. 헤브너는 모펫이 "아마도 옳을 것"이라고 생각한 다음 12절의 교리적 진리를 의심스러운 것으로 만들어 버린다. 엘리후가 말한 예외는(욥 32:7-10) 법칙을 증명해 줄 뿐이다. 후설(1859-1938)의 "과학적 방법"과 그의 "현상학"이나 부처의 "무전제," 흄의 "인과 관계" 분석이나 버클리의 "이중성의 불연속성" 등을 공부하느라고 시간을 낭비한 우리들은 성경 대신 과학적 귀납법을 최종 권위로 하는 것이 얼마나 무가치한 일인가를 잘 알고 있다("가치 철학"). "날수가 많은 자가 말을 해야 한다"(욥 32:7)는 것은 원칙이다. 그리고 "연수가 많은 자가 지혜를 가르쳐야"(욥 32:7) 하지만 "위대한 사람들이라고 항상 현명한 것은 아니다"(욥 32:9). 그렇다고 이것 때문에 신학교 2학년생에게 욥기 12:12을 의심할 권리가 주어지는 것은 아니다. [법칙과 질서를 내버리고 그 대신 무질서한 추측과 거짓으로 그 자리를 채우는 것이 현대의 과학자들이 하는 일이다. "귀납법"의 유용성에 대해 골로새서 2:8에서 한 우리의 설명을 참고하기 바란다.]

9. 제미에슨과 포셋과 브라운에 따르면 "신실한 자"는 "자신들의 유창한 언변으로 안전하게 거하는 자들"(20절)이 되어야 한다. 움브라이트는 울케, 에발트, 버드, 더멜로우처럼 그의 손에 "신들"을 가지고 이리저리

돌아다닌다(6절).

보수주의적이고 근본주의적인 히브리어와 헬라어 학자들은 진리의 말씀의 권위와 능력 외에는 어떤 것이라도 믿는다. 이런 관점에서 보자면 이들은 지금까지 살았던 구원받지 않은 철학자와 다를 바가 전혀 없다. 살아 있건 죽었건 구원받지 않은 철학자들은 모두가 〈킹제임스성경〉을 견딜 수 없어 한다.

"통치자들"(히브리어 : "코헨")이란 단어를 19절에서 "제사장들"로 해야 한다는 모든 불평은 우리가 창세기 3:1 이후로 계속 폭로해 왔던 동일한 거짓말이다. 같은 단어가 1901년 ASV에서는 네 가지로 다르게 번역되었다. 그러면서도 이 배교자들은 "일관성 있는 번역"을 해야 한다고 불평을 늘어놓는다. 여기서는 "제사장"으로 번역을 해 놓고 사무엘하와 역대기상에서는 "우두머리"(chief), "최고 사역자"(chief minister), "사역자"(minister)로 번역을 한 것이다. 그들이 견딜 수 없어 하는 딱 한 가지가 있다. 바로 〈킹제임스성경〉에 있는 올바른 본문이다.

이들에게는 성경을 믿는 것을 제외하고는 그 어떤 것이라도 괜찮다.

욥기 13장

13:1 보라, 내 눈이 이 모든 것을 보았고, 내 귀가 듣고 알아차렸도다.
2 너희가 아는 것을 나도 아나니 내가 너희보다 못하지 아니하도다.
3 실로 나는 전능하신 분께 말씀드리고 싶으며 하나님과 따져 보기 원하노라.
4 그러나 너희는 거짓말을 지어내는 자요, 너희는 모두 쓸모없는 의사들이니라.

욥은 올바르게 이해했다. 그는 하나님의 권능을 이해하는 데는 전혀 문제가 없었다(1절). 그의 "위로자들"이 알고 있는 것을 욥도 알고 있었다(2절). 욥은 그들보다 못하지 않았다. 욥은 이제 그들과 이야기하는 데 흥미를 잃었다!(욥 5:8; 6:2 참조).

『너희는 거짓말을 지어내는 자요, 너희는 모두 쓸모없는 의사들이니라』(4절). 참으로 훌륭한 설교 자료가 담긴 구절이다! 종교, 과학, 철학, 교육계에 있는 의사들은 자기 자신도 치료할 수 없다(눅 4:23). 이들은 개 한 마리조차 도로를 건널 수 있도록 인도하지 못하면서 "다른 사람들을 진리로 인도하는 것"에 대해 이야기한다. 이들은 일 개 군단의 마귀들이 양심을 마비시키고 있는데도 "내적 평화"에 대해 중얼거리는 마하라자 구루 같은 사람들이다. 이들은 자신들의 침대 정리조차 제대로 하지 못하면서 "기존 체제를 바로 잡는 것"에 대해 떠들어대는 히피들이다. 과학, 종교, 철학, 교육은 기념비적이고 웅장한 실패자들이다! 자기 의를 내세우며 하나님을 미워하고 비방하며(롬 1:30) 거만하고 잘난 체하는(딤전 3:14) 국제 사회주의자들의 네 마리 신성한 소들이다! 이 위대한 다윈의 네 마리 원숭이 인간! 이들이, 살아 있건 죽었건, 지상의 어디에선가 한 사람의 죄인이라도 치유할 수 있었는가?

드물게 예외가 있기는 하지만 과학과 교육의 위대한 개척자들은 불가지론자로서, 즉 지혜도 없이(욥 4:21) 죽었다. 가끔 예외가 있기는 하지만(고전 1:26) 다섯 개 대륙의 위대한 종교 지도자들은 불가지론자로서 죽었다. 가끔 예외가 있기는 하지만 비평적인 철학자들과 유럽과 미국의 "해방된" 지성인들은 절대적으로 칠흑 같은 어둠 속에서 하나님이나 영원이나 그들 자신의 혼의 운명에 대해서도 알지 못한 채 윌리엄 제임스와 존 듀이처럼 죽었다. 이들은 인생 여정에서 시간당 50달러에서 100달러를 지불하면서, 영적 문제나 영원에 관한 문제에 대해서는 아픈 고양이 한 마리도 치유할 수 없었던 "거짓말을 양산하는 사람들"의 발아래 뭐라도 배우겠다고 앉아 있었다. "쓸모없는 의사들"이란 말은 세상의 95%의 교황들, 설교자들, 수상들, "의장들," 사제들, 교육자들, 학자들, 교사들, 대통령들, 의사들, 법률가들의 문 앞에 걸려 있는 현수막이다. 자기 자신을 절대 진리로 내세우시고(요 14:6), 자신의 말씀을 오류 없는 진리라고 하신(요 17:17), 요한복음 9,11장의 위대한 의사는 헤롯 같은 사람을 결코 왕진해 주지 않는다. 지성적인 가치 판단이 이루어지기 위해서는 하나님이 자신에게 비평적으로 분석할 수 있는 자료들을 제시해야 한다고 생각했다. 사람들이 현미경으로 성경의 계시를 조사하는 것이 아니다. 오히려 성경이 사람들을 살피고 조사한다(히 4:12,13). 성경은 사람들이 가지고 노는 바이러스, 유전자 암호, 핵 중성자, 단백질, 효소, 핵산, 외피, 거대 분자보다 더 살아 있으며, 시험관에서 생명을 창조함으로써 인간을 신격화하기 훨씬 이전에 이 책은 10의 157제곱분의 일이라는 수학적인 "통계학적 개연성"을 가지고서도 일을 훌륭하게 성취해 낼 것이다. 의사여, 우리를 속이려 하지 말라. 그들에게는 어떤 문제의 최종적인 해답이 없다. 최종적인 해답은 성경 속에 있다.

『**너희는 모두 쓸모없는 의사들이니라**』(4절). 이 돌팔이 의사들에게 유일한 희망은 계속해서 불확실성을 말하는 것이다. 이것이 그들의 "특기"이다. 불확실성은 그들이 가장 두려워하는 것 - 자기들의 정체가 폭로되는 것과 조소(요 12:43)에서 그들을 구해낼 것이기 때문이다. 현대의 철학자와 교육자와 과학자가 모든 거듭난 사람들을 포함해서 참을 수 없어하는 것은 조소와 배척을 당하는 것이다. "사람의 영광을 하나님의 영광보다 더 사랑하는"(요 12:43) 사람들에는 성경을 거부하는 사두개인들뿐만 아니라 정통 바리새인들도 포함된다. 그 사실을 잊지 말라!

어떤 죽어가는 창녀가 R.G. 리 목사(벨뷰침례교회, 멤피스)에게 말했다. "당신이 설교하는 것을 아주 여러 번 들었어요." 혼이 병든 환자가 약을 복용하지 않는다면 그 누가 설교한다 해도 나을 수가 없다. 패러데이(1791-1867)는 은 컵을 어떤 산에 넣었다. 산이 은을 먹어 버렸다. 그 다음에 그는 산에 화학 약품을 첨가했다. 은이 다시 모두 형성되었다. 그래서 딱딱한 덩어리로 되었다. 우리는 여기서 교훈을 얻을 수 있다. 패러데이 같은 성경을 거부하는 바보가 하나님께서 만드신 화학 약품으로 그런 일을 할 수 있다면 하나님께서 무덤 속에서 사람들을 분해하셨다가(고전 15:36,37) 후에 분해된 몸을 재조립하시는 것이 뭐가 그리 어렵겠는가? 교육받은 과학자들(1930)에게 많은 수의 사각형이 그려진 카드를 보여 주었다. 이 카드들을 5초에서 10초 동안 들어 올린 다음 과학자들에게 그들이 "선험적이고 객관적이며 순수하고 현상적인 감각"으로 본 사각형의 숫자를 말해 보라고 했다. 40개의 정방형이 있는 카드를 보고 25개에서 50개라는 답변이 나왔으며, 450개의 정방형이 있는 카드를 보고 200개에서 600개라는 답이 나왔다. 우리는 여기서도 교훈을 얻을 수 있다. 현미경으로 "그것을 봤다"고 해서 그것이 거기 있다거나 자신이 그것을 올바로 봤다는 뜻은 아니다. 시카고에 있는 지문 전문가(1920-1930)는 발가락으로 금고를 연 금고털이를 잡아내려다 거의 반쯤 미쳐 버렸다. 발가락은 손가락의 "지문"과는 일치하지 않기 때문이다. 여기서도 교훈을 얻을 수 있다. 과학에 반드시 어떤 해답이 있다고 생각하는 사람은 섀덕 교수의 작품을 읽어 봐야 한다.

그는 "소낭 돌기가 상습적으로 발아하는 시상봉합 봉합선 앞쪽과 삼각봉합 봉합선 뒤쪽에 있는 두개 구조의 피부 구조 위에 소낭 돌기가 없다." 즉 그는 "머리 꼭대기가 대머리이다"라는 뜻이다. "유공충 층에 있는 얕은 해역의 퇴적층은 저반이나 심성암일 리가 없다. 왜냐하면 화산쇄설물의 응회암과 흑요석(혹은 부석)이 석류석을 함유한 편암과 비현정질 유문암에 근접해 있기 때문이다. 이것들은 또한 지각 변동으로 인해 생긴 것이다." 즉 "이 대양의 바닥에 있는 쓰레기는 때때로 찢겨지기 때문에 다른 돌들처럼 바위나 화강암일 리 없다"는 말이다. 여기서 배울 수 있는 교훈은 이렇다. A.T. 로버트슨의 헬라어 문법 구문론이 "여러분의 이해력"의 범주를 넘는다고 해서 그에게서 배운 어떤 사람이 클라렌스 라킨을 따라잡을 수 있다고 생각하지 말라.

교육자들과 종교인들은 본질적으로 엄청난 허풍쟁이며, 자신들의 진짜 절대적 진리는 텅 비었다는 것을 알고 있는 광대들이며, 익살꾼들이다. 이들이 "진지"해져서 "수학적 확실성"에 대해 이야기를 시작하면 이들은 자동적으로 우주에서 가장 뛰어난 경이 자체인 성경을 무시한다. 어떤 과학자도 설명하려고 시도조차 할 수 없는 수학적 경이를 보여 주는 책이 한 권 있다(창 38-50장 주석 참고). 체면을 차리기 위해 배교한 보수주의자, 자유주의자, 신정통주의 신학자들과 아스트룩, 그라프, 에발트, 쥬에넨, 훕펠드과 벨하우젠의 도움을 받아도 설명을 할 수 없다. 지상에서 한 사람의 생애와 연관된 500개의 세부 사항을 예언해 주는 한 권의 책이 있다. 이 예언 중 48개가 4년 이내에 성취되었으며, 이것들 중 절반을 부인한다 해도, 확률적으로 400,000,000,000,000,000,000,000,000,000분의 일보다 이루어질 가능성이 더 없는 그런 일이 이루어진 것이다.

13:5 오 너희 모두가 잠잠하기를 원하노라. 그것이 너희의 지혜가 되리라.
6 이제 나의 논증을 듣고 내 입술의 변론에 경청하라.
7 너희가 하나님을 위하여 악하게 말하려 하느냐? 너희가 하나님을 위하여 거짓되이 말하려 하느냐?
8 너희가 그분의 인격을 받아들이겠느냐? 너희가 하나님을 위해 다투겠느냐?
9 그분이 너희를 감찰하셔야 좋겠느냐? 아니면 이 사람이 저 사람을 조롱하듯이 너희도 그분을 조롱하겠느냐?
10 만일 너희가 비밀리에 사람들을 받아들이면 그분은 반드시 너희를 책망하시리라.
11 그분의 탁월하심이 너희를 두렵게 하지 않겠으며 그분의 무서움이

너희에게 임하지 않겠느냐?
12 너희의 기억들은 재와 같을 것이요, 너희의 몸은 진흙덩이 같을 것이라.
13 너희는 잠잠하고 나를 내버려 두어 나로 말하도록 하며 무슨 일이 든 내게 임하게 하라.
14 어찌하여 내가 내 살을 내 이로 물고 내 생명을 내 손에 두겠느냐?
15 그분이 나를 죽이실지라도 나는 그분을 신뢰하리라. 그러나 나는 그분 앞에서 내 자신의 길을 지속하리라.
16 그분은 또한 나의 구원이 되시리니 위선자는 그분 앞에 오지 못할 것임이라.

욥은 청중들에게 입을 다물라고 말한다(5절). 어리석은 자일지라도 잠잠히 있으면(잠 17:28) 현명한 자로 여겨지기 때문이다(5절). 빌닷, 소팔, 엘리파스는 욥과 "논증"(6절)을 했는데 이제 욥은 그들에게 자신의 논증을 들어 보라고 말한다.

『**너희가 하나님을 위하여 악하게 말하려 하느냐?**』(7절) 내가 죄인이며, 어리석은 자이고, 거짓말쟁이며, 위선자라고 비난하려느냐? 하나님께서는 이 문제에 대해 그렇게 생각하시지 않는다. 내가 타락한 자가 아니라면 하나님께서 나를 이렇게 다루실 리 없다고 말하려 하느냐? 하나님께서 그렇게 말씀하시느냐? 그렇다면 너희가 『**하나님을 위하여 거짓되이 말하려 하느냐?**』(7절, 10절 주석 참조) 욥은 계속한다. 『**너희가 그분의 인격을 받아들이겠느냐?**』(8절) 즉 하나님께서 "모든 것을 아신다면" 이렇게 하실 것이라고 네가 짐작하는 대로 행동함으로써 그분을 기쁘시게 하려고 하느냐?(약 2:1-4) 『**너희가 하나님을 위해 다투겠느냐?**』(8절) 즉 하나님께서 아직 말씀하지 않으신다고 해서 너희가 하나님의 재판복을 입고 그분을 대신해서 재판석에 앉으려 하느냐? 『**그분이 너희를 감찰하셔야 좋겠느냐?**』(9절) 그분이 나를 감찰하시는 것처럼 너희를 감찰하시기로 결정하신다면 좋겠느냐? "내가 이런 일을 당할 만한 무슨 일을 했는가?"라고 소리지르지 않겠느냐? 욥은 사람이 사람을 조롱하듯이 그들이 하나님을 조롱하고 있는 것이 아니냐고 묻는다(9절). "이익이 경건"이라고(딤전 6:5) 생각한다면 그들은 하나님을 조롱하고 있는 것이다. 이런 현상은 오늘날 그리스도인 유명 인사들과 기념비를 세우는 자들 사이에 만연해 있다. 존과 베티 스탬(John and Betty Stam, 1934년에 살해됨)은 "주일 학교 인원이 1,000명"이 결코 되지 못했다. 존 버크나 하라란 포포브도 마찬가지였다. "유익을 위해 아첨하는"(유 1:16) 그리스도인들처럼 『**만일 너희가 비밀리에 사람들을 받아들이면**』(10절) 그런 사람은 "세리와 죄인"(마 5:47)으로 분류될 뿐이다.

진정한 그리스도인은 정말로 "경건"하거나 "경건한" 데 근처라도 있는 사람이라면 자신의 친구를 부유하고, 건강하며, 교육을 잘 받은 사람들로만 한정시키지 않는다. 여러분의 가까운 친구들이 모두 부유하고 건강하며 교육을 잘 받은 사람들이라면 그것은 여러분 자신을 도와줄 능력이 있는가를 보고 친구를 선택했기 때문이다. 그런 사람은 불경건한 사람이다. 야고보는 이런 종류의 사람들에 대해 우리에게 뭔가 말해 주고 있다.

『**그분의 탁월하심이 너희를 두렵게 하지 않겠으며...**』(11절) 그분의 탁월하심은 욥을 두렵게 했다(욥 3:25; 23:15 참조). 『**너희의 기억들은 재와 같을 것이요, 너희의 몸은 진흙덩이 같을 것이라**』(12절). 사람은 난로 속에서 태어나(욥 5:7) 잿더미로 끝을 맺는다(욥 2:8 주석 참조). 아우구스투스 세베루스는 이렇게 말했다. "한때 이 세상 전부로도 그에게 충분치 않았던 사람일지라도 결국 그가 죽어 남긴 모든 것이 항아리 하나에

담길 것이다."

욥은 계속한다. 『**너희는 잠잠하고 나를 내버려 두어 나로 말하도록 하며 무슨 일이든 내게 임하게 하라**』(13절). 이것은 진짜 광신자의 무분별한 말이다. 그러나 15절을 보면 이 구절이 아무리 무분별하고 광신적이라 할지라도 진실한 구절임을 알 수 있다. 욥은 자기 자신의 피로(바울처럼, 행 20:24) 자신의 말을 인칠 준비를 하고 있다(시몬 베드로처럼). 욥은 자신의 생명을 자기 손에 가지고(14절) 그렇게 해야 한다고 인지하는 순간(15절) 그 생명을 던져버리거나 떨어뜨릴 준비를 하고 있다. 신성 모독이란 죄로 하나님께서 즉각 욥을 죽이신다 해도(15절) 하나님과 자기 자신에 대해서 욥은 마음을 바꾸지 않을 것이다. 욥은 참으로 고집 세고 광신적이며 독단적이다. 이것은 지상에 있는 교육받은 미국인들이 가장 무서워하는 것이다. 이들 교육받은 나귀들이 고집 세고 독단적이며 광신적이라는 비난을 받는 것보다 더 두려워하는 것은 없다. 박사님들의 머리끝이 쭈뼛서도록 만들고 싶으면 이런 말로 그들을 비난하고 나서 어떻게 행동하는지 지켜보라. 아마도 자신이 "마음이 넓고," "개방적"이며, "관대하다"라는 것을 확신시키기 위해 자신의 학위를 제외한 모든 것을 부인할 것이다.

『**어찌하여 내가 내 살을 내 이로 물고, 내 생명을 내 손에 두겠느냐?**』(14절) 타인에게 해를 입히려다가 나도 함께 해를 입는 그런 짓을 내가 왜 하겠느냐? 이 모습은 들짐승이 다른 동물의 살점을 물어뜯는 모습이(제미에슨과 포셋과 브라운) 아니며, "내가 왜 나의 생명을 아끼려고 열망해야 하는가?"(에발트)도 아니다. 이 말은 오히려, "내가 바로 지금 내 살을 먹기 시작하기라도 하는 것처럼 나는 나 자신의 죽음에 책임질 준비가 되어 있다("내 생명을 내 손에 두다")!"는 뜻이다.

『**그분이 나를 죽이실지라도 나는 그분을 신뢰하리라**』(15절). "그분이 나를 죽이실지라도"에서 멈춰 버렸다면(욥 1:22 주석 참조) 이 논쟁은 끝이 나고 하나님께서는 다음 장에서 고통과 비참함에서 욥을 해방시켜 주셨을지도 모른다. 그러나 욥은 여기에 추신을 덧붙인다. 『**그러나 나는 그분 앞에서 내 자신의 길을 지속하리라**』(15절). 아, 욥이여, 당신이 이 말만 하지 않았더라면! 사람의 걸음들을 "주께서 인도하신다"(잠 16:9; 20:24 참조). 욥은 자기 자신의 도덕적 기준에 대해 할 말이 있기는 하지만 여기서는 즉흥적인 말은 불필요하다. 하나님께서 지탱해 주시는 하나님의 은혜와 자비와 권능이 없다면 사람이 얼마나 선할 수 있겠는가? 그러나 욥의 고백 속에는 여전히 훌륭한 믿음이 있다. 『**그분이 나를 죽이실지라도 나는 그분을 신뢰하리라.**』 이것은 과학, 철학, 종교, 교육이 아니다. 다윗처럼 욥은 말할 수 있었다. 『**주여, 이제 내가 무엇을 기다리겠나이까? 나의 소망은 주께 있나이다**』(시 39:7). 유엔, 외계에서 온 우주인, 국제 은행, 전국교육협회, 유네스코, 외교 자문회를 신뢰하는 것이 아니다. 혼을 주 하나님께 맡긴 우리 같은 사람들은(딤후 1:12) 『**사람에게 신뢰를 두기보다 주를 신뢰하는 것이**』(시 118:8) 더 낫다는 것을 알고 있다. 우리는 누구를 신뢰해야 할지 안다. 전능하신 하나님을 신뢰하는 것이다. 영원한 문제에 관해서 우리는 과학 도서관이나 모든 노벨상 수상자들의 업적을 다 합쳐 놓은 것을 신뢰하지 않는다. 우리는 그런 것들에 대해 왼손으로 엠파이어스테이트 빌딩을 집어던질 수 있는 거리 정도밖에는 신뢰를 두지 않는다. 주 예수 그리스도께서는 마태복음 27:43과 히브리서 2:13에서 욥의 고백을 문자 그대로 성취하신다. 바울은 하나님께서 그를 죽이신다면(빌 1:21) 도끼로 내리치라고 말한다(행 25:11). 믿을 만한 가치가 있는 분에 대한 우리의 신뢰에 대해 죽음은 어떠한 영향력도 행사하지 못한다. 단두대로 가는 길에서 한 순교자가 사형 집행인에게 자신의 손목시계를 넘겨주며 말한다. "이것을 가지십시오. 내가 가는 곳에는 더 이상 이것이 필요하지 않습니다." 또 다른 순교자가 단두대로 가면서 웃으며 말한다. "5분 후면 나는 모든 것을 알게 될 거야! 5분 후면 나는 이 모든 것에 대해 알 거야!" 수천 명의 중국인 그리스도인들이 1930년과 1970년 사이에 다음과 같은 단순한 제안을 받았다. "주 예수에 대한 너의 믿음을 포기하든지, 아니면 너의 생명을 포기하라." 그들은 목이 잘려나가고, 눈이 빠지고, 팔이 잘려나가고, 다리가 잘리고, 귀가 잘린 채 구덩이 속으로 던져졌다. 전능하신 하나님을 신뢰하는 데서 돌이켜서 "인민의 당"을 신뢰하는 것을 거부했기 때문이었다. 우리의 신뢰는 오직 한 분, 그분께 있다(15절). 그러므로 "존재"를 가르치는 불교신자나, "전자기장의 힘"을 신뢰하는 과학자들이나, 영원한 "어떤 물질 자체"를 숭배하는 철학자들과 우리를 통합시키려 하지 말라. 우리를 그냥 없애 버려라. 자신에 대해 반대하지 못하도록 성경에서 "사랑"에 관한 구절을 인용하면서 성경을 거부하는 박애주의자 무리들이 외치는 모든 것을 반대하는, 도저히 화해할 수 없는 적들로 우리를 간주하라. (지금 당장 그렇게 하고 이 모든 진리를 "증오 문학"이라고 일축해 버리라.)

구원받지 못한 사람들은 말한다. "그분이 나를 죽이실 때까지 나는 그분을 대적해서 계속 죄를 지을 것이다." 이것이 인민 해방 전선의 진짜 강령이다.

조지 휫필드는 구원이 다음과 같다고 말한다. "어떤 사람이 절벽에서 밧줄에 매달려 있다. 폭풍우가 몰아쳐 벼랑에서 흙과 자갈이 씻겨 나가자 그 사람은 5백 피트 낭떠러지 위에서 위태롭게 이리저리 흔들리고 있다. 약 30피트의 밧줄은 젖어서 미끄러운 상태이다. 번개가 칠 때마다 이 끔찍한 상황이 불빛에 드러난다. 그는 일 인치 이 인치 조금씩 이 밧줄 끝으로 미끄러져 내려간다. 한 번 벼랑 쪽으로 흔들려 갔다가 다음에는 벼랑에서 멀리 떨어져서 흔들거릴 때 발가락으로 미끄러운 바위를 잡으려고 필사적으로 노력한다. 밧줄이 약 10인치 정도 남아 있을 때 어둠 속에서 갑자기 주의 천사가 나타나 허공에 조용하게 서 있다. 그는 이 죽을 운명에 처한 비참한 사람에게 말한다.

"너는 내가 너를 구원할 수 있다고 믿느냐?"

"네, 네. 나의 하나님, 믿습니다!" 공포에 질린 이 사람이 소리친다.

"좋다. 밧줄을 놔라!" 그 천사가 말한다.

자, 사람들은 그분을 신뢰하든지 신뢰하지 않든지 둘 중 하나를 선택해야 한다. 95%의 교육가들, 의사들, 과학자들, 정신과 의사들, 법률가들, 정치인들은 그분을 신뢰하지 않고서 계속해서 흔들거리며 젖은 불신앙의 밧줄에서 미끄러지다가 결국 밧줄을 놓치게 되고 그 아래 있는 하나님의 심판의 바위 위에 자기들의 혼들을 내던진다. 사람들을 너무나 사랑하셔서 기꺼이 죄인의 자리를 대신하신 우주의 창조자를 신뢰할 수 있는데도 자기 자신이나 어떤 다른 사람이나 어떤 제도나 협회나 이상을 신뢰하는 사람은 참으로 어리석은 사람이다. (내가 도움을 줄 수 있을 때는 언제든지 나를 믿으라!)

13:17 너희는 내가 말하는 것을 부지런히 듣고 내가 선포하는 것을 너희 귀로 들으라.

18 이제, 보라, 내가 나의 주장을 제시하였나니 나는 내가 의롭게 될 줄을 아노라.

19 나와 함께 변론할 자가 누구냐? 이제 내가 말을 참는다면 숨을 거둘 것이라.

20 오직 두 가지 것만을 내게 행하지 마소서. 그리하면 내가 주께 나

를 숨기지 아니하리이다.

21 주의 손을 내게서 멀리 가져가소서. 그리고 주의 두려움으로 나를 무서워하지 않게 하소서.

22 그런 후에 주께서 나를 부르소서. 그리하시면 내가 대답하리이다. 아니면 나로 말하게 하시고 주께서 내게 응답하옵소서.

욥의 청중은 기침을 하고 헛기침을 하기 시작한다. 주의를 집중시키기 위해서 욥은 강대상을 두들겨야만 한다(17절). 욥은 말한다. 『**내가 나의 주장을 제시하였나니 나는 내가 의롭게 될 줄을 아노라**』(18절). 그리고 그는 의롭게 되었다! 그러나 그가 기대한 방법대로가 아니었다. 욥은 "자신의 주장을 제시했다." 그는 많은 기도 후에 자신의 합법적인 소송의 개요를 작성하고 "법정에 서는 날"을 대비해 자신의 소송을 제출할 준비를 한다. 『**나와 함께 변론할 자가 누구냐?**』(19절) 욥은 검사에게(그가 어디에 있든지 간에! 욥기 1:6 참고) 나와서 고소 사항을 제출하라(사 50:8)고 요구하고 있다. 『**내가...숨을 거둘 것이라**』(19절). 이 말은 누워서 죽는 것에 대한 일반적인 표현이다. "숨"(ghost)은 사람들이 죽은 후에 몸의 형태를 입고 있는(고전 3:17) 사람의 호흡이다. 『**오직 두 가지 것만을 내게 행하지 마소서**』(20절). 욥은 법정에 출두해서 답변할 준비가 되어 있다고 말한다. 그는 사울과(삼상 10:22) 아담처럼(창 3:8) "무리 속에 자신을 숨기지"(20절) 않을 것이다. 욥은 두 가지 것을 하지 말아 달라고 요구한다. 첫째는 질병과 고통으로 자신을 갈가리 찢는 것을 그만 멈춰 달라는 것이고 두번째는 욥 자신이 누구를 상대하고 있는지 알 수 있도록 목소리를 높여 달라는 것이다(22절).

13:23 나의 죄악들과 죄들이 얼마나 많으니이까? 나로 나의 허물과 나의 죄를 알게 하소서.

24 어찌하여 주께서는 주의 얼굴을 숨기시고 나를 주의 원수로 여기시나이까?

25 주께서는 이리저리 굴러다니는 낙엽을 흩으시려나이까? 마른 그루터기를 쫓으시려나이까?

26 주께서는 나에 대한 괴로운 일들을 기록하시며 나로 나의 젊은 시절의 죄악들을 소유하게 하시나이다.

27 주께서는 내 발도 차꼬에 채우시고 내 모든 길을 면밀히 보시며 내 발뒤꿈치에 표시를 해 놓으시니

28 그는 썩은 물건처럼 좀먹은 옷처럼 소멸하나이다.

욥은 하나님께 다섯 가지 질문을 한다.

1. 나의 죄악들과 죄들이 얼마나 많으니이까?(23절)
2. 어찌하여 주께서는 주의 얼굴을 숨기시나이까?(24절)
3. 어찌하여 주께서는 나를 주의 원수로 여기시나이까?(24절)
4. 주께서는 낙엽을 흩으시려나이까?(25절)
5. 주께서는 마른 그루터기를 쫓으시려나이까?(25절)

24절은 신명기 31:18과 마태복음 13:44에서 이스라엘을 언급하는 예언적인 구절이다. 당연하게도 비더볼프(Biederwolf)와 페인(Payne)은 예언을 다루는 "완전한" 성경 구절 모음집에서 이것을 놓치고 있다.

욥이 이런 질문을 하는 것은 당연하다. 다윗은 시편 19:12,13절에서 욥기 13:23의 기도를 한다. 신약의 모든 성도들은 요한일서 1:9를 실행에 옮기기 전에 이런 간구를 드려야 한다. (이 기도는 시편 40:12에서 다윗에게 응답되었다.) 『**주께서는 나에 대한 괴로운 일들을 기록하시며**』(26절). 우리가 "벽에 손으로 쓰는 글"과(계 20:12) "형벌이 기록된 두루마리"(요 19:22)를 볼 수 있다면 "인간의 존엄, 위대함, 훌륭함"에 대해 열변을 토하며 돌아다니지는 않을 것이다. 『**나로 나의 젊은 시절의 죄악들을 소유하게 하시나이다**』(26절, 렘 17:1, 시 25:11 참조). 이 죄들을 "제거할" 구속 계획(히 9:15)이 없다면 아무도 하나님의 심판을 지나가지 못할 것이다. 죄들의 용서(속죄, remission)만으로는 충분치가 않다(히 9:22). 이 죄들이 "구속"(히 9:15)될 때까지는 죄인은 "깨끗하게" 될 수 없다(롬 3:25). 18세에서 38세 때까지 했던 모든 말과 생각들과 행동들에 대해 오늘 밤 심판을 받아야만 한다면 그런 상황을 견딜 수 있겠는가?

정죄받은 범죄자(행 16:24)나 노예처럼 "주께서는 내 발도 차꼬에 채우실" 것이다(27절). 하나님께서는 욥이 관찰 당하는 바이러스라도 된 듯이 "모든 길을 면밀히"(27절) 보신다. 『**내 발 뒷꿈치에 표시를 해 놓으시니, 그는 썩은 물건처럼, 좀먹은 옷처럼 소멸하나이다**』(27,28절).

마지막 두 절에 대해 보수주의와 자유주의 학자들 전체(예를 들면 해석자 "성경")가 불신자로 변절을 하는 바람에 성도들이 그 자리를 대신해서 교대근무를 서야 할 지경에 이른다. 제미에슨과 포셋과 브라운은 그 구절에 대해 움브라이트와 게제니우스가 변개시킨 것을 추천한다. 그 변개는 대충 보면 다음과 같다. "주께서는 직접 내 발바닥 둘레에 선을 그으시거나 홈를 파서 그 너머로는 내가 움직이지 못하게 하시나이다." 칠십인역은 (시리아 사본과 아라비아 사본과 함께) "그"를 일인칭인 "나"로 바꾼다. 아담 클라크도 이와 같이 한다. 테일러(〈리빙바이블〉)는 "발뒤꿈치," "발," "차꼬," "표시"를 제거해 버린다. 반면 NEB는 전체 구절을 빼 버림으로써 "썩은 물건," "옷," "좀"을 떨어뜨려 버린다. ASV(버드, 피크 등의 무리)는 칠십인역과 RSV 사이에 있는 어디쯤엔가 착륙을 한다. 클라인과 헤브너

(위클리프와 새영어 주석)가 그 구절에 대해 설명한 것은 카시우스 크레이가 "M-1 분해"에 대해 설명한 것 정도의 명료함을 가지고 있을 뿐이다.

자, 발의 "뒤꿈치"는 매우 흥미를 불러일으킨다. 이곳은 야곱이 형의 자리를 빼앗기 위해 붙잡았던 곳이며(호 12:3), 마귀의 그리스도가 주의 그리스도의 발꿈치를 부수리라고 예언된 부분이기도 하다(창 3:15). 다윗은 그를 뒤따르는 "그의 발뒤꿈치의 죄"에 대해 말하며(시 49:5), 그의 원수들이 그를 대항해서 "발꿈치를 들었다"(시 41:9)고 말한다. 욥기 18:9에서는 덫이 "악인"의 발꿈치를 잡는다. 그러므로 이 단어를 삭제한 "성경"은 어떤 성경이라도 (NEB, 〈리빙바이블〉 둘 다 이 구절을 삭제했다.) 진리에 관련된 상호 참고 구절을 제거함으로써 하나님께서 싫어하시는 일을 하는 것이다. 욥의 "발뒤꿈치"에 있는 표시는 사슬이나 "차꼬"를 말하는 것일 수도 있다. 그러나 욥이 실제로 사슬에 묶이거나 차꼬에 채워진 적은 없음을 잊어서는 안 된다. 그러므로 비유적으로 표현된 이런 구절들은 욥의 시대에 일어난 상황을 뛰어 넘는 어떤 것에 적용되는 것이다. 28절 본문의 "그는 썩은 물건처럼"은 살아 있는 무언가가 욥을 갉아먹고 있음을 암시한다. 현재 여기서 욥의 몸에는 벌레들이 있는데(욥 7:5; 17:14 참조) "그들의 벌레도 죽지 않는다"(막 9:44)는 말이 주석가들의 관심에서 어떻게 해서 벗어날 수 있었는지 모르겠다. 이사야 51:8에서는 욥기 13:28의 "좀이 먹은" 옷처럼 벌레가 양털을 먹어 치운다는 말이 나온다. 헤롯은 "벌레에게 먹혔으며"(행 12:23), 하나님은 여러 번에 걸쳐 "벌레"를 준비하신 것으로 알려져 있다(욘 4:7).

그들 앞에 이렇듯 명백한 구절이 있는데 유대인 출판 협회와 ASV 위원회(게제니우스, 제미에슨과 포셋과 브라운, 더멜로우, 랑게, 클라크, 헨리, 피크, 에발트, 움브라이트, 마우러를 포함해서)가 빈 냉장고 외에는 우리를 그 어디에도 인도할 수 없다는 것이 다소 특이한 것 같다.

그리스도께서는 죽으실 때 자신을 "벌레"(시 22:6)라고 부르신다. 적그리스도는 타락할 때 그 아래 벌레들이 깔려 있었다(사 14:11). 만나에 "벌레들이 생기고 악취"가 났다(출 16:20 주석 참조). 이것으로 충분하지 않다면 이스라엘(사 41:14에서 "야곱"으로 불리는) 민족은 대환란에서 그들이 당하는 고통과 연관해서 "벌레"라고 불린다. 이런 구절들을 보고도 올바른 본문에서 떠나는 것을 어떻게 100% 설명할 수 있겠는가? 이 본문에서 〈킹제임스성경〉은 지난 1,900년 간 모든 주요 주석가들과 개정자들이 성경 해석 분야에서 저질러 놓은 최정점의 오류들을 바로잡아 왔다. 욥은 "썩은 물건"에 의해 소멸되고 있다. 이 상황은 십자가에 달리신 예수 그리스도와, 지옥에 있는 사람과, 대환란 때의 이스라엘에게 적용된다. 그러므로 프로테스탄트 개혁을 주도한 공인 본문과 주석가들이 서로 다를 때는 주석가들이 만든 본문을 모두 거부하는 것이 안전하다.

이 장을 쭉 훑어 오면서 RSV가 욥기 13:15을 엉망으로 만듦으로써(서문 참고) 많은 훌륭한 설교(헤브너의 의견)를 파선시켰음을 짚고 넘어가야겠다. 이것은 죽은 정통주의 배교자들의 전형적인 모습이다. 그들 대다수는 그들 시대에 그들이 들었던 성경적 설교에 분개한다(A.T. 로버트슨 박사가 사도행전 26:28을 제거하려 했을 때 그가 내놓은 비합리적 광적 태도도 이와 같음을 주지하기 바란다). 〈강단의 주석〉은 12절에서 "너희의 몸"을 "너희의 흙무덤"으로 변개시켰으며, 롤린슨 목사는 욥이 15절을 있는 사실 그대로 말했다는 것은 절대적으로 터무니없는 일이라고 주장한다. 칠십인역은 그 구절에 8단어를 첨가시켰는데 아무리 봐도 전혀 의미가 통하지 않는다.

25절을 보면 사울에 대해 다윗이 불평했던 것이 생각난다(삼상 26:20). 마른 나뭇잎과 그루터기를 쫓아다니는데 왜 시간을 낭비하는가? 거기에 여러분의 시간을 들일만 한 가치가 있는가?

욥기 14장

14:1 여자에게서 태어난 사람은 날수가 적고 고통으로 가득 찼도다.
2 그는 꽃같이 나와서 잘려져 버리고 그는 또한 그림자처럼 사라지고 머물지 아니하도다.
3 주께서는 그러한 자에게 주의 눈을 여시고 나를 주와 더불어 심판으로 데려오시나이까?
4 누가 더러운 것 가운데서 깨끗한 것을 가져올 수 있나이까? 아무도 없나이다.
5 그의 날들도 정해졌고 그의 달수도 주와 함께 있으므로 주께서 그의 한계를 정하시어 지나치지 못하게 하셨나이다.
6 그에게서 돌이키사 그가 품꾼같이 자신의 날을 마칠 때까지 그로 쉬게 하소서.

욥이 소팔에게 하는 마지막 세 번째 답변에서 욥은 "나" 대신 "사람"(man)을 논할 정도로 잠시 객관적이 된다. "나를," "나는," "나의"는 13

절까지 계속해서 나오지 않는다. 3절에서 딱 한 번 "나를"이라는 말을 쓴다.

『**여자에게서 태어난 사람은... 고통으로 가득 찼도다**』(1절). 이것에 대해서 어떤 회의론자는 다음과 같이 말했다. "나는 다 닳아서 태어났고 수많은 퇴보를 거듭했다." "사람"에 해당하는 히브리 단어 중 하나(히브리어 "*나심*")는 "슬퍼하는," "치유할 수 없는"을 뜻한다(쓸모없는 의사들이란 말을 기억하라). 여자에게서 태어난 사람은 불결하다(욥 25:4). 더러운 것에서 깨끗한 것이 나올 수 없기 때문이다. 그래서 성경을 거부하는 로마의 철학자들(교황, 추기경 대학, 대주교 등)은 마리아의 "무원죄 잉태"를 발명해 낸 것이다. 예수 그리스도께서 죄 없이 태어나기 위해서는 죄 없는 어머니에게서 태어나야 한다는 것이 그 논리이다.

이 배후에 있는 "합리적 사고"는 오리겐(184-254)이 목사를 "사제"라고 부른 근거가 된 "논리적 사고"와 아주 유사하다. 이것은 또한 창세기 2-4장을 실제 일어난 것으로 해석하지 않은 "논리"와 같은 것이다. 이런 식으로 "논리적 사고"를 전개하려면 먼저 성경에서 분명한 구절을 거부하는 일을 우선적으로 해야 한다. 오리겐의 경우는 베드로전서 2:9와 요한일서 17:11을 거부했다. 가브리엘이 마리아에게 선포한 구절에서 세 구절도 떨어지지 않았으며, "아베 마리아"을 부르는 곳에서 10구절도 떨어지지 않은 곳에 나타난 하나님의 직접적인 계시를 무시하고서 카톨릭 교황은 마리아의 잉태를 다룬다. 누가복음 1장에는 두 개의 기적들(34,64절) 사이에 『**하나님께는 불가능한 일이 전혀 없느니라.**』(37절)는 말씀이 조심스럽게 나와 있다. 『**누가 더러운 것 가운데서 깨끗한 것을 가져올 수 있나이까?**』(욥 14:4)라고 한 욥의 진술은 사람이 할 수 없다는 뜻이다. 구원과 관련해서 누가복음 18:27에서도 정확하게 같은 구문이 있다. 하나님께 속한 두 가지 속성(그리스도께만 속한 특성들)을 마리아에게 부여함으로써 - 죄 없이 태어난 것과 두 가지 부활에 앞서 일어난 몸의 승천 - 신성을 모독한 교황들과 대주교들은 마리아를 삼위일체 중 하나로 집어넣는 일에 거의 근접했다. 그렇게 하지 않고는 마리아를 삼위일체에 집어넣을 수 없다. 같은 깃털을 가진 신성모독자들은 함께 모여 신성을 모독한다.

『**그는 꽃같이 나와서 잘려져 버리고 그는 또한 그림자처럼 사라지고**』(2절, 욥 7:7 주석 참고). 『**주께서는 그러한 자에게 주의 눈을 여시고 나를 주와 더불어 심판으로 데려오시나이까?**』(3절) 문제는 옛날부터 있어온 문제이다. 데카르트, 칸트, 흄, 사르트르, 플라토, 피히테, 셸링, 헤겔, 하이데거, 러셀은 이 문제를 풀 수 없자 하나님을 지워버리고 하나님이 존재하지 않으시는 체 가장했다(행 17:32 주석 참조). 하나님께서 자신의 피조물과 함께 경쟁에 들어올 정도로 자신을 낮추실 수 있는 유일한 한 가지 방법이 있다. 그것은 그분 스스로 "육체로 나타나셔서" 그의 피조물들처럼 살고 고통당하고 죽는 것이다(히 2:14). ASV와 NASV의 디모데전서 3:16에서 발견할 수 있는 역겹고도 한탄스러운 헛소리 대신 〈킹제임스성경〉의 디모데전서 3:16을 받아들인다면, 전능하신 하나님께서는 그렇게 하신 것이다. (딤전 3:16, 이 구절은 신약에서 예수 그리스도의 신성을 나타내는 가장 강력한 구절 중 하나이기 때문에 RSV나 NEB에서는 이 구절에 공격을 가해왔다. 1901년 ASV는 이 지점에서는 자유주의 번역에서 가장 나쁜 번역만큼 썩었고 불경건하다.)

주 예수 그리스도께서 "육신으로 나타난" 하나님이라면 하나님과 개인적으로 만나게 되는 것을 피해 온 세상의 철학자들은 아무리 싫어도 공포에 질려 놀라게 될 것이다. 엄청난 무지와 통탄할 만하게도 눈이 멀어서(엡 4:18) 성경 기록이 옳을 수도 있으며 자신들의 교육과 "논리"가 틀릴 수도 있다(고전 1:18)는 생각이 그들의 마음에는 결코 생기지 않는다. 자신들의 이론과 "자료"를 아무리 "다시 맞춰도," 자신들의 "불가지론"에 대해 인식하고 "문제를 다시 생각해 볼 필요"가 있다는 것을 아무리 많이 인식한다 해도 결코 그들이 하지 않을 일이 있다. 즉 요한과 바울이 기록한 성경 기록을 예수 그리스도의 진정한 모습으로 받아들이지 않는 것이다.

하나님께서는 날들과 달들을 정하시고 사람이 건널 수 없는 경계를 정하셨다(5절). 민족들을 통합시키고 피를 뒤섞기 위해 "경계를 허물어 뜨리는 것"(호 5:10)이 전공인 사람들은 그들의 사회주의적 공상의 희생자가 된 죽고, 상처입고, 죽어가고 있는 젊은 사람들에 대해 하나님께 설명해야 할 것이다. "경계를 가로지르는" 사람(사 5:8)은 범법자이다.

"그를 당황스럽게 하는 것을 그만둔다", "그를 뒤따라 다니는 것을 그만둔다"는 의미에서 『**그에게서 돌이키사 그가 품꾼같이 자신의 날을 마칠 때까지 그로 쉬게 하소서**』(6절, 욥 7:1과 비교). 불결하게 태어나서 고통의 세상으로 들어온 인간의 날수는 짧으며 고통으로 가득 찼고 그의 창조주와 의사소통을 할 수도 없다. 이것으로도 충분치가 않아서 인간이기 때문에 당하는 고통들 외에도 하나님께서는 아침부터 밤까지(시 73:14) 인간을 괴롭게 하시고 징계하셔야만 하는가?

14:7 나무에는 소망이 있나니 베일지라도 다시 싹이 나서 그 연한 가지가 끊이지 아니하며

8 그 뿌리가 땅에서 늙고 그 줄기가 땅에서 죽어도

9 물의 기운을 통하여 움이 돋고 식물처럼 가지가 나오는도다.

10 그러나 사람은 죽으면 소멸되나니 참으로 사람이 숨을 거두면 그가

어디 있는가?
11 바다에서 물이 빠지고 하수가 줄어들어 말라 버림같이
12 사람은 누우면 일어나지 못하고 하늘들이 없어질 때까지 그들은 그
들의 잠에서 깨어나지 못하고 일어나지 못하는도다.

사람과 비교해 볼 때 나무들은 "성공"한 셈이다. 매 2년마다 카타우바 나무를 잘라 보라(플로리다 펜사콜라). 거름을 주든지 주지 않든지 그 나무는 매번 다시 자란다. 나무들은 "잘려져도" 다시 돋아난다(롬 11:17,24에서 이스라엘 참고). 또한 몸통("줄기" 8절)이 죽어도 원래의 그루터기에서(8,9절) 새로운 싹이 발아하여 어디서나 1인치에서 10 피트까지 성장한다. 그러나 『**사람은 죽으면 소멸되나니 참으로 사람이 숨을 거두면 그가 어디 있는가?**』(10절) 그가 어디에 있는가?

만약 열차 사고나 비행기 사고 중에서 어느 사고로 죽고 싶으냐는 질문에 거무스름한 피부를 한 사람이 즉시 "열차 사고"라고 답변했다. 이유를 묻자, "열차 사고를 당하면 죽지 않을 수도 있지만 비행기 사고를 당하면 내가 어디 있게 되는 거지?" 어딘가에는 있게 될 것이다. 엘리너 루즈벨트(Eleanor Roosevelt)는 알지 못했다(크리스천 빅토리, 1953. 3, 56쪽). 아인슈타인도 알지 못했다(1939. 9. 1, 그가 엘리자베스 여왕에게 한 말 참고). 호모도 알지 못했다(디오니시우스와 불멸성, 1899, 21쪽). H.G. 웰스도 알지 못했다(자서전 실험, 1934). 메리 베이커 에디(Mary Baker Eddy)도 알지 못했다(크리스천 사이언스). 조 스미스(Joe Smith)도 몰랐다(몰몬교). 러셀(Russell)과 러더퍼드(Rutherford)는 "사람"이 땅 속 구멍 속으로 들어간다고 생각했다(여호와의 증인). 교황과 주교들은 "사람"이 가는 곳을 개발해 냈다(림보와 연옥). 칸트, 사르트르, 하이데거, 프롬, 틸리히, 니부어, 바르트, 브루너 등을 NKVD나 게슈타포에 넘긴다 해도 "사람이 죽으면 어디에 있는가?"에 대한 명확한 진술을 얻어 낼 수 없을 것이다. 보건, 교육, 복지부에 있는 50명의 선두 지도자들에게 『**참으로 사람이 숨을 거두면 그가 어디 있는가?**』(욥 14:10)라고 물으면 운이 좋으면 그들 중 다섯 명에게서 명백한 답을 얻을 수 있을 것이다.

알지 못하는 신(행 17:23 주석 참조)은 플라토와 아리스토텔레스가 구약의 권위의 자리를 타락한 죄인의 부패한 사고로 대체시키고자 애썼을 때와 같이 오늘날에도 "알지 못하는" 신이다. 보건교육후생성이나 국립교육협회나 유엔으로부터 정직한 믿음의 고백을 듣기 원한다면 스탠퍼드대학교의 버넌 켈로그(Vernon Kellog, 오늘날의 다원주의) 교수가 말한 고전적인 진술이 그 답이 될 것이다. "내 입장에서는 옛날의 안전한 무학자의 입장으로 되돌아가는 것이 더 좋을 것 같다." 바울이 A.D. 59년에 아테네 대학의 헬라어 교수진에게 설교했을 때도 이와 똑같은 것을 목격했다(행 17:23-29, 엡 4:18). 즉 순수하게 다른 것과 섞이지 않은 무지를 목격한 것이다.

자, 『**그가 어디 있는가?**』(10절) 구약에서 구원받은 사람은 그의 조상들과 함께(창 50:3) 꿈도 꾸지 않고 잠을 자는 상태에 있었으며 그의 혼은 영과 마찬가지로 더 이상 무덤 속에 있지 않았다(왕상 17:22). 욥은 이것을 분명하게 알고 있었다(욥 14:12).

이런 진리를 근거로 해서(전 3:19,20) 러셀과 러더퍼드(여호와의 증인들)는, 중생하지 못한 죄인들은 죽으면 의식이 없는 어둠 속으로 들어간다는 전 세계적인 선교 사업을 구축했다. 즉 러셀과 러더퍼드는 구약 성도에게 주어진 구약의 약속을 도둑질해서 신약에서 그것들을 그리스도를 거부하고 "선행을 주장하는 사람들"에게 적용시켰다. 이것은 로마카톨릭이 출애굽기 22-31장을 좀도둑질해서 자기에게 맞추는 것과 정확하게 일치한다. 그러나 구원받지 못한 사람은 신약이나 구약에서 꿈도 없는 잠의 상태에 빠지지 않는다. 구원받지 않은 사람은 의식이 있는 상태에서 고통을 당한다(눅 16:19-24, 민 16:30). 사후에(계 20:10) 어떻게 될 것인지를 다루는 교리적 진술 구절에서는 항상 그렇다(마 24:41). 신약 성도들은 "그리스도와 함께" 살고 있는 것이며(살전 5:10) 더 이상 무덤 속에 있지 않다(살전 5:10, 빌 1:23). 그리스도인의 혼은 그 혼이 떠나기 전에(창 49:33) 그가 산 채로 매장되지 않은 한(예를 들면 카톨릭 종교 재판) 단 3초도 관 속에 있지 않는다(고후 5:8). 신약의 그리스도인은 "림보"나 "연옥"이나 "지옥"이나 무덤 혹은 사람들이 만들어낸 이와 비슷한 그 어떤 곳에도 가지 않는다. 여러분이나 여러분의 친족이나 여러분의 교회가 이 사실을 믿지 않는다는 것은 별로 중요하지 않다. 그것은 캠벨주의자가 사도행전 2:38을 "구원의 계획"으로 생각하는 정도로 별로 중요하지 않은 것이다. 주 예수 그리스도께서 하신 말씀에 따르면 구원받지 못한 사람은 지옥에서 불타고 있다(눅 16:23). 주 예수 그리스도를 믿지 않는 사람은 그분과 논쟁을 해서 "성경에서 결론적으로" 예수님이 잘못 알았고 자신들의 뛰어난 지식이 옳았다고 "증명"할 수 있을지도 모른다. 그러나 그들이 하고자 한다고 해서(롬 3:4) 그럴 기회를 얻게 되리라고는 생각지 말라(롬 3:6). 지금 연구를 해 보는 것이 좋을 것이다. 순식간에 지옥으로 떨어질 수도 있기 때문이다. 신약과 구약에서 구원받지 않은 사람은 의식이 있는 상태에서 고통을 당하며(롬 2:16, 마 25:46), 이 사실이 마음에 들지 않는다면(히 2:2,3) 자신의 "종교"를 계속해서 신뢰하다가 성경에서 한 말이 진리인지 아닌지 한 번 보도록 하라(계 20:15). 회의주의자를 설득시키는 데는 직접적으로 경험하게 하는 것보다 더 좋은 방법은 없다. 안 그런가?

라인홀트 니부어(〈시대의 표적을 분별하며, *Discerning the Signs of the Times,* 1946〉)이 "죄와 악"에 관한 글을 썼는데 그는 죄와 악의 영원한 결과에 대해서는 조심스럽게 언급을 회피한다. 니부어는 "원죄"(〈비극을 뛰어 넘어, *Beyond Tragedy*, 1937〉 11-30쪽)에 관해 언급하면서 "원죄" 문제를 이런 저런 식으로 다루는 사람들에게(그가 구원을 받았든 그렇지 않든 간에) 이미 정해진 "운명" 같은 것은 없다는 사실을 말하지 않는다. 니부어는 B.C. 1800년에 욥이 했던 질문에 답을 할 수가 없었다. 이것은 침을 뱉으면서 동시에 침을 삼킬 수 없는 것과 같다. 폴 틸리히가 "죄와 악"(〈지금 영원을, *The Eternal Now*〉, 1963, 50-56쪽)을 언급했을 때 죄와 연관해서 사후에 있을 죄의 결과나 사후의 삶에 대해서는 언급하지 않는다. "죄"가 "우리 자신에게로 돌이키는 것"이나 "우리 자신에게서 소원해 지는 것"으로 정의되는 곳에서 조차 그런 언급을 결코 하지 않는다. 전능하신 하나님께서 계시해 주신 바를 보면, 틸리히는 전능하신 하나님께 죄를 지었으며, 그 죄의 값을 전능하신 하나님께서 지불하셨으며, 그는 그분이 지불하신 것을 받아들이거나 거부한 것에 대해(롬 2:16, 히 9:27) 하나님께 설명하게 될 것이다.

에리히 프롬은(〈사랑의 기술, *The Art of Loving*〉, 1956) "자유"에 관해 말을 했는데 "인간"을 "요람에서 무덤"이라는 상자에 조심스럽게 제한시킨다. 프롬은 무덤 그 너머에 대해서는 윌 허버그처럼(〈유대교와 현대인, *Judaism and Modern Man*〉, 1951) 아는 바가 없었다. 허버그의 "최후의 심판"(Ibid., 120-235쪽)은 마오쩌둥의 〈붉은 책〉이나 G.T. 암스트롱의 〈세계의 미래〉 정도의 사실성 밖에는 없다. 비샵 파이크는 죽은 아들을 찾아서 황량한 유대 사막을 헤매고 다닌다. 해리 에머슨 포스딕은 그리스도의 몸은 팔레스타인에 있는 한 무덤 속에서 썩었다고 말한다. 아돌프 하낙은 부활은 사실이 아니라 "이상"일 뿐이라고 가르친다. 비샵 고는 몸의 부활은 영적일 뿐이라는 이론을 세운다. 구이그네버트 교수는 그리스도의 몸은 무덤에 안치된 것이 아니라 구덩이에 던져졌다고 생각한다. 이런 편협한 마음을 한 보수적인 고집쟁이들의 광신적이고 미신적이며 오래된 독단을 다 말하려면 시간이 부족하다. 이들의 난잡한 추측은 너무나 “옹졸”해서 클라렌스 라킨의 책들과 벌링거의 컴패니언 바이블도 구분하지 못한다.

스테판, 바울, 베드로, 야고보, 요한은 알파 드라코니스 너머 셋째 하늘에서(고후 12:1-3) 무디, 토레이, 피니, 스펄전, 웨슬리, 토플러디, 부스, 페이턴, 캐리, 고포스 등과 교제하고 있다. 그들이 새로운 몸을 입기 위해(요일 3:1-3) 이 태양계로 되돌아올 때 큰 폭발음이 나고(살전 4:11-13) 뒤이어 살아 있는 성도들이 들려올라갈 것이며(롬 8:11), 눈 깜짝하는 순간에 변모될 것이다(고전 15:49-52). “사람은 죽어서 어디로 가는가?”라는 질문에 대해 학설을 내세우거나 그 질문의 답을 알지 못하는 무지한 성경대로 믿는 그리스도인은 지상에 단 한 사람도 없다. 추측은 구원받지 않은 “그리스도인들”과 타락한 교회 지도자들에게나 맡기라. 우리는 성도들이 어디로 갔으며, 어디로 가며, 어디로 갈 것인지 알고 있으며, 우리의 독단은 38세기 동안 단 한 번도 미끄러진 적이 없는 권위자에게 그 뿌리와 기반을 두고 있다.

『**바다에서 물이 빠지고 하수가 줄어들어 말라 버림같이**』(11절). 창세기 8:1-3에 뒤이어 물들이 줄어든 것처럼 (노아의 홍수에 대한 또다른 관련 구절) “하수가... 말라” 버린다(노아의 홍수를 언급하는 또 다른 구절). 물이 강의 후미에 진흙과 침적토를 육지가 바다 속으로 “기어들어” 갈 때까지 (페르시아만, 나일강 삼각지, 미시시피 삼각지 등) 퇴적시키는 것처럼 『**사람은 누우면 일어나지 못하고 하늘들이 없어질 때까지... 못하는도다**』(12절). 이 진술에 담겨진 교리적 내용을 욥이 깨달았든지 그렇지 못하든지 간에 이 구절은 요한계시록 20:11-15과 놀랍도록 잘 어울린다. 이 구절들을 에스겔 37장과 요한계시록 11:11,12와 비교해 보면 두 가지 결론을 내릴 수 있다.

1. 아담에서 모세까지 구원받은 사람들은 아마도 백보좌 심판에서 부활해서 로마서 2:12-16을 근거로 심판을 받을 것이다.

2. 아브라함에서 모세(이스라엘)까지 구원받은 사람들은 예외일 수도 있다. 이들은 천년 왕국이 시작될 때 부활할 것이다(겔 37장). 『**그들은 그들의 잠에서 깨어나지 못하고 일어나지 못하는도다**』(12절). 이것이 주께서 사무엘에게 부활 이전에 모습을 드러내도록 허락하셨을 때 사무엘이 "불안해"했으며, 나사로(눅 16:24)가 부자의 요구에 응답할 수 없었던 이유이다. 이 구절을 구원받지 못한 사람에게 적용시키는 것은 다소 핵심을 벗어난 적용이다. 다단과 아비람은 산 채로 구렁으로 내려갔다(민 16:33).

14:13 주께서는 나를 음부에 감추시고, 주의 진노가 지날 때까지 나를 숨기시며, 나에게 때를 정하시고, 나를 기억하소서!
14 사람이 죽으면, 다시 살아나리이까? 나의 변화가 올 때까지, 나의 정해진 때의 모든 날들을 나는 기다리나이다.
15 주께서 나를 부르시리니, 내가 주께 대답하리이다. 주께서는 주의 손의 지으신 것에 애착을 가지시리이다.

욥은 그의 소송에 대해 진술할 기회를 달라고 간구하고 있다. 욥이 백보좌 심판 이전에 부활한다 해도 욥이 부활하기 전에 하나님의 진노는 대환란에서 지나갈 것이다(살전 5:9). 13절의 "때를 정한다"는 민족들이 심판받는(마 25:31) 다니엘 7:9,10이거나 구원받은 종(계 11:18)들도 참여하게 될 백보좌 심판이다(계 20장). 그런데도 99%의 전천년주의 성경 해석자들이 이 진리를 부인하고 있다. 커번이 라킨에게서 빌려온 것을 오순절파에서 고갈시킨 이후에 린지가 오순절파에서 빌려왔기 때문에 그곳에서는 향상된 진리를 거의 찾아볼 수 없다.

『**사람이 죽으면 다시 살아나리이까?**』(14절) 물론 다시 살아난다. 욥은 자기 자신의 질문에 대해 『**나의 변화가 올 때까지... 모든 날들을 나는 기다리나이다**』(14절)라고 답한다. 썩지 않고 영광스러운(고전 15:42-48) 죄 없는 몸을 입고(빌 3:21) 33세의 남성으로(판 13:3,6,13,15) 변모될 "하나님의 자녀"(롬 8:21)들에게 일어날 변모는 어떠한 것일까?(빌 3:21 주석 참고).

『**주께서 나를 부르시리니**』(15절) 분명히 그분은 "부르실" 것이다(시 50:4-6, 솔 2:6-12, 욥 37:1-4). 주께서 아주 큰 소리로 부르실 것이며 우리는 말 그대로 "피부를 벗고 뛰어나갈" 것이다. 그때 우리의 심장이 "그 있던 곳에서 밖으로 나올 것이며" "샛별이 우리 마음에 떠오를 것이다"(벧후 1:19). [오류 없는 영어 본문에는 헬라어와 히브리어 학자들이 찾지 못했고, 지금도 찾지 못하며, 향후 30년 동안 찾지 못할 것들이 무궁무진하다.] 『**내가 주께 대답하리이다**』(15절). "욥아, 이리로 올라오라!"(계 11:12). 그리스도께서는 죽었던 나사로를 일으키실 때 나사로의 이름을 불러서 나오게 하셨던 것처럼(욥 37:1-4 주석 참조) 양들의 이름을 부르실 것이라고 말씀하셨다(요 10:3).

14:16 그러나 지금은 주께서 나의 걸음을 헤아리시니 주께서는 나의 죄를 살피지 아니하시나이까?

17 나의 허물을 자루에 담아 봉하시고 주께서는 내 죄악을 실로 꿰매

버리셨나이다.

18 산은 무너져 아무것도 아닌 것이 되고 바위도 제자리에서 옮겨지며

19 물은 돌을 닳게 하고 주께서는 땅의 티끌에서 자라는 것들을 씻어 버리시나이다. 또 주께서는 사람의 소망을 멸하시나이다.

20 주께서는 사람을 영원히 이기시니 그는 사라지나이다. 주께서는 그의 용모를 바꾸시고 그를 멀리 보내시나이다.

21 자기 아들들이 존귀하게 되나 그는 그것도 알지 못하며 그들이 비천하게 되어도 그가 그들의 비천함을 알지 못하나이다.

22 다만 자기에게 붙은 살이 아프고 자기 안에 있는 그의 혼이 애통할 뿐이니이다." 하니라.

이제 미래의 희망이 잠시 일시적으로 옆으로 비켜난다(11-15절). 욥은 "때때로 다시 심술궂게" 군다(16절). 그리고 "이제" 욥이 발걸음을 옮기는 동안 하나님께서는 그 발걸음을 헤아리신다(16절). 하나님께서는 그를 조사하신다(16절). 그의 허물들은 봉해졌고 그의 죄악들을 담은 자루는 꿰매졌다(17절). 산들과 바위들(18절)과 돌들(19절)이 퇴화라는 위대한 우주 법칙에 종속된다면 - 진화가 아니다 - 레드우드나무 만큼도 살지 못하는 위약하고 깨지기 쉬우며 죄 많은 인간은 얼마나 더 하겠는가?(19절) 레닌이 어디 있는가? 마틴 루터 킹 주니어는 어디 있는가? 프랭클린 델러노 루즈벨트가 어디 있는가? 히틀러는 어떻게 됐는가? 호치민은 어디 있는가? 마르크스, 트로츠키, 잭 케네디, 무솔리니는 어디 있는가? 『**사람은 죽으면...그가 어디 있는가?**』(10절) 바위들은 산사태와 지진으로 그 자리에서 옮겨질 수 있다. 산들은 지진이 일어나면 열 개의 볼링 핀처럼 흔들릴 수 있다. 인간이 지금까지 폭발시킨 가장 큰 수소 폭탄보다 폭발력이 25배나 더 강력한 힘으로 산의 정상들이 공중 35마일 지점까지 우아하게

항해를 할 수 있는 것으로 알려졌다(크라카토아, 1883. 8. 27.). 진짜 불꽃놀이를 보고 싶다면 천년왕국 이후에 하나님께서 태양계를 버찌 송이처럼 터뜨리시는 것을 보도록 하라! [10 메가톤 수소 폭탄이 별 것 아닌 것처럼 생각될 것이다.] 지진으로 산들이 엎어지고 바위들이 이리저리 굴러다닐 뿐만 아니라 148,807명을 죽이고 2,800,000,000 달러의 손해를 끼칠 수도 있다(일본, 1923. 9. 1.).

빗물은 『**돌을 닳게 하고**』(19절), 비가 너무 많이 오면 『**땅의 티끌에서 자라는 것들을 씻어**』(19절) 버리는 것처럼 계곡 아래 농작물을 다 쓸어가 버린다(19절). 허리케인, 홍수, 산불, 토네이도, 지진, 조수의 물결 그리고 태풍 앞에서 "장사"는 없다. 용감한 죄인들도 있고 겁쟁이 죄인들도 있지만 이들은 약물에 중독됐거나 술에 취한 상태가 아니면 두려워한다. 하나님께서 그 구성 요소를 느슨하게 하셔서 (이것들은 다 주님의 것이다.) 주께서는 "사람의 소망을 멸하신다"(19절).

콘모프 호수에 있는 사우스포크 댐이 무너졌을 때(1899. 5. 31.) 450 에이커의 호수에서 20,000,000 톤의 물이 방류됐다. 이 엄청난 물이 72 피트 계곡으로 흘러 들어갔고 오하이오 존슨타운을 강타하기 전에 또 다시 380 피트 아래로 돌진해 갔다. 내 말을 들어 보라! 20,000,000톤의 물이 오하이오 존슨타운을 통과하는데 10분도 채 걸리지 않았으며 그로 인해 2,015명의 사람들이 죽었는데 이 중 100명은 알아볼 수 없을 정도로 불에 탔으며 777명은 신원이 밝혀지지 않았다. 외침 소리와 포효와 화재와 익사라는 악몽 속에서 감리교도들이 소리 지르고 있었다. "우리는 감리교 교회에 의해 구원받을 것이다." 카톨릭교도가 뒤돌아보며 으르렁거린다. "카톨릭 교회만이 구원할 수 있다!" 이 지상에 있는 어떤 단체나 조직이나 교회나 그 밖의 어떤 것도 죽음과 심판과 저주에서 사람을 구원시킬 수 없다. 구원시킬 수 있다고 생각하는 사람은 참으로 현명하지 못한 사람이다. 하나님께서 사탄에게 여러분의 생명을 주시면 여러분은 죽을 것이고(욥 2:6, 히 2:14) 준비가 되었건 준비가 되지 않았건 심판에 직면할 것이다(히 9:27). 친구들이여, 20,000,000톤의 물이 (시간당 40 마일 속도로) 그 계곡 아래로 흘러 내려가면 80톤의 기차가 파도를 타다 넘어진 파도타는 사람처럼 그 물살에 이리저리 굴러간다. 그런 재난에서 살아난다 해도 (존스타운에는 네 명의 소경이 있었는데 이 네 명 모두 살아남았다.) 자신의 "교회"가 아니라 하나님께 영광을 돌리는 것이 좋을 것이다.

『**주께서는 사람을 영원히 이기시니 그는 사라지나이다**』(20절). 하나님은 영원히 사시나 인간은 계속해서 죽는다. 인간은 왔다가 간다. "인간은 지나간다"(전 9:1,2). 죽음에서 면제되는(전 8:8) 사람은 없다. 사령관(히 2:10)이 기상나팔을 불지 않으면(고전 15:52) 죽음에서 면제되는 사람은 없다.

『**주께서는 그의 용모를 바꾸시고**』(20절). 주름진 피부 조직은 더 흉하게 되고 눈꺼풀은 처지고 입술은 떨리기 시작한다. 시간이 흐르면 철로된 말발굽 자국이 인간의 얼굴을 가로질러 가고 뒤에 "말발굽 자국"을 남긴다. 그리고 장의사나 묘지로 "그를 멀리 보내"신다(20절).

『**자기 아들들이 존귀하게 되나 그는 그것도 알지 못하며**』(21절). 아들들이 졸업을 했는지 학위를 받았는지 혹은 선거에서 당선되거나 승진했는지 알지 못한다. 『**그들이 비천하게 되어도 그가 그들의 비천함을 알지 못하나이다**』(21절). 즉 죽은 사람은 자기 아들이 대통령이 됐는지 "마약 밀매인"이 됐는지, 혹은 치과의사나 술주정뱅이인지, 의사인지 바보인지, 법률가인지 고리대금업자인지, 중개인인지 건달인지, 장군인지 마약 복용자인지, 판사인지 죄수인지 결코 알지 못한다. 『**다만 자기에게 붙은 살이 아**

프고 자기 안에 있는 그의 혼이 애통할 뿐이니이다』(22절). 클라크의 설명은 뛰어나다. "인간의 인생을 총괄해 보면 이렇다. 몸의 고통과 혼의 고뇌. 몸의 고통이 없거나 혼의 고뇌가 없을 때는 좀처럼 없으며... 대개는 이 두 개가 다 있다"(Ibid., 74쪽).

인생은 "깡충 뛰고, 건너뛰고, 점프하는 것"이 아니다. 인생은 대부분 "축 처지고 늘어지고 질질 끌려가는 것이다." 고통과 애통의 몫을 덜 받고 아주 운이 좋게도 "쉽게" 살아온 사람들에게 욥기는 경고한다. 즉 우리가 걷고 있는 이 땅 위에는 말 그대로 수천 명의 사람들이 굶주리고 애통하고 수년간 고통당하고 그러다가 가난과 고통과 비참함 속에서 피 흘리고 죽어갔다. 하나님은 우리들에게 자비를 베푸셨다. 그러므로 불평하고 투덜거리며 감사치 아니한 죄들이 어떤 경우든 드러나기만 하면 재빨리 회개하고 자백해야 한다.

가련한 야곱은 자신의 첫 태생 아들이 자신(야곱)의 아내와 근친상간이라는 죄를 저질렀다는 소식을 "소문"으로 들어야만 했다. 그런 후에 자신이 특별히 사랑하는 아들에게 만들어 준 옷의 피 묻은 조각을 응시해야만 했다. 그리고 소리 지른다. "오 하나님! 조가 차에 치었군요!" (그렇다! 20세기 현대인의 "최신 언어"로 기록된 "살아 있는 성경"이라는 허튼 소리로 우리를 속이려 하지 말라! 이런 번역을 사용하는 "새들"은 그들 인생에서 단 한 번도 공개적으로 설교한 적이 없으며 쉬운 말을 사용하지도 않는다. 그렇게 하면 자신의 소득을 잃게 될 것이기 때문이다. 가서 공산주의자들이나 속이라. 그들은 언제나 진리 앞에 놓인 거짓을 믿을 테니까. 우리를 속이려 하지 말라. 자신들의 설교에 거리에서 사용하는 언어 대신 대중 매체의 어휘를 삽입할 때부터 우리는 그 사람의 정체를 간파했다.) 그 다음 야곱이 돌아서는 순간 아들 중 하나가 감옥에 갇히게 된다. 여러분 중에는 이런 인생의 행로를 걸어본 적이 있는가? 빈민이 된 왕이 걸어

가면서 소리친다. "압살롬, 내 아들아, 내 아들아! 너 대신 내가 죽었더라면. 아 압살롬, 내 아들아, 내 아들아!" 하얀색 군마에 타고 승리를 외치며 전쟁에서 집으로 돌아오는 입다. 그러나 십 분 후에 처절히 울부짖는다. "오, 하나님, 내 딸은 안 돼! 내 어린 딸은 안 돼!"

정신 병동에서 한 그리스도인 여자가 울고 있었다(1964). 그녀는 이혼녀였다. 그녀의 맏아들은 2년간 활동했던 갱단에서 가까스로 놓인 상태였다. 그녀는 내가 그 아들에게 예수님을 증거해 주기를 원했고 나는 그렇게 했다. 그는 자신이 3일 동안 갇혀 있었던 "독방"에서 경험한 "회심 경험"을 내게 이야기했다. 나는 그에게 토요일 저녁 성경 공부 모임에 나오라고 청했다. 그가 같이 나가려고 하는 순간에 갑자기 그의 "동료"들이 나타났다. 그는 그들과 나를 번갈아 쳐다보더니 말했다. "목사님, 죄송합니다. 오늘 밤은 안 되겠어요." 24시간 만에 그는 감옥에 들어갔고 30일이 채 못 되어 다시 10년 형을 선고받았다. 그와 그의 "친구들"은 국가 병기 창고를 털려고 한 것이다. 그 소년의 어머니가 눈물을 흘리지 않았다고 생각하는가?

나는 그리스도인 여자와 결혼한 구원받지 못한 남자와 함께 여러 차례 저녁을 먹었다(1963-1969). 그의 어린 두 아들은 구원을 받았다. 그는 자신의 아내를 빈번히 발길질했고 결국 그녀는 이혼하겠다고 맞섰다. 그러자 그는 그 여자를 죽이겠다고 협박했다. 두 아들이 이 문제의 중간에 끼여 있었다. 이혼 수속이 끝났다. 그 후 그는 회개하고 그리스도를 영접하라는 복음 초청에 응했다. 그들은 화해했고 그것은 약 6개월간 지속되지만 그 이후 다시 "진창으로 되돌아갔다"(벧후 2:22). 그들은 헤어졌다. 그는 그 여자를 추적했고 그녀는 경찰을 불렀다. 그는 다시 전화로 그녀를 협박했다. 마침내 그는 그 집으로 걸어들어 와서 권총을 꺼내들고 그녀를 두 번 쐈다. 두 발 다 그녀에게 명중했고, 한 발은 치명적인 곳에 명중했다. 그러나 그녀는 살아남았고 병원에서 회복되었다. 그동안 그녀의 전 남편은 살인 미수죄로 고소되었다. 그는 유죄를 선고받고 채터후치로 이송되어 감옥으로 갔다. 그의 아들들은 현재 아버지 없이 성장하고 있다. 그들의 아버지가 감옥에서 나온다 해도 전과 기록 때문에 적당한 직장을 얻을 수 없을 것이다. 그 가족이 여러 차례 눈물로 베개를 적시리라는 것을 알지 못하겠는가?

삼손의 어머니와 아버지가 서로 부둥켜안고 울고 있다. "지난번에는 우리 아들이 흑인 여자와 죄 가운데서 사는 것을 봤는데 이제 오늘은 가자에서 다곤의 축제에 아들이 희생제물이 된다는 말을 듣게 되는구나!"

사울의 어머니가 그 마음을 토로하며 울고 있다. "내 아들과 세 명의 손자가 전투 중에 실종됐습니다! 아, 하나님 어떻게 하면 좋겠습니까?"

나는 어느 날 밤 자정쯤에 한 남자와 그의 아내 때문에 잠이 깼다. (그들은 둘 다 그리스도인들이다.) 흐느끼고 눈물을 삼키며 탄식하면서 내게 말했다. 그들과 같이 그 아내의 어머니에게 가서 그 어머니의 장자가 (그 때 당시 30세였다.) 총싸움에서 살해되었다는 것을 말해 달라는 것이었다. 그는 사이가 소원해진 아내와 놀아나던 남자와 총싸움을 했던 것이다. 그 어머니는 자정에 일어나서 부엌에서 커피를 마시다가 그 소식을 들었다. "럭크만 형제님, 지난해에 당신네 젊은이들이 몇 명 여기 와서 그 애를 그리스도께 인도해 주셔서 정말 기뻐요." 입술을 깨물고 눈꺼풀을 떨며 그 어머니가 내게 했던 마지막 말이다. 그러나 그렇다고 해서 그것이 장례식을 멈추게 하지는 못했다.

주디 갈런드는 5피트의 키에 일백 파운드이다. 1966년과 1967년 사이에 그녀는 만성적인 알코올 의존자였으며 약물 복용자였다. 그녀는 새벽 3시에서 7시 사이에 불을 켜 놓고 라디오를 켜 놓은 채로 잠을 잤다. 그녀가 두 번째 "컴백"을 했을 때(1968) 그녀는 자신보다 12년 더 어린 남편에게 말했다. "미키, 나 좀 웃겨 봐요, 나 좀 웃겨 봐요. 나를 웃게 만들면 내가 노래할 게요!" 결혼한 지 반 년 후에(170일 후에) 그녀는 자신의 웨딩드레스를 입고 묻혔다. 이만 천 명이 그녀의 장례식에 참석했지만 그녀의 자녀들은 참석하지 않았다.

그녀는 땡전 한 푼 남기지 않았다. 그녀의 보석은 그녀와 함께 묻혔다. 주디와 결혼한 가난뱅이 남자는 그녀가 코와 입에서 피를 흘린 채 욕실에서 죽어 있는 것을 발견했다. 어린 주디를 기억하는가? 내가 주디를 마지막으로 봤을 때 그녀는 노래하고 있었다. "무지개 저 너머 어딘가에 푸른 새들이 날고 있네! 새들은 무지개 너머로 날아갈 수 있는데 그런데 왜 나는 날아갈 수 없는가?" "별을 넘는 소망"을 가지고 있기는 했지만 그 소망도 그녀가 세상에서 저 멀리 떨어지도록 하지는 못했다. 그녀가 가진 문제들도 눈이 녹듯이 사라지지도 않았다. 주디도 수천 명의 유명 인사들이 죽는 것처럼 죽었다. 외롭고, 구원받지 못했으며, 우울하고 좌절한 채, 비참하고, 병들고, "거룩한 결혼" "성사"를 집전하는 런던에 있는 카톨릭 사제처럼 영생에 대한 확신도 없이 죽어간 것이다.

자신의 머리를 쥐어뜯으며, 비명을 지르고, 기도하며, 저주하고, 땅바닥을 구르는 이 400명의 여인들은 어찌된 일인가? 간단하다. 헤롯이 방금 그들의 아기들을 살해한 것이다(마 2:16).

그레이스 메탈리어스(페이턴 플레이스)는 한 권에 5달러인 더러운 책을 8,000,000권을 팔고도 125,000 달러의 빚을 진 채 죽었다. 그레이스는 17세 때 학교 교사와 결혼을 했지만 이혼하고 디스크자키와 결혼했다. 이혼 수속이 끝났을 때 그녀는 법원에서 술 취한 상태였다. 그 다음 그녀는 D.J.와 헤어지고 첫 번째 남편에게로 되돌아갔다. 그 후 다섯 아이가 딸린 언론인을 쫓아 그를 떠났다. 그녀가 죽었을 때 25명의 사람들이 장례식에 참석했고 그녀의 이름은 "마지막 의식" 동안에 단 한 번도 언급되지 않았다. 스물다섯 명이라니! 세상의 명예와 영광을 좇던 길이 그와 같았다. 그레이스 메탈리어스가 그녀의 짧고도 암울한 인생의 실패 속에서 비참한 시간들을 보내지 않았을 거라고 생각하는가?

스미스 레이놀즈(레이놀즈 담배 회사)는 세 번 결혼을 하고 2,000,000달러 이상을 쓴 후 (레이놀즈는 억만장자였다.) 21살 때 자살했다. 자신의 머리통을 날려 버리기 전에 그가 테이블에 남겨 놓은 쪽지에는 이렇게 적혀 있었다. "나는 모든 것을 봤고 모든 것을 했고 모든 곳에 가 봤다. 도대체 살 만한 가치가 있는 것이 무엇인가?" 불쌍한 죄인 친구여, 주 예수 그리스도의 공로와 대속을 떠나서는 살 만한 가치가 있는 것은 아무것도 없고 죽을 만한 가치가 있는 것도 아무것도 없다네. 레이놀즈는 수많은 사람들이 돈과 배짱이 있으면 말하고 행할 일을 한 것뿐이다. 인생은 벚꽃이 만발하지도 않으며 그렇다고 참회의 화요일도 아니다.

뉴욕에서 순찰 중이던 경찰관들이 12월의 차가운 얼음물에 빠져 자살하려는 사람을 목격했다. 경관들은 그에게 밧줄을 던졌다. 물에 빠져 가던 그 남자는 밧줄을 잡아서 물을 가로질러 약 8피트를 다시 던지며 소리쳤다. "그 밧줄을 가지고 지옥에나 가라. 나는 이제 끝장이다." 그리고 그는 물속으로 빠져 갔다.

우리 청년 하나가 주 박람회에서 전도지를 배포하고 있었다. 그는 수심에 가득 찬 어떤 사람에게 전도지를 줬다. 그의 차림새는 마치 쓰레기 트럭에서 떨어져 나온 것 같이 초췌했다. 이 가련한 실패자는 젊은 설교자를 보고 말했다. "도대체 이게 왜 나한테 필요하지?" 젊은이가 말했다. "이 전도지가 당신을 지옥에 가지 않게 해 줄 것입니다." 이 가련한 사람은 그 젊은이가 성경의 진리를 그에게 보여 주기도 전에 이렇게 말했다. "나는 지옥에 가지 않을 겁니다. 왜냐하면 나는 이미 지옥에 있으니까요." [이러한 반응은 미국의 종교와 교육에서 참으로 미신적인 우상 숭배자들(틸리히, 제임스, 파이크, 포스딕, 필, 듀이, 블레이크)이 "유일한 지옥은 지상 위에서의 지옥이다." 또는 "지옥은 단지 사람들의 마음속에 있을 뿐이다." 라고 받아치는 것과 같은 태도이다.] 그러나 이런 말은 진리가 아니다. 지상에서 맛보는 "지옥"은 앞으로 받게 될 "유업의 보증"(롬 2:9)일 뿐이며, "하나님의 저주의 전조"(롬 2:3-5)일 뿐이다. 이것은 마치 우리 안에 내주하시는 성령께서 하나님의 유업의 보증이며(엡 1:14) "영광스러운 신성의 맛보기"인 것과 정확하게 일치한다. 그러나 어떤 사람들은 그들의 영원한 집인 불못이 그들을 받아들이기 전에 그들이 받아야 할 몫 이상의 "맛보기"를 받는 사람들도 있다.

나는 자신의 어린 딸이 심장 수술을 받다가 죽은 후에 3주일 동안 물 한 방울 마시지 않은 한 구원받지 않은 여인을 알고 있다. 이동 침대에서 수술실로 들어가는 어린 딸이(8살) 어머니에게 했던 마지막 말은, "엄마, 물 한 컵만 주세요! 엄마, 물 한 컵만 주세요!"였다.

하나님의 오래 참으심이 이 지상에서 목격해 오신 고통들! 병원 청구서와 변호사 비용, 의사가 보낸 청구서와 법정 비용, 밤낮으로 고뇌하며 마루를 걸어 다니는 일, 부상당하고 죽어가고 고문당하는 사람의 비명 소리와 신음, 굶어죽어 가는 아이들의 가련한 흐느낌, 이 세상에 가족도 친구도 기금도 희망도 없이 건강도 잃어버린 채 남겨진 사람들의 절망적인 외침! 핀셋과 고문대, 석탄불, 채찍, 밧줄, 칼, 회초리, 깨진 유리 조각 아래 떨어져서 고문당하는 남자들과 여자들의 외침!

『**다만 자기에게 붙은 살이 아프고**』(22절). 로마카톨릭 교회와 국제 공산주의자와 유럽 국가 연합에서 하는 모든 노력을 다 합쳐서 유엔과 외계에서 온 우주인과 연합해서 거기다 지금까지 살았던 모든 과학자들과 철학자들의 모든 연구 단체를 합치면 이러한 문제들을 해결할 수 있다고 생각하는 사람은 미친 사람이다. 다음 사항을 기억해 두라. 위에 열거한 모든 단체나 사람들은 "동료 인간을 위한 해결책을" 얻기 위해서는 "동료 인간"에 대항해서 육체적 정치적 폭력을 사용해야만 했고 지금도 사용하고 있고 앞으로도 사용할 것이다. 어떤 정치 정당이나 교회가 (나치도 다를 것이 하나도 없다.) 그 목적을 달성하기 위해 체포, 전복, 소환, 힘, 고문, 투옥, 수술, 세뇌 기술, "정신 병동," 재산과 부동산 몰수 등을 사용한다면 그것은 이미 거기서 주장하는 어떤 가치 있는 목적을 달성하는 데 필요한 권위를 스스로 박탈하는 것이다.

이제 우리는 이 끔찍스러운 현 시대의 실체에서 벗어나 거짓과 "비현실적"인 것을 만들어내는 사람들을 만나볼 것이다. 즉 1880-1980년의 주요 성경 주석가들과 개정 위원회를 살펴보도록 하자.

1. 부패한 ASV는 (1884년의 RV처럼) "나는 기다리나이다... 내가 주께 대답하리이다."라는 예언적 진술의 교리를 파괴시키기 위해 14절과 15절을 가정법("would")으로 변개시켰다. 1901년의 부패한 ASV도 같은 길을 걷는다. (이제 독자 스스로 목록을 만들어 보도록 하라. 지금쯤이면 독자 스스로 이들을 열거할 수 있을 것이다.) 히브리어 "티가라"는 2인칭 남성 단수로서 "가라" 동사의 칼(kal) 미래이다. 전에 언급한 바와 같이 밥존스대학과 펜사콜라기독대학, 마라나타, 필스베리 등에서는 진리를 은폐하고 말씀의 권위를 전복시키기 위해 속임수를 쓴다. 의심스러울 때는 〈킹제임스성경〉으로 ASV와 NASV를 바로잡아 주는 것이다.

[여러분 중에 누가 밥존스대학에서 발간한 〈킹제임스성경〉에 관한 작고 귀여운 90분짜리 테이프를 우연히 만나게 되면 그 저자가 〈킹제임스성경〉에 관해 10년 전에 만든 테이프들을 세 시간 공부해 보는 것이 좋을 것이다. 우리가 언급해 온 바와 같이(12번), 근본주의자들은 최종 권위를 〈킹제임스성경〉 대신 기독교 교육으로 대체시키기 전에 항상 "거기에 키

스를 보낸다." 밥존스대학이 〈킹제임스성경〉에 관해 만든 테이프들은 신학 분야에서 "우체국", "병을 돌려라"(1930년대 십대들의 키스 게임)의 좋은 본보기이다. 유다와 요압 둘 다 살인을 저지르기 전에 그들의 희생자들에게 입 맞췄다는 것을 잊지 말라.]

2. 케네스 테일러(〈리빙바이블〉)는 14절을 변개시켜서 욥의 확신을 단순한 "희망"으로 바꾸어 버렸다. (〈킹제임스성경〉과 비교하라.) 또한 15절에서는 부패한 1901년 ASV를 따르고 있으며, 22절에서는 "살"과 "혼"을 제거해 버렸다.

3. NEB(C.H. 도드)는 14절을 완전히 변개시킨 다음 "혼"을 변개시킴으로써 물질적인 것만을 다루도록 만들어 버렸다. "혼"은 "생명의 피가 마르다."로 번역되었다. 도드가 여기서 갑자기 "피"를 삽입시키고서(이 단어는 어떤 히브리어 필사본에서도 발견되지 않는다) 마태복음 27:3,4, 로마서 5:9, 골로새서 1:14, 사도행전 20:26에서는 그 단어를 지워 버린 것은 도드가 성경의 저자와 해결해야 할 문제이다.

4. 칠십인역은 히브리어 본문에 10개의 단어를 삽입시키고 나서 "그가 어디 있는가?"를 "더 이상 없다."로 대체했다. 전형적인 알렉산드리아의 모습이다.

본문에서 유일하게 어려운 부분은 17절이지만 하나님께서 눈물을 병에 담아 두시며(시 56:8), 행위를 책들에 기록해 두신다(계 20:12)는 것을 아는 성도들에게는 어려울 것이 없다. 그렇다면 "허물들"을 자루에 담아두지 못할 이유가 없지 않은가? "자루"는 오늘날 서류 가방이나 봉인된 봉투 정도에 해당된다. 욥의 죄들은 회계의 날까지는 아무도 참견할 수 없도록 합법적인 소송 적요서에 넣어 꿰매서 봉해 버렸다.

욥기 15장

15:1 그러자 테만인 엘리파스가 대답하여 말하기를
2 “현명한 사람이 헛된 지식을 발설하겠으며 동풍으로 자기 배를 채우겠느냐?
3 그가 무익한 이야기와 선을 행할 수 없는 말로 따져 보겠느냐?
4 정녕, 네가 두려움을 내버리고 하나님 앞에 기도하기를 그치는도다.
5 네 입이 네 죄악을 말하며 네가 간교한 자의 혀를 택하는도다.
6 네 자신의 입이 너를 정죄하는 것이요 내가 아니니라. 정녕, 네 입술이 너를 대적하여 증거하느니라.

엘리파스는 격노한다. 그는 욥에게 말한 첫 번째 사람인데(4장) 그때는 최소한 욥을 돕고자 애썼다. 그러나 이제 욥이 소팔과 빌닷에게 답변하는 것을 듣고 난 뒤 그는 “이성”을 잃고 욥이 겪었던 일들을 살펴보지도 않고, 터툴리언이 이교도들을 혼내줄 때 그랬던 것처럼(150-220), 그리고 마틴 루터가(1483-1546) 교황들에게 반역하는 성명서를 읽었을 때 한 것처럼 "욥을 억누른다."

『**헛된 지식... 동풍... 무익한 이야기... 선을 행할 수 없는 말... 두려움을 내버리고 하나님 앞에 기도하기를 그치는도다... 죄악... 간교한...**』(2-5절) 엘리파스는 욥을 지옥으로 보낼 정도로 비난한다. 2절의 "동풍"(hot air)은 가뭄과(욘 4:8) 메뚜기를(출 10:13) 가져오는 근동 지역에서 유명한 "열풍"이라고 할 수 있다. 4절에서 엘리파스는 욥이 "하나님의 두려움"(욥기 1:1 주석)을 버렸다고 비난하고, 욥이 기도 모임을 버렸다고 비난하며, 은혜의 보좌에 나아가 간구하는 대신 TV 채널을 돌리는 데 시간을 썼다고 비난한다.

『**네 자신의 입이 너를 정죄하는 것이요 내가 아니니라**』(6절). 욥이 실언을 했다할지라도 최소한 욥은 자신이 때로 실언을 한다는 것은 알고 있었다. 실언을 할 것이라고 미리 예언한 바도 있다(욥 9:20!).

엘리파스는 지극히 심한 말을 되풀이함으로써 욥을 괴롭히고 있다. 왜냐하면 욥이 잠깐 동안 페리 메이슨 사건에 관해 말하고 있었기 때문이다(욥 14:17; 13:26; 13:18). 그래서 이제 엘리파스는 실제로 이렇게 말하고 있다. "욥, 너는 위증죄를 저질렀어. 너는 증언대에 서서 진리, 온전한 진리, 오직 진리만을 말할 것을 맹세하고서는 네 자신에게 불리한 증언을 한 셈이야. 네 증언이 너를 대적하고 있어. 너는 검사에게는 최상의 증인인 셈이야!"(렘 18:17, 겔 17:10; 19:12).

4절을 누가 제일 먼저 욥이 "다른 사람들의 경건한 상태를 파괴시키고 있다."로 바꿔서 하나님께 기도하지 못하게 만들었는지 모르겠다. 그러나 RV, ASV, RSV를 비롯한 역본들의 변개된 본문은 4절을 완전히 제멋대로 바꾸어 놓았다. 본문에서 문제를 느끼고 최초로 변개를 시도한 장본인은 칠십인역의 저자이다. 칠십인역은 "기도하기를 그치는도다." 대신 "그런 말들을 실행에 옮겼다."로 되어 있다. 이때부터 계속해서(A.D. 150-1900) 성경을 파괴적으로 비평하는 비평가들이 엉터리로 성경을 해석한 것이다.

메러디스 클라인(Meredith Kline, 복음적 보수주의자)은 욥이 기도하기를 그치는 대신 "종교"를 위태롭게 하고 있다고 말한다. 제미에슨과 포셋과 브라운(근본주의자들)은 욥이 발설하는 말로 다른 사람의 경건한 영적 상태를 파괴하고 있다고 생각한다. 전천년주의자들이 추천하는, 현재는 쓰이지 않는 ASV(1901)는 "기도하기를 그치는도다."를 "경건한 상태를 방해한다."로 바꾸었다. 〈강단주석〉(롤린슨)은 다른 사람들이 하나님의 "선하심"(Ibid., 216쪽)에 대해 경건하게 묵상하는 것을 욥이 방해했다고 말한다.

욥이 태어난 이래로 그의 세 친구들이 나타나기 전에 틀린 말을 한 적이 있는가? 누구의 헌신을 욥이 "방해"하고 있단 말인가? 그의 친구들은 전혀 "경건"하지 않았었다. 그들은 욥을 혹평하고 있었다. 욥의 아내도 헌신하지 않았다. 그녀는 욥이 "헛된 말들"을 발설하는 것을 듣지도 못했다. 그밖에 다른 사람들은 욥이 이런 처지에 처한 이후로 아예 욥을 보러 오지도 않았다. 그런데도 이 엉터리 해석자들과 성경 개정자들과 주석가들과 신학자들과 학자들은 이런 엉터리 설명을 어디서 얻었는가?

아담 클라크는 이번에는 옳게 추측을 했다. 욥의 친구들은 욥이 하나님에 대해 신랄하고 하나님께 화가 나 있다고 비난하고 있다. 이런 일이 일어나면 사람의 기도 생활(혹은 "경건"한 상태)은 멈추게 마련이다. 이 친구들은 욥이 기도를 통해서 문제를 해결하려 하지 않고, 자신의 문제만 보고 자신이 가는 길을 말하려 한다고 비난하고 있다. 데베테, 버드, 슐로트만, 딜먼, 피크, 메이어, 게제니우스는 이런 추론을 회피하기 위해서 본문을 바꾸었다.

15:7 네가 첫 번째로 태어난 사람이냐? 아니면 네가 산들에 앞서 지음을 받았느냐?

8 네가 하나님의 비밀을 들었으며 그래서 지혜를 너만 알고 있느냐?

9 네가 아는 것이 무엇이기에 우리가 그것을 모르겠느냐? 네가 깨달은 것이 무엇이기에 우리에게는 없단 말이냐?

10 우리에게는 백발인 사람도 아주 나이가 많이 든 사람들도 있으니 네 아비보다 훨씬 더 늙은 사람들이라.

11 하나님의 위로가 네게 작은 것이냐? 너에게 무슨 비밀스러운 것이 있느냐?

12 어찌하여 네 마음이 너를 멀리 데려가느냐? 네 눈이 무엇에다 눈짓하기에

13 너는 네 영으로 하나님을 대적하여 돌아서게 하며 그러한 말이 네 입에서 나오게 하느냐?

14 사람이 무엇이기에 깨끗하겠느냐? 여인에게서 태어난 자가 의로워질 수 있겠느냐?

15 보라, 그분은 그의 성도들을 신뢰하지 아니하시나니 정녕, 하늘들도 그분 보시기에는 깨끗하지 아니하거늘

16 죄악을 물처럼 마시는 사람은 얼마나 더 가증하고 추하겠느냐?

이제 엘리파스는 형제들을 고소하는 자리에 서게 된다(계 12:10). "검사"의 역할을 담당하면서 그는 욥을 증언석에 세우고 욥에게 13가지의 질문을 던지는데 "예, 아니오" 대답조차 기다리지 않는다. "네가 첫 번째로 태어난 사람이냐? 내 생각에는 아담이 첫 번째로 태어난 사람인 것 같다! 창세기 1:1 이전에 네가 있었느냐?(욥 38:4) 하나님께서 우리에게는 주시지 않은 특별한 계시를 너에게만 주셔서, 네가 그것을 알고 있는 유일한 사람이란 말이냐? 우리가 모른다는 것을 네가 어떻게 아느냐? 우리가 알지 못하는 비밀스런 위로의 원천이 네게 있느냐? 너로 하여금 그런 식으로 말하도록 하는 것이 무엇이냐? 의에 대해 말하는 너는 누구냐? 너는 사람이 아니냐? 깨끗함이나 의에 관한 한 인간이 대단한 존재인 적이 있었느냐?

"인간"은 파선한 상태이다.

성령님에 따르면 "인간"은 악한 세상에서(갈 1:4) 악한 생각을 가지고(창 6:5) 살고 있는 악한 존재(눅 11:13)이며, 인간이 가진 영적 장비(롬 3:9-18)로는 물이 새는 카누조차도 격파시킬 수 없다. 바로 여기서 성경대로 믿는 그리스도인이 역사에 접근하는 방법과 "은사주의식 사랑"이 역사에 접근하는 방법은 커다란 차이를 보인다. 모든 구원받지 않은 소위 "크리스천들"은 긍정적인 관점에서 "인간"과 역사에 접근한다(〈확실한 예언의 말씀〉 참고). 프랭크 에드워드(〈과학보다 더 낯선〉), R.L. 디온(〈비행접시를 날리시는 하나님〉), 에릭 노만(〈외계에서 온 신들과 마귀들〉), 에릭 폰 다니켄(〈신들의 병거〉)이 미래에 관해 기술할 때는 예외 없이 인간의 능력, 잠재력, 우주인이 주는 "도움"에 관해 반성경적인 사탄의 관점을 취한다. 이런 관점은 "긍정적인" 관점이다. 간단히 말하자면 "외계에서 온 생명체"와의 접촉이 인류에게 "연구의 새로운 지평"을 열어 줄 것이며, 인간이 "서로 사랑하는 가운데 평화롭게 함께 공존할 수 있게 해 주는..." "탈출구와 생존의 통로"를 열어 줄 것이라는 관점이다. 그러나 성경적 관점은 사탄이 로마카톨릭의 통합된 국가를 (모든 은사주의자들을 포함해서) "육체를 입은 신"으로서 통치할 것이며, 7년간의 국제적인 살육의 마지막에 주 예수 그리스도께서 돌아오셔서 교육, 종교, 과학, "사랑주의"가 엉망으로 만들어 놓은 혼란을 수습하실 것이라고 말한다.

엘리파스는 쇼펜하우어(Schopenhauer, 1788-1860), 스펜서(Spencer,

1820-1903), 비트겐슈타인(Wittgenstein, 1889-1951), 몽테뉴(Montaigne, 1533-1592), 칼 마르크스(Karl Marx, 1818-1883)가 "인간"에 대해 알지 못했던 뭔가를 알고 있었다. 그는 인간이 추하고(16절), 가증하며(16절), 의롭지 못하다(14절)는 것을 알고 있었다. 헤겔(1770-1831)과 라이프니츠(1646-1716)는 그것을 알지 못했다. 더러운 것에서 깨끗한 것을 가져올 수 있는 사람은 아무도 없는데도(욥 14:4) 왜 이런 더럽고 가증하며 의롭지 못한 악당들이 양산해 낸 종교, 철학, 과학, 교육 체제가 결코 더럽지도(사 28:8) 가증하지도(눅 16:15) 불의하지도(사 64:6) 않을 거라고 생각하는가? [물론 어떤 사람들은 이런 부정적인 관점을 좋아하지 않는다. 인간을 부정적으로 그리는 것을 좋아하는 구원받지 못한 정치인, 과학자, 교육자, 설교자, 사제들은 지상에 없다. 왜냐하면 대중 앞에서 긍정적인 모습을 보여 주는 데 따라 그들의 소득이 좌우되기 때문이다.]

10절은 욥의 나이가 50세에서 70세 이상은 족히 됨을 보여 준다. 그의 아버지보다 더 나이가 든 "아주 나이가 많이 든 사람들"은 약 170-190세여야만 한다. 이것은 욥의 아버지는 110-130세쯤 되고 욥은 60-80세쯤 된다는 추론을 가능하게 한다.

『**하나님의 위로가 네게 작은 것이냐?**』(11절) 즉 "하나님께서 네게 해 주신 선하신 일들을 네가 멸시하는 것이냐? 하나님의 위로를 '작은 것'으로 여기느냐?" "너에게 무슨 비밀스러운 것이 있느냐?"(11절, 8절 참조).

욥은 이 열변에 답변하지 않는다.

『**어찌하여 네 마음이... 네 눈이**』(12절, 잠 6:13, 시 35:19 참조). 눈과 마음은 항상 연결되어(욥 31:7,27 주석 참조) 있다. 마음으로 "멀리 가게"(12절) 하는 사람은 뜨거운 물속(욥 31:7-9)으로 들어가게 되고 뜨거운 숯불 위를(잠 6:28) 걷게 된다. 왜냐하면 “자신의 마음을 신뢰하는 자는 어리석은 자”이기 때문이다(잠 28:26). “네 눈이 무엇에다 눈짓하기에”(12절)는 잠언 6:13; 10:10의 의미에서 보아야 한다(14절은 14:2,4; 25:4과 비교해야 한다).

『**보라, 그분은 그의 성도들을 신뢰하지 아니하시나니**』(15절). 곤경에 빠진 로마카톨릭 교회를 도와 주기 위해(렘 7:4, 욥 5:1 참조) 〈리빙바이블〉은 “성도들”을 삭제했고, NEB도 “성도들”을 삭제했으며, ASV(1901)도 “성도들”을 삭제했으며, RSV(1952)도 “성도들”을 삭제했고, 〈공동성서〉(1973)도 “성도들”을 삭제했다. RV, TEV, NASV 모두 “성도들”을 삭제했다. 성경대로 믿는 사람들은 자신의 교회의 교리를 지지하기 위해서 이와 같은 일에 동조해서는 안 된다! 참으로 대단한 에큐메니컬 운동이다. 전천년주의자들, 카톨릭, 자유주의자, 보수주의자, 감리교도, 복음주의자들이 하나같이 본문에서 성 유다, 성 시릴, 성 토마스, 성 패트릭, 성 어거스틴을 제외시키려고 애쓰는 것이다. [히브리어 단어로는 ‘거룩한 이들’을 의미한다는 식의 어설픈 변명은 안 통한다. 같은 단어(히브리어 “카다심”)을 다니엘 7:22과 7:25(ASV, 1901)에서는 “성도들”로 번역하지 않았다! 이런 사람들은 거짓말을 하면서 “히브리어와 헬라어”를 들먹거리는 것이다.]

하나님은 자신의 성도들에게 전혀 신뢰를 두지 않으신다(15절). 이 성도들이 성 베드로, 성 야고보, 성 요한(마 16:23, 요 2:25)이라 해도 달라질 것은 없다. 성경 대신 성도들에게 신뢰를 두게 하거나, 성경 대신 정서적 경험에 신뢰를 두게 하는 사람들은 우리 주위에서 항상 찾아볼 수 있다(고후 10:12). 이들은 성경적 사실을 다루는 대신 항상 어떤 사람이 추천한 거짓이나 어떤 정서적이고 육체적인 경험에 호소한다. 플로리다 파나마 시의 한 교회 임원 회의에서(1973) 장래성 있는 어떤 목사가 〈뉴스코필드성경〉을 쓰고 있다는 사실로 인해 파문이 일고 있었다. 이 부패한 출판물에 관한 논문들이 제출되자 비성경적 기조를 원하는 회중이 “그 책은 밥 존스 3세와 존 R. 라이스가 추천하는 것으로 보아서 올바른 것임에 틀림없다”고 말했다. 나는 그런 것은 모른다! 빌리 그래함은 〈리빙바이블〉도 ‘성서’라고 추천할지 모르지만 그런 것은 성경의 기록된 사실을 다룰 때는 아무런 의미도 없다.

젊은 설교자가 펜사콜라 시내에서 거리 설교를 하고 있는데 밥존스대학의 교수 한 사람이 다가와서 말을 걸었다. “자네 럭크만 추종자지! 자네는 〈킹제임스성경〉이 하나님의 말씀이라고 믿지, 그렇지?”

젊은 설교자가 대답했다. “맞아요. 나는 〈킹제임스성경〉에는 오류가 없다고 믿습니다.”

“럭크만이 그렇게 가르쳤군!” 이 경건하고, 학식있고, 헌신되고, 근본주의자이며, 이류 분리주의자는 으르렁거렸다.

“〈킹제임스성경〉에 오류가 있다고 믿나요?” 우리의 젊은 설교자가 물었다.

“물론이지, 〈킹제임스성경〉이 온전한 번역본이 아니라는 것은 모든 학식 있는 근본주의자들은 다 아는 사실이지.” 그 교수가 말했다.

“그렇다면 누가 ‘당신’에게 그것을 가르쳐 줬죠? ‘당신’은 어떤 사람을 따르고 있는 겁니까?” 우리의 젊은이가 말했다.

누구든지 반드시 대답해야 할 질문이다. 세상의 그 어떤 대학교 교수라도 답하고 넘어가야 할 질문이다. 당신이 성경을 처음 믿었을 때 하나님께서 당신에게 성경의 어떤 오류도 보여 주시지 않았다. 성경에 “오류들”이 있다고 믿으려면 당신과 마찬가지로 죄인인 누군가가 그렇게 가르쳐 주었어야 한다. 이런 사람을 기쁘게 하고, 사람을 따르며, 사람을 숭배하는 사람들은 진짜 성경대로 믿는 사람들을 “럭크만 추종자”라고 비난한다.

내게서 성경을 배운 사람들은 성경이 무오하다고 믿지만 그들은 그렇지 않다. 성경에 대한 믿음을 잃고 성경을 대적하게 되었을 때 그들은 누구에게 그렇게 배운 것인가? 주님인가?

『**그분은 그의 성도들을 신뢰하지 아니하시나니**』(15절). 주께서 바울을 신뢰하시고 그가 예루살렘에 가지 않을 것이라고 굳게 믿으셨다면(행 21-27장) 분명히 실망하셨을 것이다. 그렇지 않았겠는가? 하나님께서 베드로가 의심하지 않고 복종하리라고 신뢰하셨다면(행 10:14) 분명히 주님은 낙담하셨을 것이다! 요나가 처음에 설교를 하리라고 주께서 신뢰하셨다면, 혹은 모세가 처음에 메시지를 바르게 전하리라고 신뢰하셨다면, 발라암이 메시지의 2/3를 전하리라고 신뢰하셨다면 주님은 분명히 "인간에 대한 신뢰를 잃으셨을" 것이다. 전능하신 하나님께서 자신이 만든 피조물처럼 어리석다고 생각하는가? 하나님께서는 누군가에게 메시지나 사역을 위임하실 수는 있지만, 그렇다고 해서 그런 사람들을 100% 신뢰할 만하다고 생각하시지는 않는다. 이것을 모르는 사람은 로마서 1장, 고린도전서 6장, 갈라디아서 5장에 시간을 좀 더 들여야 한다.

『**하늘들도 그분 보시기에는 깨끗하지 아니하거늘**』(15절). "하늘과 땅을 창조하신"(창 1:1) 분은 케플러(Kepler, 1571-1630)나 코페르니쿠스(Copernicus, 1473-1543)가 돋보기 유리와 거울용 유리의 차이도 알지 못할 때 "먼지 구름," "태양 점," "검은 성운"에 대한 모든 것을 아셨다. 한편 하나님께서 하늘들을 창조하셨을 때(창 1:8) "좋다"고 말씀하지 않으신 것은 하늘들에게 뭔가 더러운 것을 보셨기 때문이다!(엡 6:9-12)

15 : 17 내가 네게 보여 주리니 내게 들으라. 내가 본 것을 내가 선포하리라.
18 현명한 사람들이 그들 조상으로부터 받은 것을 말하고 숨기지 아

니하였으며
19 그 땅은 그들에게만 준 것이니 타국인은 그들 가운데 지나가지 못
하였느니라.
20 악인은 그의 모든 날들 동안 아픔으로 고통을 당하며 압제자의 연
수는 숨겨져 있느니라.
21 그의 귀에는 무서운 소리가 있으며 그가 번영할 때에는 멸망시키
는 자가 그에게 닥치리라.
22 그는 자신이 어두운 데서 돌아오리라는 것을 믿지 못하고 칼의 *위
협을* 기다리게 되느니라.
23 그는 빵을 구하려고 방황하며 말하기를 '빵이 어디 있느냐?' 하리
니 그는 흑암의 날이 자기에게 가까운 줄 아느니라.
24 고난과 고통이 그를 두렵게 하며 그들은 전쟁을 준비한 왕처럼 그
를 쳐서 이기리라.
25 이는 그가 하나님을 대적하여 자기 손을 뻗치고 전능하신 분을 대
적하여 스스로 힘을 돋우기 때문이라.
26 그분은 그를 덮쳐 그의 목을 공격하시고 그의 방패들의 두꺼운 중
심 부위를 공격하시나니
27 이는 그의 얼굴은 살찌고, 옆구리는 기름기로 겹살이 되었음이라.
28 또 그는 황폐한 성읍과 아무도 살지 않는 돌무더기가 될 집들에
거하느니라.
29 그는 부자가 되지 못하고 그의 재산은 지속되지 못하며 땅 위에서
그가 자기의 완전함을 연장시키지 못하리라.
30 그가 흑암에서 떠나지 못하리니 불꽃이 그의 가지들을 말려 버릴
것이며 그분의 입김에 의하여 그가 멀리 가리라.
31 속는 자로 허망한 것을 신뢰하지 말도록 할지니 이는 허망한 것이

그의 보상이 될 것임이라.
32 그의 때가 되기 전에 그 일이 이루어질 것이며, 그의 가지가 푸르
지 못하리라.
33 그는 포도나무처럼 자기의 익지 않은 포도를 흔들어 떨어뜨릴 것
이며 올리브 나무처럼 자기 꽃들을 내던지리라.
34 위선자들의 회중은 황폐하게 될 것이요, 불이 뇌물을 받은 자의
장막들을 태우리라.
35 그들은 재앙을 잉태하고 허망한 것을 낳으며 그들의 배는 속임수
를 준비하느니라." 하니라.

이 부분은 예언적으로 적그리스도를 다루고 있다. 그래서 욥기 19:25에 이르기 전에 욥기에서 예언을 다루는 구절은 족히 20개가 넘는다. 보수주의 및 자유주의 학자들은 19-35절을 어느 시대 어느 집단에서나 볼 수 있는 불특정한 "악인"으로 제한함으로써, 마라나다, 웨스트마운트, 화이트워스, 이스터, 스털링, 타볼, 심프슨, 케더빌, 사우스이스턴, 피에드몽에 있는 대다수 교수진들이 성경의 각 구절은 오직 한 가지 적용만 가진다고 가르친 완고함과 똑같은 완고함을 보여 준다. 그러나 이들이 가르치는 것과는 반대로 성경의 모든 구절은 (계속 고집을 부리는 사람을 위해서 말해 두는데 여기에는 역대기상의 계보도 포함된다.) 세 가지로 적용이 가능하다. 역사적으로 이 구절은 엘리파스가 욥에게 악인에 대해 말하고 있는 것이다. 영적으로 볼 때 이 구절은 의 대신 죄에 정통하기로 결정한, 이것을 읽는 모든 사람에게 경고를 주고 있다. 교리적으로 볼 때 이 구절은 A.D. 1990-2000년 사이에 나타날 외눈박이 적그리스도를 겨냥하고 있다(슥 11:17, 창 6:1-4, 단 10:8). 이 인물은 성경에서 예수 그리스도를 제외하고 가장 많이 계시된 인물이다.

『내가 네게 보여 주리니 나를 들으라... 현명한 사람들이 그들 조상으로부터 받은 것을 말하고 숨기지 아니하였으며 그 땅은 그들에게만 준 것이니 타국인은 그들 가운데 지나가지 못하였느니라』(17-19절). 이 구절은 셈, 함, 야펫을 직접적으로 언급하는 구절이다. 성경을 믿는 사람이라면 이 구절을 창세기 1:2부터 욥기 15장에 나오는 다른 상황의 다른 사람에게는 적용할 수 없음을 안다. "조상들"은 복수("그들")이며, 땅이 "그들에게" 주어졌다는 말로 보아 이 구절은 아담이나 노아를 언급하는 것이 될 수 없다. 땅이 "그들에게" 주어졌을 때는(19절) 땅 위에 그들 외에는 아무도 없었기 때문이다. 이 구절은 너무나 명백하고 분명하기 때문에 이것을 무시하고 저작 연대를 모세나 그 이후로 잡는 것은 또 한 번 불가능해진다. 욥과 욥의 친구들은 바벨 탑 사건이 일어난 직후에 살았던 인물들이다. 그러므로 홍수, 타락한 천사들, 카인, 아담이라는 말은 이들의 마음속에 매우 생생한 말들이다.

"조상들"(18절)이 그들의 자손들에게 전해준 정보는 20-35절에 나와 있다. 이를 한 문장으로 요약해 볼 수 있다. "하나님을 대적하고 반역하며 사악하게 사는 사람은 누구나 원하지 않더라도 많은 문제를 만나게 된다." 이와 상응하는 신약의 구절은 "죄의 삯은 사망"(롬 6:23)이다. 엘리파스는 분명히 욥을 겨냥해서 이 말을 하고 있는 것이다. 비록 전체적으로 3인칭 단수를 사용하고 있기는 하지만 욥을 가리키는 것은 분명하다("그" - 22,23,25,27,29,30,33절). 욥은 마치 엘리파스가 "너"라고 말하기라도 한 것처럼 메시지를 잘 받아들이고 있다(욥 16:4).

자, "악인"은 어떤가?(욥기 18,20장 참조) **『악인은 그의 모든 날들 동안 아픔으로 고통을 당하며』**(20절). 현재 욥이 고통을 당하고 있는 것과 같다. 그 적용에는 다소 억지스러움이 있다. 악인은 고통을 당하지만 일부 악인은 도끼로 찍히기 전에 위로를 받으며 잘 지내기도 한다. **『압제자의**

연수는 숨겨져 있느니라』(20절). 즉 그는 이런 악한 행위가 언제까지 계속되는지도 알지 못하며 그의 양심은 계속해서 다음날 해가 뜨기 전에 그의 "연수"가 다 될지도 모른다고 말하고 있다.

『**그의 귀에는 무서운 소리가 있으며...**』(21절) 이 "무서운 소리"는 정권을 전복시키고자 하는 혁명의 소리일 수도 있으며, 돈을 빼앗으려는 유괴범들의 계략일 수도 있고, 암살의 소문일 수도 있으며, 생명 보험료를 노린 친족의 계략일 수도 있다. 그러나 "무서운 소리"는 이사야 28:21과 마태복음 24:6의 기이한 일과 연관시키는 것이 가능하다. 성경이 B.C. 4년에서 A.D. 33년 사이의 사건들을 정확하게 다루는 것과 동일하게 A.D. 1970 - 2000년의 사건들을 다룬다는 것을 기억해야 한다(나 2:3,4 주석 참조). 이 두 구절은 초림과 재림을 다룬다. 20세기의 "무서운 소리"는 제 1,2차 세계대전과 한국 전쟁을 겪은 사람들의 귀에는 아직도 쟁쟁하게 들리는 소리이며 그들의 마음속에서 여전히 생생한 소리이다. 인류 역사상 20세기의 보병 전투와 20세기 폭탄 투하 "소리"에 필적할 만한 것은 없다. 진실을 말하자면 현대전에서 가장 무시무시한 것은 소음이다. 소음 제거 장치를 로켓 발사대, 수류탄, 박격포 포탄, 폭탄, 소총, 권총, 기관총, 화염 방사기, 지뢰, 유도 미사일에 부착시키게 된다면, 공격이나 기습 공격에 대한 두려움은 극도로 감소되어 "공격군"의 생명이 위태롭게 될 수도 있을 것이다. 소음의 제거는 공격에서 85%의 두려움을 제거할 것이기 때문이다. 군인들의 사기를 갈기갈기 찢어 놓는 것이 바로 "소리"이다(〈병사〉, 레스터 애트웰, 1960). 전투 보병들은 작전 현장을 떠난 이후에도 수 년 동안 이 "소리"로 인해 괴로움을 겪는다. 이들 중 일부는 오늘날까지 (25-50년 후에도) 얼굴에 식은땀을 흘리며 침대에서 벌떡 일어난다. 제트 여객기가 그들의 집 상공을 지나 비행장으로 가는 소리에 그런 반응을 보이는 것이다. 나는 갑자기 벌떡 일어나 침대 위에 서서 차렷 자세를 하고 (전쟁이 끝난 지 10년 뒤에) 비명을 지르는 보병들을 알고 있다. 이들이 꾸는 악몽은 "무성 영화"가 아니라 "유성 영화"이다.

히로시마와 나가사키를 정찰 비행했던 승무원 중 한 사람(클로드 이덜리 소령)이 전쟁이 끝난 이후에 머리가 돌아 버렸다. 무질서한 행동으로 체포되었다가 풀려나고, 술에 취하고, 수감되었다가 방면되고, 강도 행위로 체포되는 등 이덜리는 결국 가족도 친구도 돈도 직업도 잃게 되었다. 전쟁 직후에 이덜리는 밤에 잠에서 깨어 비명을 지르곤 했다. "폭탄을 투하한다고? 폭탄을 투하한다고? 멈춰! 아이들이 불에 타고 있어!!" "에노라 게이" 승무원들은 원자 폭탄에서 나오는 음파가 28,000피트 상공에서 비행기를 진동시킨 이후에는 "그 무서운 소리"를 결코 잊지 못했다.

『**그가 번영할 때에는 멸망시키는 자가 그에게 닥치리라**』(21절). 이것은 마치 난잡한 송구영신 파티에서 벨사살에게 닥쳤던 일과 같다. 느부갓넷살이 자신의 "부동산"이 얼마나 멋지고, 넓고, 전기 시설이 갖추어졌고, 에어컨이 나오고, 중앙난방이 되며, 차 네 대를 주차시킬 수 있는 차고가 있고, 도심 외곽에 위치한 것 등에 대해 자랑을 늘어놓고 있을 때 하나님께서는 그의 지위를 박탈하셨다(단 4:33).

『**그는 자신이 어두운 데서 돌아오리라는 것을 믿지 못하고**』(22절)는 30절의 『**그가 흑암에서 떠나지 못하리니**』와 비교해 볼 때 특이한 구절이다. 22절의 명백한 뜻은, 악인은 "칼의 위협을 기다리기 때문에"(22절) 밤에 여행한 후에 안전하게 집으로 귀환하게 되리라는 것을 믿지 못한다는 뜻임이 분명하다. 즉 암살자가 "그를 죽이기" 위해 누워서 기다리고 있는 것이다. 그러나 멸망의 아들로서(살후 2:1-3, 요 17:12) 끝없는 구렁으로

(행 1:25, 요 6:70,71, 계 9:11) 가게 될 "악인"과 이 구절을 나란히 놓으면 "어두운 데서" 돌아온 뒤 다시 그곳으로 되돌아가서 "결코 그곳을 떠나지 못할"(30절) 한 사람을 발견하게 된다. 그는 구렁으로부터 올라오지만(계 17:8) 멸망의 아들로서 "멸망"(계 17:11)으로 들어간다. 누구든 이 구절의 예언적 적용을 무시하기 이전에, 사도행전 1:25에 따라 유다 이스카리옷(시 109:8)인 바로 그 "악인"(시 109:6-9)을 신중하게 공부해 보아야 한다. 시편 109:6-19과 욥기에 나온 "악인" 사이의 유사성을 좀 더 깊이 있게 주시하라(시 52:1-7).

『**그는 빵을 구하려고 방황하여 말하기를 '빵이 어디 있느냐?' 하리니**』(23절). 비도 오지 않고, 밀도 없으며, 옥수수도 없고, 호밀도 없고, 보리도 없으며 빵도 없다(왕상 17:11,12). 빵이 없다고? 그때가 되면 하나님께서는 만나로 자신의 백성을 먹이실 것이다(미 7:14,15 주석 참조). 『**그는 흑암의 날이 자기에게 가까운 줄 아느니라**』(23절). 스파냐 1:14,15과 요엘 2:2-11에 따르면 이 구절은 정확하게 재림을 언급하는 구절이다. 다니엘 11:44에서처럼 "고난과 고통이 그를 두렵게 할 것"(24절)이며 "그들은... 그를 쳐서 이길"(24절) 것이다. 전투에 나가기 위해 무장한 왕처럼 고난과 고통이 그를 공격할 것이다(욥 6:4; 19:12). 왜냐하면 파라오, 여로보암, 님롯, 사탄 그리고 스탈린이나 지금까지 살았던 모든 무신론자나 변증법적 유물론자들처럼 "그가 하나님을 대적하여 자기 손을 뻗치고 전능하신 분을 대적"(25절)하기 때문이다.

『**그분은 그를 덮쳐...**』(26절) 하나님께서는 반역자를 공격하시며(카인, 유다처럼), 방패 위로 드러난(삼상 17:51) 그의 목을 겨냥하신다(합 3:13). 이 목은 머리가 상할 때 잘려질 것이다(창 3:15, 시 7:16; 68:21; 74:13,

14, 계 13:3 등). "그의 방패들의 두꺼운 중심 부위(26절)는 방패에서 돌출해 나온 금속으로 된 뾰족한 부분을 말한다. (A.D. 1000년경의 사라센 기사나 셀주크 터키인의 모습을 참고하라.) 병사의 허리쯤에 있는 중심부의 철로 된 매듭은 "버클러"라는 것인데 이것에서 "벨트 버클"이라는 말이 나왔다.

『**이는 그의 얼굴은 살찌고 옆구리는 기름기로 겹살이 되었음이라**』(27절). 이 구절은 영적으로뿐만 아니라 실제적인 구절이기도 하다. 에글론은 "비만한 사람"이며(판 3:17), 이 구절은 "돈과 물질적인 부"를 언급하는 구절이다. 그러나 99%의 주석가들은 성경을 있는 그대로 믿지 않고서 비만한 얼굴과 비만한 엉덩이를 영적으로만 해석하려는 태도를 보이는데 우리는 그런 태도를 조심해야 한다.

『**그는 황폐한 성읍들과... 돌무더기가 될 집들에 거하느니라**』(28절). 이 땅이 출애굽기 10:7에 나오는 이집트처럼 보이는 것만큼이나 확실하게 적그리스도의 "자리"(계 16:10)는 "그 날 이후"의 히로시마처럼 보일 것이다. 적그리스도의 "자리"는 다니엘 12:11, 이사야 27:10, 예레미야 7:34; 48:9과 연관된다.

『**그는 부자가 되지 못하고 그의 재산은 지속되지 못하며... 연장시키지 못하리라**』(29절). 이 구절은 시편 52,58편과 예언서(요엘, 스파냐, 오바댜, 이사야, 예레미야)에 나오는 다른 구절들과 일치한다. 그러므로 욥기 15:28을 불특정한 "악인들"(도덕적 윤리적 악인들)에게 한정시키는 것은 성경을 거부하는 것이다.

『불꽃이 그의 가지들을 말려 버릴 것이며』(30절). 적그리스도는 "가지"로 언급된다(겔 31:8). **『그의 가지가 푸르지 못하리라』**(32절, 사 9:14, 겔 31:1-3, 시 1:3, 렘 17:5-8 등). 그는 그의 포도와 올리브(33절)를 잃게 된다. 그의 포도는 분노의 포도(신 32:32)이며, 그의 올리브기름(성령의 모형)은 사탄을 기름 부을 때 쓴 기름이다(겔 28:14). 그의 회중은 위선자들로 구성되어 있으며(34절) 이들은 참석 인원을 늘리기 위해 뇌물을 받으며(단 11:32-34), 이들은(히 6:8) 데살로니가후서 1:7,8에 따르면 불에 탈 것이다!(34절) 아, 헤아릴 수 없는 1611년 영어의 풍요함이여! 〈리빙바이블〉과 비교해 볼 때 이 성경은 얼마나 살아 있는 성경인가!

욥이 하는 말은 전체적으로 모든 악인들에게 적용될 수 있다(예를 들면 31절). 그러나 〈킹제임스성경〉을 변개시키려다가 장비를 잃어버렸다는 이유로 이 예언에 관한 교리적 다이아몬드 광산을 폐쇄시키는 것은 어리석음과 자기중심의 극치이다. 여러분과 〈킹제임스성경〉을 "헬라어 원본"이나 "히브리어 원본"으로 대체시키지 않고서는 다이아몬드를 캐낼 수 없다고 말하는 사람들(모든 신학교 교수진의 85%)은 다이아몬드는커녕 유리 조각 하나도 발견할 수 없을 것이다. 그런 사람들은 보물을 찾을 수 없지만 우리는 찾을 수 있다. 그런 사람들의 조언 없이도 우리 주머니 가득히 보물을 채울 수 있는 책이 우리에게는 있다. 어떤 사람이 "원본" 없이는 성경에서 그 어떤 것도 찾아낼 수 없다면 그것은 그의 교육이나 훈련, 영성, 능력에 전혀 간증이 없다는 것이다.

예를 들면 케네스 웨스트(〈신약 헬라어 성경의 실제적 사용법〉, 무디 출판사, 1946)는 영어 성경으로 신약을 공부하는 학생들은 성경에서 "확실하고 실제적인 구별"을 하지 못한다(51쪽)고 말한다. 이런 뻔뻔스러운 거짓말을 예증하기 위해 케네스 웨스트는 "진정한 성경 해석"의 네 가지 본보기를 제시하는데 로마서 6:13, 요한복음 19:30, 에베소서 2:8, 갈라디아서 4:19를 사용한다. 단언하건대 이 구절들의 "실제적 적용"은 〈킹제임스성경〉의 본문에서 너무나도 분명하기 때문에, 헬라어 원문을 언급하지 않고서는 아무도 이 구절들을 훼손시킬 수 없다. 요한복음 1:2과 사도행전 16:31에 나오는 "시점 동작"이 "영어 번역본에서는 풀 수 없었던 문제를 해결해 준다"고 쉽게 속는 학생들에게 말하는 것은, "성경에 있는 수천 개의 단어 중에 오직 한 단어만 의심이 간다."라고 보수주의 학자들(〈주의 칼〉, 1975. 10. 10.)이 말하는 것만큼의 진리밖에는 없다. 위선자들은 입을 다물라! 그런 사람들은 스스로에 대해서 부끄러운 줄 알아야 한다!

케네스 웨스트(Kenneth Wuest)는 오늘날 보통 "정통주의 요새"에서 헬라어를 가르치는 선생들의 전형적인 모습이다. 자신을 무오한 해석자의 위치에 세워 놓고 웨스트는 말하기를 〈킹제임스성경〉을 공부하는 학생들은 히브리서 7:7의 "문제를 처리할 수 없다"(63쪽)고 말한다. 또한 "헬라어 신약을 아는 사람은" 시간과 기회만 닿는다면 항상 더 많은 진리를 접하게 된다고 말한다. 즉 "우리 헬라어 학자들"은 성경대로 믿는 어리석은 그리스도인들보다 더 많은 진리를 소유하고 있다는 것이다. 정말 그런가? 장담할 수 있는가? 헬라어 신약에 대고 맹세하는 친구들은 결코 성경대로 믿는 사람들만큼 많은 진리를 발견할 수 없다. 왜냐하면 진리를 발견하는데 필요한 첫 번째 조건은 믿는 마음이며, 두 번째 조건은 겸손한 마음이기 때문이다. 이 두 가지 요소가 결여된 곳에서는 65년간 "원어" 정규 교육을 받았다 해도 진리를 가르치고 설교할 자격이 없다. 이것은 마치 중화인민공화국 군대에서 65년간 복무한 사람이 진리를 가르칠 수 없는 것과 마찬가지 이치이다.

욥기 15:20-35는 적그리스도를 언급한다. 시리아어, 콥트어, 아람어, 아라비아어, 히브리어, 헬라어 정규 교육을 65년간 받았는데도 이것 하나 분별할 수 없다면, 자신의 학위를 잊고 자신의 책들을 책장에서 치워 버리고 성경을 다시 읽는 편이 나을 것이다.

31절과 35절은 그 자체로 명백한 구절이다. 허망한 것을 심으면 허망한 것을 거두게 된다. 악을 꾀하면(잠 6:14,18처럼) 악한 것을 그 열매로 맺는다(출 2:1처럼). "속임수"(35절)는 사람 안에서 나오는 것이며(막 7:23) 35절의 "배"는 잠언 20:27,30에서 발견되는 단어와 같이 사용되고 있다.

욥기 15장에 대한 주석을 끝마치기 전에 잠깐 학자 연합으로 돌아가서 그들의 디즈니랜드식 성경 해석으로 이 구절을 얼마나 혼미하게 만들고, 엉망으로 만들어 놨으며, 난폭하게 다루었는지 살펴보도록 하자. [웨스트코트와 홀트의 헬라어 성경을 사용하는 학생이 영어 성경을 쓰는 학생보다 "제시된 진리를 더 분명하게 접할 수 있으며 성경 해석을 잘못하게 될 가능성이 더 적다"고 웨스트는 말한다(Ibid., 69쪽). "해석은 하나님께 속한다"(창 40:8). 성경을 읽어 본 적이 있는가? 어떤 성경을 말하는가?]

1. 어둠 속에서 눈이 먼 채 다니다가 넘어진 롤린슨 목사는 『**그가… 연장시키지 못하리라.**』를 "그들의 산물도… 하지 못하리라."로 변개시킴으로써 자신과 그의 회중에게서 적그리스도에 관한 구절을 빼앗아 버렸다. ASV 위원회(1901)는 특별 세일 때 물건을 집는 것처럼 이 변개를 움켜쥐고는 이렇게 기술한다. "단수를 복수로 번역하는 것은 한 부류를 언급하는 것일 때는 특이한 사항이 아니다"(〈강단주석〉, 281쪽). 자, 이런 식으로 한 번 보도록 하자. 단수("그")가 "그"를 의미하도록 그대로 보존하는 것은 이상한 일이 아니며 이미 단수로 되어 있기 때문에 그 단어는 단수로 보존될 수 있다. 거짓말을 고안해 내는 대신 진리를 그대로 보존하는 것이 어떤가? 사물을 보는 데는 항상 "한 가지 이상의 방법"이 있는 법이다.

현장을 떠나기 전에 롤린슨은 한 번 더 19절에 대해서 이 구절은 "교리의 순수성이 흔들리지 않고 그대로 남아 있는" 때를 언급하는 것이라고 말하면서도, 이 시기가 언제인지는 말하지 않고 있으며, 인류 역사상 "교리의 순수성이 흔들리지 않고 그대로 남아" 있었던 때가 한 번도 없었다는 사실도 언급해 주지 않는다. 롤린슨은 "건전한 교리" 대신 다시 정신 이상을 보여 주고 있을 뿐이다.

2. 포셋은 23절의 기아를 구약에 나오는 일반적인 언급으로만 제한시킨 다음 4절에서는 욥이 다른 사람들의 "헌신"에 간섭하게 만든다.

3. 아담 클라크는 『**불꽃**』(30절)에 관한 모든 구절을 무시해 버리고는 이것은 "그의 자녀들이 갑작스런 심판으로 끊어지게 될 것"을 의미한다고 말한다. 클라크는 이 해석을 뒷받침하는 성경 구절 하나를 인용하지만 그것을 풍유적으로 해석해서 결국 데살로니가후서 2:8, 이사야 30:33, 다니엘 7:10, 요한계시록 2:16과 일치하지 않게 된다. 불쌍한 클라크 형제는 (그의 히브리어 구약과 헬라어 신약을 가지고) 19절의 말씀이 B.C. 1450년에 이스라엘이 카나안에 들어가는 것을 언급한다고 생각했다.

4. 벌게이트는 11절을 "하나님께서 너를 위로하는 것이 어려운 일이냐?"로 잘못 해석했다.

5. 칠십인역은 11절을 이런 식으로 만들어 놓았다. "너는 네가 지어온 죄들에 대해 채찍을 가볍게 맞았다. 그리고 너는... 이러쿵저러쿵." 그런데도 존 R. 라이스는 이 본문이 〈킹제임스성경〉보다 더 월등하다며 추천했다(〈주의 칼〉, 1975, 10. 10.).

6. 메러디스 클라인(〈위클리프 주석〉)은 19절을 설명하려는 시도조차 하지 않는다. 일시적으로 성경 전체를 내버린 클라인은 성령님 자신이 직접 "불법자"(살후 2:8)라고 칭한 "죄의 사람"에 관해 전혀 주석을 달지 않고 그 구절을 항해해 나간다.

7. 테일러는 인간의 타락에 관한 구절(16절)을 조심스럽게 지워버리고 그 구절을 단 한 명의 사람 즉 욥에게 이전시킴으로써 자유주의 신학의 명분에 기여했다. 테일러는 14절에서도 "여인에게서 태어난" 어떤 사람에

관한 구절을 교묘하게 제거시킴으로써 이와 같은 짓을 저지른다. NEB조차도 인간의 부정적인 면을 가리기 위해 이렇게까지 심하게 하지는 않는다. 이 지점에서 〈리빙바이블〉과 비교해 볼 때 NEB는 복음적이며 근본적인 출판물이라고 할 수 있다.

8. 『**겹살**』(27절)은 "덩어리"(lumps)가 되어야 한다(벌링거). 『**장막들**』(34절)은 "텐트들"이 되어야 하며(벌링거) 『**회중**』(34절)은 "집회들"이 되어야 한다. 왜 거기서 멈추는가? "땅"(earth, 19절)이 "land"가 되는 것은 어떤가?(ASV, 1901). 『**그는 흑암의 날...아느니라**』(23절)은 "그는 수리의 먹이로 주어진다"(피크)로 되어야 한다. 29절은 성경에 있어서는 안 된다(딜먼, 히치히). 31절은 "나중에 삽입한 것"이다(둠, 피크, 버드, 베흐르만). 이보다 더한 것도 있다! 그냥 이런 모든 변개들을 무시하고 자기 자신의 성서를 만드는 것은 어떤가! 성경은 항상 '베스트셀러'이므로 그래도 잘 팔릴 것이다. 그냥 자신의 성경을 만들어서 자신이 원하는 대로 하나님께서 말씀하시도록 만들어 보라. 진리를 찾아 성경을 연구하는 대신 다른 사람들이 하는 것처럼 그냥 그렇게 하라. (여러분 자신의 목록을 작성하라. 나는 잉크가 다 닳을 정도로 그들을 길게 충분히 언급했다.) 욥기 15:17-35가 이런 식이 되도록 써 보라.

"내가 네게 뭔가를 보여 주겠다. 나는 10년간 대학을 다녔다. 내 아버지가 내게 이런 말씀을 하셨는데 그분은 하버드대학의 수많은 고전들로부터 이것을 얻으셨다. '죄'와 마찬가지로 '악인' 같은 것은 없으며 그것은 상대적인 용어로 실제로는 '우리 자신과 다른 사람들 속에 있는 최상의 것을 인식하지 못한' 것을 의미한다. '고난과 고통'은 상대적인 용어로 실제로는 우리가 자신의 동물적인 본성을 이겨내지 못하고 과학적 귀납법을 설명할 수 없는 현상에 적용시키는 것을 깜빡 할 때만 우리를 두렵게 할 뿐이다. 그 누구도 '하나님을 대적해서 자신의 손을 뻗치지 못한다.' 왜냐하면 '하나님'이란 사람들이 이해할 수 없는 의미 없는 개념일 뿐이기 때문이다. 불꽃은 누군가를 사르기 위해 위로 올라가지 못한다. 왜냐하면 긍정적인 선험주의로는 그런 것을 나타낼 수 없기 때문이다. 또한 '재앙과 허망한 것'을 구상하는 사람들은 오늘날 TV에서 최고의 보수를 받는 일부 연예인들이다."

결국 절대적이고 오류 없는 진리에 관한 한 이 하찮은 강의는 우리가 지난 90년간 보아 온 개정본 "성서" 정도의 가치밖에는 없다. 거짓말은 거짓말이고, 적은 누룩이 "온 반죽을 부풀게 한다"(갈 5:9).

욥기 16장

16:1 그러자 욥이 대답하여 말하기를
2 "내가 그런 것들을 많이 들었느니라. 너희는 모두가 형편없는 위
로자로다.
3 허망한 말에 끝이 있겠느냐? 무엇이 너를 담대하게 하기에 네가 대
답하느냐?
4 나도 너희가 하는 것처럼 말할 수 있도다. 만일 너희 혼이 내 혼의
자리에 있다면 나도 너희에 대하여 말을 쌓아올리고 내 머리를 너
희에게 흔들 수 있느니라.
5 그러나 나는 내 입으로 너희에게 힘을 돋우어 주었을 것이요, 내
입술의 움직임이 너희의 근심을 누그러뜨렸으리라.
6 내가 말은 해도 나의 근심은 누그러지지 아니하였도다. 또 내가 참
는다 해도 내가 무엇이 평안하랴?

욥은 꿈쩍도 하지 않는다. 누군가가 사악하다면 바로 그를 박해하는 사

람이다(9-12절). 욥의 “위로자들”은 『**형편없는 위로자**』(2절)들로서 철장으로 통치하는 곤장 정도의 위로밖에는 되지 않는다. 『**무엇이 너를 담대하게 하기에 네가 대답하느냐?**』(3절) 누가 네게 쓸데없는 일에 참견하라고 하더냐? 문제에 대해 네가 아는 바가 무엇이냐? 하루 만에 가족 전체를 잃고 다음날에 건강을 잃어본 적이 있느냐? 『**내가 그런 것들을 많이 들었느니라**』(2절). 욥은 “악인의 멸망”에 대해서는 모두 잘 알고 있다. 왜냐하면 홍수 이편에 있는 세대에 사는 사람은 누구나 마음에 그것을 분명하게 알고 있기 때문이다. “너의 혼이 내 혼의 자리에 있다면”(창 19:30-34 주석 참고), 『**나도 너희에 대하여 말을 쌓아올리고 내 머리를 너희에게 흔들 수 있느니라**』(4절). 병든 그리스도인을 정죄하고 그에게 임한 하나님의 심판에 대해 말하기는 쉽다. 누구나 그런 일은 할 수 있다. 벌티모아 주택 구역에 버사와 마사 시에겔이 단 둘이서 살았다. 버사는 40세이고 그녀의 딸은 15년 동안 침대에 누워 있었다(1942-1957). 버사와 마사 시에겔을 가장 심하게 고문하는 사람들은 그들에게 와서 그들을 “위로”하는데 시간을 보내는 그리스도인들이었다. 이들은 위로하러 와서, 이 두 사람에게 충분한 “믿음”이 있었다면 버사가 지하실 계단에서 넘어져 다리가 부러지는 일은 없었을 것이며, 그들에게 충분한 “믿음”만 있었다면 이러쿵저러쿵... 하고 말했다. 지옥 이편에 있는 가장 못된 마귀는 병을 고치지 못한 것을 환자의 탓으로 돌리는(약 5:15) 자칭 치유자들이다. 이들은 히브리서 13:8을 인용해서 젖먹이들의 돈을 훔친다(막 2:5).

『**그러나 나는 내 입으로 너희에게 힘을 돋우어 주었을 것이요... 너희의 근심을 누그러뜨렸으리라**』(5절). 즉 장미에게 꽃잎에 이슬 한 방울이 있다고 비난하는 폭포수는 되지 않을 것이라는 것이다. 나는 너에게 용기를 주고 너의 문제점들을 완화시켜 주었을 것이다. 그것들은 창세기 8:1의 물처럼 녹아내렸을 것이며 바람으로 증발되었을 것이다.

『나의 근심은 누그러지지 아니하였도다. 또 내가 참는다 해도 내가 무엇이 평안하랴?』(6절) 욥은 말한다. "나는 밤새 말할 수 있지만 그렇다고 내 상태가 바뀌지는 않는다. 내가 내 입을 다물면 다시 전처럼 비참한 상태가 된다!" 아, 참으로 불쌍한 사람이여!

말이 유용하지 못할 때가 있다. 인간이 가장 깊고도 비참한 고뇌에 빠져 있을 때 나온 말들은 대개 호프 다이아몬드만큼이나 높은 가격이 매겨진다(1,260,000달러). 주 예수님께서 겟세마네에서 끔찍한 고뇌를 겪으실 때 입으로 발설한 기도는 시편 25편보다도 지면을 덜 차지한다. 기도로 "씨름"하는 것은, 여러분이 상황에 대해 알고 있는 것만큼 하나님께서 알고 계시다면, 무엇이 되어져야 한다고 하나님께 말씀드리는 것 이상이다. 진정한 기도(단 9:3,4)는 혼을 밖으로 쏟아놓는 것이며, 상한 마음의 외침이며, 우주의 최고 법정에 상한 영을 토로하며(시 51편) 위로를 구하는 것이다.

여러분이 사람들을 어떻게 위로할 수 있는가? 바울은 위로자로서 자격을 갖추기 위해서 사역자는 많은 것을 겪어야 한다고 말했으며(고후 1:1-4), "위로자"로 보냄을 받은 분은 "슬픔의 사람이요 질고에 익숙한 사람"(사 53:3)이라는 왕의 칭호를 수여받기 위해 수많은 고통을 겪었다.

한번은 앨라배마 모빌에 있는 한 부인과 이야기를 했다. 그녀는 하루에 두 명의 장성한 아들을 잃었다. 그녀는 그리스도인이었고 이 아들들을 바르게 양육했다. 그녀는 이 아이들이 백일해, 성홍열, 홍역, 유행성 이하선염, 수두 등을 겪는 것을 지켜봤었다. 그녀는 이 두 아들을 모두 교회에 데려왔고 둘 다 주 예수를 자신들의 구세주로 영접했다. 그리고 하나님께서 이 두 아들을 설교자로 부르셨다. 아들들이 20살과 22살이 되었을 때 그들은 텍사스에 있는 한 학교에서 성경을 공부하고 있었다. 겨울에 크리스마스 방학을 맞아 집으로 돌아오는 길에 빌록시와 미시시피의 파스카고울라를 거쳐 걸프 해안을 따라 모빌을 향해 차를 운전했다. 짙은 안개가 길을 덮고 있었다. 이런 안개는 이런 지역에서는 흔한 일이었다. 그들 앞에 어디쯤에선가 어떤 사람이 미등(尾燈)을 켜지 않은 채 운전을 하고 있었다. 그 사람을 발견하기 전에 그들은 거의 그와 부딪칠 뻔 했다. 이 아들들은 충돌을 피하기 위해 도로를 벗어나 시멘트 배수로에 정면으로 들이받고 둘 다 사망했다.

나는 그 그리스도인 어머니와 이야기를 나누었다. 나는 그녀와 기도했고 그녀에게 성경을 읽어 주었다. 그러나 내가 한 마디 하겠는데 내가 정말로 그녀를 위로할 수 있다고 여러분은 생각하는가?

암으로 죽어가는 12살 난 소녀의 침대 곁에 몇 시간을 앉아 있었던 적이 있다. 아이의 엄마와 아빠는 세상적인 삶을 살아 왔었고 그들이 교회로 되돌아오려고 애를 쓸 때마다 교회는 "실업인 모임"으로 쪼개졌다. 마침내 그들은 포기해 버렸다. 그때 12살 난 딸이 암에 걸린 것이다. 아이는 죽기 전에 8개월 간 고통을 겪었다. 그녀의 어린 딸에게 씌워진 산소 텐트 옆에 앉아 그 어머니가 울부짖는 것을 봤다. 그때 그 아버지는 야위고 암울한 표정으로 서 있었다. 어린 딸이 "텐트"를 긁적이며 말하곤 했다. "엄마, 난 이게 싫어요. 엄마, 왜 이게 여기 있는 거죠?" 약 4주 후에 소녀는 죽었다. 나는 그 가족과 기도했고 그들에게 약속들을 읽어 주었다. 『**내 입의 움직임**』(5절)이 "그들의 슬픔을 누그러뜨리는" 것을 도왔기를 하나님께 바랐지만, 누가 그걸 알겠는가?

한번은(1964) 죽은 사내아이의 몸을 담요로 싸서 (그 애는 약 5살쯤 되었다.) 장의사에게 넘겨주기 위해 문 쪽으로 운반해 간 적이 있다. 나는 아이를 싸는 것을 장의사의 손에 맡기지 않았다. 왜냐하면 장의사가 그 아이 엄마의 첫 번째로 죽은 아이(15주 된)를 끌고 갈 때 아이를 집어 들어서 트럼펫 상자처럼 보이는 뭔가에 내던지고 흐느끼는 가족들의 면전에서 현관 문 밖으로 그 시체를 질질 끌고 갔기 때문이다. 이 소년의 어린 형제는 등에 있는 구멍 때문에 죽었다. 즉 선천적 비정상아였다. 그리고 이제 더 장성한 아이가 파킨슨병으로 거의 1년간 고통을 당하다가 죽은 것이다. 불쌍한 어머니는 아들들을 8개월 간격으로 묻었다. 여러분들은 엘리파스와 빌닷과 소발이 그녀에게 힘이 될 수 있으리라 생각하는가? 그렇다면 그들이 도대체 어떻게 욥에게 힘이 될 수 있었겠는가? 그렇다면 현대의 차갑고 약삭빠르며 전문적이고 토지를 불법으로 횡령하고, 돈을 끌어 모르고 교육을 받았으며, 경건한 그리스도인 유명 인사들이 진짜 고난에 처한 사람을 정말로 도울 수 있다고 생각하는가? 그들 중 많은 사람들은 전혀 "섬기는 자"(사역자)가 아니다(마 20:28). 그들은 전문 광고업자들이며 기념비를 세우는 사람들이다.

제임스 맥긴리(1950)가 설교를 한다. 설교하는 중에 그의 얼굴은 고통으로 창백해진다. 그는 진리에 대해 역설하다가 옆구리의 고통으로 주춤한다. 뭐가 잘못됐는가? 그에게는 콩팥이 하나밖에 남지 않았고 거기에 돌이 들어 있었다. 그러나 그는 "어떤 형태로든지 고난을 당하는" 사람들을 위로해야만 했다(고후 1:4). 이런 "사역"에 누구 지원할 사람 없는가?

종합 병원에 가서(1966) 62세 된 남자를 그리스도께 인도했다. 사람들이 길에서 그를 데려 왔는데 그는 누군가에게 맞아서 반쯤 죽은 상태였다. 아무도 그를 집에 데려다 줄 사람이 없었고 그의 얼마 안 되는 소유물을 돌봐줄 사람도 없었다. 그래서 내가 그의 물건들을 운반해 줬고 그가 계단을 내려가는 것을 도와 내 차에 태웠다. 그리고 나는 그를 "집"으로 데려다 주었다. "집"은 강기슭에서 두 블록 떨어져 있는 이층집이었다. 그를 맞아 주기 위해 기다리는 사람도 없었다. 그가 돌아오는 것을 보고 기빼하는 사람은 아무도 없었다. 그는 절름거리며 내게 기대서 층계를 올라가서 자신의 "방"으로 갔다. 그 후 그는 자신이 구원받은 것에 대해 내게 감사했다. 나는 그에게 전도지 몇 장을 주었다. 나는 떠나기 전에 방을 한번 쭉 둘러 봤다. 아직 덜 만들어진 침대 하나에, 식탁보도 없는 식탁 하나, 서랍은 열려져 있고 더러운 속옷이 밖으로 걸려 있는 옷장 하나, 깨진 전등 하나, 두 개의 흔들거리는 의자, 여러분이라면 찢어서 내버렸을 작은 깔개 하나, 여름인데 방충망이 찢어진 채로 창문이 열려 있었고 그 사이로 파리들과 모기들이 떼 지어 몰려들었다. 그에게는 아내도 없었고, 자식도 없었으며, 친구들도 없었고, 그때까지 하나님도 없었다.

사역자로서 나 자신을 제시하는데 여러분의 시간을 모두 잡아먹지는 않겠다. 펜사콜라, 찰스턴, 사바나, 멤피스, 세인트 피츠버그, 애틀랜타, 모빌, 브리세스빌에서 부랑자 구조 사역을 하는 중에 그와 같은 수십 명의 사람들을 섬길 수 있는 특권을 가졌다고 말하는 것으로 이 설명을 마무리하고자 한다. 그때 당시 몇몇 나의 "친애하고 사랑하는 형제들"은 〈킹제임스성경〉에 대한 나의 "입장"에 대해 배앓이를 하고 있었으며, 몇몇 "친애하고 사랑하는 형제들"은 그들의 프로그램에 공헌하지 않는 사람들과는 죽는다 해도 교제를 하려 하지 않았으며, 적어도 그들을 지지해 주려고도 하지 않았다. 자, 욥은 누구의 사역이나 프로그램에 아무런 공헌도 하지 않았다. "전 세계로 뻗어나감"과 "그리스도를 미국에 전파"하는 것에 대해 말하는 오늘날의 많은 사역자들의 눈에는 욥은 추방당한 사람으로 보였을 것이다. 욥은 여리코 바깥 길에서 사는 사람과 같았으며(눅 10:30), 그는 단 십 분도 종교 지도자가 그를 속이도록 허용하지 않았다.

하나님의 권위와 해외 선교비용을 희생시켜서 협회를 창설하는 것과 가난과 질병과 사별과 고통으로 땅바닥에 나가떨어진 사람들의 "슬픔을 누그러뜨리는" 것과는 전혀 별개의 일이다.

한번은 양로원(펜사콜라, 1971)에서 한 노신사를 그리스도께 인도했다. 내가 처음 그를 봤을 때 그는 울고 있었다. 내가 말을 걸자 그 신사는 자신이 외로워서 울고 있다고 말했다. 아무도 그를 보기 위해 오지 않았다. 아들인지 딸인지가 그분을 그곳에 남겨두고 떠난 것이다. 낯익은 얼굴은 전혀 보지도 못하고 절망 속에서 수개월을 보내고 있었다. 나는 그에게 〈있는 그대로 말하라, *Tell It Like It Is*〉는 내가 쓴 칼라로 된 만화책을 한 권 줬다. 일주일 후에 나는 그를 다시 봤다. 그는 그 책을 읽었는데 여전히 울고 있었다. "아직도 외로우세요."하고 물었다. "아니오."라고 대답했다. 그럼 어딜 다쳤느냐고 묻자 그는 "아니오."라고 대답했다. 나는 한 번 더 묻지 않을 수 없었다. "그렇다면 뭐가 문제지요? 제가 도와 드릴까요?" 그 84세의 노인은 눈물이 글썽이는 눈으로 (그 눈은 초자연적인 빛으로 빛나고 있었다.) 나를 쳐다보며 말했다. "구원을 받아서 너무 기뻐서 울고 있습니다."

16:7 그러나 이제 그분은 나를 곤비케 하셨도다. 주께서는 내가 거느리는 모든 자들을 황폐케 하셨나이다.
8 주께서는 나를 주름으로 채우셨으니 그것이 나를 대적하시는 증거며 내 몸의 깡마름은 내 얼굴에 증거가 되나이다.
9 그분은 그의 진노로 나를 찢으시고 미워하시며 나에게 이를 가시니 나의 원수가 나에게 그의 눈을 날카롭게 하는도다.
10 원수들이 나에게 그들의 입을 크게 벌렸고 그들이 내 빰을 꾸짖듯이 때렸으며 그들이 나를 대적하려고 함께 모였도다.

욥은 자신의 보트를 누가 파괴하려 하는지를 알아내기 위해 모든 해안을 샅샅이 뒤진다. 첫 번째는 『**그분은 나를 곤비케 하셨도다.**』(7절)이고 그 다음은 『**주께서는... 황폐케하셨나이다.**』(7절)이고, 그 다음은 『**원수들이 나에게 그들의 입을 크게 벌렸고**』(10절)이다. 『**이 모든 것들은 나를 거역함이라**』(창 42:36)! 이런 문제에서 하나님의 손길을 항상 분별해 낼 수 있을 만큼 현명한 사람이 누구인가? 얼굴이 새파랗게 질릴 때까지 로마서 8:28을 주장할 수도 있다. 그리고 다시 얼굴이 창백해질 때까지 역대기하 11:4("이 일이 내게서 나온 것임이라.")을 수용할 수도 있다. 그러나 우리 중 어느 누구도 욥이 받는 고난 앞에서 1년 365일 내내 기도와 찬송을 계속할 수는 없으리라. 나는 내 뒤에 완전한 속죄와 내 손에 완성된 계시를 가지고 성령의 능력을 가지고도 그것을 시도조차 하고 싶지 않다. 욥은 성경도, 내주하시는 성령님도 없었는데도 그렇게 하려고 시도했다(욥 1:21; 2:10). 여기서는 혹독한 고난의 시련 속에서 하나님의 심판의 정련하는 불 속에 있는 사람들로 설교를 하게 하자. 그에 비하면 나는 아마추어일 뿐이다. 나에게는 사람들에게 줄 만한 것이 아무것도 없다. 한 손으로 내가 가진 진짜 문제들을 꼽아본다 해도 여전히 세 손가락이 남는다.

7절에서 "그분"을 "너"로 변개시킨 것은 우리가 욥기 14:2,13에서 발견한 것보다 약간 더 지나친 것일 뿐이다. 욥은 추상적인 서술에서 사적인 대화로 접어들어 갔다. 『**주께서는 내가 거느리는 모든 자들을 황폐케 하셨나이다**』(7절). 주님께서 하셨습니다. 하나님, 바로 당신께서 그렇게 하셨습니다!

아주 이상하게도 이것은 그리스도인에게 대단히 유용하다. 하나님께서 하시지 않은 어떤 일로 하나님(혹은 마귀)을 비난할 권리가 우리에게는 없지만 (또한 분명코 우리 중에는 아무도 하나님께서 일을 잘못하셨다고 비난할 수 있는 사람은 없다.) 그래도 여전히 하나님으로부터 나온 교훈을 "우연"이나 "개인적인 문제"나 "이렇고 저런 형제를 사용하는 마귀"라고 하는 대신 하나님께로부터 그 교훈을 배우게 된다면 몇몇 그리스도인들은 영적으로 지금보다 90%는 더 좋아질 것이다. 하나님께서 자신의 자녀 중 어떤 애들을 아무리 심하게 때려도(룻 1:2-5) 결코 메시지를 받아들이지 않는 자녀들이 있다. 항상 "럭크만 형제의 잘못"이거나 "내 아내의 잘못"이거나 "내 남편의 잘못"이거나 "공산주의자들"이 책망을 받거나 "환경" 탓을 한다. 그들이 가진 문제가 사탄이 아니라 하나님으로부터 온 것을 알고, 사탄에게가 아니라 하나님께 자신들을 내드린다면, 자신들이 경건한 체하는 것의 최소한 반 정도는 경건할 수 있는 몇몇 그리스도인들을 알고 있다. 이들 훌륭하고 "선한" 그리스도인 중에는 (이들은 성경을 믿는 사람들을 항상 "광신적인 멍청이들"이라고 부른다.) 계단에서 사고로 떨어지고서도 (전국적으로 배포되는 자신의 신문에 다른 복음 전도자를 공격한 이후에) 배짱 좋게도, "마귀가 나를 밀었다!"고 말하는 사람이 있다. 그렇지 않다. 마귀가 민 것이 아니다. 그런 사람들은 계단 꼭대기도 제대로 볼 수 없으면서 다른 사람의 일에 공연히 간섭하는 사람들이다.

욥이 "거느리는" 모든 자들(7절)은 욥기 1:13-19를 언급하는 것이다. 욥의 얼굴에 있는 주름들이 욥이 당하는 고난을 증거하고 있으며(욥 13:26), 이것은 에프라임의 흰머리가 그의 고난을 증거하는 것과 같다(호 7:9,10). 욥은 욥의 적이 (그 적이 누구이든지 간에) 욥 미워해서 욥을 찢었다고 말한다(9절). 그의 적들은 그를 향해 이를 간다(9절).

10절은 주 예수 그리스도의 십자가형을 바로 겨냥하고 있다(시 22:13; 애 3:30). 이 축복된 구절을 예언적으로 적용하지 못하게 하는 것은 성경대로 믿는 사람들의 타고난 권리를 팥죽 한 그릇(즉 ASV나 NASV)과 바꾸는 것과 같다. 아담 클라크는 9절의 "그"(he)를 사탄을 언급하는 것으로, 그리고 10절의 "그들"(they)을 "마귀들"로 만들어 버리지만, 욥이 꾸는 악몽에(욥 7:14) 사탄과 마귀들이 생생하게 등장하는 것이 아니라면 그것은 다소 억지 주장인 것 같다. 제미에슨, 포셋, 브라운은 욥의 성도(saint)다운 모습을 과장해서 욥이 하나님을 "원수"로 불렀을 리 없으며(Ibid., 378쪽), "증오"를 하나님의 속성으로 돌렸을 리 없으므로 9절은 "원수로서"(AS an enemy)가 되어야 한다고 말한다. 그러나 다시 이것은 경험, 연구, 상식, 성경의 지식, 하나님에 대한 지식이 결여된 탓이다. 먼저 "증오"를 하나님의 속성으로 보지 않는 사람은(제미에슨과 포셋과 브라운, Ibid., 378쪽) 성경을 거부하는 이단이다. 시편 5:5; 11:5; 45:7, 잠언 6:16, 예레미야 12:8; 44:4, 호세아 9:15, 아모스 5:21, 말라기 1:3, 요한계시록 2:9 등을 주의해서 보라. "대다수의 보수주의 머저리들"(욥 6:6)이 부정적인 용어에 대해 가지고 있는 이 특이한 혐오감은 자유주의 신학의 특징이다. 두 번째로 내가 "보장하건대" 욥이 욥기 19:8-13에서 하나님을 비난할 때 그는 직접적으로 그것을 하나님의 탓으로 돌린다(욥 19:6). "마귀"나 "마귀들"이나 보수주의 주석가들이 자신이 엘리파스, 빌닷, 소팔과 정확히 같음을 증명하기 위해 고안해 낸 그 어떤 것에도 그 탓을 돌리지 않는다.

16:11 하나님께서는 나를 경건하지 않은 자들에게 붙이셨고, 악인의 손에 넘겨주셨도다.

12 내가 평안하였더니 그는 나를 산산이 쪼개셨으며 그는 또한 내 목을 낚아채시어 산산조각으로 흔들어 놓으시고 나를 세워 그의 표적으로 삼으셨도다.

13 그의 궁수들은 나의 몸을 두루 쏘며, 인정사정없이 내 콩팥을 둘로 찢으시고 그는 내 쓸개를 땅에 쏟아 놓으시는도다.

14 그는 터진 곳이 다시 터지도록 나를 부수시며 거인같이 내게 달려

드시는도다.

15 나는 굵은 베를 기워 내 피부를 덮고 내 뿔을 티끌 속에 더럽혔도다.

16 내 얼굴은 울음으로 더럽혀졌으며 내 눈꺼풀 위에는 죽음의 그림
자가 있으니

17 내 손에는 불의가 없고 내 기도도 순결하도다.

18 오 땅아, 너는 내 피를 덮지 말라. 내 부르짖음은 닿는 곳이 없
을지니라.

19 그러나 이제 보라, 나의 증인이 하늘에 계시며 나의 기록이 높은
곳에 있도다.

20 내 친구들이 나를 조롱하나 내 눈은 하나님께 눈물을 내는도다.

21 오, 사람이 자기 이웃을 위하여 변호하듯이 누군가가 사람을 위하
여 하나님께 변호한다면!

22 몇 년이 지나면, 나는 돌아오지 못할 길로 갈 것이라.

첫 번째 일곱 구절은 욥이 비난하는 대상이 누구인지를 보여준다. 그리고 욥의 말이 맞다. 하나님이 그를 "경건치 않은 자"에게 넘겨주셨다. 왜냐하면 하나님께서 그를 사탄에게 넘겨주셔서 "육신을 멸망케"(고전 5:5) 하셨기 때문이다. 욥은 "악인의 손에" 있었다(11절). 그는 "평안한" 가운데 있었는데 하나님께서 그를 "산산이 쪼개셨다"(12절). 욥은 자신이 처한 위치를 다리가 부러지고, 목이 졸리고(12절), 흔들리며, 그를 표적으로 삼아(13절) 모여든 궁수들 앞의 전쟁 포로의 모습에 비유하고 있다. 하나님께서도 또한 그의 피부를 찢어 상처를 하나씩 열어서(14절) 거인이 납작 엎드린 몸을 짓밟고 다니는 것과 같이(시 50:22, 애 2:11) 그를 짓밟아 땅 속으로 밀어 넣고 계신다(14절).

『나는 굵은 베를 기워 내 피부를 덮고 내 뿔을 티끌 속에 더럽혔도다』(15절). 베옷은 자신의 권세와 권위가 박탈된 사람을 상징한다(시 75:4,5; 92:10; 112:9, 렘 48:25 등).

『내 얼굴은 울음으로 더럽혀졌으며』(16절). 눈물이 마구 흘러 얼굴에 범벅이 되어 버렸고, 이제 닦지 않은 채로 다 말라 버렸다. 땟물 자국과 소금 줄이 난 얼굴에, 피부는 상피병으로 주름지고, 열려진 상처에서는 고름이 흘러내려 잿더미 위에까지 내려오고 이 잿더미에서는 벌레들이 그의 발 위에서 기어 다니는 상태에서 욥은 거기에 앉아 있다.

『내 손에는 불의가 없고 내 기도도 순결하도다』(17절). 그러나 거기서 욥은 극빈의 상태에 있다. 그의 아내는 그를 대적하고 있다. 그녀는 재판에 나와서 그의 저금 계좌를 얻어내려고 애쓰고 있으며 그의 자녀들은 죽어서 묻혔다. 그의 친구들은 그에게 죄가 있다고 비난하고 있으며, 사탄은 "까닭 없이"(욥 2:3, 요 15:25) 그와 함께 야유회를 즐기고 있다!

『오 땅아, 너는 내 피를 덮지 말라. 내 부르짖음은 닿는 곳이 없을지니라』(18절)! 살인자가 그 행위에 대해 교묘하게 벌을 피해간다면(창 4:11) 욥의 피도 아벨의 피처럼(히 11:4) 땅에서 울부짖을 것이다. **『오 땅아, 너는 내 피를 덮지 말라』**(18절). 이 구절은 신명기 21장, 민수기 35장, 마태복음 27:25를 하나의 단위로 묶어서 봉한 다음 도장을 찍어서 영원한 하나님의 은행 금고에 보관시켜 버린다. 그래서 아무도 그것을 열어서 "거기에 더하거나," "거기에서" 뺄 수 없다. "고대 세계에서는 땅에 쏟아진 무죄한 자의 피가 복수해 달라고 하나님께 외친다는 믿음이 만연해 있었다."는 롤린슨의 미묘한 설명(〈강단의 주석〉, 281쪽)은 (그 진술을 뒷받침할 만한 단 한 구절의 참고 구절도 제시하지 않았다.) 신학적으로 해리 에머슨 포스딕, 유진 카슨 블레이크, 레슬리 웨더헤드에게 아주 가깝다.

아벨을 살해한 자에 대한 암시가 이번에는 너무도 강하기 때문에 아담 클라크조차도, 비록 욥기의 저작 연대를 B.C. 1800-1700년으로 옮기려 하지 않는데도, 그것을 놓치지 않는다. 그러나 "주 예수를 ...의 중심"에 두고 "그리스도인의 원칙과 그리스도인의 실행을 의심할 여지없이 대표하는" 대부분의 "경건하고 헌신적인 주석가들"은 이 구절을 1901년의 우편 기차(사바나, 플로리다, 웨스턴)가 조지아 롱 카운티를 시속 120마일로 지나치는 것처럼 정신없이 지나친다.

헤브너(NBC)나 클라인(WBC)이나 제미에슨과 포셋과 브라운이나 더멜로우, 랑게, 엘리코트, 헨리 그 누구도 욥의 탄식이 신약에 적용되는 부분을 찾을 수 없다. 그러나 이것은 순수한 그리스도의 기도이며 "닿는 곳이 없는" 그리스도의 외침이다(마 26:39). 그의 손에서는 불의를 찾아볼 수 없었다. 그의 증거는 "높은 곳"(19절)에 있었다. 그는 눈물을 하나님께 쏟아 부었으며(히 5:7), 16절은 시편 69:10,20과 매우 가깝게 일치하고 있기 때문에 "축자적으로 영감 받은 원본"을 지지하는 "그리스도를 높이는" 사람들만이 이 분에 관한 구절들을 놓칠 수 있다. 이 분은 모든 것들 위로 "높여지신 분"이다. 시편 69:8,9,13,22,27,28은 명백하게 메시아를 언급하는 것이기 때문에 이런 적용을 못하게 되려면 어쩔 수 없이 성경을 거부하는 파괴적 비평가들이(이들의 "하나님의 말씀에 대한 의심할 여지 없는 충성" 등) 되어야 한다. 90%의 주석가들은 이것은 놓치고 있다.

교훈 : 자신의 생애에서 하나님의 자녀로서 진정으로 주 예수 그리스도를 높이고 찬미하기를 원한다면 1880년대 이후로 나온 번역본들 특히 NASV를 추천하거나 사용하는 사람들에게는 단 5분의 시간도 낭비하지 말라.

다시 욥이 옳았다. 욥의 마음속에는 여전히 자기 의가 있기는 하지만

(욥 31장 참고) 그의 손에는 불의가 전혀 없다. 욥의 외침은 하늘에서 들렸으며 이 지상에서는 멈추거나 쉬기 위해 "닿는 곳이 없었다"(18절). 그의 증인은 하늘에 계셨으며(19절), 그의 기록은 여러분의 기록이 높은 곳에 있는 것과 같이(계 20:12) 높은 곳에 있었다(19절).

『**내 눈은 하나님께 눈물을 내는도다**』(20절)라고 말하는 것처럼 "내 친구들이 나를 조롱한다"(20절)는 것은 사실이다.

『**오, 사람이 자기 이웃을 위하여 변호하듯이, 누군가가 사람을 위하여 하나님께 변호한다면!**』(21절) 이것은 욥기 13:18과 9:33의 간청이 또 다른 형태로 변형된 것이다. 변호사가 범죄자를 위해 간청하듯이 욥은 하나님 앞에서 인간의 주장을 변호할 수 있는 중재자가 있었으면 하고 외친다. 이번에는 제미에슨과 포셋과 브라운(그리고 다른 사람들)은 마침내 메시아 관련 구절을 얻게 된다. 그리고 이것이 "예수 그리스도의 변호 사역을 미리 보여 주는 것"이라고 말한다. 어떻게 여기서는 참고 구절을 찾아냈으면서도 18절의 "내 피"에 대한 구절은 놓쳐 버렸는가?

『**몇 년이 지나면, 나는 돌아오지 못할 길로 갈 것이라**』(22절, 욥 14:10, 12,20; 10:21,22).

『**죽음의 그림자**』(16절)가 욥의 얼굴에 드리워져 있다(욥 3:5; 10:21,22). 그는 죽음에 가까이 와 있으며 지하 세계로 떠나기 전에 하나님께 간구할 수 있는 단 한 번의 기회(사 1:18)를 얻게 되기를 원하고 있다.

하나님께서 높이신 본문에 가해진 변개(11-22절)가 너무 극심해서 다 언급할 수가 없다. 칠십인역에는 13절 도처에 "창들"(spears)이 있으며,

그 구절에서 대명사의 수와 인칭을 너무 많이 바꿔 놨기 때문에 뭐가 뭔지 도무지 알 수가 없게 되어 버렸다. 욥의 배는 "울부짖음으로 바짝 말랐고"(17절) - 도대체 그것이 무슨 뜻인지는 몰라도 - 11절에서 욥은 "그의 무릎을 두들겨 맞았다." 〈리빙바이블〉에서는 10절에 "단도"가 끼어들어 왔고 15절에서는 "앞머리"(forelock)가 나타나고 "순결"한 기도 대신(17절) "성실한" 기도가 나오다가 마침내 욥의 뺨은 울음으로 "더럽혀"진 것이 아니라(16절), 그냥 "상기"만 된다.

NEB는 16절에 나오는 소박한 용어들을 좋아하지 않는다. 그래서 도드(Dodd)는 "내 눈이 충혈되었다"로 그곳을 벗어난다. 아담 클라크는 22절을 "그러나 내게 계수된 해들이 오는도다"로 읽는다. 〈뉴스코필드성경〉은 "공인 역본"이라고 공언하면서도 17절(욥 15:34, 17:16도 마찬가지임)의 공인 본문을 ASV(1901)로 대체시켰다. 〈위클리프 주석〉(메러디스 클라인)은 9,17,19,21절에서 공인 본문 대신 ASV(1901)를 추천하고 있다. 이러한 변개를 둠, 버드, 슐로트만, 딜먼, 지크프리트, 피크, 델리취와 다른 사람들이 추천하고 있는데 여기에는 거의 조명이라고는 없다.

"기록"을 "그는"이나 "그를"로 변개시킴으로써 뒤늦게 변호인을 인식한 것은(19절) 18절에 언급된 "무죄한 피"의 관점에서 볼 때, 마태복음 27:25나 신명기 21:7, 8에 대해 주요 주석가들을 많이 살펴보지 않고서도 가련한 일임을 알 수 있다. 그런 것은 "그리스도인 교육"의 어리석음으로 부풀어 오른 두꺼비가 하나님의 말씀을 심판하는 자리에 있는 모습이다. 성경을 거부하는 근본주의자들이 알려지지 않은 "원본"을 들먹이며 성경을 거부할 때는 진리를 찾을 만한 기회가 전혀 없다. 차라리 회오리바람 속에서 속삭임을 찾는 편이 더 나을 것이다.

욥기 17장

17:1 내 호흡이 쇠잔하였고, 내 날들이 다 되었으니, 무덤들이 나를 위하
여 예비되었도다.
2 조롱하는 자들이 나와 함께 있지 아니하냐? 내 눈이 그들의 격노케
함을 계속 보고 있지 아니하냐?
3 이제 놓아주시고 주께서는 나의 보증이 되소서. 나와 함께 손을 마
주칠 자 누가 있겠나이까?
4 이는 주께서 그들의 마음을 명철로부터 가리셨기 때문이니 그러므
로 주께서는 그들을 높이지 아니하시리라.
5 자기 친구들에게 아첨하여 말하는 자는 그 자식들의 눈마저 멀 것이라.
6 그는 나를 백성의 이야깃거리로 만드시니 이전에도 나는 북 같았도다.
7 또한 내 눈은 슬픔으로 인하여 침침해지고 나의 모든 지체들은 그
림자 같도다.

욥은 계속해서 한탄을 한다. 특별한 병에 걸렸을 때 종종 그러는 것처

럼 욥은 자신의 호흡이 쇠잔해졌다고 말한다(1절). 무덤이 그를 위해 예비되어 있다(1절). 그의 팔과 다리는 너무 야위어서 거의 실체를 상실했다(7절). 그의 눈은 "슬픔으로 인한"(7절) 습기와 눈물로 침침해졌다. 드물기는 하지만 계속해서 울 경우 눈이 멀 수도 있다고 알려진 바 있다.

『**조롱하는 자들이 나와 함께 있지 아니하냐?**』(2절) 세 명의 "위로자들"이 비웃는 것은 당연한 것일 수도 있다. 이들은 욥이 적그리스도거나 적어도 적그리스도의 오른팔 격인 사람들 중 하나라고 비난하고 있다. 『**내 눈이 그들의 격노케 함을 계속 보고 있지 아니하냐?**』(2절) 이 구절은 부패한 칠십인역에서는 애매하게 되어 있으며, 미스터 굿, 카머, 히스, 둠, 버드가 꺼내 놓은 역본들도 더 나을 것이 없다. 이 구절의 의미는 아주 분명하다. 욥은 이렇게 말하고 있는 것이다. "나를 비웃는 사람들이 여기 있지 아니하냐? 너희는 내가 조롱자들을 못 본다고 생각하느냐? 그들은 시야에서 사라지지 않았다. 여전히 나는 그들을 쳐다보고 있다." ("무덤들"에 대해서는 창 35:20; 50:5, 민 19:16, 삼하 3:32, 시 88:5, 나 1:14, 대하 34:28을 보라.)

3절은 잠언 6:1; 17:18; 22:26과 함께 읽어야 한다. 하나님 자신 외에 누가 요구되는 보석금을 내고 욥을 놓아주겠는가? 욥의 친구들 중에는 욥의 의로운 삶에 필적할 만한 사람은 아무도 없었다. 그렇다면 어떻게 그 친구들이 욥을 곤경에서 구해낼 수 있으며, 징수 요원이 욥이 가진 모든 것을 "가져가지" 못하게 할 수 있겠는가?

『**주께서 그들의 마음을 명철로부터 가리셨기 때문이니**』(4절). 이 말은 하나님께서 이 세 명의 위로자들이 상황을 이해하지 못하도록 하셨으며 "그러므로 주께서는 그들을 높이지 아니하실 것"(4절)이라는 뜻이다. 하나님께서는 이들을 높이지 않으시고 욥을 높이신다(욥 42:7,8).

『**자기 친구들에게 아첨하여 말하는 자는**』(5절, 잠 29:5; 20:19; 26:28, 욥 32:21, 22, 시 12:3 참조). 환란 때 이들의 눈(5절)을 아마겟돈에서 "까마귀들이 쪼아댈 것"이다(계 19:17,18). 욥은 자신의 친구들이 그에게 아부하고 그의 "비위를 맞추는 것"을 원치 않는다. 그가 원하는 것은 동정뿐인데도 그는 동정을 얻지 못하고 있다. 이 구절은 재림에도 적용된다. 그래서 더멜로우, 제미에슨과 포셋과 브라운, 그리고 배교한 1901년(ASV) 개정 위원회는 이 구절을 갈기갈기 찢어 놓는다. 이 성경을 거부하는 "보수주의자들"은 (존 R. 라이스는 이들이 탁월한 지성을 갖추고 있다고 추천했다.) 참조 구절을 찾을 수가 없자 이 구절을 "그의 친구들을 구해 냈다.", "그의 친구들을 비난했다.", 심지어는 "그의 동료들에게 재앙을 약속했다." 등으로 변개시켰다. 테일러(〈리빙바이블〉)는 본문에 "뇌물"이라는 단어를 끼워 넣었고, NEB는 1884년(RV)의 악취 나는 부패 역본을 따르고 있다.

그런데 문제는 아무도 욥에게 아첨하는 사람이 없는데 욥이 왜 갑자기 "아첨"을 언급하는지 성경을 거부하는 근본주의자들과 보수주의자들은 이해할 수 없다는 점이다. 그래서! 오리겐과 필로가 세워놓은 "첫 번째 규칙"이 효력을 발생하게 된다. 즉 이해할 수 없으면 바꿔 버리는 것이다.

1. 대환란 때 유대인의 구원을 이해할 수 없으면 헬라어를 사용해서 히브리서와 야고보서를 고쳐서 이 시대의 그리스도의 몸에게 맞추라.

2. 영원한 형벌을 이해할 수 없으면(러셀과 러더퍼드) 혼의 "소멸"로 바꾸라.

3. 영원한 생명의 확신을 이해할 수 없으면 그것을 "연옥"이나 "림보"로 바꾸라.

4. 죄 없는 사람이 여인에게서 태어나는 것을 이해하지 못하겠으면, 그 여자의 "잉태"를 "원죄 없는 잉태"로 바꾸라.

5. 그리스도의 몸이 어디서 시작되었는지 정확하게 알지 못하겠으면 바울과 함께 시작되었다고 생각하고 사도행전 28장까지 바울이 그리스도의 몸에 대해 기록한 모든 것을 다 제거해 버리라.

6. 새로운 탄생을 이해할 수 없으면 도시 수도 시설로 양산될 수 있는 물에 의한 탄생으로 바꾸라.

7. 요한계시록 22:14를 이해할 수 없으면(존 R. 라이스와 로버트 섬너처럼) 1582년 카톨릭 성경과 일치하도록 변개시키라. (이것은 1884년의 RV와 1901년의 부패한 ASV와 일치한다.) 그리고 자신이 "믿음의 챔피언"인 체하라.

탁 까놓고 얘기 하자면 뭔가를 이해할 수 없으면 그냥 가서 하나님의 거룩한 말씀을 끌어다가 진흙 속에 처넣으라. 그래서 하나님을 여러분 자신이 조작할 수 있는 그런 어리석은 수준으로 끌어내리라. 계속 그렇게 하라. 어떤 사람들은 어떻게 해서든지 그렇게 한다. 하나님을 자신이 받은 교육 수준으로 끌어내려서 하나님의 오류를 바로잡아 하나님을 도우라. 그러면 학생들은 여러분이 하나님이라고 생각할 것이다. 혹은 하나님 보다 더 우월하다고 생각할 것이다.

이런 식의 태도를 취하는 그리스도인 교육가들에게 우리가 짜낼 수 있는 모든 사랑을 가지고 이렇게 말해주고 싶다. "전능하신 하나님"께서 그들의 어리석은 지성을 열어서(눅 24:45) '성경을 이해할 수 있도록' 해주지 않으신다면(단 2:28-30) "기독교 대학교"에서 20년간 "헬라어와 히브리어"를 공부했다 해서 성경을 이해할 수 있는 요건이 갖추어졌다고는 단 1분도 생각하지 말라. 이것은 마치 그렇게 공부했다 해서 버뮤다 삼각지대를 설명할 수 있는 자격이 있다고 생각하는 것과 같다.

사람들은 욥에게 아부하지 않았다. (6절의 『**이전에 나는 북 같았도다.**』를 참고하고 이것을 욥기 29:8-23과 비교하라.) 욥 또한 그 누구에게도 아부하지 않았다(욥 31:21,29,34 참고). 욥이 한 말은 그리스도인들에게는 완벽할 만큼 분명하다. 그러나 1901년의 ASV와 1971년의 NASV를 개정한 미혹당한 타락자들에게는 분명하지가 않다. 욥은 그의 친구들에게 아부를 할 수도 있었다(8,9절). 그러나 그는 그렇게 하지 않고 있는 그대로 말한다.

『**그는 나를 백성의 이야깃거리로 만드시니**』(6절). 이 구절이 주 예수 그리스도를 다루는 시편 69:11과 이 세대의 유대인을 언급하는 신명기 28:37(그리고 왕상 9:7)과 얼마나 조화를 잘 이루는지 보라. 『**이야깃거리**』(byword)는 어떤 사람이나 어떤 나라에 대해 다음과 같이 간략하게 말하는 것이다. "독일 병사는 당신의 발아래 무릎을 꿇든지 아니면 당신의 목을 밟든지 할 것이다." 혹은 "폴란드 결혼식에서 신부는 깨끗한 T셔츠를 입은 사람이다." 혹은 "멍청한 아일랜드인보다 유일하게 더 멍청한 것은 똑똑한 스웨덴인이다." 등. 욥이 이야깃거리가 된 것은 이런 식일 것이다. "욥의 칠면조만큼 불쌍한." 아담의 이야깃거리가 된 것은 이런 식이다. "아담의 집고양이만큼 불쌍한." ("아담의 사과"가 마음에 떠오르기도 하지만 누군가가 말한 바와 같이 '문제는 나무에 달린 사과가 아니라 땅에 있는 배우자였다.')

욥은 악기처럼 사람들에게 기쁨의 원인이 되었다는 의미에서 "북"과 같았다(겔 28:13). 북은 사람들의 발걸음이 박자에 맞춰 경쾌하게 가도록 해주며(창 31:27, 삼상 10:5; 18:6) "기분을 아주 좋게"(남부 사람들이 말하는 식으로 하자면) 만들어 준다. 그러나 학자 연맹은 이 본문이 둘 중 어느 쪽에도 서지 못하게 한다. 그런데도 여전히 공인 본문을 출판하고 있다고 큰소리를 치는 〈뉴스코필드성경〉(583쪽)의 거짓말쟁이 위원회는 "북 같았도다."를 찢어 없애 버리고 "사람들이 그에게 침 뱉는 사람처럼"

을 넣었다. (오래된 "스코필드 성경"의 "참고 구절 각주를 진전"시킨다는 명목으로 이런 짓을 행했다. 우리는 "경건한" 사람들을 우리 곁에 두고 있다. 안 그런가?)

아담 클라크는 잉글리쉬, 월부어드, 스미스, 맥클레인, 메이슨, 맥크래, 파인버그, 컬버트슨, 개벨라인이 그들 자신의 "성서들"을 만들 수 있다면 자기도 그렇게 할 수 있다고 결정한다. 그래서 클라크는 "나는 용광로와 같이 될 것이다."라고 말한다.

〈리빙바이블〉 : "그들이 내 얼굴에 침을 뱉는다." NEB : "모든 사람이 바라보는 놀라운 존재." 포셋 : "역겨운 상대." 등등. "신사 숙녀 여러분 바로 이쪽으로 오십시오! 다음 차례는 누구입니까! 누구나 성경을 기록할 수 있습니다! 여러분도 숨겨진 재능을 가지고 있을지도 모릅니다!! 오늘 현금으로든 수표든 우편환으로든 15달러와 함께 쿠폰을 보내십시오. 그리고 어떻게 여러분도 그렇게 할 수 있을지를 배우십시오."

이런 괴짜 성경 주석가들의 생각은 이렇다. 여기서 히브리 단어(히브리어로 "북"에 해당하는 "토페트"와 "토프")는 잘못된 "어근"에서 나왔다. "어근"은 "투프"가 되어야 한다. 그래서 "경멸적으로 말하다"는 의미가 된다. 그러나 이런 주장을 추적해 보면 "어근이 사용되지 않았음"을 알게 된다(〈분석적인 히브리어와 칼데아어 어휘집〉, 752쪽). "침을 뱉는다"에 해당하는 단어는 [이 단어는 성경 전체를 통해 사용되고 있는데(민 12:14, 신 25:9, 삼상 21:13, 사 50:6, 레 15:8)] 결코 "투프"가 아니다. 가끔씩은 "리르"가 쓰이고 때로는 "야라크"나 "로크"나 "라카크"가 쓰이지만, 결코 "투프"는 아니다. 그러므로 본문을 바꾸는 이유는 시편 69:11과 일치되도록 만들어서 그 구절을 메시아에 관한 구절로 만들기 위해서이다. 본문을 고치는 대다수의 사람들이 욥기 16:8,11에서 성령님께서 이미 메시아 구절로 제시하신 것을 놓쳐 버렸다는 사실로 볼 때 이런 행동은 전혀 불필요하며 오히려 무척 꼴사나운 짓이다.

17:8 정직한 자들은 이 일에 놀라고 무죄한 자들은 위선자에 대해 격동하리라.
9 의인도 자기 길을 지속하고 손이 깨끗한 자도 점점 강성해지는도다.
10 그러나 너희 모두는 돌아오라. 지금 오라. 이는 내가 너희 가운데 현명한 자를 하나도 찾을 수 없음이라.
11 나의 날들이 지나갔고 나의 목적들과 내 마음의 생각들마저도 부서졌도다.
12 그것들이 밤을 낮으로 바꾸며, 어두움 때문에 빛이 짧도다.
13 내가 기다리면 음부가 내 집이 되나니 내가 흑암 속에서 내 침상을 만드는도다.
14 내가 썩는 것에게 말하기를 '너는 내 아비라.' 했고 벌레에게 말하기를 '너는 내 어미요, 누이라.' 하였도다.
15 이제 나의 소망이 어디 있으며 내 소망을 누가 보랴?
16 우리의 쉼이 다 같이 흙 속에 있게 되면 그것들은 구렁의 빗장들로 내려가리라." 하니라.

욥의 고난은 정직한 자들을 놀라게 만든다. "놀란다"(astonied)는 옛날 영어만큼 이것을 표현하기에 적당한 것은 없다. 즉 놀라서 돌처럼 그 자리에 꼼짝하지 못하고 있는 것이다. 까닭 없이 고난을 당하는(요 15:25) 무죄한 사람(마 27:4)은 위선자에 대항해서 스스로를 격동시킬 것이다(시 69:22). 왜냐하면 위선자는 자신이 고난을 겪지 않는 이유가 "경건하기"(딤전 6:5) 때문이라고 생각하기 때문이다. 모든 주석가들이 6절에서 메시아 구절을 빼뜨린다 해도 이 구절은 주 예수 그리스도의 십자가 고난에 관한 구절이다(사 52:14). 이들은 대부분 16:19에서 참고 구절들을 생략해 버렸다.

『**의인도 자기 길을 지속하고**』(9절) 그리고 심지어는 바울의 친구들이 그가 투옥됨으로써 용기를 얻은 것과 같이(빌 1:14 주석 참고) 욥의 고난에서 용기를 얻기도 한다(『**점점 강성해지는도다**』). 불경건한 자에게는 "정녕 멸망의 표"인 것이 진정으로 "경건한" 자들에게는 "하나님에게서 나온 구원"의 표인 것이다(빌 1:28). 의로운 사람은 욥의 환경이 어떠하든지 욥이 옳다는 것을 알고 있기 때문에(마 27:54 주석 참조) 욥과 같은 사람이 "끝까지 견디는 것"을(약 5:11) 보고 고난 중에 용기를 얻을 것이다.

『**그러나 너희 모두는**』(10절), 욥은 훌륭한 옛 남부 스타일로 그의 친구들에게 맞선다. 『**너희...는 돌아오라. 지금 오라. 이는 내가 너희 가운데 현명한 자를 하나도 찾을 수 없음이라**』(10절). 즉 "몰려와서 나에게 이 모든 '죄의식 강박관념'을 다 쏟아 붓기 전에, 너희들이 왔던 곳으로 되돌아가서 이것을 다시 생각해 보고, 그런 후에 돌아오라!"

이렇게 갑자기 큰 소리를 치고 나서 욥은 재빨리 한 번 더 그의 질병의 고통으로 다시 가라앉는다. 그리고 고독한 독백을 한다. "내 때가 다 되었구나. 나는 내가 왜 아직까지 살아 있는지조차 모르겠다. 내가 사는 목적은 아무것도 없다(11절). 내 생각들은 제멋대로 난동을 부리기 때문에(11절) 나는 밤에도 상념으로 인해 깨어 있구나(12절). 그러다 내가 알기도 전에 다시 어둠이 오는구나(12절). 내게는 아무런 소망이 없도다(15절). 그런데도 너희는 '기다리면 다 좋아질 거야.'라고 말하는구나." 『**내가 기다리면 음부가 내 집이 되나니 내가 흑암 속에서 침상을 만드는도다. 내가**

썩는 것에게 말하기를 '너는 내 아비라.' 했고 벌레에게 말하기를 '너는 내 어미요, 누이라.' 하였도다』(13,14절).

『**내 소망을 누가 보랴?**』(15절) 이 구절과 앞 구절은 욥기 30:29,30, 잠언 7:4, 시편 22:4-9, 요나 2:6, 이사야 38:10과 연계해서 읽어야 한다. 주 예수께 적용되는 것은 분명하다. 즉 요나는 그리스도께서 죽으시고 묻히고 부활하시는 모형이다(마 27,28장). 16절의 "그것들은" 14절에서 나온 "부패"와 "벌레"이다. 그것들은 『**우리의 쉼이 다 같이 흙 속에 있게 되면... 구렁의 빗장들로 내려가리라.**』

이 마지막 구절에서 롤린슨 목사는 솔직하게도 "현재의 주석가는 자신이 히브리어 본문의 단어들에 대해 만족할 만한 의미를 얻어낼 수 없음을 인정해야 한다."라고 고백한다(Ibid., 296쪽). 롤린슨 목사보다 다소 부정직한 1901년의 ASV 위원회는 그 구절을 그냥 바꿔서 그들에게 "만족할 만한 의미"를 갖게 만든다. 도드도 이해가 가지 않아서 마지막 구절을 부정문으로 만든다. 그래서 눈먼 안내자들인 불가지론자들은(존 R. 라이스와 밥 존스 3세가 추천하는), 욥과 그의 "소망"(16절 : 『**그것들은... 내려가리라.**』)이 둘 다 "구렁의 빗장들"이 없는 어딘가로 내려간다는 가장 근접한 추측을 하면서 그들의 무지를 드러내기 시작한다. 그러나 지옥에 문들과(마 16:18), 빗장들과(욘 2:6), 열쇠들(계 1:18)이 있다는 사실로 볼 때 성경을 믿지 않는다는 그 이유 하나 때문에 "빗장들"을 제거해 버린다는 것은 참으로 (미친 것이 아니라면) 주제넘은 일이다.

플로리다 파나마시티에 있는 한 은행에서는 CCC라는 세 글자를 볼 수 있다. 이것들은 배려(Care), 관심(Concern), 예의(Courtesy)의 약자이다. 지상에서 욥이 경험하지 못한 세 가지가 있다면 바로 이 세 가지이다. 그의 한심한 위로자들은(욥 16:2) 오히려 비평(Criticism), 불평(Complaints),

정죄(Condemnation)를 가했다. 이들은 자신들은 몰랐을지 모르지만 "비참한" 성도들이었다. 이 사람들처럼 비참해지기를 원한다면,

1. 기도의 의욕도 없이 기도 모임에 나가라.

2. 설교를 듣고 거기에 복종하지도 않으면서 설교를 들으러 가라.

3. 형제들을 미워하고 경멸하면서도 교회에 출석하라.

4. 아무런 간증도 없으면서 간증 집회에 가라.

5. 자기 자신을 자신이 좋아하지 않는 어떤 사람과 비교하는데 인생을 허비하라.

욥기 18장

18:1 그러자 수하인 빌닷이 대답하여 말하기를
2 "얼마나 오래 있어야 너희가 말의 끝을 맺겠느냐? 주목하라. 그후
에 우리가 말하리라.
3 어찌하여 너희 눈에 우리가 짐승으로 간주되며 천하게 여겨지느냐?
4 그는 자기 분노로 스스로를 찢는도다. 너를 위하여 땅이 버림당하
겠느냐? 바위가 그 자리에서 옮겨지겠느냐?
5 실로 악인의 빛은 꺼지고 그 불꽃은 빛나지 아니할 것이라.
6 그 빛은 그의 장막 안에서 어두워지고 그의 촛불은 그와 함께 꺼질
것이라.
7 그의 힘있는 걸음은 지치게 될 것이며 자신의 꾀가 그를 몰락시킬
것이라.
8 이는 그가 자기 발로 그물 안으로 들어가고 올무 위를 걸어감이라.
9 덫은 그의 발꿈치를 걸 것이요, 강도가 그를 이기리라.
10 땅에는 그를 위한 올무가 놓여 있고 길에는 그를 위한 덫이 있도다.

11 공포가 사면에서 그를 무섭게 하며 그의 발을 *빠르게* 내몰 것이라.
12 그의 힘은 기근에 시달릴 것이요, 멸망은 그의 곁에서 기다릴 것이라.
13 멸망이 그의 피부의 힘을 삼킬 것이니, 즉 사망의 첫태생이 그의 힘을 삼킬 것이라.
14 그의 신뢰가 그의 장막에서 뽑혀져 멸망이 그를 공포의 왕에게로 데려가리라.
15 멸망이 그의 장막 안에 거하리니 이는 그의 것은 아무것도 없음이요, 유황이 그의 처소에 흩어질 것임이라.
16 그의 뿌리는 밑에서 말라 버릴 것이요, 그의 가지는 위에서 잘려지리라.
17 그를 기억함이 땅에서 없어지고 거리에는 그의 이름이 없으리라.
18 그는 빛에서 암흑으로 쫓겨가며 세상에서 쫓겨날 것이라.
19 그는 자기 백성 가운데 아들이나 조카도 없을 것이며 그의 거처에는 아무도 남은 자가 없으리라.
20 앞에 간 자들이 무서워했던 것처럼 그의 뒤를 좇는 사람들도 그의 날을 보고 놀라리라.
21 악인의 거처들은 반드시 그러하리니 바로 이것이 하나님을 알지 못하는 자의 처소로다." 하니라.

이 장은 처음 세 절을 도입부로 볼 수 있기는 하지만 좀처럼 사고의 단락이 구분되지 않는다. 전체 장이 『**악인**』(5절)에게 초점이 맞춰져 있다. 그래서 단 한 번도 페인 박사나 비더볼프 박사(혹은 이들의 친구 400명 중의 누군가)에게 자문을 구하지 않고 열여섯 개의 절을 곧바로 데살로니가후서 2장의 "악인"에게 적용시킬 수 있다. 전에 말한 바와 같이 이 구절들은 마음속에 욥을 염두에 두고 한 말이다. (그러나 이런 것들에 죄가 없는 사람이 누구겠는가?) 이 구절들은 또한 어느 시대에나 있는 모든 악인을 언급하는 것이기도 하다. 그러나 이 구절들은 이것을 훨씬 넘어서 다니엘의 칠십째 주까지 간다. 그때에는 "죄의 사람"이 유엔, NCC, 유네스코, RCC, 그리고 "인민의 당"의 도움으로 "왕국을 도래시킬 것"이다.

빌닷은 도전에 응하면서 『**얼마나 오래 있어야 너희가 말의 끝을 맺겠느냐?**』(2절)고 말한다. 이들이 무분별하게 입술을 열어 욥을 격동시키지 않았다면(시 106:33) 욥은 14장도 더 이전에 입을 다물었을지도 모른다. 『**주목하라. 그후에 우리가 말하리라**』(2절). 즉 "잠깐 입을 다물고 우리가 이제 말할 것에 네 마음을 두라. 그러면 우리가 말하리라." 3절은 그 자체로 명백하다. 2절에서 더멜로우가 추천한 것은("너희가 얼마나 오랫동안 말들로 올무를 놓겠느냐?") "너희가 얼마나 오랫동안 말들을 사냥하겠느냐?"로 된 1901년의 부패한 ASV와 1884년의 부패한 RV에서 나온 것이다. 미스터 굿은 "너희가 얼마나 오랫동안 가시를 심겠느냐?"고 말한다. 테일러가 이 구절을 설명해 놓은 것은, 〈전쟁의 바람, *The Winds Of War*〉에 신격(Godfather)이 설명되어 있다고 말하는 정도의 설명일 뿐이다. (2절과 3절을 다음과 같이 "부연 설명"해 보면 어떤가, "675 비행기가 탐파에서 도착하려면 몇 달이나 걸릴까요? 왼쪽 뒤 타이어를 조사해 보고 그것이 30 파운드인지 확인해 보세요. 조니 벤치가 0.382의 타율을 기록했는데 왜 버터 값이 하락했지?" 내 말은 "하나님" 놀이를 하려면 똑바로 하라는 것이다!!)

『**그는 자기 분노로 스스로를 찢는도다**』(4절). 이것은 욥을 가리키며 고개를 끄덕이고 있는 소팔과 엘리파스에게 한 말이다. 즉 거기에 담긴 생각은, "하나님께서 욥을 찢고 계시는 것이 아니다(욥 16:9,14 참조). 욥은 자기 자신의 최악의 적이다."이다. 이런 말을 들었을 때 욥은 자신의 옷이나 몸을 찢고 있었을지도 모른다. 그러나 고통과 탈진이 "허용 한계"에 이르면 사람은 이상한 행동을 할 수 있다.

빈센트 반 고흐(Vincent Van Gogh, 1848-1903)는 자신의 귀를 잘랐다. 이런 행동을 하기 전에 그는 자신의 손을 촛불 위에 올려놓고 피부가 검게 타서 연기가 날 때까지 계속 그렇게 하고 있었다. 폭탄이 투하되는 상황에서(제1차 세계대전) 사람들은 이빨로 흙을 파서 땅 속으로 들어가려고 했으며, 이들 중 많은 사람들이 공포에 질린 광란 속에서 방공호의 벽에 머리를 세게 박았다. 잠이 들면 죽을지도 모르는 위험한 상황에서 깨어 있기 위해 사람들은 팔을 거의 두 쪽이 날 정도로 물어뜯었다. 정신병동에 있는 환자들은 미친 듯이 날뛰다가, 너무 뜨거워서 2도 화상을 입힐 수 있는 뜨거운 스토브나 방열기를 끌어안으려 한 후에, 스트레이트 재킷에 채워져야만 했다. 가다라의 미친 사람은 돌로 스스로에게 상처를 냈다(막 5:5). 마귀에게 사로잡혀서 정신이 이상해진 이 사람의 행동은 바알을 숭배하는 "아버지들"(판 18:19, 왕상 18:28)이 피가 "그들에게서 마구 흘러나올 때까지" 스스로에게 상처를 내는 행동과 별반 다를 것이 없다. 고통, 좌절, 광기, 고독, 두려움, 분노에 사로잡힌 사람은 참으로 끔찍한 일들을 할 수 있다.

『**너를 위하여 땅이 버림당하겠느냐?**』(4절) 하나님께서 너를 위하여 하시던 일을 멈추시고 시간을 내시겠느냐? 하나님께서 은하계들, 별자리들, 성운들을 돌보시면서 (동시에!) 40,000,000,000마리의 물고기들과 60,000,000,000마리의 곤충들과 20,000,000마리의 포유류들을 먹이시고 계시는데 매일 2,000,000,000의 사람들을 돌보셔야만 하시겠느냐? 『**바위가 그 자리에서 옮겨지겠느냐?**』(4절) 욥은 방금 전에 바위가 그 자리에서 옮겨질 수 있다고 말했다(욥 14:18). 하나님께서 단지 욥의 말을 듣고 계신다는 것을 증명하시기 위해(눅 4:10), 욥을 위해 지진이나 토양의 사태를 불려내셔야만 하는가?

나머지는(5-21절) 주석가들이나 개정자들이 이해할 수 없는 한두 개의 "어려운 구절"을 제외하고는 명백한 부분이다. 그래서 주석가들과 개정자들은 만성적으로 늘 하던 일을 여기서도 한다. 즉 자신들의 미혹되고, 배교했으며, 사사로운 환상에 맞추기 위해 하나님의 말씀을 변개시켜 버리는 것이다.

『**악인의 빛**』(5절)은 열왕기상 11:36에 따르면 꺼져버릴 것이다(출 10:23, 시 119:105). 그의 "선지자"가 하늘에서 불꽃이 내려오게 하거나(계 13:13) 그의 추종자들이 5월 5일(혹은 5월 1일)에 "폭죽"을 나를 때 『**그 불꽃은 빛나지 아니할 것이라**』(5절). [이사야 50:11과 히슬롭의 〈두 개의 바빌론〉 참고.]

8절도 앞의 것과 같다. 악인의 발걸음은 좁은 길로 들어가게 되고(민 22:22-26) 결국 자신이 길에 쳐놓은 함정에 빠지게 된다(8-10절, 잠 1:17,18 주석 참조). 함정, 그물, 올무, 덫(히브리어 : "파흐")은 로마서 11:9,10, 시편 69:22에서 이스라엘이 걸렸던 것처럼 악인을 덮칠 것이다. 사자들이(겔 19:1-6) 이런 종류의 덫에 걸린다. 마귀도 "울부짖는 사자"처럼 돌아다니기 때문에(벧전 5:8) 이 구절은 직접적으로 다시 적그리스도를 언급하고 있다. "덫"(gin)은 동물의 발꿈치(9절)를 죌 수 있는 것으로 작고 금속으로 되어 있다. 함정(trap)은 앞쪽에 문이 달려서 아래로 내릴 수 있는 나무로 된 커다란 우리이다. 올가미(snare)는 땅에다 고리 모양으로 만들어 놓는 밧줄이다. "그물"(net)은 구덩이 위에 펼쳐 놓은 그물로 그 위에 나뭇잎이나 덤불로 덮어 놓는다. 아프리카 사자들이 서식하는 지역 가까이에서 길게 반원을 만들어서 북을 치며 몰아가면서 사자들을 생포한다. 사람들은 약 20야드 정도 떨어진 전방에서 동시에 북을 친다. 이런 식으로 100-500명이 사자들에게 가까이 다가가면 사자들은 공격을 하지 못한다. 그래서 사자들은 "황급히 도망을 간다." 그 지역에서 수십 년간을 살아온 원주민 사냥꾼들은 "사자들이 지나는 길"을 안다. 마치 앨라배마의 사슴 사냥꾼이 "사슴이 지나는 길"을 아는 것과 같다. 이 길을 따라서 약 7피트 깊이에 8피트 정방형으로 구덩이를 파고 그 위에 큰 그물을 쳐 놓는다. (덩굴 줄의 직경이 약 1인치 두께이다.) 그리고 그물의 귀퉁이 네 곳을(행 10:11) 수직으로 된 잠금쇠에 연결시켜서 거의 두 겹이 되다시피 휘어진 크고 탄력성이 좋은 나무에 부착시킨다. 그런 다음 이러한 전체 장치를 풀, 나뭇잎, 나뭇가지로 덮는다. 사자가 그 길을 지나게 되면 구덩이로 빠지게 된다. 그리고 사자의 몸무게가 휘어진 나무를 1피트나 그 이상 당기면 잠금쇠가 그 위치를 벗어나서 나무는 그물에 사자를 태운 채 용수철처럼 다시 제자리로 돌아간다. 그렇게 사자가 땅에서 3-5피트 높이의 그물 배낭 속에 매달린 채로 있기 때문에, 한 시간이 되기 전에 그물의 반을 씹어서 끊을 수는 없다.

"포효하는 사자"의 발을 빠르게 내몰아서(11절) 하나님의 그물로 몰아가는 것은(시 141:10; 35:8, 겔 12:13) 다름 아닌 공포이다(11절). 학자 연합이 어려워하는 구절은 12,13,14,19절이다. 그러므로 〈킹제임스성경〉을 통해 그들에게 매우 필요한 도움을 주고자 한다.

끝없이 깊은 구렁의 왕은 "멸망"(계 9:11)으로 불리며, 적그리스도의 옆에 거하는 것(12절)도 "멸망"이다. 그는 얼어 가는 사람이 "동상에 걸리는 것"(frostbitten)과 똑같이 "굶주림으로 쇠약해질 것"(hungerbitten)이다. 이 표현은 모든 사람이 완벽하게 이해할 수 있는 표현이다. 멸망("아폴론"

- 아폴로스)은 그의 피부의 힘을 게걸스럽게 삼킬 것이다(13절). 마치 그가 문둥병을 퍼뜨리는(계 16:2) 문둥이(대하 26:21)라도 되는 듯이. 이 문둥병은 표범에게서 나온 것으로(계 13:2), 표범의 점(욥 11:15)은 정확하게 카인의 표처럼 에디오피아인의 피부(렘 13:23) 같다.

『**사망의 첫태생**』(13절)은 마귀의 휘하에서(히 2:14) "첫태생"을 죽이기 위해(출 12:23) 활동하는 죽음의 천사 자신이다(계 9:11). 이것은 입수 가능한 것이든지 그렇지 않든지 헬라어나 히브리어 본문을 전혀 참고하지 않고서도 찾아낼 수 있는 것이다. 즉, 적그리스도는 『**공포의 왕**』(14절) 아래서 활동하기 때문에 자기 자신의 멸망이며, "일곱 머리" 모두를 멸망시킨 것처럼(계시록 17:8-10 주석에 나오는 님롯, 파라오, 산헤립, 느부캇넷살, 다리오, 알렉산더 대왕, 시저) 적그리스도와 거래가 끝나면 왕은 그를 멸망시킬 것이다(겔 31-32장).

유황은 불못(영원 속에서)에 뿐만 아니라 천년왕국 때 적그리스도가 "거하는 곳"에도 있다(사 34:9,10, 마 25:41, 욥 1:18). 16,17절은 말라키 4:1-3의 재림 구절과 일치하며, 19절의 "조카"는 이 구절을 곧바로 이사야 14:22와 시편 109:10,12,13과 연계시킨다. 이것으로 한 장에서만 16개의 예언을 다루는 구절이 있으며, 욥기 처음 열여덟 장에서 30개가 넘는 예언을 다루는 구절이 나온다. 그러므로 페인 박사의 〈예언 "대백과사전," *Encyclopedia of Prophecy*〉 같은 피상적이고 알팍한 저서는 닳고 닳은 더러운 도로를 지나는 것만큼이나 빨리 지나쳐 버려야 한다. "예언의 대백과사전"이라고 하면서도 욥기에서 최소한 50개 정도의 예언을 다루는 구절을 찾아내지 못한다면 그 책은 성경을 진지하게 공부하는 학생이 아니라 하나님의 말씀에 부주의한 비평가가 기술한 것임에 틀림없기 때문이다. 성경 공부를 "진지하게" 하는 우리들은 결코 학자들에게 시간을 낭비하지 않는다. 그들의 "그리스도인" 교육은 1900과 1960년 사이에 미국과 영국을 파괴시킨 깊은 불신앙의 습지로 그들을 던져버렸다.

『**거리에는 그의 이름이 없으리라**』(17절). 이것은 두 가지 의미로 볼 수 있다. 첫째는 아무도 그에 대해 말하는데 더 이상 관심을 보이지 않는 것과 둘째는 더 이상 그의 이름을 따서 거리의 이름(왕상 20:34)을 붙이지 않는다는 것이다. 미국 내 모든 거리 중에서 성경을 거부하는 정치인, 과학자, 교육자, 공산주의자, 군지도자의 이름을 따서 붙여진 거리마다 10달러씩 모은다면 NAACP가 "분리주의" 학교를 세울 수 있을 만큼의 뇌물을 줄 수 있는 돈이 될 것이다.

적그리스도는 지상에서 축출되어(18절) 불로 이루어진(15절) 외계의 어둠 속으로 쫓겨간다(18절). 욥이 묘사한 것이 바로 이것이다(욥기 20:7,26 주석 참조).

모든 것이 잘 정돈되어 있다. 이 구절은 지옥을 향해 가는 구원받지 못한 사람의 운명을 묘사하고 있다. 또한 이 구절은 죽음의 시점에서 사탄에게 넘겨진 하나님의 아들을 묘사하고 있다(사 53:9,10). 또한 적그리스도의 지상에서의 종말과 미래의 상태를 묘사하고 있다. 열여섯 개의 절에서 이런 소재가 발견되고 있다. 학자 연합이 이 구절을 어려워하는 것을 보고 놀랄 것은 전혀 없다. 이들은 유엔이 팔레스타인 문제로 어려움을 겪는 것보다 이 구절을 더 어려워한다.

1. 〈리빙바이블〉은 "첫태생"(13절)을 제거했으며, "조카"를 손자로 바꿨고(19절), 영원에서의 "거처"(21절)나 통치하게 될 정해진 "날"(20절)이 적그리스도에게 없게 만들었다.

2. 뉴스코필드성경은 3,6,7,9,14,15,17,20절에서 〈킹제임스성경〉 본문을 약탈했다. [그러면서도 여전히 "공인 역본"인 체하고 있다. 이유는 그들은 "헌신되고 경건하며 분리되고 근본주의자이며 구령하는 악당들이기" 때문

에 속을 수 없다는 것이다(마 16:12).]

3. 더멜로우는 2,4,9,11,17절을 변개시켜서 1884년의 거짓된 RV와 일치시킨다. RV는 1901년의 거짓된 ASV를 시작할 수 있는 근거를 마련해 준다.

4. 아담 클라크는 12절에 주석을 달 수가 없어서 점성술사식 부연 설명을 한다. 또한 "공포의 왕"의 위치를 신구약 어디서도 찾을 수가 없어서 왼쪽 끝을 쭉 훑어보고서 "열 중 하나"라도 맞았으면 하는 마음으로 커버데일, 오비드, 소포클레스, 라틴 벌게이트, 버질을 제시한다. 그러나 사방으로 5분을 달려간 후에 클라크는 "마귀들" 혹은 페르시아 왕 혹은 로마 왕 - 혹은 하나님만이 무엇인지 아시는 누군가 - 에게 약탈을 당한다. 즉 아무런 "소득"이 없다. 클라크의 책(Ibid., 86쪽)을 읽는데 시간을 들이는 독자는 클라크와 같은 위치에 있는 것이다.

5. 〈강단주석〉은 "그의 힘의 빗장들"(13절에 해당하는 히브리어)을 발견했는데 "빗장들"이 무엇인지를 알아내기 위해 성경의 다른 부분들을 읽어낼 수가 없었다. "빗장"들은 욥기 40:18의 빗장들로 육신으로 나타난 사탄의 빗장들이다. 그러나 욥기 40:15의 "비히못"을 "하마"(풋내기들이 쓴 주석 참고)라고 하고 나서 롤린슨 목사(강단의 주석)는 영어로나 히브리어로나 어떻게 그것을 적절하게 설명할 수 있겠는가? 그는 적절하게 설명할 수가 없었다. 그래서 그는 설명을 하지 않았다.

6. 헤브너, 클라인, 빌링거, 피크, 둠, 버드, 레이, 히치히, 칠십인역은 늘 써 왔던 속임수에 의존한다. 이들에 대해서는 『**너희 가운데 현명한 자를 하나도 찾을 수 없음이라.**』(욥 17:10)고 말할 수 있다. 이들은 "공포의 왕"(14절)이 사망이(계 6:8) 아니라 일상적인 죽음이라고 말한다. 또한 7절은 "그를 넘어지게 하는"이 되어야 한다고 말한다. 또한 "그의 발바닥이 삼켜져야 하며"(13절), "최후가 그를 위해 신음했으며"(21절), "그로 그의 발 위로 오줌을 누게" 하고(11절! NEB), "죽음의 가장 충성스런 심복"(13

절)으로 만들고, "죽음이 그의 영광을 갉아먹게" 만든다. 즉 하나님께서 말씀하신 것 중에서 "한 말씀"이라도 믿기보다는 자신들이 상상해 낼 수 있는 온갖 변변찮은 말을 갖다 붙이는 것이다. 수십 번 우리가 언급한 바와 같이 이런 문제들에서는 차라리 마오쩌둥이 쓴 공산주의에 관한 수필집이 "성경적"이며 "권위가 있다"라고 할 수 있다. 최소한 마오쩌둥은 자신의 거짓 철학을 지지해 줄만한 6백만의 군사를 보유하고 있는데 이것은 학자 연맹이 지금까지 보유한 것이나 앞으로 보유할 것보다 훨씬 더 많은 수치이다. (자, 이 말에 "아멘"이라고 답할 수 없다면, "양"은 말할 것도 없고 자신이 두 마리 염소를 먹일 만한 충분한 은혜를 소유하고 있다고 생각하면서 데살로니가전서 2:13을 인용하면서 돌아다니지 말라.)

욥기 19장

19:1 그러자 욥이 대답하여 말하기를
2 "너희가 언제까지 내 혼을 귀찮게 하며 말들로 나를 산산이 부수려느냐?
3 너희가 열 번이나 나를 꾸짖었도다. 너희가 나를 낯선 자처럼 대하고서도 부끄러워하지 아니하는도다.
4 과연 내가 잘못했다 해도 내 잘못은 내게 남는 것이고
5 너희가 참으로 나에 대해 너희 자신을 높이고 내가 비난받아야 된다고 나에게 변론할지라도
6 하나님이 나를 넘어뜨리시고 그의 그물로 나를 에워싸셨음을 이제 알라.

지난 네 개의 장(15,16,17,18장)에서 시간이 갈수록 대화가 더 뜨거워지고 있음을 주지했는지 모르겠다. 욕과 중상이 활발한 템포로 증가하고 있으며, 22장에 이를 때쯤에는 욥은 그의 "친구들"에게 거짓말쟁이들이며 조롱자들이며 완전한 원수들이라고 말하고 그들은 욥을 사악하고 죄로 가득 찬 사람이라고 비난한다.

『**너희가 언제까지 내 혼을 귀찮게 하며 말들로 나를 산산이 부수려느냐?**』(2절) 욥의 친구들이 하고 있는 일이 정확히 이것이다. 하나님의 말씀을 강단에서 설교함으로써 죄인이 통회하는 마음과 영을 갖게 하는 것과 침대에 드러누운 성도 옆에 앉아서 시간마다 그를 모욕하는 것은 전혀 별개의 일이다.

『**너희가 열 번이나 나를 꾸짖었도다**』(3절). [이방인의 숫자임에 주의하라. 서문에서 말한 바와 같이 잇사칼의 아들이 아니다.] 『**너희가 나를 낯선 자처럼 대하고서도 부끄러워하지 아니하는도다**』(3절). 열 번의 꾸짖음은 욥기 4:5,8; 5:4; 8:2,6; 11:3; 15:2,5; 18:2,4에 있다. 이것들은 모두 개인적인 비난이며 개인적인 모욕들로서, 일반적으로 표현되는 "3인칭 단수" 형태가 아니다.

『**내 잘못은 내게 남는 것이고**』(4절). 이것은 많은 그리스도인들이 배우지 못한 로마서 14:12의 위대한 진리이다. 욥이 하나님께 죄를 짓고 그 징계를 받았다면 그것은 하나님과 욥 사이에 일어난 문제이지(요일 1:9), 욥과 "사제"와의 문제가 아니다. 욥은 자신이 하나님을 거역해서 죄를 지으면 다른 사람을 망치는 공개적인 어떤 일이 아니라 자기 자신을 망치는 일(욥 31장 주석 참조)임을 알고 있다. 그가 "잘못"(4절)을 했다면 그것은 태만, 말, 생각, 동기가 잘못된 죄일 것이다. 그러한 잘못들은 하나님께서 직접 다루시는 것이며 개인적으로 처리되는 문제이다. 욥을 뒤엎으신 분은(6절) "하나님"이시다. 욥이 그물(6절)에 걸렸다면 최소한 그 그물은 욥이 다른 사람을 옭아매기 위해 친 그물은 아니다. 이번에 "그물"은 그물

바닥에 납으로 된 추가 있어서 던지면 둥글게 둘러싸여지는 투망이다.

클라크와 〈강단주석〉은 "열"(3절)이라는 숫자가 열이 아니라 "여러 번"을 의미한다(이런 광기에 대해서는 욥 1:3 참조)는데 의견의 일치는 본다. 그리고는 창세기 31:7과 민수기 14:22를 이런 학자들의 전통의 본보기로 제시한다. (이런 전통은 한 명의 배교자에게서 다른 배교자에게로 이어져 내려온 것이다.) 그러나 아담 클라크와 로린스 목사를 연구하는 대신, 진리를 자세히 연구해 보면, 창세기 31:7,41의 "열"은 "십"의 의미임을 알 수 있다. 왜냐하면 바로 41절에서 다른 두 개의 숫자가 제시되고 라반은 이 세 번 언급된 숫자 중 어느 것도 바로잡으려 하지 않기 때문이다. 십은 이방인의 숫자이다. "많은 양"을 나타내는 "완성"의 "온전한 숫자"가 아니다. 혹은 어떤 보수주의자나 복음주의자나 카톨릭 학자가 하나님의 말씀의 권위를 파괴하기 위해(막 7:7,13) 고안해 낸 어떤 다른 불경건하고 저주받았으며 지옥에나 어울리는 타락한 궤변을 나타내는 말이 아니다. 이스라엘이 주 하나님을 시험했던 "열 번"이 다음 구절에서 발견된다. "불평한다"는 단어가 1611년 무오한 영어 본문에 조심스럽게 보존되어 있다. 그러므로 이와 다른 어떤 오류 있는 히브리어, 헬라어, 아랍어 본문을 바로 잡아 줄 수 있다.

1. 출애굽기 15:24.
2. 출애굽기 16:2.
3. 출애굽기 16:7.
4. 출애굽기 16:8.
5. 출애굽기 16:7(다른 히브리어 단어!)
6. 출애굽기 16:8(다른 히브리어 단어!)
7. 출애굽기 16:9.
8. 출애굽기 16:12.

9. 출애굽기 17:3
10. 민수기 14:2.

그리고 열한 번째 불평이 민수기 14:27에 나온다.

19:7 보라, 내가 잘못되었다고 부르짖으나 응답받지 못하고 내가 크게 부르짖어도 심판이 없도다.

8 그는 또한 내 길을 막아 내가 지나갈 수 없고 그가 내 발걸음에 흑암을 두셨도다.

9 그는 내게서 내 영광을 박탈하셨고 내 머리에서 왕관을 가져가셨도다.

10 그가 사면에서 나를 치시니 내가 죽는도다. 그는 내 소망을 나무처럼 뽑으셨도다.

11 그는 내게 대하여 그의 진노에 불을 붙이시고 나를 그의 원수 중의 하나로 여기시는도다.

12 그의 군대가 함께 와서 나를 대적하여 그들의 길을 조성하고 나의 장막을 둘러 진을 쳤도다.

13 그가 나의 형제들로 내게서 멀리 있게 하셨으며 나의 아는 사람들은 참으로 나를 반목하는도다.

14 내 친척들은 나를 버렸고 내 친한 친구들은 나를 잊었도다.

15 내 집 안에 거하는 자들과 내 여종들은 나를 타국인처럼 여겼고 나는 그들 앞에 외국인이 되었도다.

16 내가 내 종을 불렀더니 그는 아무 대답도 아니 하였으며 내가 그에게 내 입으로 애원하였도다.

17 내가 내 친자식들을 위하여 애원하였지만 내 호흡이 내 아내에게 낯설도다.

18 실로 어린아이들도 나를 멸시하였고 내가 일어서니 그들이 나를 대적하여 말하였도다.

19 나의 모든 가까운 친구들이 나를 싫어하였으며 내가 사랑한 자들이 내게서 돌아섰도다.

본문은 하나님께서 욥을 물리적으로 경제적으로 다루시는 것뿐만 아니라 사회적으로(13-18절) 다루시는 구절이다. 욥은 이제 그의 형제들, 친족들, 아내, 종들, 친구들, 이웃들이 그가 당하는 재앙에 보이는 반응을 언급한다. 7-11절은 이 글을 쓰고 있는 현재나 혹은 욥기를 기록하고 있을 당시 지옥에 있는 모든 잃어버린 혼들에게 적용될 수 있다. 9절은 주 예수 그리스도의 재림 직전에 있을 대환란 때의 이스라엘의 상황과 일치한다(애 3장). 경건한 지성에게는 그리스도의 초림과 관련된 메시아 구절이 너무나 명백하기 때문에(13-15절과 시편 31:11; 55:13; 69:8과 비교) 증거서류가 필요치 않다. 아담 클라크, 클라인, 헤브너, 더멜로우 그리고 다른 사람들은 여전히 빨간 불에도 아랑곳하지 않고 걸어가는 소경처럼 이 구절을 놓쳐 버린다.

지옥에 있는 구원받지 못한 사람은 자신이 생각하기에 잘못되었다고 생각되는 것으로 인해(창 4:13) 부르짖을 것이다(7절). 그러나 그의 심판은 지나갔기 때문에 그가 하는 말은 아무도 듣지 않을 것이다(7절). 지옥에 있는 사람이 기다리고 있는 유일한 심판은 불못(계 20:15)으로 들어가기 전에 있을 마지막 항소뿐이다. 지옥에 있는 구원받지 못한 죄인은 문들(계 1:18)과 빗장들(욘 2:6)로 "길이 막혀져"(8절) 있는 상태로 어둠 속에 있다(마 25:30). 욥기 29:3과 23:17은 모두 같은 말이다. 그리스도께서 우리의 심판과 죄들을 지시고(벧전 2:24) 우리가 지옥에서 져야 할 것들을 받으셨기 때문에(갈 3:13) 그리스도께 적용될 수도 있다. 결론적으로 말하자면 그리스도께서는 어둠 속에서 "잘못도 없이" 울부짖으신다(마 27:46). 예수 그리스도는 하나님의 "원수들" 중 하나로 계수되었고(11절), 우리를 하나님께로 되돌리기 위해(고후 5:21) - 우리는 하나님의 원수이다 - 하나님의 원수들의 자리를 취하셔야만 했다!(롬 5:10) 아, 하나님께서 보존하신 성경의 헤아릴 수 없는 풍부함이여! 그 "일관성"과 학자들이 "실수들"이라고 하는 말씀이 얼마나 심오한가!

하나님의 금광에서 그리스도를 높이는 보화가 충분하지 않다면 9절을 보라! 왕관(9절)은 예수 그리스도께 속했으며(계 11:15, 눅 1:30-34) "그의 영광의 보좌"(마 19:28)에서 "영광의 면류관"을 쓰기 전에 그는 "영광을 빼앗겼다"(요 19:24, 시 22:18). 우리가 진술한 바와 정확히 일치한다. 욥기는 그 표면에 있는 도덕적 영적 소재 외에도(그린, 아이언사이드, 파인버그 주석 참조), 낮아지신 하나님의 아들, 대환란 때의 이스라엘, 지옥에 있는 구원받지 못한 사람의 모습을 그리고 있으며, 적그리스도에 관해 계시해 주고 있다.

욥은 동정을 구하는 탄원과(21절) 하나님께 드리는 기도의 절정에서(23절) 자신의 상황을 다음과 같이 기술한다.

1. 통나무처럼 잘려서 멀리 보내짐(10절).
2. 불을 놓아서 타게 함(11절).
3. 군대가 대적하여 진을 침(11,12절).

그의 형제들과 자매들은(13절) 더 이상 그를 보러 오지 않으며 인사나 하던 친구들은(13절) 그에게서 소원해진다. 고모와 이모와 삼촌들과 조카들과 질녀들은 그에게 어떠한 도움도 주려하지 않는다. 그의 가까운 친구들(19절)은 그를 잊었으며(14절) 그가 고용한 사람들에게 그는 낯선 사람이 되었으며(15,16절) 그의 아내는 미친 스컹크가 그와 관계가 없는 것처럼 더 이상 그와 관계가 없다(17절).

19 : 20 내 뼈가 내 가죽과 살에 붙었으며 나에게는 겨우 이의 꺼풀뿐이로다.

21 오 내 친구들아, 너희는 나를 불쌍히 여기라. 너희는 나를 불쌍히 여기라. 이는 하나님의 손이 나를 치셨음이라.

22 어찌하여 너희가 하나님처럼 나를 박해하느냐? 너희가 아직도 내 몸으로 만족하지 아니하느냐?

23 오, 내 말들이 지금 기록된다면! 오, 내 말들이 책에 쓰여진다면!

24 내 말들이 철필과 납으로 바위에 영원히 새겨진다면!

25 이는 나의 구속주가 살아 계시고 훗날 그가 땅에 서실 것임을 내가 앎이라.

26 내 피부의 벌레들이 이 몸을 멸한 뒤에라도 내가 내 몸을 입고 하나님을 보리라.

27 내가 친히 그를 보리니 비록 내 콩팥이 내 안에서 소멸된다 해도 다른 사람이 아닌 내 눈으로 보리라.

28 너희는 '문제의 뿌리가 내게 있는 것을 아는데 어찌하여 우리가 그를 박해하느냐?'고 말해야 하리라.

29 너희는 칼을 무서워할지니라. 진노가 칼의 형벌을 가져오나니 이는 너희로 심판이 있는 줄 알게 하려 함이라." 하니라.

욥은 뼈와 피부만 남았다(20절). 그는 겨우 "이꺼풀" 정도로 살아 있다. 이보다 더 가련하고 감상적인 것이 있을 수 있겠는가? 대적들 속에서 다윗의 혼이 겪는 경험을 다루는 시편의 몇 구절들을 제외하고는 성경에서 이와 같은 구절은 전혀 없다. 이 다윗의 시들 중에서 많은 부분이 참으로 예수 그리스도의 배반당하심과 십자가형과 고난을 가리키는 메시아와 관련된 시편이다(시 22,31,55,69편 등).

『**오 내 친구들아, 너희는 나를 불쌍히 여기라**』(21절)! 주 예수 그리스도께서는 그들을 그의 "친구들"이라고 부르셨는데(요 15:15) 그렇게 부르시고 난 후 채 10시간도 되기 전에 "그들은 모두 그분을 버리고 도망갔다."

『**이는 하나님의 손이 나를 치셨음이라**』(21절). 이런 악한 행위를 수행한 것은 사탄의 손이지만(욥 2:6), 행할 일과 행해서는 안 될 일을 결정하는 것은 하나님의 손길이다(창 50:20 주석 참조). 고난받는 사람에게는 동정을 보내야 한다(욥 6:14). 다윗이 하나님의 징계를 받고(삼하 12-18장) 그 자신에게 참으로 동정이 필요하게 될 때까지 그런 고난을 당한 것은(삼하 18:33) 그에게 동정심이 부족했기 때문이다(삼하 12:6). 욥은 그의 친구들로부터 전혀 동정을 얻지 못한다. 마치 주 예수께서 시편 69:20에서 전혀 동정을 얻지 못한 것과 같다. 하나님께서는(시 103:13) 그의 자녀들에게는 "동정"을 보내시지만 주 예수께는 동정을 보내지 않으셨다!

『**어찌하여 너희가 하나님처럼 나를 박해하느냐? 너희가 아직도 내 몸으로 만족하지 아니하느냐?**』(22절) 하나님께서 나에게 충분하게 행하시지 않았는가? 그런데 너희가 거기에 뭔가를 더해야만 하겠느냐? 너희가 원하는 것이 무엇이냐? "복수"인가 아니면 응보인가? 너희의 질투와 증오의 대상이 가족과 친구들과 돈과 재산과 부동산과 간증과 명성과 건강과 잠을 잃었는데 너희가 더 원하는 것이 무엇이냐? 그의 혼이냐? 너희 사디스트적인 타락자들아! 자, 그것은 사탄이 나가서 얻고자 하는 것이다(계 12:10). 사탄이 너희를 저주할 수 있다면 그는 그렇게 할 것이다. 하나님을 위해 살려고 하고 그의 말씀을 대변하려고 하는 것은 "목마놀이"가 아니다. "믿음의 원형 경기장"(에릭 사워와 워치만 니 인용)에 들어선 것이다. 사탄이 욥에게 했던 것을 여러분에게 하도록 허락을 받을 수 있다면 사탄은 바로 오늘 밤 여러분들을 욥과 함께 잿더미 위에 올려놓을 것이다. 결코 사탄에 대해서 농담하지 말라.

라헬 바움(Rachel Baum, 1921-1944)에 대해 이야기하겠다. 레이첼은 1943년에 체포되어 폴란드 아우슈비츠에 있는 집단 수용소로 보내졌다. 처음에는 그녀의 아버지가 살해되었고 그 다음에는 그녀의 어머니(말카 바움)가 잡혀가서 경찰견과 나치 친위대 경계선 사이에 있는 총살대로 끌려갔다. 거기서 말카 바움은 25 구경 권총으로 머리 뒷부분을 관통당하고 나서 500-1,000명의 다른 희생자들의 시체가 불타고 있는 웅덩이 속으로 던져졌다. 그 후 라헬은 비르케나우로 이송되었다. 거기서 그녀는 여자 죄수들을 레지스탕스 운동을 하도록 조직화시키는 일을 시작했다. 1944년 10월 26일에, 수용소 바깥에 있는 열렬한 지지자들이 준비도 되기 전에 몇몇 죄수들이 무장봉기를 일으키려 했지만 실패했다. 이 무장봉기를 시작했던 "존더코만도"들은 학살당했고 무기와 폭탄을 어디서 입수했는지 알아내기 위한 심문이 실시되었다. 나치 친위대가 거의 80명의 여자들의 뼈를 다 부러뜨리고 나서 그 중 하나가 비명을 지르며 라헬의 이름을 댔다. 마침내 라헬의 차례가 되었다. 24시간 내로 라헬과 다른 네 명의 레지스탕스의 "주모자들"이 끌려왔다. 이 다섯 명의 여자들은 겨울인데도 벌거벗겨졌고 하루에 두 번씩 이틀 동안, 점호중인 5,000명의 남자들이 줄을 선 곳을 채찍에 쫓겨 왔다 갔다 해야 했다. 이들 중 두 명은 추위와 채찍질로 죽었다. 나머지 세 명은 다음날 채찍을 맞으러 끌려 나가기 전에 바이스로 손을 눌러서 손이 으깨졌다. 4일째 되는 날에는 라헬 혼자만 남았다. 발이 부러졌기 때문에 그녀는 점호하는데 질질 끌려 나가야만 했다. 그녀는 6일간 살아남았고, 6일째 되는 날에 그들은 그녀를 교수대로 끌고 가서 목매달았다.

『**어찌하여 너희가 하나님처럼 나를 박해하느냐?**』(22절) "욥"이란 말은 "박해받는 자"라는 뜻이며, 요한계시록 12:4,5과 13장을 읽은 사람은 이 이름의 중요성을 결코 놓칠 수 없다. 요한계시록 20:8,9이 끝날 때까지 이스라엘은 사탄이 분노하는 특별한 대상이었으며 앞으로도 그럴 것이다.

랑너라는 이름의 한 이스라엘인이 있다. 그는 쳉스토호바에 있는 작은 구둣방 주인의 아들이었다. 그는 다량의 은행 어음을 주머니에 넣고 있는 중에 트레브링카 나치 친위대(1944)에게 잡혔다. 그는 죽은 유대인들의 옷더미를 분류하다가 이런 일을 당했다. 그들은 랑너를 10피트 교수대에 벌거벗긴 채 거꾸로 매달았다. 트레브링카의 모든 죄수들은 교수대 앞에 있는 광장에 모였다 - 그들은 거기서 하루에 두 번 점호를 취했다 - 그리고 거기서 랑너가 거꾸로 매달려 있는 것을 봤다. 우크라이나 경비병이 말채찍으로 약 15초에 한 번씩 그를 이리 저리 채찍질했다. 랑너의 유대인 친구들은 그가 아침에 거기에 매달려 있는 것을 봤고 저녁에도 거기에 매달려 있는 것을 봤다. 하루 종일 오전 6부터 오후 6시까지 그들은 일하는 동안 그가 울부짖는 소리와 신음하는 소리를 들을 수 있었다. 그는 오후 내내 그의 어머니를 불렀다. 그리고 아침 내내 그를 죽여 달라고 애원했다. 마침내 총 개머리판으로 그의 뇌가 강타당했을 때 그는 커다란 피부 껍질이 그의 배와 가슴과 얼굴에 널려진 채 거꾸로 매달린, 껍질이 벗겨진 한 마리 동물에 지나지 않았다. 그를 채찍질해서 죽게 하는 데는 12시간이 걸렸다. 구두 판매원이었던 랑너는 마지막 순간에 손발이 잘려지고 찢긴 날고기 덩어리에 불과했다.

『**오 내 친구들아, 너희는 나를 불쌍히 여기라. 너희는 나를 불쌍히 여기라...**』(21절) 아내와 자녀들을 가스실에 보내고, 옷과 돈은 빼앗기고, 영하의 날씨에 난방도 되지 않는 수용소에 웅크리고 앉아서, 하루에 30칼로

리도 채 되지 않는 음식을 먹고 12시간씩 강제 노동을 하고, 자신이 보는 앞에서 형제가 총살당하고, 자기에게 온 모든 우편물과 공급품은 도둑질 당하는 일을 겪은 사람에게 이 모든 형벌이 충분치 않다고 생각하는가? 아니다. 이것만으론 충분치 않다. 헤르 좀너(부헨발트, 1942-1944)는 몇몇 사람들을 기절할 때까지 뜨거운 방열기에 묶어 놓곤 했다. 그리고는 그들의 고환을 뜨거운 물과 요드에 번갈아 가며 잠기게 했다가 차가운 물에 다시 집어넣는 일을 피부가 벗겨질 때까지 계속했다.

잔혹한 일을 즐기는 독일이 극단적으로 행했던 몇몇 사건들을 "옹졸한" 관점에서 우리가 말하고 있다고는 잠시라도 생각하지 말라. 〈폭스의 순교사〉는 이와 같은 이야기로 가득 차 있으며 그 사건들은 수천 개의 서류로 증명될 수 있다. 지금 당장 해외에 사로잡혀간 모든 전쟁 포로들이 풀려난다면 이와 똑같은 이야기를 반복해서, 반복해서, 반복해서 듣게 될 것이다. 고문, 사디즘, 잔혹 행위, 변태 행위는 "독일"에만 한정되는 것이 아니다. 그것은 타락한 인간의 성품의 일부다. 그것은 카인과 아벨만큼이나 오래되었으며, 미래에 보건 교육 후생성, 유네스코, CFR, 일루미나티, "인민의 당"의 지도하에 다시 그 찬란한 영광으로 만발하게 될 것이다(계 6-16장). 1950년 이후로 고문과 만행이 증가해 왔다. 모든 것이 타락해가고 있음을 증명해 줄 수 있는 너무나도 많은 "과학적" 사실에도 불구하고 바보들은 도덕이 진화하고 있다고 믿는다. 이것으로 볼 때 진화론은 종교라는 결론을 내릴 수밖에 없다. 아무런 증거도 없이 오직 맹목적인 믿음만이 진화론을 수용할 수 있기 때문이다.

미국의 과학 연합회 회장인 메이너드 쉬플리는, 전 세계 과학자들은 진화 과정을 "사실"로 간주한다고 말하면서 "복음"을 말한다(후퍼의 저서 〈과학은 진화론을 지지하는가?〉 14쪽에서 인용된 J.A. 톰슨 교수 참조). 그러나 이 "복음"의 배후에는 예수 그리스도의 부활이나 바울의 회심에 대한 것보다 못한 역사적 증거가 있을 뿐이다. 헤켈은 자연 발생 이론은 증명될 수 없음을 인정한다(Ibid., 24쪽). 데이비드 S. 조던(스탠포드대학 총장)은 자연 발생으로 알려진 사례는 없다고 말했다. 플라이슈만 교수(동물학자, 에를랑겐)은 다윈의 이론을 확증할 만한 단 하나의 사실도 없다고 진술했다. 플라이슈만 교수는 미국 학교 교과서에서 찾아볼 수 있는 진화론은 "상상의 산물"이라고 말했는데 이 말은 진화론을 올바르게 평가한 것이다. 채프먼과 밀러(〈진화론은 실패했다〉, 10쪽)는 진화론은 "반쯤 야만적인 상상"의 결과이며 "야만인이 유희를 위해 공상"한 것이라고 진술한다. 그들의 진술은 정확한 진술이다.

1976-1996년에는 야만인이 역사를 주도하게 될 것이다.

인간은 파선했다. 인간은 천사들보다 못하게 시작됐다(시 8:5). 그리고 이제는 동물의 수준에 접근하고 있다(전 3:18).

윌리엄 베이트슨(William Bateson, 영국 과학자) 교수는 (40년간의 연구 끝에) 다윈의 종의 기원을 확증할 만한 증거는 전혀 발견되지 않았다고 말했다. 다윈의 이론은 그 하나하나가 모두 사실과 모순된다고 L.T. 무어 교수는 말한다(〈진화론의 교리, *The Dogma of Evolution*〉). "자연 선택"과 "습득된 형질"은 모로나이의 금판들 정도의 진실성밖에 없다. (비스만, A.B. 윌리스, E.R. 랑케스터, D.M. 팬턴의 저서들과 버넌 켈로그가 쓴 〈오늘날의 다윈주의, *Darwinism Today*〉를 보라.)

우리가 욥의 원수들이라 해도 그에게 사치스러울 만큼 동정을 베풀었을 것이다. 그러나 그의 친구들은 동정을 베풀지 않고 곧바로 비난을 가한다(욥 20:5,11,29; 22:3,6,7,19 등).

『**오, 내 말들이 지금 기록된다면!** 오, **내 말들이 책에 쓰여진다면!**』(23절) 욥이 전혀 알지 못한 상태에서 하나님께서는 욥의 말들을 기록하시고 그리고 자신의 책에 그 말들을 인쇄하셨다! 욥의 말들은 "철필과 납으로 바위에 영원히 새겨졌다"(24절). 왜냐하면 하늘들과 땅이 맹렬한 불에 녹아내릴 때(벧후 3:8-14)도 욥의 말들은 여전히 거기 있을 것이기 때문이다!(마 24:35)

그러나 욥이 이 말들을 할 때는 무지개다리는 무너졌고, 금 단지는 녹이 슬었으며, 그의 "스페인에 있는 성읍들"은 흰개미들이 굴을 뚫어 놓은 상태였다. "이 옛집"은 (스투 햄블린을 인용하자면) 여전히 흙으로 된 용기이며 아무리 많이 그것을 장식하고 수리하고 꿰매도 한 조각씩 떨어져 나간다.

한번은 플로리다 펜사콜라의 침례교 병원에서 64세의 남자를 그리스도께 인도했다. 그의 네 자녀 중에서 한 명만이 구원을 받았다. 가족들은 아래층에서 그의 죽음을 기다리고 있었다. 구원받은 아들이 목사를 불러오자고 했을 때 나머지 가족들은 그에게 반대했다. "그러면 아버지는 심장 마비를 일으키실 거야." "지금 아버지를 흥분시키면 아버지는 돌아가실 거야." "그런 거룩한 사람들은 아버지에게 발작을 일으키게 할 거야." (이들이 하는 뻔한 이야기는 우리 모두 잘 안다. 이들은 64년 동안 사람들을 지옥으로 가게 하고, 술과 담배로 몸을 망치도록 한 다음 장의사가 시체를 가져가기 24시간 전에 그 사람의 "안녕"에 대해 진정으로 염려하며 흥분한다. 다 아는 이야기이다.) 그러나 구원받은 아들은 아버지가 중환자실에 있었음에도 나를 초청했다. 우리는 약 12분 정도 대화를 나누었다. 그는 자신이 죄인인 것을 인정했고, 자신의 인생을 낭비한 것을 인정했으며, 시간과 영원을 망쳤음을 인정했고, 그리스도를 영접하는 초청에 응해서 내 손을 잠시 잡았다. 그는 "죄인의 기도"를 드렸고, 예수 그리스도께 자신의 혼을 구원해 달라고 간구했다. 그 이후 그 사람은 약 6주를 더 살았다. 그가 죽기 바로 전에 그의 아내가 가족들에게 말했다. "병원에서 네 아버지께 뭔가가 일어난 것 같구나. 네 아버지는 완전히 다른 사람이 됐단다!"

그렇다. 그는 달라졌다. 그러나 그는 묻혔다. 우리의 영광은 "미래"이다. 우리가 다윈과 마르크스를 따르지 않는다고 아무리 세상이 우리를 조롱하고 비웃어도, 우리는 해답이 여기 아래 있는 것이 아니라, 저기 위에 있다는 것을 안다(엡 1:18, 요 14:1-3).

1955년에 조지아, 애틀랜타 한 병원에서 타락한 한 그리스도인과 이야기를 하고 있었다. 그는 자신이 마귀를 위해 살아왔으며, 그래서 하나님께서 마침내 자기에게 벌을 내리셨다고 말했다. 그는 또한 병원에서 나오게 되면 하나님을 위해 살겠다고 말했다. 나는 그 말을 믿었다. (사람들이 그런 식으로 이야기할 때는 그 말을 믿는 편이 좋다. 그리스도 안에 있는 여러분의 형제를 하나님께서 이미 징계하셨다면 여러분은 그 사람에게 손대지 않는 편이 낫다.) 이 젊은이는 철도 작업장에 있는 철로에서서 석탄차 뒤쪽 끝에서 일하고 있었다. 기차와 화물차가 시끄러운 소리를 내면서 측선과 왕복 선로에서 움직이고 있었기에 그는 유개화차가 그 뒤에서 선로 아래로 내려오는 소리를 듣지 못했다. 유개화차가 그의 몸 중앙을 통과해서 그의 앞에 있었던 석탄차와 연결되었다. 그는 비명을 지르며 기절했다. 누군가가 비명 소리를 듣고 그를 꺼내서 응급실로 데려왔다. 그가 퇴원했을 때 그의 왼쪽 다리가 절단된 상태였고 왼쪽 엉덩이도 사라졌으며, 아랫배 일부가 없는 상태였다. 그리스도인들에게 내가 한 마디 하겠는데 하나님께서 이런 식으로 다루시는 그리스도 안의 어떤 형제나 자매에 대해 여러분은 입을 다물고 있는 편이 더 낫다. 하나님께서 여러분이 마땅히 받아야 할 상을 주시지 않는다고 해서 소발, 엘리파스, 빌닷과는 어울리지 말라.

내 옛 친구 한 명과 이야기를 하기 위해 한 번은 침례 병원(플로리다 펜사콜라)에 갔었다. 그는 "카토"라는 이름의 앨라배마 안달루시아 출신의 죄인이었다. 카토는 몇 년 전에 칼부림 중에 장이 두 동강이 났다. 내가 그를 처음 만났을 때(1953) 그는 심한 복막염으로 삶과 죽음 사이를 넘나들고 있었다. 그의 길게 파인 배의 상처(마지막 칼부림), 그의 가슴에 난 상처(또 다른 칼부림), 그리고 그의 이마에 난 상처(한국에서 유산탄으로 생긴 상처)는 그의 때가 다 됐다는 하나님의 경고라고 그에게 지적해 주자 그는 마침내 주 예수 그리스도를 자신의 구주로 영접했다. 그는 구원을 받았고 얼마 동안은 인생을 바르게 살았다. 그런 후 아무도 그에게 말씀의 기초를 놓아주거나 말씀을 가르치지 않자(행 20:32) 그는 "개들에게로 되돌아" 갔다. 거의 9년 뒤에 내가 펜사콜라에서 그를 찾아갔을 때 그는 다시 병원에 입원해 있었다. 이번에는 싸구려 술집에서 언쟁을 하던 중에 어떤 사람이 엽총으로 그의 얼굴의 오른쪽 면을 날려 버렸다.

나는 카토에게 가서 그에게 미소를 지으며 말했다. "나를 기억하나?" "아니오. 누군지 모르겠는데요." 그가 말했다. "나는 자네를 아네. 그 동안 잘 지냈나?" 내가 말했다.

"네, 아주 잘 지냈어요."

"그렇게 잘 지내는 척하지 말게. 누군가가 자네를 거의 끝장낼 뻔한 것 같은데."

"그래요(웃으며). 여기 턱과 뺨의 일부가 날아갔어요. 그리고 일부 부비동 부분도 날아갔어요. 그런데 당신은 누구죠?"

나는 그 말을 무시하고 계속했다. "이불 아래 있는 그 상처, 자네가 15살 때 베인 가슴에 난 그 상처는 어떤가?"

카토의 얼굴이 창백해지면서 말했다. "그걸 어떻게 알죠?"

"틸이 자네 배를 그어서 열었을 때 생긴 그 상처는 어떤가?"

"누, 누, 누구시죠?" 그는 침대에서 일어나며 불쑥 말을 던졌다.

"그리고 이마에 있는 붕대를 풀면 유산탄 때문에 난 상처가 있을 테지. 그렇지 않은가?"

카토는 이제 얼굴이 창백해져서 숨을 헐떡였다. "다, 다, 당신은 누구시죠? 어디서 온 거죠?"

그때에야 나는 그에게 사실대로 이야기를 했다.

그러자 카토는 안심을 하고 다시 낄낄거리며 웃기 시작했다. "목사님, 나는 지금까지 잘못 살아 왔어요. 그렇지만 병원에서 퇴원하면 다시 교회에 나가겠어요!" 이것이 그가 내게 한 마지막 말이었다.

나는 그가 그렇게 했기를 바란다. 그가 교회에 갔을 때, 하나님께서 인생과 죽음에 대해 알고 〈킹제임스성경〉을 가르치고 설교하는 것을 두려워하지 않으며 곧고 바른 성경대로 믿는 사람을 그 강단에 세워 두셨기를 기원한다. 미국의 "틸"과 "카토" 같은 사람들에게 결코 필요치 않은 것이 있다면, 듣기 좋은 말만 하며 교양을 갖추고, 세련되고, 교육받은 나귀들이다. 그들은 헬라어와 히브리어를 사람들에게 제시하면서 자기들이 뛰어난 분별력을 가지고 있다고 생각하는 자들이다.

『**이는 나의 구속주가 살아 계시고**』(25절). 이번에는 관련 구절이 너무나 명백해서 90%의 주요 주석가들이 그것을 발견한다. 기적이 계속된다! 그러나 계속해서 "훗날 그가 땅에 계속 서실 것"으로 들어가서 『**내가 내 몸을 입고 하나님을 보리라.**』(25절)로 오게 되면 그들은 고속도로 도처에서 엄청나게 오랫동안 고장난 상태로 볼링공들, 캬브레타, 볼트, 전구, 퓨즈, 팬 벨트, 차축, 벨브, 피스톤, 휠 캡과 함께 샤프트가 사방에서 날아다닌다. 경찰서에 전화를 하고 앰블런스를 불러서 성경의 "주간 도로"에 나온 모든 쓰레기와 파편을 말끔히 치우는 것을 돕기 전에 성령 하나님께서 우리를 훈계하시고 지도하시기 위해 보존하신 것을 살펴보도록 하자.

1. 구속주는 눈에 보이게 오실 것이다(27절).

2. 구속주는 이 땅에 오셔서 이 땅 위에 서실 것이다(25절).

3. 구속주는 "우연찮게" 기록된 말씀인 성경(23절)과 바위(24절)와 연계되어 있다. 이것으로 충분하지 않다면 구속주께서 자신의 책에 기록하신 말씀은 "영원히"(24절) 거할 것이다.

4. 구속주는 욥이 불평하는 순간에도 살아 계신다(25절).

5. 구속주는 사람의 죽은 몸을 부활시킬 수 있으며, 다시 그 몸을 조성하실 수 있다(26절).

욥이 자신이 한 말의 교리적 중요성을 인지했는지의 여부는 중요치 않다. 중요한 것은 욥이 이 말을 했고, 그 말이 기록되었으며, 기록된 그대로 이루어진다는 사실이다.

A. RSV(1952, 1974) : 욥은 부활 때 "그의 몸을 입지" 않을 것이다. 욥은 그의 몸 밖에서 영적 몸을 입게 될 것이다. 필로, 발렌티우스, 말시온, 오리겐이 선언한 말에 따라 이러한 영지주의적인 변개를 성경에 삽입시킨 근본주의자들은 RSV와 NCCC에 대해 외치기 시작한다. 마치 그렇게 하는 것이 "자유주의"이기라도 하는 것처럼 소리를 지른다. 그러나 친애하는 근본주의 광대여, "내 육체 밖에서"는 ASV(1901)으로 〈주의 칼, *Sword of the Lord*〉에서 추천하고 있다. 커티스 허트슨(Curtis Hutson) 로버트 섬너(Robert Sumner)가 둘 다 존 R. 라이스를 지지하고 있는 것이다. 온실에서 편하게 사는 사람들은 돌을 던져서는 안 된다. 전능하신 하나님을 바로잡을 만큼 자신들이 똑똑하다고 생각하는 근본주의자들은 RSV와 NCCC에 관해 이야기 할 때 차라리 그 값싼 거짓말을 지껄이는 타협하고 타락한 입을 다무는 것이 좋겠다. "하나님께서 호흡을 불어넣으신 원본"에 대해 지껄이는 사람에게 위선이란 어울리지 않는다. 전국 교회 협의회의 RSV 본문은 그 책이 인쇄되기도 전에 50년 동안 추천을 받아왔다. 즉

1901년 ASV 속에 파묻혀 있던 근본주의자들과 보수주의자들이 추천을 한 것이다. 두 갈래로 갈라진 혀를 한 위선자들은 모두 독을 뿜어낸다.

B. ASV(1901)와 RSV(1952)는 성령께 연합 공격을 가하기 위해 보수주의와 자유주의의가 힘을 모은 유일한 사건은 아니다. 칠십인역은 『**내 눈으로 보리라**』(27절)를 "내 눈이 봤도다"로 해석했다. 그렇게 해서 전체 구절을 과거 시제로 만들어 버렸다. 욥은 하나님을 실제로 본 적이 없기 때문에 이 구절은 다시 욥이 그 자신의 내부에서 하나님을 봤다는 의미가 된다. (이것이 1세기 그리스도인들이 사용했던 칠십인역이란 말인가?)

C. NEB(C.H. 도드)는 『**내 몸을 입고**』를 "내 옆에 서서"라고 말한다. 〈리빙바이블〉(테일러)은 그 구절을 "그런 후에 그가 내 옆에 계실 것이라"로 에워싸 버린다. 진리 외에는 어떤 것이라도 괜찮은 것이다. 그러나 〈강단주석〉은 히브리어("미브사리")를 글자 그대로 해석하면 "내 몸으로부터"를 의미한다고 우리를 확신시키고자 한다. 그 말이 사실이라면 왜 그것을 "내 몸 밖에서," "내 옆에서" 등으로 뒤틀어 놨는가? 무슨 이유로 육체의 부활을 제거시키기 위해 본문의 문자 그대로의 의미에 호소하는가? 그러다가 본문의 문자적 의미가 자신이 원하는 식으로 되어 있지 않으면 자기 식의 해석을 첨가시키는 것인가? 신약에 나오는 "에클레시아"나 "밥티조"에 대해 위선자들이 배 아파하고 있을 때 우리가 그렇게도 많이 들었던 "일관성 있는 번역"이 이것인가? 그렇다. 그런 사람들은 의심할 여지없이 "자격을 갖춘 유명한 멍청이들"이다.

D. 윌리엄스 : "내 옆에서 내가 누구를 보리요?" 모펫 : "내 옆에서 그분을 보기를 원하노라." 더멜로우 : "나에 관하여 응시하라." 지옥이 얼어붙고 천사장 미카엘의 숨이 끊어질 때까지 계속해서 그런 식으로 해 보라. 어리석은 자를 곡식과 함께 절구에 넣고 찧는다 해도 그에게서 그의 어리석음을 제하지는 못할 것이다(잠 27:22). 많은 현대의 기독교 학교의 교수

진들은(무작위로 40명을 선정해 보라. 그중 두 사람도 여기서 빠지지 않는다.) 하나님의 말씀을 고치는 광신적 행동에 너무나 깊게 심취한 그들의 성경 해석은 "정신병 증후"라고 보는 것이 적절하다.

제미에슨과 포셋과 브라운은 거의 진리를 포착할 뻔 했는데 마지막 순간에 포셋이 "내 몸을 입고" 대신 "내 몸으로부터"를 주장한다.

"새로운 것을 듣거나 말하는 것"외에는 그 어떤 것도 할 수 없는(행 17:21) 줏대 없는 변덕쟁이들 때문에 성경대로 믿는 사람이 살아 계신 하나님의 살아 있는 말씀을 버리기 전에 〈히브리어와 칼데아 어휘집〉의 481-485쪽으로 가서 히브리어 접두사 "MIN"에 관한 주를 다섯 페이지만 읽어 보도록 하자. 우리가 결코 잊지 말아야 할 것은 "경건하다"는 명성을 떨치는 경건치 못하고 비윤리적인 악당들(지난 열 번의 개정 위원회)의 반 정도만이라도 "경건"하다면 단어의 의미를 선택할 때 당연히 성경에 나오는 단어에 대해 하나님께서 존중하시는 의미를 선택할 것이다. 아멘? (쥐 죽은 듯 조용하군!)

a. 내 몸의 부분, 내 몸 가운데서나 혹은 내 몸으로부터(481쪽).
b. 내 몸의 어떤 부분, 내 몸의 어떤 것, 내 몸의 하나(482쪽).
c. 내 몸으로부터 나가는, 내 몸으로부터, 내 몸 때문에(483쪽).
d. 내 몸 때문에, 내 몸에 따라, 내 몸에서 떨어져서(483쪽).
e. 내 몸에서 멀리 떨어져서, 내 몸 가까이, 내 몸에서 분리된(483쪽).
f. 내 몸으로부터 선정된, 내 몸 때문에, 내 몸을 위해(484쪽).

자, 18개의 가능한 번역 중에서 하나를 찾아내려면 욥이 진술한 본문보다 더 훌륭한 어휘집이 있을 수 있겠는가? 세밀하게 주시해 보라, 『**내가 친히 그를 보리니 비록 내 콩팥이 내 안에서 소멸된다 해도 다른 사람이 아닌 내 눈으로 보리라**』(27절). 의미는 분명하다. "내 안에서 콩팥이 소멸된다 해도(27절) 나는 내 눈으로 하나님을 보리라. 벌레들이 내 몸을 먹는다 해도(26절) 내 육체는 하나님을 보리라!"

자유주의식 사사로운 해석으로 들어갈 수 있는 한 가장 깊이 들어가게 되면 "그러나 내 몸 안에서..."가 된다. 〈킹제임스성경〉 번역자들은 의심스러운 구절을 주 하나님께 선의를 보이며 이렇게 기록했다. "내 몸을 입고." ASV나 NASV의 번역자들은 모두 의문스러운 구절에 대해 하나님께 선의를 보이지 못했기 때문에 이들 5만 명이 아무리 교실에서 그것을 광고하고 추천하고 사용하는데 일치를 보이더라도 하나님께서는 그들의 저서를 퇴짜 놓으셨으며, 앞으로도 일축해 버리실 것이다. 제미에슨과 포셋과 브라운을 내던져 버리도록 만든 것은 포셋의 원서였다(Ibid., 47쪽). 포셋은 칼빈처럼 역대기상 15장, 요한계시록 11,20,21,22장 그리고 요한복음 11장을 결코 믿지 않았다. 이 구절들은 타고난 몸의 부활에 적용되는 구절들이다(나사로, 도르카, 야이로의 딸, 요나 등 참조). 여러분의 몸은 고린도전서 15장의 영광을 받은 영적인 몸이 될 것이지만 욥의 몸은 부활 때에 그 자신의 몸일 것이다("내 몸"). 즉 18세기 간의 보수주의 "학자들"의 도움을 받아서 모든 히브리어 어휘집을 총동원해서도 명백하게 할 수 없었던 일을 1611년 〈킹제임스성경〉은 쉽게 해낸 것이다.

『**너희는... 말해야 하리라**』(28절). 욥의 세 친구들은 "문제는 욥이 아니라 나에게 있는 것 같아"라고 말을 해야 한다. 칼을 휘두르는 자는(롬 13:4) 응징을 위한 "하나님의 일꾼"(롬 13:4)이므로 『**너희는 칼을 무서워 할지니라... 이는 너희로 심판이 있는 줄 알게 하려 함이라**』(29절).

파선한 선원들(98%의 주석가들과 개정가들)은 17절에 대해 "이 해석은 좀처럼 지지할 만하지 않다"라고 말하지 않고서는 이 장을 지나갈 수가 없다(강단의 주석, 321쪽). 대신 "나는 나의 어머니의 태에서 나온 자녀들에게 가증한 존재로다"로 해석되어야 한다고 말한다. 이런 권위를 행사하면서 독단적이고 무오한 강령을 만든 1901년의 위원회(ASV)는, "롤린슨의 이름의 권능에 모든 찬사를! 모든 천사들은 부복하라! 롤린슨의 추측으로 성경을 바로잡고 모든 것의 주인 학자에게 면류관을 씌우자!"라고 한다. 1901년의 엉망이 된 ASV는(존 R. 라이스가 〈킹제임스성경〉을 바로잡기 위해 사용하는 성경 - 〈주의 칼〉, 1975. 10. 10. 참조) 롤린슨의 제안을 마치 그것이 "하나님에게서 하늘로부터 낙하산으로 내려온" 것이기 때문에 "축자적으로 영감"이라도 받은 것처럼 즉각적으로 채택한다. 다만 한 가지 사소한 문제가 있다. 즉 모든 히브리 본문에는 "베테니" - "나 자신의 몸"으로 되어 있다.

히브리 본문에 "나 자신의 몸"이라고 되어 있고 그것이 〈킹제임스성경〉과 일치한다고 해서 "유명한" 히브리어 학자들이 그 의미를 따르리라고는 생각하지 말라. 이런 일에서 사용하는 속임수(〈책들의 제왕〉, 말씀보존학회 참조)는 공정한 수단이든지 더러운 수단이든지 어떤 수단을 다 써서라도 〈킹제임스성경〉을 제거하는 것이 목적이다. 그리스도인 교육가들이 너무 많이 벗어나서 성경을 심판하는 자리에 앉게 되면 이들은 소경을 인도하는 눈먼 지도자들을 따라 가게 되고, 이 미혹당한 얼간이들 중 일부는 〈킹제임스성경〉은 항상 히브리어와 헬라어 본문을 따라야만 하고, 그렇지 않을 때는 〈킹제임스성경〉이 잘못된 것이고, 〈킹제임스성경〉이 히브리어와 헬라어 본문을 따라도 〈킹제임스성경〉은 틀렸다고 생각하는 지경에까지 이르게 된다.

넘어지고 뒤섞이고 눈이 멀고 비틀거리고 허튼 소리를 지껄이는 알렉산드리아인들은 욥에게는 결코 첩이 없었는데도 "내 첩들의 아들들"(칠십인역)로 번역을 했다. NEB는 "가족"을 상세하게 설명한다 - 이것은 히브리어 본문을 해석한 것이 전혀 아니다. 케네스 테일러는 "아들"("베나이")에 해당하는 히브리어 단어를 "형제들"로 변개시킨다. 그러면서도 성경을 "부연 설명"하고 있다고 여전히 큰소리치고 있다. 클라인에 따르면 이 "형제들"은 "가까운 가족 친지"이다(Ibid., 476쪽). 반면 헤브너(Ibid., 432쪽)는 이 목록(13-17절)을 그냥 일반화시켜 버리고 히브리어 본문이 거기 없는 것처럼 여겨 버린다. 더멜로우는 다시 롤린슨의 죽은 고양이 꼬리를 잡고 "몸"은 "태"가 되어야 하고, 이 구절에 "어머니의"가 첨가되어야 한다고 말한다. 제미에슨과 포셋과 브라운도 이런 추측을 채택한다. 아담 클라크와 마우러는 최소한 출구를 찾고자 애쓴다. 마우러는 전적으로 합법적인 추측인 "손자들"을 제안한다. 그러나 클라크는, 욥이 지금 자신의 아내에게 호소하고 있고(17절) 이들 둘이 자녀들을 함께 길렀다는 사실을 그 근거로 본다. 이 마지막 추측이 오리겐, 유세비우스, 몬서, 제노스, 테리, 로버트슨, 프라이스, 샘피, 피크, 둠, 버드, 도드, 테일러, 포셋 혹은 브라운이 본문에 가한 조작보다는 훨씬 더 합리적이고 훨씬 더 성경적이라고 하겠다.

이번에는 법정에서 아담 클라크를 밖으로 던져 버리기 전에(표준 원문과 일치하기 때문에!) "헤어졌다"가 관 위에서 다시 연합하게 된 부부들을 잠시 다뤄 보도록 하자. 인생에서 작지만 실제적인 경험이 학자 연맹에서는 힘겨워하는 많은 성경 해석상의 신학적인 문제들을 해결하는 것을 보는 것은 참으로 놀라운 일이다. 이혼한 여자가 "전 남편"과 함께 작고 하얀 관 옆에 나란히 서서 깊은 감정의 유대를 갖는 것을 본 적이 있는가? 〈킹제임스성경〉 본문의 욥기 19:17에 관해 주석을 달기 전에 〈킹제임스성경〉 본문이 옳고 거기에 반대하는 주석가들이 모두 "거짓말"을 하고 있는 것임을 알기 위해 좀 더 인생을 살면서 경험을 쌓아 보는 것이 어떤가?

아담 클라크는 공인 본문을 정당화시키자마자 완전히 뒤로 돌아서서 공인 본문을 공격한다! 양 진영, 즉 성령과 그리스도인 교육과 "잘 지내기"(그리스도인 학계를 다루는 〈주의 칼〉 어떤 호든지 참조) 위해서 이런 행동을 보이는 것이다. 클라크에 따르면 〈킹제임스성경〉 번역자들이 23절에서 "베끼다"(traced out) 대신 "쓰여진다"로 기록한 것은 "이상한 실수"(Ibid., 90쪽)가 된다. [이런 소리를 전에도 들은 것 같지 않은가! 사도행전 7:45에서는 "예수" 대신 "여호수아"가 되어야 한다고 한 것을 기억하는가? 사도행전 12:4에서는 "이스터" 대신 "유월절"로 되어야 한다고 한 것을 기억하는가? 사도행전 19:37에서 "교회들" 대신 "신전들"로 되어야 한다고 한 것을 누가 잊을 수 있겠는가? 이런 것은 누가복음 1:9에서 보여준 광기가 아닌가? 누가복음 1:9에서 네슬의 본문은 킹 제임스 역본처럼 번역되었어야 했다. 헬라어 동사가 어느 쪽 번역과도 일치하지 않지만 말이다. 바비 섬너가 킹제임스성경의 누가복음 1:3을 "엄청난 실수"라고 부르는 것을 어찌 잊을 수가 있겠는가? 매번 "원본에서 나온 빛"을 얻기 위해 이 "허풍선이들"을 믿을 수 있는가? 그런가?]

아담 클라크는 "피상적인 독자들"을 극도로 염려한다. (아! 우리 성경대로 믿는 사람들이 이런 언어를 공부하는 얼간이들만큼 "심오"하지 못하다는 말을 하고 싶은 것이다.) 클라크는 인쇄 기술이 "15세기 그리스도인 시대" 이후에 나왔으므로 욥의 시대에는 인쇄 기술이 존재하지 않았다고 말한다. 사람이 극도로 피상적인 지식만 가지고 있으면 그런 생각을 할 수도 있다. 그러나 피상적이지 않은 사람은 인쇄 기술이 B.C. 1000년에 중국의 기술을 크게 발전시켰음을 발견할 수 있다. 또한 조금만 더 깊은 지식을 가진 사람이라면 웹스터에 나오는 "인쇄"(PRINT)라는 정의가 "압력으로 만들어진 표시, 눌려서 도장이 찍힌 어떤 것"임을 발견할 수 있다. "그리스도인 시대"라는 말이 사용되기 훨씬 이전에 동전에 글이 "새겨졌다" (printed, 마 22:20). 클라크와 ASV 위원회("새겨진," inscribed)와 칠십인역("기록된", recorded)과 더멜로우("새겨진," inscribed)와 포셋("새겨 넣은," engraven)과 클라인("기록된," written)과 같은 피상적인 지식만을 가진 학자들을 다룰 때는 처음부터 성경을 대적해서 가진 편견이 이들의 저서 약 99.99999%에 영향을 미쳤음을 당연하게 여기는 것이 항상 좋다.

욥은 세 가지 형태의 "인쇄"(printing)를 언급하고 있다. 펜이나 잉크로 종이에 인쇄된 단어들(23절), 끌 같은 철로 된 도구로 바위에 새겨진 단어들(24절), 부드러운 납에 새긴 다음에 바위 위나 바위 안에 붙인 단어들(24절). 욥의 시대에 있었으나 "알려지지 않은"(주요 주석가 참조) 특정한 기록 방법에 대한 장황한 설명을 들을 때는 상당한 에누리를 해서 들어야 한다. 1901년의 어리석은 ASV 위원회가 재판관기 5:14절을 번역할 때 그 때 당시(B.C. 1400)에는 "펜"이 사용되었을 리 없었다는 이유로 현대주의자의 번역을 채택한 것을 결코 잊어서는 안 된다. 재판관기 5장의 일이 일어나기 500년도 더 이전에 "펜들"이 사용되었음이 오래전에 증명되었음에도 불구하고 1901년의 ASV에는 아직도 이런 터무니없는 부패가 버젓이 자리를 잡고 있다. 이것은 그리스도인 교육을 열광적으로 지지하는 사람의 환상이며 어리석은 짓이며 광신적 행동이다. 이런 행동이 발발하는 원인은 경건치 못한 것을 가지고 "학자"의 명성을 얻고자 하는 교육가들의 욕망 때문이다.

19장을 나와서 20장으로 들어가기 전에 아담 클라크는 성경에 한 번 더 일격을 가한다. 이 성경은 그를 그리스도께 인도했을 뿐만 아니라 그에게 평생의 업을 제공한 셈이다. 클라크는 "내게"(28절)가 "그에게"로 되어야 한다고 말한다. 이렇게 변개를 가한 권위(히브리어 "비"를 "보"로 변개)를 구약 비평의 권위자들인 케니코트(Kennicott)과 드로시(DeRossi)

에게 두고 있다. 이들의 접근 방식은 웨스트코트와 홀트의 신약 접근법과 일치한다. 더멜로우도 이것을 채택하고서 그 변개를 제안한다. 그러나 전 세계 정통 유대인이 여전히 사용하고 있는 프로테스탄트 개혁을 주도한 맛소라 본문에는 "내게"(ME)라고 되어 있다. [예수 그리스도의 신성을 제거하기 위해 스카랴 12:10에서 자유주의자가 "나를"을 "그를"로 변개시킨 것과 같은 속임수이다. 분명하게 말하지만 〈킹제임스성경〉에 나오는 한 음절 단어들이, 존 R. 라이스, 아처 베니거, 클리슨 아처, 존 린턴, 스피로스 조디아테스, 웨지, 문츠, 컬버트슨, 앤더슨, 코더, 미첼, 존스톤, 루벤 올슨이 스스로 자신들이 중요하다고 생각하는 것보다 엄청나게 더 중요하다. 진짜 코미디를 보고 싶으면 레어드 해리스, 구아센, 존 라이스가 성경 단어의 축자적 영감을 증명하기 위해 킹 제임스 본문을 사용하면서도 이 단어들이 사용된 그대로 영감을 받았다는 것을 부인하는 것을 보면 된다. 모든 성도들은 라이스와 에번스 사이에 "영감"에 관해 이야기한 서신의 복사본(1973. 5.)을 입수해서 봐야 한다. 뉴욕 허키머(Herkimer) 13350, 사서함 442에서 입수해 볼 수 있다. 이것은 영광의 이쪽 면에서 볼 수 있는 것으로 카멜레온과 왕뱀 사이에서 벌어지는 싸움에서나 들을 만한 소리이다.]

자, 욥은 호흡을 가다듬기 위해 멈춰야만 한다. 그리고 헐떡이며 외친다. 그의 마지막 몇 마디(28,29절)는 그 기세가 점점 수그러든다. 그는 그리고 다시 침묵한다.

욥기 20장

20:1 그러자 나아맛인 소팔이 대답하여 말하기를
2 "그러므로 내 생각이 나로 대답하게 하나니 이를 위하여 내가 서두르는도다.
3 나를 책망하는 반격을 내가 들었으니 나의 명철의 영이 나로 대답하게 하는도다.
4 네가 예로부터 내려온 이 일을 모르느냐? 사람이 땅에 정착한 후
5 악인의 승리는 짧고 위선자의 즐거움도 잠깐뿐이라는 것이라.

처음 다섯 절은 이 장의 주요 주제로 우리를 인도해 준다. 그 주제는 다시 악인이다(욥 15:20-35의 설명 참조). 뒤이어 나오는 것은 모두 교리적으로 적그리스도를 언급하며, 실제적으로는 모든 악인에게 적용되며, 역사적으로는 이 구절들이 "과녁"에 맞든지 그렇지 않든지 간에 욥을 겨냥하고 있다. 『**그러므로**』(2절)는 소팔이 욥의 이야기를 게걸스럽게 집어삼키고 있었음을 보여 준다. "그러므로"는 "심판"(19:29)에 대해 욥이 경고

한 것을 언급하는 것이다. 즉 소팔은, "물론 욥, 우리는 심판이 있다는 것을 알고 있고 그리고 그것이 바로 내가 마음에 부담스러워하지 않는 정확한 이유야. 그러므로..."

『**나를 책망하는 반격을 내가 들었으니**』(3절). 이 말은 이런 뜻일 수 있다 "11장에서 내가 방금 너를 책망한 그 책망에 대해 네가 온 몸으로 막는 소리를 들었다." 그러나 "나를"(my)이 소팔을 겨냥한 어떤 것이라면 이 말은 "바로 그때 나를 멈추기 위해 네가 나를 겨냥해서 하는 말을 들었지만 그래도 나는 답변할 것이다"가 된다. 『**나의 명철의 영이 나로 대답하게 하는도다.**』(3절)라는 말로 볼 때 후자의 뜻이 좀 더 나을 것 같다. [〈플레처의 점검 목록, *Fletcher's Checks*〉은 와트슨, 질, 도드 즉 퓨리탄 저술가들이 가르치는 바와 같이 개혁주의자들의 칼빈주의적 입장을 반박하기 위해 저술된 책이다. 극단적 칼빈주의의 "튤립"(핑크, 셀턴, 길핀, 바너드, 〈더 뱁티스트 이그재미너〉 등)으로 고민하는 사람은 누구나 이 책을 구입해서 성경의 다른 쪽이 어떠한지를 봐야 한다.]

『**사람이 땅에 정착한 후**』(4절). 히브리어로 "사람"이라는 단어는 옛날의 아담 그 자신이다. 이것은 욥기에 나온 인물들이 다윗 이후 시대는 고사하고 모세 이후 시대에도 살고 있지 않았음을 보여 준다. 더군다나 5절의 "악인"과 "위선자"는 다시 우리를 이사야 14:10-15로 곧바로 데려다 준다. 그 구절은 요한계시록 13:1-10과 데살로니가후서 2장을 다루고 있다. 결국 성경의 핵심 소재는 그리스도의 재림이며, 성경의 중심 사상은 권위, 즉 보좌(사 14:13; 9:6)이다. 욥기에는 사도행전이나 히브리서를 합친 것보다 재림에 관한 구절들이 더 많다(5절은 욥 8:13; 27:8과 비교해야 한다).

이 장은 논리적으로 나누기가 불가능하다. 전체 담화(욥기 15:20-35)가 끊임없이 무자비하게 반복된다. 즉 죄를 범하는 인간에 대해 이생과 사후에 있을 하나님의 심판을 말하고 있다.

20:6 그의 탁월함이 하늘들까지 올라가고 그의 머리가 구름에 닿는다 해도
7 그는 자신의 똥처럼 영원히 망하리니 그를 본 사람들이 '그가 어디 있느냐?' 하리라.
8 그는 꿈처럼 날아가서 다시 보이지 않을 것이요, 정녕, 그는 밤의 환상처럼 쫓겨가리라.
9 그를 본 눈도 다시는 그를 보지 못할 것이요, 그의 처소도 다시는 그를 보지 못하리라.
10 그의 자녀들이 가난한 자를 기쁘게 하려고 애쓰겠고, 가난한 자의 손이 그들의 재물을 되찾으리라.
11 그의 뼈들은 그의 젊었을 때의 죄로 가득 차겠고 그와 함께 흙 속에 누우리라.
12 비록 죄악이 그의 입에 달고 그가 그것을 혀 밑에 감추며
13 아껴서 버리지 아니하고 입 안에 간직하고 있을지라도
14 그의 창자 속에 있는 음식이 변하여 그 안에서 독사의 쓸개즙이 되는도다.
15 그가 재물을 삼켰으나 다시 토해 내리니 하나님께서 재물을 그의 배에서 나오게 하시리라.
16 그가 독사의 독을 빨며 뱀의 혀가 그를 죽일 것이라.
17 그는 강들과 하수들과 꿀과 버터의 시내들을 보지 못하리라.
18 그는 그가 수고하여 얻은 것을 되돌려 주고 삼키지 못할 것이며 그

의 재산에 따라 반환하리니 기뻐하지 못할 것이라.

19 이는 그가 가난한 자를 압제하고 버렸음이요, 자기가 짓지 아니한 집을 강제로 빼앗았음이라.

20 그는 실로 자기 뱃속에서 평정을 느끼지 못하며 자기가 원하는 것을 구해 내지 못할 것이라.

21 그의 음식이 조금도 남아 있지 않으므로 아무도 그의 재물을 찾지 아니하리라.

22 그가 최고로 풍족할 때에도 궁핍하게 되리니 악인의 모든 손이 그에게 임하리라.

23 그가 배를 채우려 할 즈음에 하나님께서 그의 진노의 맹렬함을 그에게 부으시리니 그가 먹고 있을 때 그에게 진노를 비처럼 쏟으시리라.

24 그가 철제 무기에서 피하면 강철 활이 그를 뚫을 것이요,

25 그것이 뽑혀 몸에서 나오니 실로 번쩍이는 칼이 그의 쓸개에서 나오고 공포가 그에게 임하는도다.

26 모든 암흑이 그의 비밀 장소 안에 숨겨지고 피워지지 않은 불이 그를 삼킬 것이요, 그의 장막에 남아 있는 것을 그와 함께 멸하리라.

27 하늘이 그의 죄악을 드러낼 것이요, 땅이 그를 대적하여 일어나리라.

28 그의 집안의 융성은 떠나고 그의 재물은 그의 진노의 날에 흘러가리라.

29 이것이 하나님께로부터 온 악인의 몫이요, 하나님께서 그에게 정하신 유업이라." 하니라.

이사야 14:14에서 본문의 6절을 시도한 자가 바로 루시퍼이다. 그는 결국 이사야 14:15에서 7절로 끝을 맺는다. 8,9절은 그 자체로 명백하다(사 14:6-11). 『**그의 자녀들**』(10절)은 요한복음 8:44로 완벽하게 밀어넣을 수는 없지만 천년왕국 끝에 이 지상에는 여전히 그의 "자녀들"이 있을 것이다. 이것은 요한계시록 20:8로 볼 때 훨씬 더 명백해진다. 천년왕국에서 이 "자녀들"은 하나님께서 통치하시는 군사 정부에서 종들이 된다. 그때는 절대적인 독재 정치가 이루어진다(시 110편, 계 2:27, 슥 14:9-19).

악인은 첫 번째 부활에서 일어나지 못하므로 "왕국"(17절)을 보지 못한다. 이에 관한 끔찍한 농담을 하겠다. 즉 현재 구원받지 않은 사람들이 (온전해지기 위해) 일하고 있는 모든 것이 성도들에게 넘어갈 것이다(단 2:44; 7:27). 왜냐하면 성도들은 행함을 멈췄기 때문이다!(롬 4:5) 18절은 시편 17:10,14, 예레미야 12:1, 시편 93:2와 비교해야 한다. 하나님의 『**철제 무기**』(24절)가 그 화살들과 함께 그를 관통할 것이고(신 32:23), 그 자신의 철로 된 활은 "다윗의 아들"(삼하 22:35)에 의해 부서질 것이다(계 6:2). "악인"(29절)의 몫과 유업은 하나님으로부터 나오며, 하나님에 의해 그에게 정해져 있다(마 25:41). 그의 몫과 유업은 병(15절), 독(16절)과 훔친 물건을 배상해 주는 것(18절)과 쉬지 못하는 것(19,20절)과 반대(22절)와 모든 것을 상실하는 것(28절)과 두려움(24절)과 죽음(25절)과 심판을 받는 것(27절)과 영원한 불(26절)이다. "꺼지지 않은 불"은 사람이 아니라 하나님께서 붙이신 불이다(신 32:22, 사 30:33).

이 구절들에 관한 성경적 예증은 수없이 많다. 성경에 나오는 적그리스도의 가장 큰 모형 중 하나인 느부캇넷살은 "올라갔다가"(6절) 끌어내려진다(단 4장). 바아사는 자신의 똥처럼 멸망한다(왕상 16:4-14). 므낫세의 아들 요시야는 가난한 자들을 기쁘게 하기를 구했으며(왕하 22장) 그의 손으로(10절) 므낫세가 파괴시킨 가난한 자들의 물건을 회복시켜 주었다. (11절은 시편 25:7과 욥기 13:26과 비교해야 한다.) 역대기하 21:18은 13절과 14절의 생생한 예증이다. 15절은 사탄에게 적용되며(렘 50:17-19과 51:34,35), 이 구절들에서 요나(그리고 그리스도)에 관련된 부가적인 참조 구절들은 그 본문 내용이 초자연적이다. 요나의 고래는 자신이 삼켰던 것

(18절)을 토해 내야만 한다(15절). 요나는 그리스도의 모형일 뿐만 아니라 대환란 때 이방인들에게 설교하게 될 유대인 144,000명의 복음전도자들의 모형이기도 하다(행 9:5-15 주석 참조).

다시 한 번, 환란 때 가난한 사람을 억압하는 세금 징수인(단 11:20)의 발에 밟혀 가난하게 사는 성도들과 관련하여 연이어 언급하는 구절을 잘 살펴보라. 성경에서 이와 관련된 구절은 100구절 이상이며, 야고보서 2장과 요한복음 16장과 마태복음 25장에 나오는 표본 구절들은 현대의 그리스도인 재정 이사(또는 광고 선전 담당자)에게도 경고가 된다. 이들은 잘못된 기반 위에 건물을 세우고 있을 수도 있다. 『**재물은 진노의 날에 유익하지 않으나**』(잠 11:4). 그래서 이런 혼란(현재는 SDA, FCC, NAACP, RCC, UNIFCO, NCC, NEA, HEW가 "시민 해방 연합"과 함께 행하고 있는 일)이 끝나기 전에 우리 그리스도인들은 프로테스탄트 영어 성경을 포기하고 타협을 하거나 아니면 아사하는 처지가 될 수도 있다. 현재 여러분이 ASV와 NASV와 타협을 하고 있다면 마귀의 교회가 세력을 얻게 될 때 그 교회와 아주 잘 지내게 될 것이다. 그러나 만약 지금 하나님의 말씀을 지지하면 진짜 억압이 시작될 때 감옥에 가거나 정신 병동으로 보내질 것이다. 그리고 지금 진짜 억압이 시작되고 있다.

마오쩌둥이 쓴 〈중국과 세계 공산주의에 관한 네 편의 수필〉에서는 마오쩌둥의 교리가 위대하고 혁명적이며 서방 세계에 "도전"을 주는 것이라고 말한다. 그러나 마오쩌둥의 네 편의 수필을 읽어 본 사람은 마오쩌둥의 입장이 로마카톨릭 교회(A.D. 500-1800), 샤를마뉴, 히틀러, 레닌, 카스트로, 마르크스, 케네디가(家), 5,000년간의 인본주의 집단들, "선행자들," 역사와 인간에 대한 성경의 계시를 거부하는 파시스트 지도자들과 정확히 같은 것임을 알게 된다.

마오쩌둥의 "입장"(Ibid., 2,3,4,14,15,17,38,81,82,83,85,86,90,91,102,

103쪽)은 나치의 입장과 같다. 마오쩌둥이 내세우는 변명만이 다를 뿐이다. 마오쩌둥의 철학과, 1800-1914년 러시아 차르들의 입장과, 1880-1930년 월스트리트 자본가들의 철학과는 실제적으로 차이가 없다. 마오쩌둥의 "입장"과 피의 메리(1553-1558)의 입장이나 카이저 빌헬름(Kaiser Wilhelm, 1914)의 입장 사이에는 1인치의 간격도 없다. 다만 마오쩌둥은 좀 더 많은 상투어귀와 현대적 용어로 자신의 강령을 채워 넣고 있을 뿐이다. 기본적으로 마오쩌둥의 교리는 다음과 같다.

1. 나는 옳으며 내가 "다수"이다.

2. "다수"는 "인민들"이기 때문에 "다수"는 옳다.

3. "인민들"은 "우리들"이다.

4. 누군가가 우리 중 하나가 아니라면 그 사람은 "인민"이 아니다.

5. 누군가가 우리 중 하나가 아니라면 그 사람은 "인민," 즉 나를 대적하는 사람이다.

6. 누군가가 "인민"을 대적하는 사람이라면 그 사람을 제거하기 위해 행하는 어떤 일이라도 옳다. 다만 그 일이 너무 많은 문제를 야기시켜서 "인민"이 우리, 즉 "인민"을 대항해서 반기를 들지만 않으면 된다.

7. 어떤 사람이라도 "그들"(즉 "인민"이 아닌 사람들)을 대적해서 반기를 들 수 있지만 어느 누구도 우리를 대적해서 반기를 들 권리는 없다. 왜냐하면 "우리, 인민"은 "인민"이기 때문이다.

이런 말이 "마오쩌둥의 기념비적인 투쟁"에 대한 비방이라고 가서 "인민"이 "기존 체제"에 대항해서 반기를 들도록 만들어 보라. 가서 시도해 보라. 그렇게 해서 독방에 갇히게 되면 누가 거짓말쟁이인지를 알게 될 것이다. 나는 "장황한 말들"이 얼마나 위대한가에는 신경 쓰지 않는다. 이런 냄새나고 자기 의를 내세우는 "자아"는 모든 공산주의자나 진화론자들이 지금까지 말하고 기록해 온 모든 것에서 빛나고 있다. 그런 철학이 우리 같은 거듭난 사람들에게 (우리는 무슨 일이 일어나고 있는지 안다.) 주는 유일한 "도전"은 우리가 그들을 볼 때 뿔들과 소발굽(겔 28:14)을 보게 된다는 것이다. 그들이 우리에게 주는 "도전"은 기도하게 하는 것이다. 우리는 그 도전이 어떤 것인지 안다. 그것은 군사적 도전이며, 원자폭탄이 철학이나 교리와 관계가 없는 것처럼, 철학과 교리와는 전혀 상관이 없다.

위에 열거한 사실들을 잘 살펴보면 이런 공식이 기독교계의 선두적인 학자들과 바티칸 국가, 펜타곤, 유엔, 교육가 협회, 양대 주요 정당에도 잘 들어맞는다는 것을 발견하게 된다. 인간의 본성은 참으로 지속적이며 참으로 보편적이다. 마오쩌둥이 서방 세계에 제시하는 것은 철장으로 다스리는 독재뿐이다. 이 독재 체제에서는 사람이 신이고 하나님과 성경은 불법자이다. 왜냐하면 "우리 인민"이라는 배경에서는 반대 의견은 허용되지 않기 때문이다. 히틀러와 그의 군대는 서방과 동방에 자기들의 "철학"과 "교리"를 강요할 때 적어도 머리는 숙였다(차펜슈트라이히(귀영 시간)의 "사랑의 힘에 기원하기"(*Prayer to the Power of Love*) 참조). 마오쩌둥의 체제에서 우리가 존경할 만한 유일한 것은 그 배후에 있는 살인을 위해 동원될 수 있는 "무장한 중국 주민들"뿐이다. 진리와 의와 영적 힘에 관한 마오쩌둥은 건전한 "교리"에 대해서는 지금까지 살았던 최악의 교황보다 더 나을 것이 없다. 마오쩌둥과 카스트로가 『**자기가 짓지 아니한**』(19절) "집들을 폭력으로 탈취"할 때 그들이 한 일은 러스크, 애치슨, 덜레스, 헤스, 허터, 루즈벨트, 라몽, 챔버스, 그리고 다른 사람들이 자신들이 심지어 살아 본 적도 없는 나라들에 대해 저질렀던 일과 같은 일이다. 외교 공회(Ibid., 50-79쪽)와 함께 태평양 관계 협회(〈벌거벗은 자본주의〉, 스카우젠, 44-50쪽)는 물건과 재산과 돈의 강탈과 지금까지 살면서 한 마을에 공포 정치를 편 공산주의 게릴라의 *건전한* 정책에 책임이 있다. 원수들의 총은 단지 준비 운동에 지나지 않는다. 환란이 시작되면 "가난한 자"는 여기에 있을 뿐만 아니라(요 12:8), 하나님 편에 서는 사람들의 인민 계급이 될 것이다. 마태복음 25:35-38, 잠언 14:31; 10:15; 28:15; 29:14; 22:9,16, 사무엘상 2:8, 시편 10:10; 41:1; 72:13; 113:7; 10:2,9; 12:5; 72:2,4,12, 이사야 32:7, 전도서 4:14, 열왕기하 24:14. 무슨 짓을 해도 좋지만 죽은 정통주의의 "헌신된" 주석가나 교사가 여러분을 속여서 이 구절들이 "구약에서 가난한 사람들을 합당하게 대우"해 주는 것을 다루는 구절일 뿐이라고 속이지는 못하게 하라. 야고보서 5:1-6의 문맥은 "주의 오심"(약 5:7)이다. 로마카톨릭 교회와 연합한 국제 사회주의의 최후의 업적은 하나님을 믿거나 하나님께서 말씀하신 바를 믿는 지상의 모든 남자와 여자와 어린이가 재정적으로 국내적으로 파산하는 것이다. 여러분이 야곱의 환란(렘 30:7)의 때 - 현재 욥이 경험하고 있는 것(욥 42:10 주석 참조) - 를 통과하지 않을 수 있다 해도 그 환란의 초기 징후들은 보게 된다. 미연방과 대영제국의 "결승 경기"가 다 망쳐지고 로마와 유엔의 공산주의 위성국가들이 되어 버리는 것을 볼 수 있다.

23절은 민수기 11:33에 잘 묘사되어 있으며, 25절은 재판관기 5장에서 "옆구리의 지방이 겹살이 된(욥 15:27과 비교!) 한 사람에 의해 잘 묘사되어 있다. "꺼지지 않는" 불은 마귀 안에서 나오므로(욥 41:19-21), 마귀 "안에" 있는 사람은 누구나 (요일 5:19) 곤란을 겪게 될 것이다(계 17:8). "번쩍이는 칼"(25절)은 히브리서 4:12의 칼로 "성령의 칼"(엡 6:17)로 불리며 하나님의 말씀의 입에서 나온다(계 19:15). 우리는 악인(29절)의 거처(욥 18:21)와 장소와 몫과 유업(29절)을 안다. 잠시 동안 우리는 그의 힘과 규모와 형태와 기질과 위치와 능력과 계획과 그의 태도를 알게 될 것이다(욥 40,41장 참조). 사탄에 관한 이런 계시는 "몸의 신비"에 관한 "현재의 진리"(벌링거, 베이커, 스탬, 볼린저의 닳아빠진 상투어 인용)에서는 발견되지 않는다. 사탄은 (정확히 교회처럼) 계시의 대상이며 이런 계시는 주로 구약에 나온다. 드라이클리닝을 하는 세대주의자들이 여러분이 진리의 말씀을 틀리게 나누기를 원한다는 이유 때문에 창세기, 출애굽기, 잠언, 욥기, 이사야, 시편을 내버리지 말라.

별로 달갑지는 않지만 이 장을 끝내기 전에 파괴적 비평가들의 저술을 살펴봐야겠다. 미국 내에서 사역을 준비하는 거의 모든 학생들이, 구원받을 당시에는 〈킹제임스성경〉을 믿었던 사람들이 세운 학교에서 하루 24시간 〈킹제임스성경〉을 공격하는 폭격을 당하기 때문에 비평가들의 저서를 살펴보는 일은 필수적이다. [(하나님께서 우리에게 은혜와 시간과 시력을 주셔서) 우리가 행하는 일의 목적은, 보수주의나 근본주의라고 공언하는 학자들이 성경의 모든 구절을 공격해 온 것을 성경대로 믿는 사람들이 볼 수 있도록 일련의 주석서를 만들어 내서, 근본주의와 보수주의 학자가 성경 대신 기독교 교육을 성도의 최종 권위로 만들기 위해 진리에 대해 어떻게 거짓말을 하고 어떻게 해서 진리에 걸려 넘어지는 지를 살펴보는 것이다. 존 R. 라이스, 로버트 섬너, 케네스 웨스트, 더멜로우, 토레이, 로버트슨, 헤브너, 클라인, 클라크, 샘페이, 몬서, 윌버 스미스, 렌덜, 피크, 윌리엄스, 랑게, 벌링거, 컬버트슨은 모두 니케아 공회의 "근본 사항들"을 믿었는데 그 "근본 사항들"이 어떤 것인지 이것을 알 수 있다. 이것은 전능하신 하나님께서 프로테스탄트 개혁을 주도한 공인 역본의 본문 속에 보존하신 그대로의 진리를 보존하는데 이들 중 그 누구도 지속적으로 신실하지 못했음을 의미한다. 우리는 "근본 사항들" 뿐만 아니라 이런 영역에서도 계속해서 신실하게 남아 있고자 한다. 아무도 우리와 함께 가지 않는다 해도 최소한 우리는 그리스도의 심판석에서 우리의 불신에 대해 변명할 필요는 없을 것이다. 그때 우리는 홀로 거기에 서게 될 것이며 여러분도 마찬가지다.]

1. 롤린슨(강단의 주석)은 21절이 "불가능한 본문"이라고 말한다. 그래

서 쉽게 속는 ASV(1901) 위원회는 롤린슨의 충고를 (다시) 받아 들여서 본문에 변개를 가한다. 〈리빙바이블〉, NRSV, 로마카톨릭 성서들, 그리고 19세기의 최정상의 모든 쓰레기들에서도 그 구절이 변개되어 있다. 21절을 최초로 변개시킨 변개자들은 칠십인역의 저자들로, 학자들(스웻, 렌덜 - 계속해 보자. 누구를 써야 할 지 여러분이 더 잘 안다)이 B.C. 200에 기록되었다고 생각하는 본문은 A.D. 330-550년에 나온 것이다. 〈강단의 주석〉에 따르면 "뱀의 혀"(16절)가 아닌 뱀의 "이"이다. 롤린슨은 욥이 아담의 창조에 대해 뭔가 알고 있었을지도 모른다는 것을 단호히 부인한다(Ibid., 339쪽). 롤린슨보다 아담이 창조된 시기에 36세기나 더 가까이에 살고 있었던 한 사람이 그 창조에 대해 알았을 리가 없다는 것은 다소 믿겨지지 않는다. 그러나 이런 기괴한 성경 해석을 볼 때 제칠일 안식교도가 되지 않고서도 참으로 이상하게 될 수 있음을 〈강단의 주석〉은 보여 준다.

2. 더멜로우는 3,11,15,17,21,26절에서 1881-1884년의 부패한 RV를 추천한다. 그는 B.C. 1800-1200년에 "강철" 화살(24절)이 있었다는 것을 도저히 허용할 수가 없어서 그것을 "청동"으로 만들어 버린다.

3. 신약이 완성된 지 200년 이후에 기록된 칠십인역 필사본에는 소팔이 "나아맛인"(1절)이 아니라 "미나인"(Minaean)으로 되어 있다. 6절과 7절에서는 구름들에 닿는 것은 "선물들"과 "희생제"라고 말함으로써 사탄과 관련된 구절을 지워 버렸다. 그런 다음 16,17,20,23,25,26,27,28절에 "let"을 삽입시켜서 심판이 예언이 아니라 요청이 되도록 만들어 버렸다.

4. 헤브너는 26절의 "불"의 위치를 거의 정확하게 알뻔 했는데 욥기 41:18-21과 마태복음 25:41로 가지 않고 그것을 설명하기 위해 욥기 1:16으로 되돌아가 버린다. (헤브너는 자신의 보수주의 친구들처럼 불못을 은폐시키기 위해 다소 열성을 부리고 있다.) 그러나 헤브너는(NB, 433쪽) 스트라한의 저서에서 가장 두드러진 진술을 기록했다. 스트라한은 "어떤

사람이 자신의 의견들과 소감을 '하나님의 기준'으로 삼고자 할 때 그 사람은 스스로를 우주의 보좌에 앉혀서 자신을 높이는 것이다!"라고 말한다. 스트라한의 이 말은 욥기 20장의 문맥에서 직접적으로 소팔을 언급하고 있다. 참으로 뛰어난 관찰력이 아닌가? "소팔이 우주의 보좌 위에서 높여졌다"는 스트라한의 말 속에 도사리고 있는 끔찍한 진리를 숙고해 보라. 빌 라이스, 톰 맬런, 리 로버슨, 톰 왈레스, 제리 폴웰, 로버트 섬너, 존 라이스, 그리고 다른 사람들이 〈킹제임스성경〉에 "오류들"이 있다고 배운 것만큼이나 확실하게, 자신들과 같은 죄인들에 의해서, 보수주의 학자들(1800-1908)의 소견과 의견들은 "그리스도인"이라고 고백하는 미국 내 대다수 교육 기관에서 "하나님의 기준"으로 받아들여져 왔다. 스트라한이 한 말을 그대로 받아들이면 어떻게 되는지 아는가? 보수주의 죄인들과 복음주의 죄인들과 근본주의 죄인들이 전능하신 하나님의 권위를 대신해서 "우주의 보좌"에 앉게 되는 것이다. (이 말에 화를 내고 싶으면 내 보라. 스스로를 웃음거리로 만들어 보라. 그런 다음에 애통하는 자의 자리에 가서 자신의 마음을 바로잡으라. 마음이 바르게 되어 있었다면 내 말에 처음부터 "아멘"하고 답했을 것이다.)

벌링거, 피크, 클라인, 윌리엄스, 구드, 둠, 클로스터만, 메르츠, 델리취, 게제니우스, 카일은 이 장에서 30개 이상의 변개를 제안한다.

욥기 21장

21:1 그러나 욥이 대답하여 말하기를

2 "너희는 내 말을 잘 듣고 이것이 너희의 위로가 되게 하라.

3 내가 말하도록 용납하고 내가 말한 후에 조롱하라.

4 나로 말하면 나의 불평이 사람에게냐? 만일 그렇다면 어찌하여 내 영이 불안하지 아니하겠느냐?

5 나를 보고 놀라라. 그리고 너희 손을 너희 입에 갖다 대라.

6 내가 생각만 해도 무서우며 떨림이 내 몸을 붙잡는도다.

7 어찌하여 악인이 살고 늙도록 살며 정녕, 권력이 막강해지느냐?

이 부분은 우리가 욥기 3:23에서 열거한 질문으로 가장 위대한 품질 보증 구절 중 하나이다. 이 질문은 인간의 역사에서 중요한 질문이며, 카인이 아벨을 죽인 이래로 매일 수백 번 씩 누군가가(혹은 어떤 집단이) 질문해온(혹은 생각해온) 것이다. 이 질문은 소팔의 이론을 반박한다. 왜냐하면 소팔은 "악인"이 "늙도록 살거나" "힘이 강력하게"(욥기 20:2,7,8,16,

17,24) 되는 것을 인정하지 않았기 때문이다. 뒤이어 나오는 구절(욥 21:8-13)을 소팔은 결코 인정하지 않을 것이다. 그러나 욥에게는 소팔보다 더 나은 분별력이 있었다. 솔로몬처럼 욥은 이 생에서는 경건하지 않은 사람들이 경건한 사람보다 종종 더 잘 지낸다는 것(시 49:6,11,13)을 알았다. "이익"이 항상 경건의 표인 것은 아니다(딤전 6:5). 욥이 처음에 한 말은 반역이라고 할 수 있다. 즉 『**내가 말한 후에 조롱하라**』(3절)는 "내가 진짜 문제를 총명하게 논한 다음에 너는 가서 네 어리석음을 버리라"고 말하는 것과 같다.

『**나의 불평이 사람에게냐?**』(4절) 그렇지 않다. 욥이 불평을 시작했을 때(욥 3:1-3)조차도 그는 사람이 아니라 하나님께 불평을 하고 있었다(욥 7:11과 주석 참조). 그러나 욥이 자신이 다루어지는 방법에 대해 불평하면서 계속 마을을 돌아다니기라도 했다면(마을을 벗어나서 혼자서 견뎌내는 대신) 그의 영이 『**어찌하여...불안하지 아니하겠느냐?**』(4절, 욥 19:4 주석 참조) 여러분들은 온 도시를 다 돌아다니며(혹은 전화로) 자신이 성경대로 믿는 목사와 "형제"에게 어떤 대우를 받았는지 불평하지 않았는가? 여러분 중 많은 사람들이 배도 부르고 은행에 돈도 있고 중앙 냉방 시설이 되어 있고 차가 두 대나 있는 차고가 있음에도 이런 일을 행하지 않았는가? 그렇다. 그렇게 했다. 욥이 지독한 약물 중독자가 되어 돌아다니며 사람들에게 와서 자신의 상처를 보도록 했다 해도 사회의 모든 법으로 볼 때 완벽하게 정당화되었을 것이다.

『**나를 보고 놀라라. 그리고 너희 손을 너희 입에 갖다 대라**』(5절, 잠 30:32 주석 참조). 욥은 악인(욥 20:29)의 심판(욥 19:29)과 형벌을 상기할 때(6절)조차도 두려워한다. 그는 소팔 만큼은 하나님을 두려워한다. 『**내가**

생각만 해도 무서우며』(6절)라고 말하면서 욥의 "기억"은 다시 창세기 6-9장으로 되돌아간다. 이에 대해 의심스러우면 다음 구절(욥 11:12-17과 함께 11-14절)을 이 구절과 비교해 보라. 도시 쓰레기장에서 웅크리고 둘러앉아 있는 이 네 사람의 마음속에는 노아의 홍수에 대한 기억이 생생하게 살아 있다.

『어찌하여 악인이 살고 늙도록 살며 정녕, 권력이 막강해지느냐?』(7절). 자, 이제 한 가지 질문이 있다! "악인"이 상대적인 용어라고 하지 말라. 이 질문에 답하기 전에 죄 문제를 피하려 하지도 말라(논리적 긍정주의자나 현상학자 참조). "우리가 서로를 당연히 판단하지 못하게 하는, 우리의 가장 악한 것 속에 있는 훨씬 더 좋은 것과 우리의 최상의 것 안에 있는 훨씬 더 나쁜 것"에 관한 엉터리 소리는 그만하라. 질문은 "왜 악인들이 종종 선한 사람들보다 더 오래 살며, 그들의 손에 권력을 얻고 그 권력을 유지하며 선한 사람들에게 손해를 끼치는가?"이다. 이것이 질문이다. 유다 왕들 중 왜 가장 사악한 왕이 가장 오랫동안 통치했는가?(대하 33장) 므낫세는 마귀들을 숭배했고, 군상에 기도했으며, 아기들을 살해하고, 성경에는 전혀 주의를 기울이지 않았는데 그런데도 그는 왕이었다. 이유가 뭔가? 아직도 40,000,000명의 사람들이 한 무리의 가련한 이탈리아 포도주 중독자들에게 예속되어 있는 이유는 뭔가? 이 중독자들의 전과를 보면 어떤 난봉꾼이라 해도 부끄러움으로 얼굴이 빨갛게 달아오를 것이다. 요한 12세(955-963)는 바티칸 궁전을 매춘굴로 만들었으며 간음하던 중에 질투에 불타는 남편에게 살해되었다. 교황 그레고리 7세(1076)는 헨리 4세를 파문시켰다. 이로 인해 헨리는 자신을 교황으로 세우고 로마로 행군했다. 우르반 2세가 그레고리의 자리를 차지했고 그래서 "그리스도의 대리자"가 두 명이 되었다. 이 "권위자"들이 내뱉는 말은 무오하다(1377-1417)

고 주장했는데 어떻게 두 개의 무오한 권위가 생겼단 말인가? 요한 23세(1410-1415)는 가장 타락한 범죄자로 불리는데 이 사람은 교황의 자리에 앉아서 동성애와 셀 수 없는 악한 행위들을 일삼았다. 폴 2세(1464-1471)의 집은 첩들로 가득 찼으며, 식스투스 4세(1471-1484)는 스페인 종교 재판을 인가해 주었고 로렌조 드 메디치 살해 계획에 연루되었다. 교황 "이노센트"(!) 8세는(1484-1492) 많은 유부녀들에게서 낳은 16명의 자녀가 있었으며, 성경대로 믿는 왈덴시안을 살해하기 위해 군대를 파병했다. 우르반 6세, 클레멘트 7세, 폴 3세에게도 많은 사생아가 있었다(〈할레이의 성경 핸드북, *Halley's Bible Handbook*〉, 779-789쪽). 이들이 로마카톨릭 교회에서 추천하는 1582년의 예수회 성경을 양산해 낸 무리이다. 이것이 바로 밥존스대학의 성경 학부에서 추천하는 바티칸사본과 시내사본의 헬라어 본문이다!

도심가에서는 "교황에게는 희망이 없다!"라는 표시판을 달고 다니는데 어떻게 해서 이 살인을 저지르고 간음하며 음란한 도둑들이 그렇게 엄청난 권력을 장악했는가? 이런 것에 대해 이상하게 생각해 본 적이 있는가? 『**어찌하여 악인이 살고 늙도록 살며 정녕, 권력이 막강해지느냐?**』(7절).

커스터 박사(Dr. Custer, 밥존스대학)는 〈킹제임스성경〉 본문의 권위를 전복시키려는데 초점이 맞춰진 그의 서신(1975년 서신 참조)에서 그리스도인의 "최종 항소 법정"에 대해 고의적으로 거짓말을 하는데도 어떻게 벌을 받지 않고 잘 살고 있는가? 커스터는 근본주의자들은 항상 "헬라어 원본" 필사본이 그들의 최종 항소 법정이었다고 말한다. 드와이트 무디는 그러지 않았다. 무디가 근본주의자였는가? 프랭크 노리스는 그러지 않았다. 그가 근본주의자였는가? 밥 존스는 그러지 않았다. 모르드캐 햄은 그러지 않았다. 잭 하일스는 그러지 않는다. 존 롤링스는 그러지 않는다. 보샤 빅은 그러지 않았다. 해럴드 사이틀러는 그러지 않는다. 메이즈 잭슨은 그러지 않는다. 헐시 레이는 그러지 않는다. 그들이 "근본주의자들"이었는가? 자신들이 받은 교육으로 인해, 아무도 가지고 있지 않으며, 아무도 입수할 수 없으며, 아무도 본 적도 없으며, 아무도 인용할 수도 없고, 아무도 읽을 수 없는 "최종 항소 법정"에 항소할 수 있다고 생각하는 이 정신 나간 얼간이들이 "근본주의자들"인가? "근본주의자"에게 "최종 항소 법정"이 된다는 "원본"에 관한 이런 어리석은 말들은 다 뭔가? 커스터는 입을 열 때 스스로 거짓말을 하고 있다는 것을 안다. 그 자신이나 아니면 그와 접촉을 한 그 어떤 사람도 - 살아 있는 사람이건 혹은 죽은 사람이건 - 단 하나의 "원본"도 그에게 보여 준 적이 없다. 자신들이 한 번도 본 적이 없으며 설혹 본다 하더라도 알아보지 못할 책의 권위에 대해 떠들어 대는 교수진보다 멍청한 사람이 있겠는가?

고(故) 잭 케네디(1961. 8. 28. 뉴욕 타임즈 인용, 1962. 8. 29.)는 "불간섭주의"는 더러운 단어이며 그러므로 우리의 헌법은 더 이상 "효력"이 없다고 했다. 왜냐하면 헌법이 기록될 당시 우리가 "분리"의 시대에 있었기 때문이라는 것이다. 이런 진술의 결과와 그 부대적 의미가 뭔지 아는가? 내 말은 이런 말이 단순히 정치적 수사라고만 생각하느냐는 것이다. 그렇지 않다. 한국과 베트남, 카탄가에 군대를 파병해서 자기 자신의 일을 제외한 모든 사람의 일에 연루되게 된다. 케네디는 빈 말을 하는 연설가가 아니었다. 즉 그는 국제 사회주의와 국가의 파산을 지원했다.

풀브라이트 상원의원(샌디에이고 트리뷴, 1961. 8. 14.)은 한 사람이 나라를 경영해야 하며 "국민에 의한" 정부만이 "소중하고 전통적인 믿음"이라고 말한다. 논리적으로 볼 때 뒤이어 나올 만한 말이 뭔지 아는가? 즉 로마카톨릭 대통령에게 주어진 독재 권력이다. 사무국장 우탄트(1963. 4. 5.)는 사유 기업에 관해 말하는 콜롬비아 대학생들은 "인식"이 바뀌어야 한다고 말한다. 즉 모든 사람들에게 유익을 끼치는 인식을 가져야 한다는 것이다. 우탄트가 방금 한 말을 알겠는가? 정말 알겠는가? "나눔," "인식," "변화," "프로그램," "비준," "공동체의"와 같은 단어들을 인지했는가? 그가 방금 한 말은 개인 재산이나 사업을 소유할 권리가 사람들에게는 없다는 말이다. 그래서 그들은 레닌과 트로츠키가 세운 계획에 따라 1980년이 되기 전에 "폭력으로 빼앗길 것"이다. [1963년 국무부 의장 월트 로스토와 애들레이 스티븐슨(1961)은 이보다 더 명확하게 이 말을 한다!]

『**어찌하여 악인이 살고 늙도록 살며 정녕, 권력이 막강해지느냐?**』 알렉산더 대왕이 인종 통합을 지지하는 마귀에게 사로잡힌 간질병 환자였을 때 세계를 정복한 것은 도대체 어찌된 일인가? 네로가 섹스 파티에 불을 붙이기 위해 그의 궁전 정원에서 법을 준수하는 시민들을 불에 태울 때 보좌와 그와는 무슨 상관이 있는가? 느부캇넷살이 금으로 만든 남근 상징물에 엎드려 절하도록 요구했을 때 왜 그에게는 그의 모든 백성의 생과 사에 관한 권력이 주어졌는가? 보건교육후생성은 어떻게 레스터 롤로프의 자산과 건물에 협박을 가한 책임을 면할 수 있었는가? 그때 보건교육후생성은 롤로프가 마약 중독자들과 거리의 부랑자들을 재생시키기 위해 젊은 이들과 함께 하고 있던 일을 하는 것조차 할 수 없음을 인정했다.

어떻게 해서 아일랜드 공화군은 북아일랜드의 "민중의 정부"를 전복시켜서 민주주의 국가를 남부 아일랜드와 스페인처럼 파시스트 교회 국가로 바꾸는 일에 연루됐으면서도 연합 통신과 BBC와 NBC, CBS, 라이프와 타임지의 후원을 얻을 수 있었는가?

베트남에서의 전쟁(〈365일〉)에 관한 로날드 글래서의 명확한 저서에는 데이비드 젠센(20살)이라는 이름의 청년이 나온다. 그는 일본 자마에 있는 병원에서 죽어 갔다. 그의 몸은 80%가 2도와 3도 화상을 입었다. 그가 배낭 속에 넣어 가지고 가던 기폭 장치가 폭발했기 때문이다. 의사가 그에게 온갖 조치를 다 취했지만 소용이 없었고 데이비드는 죽었다. 그는 성경도 없고, 그리스도도 없고, 희망도 없고, 하나님도 없이 죽었다. 자신의 피에 익사하지 않도록 의사가 그 젊은이의 기관 안에 있는 구멍을 절단할 때 그가 숨을 헐떡이며 말한다. "의사 선생님, 나를 집에 데려다 주세요... 제발, 의사... 선생님과 같이 저를 집에 데려다 주세요... 집에 혼자 가고 싶지 않아요!" 집에 보낸 그의 편지들에는 복음의 자취도 없었고, 병원에서는 그리스도의 증인의 모습도 보이지 않았으며, 그의 짧은 20년의 삶에는 중생의 흔적도 없었다. 수천의 젊은이들처럼 데이비드는 준비하지 않은 채 하나님을 만나야 하는 것이다. 데이비드 젠센이 소설 속의 인물이긴 하지만 그 서술은 참으로 현실적이다.

누가 "데이비드"를 그런 혼돈 속으로 밀어 넣었는가?

누가 데이비드와 다른 수천의 젊은이들을 그런 진창 속으로 가게 했는가?

존슨 대통령(호놀룰루, 1966)과 테일러 장군(1961)과 케네디 대통령(1961)과 교황 폴 12세가 (맥나마라와 루스크와 함께, 히스와 챔버스와 루즈벨트의 인도로) 베트남 전쟁을 시작했을 때, 위생병이 사람들의 가슴 속에서 불타는 살을 끄집어내는 것을 이들이 봐야만 한다고 생각했겠는가? 카이서 빌, 윌슨 대통령, 로이드 조지, 클레망소, 교황 피오 11세, 올란도, 로마노프 왕가, 합스부르크 왕가가 제1차 세계대전을 시작했을 때 그들의 부상당한 다리가 썩어 들어가는 상태에서 그들이 전쟁을 수행해야 했다고 생각하는가? 제1차 세계대전에서 수많은 젊은이들이 괴저로 죽었다. 수백 명이 그랬다. 루즈벨트, 히틀러, 체임벌린, 처칠, 스탈린, 무솔리니, 히로히토, 교황 피오 12세, 그리고 국제 연맹이 제2차 세계 대전을 시작했을 때 그들의 자녀들이 핵 방사능 화상으로 죽어 가는 것을 보면서 그것을 계획했어야 했다고 생각하는가?

속지 말라! 국제 사회주의나 공산주의 체제 중 그 어떤 것도 이 문제를 풀지 못할 것이다. 피상적인 사고가들은 항상 "킹 핀들"(왕들, 교황들, 대사들, 의원들, 대통령들, 변호사들 등)만 없애고 "민중"이 운영을 하면 살상은 끝이 날 것이라고 생각한다. 그렇게 생각한다면 그건 대단한 실수이다. 1400-1900년 사이에 제정 러시아(혹은 무솔리니의 독재 정치)에서 살상당한 사람보다 지난 28년간 루마니아, 불가리아, 중국, 러시아에서 훨씬 더 많은 "인민들"이 죽고, 고문당하고, 투옥되고, 추방되었다. 성경적 기독교 대신 "인본주의"를 사용해서 그들의 "인본주의적" 종교를 강요하기 위해 힘을 사용하는 모든 통치 체제는 다 같다. 공산주의, 파시즘, 카톨릭, 사회주의, 나치즘은 모두 같은 체제이다. 다만 서로 다르다고 말하는 것뿐이다. 이들은 모두 상황만 되면 여러분의 집과 토지와 차, 은행 구좌, 자녀들, 직업, 교회를 빼앗고자 할 것이다. 이들은 자신들의 목적을 달성하기 위해서는 여러분을 감옥에 보내고, 고문하고, 비방할 것이다. 이들은 모두 〈킹제임스성경〉(1611)을 보자마자 재빨리 파괴시켜버릴 것이다. "보통 사람"을 숭배하는 것을 기반으로 세워진 어떤 인본적 체제도 경쟁을 오랫동안 참지 못한다. 이들은 자신들의 정치적, 경제적 목적을 달성하기 위해 공정한 수단이든 더러운 수단이든 모든 수단을 동원할 것이다.

이런 부정적인 설명을 끝내기 전에 이 질문에 대해 하나님께서 답변을 가지고 계신지 살펴보자. 『**어찌하여 악인이 살고 늙도록 살며 정녕, 권력이 막강해지느냐?**』(7절)

1. 사실이 그렇다. 이들 중 일부는 하나님의 자비의 표가 될 수도 있다. 이런 진리를 보여 주는 가장 두드러진 성경적 예가 사도 바울이다. 교회 역사는 술주정뱅이요, 저주하고 싸우고 거짓말하고 욕하고 속이고 살인하는 건달들이 하나님의 은혜로 쓰레기더미에서 구조되어 개심한 사람들의 이야기로 가득 차 있다.

나치 지도부의 소위 말하는 "악인" 중 일부에게 일어난 일에 대해 읽어본 적이 있는가? 괴링은 이신론자로서 자살했다. 그는 성경에 기록된 구원을 믿기를 거부했고 그리스도의 신성을 전혀 믿지 않았다. 로젠베르크는 구원 계획을 거부했고, 누군가가 기도하는 것을 듣는 것도 거부했다. 그러나 리벤트로프, 프리크, 카이텔은 이들과 달랐다. 감옥에서 립벤트로프는 그 혼의 구속주로서 예수 그리스도를 받아들였다(〈나는 누렘베르크의 간수였다〉 콜 앤드루스, 151쪽). 그가 목 매달릴 준비를 하고 있을 때 그는 "나는 그리스도를 신뢰한다."라고 말했다. 교수대에서 그가 한 마지막 말은 루터교 목사 게레케에게 한 "다시 봅시다!"였다. 그리고 그는 다시 보게 될 것이다! 폴란드의 무자비한 나치 장관 한스 프리크는 죽기 전에 믿음의 고백을 했는데 그 고백은 교황들이 지금까지 언급해 온 말보다 훨씬 더 훌륭한 말이었다. 그는 자신이 예수 그리스도를 자신의 구주로 믿으며, 그리스도의 피가 자신의 모든 죄값을 지불했다고 말했다. [조니 카슨이나 딘 마르틴 같은 사람의 입에서는 1,000,000달러를 주고도 그런 고백을 들을 수 없다!]

빌헬름 카이텔 장군은 그리스도를 끊임없이 고백했을 뿐만 아니라 매일 감옥에서 자신의 성경을 읽었다. 그는 교수형 당하기 전에 "부흥" 주간을 갖기도 했다. 감옥 목사 게레케는 카이텔 장군은 "그리스도의 피 안에서" 구원의 완전한 확신을 가지고 있었으며, 단 한 번도 자신의 구원을 의심한 적이 없었다고 말했다. 장군의 목에 밧줄이 놓여졌을 때 카이텔은, "전능하신 하나님께서 독일 국민에게 자비를 베푸시기를!"이라고 말했다. 레버가 당겨지고 카이텔의 몸이 떨어질 때 그는 "DEUTSCHLAND ÜBER ALLES!"(모든 것 위의 독일, 즉 "독일 최고!")라고 소리쳤다. (영적으로 말해서 빌헬름 카이텔과 나란히 놓으면 처칠과 루즈벨트는 마이너 리그에 출전할 자격도 안 되는 사람들이다.)

2. 악인은 의인을 위해 건축하기 위해 늙도록 살며 권력이 막강해진다. 구원받은 우리들은 매일 "과학의 혜택"과 "최신 발명과 발견," "진보된 통

신과 교통"의 혜택을 누린다. 비록 이런 발달된 기술은 주로 카인의 후손들이 만들기는 했지만 우리가 이것을 누리는 것이다(창 4:22 주석 참조).

3. 악인이 막강하게 되는 것은 하나님의 오래 참으심을 나타내기 위해서이다. 우리들은 결코 참을 수 없는 것을 하나님께서 참으시는 것을 보는 것보다 하나님의 인품을 더 잘 증명해 줄 수 있는 것이 뭔가? 하나님께서 모세에게 자신이 오래 참는다(출 34:6 주석 참조)고 말씀하셨을 때 그분은 설명을 하려면 1,000세기가 걸릴 분량을 말씀하신 것이다. 하나님께서는 하이드리히, 무솔리니, 히믈러, 회스, 괴벨스, 리본트로프, 폰 파펜, 쿠르트 프란츠, 나치 친위대를 날려 버리시기 전에 이들을 얼마나 참으셨는가? 하나님께서는 툴리, 발렌슈타인, 비숍 보너, 예수회, 스페인 종교 재판가들(1400-1600)을 그들의 고향인 불못으로 데려가시기 전에 얼마나 자제하셨는가? 레닌, 마르크스, 트로츠키, 스탈린, 엥겔스, 다윈, 프로이드, 아인슈타인이 1941년 12월 7일 USS 네바다 승무원들처럼 준비되지 않은 채 심판에 임하기 전에 이들을 얼마나 참으셨는가? 칭기즈칸이나 바이바르스나 아틸라의 기병대를 뒤따르며 하나님께서 보셨던 것을 여러분이 목격한다면! 타이타닉 호가 가라앉던 날 밤에 하나님께서 보셨던 것을 여러분이 봤다면! 루스타니아 호가 가라앉던 날 하나님께서 보셨던 것을 여러분이 봤다면! 십자군이 예루살렘에 몰려들었을 때 하나님께서 보셨던 것을 여러분이 목격했다면! 흑사병이 유럽을 강타했을 때 하나님께서 내려다보셨던 것을 여러분이 봤다면! 바탄에서부터 온 포로들의 죽음의 행군을 하나님께서 관찰하셨던 대로 여러분이 봤다면! 혹은 바로 이 순간 병들고, 그리스도를 거부하고 성경을 부인하고 돈에 미치고 섹스에 미치고 자기 의로 가득 차고 굶어 죽어 가고 피 흘리며 고통당하고 죽어가는 피조물(롬 8:22)을 내려다보시면서 하나님께서 보시고 계신 것을 여러분이

본다면, 여러분은 오늘로 모든 것을 끝내 버릴 것이다! 주께서는 그렇게 하지 않으신다!(벧후 3:9) 하나님께서는 악인의 권력이 막강하게 되는 것을 허락하셔서(요 19:10) 그분의 오래 참으심을 보여 주신다(행 13:18).

하나님께서는 전 세계에서 온갖 형태의 사역을 하고 있는 많은 그리스도인 친구들을 내게 주셨다. 알라스카 페어뱅크에서 선교사로 있는 한 친구가 자신이 개인적으로 알고 있는 한 사례를 내게 말해 주었다. 1940년대 페어뱅크에 부랑자가 한 사람 있었는데 그는 술집을 여기 저기 전전하면서 여자들과 히히덕거리고 싸움질을 하며 대체로 "지옥"을 불러오는 일을 하는 데 시간을 보냈다. 그가 가진 특별한 재능은 수요일 밤마다 술집에 가서 기도와 간증 모임을 우스개로 행하는 것이었다. 그는 술집 중앙에 있는 탁자 위에 올라서서 "기도회로 회중을 인도하는" 체했다. "기도"에는 웃음보따리가 터졌다. 그런 다음 "간증" 순서가 이어졌다. 여남은 명의 술 취한 사람들이 항상 비틀거리며 일어서서 술과 자신들의 도덕성의 결여와 돈과 죄 가운데 있는 자신들의 동료들에 대해 "하나님께 감사"했다. "간증"에는 항상 저주와 사악한 말이 섞여 있었다. 탁자 위의 "목사"는 "기도회"를 마치기 전에 간단한 권면을 하곤 했다. 이 기도회는 페어뱅크에 있는 밤의 유흥자들에게는 항상 떠들석한 시간이었다. 이 기도회는 그런 식으로 몇 년이 계속됐다.

그 사람에게 결국 어떤 일이 일어났다고 생각하는가? 하나님께서 번개로 그 사람을 갑자기 치셨다고 생각하는가? 그가 체포되어서 교도소로 보내졌다고 생각하는가? 혹은 "간증" 집회 중에 그가 갑자기 심장 마비를 일으켜서 쓰러져 죽었다고 생각하는가?

그런 일은 전혀 일어나지 않았다.

바로 이런 일이 일어났다. 하나님께서는 그 더러운 악당을 구원하셔서 그를 성령으로 충만케 하신 후 그가 성경과 기독교를 조롱해 온 바로 그 장소로 보내셨다. 그리고 그 다음 10년 동안 그는 그 지옥의 구덩이에 전도지를 돌리는 사역을 했다. 악인을 "자비의 표"로 만드시는 하나님의 그 오래 참으심이여!

내가 구원받지 않은 상태로 필리핀에 있었을 때(1945-1947, 제86보병사단, 엔젤레스, 루존) 한번은 제자들이 모두 술에 취한 최후의 만찬 그림을 그렸다. 주님의 눈을 "사팔뜨기"로 그렸고 탁자 위에는 포도주 병들이 온통 흩어져 있었다. 베드로와 야고보와 요한의 발은 탁자 아래서 밖으로 삐져나와 있었다. 이 그림을 우리 부대 병사들에게 보여 주었다. 그들에게 그림을 보여 주면서 나는 낄낄거렸다. 그러나 그들은 웃지 않았다. 그 중 일부는 이 그림이 전혀 우습다고 생각하지 않았다. 그 중 많은 사람들이 나처럼 구원받지 못했고 나처럼 지옥을 향해 가고 있었지만 그들은 기독교 교육을 받았고 성경적 배경을 가지고 있었다. 그 중 하나가 떨며 내게 말했다. "소위님, 우습지 않은 뭔가가 있습니다." 그러나 나는 그런 반응이 반역이라고 생각했다. 내가 지금까지 그린 그림 중에서 최고의 그림 중 하나인데! 즉 1949년 3월 14일 구원받을 때까지는 최고의 그림이라고 생각했다.

주 예수 그리스도를 나의 구세주로 믿은 지 3개월 후에 나는 앨라배마 딕슨 밀즈에 있는 물이 없는 침례통 속에서 무릎을 꿇고 있었다. 나는 센트럴침례교회의 로이 맥컬럼 목사를 위해 침례통에 그림을 그리고 있었다. 나는 눈을 감고 테레빈유, 붓들, 걸레, 물감 튜브들을 내밀며 주님께 그것들을 축복해 주셔서 나의 재능을 주님의 영광을 위해 사용해 달라고 간구했다. 눈을 감고 작업복을 입은 채 거기서 무릎을 꿇고 있었는데 한 목소리가 조용하게 말씀하시는 것이었다. "내가 네 두 손을 지금 당장 자르지 않는 이유를 알겠느냐?" 이 질문에 내 마음속에는 내가 그 전에 그렸던 그 그림이 떠올랐다. 나는 "모르겠습니다. 주님. 어쨌든 나는 지금 당장 지옥에 있어야만 하는 사람입니다"고 말했다. "좋다. 어서 그림을 그려라." 주님이 말씀하셨다. 그리고 그 이후 나는 주님을 위해 그림을 그려 왔다. 오, 하나님의 오래 참으심이여! 그분의 인내와 자애를 증거하시기 위해 보여 주신 그 자비의 표여!

4. 악인은 늙도록 살아서 무너질 때가 되면 그 모습이 더욱 장관을 이룬다. 절대 군주(단 4장)가 뜰의 개가 되는 데는 오랜 기간이 걸린다. 로마의 보좌(마 2:16)에서 끝없는 구렁까지는 꽤 긴 여정이다. 다이아몬드와 금이 박힌 유니폼에서(괴링) 누렘베르크 감옥까지는 "상당히 멀다." 히틀러, 무솔리니, 알렉산더, 그리고 거물급 인사들이 쓰러질 때는 대개 완전히 쓰러진다.

5. 그들은 늙도록 살고 권력이 막강해져서 미래에 정산의 날이 있어야 한다는 것을 분명하게 보여 준다. 모든 잘못들이 여기서 "바르게" 되는 것은 아니라는 사실보다 더 강력하게 창조주와의 "최종 회계"가 있어야 함을 보여 주는 과학적 논리는 세상에 그 어떤 것도 없다. 어떤 신이라도 존재한다면, 회계의 날이 있는 것이다(행 17:31). 그러므로 이런 결론을 피할 수 있는 유일한 방법은 무신론자가 되는 것이다. (무신론자들을 위한 "전화 기도" 서비스가 있다. 번호를 돌려 보라. 아무도 대답이 없다.)

21:8 그들의 자손이 그들의 목전에서 그들과 함께 굳게 서고 그들의 후손도 그들의 눈 앞에서 그러하도다.

9 그들의 집은 두려움에서 벗어나 안전하며 그들 위에는 하나님의 막대기도 없도다.

10 그들의 수소는 틀림없이 새끼를 배게 하고 암소는 새끼를 낳으며 낙태하지 않는도다.

11 그들은 양떼같이 그들의 어린 것들을 내보내며 그들의 자녀들은 춤추는도다.

12 그들은 탬버린과 하프를 들고 오르간 소리에 즐거워하는도다.

13 그들은 그들의 날들을 부유하게 보내다가 순식간에 음부로 내려가는도다.

14 그러므로 그들이 하나님께 말하기를 '우리를 떠나가소서. 우리가 주의 길의 지식을 기뻐하지 아니하나이다.

15 전능하신 분이 무엇이기에, 우리가 그를 섬겨야 하리이까? 우리가 그분께 기도한들 무슨 유익을 얻으리이까?' 하는도다.

16 보라, 그들의 복이 그들의 손에 있지 아니하며 악인의 계획은 내게 멀리 있도다.

이제 욥은 경건한 사람뿐만 아니라 악인들이 누리는 물질적인 축복을 열거한다. 악인 중 많은 사람들이 대가족(11절)을 가지고 있으며, 그 자녀들은 많은 다른 가족들에게는 없는 편안함과 사치스러운 것들로 보호를 받는다(8절). 악인은 도둑 방지 시스템을 특허내고 스프링클러 시스템을 갖추고, 흰개미 박멸 장치, 쥐 박멸 장치와 육중한 전선들을 위해 적절한 전압조절 시스템과 함께 커다란 스위치 상자들이 있기 때문에 "그들의 집은 두려움에서 벗어나 안전"(9절)하다. 그들의 재산은 그 값어치보다 두 배에 해당하는 보험에 들어 있고, 가족 구성원들은 모두 의료 보험과 생명 보험에 가입한다. 『**그들의 자손**』(8절)은 훌륭한 사립학교에 다닐 수 있고 "아스팔트 정글" 세계와 "빈민굴"에서 멀찍이 떨어져 있을 수 있기 때문에 "굳게 서게" 된다. 그 자녀들이 문제에 빠지면 경찰과 시장이 나선다. 즉 "아이들이" 양떼에서 이탈하면 그렇다(11절). 그들의 가축은 입병이나 발병이나 괴혈병이나 옴에도 걸리지 않고 번성한다(10절).

그들에게는 충분한 돈이 있어서(13절) 변호사를 고용하고, 의사의 청구서를 지불하고, 교통 위반 청구서를 처리할 수 있으며, 그들의 자녀들을 대학에 보냄으로써 "기득권"을 더욱 "굳게"(8절)할 수 있다. (미국 내에도 일생에 단 하루도 생계를 유지하기 위해 일한 적이 없는 그리스도인들이 있다!) 이들 중 많은 사람들이 모범적인 삶을 산다. 아무도 이들이 "악인"이라고 의심조차 하지 않는다. 이들은 교회에 나가서 성사를 하고 청구서를 지불하고 적십자와 부활절 씰과 심장 기금과 평화 봉사단과 구세군에 기부를 하기 때문이다. 이들의 낮과 밤은 춤과 현악단과 실내 오케스트라로 가득 차 있고, 쇼핑센터와 "상가"에서는 그들의 귀에 음악이 울린다. 유발은 오르간을 다루는 사람이었기 때문에(창 4:21 주석 참조) 이들은 "오르간 소리"(12절)에 즐거워한다. 그런 후에 이들은 "순식간에" 무덤으로 내려간다!(13절)

14절과 15절을 숙고해 보지 않는다면 이들의 사악함을 발견하기란 불가능하다. 악인이라고 해서 항상 부도덕한 생활과 범법함과 마약 밀매와 소득세 회피와 강탈과 밀조와 횡령과 갈취로 점철되는 것은 아니다. 악의 뿌리는 그보다 훨씬 더 깊이 자리 잡고 있다!(딤전 6:10) 알다시피 성경은 항상 프로이트나 게슈탈트 심리학보다 "조금 더 깊게 파들어" 간다. 예를 들면 에스겔 16:49에는 소돔 시민의 진짜 문제점은 "동성연애"가 아니라고 나온다. 최소한 일차적으로는 그렇다. (카톨릭의 우화를 인용하자면) "원죄"는 "교만"이며 그 다음 두 가지 죄들은 동성연애와는 전혀 상관이 없다. 그 죄들은 "양식의 충분함"과 "게으름의 풍성함"이다.

결국 "다른 육체"와의 음행으로 이어지는 홍수 이전 사람들의 죄는 자기만족이었다.

『전능하신 분이 무엇[WHAT]**이기에, 우리가 그를 섬겨야 하리이까?』**(15

절) 전능하신 분이 "누구"(WHO)냐고 묻는 것이 아니라 "무엇"(what)이냐는 것이다! 즉 "전능하신 분이 뭐 대단한 인물인가? 그가 왕이나 대통령이나 독재자인가, 아니면 무엇(WHAT)인가?" 『**우리가 그분께 기도한들 무슨 유익을 얻으리이까?**』(15절, 욥 22:17과 비교). 즉석에서 기도에 응답해 줄 "신들"이 있는데(시 82:6,7) 뭐 하러 보이지도 않는 "알지 못하는 하나님께" 기도한단 말인가? 이 사람들은 "항상 하나님을 부르는"(욥 27:10) 것이 아니라, 하나님이 그들에게 상업적으로 물리적으로 유익을 줄 때만 하나님을 부른다. 그들의 종교는, 20세기의 문체로 병에 담겨져 있으며 "긍정적 사고"의 모든 책꽂이에서 찾아볼 수 있는 이상한 냄새를 발한다. 즉 사회가 자신의 "훌륭한 인격"을 받아들이도록 하기 위해 "회개"를 한다. 꽃들과 산들과 비와 모기들 안에 있는 하나님을 "믿는다." 그 결과 에큐메니컬 은사주의자들이 그들을 삼켜 버린다. 그들은 모든 곳 심지어 바티칸의 정책에서조차도 하나님을 본다! "구속받은 사회에서 믿음이 효과가" 있으니 믿음을 가져라. 이것은 "긍정적 접근 방법"을 취하는 "진공청소기 판매"로도 증명될 수 있다. 기도하는 이유는 "긴장을 해소시키고" 죽은 성인들로 하여금 자신의 병원 청구서를 지불할 기금을 모을 수 있도록 하기 위해서이다. 그러나 이런 무리가 실제로 그들의 마음속으로 하는 말은, 『**우리를 떠나가소서. 우리가 주의 길의 지식을 기뻐하지 아니하나이다.**』(14절)이다. 이 세대가 기록되었거나 말로 언급된 하나님의 말씀에 대해 취하는 태도를 이보다 더 잘 증명할 수 있는 것은 아무것도 없다(욥 23:12, 행 20:27). 하나님의 "길들"은 그분의 책에 계시되어 있다. 그러므로 오늘날 "불의 가운데서"(롬 1:18) 그분의 진리를 붙잡고 자기 "자신의 길들"에 맞추기 위해 그 진리를 왜곡시키는 사람들은(롬 1:21) 추천서 없이도 노아 반대 클럽에 합류할 수 있다.

하나님의 길들은 요한계시록 17,18장의 로마카톨릭 창녀에게서 분리하고(계 18:4, 고후 6:14) 갈라서서(행 17:26,27) 고립될 것을(사 5:8) 요구하는 반면 순복음 은사주의자들은 "하나님의 지식의 길들"을 가짜 "이적"으로 대체시켜 버린다. 홍수 이전의 죄인들의 문제점은 그들의 카드 파티와 컨트리클럽 저녁 식사와 그들의 건축 기금과 학교 교과과정과 쇼핑 목록과 부동산 거래와 가정오락과, 구원받지 않은 이교도들로 교회를 가득 채워서 재정을 충당하고 출석률을 늘리기 위해 고안된 에큐메니컬 "예배"에 하나님께서 간섭하시는 것을 원치 않았다는 것이다. 이런 죄들에서 로마서 1:29-32에 언급된 목록이 나온 것이다. 현 세계 조직에서(A.D. 33 - A.D. 1999) "돈을 사랑하는 것이 모든 악의 뿌리"(딤전 6:10)이며, 이 본문을 NASV(모든 판)와 RSV(모든 판)에서 발견할 수 있는 내용으로 변개시킨 것은 죄의 뿌리가 항상 지하실보다 더 깊다는 세상에서 가장 확실한 증거이다. "개정 위원회"는 항상 재정 소득 때문에 "성서들"을 팔려고 한다. 교단에 속하지 않은 협회들이 성경 교리를 타협하는 이유는 소득 때문이다. 요한복음 3:16과 로마서 12:12의 주요 골격을 저지하면서 진리가 텔레비전에서 설교되지 못하도록 하는 것도 소득 때문이다. 거리의 사람들, 마약 문화, 저등급의 영화, 주류 판매, 음란 서적을 만들어내고 칼 마르크스의 가르침을 정치에 적용하는 것도 모두 소득 때문이다. (개정 위원회가 돈을 버는 것이 아니라고 하지 말라. 그들은 하나님의 말씀을 왜곡시킴으로써 "자격을 갖춘 권위자들"로 높임을 받고 세워짐으로써 그들의 소득에 영향을 미치게 된다. 우리를 속이려 하지 말라. 그런 사람들이 손톱을 만지작거리고 머리 손질을 끝내는 동안 우리 중 몇몇은 나무를 가지치기 하고, 그물을 수리하고, 회의론의 탱크를 완전히 청소하고, 구덩이를 파고, 바위를 던지고 토지를 경작했다.)

오늘날 현대의 보수주의와 복음주의 학자들이 성경에 반응하는 태도는 하나님께서 이스라엘을 쓸어버리시기 전에 예루살렘 거민이 보인 태도와 일치한다. 『**네가 주의 이름으로 우리에게 고하였던 그 말에 대하여 우리가 네게 경청하지 아니하리라**』(렘 44:16). 이것은 정확히 노아 시대의 사람들이 노아가 방주의 이물 쪽에서 설교했던 메시지에 보였던 반응이다.

『**보라, 그들의 복이 그들의 손에 있지 아니하며**』(16절). 우리에게 어떤 복이 있다면(롬 3:12) 그 복의 창시자는 우리가 아니라 하나님이시다(갈 5:22). 8-12절의 복은 하나님께로부터 온 것이다(약 1:17). 욥은 이것을 알고 있다. 그의 주장은 이렇다. "하나님께서 악인들에게 이런 모든 복들을 주시는데도 그들은 그것을 얻은 공을 자기 자신들에게 돌리는데 내가 이런 본을 따라야 한단 말인가? 『**악인의 계획은 내게 멀리**』(16절) 있기 때문에 그럴 수 없다." 욥이 하나님께 자신에게서 떠나시라고 한 말에는 (욥 21:14) 죄가 없다. 왜냐하면 악인들이 하나님께 자신들을 떠나 달라고 말한 이유와는 그 이유가 다르기 때문이다. 엘리파스와 빌닷과 소팔이 이런 생각을 한다면 욥은 그들의 마음을 읽을 수 있기 때문에(욥 21:17) 확실한 말로 그들을 바로잡아 주려 할 것이다.

21:17 악인의 촛불이 얼마나 자주 꺼지랴? 그들의 멸망이 그들에게 얼마나 자주 임하랴? 하나님께서는 그분의 진노 속에서 슬픔을 나눠 주시는도다.

18 그들은 바람 앞에 그루터기 같고 폭풍에 휩쓸려 가는 쭉정이 같도다.

19 하나님은 그의 자녀들을 위해 그의 죄악을 쌓아 두셨다가 그에게 보상하시니 그가 그것을 알게 되리라.

20 그는 자기 눈으로 자기의 멸망을 볼 것이요, 전능하신 분의 진노를 마시게 되리라.

21 그의 달수가 중간에 끊기면 그가 없는 그의 집에 무슨 기쁨이 있겠느냐?
22 그분은 높은 데 있는 자들을 심판하시나니 누가 하나님께 지식을 가르치겠느냐?
23 어떤 사람은 기력이 왕성할 때 아주 평안하고 안락한 가운데 죽나니
24 그의 가슴은 젖으로 가득 차고 그의 뼈는 골수로 차 있으며
25 또 어떤 사람은 자기 혼의 쓰라림 속에서 죽으며 기쁨으로 먹지 못하는도다.
26 그들이 다 같이 흙 속에 눕고 벌레들이 그들을 덮는도다.

17절부터 21절까지는 다시 적그리스도를 언급한다(욥 20:5-29 주석 참조). 하나님께서는 매일(요 3:36) 악인에게 분노하신다(17절). 적그리스도와 그를 따르는 무리는 그루터기와 쭉정이처럼 바람에 날려가 버릴 것이다(단 2:35). 그리고 재림에는(계 16:21, 시 68:7,8) 폭풍이 수반될 것이다(욥 21:18). 하나님께서는 사탄의 자녀들을 위해 불의를 저축해두시며(롬 2:5), 적그리스도와 사탄에게 그들 면전에서 보상하실 것이며, 그들도 이것을 알게 될 것이다(계 19:20). 그는 재림과(계 6:17) 영원에서(계 20:10) 『**전능하신 분의 진노를**』(20절) 마시게 될 것이다. 그의 달수는 중간에 끊길 것이다(21절). 왜냐하면 이 날들을 계산하는 데는(계 12:12) 변수가 작용할 것이기(단 12:11,12) 때문이다. 그래서 하나님만이 그 정확한 숫자를 아신다(마 24:36). (이 숫자에 관해서는 단 30cm도 M.E. 화이트를 따르지 말라. 그녀는 러셀 목사나 러더퍼드 판사처럼 자신이 하는 말이 무슨 뜻인지도 모른다.)

여기서부터 욥은 악인뿐만 아니라 선한 사람들도 죽으며(23,25절), 늙은 사람들뿐만 아니라 젊은이들도 죽는다(24절)는 생각으로 넘어간다. 하나님께서는 『**높은 데 있는 자들을 심판**』(22절)하시기 때문에, 비록 다양한 죽음으로 인해 사람들이 인생에는 계획도 목적도 없다고 생각할 수는 있지만, 하나님께서는 죽음에 관해서 어떠한 실수도 하지 않으신다. "높은 데 있는 자들"(22절) 중 일부는 왕들과 대통령들보다 300,000마일에서 20,000,000마일 더 높은 곳에 있다(사 24:21). 그리고 그들은 "이 세상 신"(고후 4:4)의 지배하에 있는 "정사들과 권세들"(엡 6:12)로 불린다. 여기에 언급된 자들은 이 땅의 용사들을 말한다.

욥이 24절에 이르자 학자 연맹은 다시 산산이 부서지고, 방에는 온통 단추, 지퍼, 헝겊, 조각들, 옷이 도처에 널려 있게 된다. 상식과 논리와 이성적 힘과 문학적 힘을 이렇듯 가련하게 산산이 부서 버리는 것을 또다시 보기 전에 24절은 욥기에 나오는 여느 비유적 진술처럼 명백히 비유적 표현임을 주지하는 바이다.

실제 문자 그대로 적용되는 구절들을 비유적으로 해석하고(막 7:17-22) 비유적 구절들을 문자적으로 해석하는(마 16:8; 26:28) 사람들은 (카톨릭이 선두주자이다.) 적그리스도, 지옥, 불못, 심판, 죄, 죽음, 이스라엘을 다루는 실제 그대로의 구절들은 "긍정적 기독교계"의 이익에 대치되기 때문에 비유적으로 (혹은 영적으로) 해석되어야 한다고 생각한다. 그런 다음 비유적 구절들은 문자적으로 해석할 수 없으면 변개시키는 것이다. 즉 본문에 있는 것 외에는 어떤 것이라도 괜찮고 성경 외에는 그 어떤 것이라도 좋다고 생각한다.

[이렇게 성경을 왜곡시켜서 생겨난 학교가 바로 판테누스, 클레멘트, 오리겐이 알렉산드리아에 세운 철학 학교이다. 여기서 성경을 파괴시키기 위해 밥존스대학의 커스터 박사가 추천하는 필사본인 바티칸사본과 시내사본이 양산되었다.]

문자적으로 해석될 수도 없고 문자적 해석을 의도하지도 않은 욥기에 나오는 비유적 구절들을 독자들 스스로 주시해 보기 바란다. 욥은 단순히 이 사람들을 물리쳤는가?(욥 19:12) 이들이 거기 서 있는 무장한 사람들이라면 욥 외에는 어떻게 해서 아무도 이들을 볼 수 없었는가? 악을 씹어서 삼킬 수 있는가?(욥 20:13) 그렇다면 왜 주 예수 그리스도께서는 그렇지 않다고 말씀하셨는가?(막 7:15-23) 누가 독사의 독을 빨아내고자 하겠는가?(욥 20:16). 실제로 그렇게 한다면 그 사람들은 죽을 것이다. 활이나 활에서 나온 화살이 욥을 관통시켰는가?(욥 20:24) 돌이 녹는다고 해서 동이 생기지는 않는다(욥 28:2). 욥기 29:3,6,17과 30:22을 참조하라.

오늘날 "영감받은 원본"은, 정신이상 증세를 보이는 바보 외에는, 그 누구에게도 "최종 항소 법정"이 되지 못한다. 이를 아는 성경을 진지하게 공부하는 학도라면 이런 접근 방법은 실제 지옥, 실제 하늘나라, 실제적 성육신, 실제적 부활, 그리고 실제 심판을 부인하기 위해 회의론자와 불신자가 사용하는 방식임을 알 것이다. 그러므로 수많은 구절들을 옳게 해석하는 것과 그르게 해석하는 것 사이의 구분은 너무나 미묘해서 하나님의 말씀을 믿고, 그 말씀의 저자를 신뢰하지 않고서는 "원어"에 관해 아무리 많은 교육과 "훈련"을 받는다 해도 죄인은 올바른 방법을 이해할 수가 없다.

욥기 21:24는 육체적으로 건강한 상태에 있는 사람이 죽는 비유적 구절임이 아주 명백하기 때문에 이 구절을 실제로 설명해야 할 필요는 전혀 없다. 그러나 보수주의 "얼간이들"의 광기는 그 구절을 비유적으로만 해석하도록 내버려 둘 수가 없었다. 〈킹제임스성경〉 번역자들이 어리석거나 아니면 거짓말쟁이들이거가 둘 중 하나라고 주장을 하면서 "자격을 갖춘 비평가들"은 (그들 40,000명 모두가) 신문지를 갉아먹는 북미산 쥐들의 무리들처럼 성경을 갈가리 찢는 작업을 한다.

1. 여호와의 증인(*New World Translation*, 신세계 역본)은 그 사람의 "허벅지가 비만으로 가득하다."고 말한다.

2. 확대성경(*Amplified Bible*, 로크만재단)은 "그의 양동이들에는 우유가 가득 차 있다."고 말한다.

3. 부패한 ASV(1901)은 "그의 양동이들에는 우유가 가득 차 있다."고 말한다. (제미에슨과 포셋과 브라운도 이 본문을 따른다.)

4. 〈리빙바이블〉은 "살찐... 사람들은"이라고 말한다.

5. 더멜로우(Dummelow)는 "우유 양동이들"이라고 말한다.

6. 벌게이트(*Vulgate*)는 "그의 장기는 비계로 가득 차 있다."고 말한다.

7. 칠십인역은 "그의 장기는 비계로 가득 차 있다."고 말한다.

8. RV(1884)는 "그녀의 가슴은..."이라고 말한다.

9. 움브라이트(Umbreit)에게는 "그의 소떼들이 쉬는 곳이나 사육장"이 있다.

10. 게제니우스(Gesenius)는 "그의 가축은 우유를 풍성히 낸다."고 말한다.

11. 클라인과 헤브너는 어렵다는 것을 감지하고 이 구절에 대한 언급을 회피한다.

성경에 수십 개의 비유적 구절들이 있으며 그것들을 알아보는 데는 특별한 훈련이나 총명함이 요구되지 않는다. 그런데 무엇 때문에 진리에서 이렇게 심하게 이탈한다고 생각하는가? 지옥에 있는 불은 명백하게 실제 불이다(마 13:40). 또한 "미사"는 그리스도께서 직접 그 용어를 정의 내리신 것으로 보아(요 6:57) 분명히 비유적 표현이다(고전 10:16,17). 그런데 어떻게 해서 몇몇 괴짜들이 욥기 21:24를 너무 심하게 뒤틀어 놔서 다시 원래 상태로 되돌릴 수 없게 만들어 놨는가? 누구라도 이 구절이 비유적임을 알 수 있는데도 말이다. "우유 양동이들"이라고? 그 정확도는 얼마나 되는가? 나는 우유를 넣어서 운반하는 것은 병들(bottles)이라고 생각했는데(판 4:19). 모두들 발작을 일으킨 단어인 "가죽 부대(skin bottles)"(눅 5:37)를 기억하고 있는가? 이런 모든 것은 하나님께서 마셜을 시궁창에 처넣으신 후에 네슬판이 계속해서 팔릴 수 있도록 하기 위해 그가 네슬 본문에 킹 제임스 본문을 집어넣었을 때 풍기던 냄새가 아닌가? 그렇다. 그건 악취였다. 그런데 1880년 저 끝으로 도망했던 (그리고 다시는 강둑으로 되돌아오지 못한) 교육받은 나귀들이 (그렇다. 태어날 때부터 거짓말쟁이들이었기 때문에 이 "단어에 반대할 것이다.") 그것은 "양동이들"이었다고 우리에게 말하려 하는 것이 아닌가? "그의 양동이들은 우유로 가득 차 있다."("소"가 만들어낸 생산물 언급)에 "그의 뼈들은 골수로 가득 차 있다."("인간"의 실제 몸 언급)라니? 두 개의 시적 구가 서로 일치하지 않는다고 잠언을 완전히 뜯어고친 이와 동일한 얼간이들 무리를 기억하는가? 물론이다. 의심의 여지가 없다. "너희만 사람들이라." 잠언 18:12; 21:20; 28:11 등에서도 이들의 광기를 보게 된다. "분명히 지혜가 너희와 함께 죽었구나!" 억지로 문자적으로 해석하기 위해 그 구절을 여전히 쳐다보면서 "뼈는 골수로 차 있으며"를 "뼈들 안에는 골수가 있다"로 새롭게 번역하지 않은 이유를 당신의 "유명한 나귀들"이 설명 좀 해 주지 않겠는가? 『**혼의 쓰라림**』(25절)이 "우유로 가득 찬 양동이들"(24절)과 조화가 되는가? 왜 그건 고치지 않는가? 그렇게 하고 싶지 않은가? 케네스 테일러는 그것도 고쳤다!

너희 눈멀고, 거짓말쟁이이며, 일관성이 없고 위선적인 "그리스도인" 간섭쟁이들을 따라가기 전에 우리는 모스크바나 로마로 되돌아갈 것이다. 최소한 그들은 자신들의 권위를 체포와 고문과 무기로 강요했다. 24절은 시편 75:10; 96:12; 107:26-28; 69:9; 73:9; 130:8 등과 같이 정확히 비유적 구절이다. 이것은 히브리 시에서도 매우 일상적으로 나오기 때문에 눈먼 바보만이 욥기 21:24를 함부로 바꾸고자 한다. 플로리다에 있는 모든 똑똑한 사람들의 심장이 가슴의 오른편에 있다고 생각하는가? 이것이 전도서 10:2가 말하는 바이다. 그 구절을 있는 그대로 본다면 (그리고 욥기 21:24를 비평하는 모든 비평가들이 그 구절을 그런 식으로 본다면) "과학적 연구"라는 이름으로 욥기 21:24를 문자적으로 해석하려고 하는 사람은 도대체 무엇을 하고 있는 건가?

공인 본문이 옳다. 사람들이 그 본문을 고칠 만큼 똑똑하게 되는 날은 (스튜어트 커스터와 로버트 섬너처럼) 그 사람의 가르침과 설교에서 하나님의 거룩한 영께서 기름부으신 신선한 기름부음이 사라지고 메디슨가의 광고업자들이 직업적으로 투덜거리는 소리가 들리는 날이 될 것이다. 커스터, 닐, 갓하드, 밥 존스 2세, 잉글리쉬, 데이비스, 와필드, 조디아테스, 티메, 웨스트가 공인 본문을 고칠 때 영적 분별력이 있는 사람은 누구라도 죽음의 숨결이 푸른 줄기와 익은 과일을 시들게 하는 살상의 바람과 함께 청중들 위로 불어오는 것을 느낄 수 있다. 오늘날 미국에서는 죽음의 사역이 아주 일반화되어 있다. 그들은 십자가에 못 박힌 성도의 죽음의 삶(롬 6장)과는 전혀 상관이 없다. 그들은 교육받은 배교자의 신선한 육신이 거짓말을 하고 욕을 하고, 속이고 그리스도인 교육을 "최종 항소 법정"으로 만들기 위해 살상을 일삼는 것과 관계된다. 입수할 수도 없고, 알 수도 없고, 읽을 수도 없으며 볼 수도 없는 "원본"에 권위를 부여하면서 이런 일을 하는 것이다. 학자가 거짓말을 하고 있는지 아무도 조사를 할 수 없기 때문에 전능하신 하나님의 말씀을 바로잡기 위해 시내사본과 바티칸사본(네슬과 메츠거 본문)을 사용하면서 계속해서 밀어붙이는 것이다.

21:27 보라, 내가 너희의 생각을 알고 너희가 나를 거역하려고 그릇되이 구상한 계략을 아노라.

28 너희가 말하기를 '통치자의 집이 어디 있느냐? 악인의 거처가 어디 있느냐?' 하는도다.

29 너희는 길 가는 사람에게 묻지 아니하였느냐? 너희는 그들의 표식을 모르느냐?

30 즉 악인이 멸망의 날까지 보존되는 것을 알지 못하느냐? 그들은 진노의 날에 불려 나가게 되리라.

31 누가 그의 길을 그의 면전에 선포하랴? 누가 그가 행한 것을 그에게 갚아 주랴?

32 그러나 그는 무덤으로 옮겨져서 묘지에 남게 되리라.

33 골짜기의 흙덩어리가 그에게는 달겠고 그보다 앞서 간 자들이 무수한 것같이 모든 사람이 그를 뒤따르리라.

34 너희의 대답 속에 거짓이 남아 있음을 보는데 너희가 어찌 나를 헛되이 위로하려느냐?" 하니라.

다시 욥은 교리적으로 적그리스도에 관한 언급을 한다(28-33절). (욥은 최소한 자기 자신에게) 누구라도 어떤 형태의 상황에서나 그 자리에서 죽을 수 있음을 증명했다(23,25절). 현재 욥의 묶인(욥 17:14) 벌레들과 흙은(26절) 그가 경건하지 않다는 것을 증명하지 못한다. "너희가 말하기를 '통치자의 집이 어디 있느냐?... 악인...?"(28절) 이런 식으로 말할 수 있다. "욥, 네가 중요 인물이라면 네 집은 어디 있는 거지? 너의 가족과 너의 거처가 모두 찢겨서 산산조각이 난 걸로 판단해 보건대 네가 악인임을 우리는 알고 있어." 『**너희는 길 가는 사람에게 묻지 아니하였느냐?**』(29절) 물론 그들은 물었다. 이는 엘리파스(욥 15장)와 소팔이(욥 18장)이 방금 악인의 진로, 운명, 종말을 진술한 것으로 알 수 있다. 그러나 욥의 마음에는 엘리파스와 소팔보다 더 많은 뭔가가 있다. 욥은 악인의 표시는 『**악인이 멸망의 날까지 보존되는 것**』(30절)이며 악인은 "진노의 날에 불려 나가게 되리라."(30절)고 말한다. 이 말은 베드로후서 3:4,7과 요한계시록

20:11-14, 이 두 부분과 정확히 일치한다. 바로 거기서 사탄은 응징될 것이다(마 25:41). 욥의 논리는 건전하다. "내가 비록 앞으로의 적그리스도처럼(겔 21:25) 악한 통치자라(28절) 할지라도 내 집은 여전히 서 있을 수 있으며, 내 거처는 여전히 타지마할의 거처처럼 잘 보존될 수도 있다." 악인의 가정과 집들이 꼭 그의 생전에 파괴되는 것은 아니다(9절). 왜냐하면 악인은 보존되어 나중에 정해진 것이 있기 때문이다. 하나님께서 악인의 생애에 17절을 행하시는 것만은 아니다. 때로 악인의 몫은 23절이다. 겉으로 드러난 모습은 속일 수 있다.

『**누가 그의 길을 그의 면전에 선포하랴? 누가 그가 행한 것을 그에게 갚아 주랴?**』(31절) 욥기 40:15("비히못")에서처럼 적그리스도가 어떻게 해서 "그"(31절)로 언급됐다가 그 다음에는 동시에 "그들"(30절)로 언급되는지 잘 살펴보라. 그러나 모든 적용이 다 들어맞지는 않는다. 왜냐하면 적그리스도는 산 채로 불못에 던져지며(계 19:20), 그는 "무덤에 남게"(32절) 되지 않기 때문이다. 욥의 질문들(31절)이 암시하는 바는 이생에서는 어느 누구도 악인에게 올바른 정의의 몫을 갚아줄 수 없다는 것이다. 이 문제에서는 인간은 하나님의 거룩하심을 이해할 수 없다. 그래서 인간은 항상 죄에 대한 심판을 "줄이거나" 희석시키는 경향이 있다. 예를 들어, 지상의 어느 누구도 올바른 정신 상태라면 과수원에서 과실 한 조각을 훔친 사람에게 사형을 선고하지는 않을 것이다. 그러나 아담은 이런 범죄 때문에 사형에 처해졌을 뿐만 아니라 그의 모든 씨도 사형 선고를 받았다(롬 5장). "진노의 날"에는 하나님을 제외하고는 그 누구도 악인에게 그들에게 합당한 "몫"(롬 2:5,6)을 줄 수 없다.

심판이 연기된다 해도 "그는 무덤으로 옮겨질" 것이다(32절). 악인이든 의인이든 죽음의 심판에서 벗어날 자는 아무도 없다(전 12:14). 의인이나 악인이나 “모든 사람이 그를 뒤따를”(33절) 것이며, 의인이나 악인이나 그 앞에 간 무수한 사람들이(33절) 같은 곳으로 갔다(전 9:2,11). 『**너희의 대답 속에 거짓이 남아 있음을 보는데 너희가 어찌 나를 헛되이 위로하느냐?**』(34절) “내 상황에 대해 거짓말을 하면서 어떻게 나를 위로할 수 있다고 생각하느냐? 나에게 일어난 일은 누구에게나 일어날 수 있는 일이므로 나의 현 상태가 나의 사악함 때문이라고 비난할 수는 없다.” 이 말은 모두 사실이지만 고통을 당하는 이유는 다르다. 그리스도인이 고통을 당하는 이유는, 그로 하여금 동정적이 되도록 하기 위해서이고(고후 1:1-4), 하늘나라가 더 실제적이 되도록 하기 위해서이며(골 3:1-3), 더 많은 열매를 맺도록 하기 위해서이고(요 15:1-6), 겸손하도록 하기 위해서이며(고후 12:5-7), 하나님의 은혜가 족함을 보여 주기 위해서이다(빌 4:13). 반면 구원받지 않은 사람은 한 가지 이유, 즉 오직 한 가지 이유 때문에 고통을 당한다(롬 2:1-5). 즉 하나님께서는 그가 지옥에서 고통당하는 것을 원치 않으신다. 그래서 그가 겪는 고통을 통해서 그의 눈이 열려서 자신의 의가 자신을 구원할 수 없으며, 하나님의 값없는 칭의와 구원이 필요함을 알게 되는 것이다. 비록 개인적인 의와 도덕적으로 품위를 지키는 것이 대단한 일이기는 하지만, 하나님과 마귀 사이에서 “동기들”(motives)에 관해 시합을 하게 되면(롬 10:1-4) 이런 것들은 전혀 신뢰할 수 없다는 것을 욥은 지금 배우고 있다. 즉 욥은 카톨릭 교황이나 캠벨주의자 “목사”가 결코 발견할 수 없는 뭔가를 지금 배우고 있는 것이다.

1. 확대성경(로크만재단)은 12,19,24절을 엉망으로 만들어 버렸다.

2. 케네스 테일러(〈리빙바이블〉)는 12,22,31,32절을 엉망으로 만들어 버렸다.

3. 여호와 증인 성경(신세계 역본, NWT)는 9,11,13,24,33절을 엉망으

로 만들어 버렸다.

4. ASV(모든 판)는 19,21,24,32절을 엉망으로 만들어 버렸다.

이들 "자격을 갖춘" 변개 요원들이 공인 본문을 끝없이 뒤틀어버리는 것을 열거하기 위해 종이를 낭비하는 것은 오늘날처럼 종이 값이 비싼 때에 "묵과할 수 없을 만큼 부끄러운 일"이다. 이들의 이런 행동은 소련 비밀경찰과 게슈타포조차도 저리 가라 할 정도다. 영어 본문에서는 모든 것이 완벽할 만큼 분명하다. 하나님께 뭔가를 가르칠 수 있는 사람은 아무도 없으며(22절), 바울도 또한 이것을 확증한다(롬 11:34). 『**길 가는 사람**』(29절)은 세계 도처를 여행해서 "외판원"처럼 지식이 축적된다. 그들은 회계의 날이 다가오고 있음을 안다. 하나님께서는 지상에 태어난 모든 사람(요 1:9)의 마음과 혼에 이 진리를 본능적으로 심어놓으셨다. 지상의 모든 인종, 종족, 국가, 언어에서 수집된 모든 증거는 언젠가 최후의 심판이 있을 것임을 보여 준다. 33절은, 테일러가 억측을 부리는데 제미에슨과 포셋과 브라운(Ibid., 54쪽)을 그대로 베끼고 있기는 하지만 다시 비유적 표현이다. "달콤한 흙덩이"와 "달콤한 벌레들"(욥 24:20)이란 표현을 둘 다 사용한 사람은 욥이기 때문에 이 두 가지 표현은 욥의 고난이라는 문맥 속에서 이해되어야 한다. 두 번 다 힘들고 쓰라린 아이러니 속에서 이 진술을 한 것이므로 이 둘 중 하나라도 고치고자 하는 것은(오리겐과 유세비우스가 칠십인역에서 이것들을 어떻게 엉망으로 만들어 놨는지 참조) 그 학자가 어떤 인물인가만을 보여 줄 뿐이다. 즉 그 학자는 보통 사람들에 대한 지식이 거의 없거나 보통 사람이 고통에 어떻게 반응하는지에 대해 전혀 알지 못하는 미숙한 풋내기이다.

욥기 22장

22:1 그러자 테만인 엘리파스가 대답하여 말하기를

2 "현명한 사람이 자신에게 유익할 수 있는 것처럼 사람이 하나님께 유익할 수 있겠느냐?

3 네가 의롭다는 것이 전능하신 분께 무슨 기쁨이 되겠느냐? 네가 네 길들을 온전하게 한다고 해서 그분께 어떤 이익이 되겠느냐?

4 그분이 네가 두려워 너를 책망하시겠느냐? 그분이 너와 함께 심판에 들어가시겠느냐?

5 네 사악함이 크지 아니하냐? 네 죄악이 끝이 없지 아니하냐?

엘리파스가 세 번째로 다시 등장한다. 그는 즉시 욥을 이익에만 관심이 있는 욥기 21:15의 악인으로 분류한다. 엘리파스가 『**현명한 사람이 자신에게 유익할 수 있는 것처럼 사람이 하나님께 유익할 수 있겠느냐?**』(2절)라고 말한 데서 그 사실을 알 수 있다. 즉 사람이 판단을 훌륭하게 하고, 문제들을 다루는데 지혜와 신중함을 행사한다면 그 사람에게는 어느 정도 유익이 될 수 있지만(전 5:18-20) 그 일이 하나님을 위해 무슨 유익이 있단 말인가? 사람이 그렇게 한다고 해서 하나님의 은행 예금이 늘어나는가? (욥기 34:9와 35:7,8에서 엘리후가 이런 말을 반복하는 것을 주의해 보라.)

『**네가 의롭다는 것이 전능하신 분께 무슨 기쁨이 되겠느냐?**』(3절) 하나님께서는 우리가 의롭기를 원하시지만 "우리의 모든 의는 더러운 걸레"(사 64:6) 같기에 하나님이 직접 그것을 수습하셔야만 했다(롬 3:20-26). 『**네가 네 길들을 온전하게 한다고 해서 그분께 어떤 이익이 되겠느냐?**』(3절) 사람들이 "이익"으로 여기는 그런 물질적, 물리적 이익의 의미가 아니다. 그러나 대적자와 마주 대하게 되면(신 32:37, 잠 27:11), 주 하나님께서는 대적자 즉 고소자(고전 10:6-12)에게 어쩔 수 없이 동의하셔야만 할 때(삼하 12:7)보다는 욥의 경우에서처럼(욥 1:8) 우리에 대해 자랑하실 수 있을 때(고전 4:5) 항상 더 기뻐하신다.

『**그분이 네가 두려워 너를 책망하시겠느냐?**』(4절) 책망과 견책으로 저지시키지 않으면 여러분이 무슨 짓을 저지를지 염려해서 하나님께서 밤에 깨어 계신다고 생각하는가? 『**그분이 너와 함께 심판에 들어가시겠느냐?**』(4절) 이것이 욥이 질문했던 것이다(욥 13:18,22,23). 그러나 시편 143:2은 어떤가? 그리고 로마서 3:4은 어떤가? 『**네 사악함이 크지 아니하냐? 네 죄악이 끝이 없지 아니하냐?**』(5절) 그렇지 않다. 그러나 사람의 불의는 무한하신 하나님을 대적해서 범한 죄들이라는 의미에서 볼 때 "무한"하다. 그러나 엘리파스는 이런 의미로 이 용어를 쓰고 있는 것은 아니다. 엘리파스는 바리새인들이 요한복음 9:24와 누가복음 7:39에서 이 단어를 사용한 것처럼 이 말을 사용하고 있다. 뒤이어 나오는 비난으로 볼 때 분명하다.

22:6 이는 네가 까닭없이 네 형제의 저당물을 취하고, 헐벗은 자의 옷을 벗겼음이니
7 네가 곤비한 자에게 마실 물을 주지 않았고 배고픈 자에게 빵을 주지 않았도다.
8 그러나 권세 있는 자는 땅을 소유하였고 존귀한 자가 거기서 살았도다.
9 너는 과부들을 빈손으로 보냈고 아비 없는 자들의 팔을 꺾었도다.
10 그러므로 덫들이 너를 둘러 있고 갑작스런 두려움이 너를 불안하게 하며
11 또한 어두움이 너로 볼 수 없게 하고 많은 물들이 너를 덮는도다.

욥에 대해 사실이 아닌 말을 한 적이 있다면 바로 이 부분이 그렇다. 욥은 의를 위하여, 그리고 선을 행하다가 고난을 당하고 있는데도(벧전 3:14-17) "갖은 악한" 말로 거짓되이 비난을 받고 있다(마 5:11). 욥은 어떤 사람의 『**저당물**』(6절)을 취한 적도 없으며, 누군가의 옷을 벗긴 적(6절)도 없다. 하나님께서 욥을 책망하실 때 이런 죄들(욥 38,39장)에 대해서는 단 한 번도 욥을 책망하시지 않는다. 그는 욥기 31:17에서 그 문제에 대해 언급한 것처럼 곤비한 자에게 물을 주었고(7절), 배고픈 자에게 빵을 주었다(7절). 다니엘의 칠십째 주에 해당하는 마태복음 25:35-38과 야고보서 2:1-16의 대환란 때 해야 할 일에 복종하며 욥은 최소한 그 사회의 눈으로 볼 때는 전혀 책망받을 것이 없는 도덕적인 삶을 살았다. 그는 일생 동안 단 하루도 과부를 빈손으로 보내거나(9절) 『**아비 없는 자들**』(욥 31:21)의 팔을 꺾은 적이 없었다. 『**그러므로 덫들이 너를 둘러 있고, 갑작스런 두려움이 너를 불안하게 하며**』(10절)라고 엘리파스가 말했는데 그것은 새빨간 거짓말이다. 시편 기자와 요나처럼(시 69편, 욘 2:3) 욥이 하나님의 진노 아래 잠긴 것은(11절) 명백한 악행 때문이 아니다. 하나님이 직접 욥의 편을 드시며 이것을 증거하셨다(욥 2:3).

엘리파스는 거짓 고소자이며 대적자인 사탄의 자리에 서 있다. 우리가 우리의 형제들을 소문과 풍문과 추측과 카톨릭 전통과 천박함에 근거해서 분명히 죄된 행동들을 했다고 고소할 때 우리는 일시적으로 갈라질 발굽이 되고(겔 1:7; 28:14), 죽음의 무도에 북들과 관악기들을 연주하는 꼴이 된다(겔 28:13). 엘머 러밍어(밥존스대학)는 이런 편지를 쓴다. 즉 "럭크만"은 수십 명의 학생들에게 밥존스대학에 가라고(1970-1975) 추천을 한 직후 "밥존스대학의 원수"가 되었으며, "럭크만"은 "영감"에 대한 밥존스대학의 입장을 비방하고 있으며, 그는 〈킹제임스성경〉이 "최초의 필사본"이라고 가르치고 있다는 것이다(1975년 서신 참조). 그는 추악하고 위선적인 게하시처럼(왕하 5:25) 순전히 거짓말을 하고 있는 것이며 명예훼손을 저지르고 있는 것이다. 장성한 어른들이 그런 식으로 거짓말을 하다니 정말 부끄러운 줄 알아야 한다. "정통주의 요새"라는 곳의 "성경 학부의 장"에게서 나온 생각이 그런 식으로 "형제들"을 비방하는 것이라니! 우리는 결코 성경에 대한 밥존스대학의 입장을 잘못 제시한 적이 없다. 그들의 "입장"은 존 R. 라이스, 구아센, 컬버트슨, 스미스, 토레이, 잉글리쉬, 데이비스, 트렌치, 빈센트, 로버트슨, 티메, 조디아테스, 웨스트코트, 홀트 등의 입장과 같다. "아주 먼 옛날에 하나님께서 자신이 보존하실 수 없는 책을 한 권 쓰셨다. 그래서 그 책을 가지고 있는 사람은 아무도 없다. 그 동안 우리가 프로테스탄트 개혁 성경인 〈킹제임스성경〉을 예수회의 로마카톨릭 헬라어 본문(1582)으로 바로잡아 놓겠다." 이 사실을 믿지 못하겠으면 내가 방금 열거한 사람들에게 가서 말을 걸어 보라. 내가 추악하고 하나님을 강탈하는 거짓말쟁이를 비방한다고 나를 비난하지 말라. 위에 열거한 사람들은 모두 시내사본과 바티칸사본의 헬라어 본문으로 〈킹제임스성경〉을 수정한다. 그것은 로마카톨릭 교회의 예수회 림즈 성경의 헬라어 신약이다(필사본 증거 참조). 살아 있거나 죽었거나 모든 학자를 통틀어도 이와 다른 식의 주장을 증명할 수는 없었으며 앞으로 증명하지도 못할 것이다. 비방을 하고 그리고 또다시 "비방"을 해댄다. 대적자는 "거짓" 고소자(요 8:40-44)이다. 그가 성경을 머리 위로 흔들며 "이 성경이 진리가 아니라면(〈킹제임스성경〉을 허공에 흔들며), 우리에게는 어느 곳 어떤 죄인에게도 설교할 것이 없다."라고 소리 지른다. 그리고 곧바로 돌아서서, "영어...에는 거의 오류의 여지가 없다...그렇지만 모든 단어가 정확하다는 것을 확신할 수 있다." 그러고 나서 "내 아버지도 이 성경을 믿었고, 내 어머니도 이 성경을 믿었으며, 하나님께 감사하게도 나도 이 성경을 믿는다!"고 소리지른다. 그런 다음에 재빨리 덧붙인다. "이 성경에 오류가 있다고 말하는 사람은 누구나 이것이 하나님의 말씀이 아니라고 말하는 것이다." 그런 다음 전보다 더 빨리, "사도행전 8:37은 그곳에 있어서는 안 된다. 그리고 요한계시록 22:4는 틀렸으며 그리고... 등"이라고 말한다. 그리고는 마침내, "성경은 바로 하나님의 말씀이며... 바로 하나님의 말씀이다."(〈주의 칼〉, 1975. 10. 10.)라고 말한다. 좋다. 성경은 "하나님의 말씀이며" 그리고 "바로 하나님의 말씀"이다. 이 말씀을 그들의 "어머니와 아버지"가 믿었다. 그러나 그 성경은 사실은 진짜 하나님의 말씀이 아니다. 왜냐하면 엄마와 아빠에게는 "원본"이 없었으며, "원본"만이 바로 하나님의 말씀이기 때문이다. 이런 말이 맞는가? 우리가 인용하고 있는 것은 하나님의 말씀이 아니며, 바로 그 하나님의 말씀들이 아니라는 것이다. 우리가 인용하고 있는 성경은 그들의 엄마와 아빠가 읽고 믿었던 성경이다!

22:12 하나님께서는 하늘의 높은 데 계시지 아니하냐? 별들의 높음을 보라, 별들이 얼마나 높이 있는지!

13 그러나 네가 말하기를 '하나님께서 어떻게 아시겠느냐? 그가 어두운 구름을 통하여 심판하실 수 있겠느냐?
14 짙은 구름이 그를 가리니 그가 보지 못하고 그는 하늘의 주위를 거니는도다.' 하는구나.
15 너는 악인들이 밟던 옛 길을 지켜보았느냐?
16 그들은 갑자기 끊어졌고 그들의 기초는 큰 물에 휩쓸려 버렸도다.
17 그들이 하나님께 말하기를 '우리를 떠나소서.' 하였으니 전능하신 분께서 그들을 위하여 무엇을 하실 수 있겠느냐?
18 그러나 그분은 좋은 것으로 그들의 집을 채웠지만 악인의 계획은 내게서 멀도다.
19 의인은 그것을 보고 기뻐하며 무죄한 자는 그들을 조롱하여 비웃는도다.
20 우리의 가진 것은 끊어지지 아니하였어도 불이 그들의 남은 것을 소멸시키는도다.

엘리파스는 계속해서 욥을 비방한다. 그는 욥을 하나님께서 자신들이 하고 있는 일을 모른다(13절)고 생각하는 사람들과 같이 분류시키고 있으며, "실용적"이지 않으면(17절) 하나님을 믿지 않는 사람들과 같이 분류시키고 있다. 즉 엘리파스는 욥을 듀이, 러셀, 에피쿠로스, 사르트르, 하이데거, 아인슈타인, 그리고 미국의 교육 제도를 통제하고 있는 국제 사회주의자들과 같은 부류로 분류하고 있다.

하나님은 하늘의 높은 곳에 계신다(12절). 반면에 그분이 지으신 우주의 높이와 깊이로 인해(엡 3:18 주석 참조) 점성술사에게 자문을 구하는 사람들의 상상은 이리 저리 흔들린다. 이사야 57:15의 "높고 거룩한 곳"은 알파 드라코니스 저 너머에 있으며(시 75:6,7), 하나님께서는 구원받지 않은 사람은 그 누구도 "유리 바다"(계 4:1-6)의 2,000,000광년 이내로는 로켓을 쏘아 올리거나 그와 같은 어떤 것도 보내지 못하게 하셨다. "별들의 높음"(12절)에 많은 주의를 기울인다면 넋을 잃게 될 것이다. 가장 가까이에 있는 별(프록시마 센터우리)이 바로 저 너머에 있다 – 25,000,000,000,000마일. 하루 24시간 일 년 365일을 빛의 속도로 간다 해도 거기에 도달하는 데는 40년 4개월이 걸릴 것이다. 우리 은하계에서 가장 멀리 있는 별은 빛의 속도로(진공 상태에서는 일 년에 약 6,000,000,000,000마일 정도 된다.) 75,000년을 가야 도착할 수 있는 거리에 있다. 더 쉽게 말하자면 지금까지 목격됐거나 흔적을 찾은 적이 있는 가장 빠른 비행 물체보다 200배 이상 빠르게 여러분 가족과 함께 간다 해도 여러분의 증손자의 증손자의 증손자가 그곳의 10분의 1도 채 도착하기 전에 늙어 죽게 되는 거리이다. 그러나 문제는 이런 작은 "소풍"은 "우리" 은하계에서 가장 멀리 있는 별로 가는 소풍에 지나지 않는다는 것이다. 이런 은하계가 백만 개 이상 있다. 육안으로 볼 수 있는 가장 멀리 있는 하늘의 별은 대 안드로메다 은하계이다. 거기까지의 거리는 고작해야 13,000,000,000,000,000,000마일에 지나지 않는다. 시간당 670,000,000마일로 간다 해도(빛의 속도보다 훨씬 더 빠른 속도) 여러분의 증손자의 증손자의 증손자의 증손자의 증손자가 4분의 1도 가기 전에 노쇠하여 죽을 것이다. 이것은 마치 개미 한 마리가 여기서부터 태양까지 하루에 일 인치씩 가는 것과 같다. (얼마나 느리겠는가!)

『**어두운 구름**』(13절)과 『**짙은 구름**』(14절)은 사도행전 1:9와 마태복음 17:5에 나오는 구름 그 이상의 것이다(욥 37:15-22; 26:7-10 참조). "하늘의 주위"(14절)는 "고대 히브리의 둥근 천정의 개념 등등" 그 이상의 것이다(〈해석자 성경〉에 있는 자유주의 주석가 참조). 욥은 『**악인들이 밟던 옛 길**』(15절)에 표를 하고 그것을 욥기 21:8-14에서 바로 언급했다. 전에 언급한 바와 같이 (이 주석서에서) 노아 때의 홍수가 욥과 엘리파스와 빌닷과 소팔이 살던 시대에는 주요 대화의 화제 중 하나였다.

『**그들은 갑자기 끊어졌고, 그들의 기초는 큰 물에 휩쓸려 버렸도다.**』(16절)는 분명히 욥기 22:17을 21:14와 연계시켜 준다. 야발과 유발과 투발카인의 시대에는(창 4:20 주석 참조) 사치스럽게 살았지만(18절) 그것에 감사하지 않았다(17절).

이제 엘리파스는 욥을 이런 무리와 같이 분류시킨다. 그는 『**우리의 가진 것은 끊어지지 아니하였어도**』(20절)라고 말한다. 이 말에는 분명히 "그렇지만 네가 가진 것은 끊어졌다."는 말이 암시되어 있다. 『**그들의 남은 것**』(20절)은 악인에게 남은 것을 말한다(18절). 의인과 무죄한 자(19절)는 그것을 보고 비웃는다고 언급되어 있다(19절). 이 마지막 진술이 잠언 1:26, 시편 2:4; 50:2와 얼마나 잘 어울리는지 주의해 보라. 18절의 두 번째 구는 욥기 21:16에서 욥이 한 말을 냉소적으로 인용하고 있는 것이다. 엘리파스가 하고자 하는 말은 분명하다. 그는 "하나님께 자신들에게서 떠나라고 말했던 사람들에게 일어났던 일이 네게도 동일하게 일어났는데도 악인의 계략이 네 자신에게는 없었다고 주장하는 네가 도대체 누구냐?"라고 말하고 있다(욥 7:19에서 욥의 불운한 진술 참조).

모든 것이 분명하다. 욥은 그의 아내가 말한 것처럼(욥 2:9) 그렇고 그런 더러운 사람이며, 하나님의 심판의 많은 물이(11절) 홍수 이전 사람들을(16절) 뒤덮었던 것처럼 그를 뒤덮는다 해도, 그는 그런 대우를 받아 마땅하다는 것이다. 『**권세 있는 자**』와 『**존귀한 자**』(8절)는 아마도 사냥꾼 님롯을 언급하는 것 같다. 왜냐하면 여기서 언급된 "존귀한"이란 말은 "오직 하나님으로부터 오는"(요 5:44) 존귀이기 때문이다. 그러므로 욥은 성경에서 적그리스도의 두 번째 유형에 비유된다. 첫 번째 유형은 카인이다(〈짐승의 표〉 참조).

22:21 **지금 너는 그분과 친하고 맘을 편히 하라. 그리하면 복이 네게 임하리라.**
22 **내가 원하노니 너는 그분의 입에서 율법을 받고 그분의 말씀을 네 마음에 두라.**
23 **만일 네가 전능하신 분께 돌아가면 너는 세움을 입을 것이요, 네 장막에서 죄악을 멀리 제거하게 되리라.**
24 **그러면 너는 금을 먼지처럼 오필의 금을 시내의 돌처럼 쌓으리라.**
25 **실로 전능하신 분께서 네 방어자가 되실 것이요, 너는 풍부한 은을 가지리라.**
26 **그 때에는 네가 전능하신 분 안에서 네 기쁨을 갖게 될 것이며 네 얼굴을 하나님께 들게 되리라.**
27 **너는 그분께 네 기도를 드리리니, 그분께서 네게 들으시리라. 그리하면 네가 네 서원을 갚으리라.**
28 **네가 또한 어떤 일을 명하면 그 일이 네게 이루어질 것이요, 빛이 네 길 위에 비치리라.**
29 **사람들이 내던져지면 너는 '일으킴이 있으리라.'고 말할지니라. 그분은 겸손한 사람을 구원하시리라.**
30 **그분은 무죄한 자의 섬을 구해 내시리니 그것이 네 손의 깨끗함에 의하여 구해 냄을 받으리라." 하니라.**

이 부분의 첫 번째 절은 시편 119:165와 특히 욥기 34:29와 비교되어야 한다. 23-30절에서 엘리파스가 한 말은 모두 사실이지만 불행히도 욥은 이미 그가 행한 것 이상으로 주님께 돌이킬 수는 없다(23절). 욥은 이미 그의 친구들만큼 주님에 대해 잘 알고 있다(21절). 하나님께서 욥에게 주신 율법과 말씀이(22절) 그의 마음에 축적되어 있으며(욥 1:1), 불의는 그의 장막과는 상관없이 저 멀리에 있기(23절) 때문에 엘리파스의 충고는 추운 날 모래 바람과 같을 뿐이다.

이 구절은 모두 교리적으로는 이스라엘에게 적용된다. 이들은 환란 때에(신 32:36) 전능하신 분께로 돌이킨다(23절). 이들은 이때(히 8:10, 렘 31:34) 불의를 버리고(23절) 결국 하나님에 의해(욜 2:32) 구해 냄을 받으며(30절), "빛"(28절)이 그들에게 비춰지고(사 2:5; 10:17; 58:8,10; 60:1,3 등), 그들은 『**금을 먼지처럼, 오필의 금을 시내의 돌처럼**』(24절) 쌓을 것이다. 알다시피 솔로몬의 통치(왕상 10:1-10)는 예수 그리스도께서 천년왕국(왕상 4:1)에서 통치하실 모형이다. 즉 지금까지 욥기의 반을 지나오면서 40개의 예언을 다루는 구절을 찾지 못했다면 그 사람은 "진지한" 성경 "학도"가 아니다. 그러므로 성경을 진지하게 공부하는 우리를 속이려 하지 말라. 성경을 "진지하게" 공부하는 사람들은 닐, 카일, 빈센트, 웨스트, 페인, 커스터, 앤더슨, 에더쉐임, 래드, 브루스, 샤프, 램, 벌카워, 키텔, 숄러, 혹세마의 추측을 전혀 존중하지 않는다. 이것은 마치 유네스코나 유니세프의 윤리 원칙을 이들이 전혀 존중하지 않는 것과 같다. 자신이 배운 것과 교육에 미친 보수주의 파괴적 비평가는 성경 해석을 바로 잡는 문제에 있어서는 가장 악한 자유주의자나 현대주의자만큼이나 치명적이다.

26절은 욥기 11:15의 반복이다. 『**오필**』(24절)은 "사금"에서 나온 단어이다. 말래카 원주민들은 아직도 그들의 금광을 "오필"이라고 부른다(왕상

10:11 참조). 26-28절은 너무나 분명하기 때문에 설명이 필요치 않다. 27절은 분명히 재판관으로서의 욥의 회복을 언급하고 있다(욥기 31장 참조). 여기서 자기 자신의 성경을 쓰고자 하는 학자 연맹의 미친 듯한 시도는 다시 이들 모두가 "진지한" 성경 학도가 아님을 증명해 준다. 학자들은 30절로 인해 더욱 혼미해진다. 부패한 ASV(1901)에서도 스무 번에 걸쳐 동일한 단어가 "섬"으로 번역되었음에도(사 11:11; 20:6; 23:2,6; 41:1,5; 42:4,10,12,15, 겔 27:3,6,7,15 등) 이들은 여기서 이 단어를 "그를"로 고치고는 "그는" "무죄"하지 않다고 말한다. (즉 이들은 전능하신 하나님을 거짓말쟁이로 만들고 하나님께 그분이 말씀하시지 않은 것을 실제로는 말씀하셨다고 말하는 것이다.)

1. 여호와의 증인의 성경(신세계 역본, NWT)은 2절을 이런 식으로 기록했다. "통찰력이 있는 어떤 사람이 자기 자신에게 유용한 것처럼 몸을 입고 있는 훌륭한 사람이 하나님 자신에게 유용할 수 있겠느냐?" 그런 다음 이들은 8절과 16절을 난도질해서 알아보지 못하게 만들어 버렸다. 그렇게 해서 〈뉴스코필드성경〉이 사도행전 8장에서 침례 의식을 제거해 버린 것만큼이나 ("스코필드" 성경의 주에 나오는 이러한 두드러진 로마카톨릭식 변개에 대해서는 1174쪽에 나오는 각주 참조) 말끔하게 홍수 관련 구절들을 제거해 버렸다. 29절은 너무나 심하게 뒤틀려서 이 구절과 성경을 나란히 놓으면 도저히 성경이라고 할 수 없을 정도다.

2. 〈확대성경〉(로크만재단, 1965)은 롤린슨의 맹목적인 억측에 맞추기 위해 마지막 두 구절(29,30절)을 변개시켰다. 롤린슨은 (거의 80년 전에) "여기서 알레프-요드는 사무엘상 4:21에서처럼 알레프-요드-눈이다. 이 뜻은 ...인 것 같다."(Ibid., 373쪽)고 말했다. 그렇다. 그와 그의 서투른 동료들이 그 뜻을 어떻게 만들든지 간에 "그 의미는 ...일 것 같을" 뿐이다. 이들은 매일 이런 것을 암흑시대(A.D. 600-1400)로부터 얻는 것이다.

3. 〈강단의 주석〉은 16절은 홍수를 언급하는 것이 아니며, 25절은 "너의 보물"로 바뀌어야 하며, 그래서 24절에서 이미 변개시킨 것과 일치되어야 하며("먼지 속에 너의 보물을 두고"), 15절과 25절은 1884년의 RV와 일치되도록 바뀌어야 한다고 말한다.

4. 더멜로우는 『**기쁨**』(3절)은 "유익"으로 바뀌어야 하며, 15,20,23,24, 30절은 모두 〈킹제임스성경〉이 틀렸으므로 5개에서 10개 정도 수정을 해서 정리를 해야 한다고 말한다. 더멜로우는 홍수에(16절) 대해서는 언급을 회피하고는 30절을 고쳐서 욥기 42:8,9에서 성취된 예언처럼 보이도록 본문을 변개시킨다.

5. 가짜 칠십인역은 11절에서 "너의 빛이 어둠이 되었다"고 기록했고, 성경 본문 대신, "네가 지상에 이미 정착한 사람들을 견고히 세웠다"(8절), "빛이 네게 어둠을 증명했다"(11절), "그분은 교만한 자를 꺾지 않으셨다"(12절)로 만들었다.

클라크, 랑게, 윌리엄스, 벌링거, 피크, 제미에슨과 포셋과 브라운, 메이어, 라이트, 에발트, 딜먼이 거룩한 성경에 가한 부가적인 변개들은 언급하기에는 너무 많다. 아담 클라크와 케네스 테일러는 29,30절에서 자기들 멋대로 자신들의 "성서들"을 고안해 냈다. 테일러는 그래도 30절에 "not"을 첨가시킨 부패한 1901년 ASV만큼 심하게 가지는 않았다.

(최근 감리교 출판사의 몇몇 저능한 "그리스도인"이 모든 독자들에게 '성경을 이해할 수 있는 언어로 만든 영감받은 일'을 한 필립스, 웨이마우스, 굿스피드, 테일러 같은 사람들로 인해 하나님께 감사하라고 권고했다. 이 흥미를 자아내는 출판사는 동정녀 탄생, 그리스도의 신성, 성경적인 복음주의, 그리스도께서 천년왕국 이전에 오시는 것, 몸의 부활, 그리스도의 심판석, 성령님께서 하시는 중생의 사역, 십자가형의 성경적 교리들, 속죄, 실제적인 지옥을 거부해온 종교 집단의 공식 기구이다. 새로운

번역본들에 대해 하나님께 감사드리기를 원하는 사람들은 이런 유의 "그리스도인들"이다. 그들의 영적 상태를 얼마나 잘 대변해 주는가? 이들의 영적 상태는 끔찍하게 빈곤한 뭔가가 있는 것이 분명하다. 이들은 성경을 "이해할 만한 언어"로 만들어준 1880-1980년 사이의 중세의 문법 · 수사학 · 논리학 3학과에 대해서는 무서울 만치 무기력하다. 이런 "이해하기 쉬운" 역본을 사랑하고 그 본문을 읽은 자유주의자들이, 그 역본을 선택하기 전에 믿지 않았던 것을 그 이후에도 여전히 믿지 않는 것은 도대체 어떻게 된 일인가?)

『**사람들이 내던져지면**』(29절, 잠 31:6, 욥 16:21 참조). 욥이 그랬던 것처럼(욥 9:33) 그들에게는 변호인이나 중재자가 필요하다(잠 24:11). 욥이 "옳다면"(23-28절) 욥은 다시 변호인으로서 행동할 수 있을 것(욥 29:7)이며, 고난당하는 사람들은 다시 높여질 것이라고 엘리파스는 말하고 있다(29절). 욥기 29:11-17의 관점에서 볼 때 (이것은 성령께서 쓰신 책에 나오는 성령님 자신의 어휘 색인, 어휘집, 사전이다.) 분명치 않은 것은 아무것도 없다.

29절을 왜곡시키기 위해 히브리어와 아람어 어근을 찾아 여기저기 파헤치는 어리석은 나귀들은 (여러분은 이런 표현을 싫어한다. 왜냐하면 자신의 학생들이 "보수주의"로 통하는 사탄적인 학자 연맹에 존경을 표하기를 원하기 때문이다.) 성도들이 마리아에게 기도해야 한다는 것을 증명하기 위해 요한복음 2:3을 사용하는 "카톨릭 신자들"만큼이나 어리석고 부적절하다. [사실대로 말하자면 카톨릭 신자들 중 많은 사람들은 결코 구원받은 적이 없으며, 그들에게는 ASV밖에 없다는 점에서 볼 때, 어리석은 나귀들은 교황의 사람들 보다 더 심하다고 할 수 있다. ASV는 예수회 사제들의 로마카톨릭 성경이다(1582).]

『**무죄한 자의 섬**』(30절)은 욥기 21:24 처럼 분명히 비유적 표현이다. 성경대로 믿는 그리스도인은(성경 공부를 진지하게 하는...) "물들"이 구원받지 않은 인류(계 17:15)를 나타낸다는 것을 안다. 그러므로 하나님께서는 오염된 물속에 있는 한 섬을 찾고 계신 것이다. 노아와 그의 가족들은 실제적인 홍수 속에 있었던 떠다니는 섬이었으며, 홍수 전에 그들은 통합되고 연합되고 "서로 연루된" 부패의 대양 한 가운데서 고립되고 분리되고 누룩을 넣지 않은 반동분자들이었다. 오늘날 (자신의 영향력과 명성을 희생시키고) 능력과 교제를 얻고자 하는 성도들은 일종의 "고립주의자"가 되어야만 한다(사 5:8). 이 "경멸적인 단어"(지난 70년 동안 주요 저자들이 신문이나 잡지에 실은 모든 기사 참조)가 진짜 그리스도인들을 비순응주의자(롬 12:1-3)로 낙인찍는 단어이다. 세계 조직이 진짜로 대적하는 존재는 바로 이런 그리스도인이다. 요한복음 17:16; 15:18을 조심스럽게 살펴보라.

〈킹제임스성경〉 본문은 옳다. 그리고 다른 30,000개의 개정본들과 주석들, 주석서들, 학자들, 개정자들, 교사들, 설교자들, 교황들, 주교들, 학생들, 언어학자들과 교수들은 여느 때처럼 틀렸다.

욥기 23장

23:1 그러자 욥이 대답하여 말하기를
2 "오늘도 나의 원망이 혹독하니 내가 얻어 맞음이 나의 탄식보다 더
무겁도다.
3 오, 내가 어찌해야 그분을 찾을 곳을 알까! 그리하여 그의 자리로
나아갈까!
4 내가 그분 앞에 나의 송사를 고하고 항변으로 내 입을 채우기
원하노라.
5 그분께서 내게 대답하시는 말씀을 내가 알기 원하며 그분께서 내
게 말씀하신 것을 깨닫기 원하노라.
6 그분이 그의 위대한 권세로 나를 대적하여 항변하시겠느냐? 아니
라. 오히려 그분은 내게 힘을 돋우어 주시리라.
7 거기서 혹 의인이 그분과 더불어 쟁론하여 내가 나의 심판자로부터
영원히 구제받게 되리라.

여기서부터 욥기 끝까지는 교훈적 내용에만 한정된 구절에 대해서는 자세하게 다루지 않겠다. 욥과 그의 친구들 사이에 대화가 오갈 때 지금쯤이면 독자는 욥기의 어조와 담화의 특성을 분별할 수 있으리라 생각한다. 23장 전체는 욥이 자신의 비참함과 자기 자신을 변호할 수 없는 자신의 무능함을 불평하는 것이다. 욥은 전에도 이런 불평을 한 적이 있었다. 서문에서 말한 바와 같이 욥기는 인생의 진짜 문제 즉 고난과 죽음을 다루고 있으며, 욥기 21:7과 같은 생각을 하는 사람들의 마음에 떠오르는 한 가지 생각이 있다면 그것은 욥기 23:3이다. 인간은 "하나님을 찾기" 위해 대개 하나님께서 자신의 말씀에 스스로를 계시하신(출 20:24 주석 참조) 그 곳을 제외하고 모든 곳을 찾아 헤맨다. 그러나 이때 당시에는 기록된 계시가 없었고 욥은, 그들을 위로하고 치료할 수 있는 진짜 하나님을 필요로 하고 원하는 수백만의 사람들처럼 지금 괴로워하고 있다.

『**내가 어찌해야 그분을 찾을 곳을 알까!**』(3절) 욥이 봉착한 불가지론적인 문제 속에서도 욥은 여전히, 진리를 거부하고, 성경을 부인하고, 진리를 왜곡시키는 20세기의 위대한 철학자들, 과학자들, 교육가들, 정신과 의사들보다 훨씬 더 뛰어난 영적 분별력을 가지고 있다. 욥이 『**그리하여 그의 자리로 나아갈까!**』(3절)라고 말하는 것을 주지해 보라. 욥은 중성의 어떤 "그것"을 찾고 있는 것이 아니다. 마오쩌둥과 그의 친족은 영적 지식에 있어서는 욥보다 훨씬 뒤쳐져 있다. 마치 아인슈타인과 모세의 영적 지식을 비교하는 것과 같다. 에리히 프롬의 마지막 해답은 "그"가 아니었다. 에리히 프롬의 마지막 해답은 "사랑"(중성인 "IT")이었다. 표도르 도스토옙스키의 마지막 진술은 "그"가 아니라 "인생"과 "자연"(두 개의 중성인 "IT")이었다. 로렌 에이스리의 궁극적인 해답은 "그"가 아니라 "영적 초월"(중성인 "IT")이었다. 교황들과 그의 바알을 섬기는 사제들은 "그"를(마 1:21)

"성사"로 바꾸어 버렸다(중성인 IT). E.B. 셰르보니에는 "그분"을 신뢰할 수가 없어서 "개인의 자유와 존엄성"이라는 두 개의 중성을 신뢰한다. 마틴 부버는 "하나님이냐 우상이냐"에 대해 말할 때 그냥 우주의 "나"("I AM," "HIM")을 내던지고는 그 자리를 중성인 "존재"(the One)로 대체시켰다. 파울 틸리히는 "하나님의 개념"에 대해 이야기 하면서 "권능이나 권능들"(좀 더 강력하고 더 큰 중성인 ITs)을 언급한다.

이것이 바로 그 시작이 어떻든지 간에 모든 바알을 숭배하는 우상 숭배자들의 종착역이다.

과학과 종교와 철학과 교육에 관한 서적을 무작위로 30,000권을 취해서 각 책의 마지막 페이지를 펴보라. 이중 95%가 인간이 직면한 문제들의 해결책으로서 중성인 "IT"을 제시한다. 예외가 있다면 외계에서 오는(계 13장) 슈퍼맨에게서 문제의 해결책을 찾고자 하는 현대의 저자들뿐이다. 이 인물의 정체를 성경은 육화한 사탄으로 밝혀 놓고 있다(살후 2장). 모든 주요 과학자들과 교육가들 사이에 우상 숭배가 만연해 있다. 이들은 인간의 본성에서 나온 문제점들의 해결책으로서 어떤 인격을 생각해 내지 못한다. 이들은 하나님을 볼 수도, 느낄 수도, 만질 수도, 냄새를 맡을 수도, 들을 수도 없기 때문에 욥의 질문을 전적으로 배척해버린다. 기본적으로는 모든 유물론자들은 다 같다. 이들에게는 피타고라스에서부터 사르트르에 이르기까지 "최초의 사상가" 같은 것은 없다. 이들은 하나님을 중성인 "it"으로 대체시킨다. 이 "it"이 황금률(사물)이든, 교회 회원(사물)이든, 성사들(사물들)이든, 교육(사물)이든, "세상을 더 살기 좋은 곳으로 만들기"(어떤 것)이든, 이들은 다 같은 배를 타고 있다. 즉 나이아가라 폭포 위를 지나가는 물에 잠긴 카누인 것이다.

4절과 5절은 그 자체로 명백하다(욥 9:14). 욥은 다니엘이 경험한 것을 믿고 있다(단 10:17-19). 그는 하나님께서 그에게 『**힘을 돋우어**』(6절) 주셔서, "화평 가운데 말할" 기회를 주시리라는 것을 믿고 있다. 『**의인**』(7절)이 그분과 논쟁할 기회를 갖게 되며(마 16:22와 행 10:14의 시몬을 주시하라), 불의한 자들도 그분과 논쟁할 기회를 갖게 된다(롬 3:4).

『**내가 나의 심판자로부터 영원히 구제받게 되리라**』(7절). 이 구절은 하나님께서 욥에게 행사하고 계신 것 이상의 어떤 세력을 욥이 감지하고 있음을 강력하게 시사하고 있다. 욥기 16:11에서도 이와 동일하게 강력한 어조로 암시되어 있음을 주지하라. 하나님의 말씀을 온전하게 복종(판 9장)한 욥은 마귀에 대해서도 "악담 섞인 고소"를 하지 않는다. 그러나 욥은 찾고자 하는 "마음의 열망으로"(시 77:6) 종종 창조주가 아닌 어떤 악의에 찬 세력이 그에게 역사하고 있다는 결론을 내렸다. 그의 "재판관"은 사실 그의 아내(욥 2:9)나 그의 친구들(욥 4:5)일 수도 있다. 그러나 시편 109:6,7에서는 이 심판관이 누구인지를 매우 잘 보여 준다. "평화의 도구"로서 사람들과 "자신의 경험"을 나누기를 원하고(삼하 15:5), "평화의 키스"를 함으로써 심판관의 자리에 있고자 했던 사람은 성경에서 가장 위대한 적그리스도의 모형 중 하나인 압살롬(삼하 18:18)이었다.

미스터 굿과 제롬(벌게이트)은 이 참조 구절(7절)을 조심스럽게 회피하고 본문에서 "심판자"란 단어를 제거해 버린다. 확대성경은 "~로부터"(from)를 "~에 의해"(by)로 바꿈으로써 그 구절이 마귀와 관련되지 못하게 한다. 케네스 테일러도 맹목적으로 그것을 따른다. 거의 70년 전에 더멜로우가 이 변개를 제안한 이후 "최신 과학의 발견"이나 "더 나은 필사본"에 대한 언급은 별로 없다. 처음에 가한 변개가 세기 말까지, 심지어는 그 이후까지 계속 내려왔다. 제미에슨(1866)은 프랑스와 프러시아 전쟁 이전(1870-1871)에 이런 변개를 채택했다. 여전히 확신이 가지 않는다면 신약이 완성된 이후 100-300년이 지난 후에 이집트 알렉산드리아에서 만들어진 칠십인역이 이 구절을 포함한 히브리어 본문을 어떻게 엉망으로 만들어 놓았는지 보라. "그는 나의 심판을 끝까지 발하지는 않을 것이다." 즉 몇몇 교육받은 그리스도인들이 수용한 것은 결코 "최근에 발견"된 산물이 아니며 "더 오래된 필사본"과는 전혀 상관이 없다. 그것은 나일강 삼각주에서 쓸려 온, 죽어서 악취가 풍기는 1,700년 된 "잉어"인데, 교황 그레고리가 달력을 바꾸기 위해 여기저기 돌아다니기 전의 일이다. 밥 존스 2, 3, 4, 5세가 매번 "더 새로운 번역본"이라고 추천하는 것들은 파라오의 용광로 중 하나에서 떨어져 나온 재들을 재생시킨 것에 불과하다.

23:8 보라, 내가 앞으로 가도 그분은 거기 계시지 아니하고 뒤로 가도 내가 그분을 감지할 수 없도다.
9 그가 왼편에서 일하시나 내가 그분을 바라볼 수 없고 그가 오른편에서 자신을 감추시니 그분을 볼 수가 없도다.
10 그러나 그는 내가 택한 길을 알고 계시니 그가 나를 연단하시면 내가 금같이 나오리라.
11 내 발이 그의 발걸음을 따랐고 그의 길을 지켜 벗어나지 아니하였도다.
12 내가 그의 입술의 명령에서 돌아서지 아니하였고 내가 그의 입의 말씀들을 내게 필요한 음식보다 더 귀히 여겼도다.

이 구절들은 모두 보기만 해도 명백한 구절들이다. 욥은 "인간이 하나님을 찾는 것"을 묘사하고 있다. 이것은 자유주의와 현대주의 신학의 끝없는 주제이다. 자유주의자들과 공산주의자들은 항상 이런 입장에 매달려서 (〈해석자 성경〉의 처음 30쪽 참조) 성경은 "인간이 하나님을 찾는" 기록이라고 말하기까지는 하며, 혹은 "하나님의 구속 사역"의 역사라고 말하는

데까지 이르기도 한다(신정통주의). 그러나 현대의 은사주의 운동처럼 (멜로디랜드 신학교 - 해롤드 오켕가, 데이비드 듀 플레시스, 데이브 윌커슨, 캐서린 쿨만, 팻 분, J.R. 윌리엄스, 로버트 워커, 마이클 에세스, 마리아 폰 트랩, 로고스 출판사) 이들은 모두 성경이 전능하신 하나님의 무오한 권위임을 말하지 않는다. 성경을 부인하는 보수주의자들과 근본주의자들은 모두 같은 입장을 취한다. 최종권위가 주 예수 그리스도인 체 하면서 40,000명의 권위자들의 의견과 성경이 상충될 때는 항상 성경을 버림으로써 서로 상충되는 40,000개의 권위들을 만들어 낸다. 그러면서도 자신들의 "권위"는 "주 예수 그리스도"라고 말한다. 이런 불신과 사탄적인 혼란에 직면하게 되면 1900-1980년의 근본주의 학자들이 체면을 유지하기 위해서 할 수 있는 일은 딱 한 가지이다. 종교개혁 성경을 버리고 "축자적으로 영감받은 원본"이라 불리는 짚으로 된 꼭두각시를 만드는 것이다. 그런데 이 원본이라는 것은 검사를 할 수도 없고 자문을 구할 수도 없는 것이다. 20세기는 잉글리쉬, 로버트슨, 와필드, 가우센, 라이스, 웨스트 등의 엄청난 겁쟁이 기독교계로 인도된다. 이들 중 단 한 사람도 믿음이 없는 학자들의 조롱을 견뎌내지 못한다. 자신들이 구원받고 사역으로 부름받은 성경을 정말로 믿는다고 다른 사람들이 생각하는 것을 너무도 두려워한 나머지 이들은 증명할 수도 없고, 알 수도 없으며, 사용할 수도 없는 "원본"으로 도망해서 "믿음의 챔피언"의 포즈를 취한다. 카톨릭, 무신론자, 사탄숭배자, 자유주의, 불교신자, 현대주의자, 신정통주의나 불가지론자는 원본이 어떻게 기록되었든지 간에 "원본"에 대해 염려하지 않는다. 불신자들의 역사에서는 그런 것은 단 한 번도 이슈가 된 적이 없다. 1611년 이후로 이슈가 된 것은 한 권의 책의 권위와 능력이었다. NCCC나 RCC에 있는 어떤 사람이 아무도 만들어 낼 수도 없고, 설교할 수도 없으며, 검사할 수도 없고, 가르칠 수도 없는 어떤 "원본"에 대해 염려한다고 생각지 말라.

오늘날의 성경을 거부하는 근본주의자들과 보수주의자들의 최종권위는 누군가가 그들에게 가르친 자신들의 의견이나, 자신들의 정서적 경험에 관한 자신의 느낌이다. 이들의 "권위"는 성경도 아니며 그렇다고 "주 예수 그리스도"도 아니다. (이것이 건전한 교리이며, 이것이 마음에 들지 않는다면 그 사람은 "건전한 교리"를 참을 수 없어 하는 타락자이다. 그 사람의 전화번호는 디모데후서 4:1-5에 있다.)

욥은 한 인격체(7절)로서의 하나님을 찾아서 그분과 이야기하는 것(8절)에 대해 말하고 있다. 그는 앞으로 뒤로, 오른쪽으로 왼쪽으로 가도 여전히 하나님을 볼 수가 없다(마 5:8). 그러므로 욥은 이 세대의 이스라엘이 처한 위치와 정확히 같은 위치에 있으며(신 31:17, 마 13:44), 10절에서 욥은 환란에 처한 이스라엘의 입장을 진술해 준다. 『**그가 나를 연단하시면 내가 금같이 나오리라**』(10절, 말 3:3). 환란 성도의 믿음은 "불 속에서 단련된 금"과 같다(벧전 4:12,13). 이것은 『**그의 입의 말씀**』(12절)과 일치한다. 왜냐하면 이 말씀들은 "흙 도가니에서 단련"되었으며, "일곱 번 정화"되었기 때문이다(시 12:6).

『**내 발이 그의 발걸음을 따랐고**』(11절, 시 44:18; 119:133 참조). 욥은 하나님의 "길"(11절)에서 벗어나지 않았다. 이 단어("길," way)에는 "명령"(commandment, 12절)이 "그의 입의 말씀들"(12절)에서 나온 각기 다른 항목으로 포함된다. 이런 사실은 자신들에게 『**그의 입의 말씀**』(12절)을 달고 다니고 싶어 하는 보수주의 비평가들(1880-1980)을 지탱해 주는 버팀목을 걷어 차 버린다(행 26:28에서 "근본주의자들"이 다시 수행해 놓은 그 정확한 과정을 참조하라).

욥은 은사주의 "권위자"(예수 그리스도)의 권고에 복종했다. 왜냐하면 그는 "빵으로만" 산 것이 아니라 하나님의 입에서 나온 "모든 말씀"(마

4:4)으로 살았기 때문이다. 그러므로 은사주의자들이 성경을 거부한 타락한 사람들이라는 가장 확실한 증거는(나는 이들이 구원받지 못했다고 말하지 않았다. 나는 "성경을 거부하는 타락한 사람들"이라고 말했다.) 이 사람들이 자신들의 "최종권위" - 아마도 주 예수 그리스도를 대표하는 "성서"를 선택할 때 "하나님의 모든 말씀"(눅 4:4)을 내던져 버린다는 사실이다. 은사주의자들이 사용하는 "로고스" 스터디 성경은 누가복음 4:4에서 최종권위자("주 예수")의 권위 있는 진술을 제거해 버린 두 번째 성경이다. 로고스 출판사에서 출판한 이 "스터디 바이블"은 밥 존스와 미드웨스턴, 미드 사우스, 린치버그의 많은 교수진이 추천하는 신성모독적인 ASV이다. 이 부패한 출판물을 존 R. 라이스는 자신이 설교하는 성경보다 더 우월한 번역본이라고 추천했다. [이상하지 않은가? ASV가 KJV보다 더 낫다고 공개적으로 진술하고서도(〈주의 칼〉, 1975년 10월 10일 10쪽) 설교할 때는 그 성경을 쓸 만한 배짱이 없는 위선자들이다! 이들이 항상 "성경대로 믿는 바보들"에 대해 화를 내는 것도 전혀 이상할 것이 없다. 가장 좋은 역본이라고 생각하는 성경을 공개적으로 사용할 만한 용기가 없다면 나는 오늘밤 이 사역을 그만둘 것이다. 학자들의 조롱이 두려워서 자신이 생각하기에 최상의 성경이라고 생각하는 성경을 사용할 수도 없는 비겁한 그리스도인보다 더 비겁한 것이 있을 수 있겠는가?]

『**그의 입의 말씀들을 내게 필요한 음식보다 더 귀히 여겼도다**』(12절). 이 구절은 욥을 수많은 현대의 전천년주의를 표방하며, 구령하는 근본주의 그리스도인 "학자"보다 더 앞서게 해준다. 하나님 앞에서 깨끗한 양심으로 욥이 한 말을 할 수 있겠는가? 욥에게는 없었던 온전히 기록된 계시(욥 19:23)가 있는데도 이런 고백을 할 수 없다니 도대체 어떻게 된 것인가? 말씀이 여러분의 길에 빛이요, 발에 등불이라면(시 119:105), 그 말씀이 여러분의 길을 깨끗하게 할 수 있고(시 119:9), 여러분을 자라도록 돕고(벧전 2:2) 세워 준다면(행 20:32) 어떻게 해서 “그의 입의 말씀들”(12절)보다 자신의 학자적 지위나 자신의 사역, 자신의 “간증,” 자신의 명성, 자신의 “출석률”을 더 높인단 말인가?

욥이 음식을 먹기 전에 하나님의 말씀들을 살펴보고, 그 말씀을 음식보다 더 귀하게 여길 뿐만 아니라 “필요한 음식”(12절)보다 더 귀하게 여겼다면, 어떻게 하나님의 “말씀”을 “불결한 것”으로 여기며 매 구절마다 하나님의 말씀을 바로잡는 일을 하겠는가? 이 교육받은 멍청이들 중 하나가 〈킹제임스성경〉에 나오는 어떤 구절이 “부패”했다고 말할 때마다 1달러씩 모금한다면 거의 밥존스대학에 있는 로마카톨릭 그림들 중 하나를 살 수 있는 돈은 될 것이다!

이제 21절을 간략하게 설명하겠다. 우리는 이런 문제들을 〈사탄의 걸작품 NASV〉(1973)와 〈필사본 증거〉(1970)에서 자세하게 설명했다. 하나님의 말씀을 바로 잡는 일을 “취미”로 삼는 구원받은 죄인들을 치유할 만한 치료책은 없다. 트렌치, 빈센트, 세이어, 렌덜, 게벨라인, 컬버트슨, 파인버그, 맨티, 메이슨, 맥클레인, 스미스, 티센도르프, 베니거, 월부어드, 네슬, 닐, 커스터, 메츠거, 누츠, 벨, 수터, 마운스, 피크, 코더, 비켈, 카일, 마셜, 파일, 라이트, 둠, 엉거, 조디아테스, 에발트, 델리취가 쓴 각주들을 쭉 훑어본다면 여러분은 결국 우리가 하는 말을 이해하게 될 것이다. 이들은 “권위자들”로 존경받기 때문에 책들이나 기사들을 쓰도록 선택되었다(혹은 부름받았다). 이들 모두는 공인 역본을 바로 잡을 만큼 똑똑하다고 공언한다. 결국 이들은 “성경”보다 더 높은 “권위자”가 되는 것이다. 그래서 그들은 “우리 가난하고 눈먼 그리스도인들이 우리의 성서들을 더 잘 이해할 수 있도록 돕는데” 부르심을 받았다. 이들 중 99%가 부름을 받을 때 종교개혁 성경을 파괴하는 일을 업으로 삼는다. 이들 중 많은 사람들이 (특히 교실에서) 표준 원문을 총체적으로 부패한 로마카톨릭 교회의 웨스트코트와 홀트의 본문으로 대체시키는데 전 생애를 헌신했다. 이들은 면세지에서 조용하고 은밀한 삶을 살면서 하루에 4-8시간을 문을 걸고 앉아서 성경(과 성경을 믿는 사람들)을 공격하는데 보낸다. 그러면서도 "경건"하다는 유명세를 얻고 있다. 이 괴물 같은 도서관에서 이들이 〈킹제임스성경〉 본문을 변개시키는데 관련된 저서들을 제외하면 손에 남는 성경적 진리로는 30페이지 분량의 책 한 권도 만들지 못할 것이다. 예를 들어 22권으로 된 〈강단의 주석〉에는 조지 휫필드와 클라렌스 라킨이 밝혀 놓은 것 외에 단 하나의 중요한 그리스도인의 진리도 없다(영적으로나 교리적으로, 예언적으로, 교훈적으로). 성경을 바로 잡는데 자신들의 전 생애를 쏟는 사람들이 성경적 계시에 관한 진정한 "권위자들"이 될 수는 없다.

크리소스톰(Chrysostom, A.D. 347-407)은 그 당시에 비잔틴 원문을 사용했다. 그는 직업적인 "교수"(오리겐)보다 훨씬 더 뛰어날 수 있었다. 표준 원문을 사용했던 그리스 교회(A.D. 450-700)의 헬라어 해석자들은 로마의 교황들과 사제들이 마치 진흙 속에 잠겨 있기라도 하듯이 그들을 지나쳐 앞서 간다. 종교 개혁기의 성경 해석에 관한 한 〈킹제임스성경〉의 표준 원문을 사용했던 사람들(칼빈, 녹스, 츠빙글리, 루터, 웨슬리, 휫필드, 에드워드)은 당대에 다른 본문을 사용했던 대학 교수진과 어깨를 나란히 할 수 있었으며, 진리를 실제 적용하는 문제에 관한 한(복음 전파와 구령) 이 신사들의 배가 모래톱에 처박혀 있기라도 하듯 이들을 유유히 지나쳐서 앞서 갔다. 1800-1900년 사이에 하나님께서 그의 백성들에게 "말씀을 열기 위해" 쓰신 사람들은 자유주의 대학 교수든 보수주의 대학 교수든 결코 어떤 대학의 헬라어나 히브리어 학자가 아니었다. 이런 대학들의 성경 교수진들이 거의 알지 못했던 것을 이들은 "포도원"을 통해서 알았다. 이 경우에 이 포도나무에는 클라렌스 라킨, 다비, 벌링거, 크로닌, 펨버,

피터스, 무디, 선데이, 노리스, 스코필드, 리머, 소어, 콜레트 같은 가지들이 돋아났다. 이 사람들이 RV나 ASV를 참조로 했던 부분에서는 (때때로 이들은 그렇게 했다.) A.D. 500년에 이미 알려졌던 성경적 계시의 체제에 그 어떤 것도 더하지 못했다. 미래에 어떤 대학 교수진이 여러분에게 "금맥"으로서 향상된 계시를 보여 준다면, 그리고 이 "금맥"은 실제로도 사실이라면, 그것은 〈킹제임스성경〉의 개혁 본문에서 이미 누군가가 찾아낸 것을 그들이 취한 것일 뿐이라고 확신해도 된다. 하나님께서는 『**그의 입의 말씀**』(12절)보다 소득과 특권을 더 중요하게 여기는 "학자들"을 결코 축복하지 않으신다.

1. 『**그의 입술의 명령**』(12절)은 욥기가 모세 시대 이후에 기록되었다는 클라크의 의견을 강화시키기 위해 "기록된 모세의 율법"(클라크, Ibid., 12쪽)으로 변개되었다.

2. 여호와 증인(신세계역본, NWT)은 "말씀들"(WORDS)을 "말들"(sayings)로 대체시켰다.

3. 케네스 테일러는 어떤 형태로든 이 구절을 부연 설명하는 것을 거부하고 "말씀들"에 대해 "그것들"이라는 단어를 고수함으로써 "말씀들"이 "명령"을 언급하는 것이 되게 만들어 버렸다! 훌륭한 "부연 설명"이다.

4. 조잡한 칠십인역과 더멜로우는 욥이 내심으로는 하나님의 말씀만큼 음식을 중요시 여기도록 만들어 버렸다. 심지어는 하나님의 말씀보다 음식을 더 중요시하도록 만들어 버렸다.

5. 제미에슨과 포셋과 브라운은 히브리어 맛소라 본문이 〈킹제임스성경〉에 있는 본문으로 번역되었음에도 불구하고 "필요한"(12절)의 진짜 의미는 "정해진"이라고 말한다(잠 30:8 주석 참조).

6. 메러디스 클라인은 하나님의 말씀을 음식보다 더 높이는 것을 도저히 참을 수가 없어서 욥은 "그 자신의 계율"보다 말씀을 "귀하게 여겼다"

고 말한다.

7. 칠십인역(신약이 완성된 후 200년 뒤에 기록됨)은 어떤 형태로든지 음식과 관련된 참조 구절을 모두 삭제함으로써 사람이 "하나님의 몇몇 말씀들"을 믿기만 하면 "빵만으로도" 잘 살 수 있게 만들어 버렸다(부패한 ASV와 NASV의 누가복음 4:4 본문 참조).

오늘날 아무리 빠르게 멀리까지 여행을 할 수 있다 해도 "유명한 학자들"에게서 얻을 수 있는 메시지는 딱 한 가지뿐이다. 즉 그 메시지란 믿음과 실행의 모든 문제에 있어서 학자 연맹이 최종권위라는 것이다. 학자들이 독일, 미국, 영국의 보수주의자이건(티에르취, 랑게, 조디아테스, 에브라, 구에릭케, 웨스트, 자흔, 살몬, 폰 호그만, 로버트슨, 알포드, 레이크, 캐드버리, 라이트풋, 헤이즈, 카톨릭 교도) 혹은 이들이 독일이나 영국의 자유주의자건(힐겐펠트, 홀츠만, 램세이, 한칵, 스텍, 나버, 젤러, 코스틀린, 볼크마, 홀스텐, 플레이더러, 웨더헤드, 볼터, 바우어, 모펫, 카톨릭) 이들 모두는 한 가지 사실에 동의한다. 즉 이 지상에서는 그 어디에서도 성경의 형태로 된 무오한 권위를 얻을 수 없다는 것이다. 스튜어트 커스터(밥존스대학)가 "원본 필사본"이 근본주의자에겐 "최종 항소 법정"이라고 말했을 때 그는 뇌에 조개들이 가득 붙은 사람처럼 말하고 있는 것이다. "원본 필사본"이나 어떤 "원본" 같은 것은 없다.

예를 들어 띠에센 교수(휫튼 대학)가 원문 비평학이 "마침내" "원래의 본문"에 있던 본문을 만들어(〈신약 입문〉, 1955, 31쪽)냈으며, "홀로 서" 있는 〈킹제임스성경〉의 "시리아 본문"을 배격해야 한다고 말할 때 그는 단순히 15세기 동안 모든 로마카톨릭 교황과 모든 성경을 거부하는 자유주의자가 말해 온 것을 말하고 있을 뿐이다. 즉 과학과 종교가 성경보다 더 권위가 있다는 것이다. 이것이 그가 말하는 바가 아니라면 어떻게 해서 "원문 비평학"이 여러분의 성경을 갈기갈기 찢는 위치에 이를 수 있겠는가? 띠에센 교수가 그의 그리스도인 학생들에게 "권위 있는 성경"(Ibid., 97쪽)을 강탈해가는 "사실적인 설명"에 귀를 기울이지 말라고 말했을 때 그는 권위 있는 성경을 더 이상 믿지 않았다. 이것은 마치 그가 숟가락으로 에베레스트 산을 뚫을 수 없는 것과 마찬가지 이치이다. 띠에센이 "권위 있는 성경"을 바로 잡아 줄 수 있을 만큼 권위가 있다면 그렇다면 누가 가장 높은 권위인가? 그인가 아니면 성경인가?

웨스트코트와 홀트의 이론들은 "자연"스러웠지만 미국과 영국에서 권위 있는 성경을 빼앗아 버렸다. 띠에센은 "표준 원문"과 "필사본 계열"을 다룰 때 웨스트코트와 홀트의 환상을, 마치 아일랜드 공화군이 마리아의 몽소승천을 받아들이는 것처럼 실제적인 것으로 취했다. 오리겐과 유세비우스와 제롬과 그레고리의 각주노트를 뒤따르면서 띠에센은 사람들로 하여금 신약에서 "중립 본문"으로 되돌아 갈 수 있는 유일한 길은 시리아 본문을 무시하는 것이라고 믿도록 하였다. 그는 이 말을 누구라도 이해할 수 있는 한 문장으로 말하지 않았다. 그러나 주위에서 이런 일이 진행되는 것을 볼 때 우리는 아래와 같은 어둠 속을 헤맬 필요는 없다.

1. 필사본 계열은 모두 집단으로 평가되고 집단으로 사용되어야 한다(70쪽). (오리겐이나 제롬이 기술한 것을 모두 받아들이든지 아니면 모두 거부하든지 해야 하며, 그렇지 않으면 이것 중 옳든지 그르든지 어느 것도 인용해서는 안 된다는 것을 증명하기 위해 애쓰는 밥존스대학에 있는 교수들이 신경질적으로 화를 내는 것을 주시해 보라. 이들의 특징은 "상호 연합시키는 것"인데 이것은 서로 상이한 요소들을 섞는 영적으로 간음하는 사람들의 마음속에 나타나는 특징이다.)

2. 알렉산드리아 계열에서 발견되는 그 어떤 것도 그것이 비록 시리아 본문과 일치한다 해도 "시리아 계열"로 분류될 수 없다!!(Ibid., 70-72쪽)

3. 서방 계열과 알렉산드리아 계열만이 비교의 가치가 있다(Ibid.,

64,70,72,73,75,37,38,39쪽).

4. 1,2세기 "교부들"은 시리아 본문을 알렉산드리아 본문보다 우위에 두었기 때문에 이들에게는 권위가 없다(Ibid., 64쪽).

5. 그러나 신약 정경을 결정하는 문제에서는 교부들에게도 권위가 있다(64,65쪽).

6. 오리겐은 (비록 2세기에 살았지만) 표준 원문과 다른 많은 본문들에 익숙해 있었기 때문에 그에게는 권위가 있다(65쪽).

이제 우리는 티센과 함께 무엇을 해야 할 지 정확하게 안다. 그와 그의 친구들을 오리겐과 그의 친구들과 같은 위치에 놓은 다음에 "하나님의 입에서 나온 말씀"(욥 23:12)이 이런 죄인들에게는 한 덩어리 빵 정도 밖에는 높임을 받지 못한다는 결론에 이르게 된다.

23:13 그러나 그는 생각이 하나시니 누가 그를 돌이킬 수 있으랴? 그의 혼이 원하시는 그것을 그가 행하시는도다.

14 이는 그가 나를 위하여 정해 두신 일을 행하시며 그러한 일이 그에게 많이 있음이라.

15 그러므로 내가 그의 면전에서 괴로워하며 내가 생각할 때면 그를 두려워하는도다.

16 하나님께서 내 마음을 부드럽게 하시며 전능하신 분께서 나를 괴롭히시니

17 이는 내가 어두움 앞에서 끊어지지 아니하였고 그가 내 얼굴에서 어두움을 가리지 아니하셨음이라.

이 부분은 모두 수정과 같이 분명하다. 말씀이 로마서 9:9,10과 욥기

12:13-25의 문맥과 어떻게 조화를 이루는지 살펴보라. 하나님께서 뭔가를 하시고자 "마음"(13절)을 먹으시면 그분은 그 일을 하신다(롬 9:18-22). 그의 혼이 "원하시는" 것을 그는 행하시며(엡 1:4-8), "정해 두신 일"(14절)을 행하신다.

여기에 나온 숙명론은 분명하며, 또한 여기에 있는 진리도 또한 분명하다. 우리가 칼빈이나(출 9:16 주석 참조) 부처처럼(B.C. 563-483) 숙명론자가 될 필요는 결코 없으며, 키에르케고르의 실망의 실존적 깊이까지 내려갈 필요도 없지만, 하나님께서 갈라디아서 6:7,8과 고린도후서 9:6을 외치셨을 때는 많은 것들이 "우리에게 정해졌다." 우리 모두는 주께서 지체하신다면 죽음과 무덤과 만나게 된다. 우리 모두에게는 "법정에서 정해진" 한 날이 있으며(계 14:13), 우리 모두는 하나님께 직접 설명해야 한다.

『**그러므로 내가 그의 면전에서 괴로워하며**』(15절). 바울이 헛되이 달린다고 생각할 때(빌 2:16) 괴로워 한 것과 같다(고전 9:16). 『**괴로워하며 내가 생각할 때면**』(15절). "온전한 사랑은 두려움을 쫓아"내기는 하지만(요일 4:18) 온전한 사랑은 "공손한 신뢰"와는 전혀 상관이 없다. 요한일서 4:17의 문맥은 그리스도인의 섬김이 아니라 영원한 생명에 대한 확신이다. 섬김과 관련해서 거듭나고 피로 사신 바 된 하나님의 자녀에게 주어진 명령은 "두려움과 떨림으로 너희의 구원을 온전히 이루라."(빌 2:12)이다(잠 1:7 주석 참조). 욥은 인간이 마땅히 하나님을 두려워해야 하는 그 두려움으로 하나님을 두려워한다(벧전 1:17). 인간이 참으로 하나님을 "생각"(15절)한다면 구원받았건 그렇지 않건 간에 마땅히 떨게 된다. 『**그러므로 사람들은 그분을 두려워하는도다. 그분은 마음이 현명하다고 하는 어떤 자도 존중하지 아니하시는도다**』(욥 37:24)! 하나님은 "사람을 외모로 보지 않으신다"(롬 2:11). 대양에서 인생의 여행을 하면서 만나는 구원,

죽음, 죄, 고난, 하늘나라, 지옥, 절대 진리와 하나님의 심판이라는 영원한 문제들에 관한 한 하나님께서는 천재라고 해서 그에게 어떤 지위나 통로를 주시지 않으신다. 아이큐 150으로 하나님을 골탕 먹이지는 못한다는 말이다. 많은 벌레들이 브리태니커 백과사전을 집대성한 사람들보다 더 똑똑한 사람들을 먹으며 잔치를 벌여왔다.

『**하나님께서 내 마음을 부드럽게 하시며**』(16절). 욥이 아무리 어렵고 힘들게 된다 해도(욥 31장), 그는 결코 파라오의 불안정한 한계점까지는 다다르지 못한다(출 9:16 주석 참조).

욥은 죽지 않았기 때문에 "끊어진 것"(17절)은 아니다. 그러나 다시 욥은 죽음 자체만큼이나 엄청난 "어둠"을 경험하게 된다(17절). 왜냐하면 그는 사는 것보다 죽는 것이 더 좋다고 생각할 만큼(욥 3:11,13) 산 채로 죽음을 경험하고 있었기 때문이다(욥 3:21,23).

기독교 신비주의자인 귀용 부인(Guyon, 1648-1717)은 말하기를 하나님께서 그녀에게 행하셨던 최악의 일은 가족과 돈과 재산을 그녀에게서 빼앗은 일이 아니라고 했다. (귀용 부인인 케네디가 만큼이나 부자였을 때 이런 일이 그녀에게 일어났다.) 그녀에게 일어난 최악의 일은 지하 굴보다 나을 것이 전혀 없는 감옥에서 15년간을 비참하게 산 것이 아니라고 했다. 하나님께서 그녀에게 하셨던 최악의 일은 그녀가 체포된 후 거의 5년간 자신을 계시하시지도 않고 그녀와 밀접한 교제도 갖지 않은 일이라고 말했다. 누군가가 그 경건한 여인에게 그런 모든 시련을 겪으면서도 제정신을 유지하고 상냥하며 승리할 수 있었던 이유를 묻자 이렇게 대답했다. "글쎄요, 결국 나는 나에 대한 하나님의 태도에는 책임이 없습니다. 그분께 대한 나의 태도에만 책임이 있을 뿐입니다."

귀용 부인에게는 내주하시는 위로자와 완성된 속죄가 있었다.

사도 바울은 단두대를 향해 가고 있었다. 그의 외투와 양피지를 제외한 모든 것을 빼앗긴 상태였고, 사람들은 그것마저도 훔쳐가려고 했는지도 모른다. 그는 사형 집행인을 맞이하러 나간다. 그에게는 집도 없고, 차도 없고, 부동산이나 건물도 없고, 주식이나 채권도 없으며, 가족도 없고, 보험도 없고, 생존자도 없고, 주일 학교 출석 인원도 없고, 버스도 없고 무덤도 없다. 교수대로 가는 길에서 그는 하나님의 "구원하심"을 자랑한다! (딤후 4:17,18)

그러나 바울에게는 내주하시는 위로자가 계셨으며, 신약 성경의 4분의 3이 있었다.

1967년 4월 2일 오후 5시경에 니콜라이 셀레스툰은 보야스크 경찰서에 모습을 드러냈다(러시아 키예프). 경찰서장과 "지방 검사"가 주먹으로 그의 얼굴을 돌아가며 쳤다. 약 30분 후에 그는 "너를 두들겨 패서 너의 내장이 다 찢어지게 해 버리겠다. 이렇게 한다고 해서 우리에게 뭐라 할 사람은 없다"는 말을 들었다. 니콜라이는 너무 많이 맞아서 마침내 의자에서 떨어져 나갔고 정신을 잃고 바닥에 쓰러졌다. 그는 다시 머리채를 잡혀 끌려가서 거짓 고백에 서명하라고 협박을 받았다. 이를 거절하자 다시 구타를 당하고 콩팥이 있는 부분을 걷어 채여서 입과 코에서 피가 쏟아졌다. 그리고 그들은 그의 개인 소지품들을 빼앗고는 "너희들이 모여서 경배하고 성경을 가르친다면 이와 동일한 운명이 너희를 기다리고 있음을 너의 친구들에게 경고하라."라는 말과 함께 그를 집으로 돌려보냈다. (알다시피 "시민권"과 "인권"과 "인도주의"와 "부의 공정한 분배"가 진정한 이슈가 아니었다.) 니콜라이 셀레스툰은 이런 식의 대우를 받은 600명의 침례교도 중 한 사람일 뿐이었다. 세계 교회 협회에서 침례교도들이 "러시아에서의 경배의 자유"에 대해 자랑을 늘어놓고 있는 동안 로마카톨릭 교회가 800년 동안(A.D. 800-1600) 성경대로 믿는 사람들을 이런 식으로 대우했다. 그러나 니콜라이는 약과였다. 대부분의 사역을 담당하던 그의 형제들은 시베리아에서 20년 동안 강제 노동을 해 오고 있었다. 그가 속한 회중뿐만 아니라 다른 회중에서도 많은 사람들의 자녀들이 납치되었고, 그들은 미국 돈으로 약 50,000달러에 해당하는 벌금을 부과받았다. (보통 러시아의 소득은 미국 달러로 1년에 2,000달러가 되지 못했다.) 그런데도 러시아에는 여전히 "지하 교회"가 있었고 사람들이 계속해서 구원받았다.

위에 묘사한 끔찍한 상황에서조차도 진짜 성도에게는 내주하시는 그리스도가 계셨고 결코 되돌릴 수 없는 완성된 구원이 있었다(롬 8:35-39). 욥은 저주받은 자의 고통을 겪고 있었지만, 그에게는 내주하시는 성령도 없었고, 완성된 구속도 없었고, "도끼"가 놓이기 한참 전에 하나님께서 그에게(직접적으로든지 혹은 간접적으로든지) 말로 하신 몇 마디 명령뿐이었다. 그에게는 조만간 다가올 미래에 대해서도 확실한 지식이 없었으며, 행해야 할 동기도 없고 이르러야 할 목표도 없는 상태에서 어쩔 수 없이 계속해서 어둠 속을 가야만 했다. 『**전능하신 분께서 나를 괴롭히시니**』(16절).

욥기 24장

24:1 전능하신 분께는 때가 감추어지지 않음을 알면서, 어찌하여 그분을
알지 못하는 자들이 그분의 날들을 보는가?
2 어떤 자들은 경계표를 옮기며 양떼들을 강제로 빼앗아 가서 기르고
3 아비 없는 자의 나귀를 몰아가며 과부의 수소를 가져다가 저당 잡
는도다.
4 그들이 궁핍한 자를 길에서 몰아내니 땅의 가난한 자가 다 함께 숨
는도다.
5 보라, 그들은 사막에 있는 들나귀들처럼 일을 하러 나가서 일찍 일
어나 먹이를 찾으니 그들과 그들의 자녀들을 위하여 광야가 먹을
것을 내는도다.
6 그들은 각기 들에서 자기 곡식을 거두며 또 그들은 악인의 포도를
모으는도다.

욥은 악인들이 형벌을 받는다는 것에 관해서는 그의 친구들이 제시한 진리를 잠시라도 결코 부인하지 않는다. 욥기 24:17-24로 볼 때 이것은 분명하다. 다만 악인이 일시적으로 축복을 받는다는 점에서 친구들과 의견을 달리할 뿐이다. 징계가 항상 형벌을 의미하는 것은 아니며, 악인들은 최소한 잠시 동안은 이 두 가지를 당하지 않을 수도 있다는 것이 욥의 주장이다.

1절은 이렇게 말하고 있다. "왜 하나님께서는 악인들을 죽이시지 않고 매일 잘 살게 하시는가? 결국 주께서는 형벌의 때가 오고 있음을(벧후 2:9) 아신다(1절). 악인들은 죽어야 마땅한데도 왜 주께서는 악인들이 계속해서 살게 하시며 빛을 향유하게 하시는가?"

움브라이트와 제미에슨은 이 본문이 마음에 들지 않아서 이런 식으로 변개시켰다. "그분을 알지 못하는 자들이 왜 그의 날들을 보지 못하는가?" 여호와의 증인들도 제미에슨과 같은 본문을 가지고 있다. 즉 그들은 악인이 "그의 날들"을 본다는 것을 부인한다. 확대성경은 즉시 "날들"과 "때"(1절)를 혼합시켜서 그 둘을 같은 것으로 만들어 버린다. 그러나 이 둘은 같지 않다. 케네스 테일러(〈리빙바이블〉)는 더 뛰어난 변개를 시도한다. 테일러는 불가지론자("그를 알지 못하는 자들")를 경건한 사람으로 만들어 버린다. [더멜로우는 이 문제에서 테일러의 사사로운 해석을 거의 70년간 기다렸다(Ibid., 308쪽). 물론 그 본문은 무가치하다.]

일단 1절의 불경건한 불가지론자를 경건한 사람으로 바꾸어 버리면 계속해서 2절로 이어져 내려올 수가 없다. 왜냐하면 2절은 『**어떤 자들은 경계표를 옮기며**』로 시작되기 때문이다. 누가 그랬단 말인가? "경건한 사람"이? 서로 맞지 않는다는 것을 인지한 테일러(LB)는 재빨리 세상 어느 필사본에도 없는 "부연 설명"을 고안해 낸다. 첫 번째 실수를 은폐하기 위해 테일러는 "범죄의 물결이 우리를 휩쓸었다."라고 기록했다. [〈리빙바이블〉이 쉬운 말로 되어 있다고? "쉬운 말로 된 성경"이라고? "성경"이라고? 도

대체 무슨 이야기를 하고 있는가? "정신 이상" 증세가 이렇게 심하다면 이런 식으로 써 보는 것은 어떤가? "그리니치에서 진행되는 일을 하나님께서 아신다면 왜 매 30분마다 냉장고는 시간을 제시해 주지 않는 걸까? 중요한 통계에 따르면 낙태가 20% 증가했다고 한다." 내 말은 "성경을 더 쉽게 만드는 것"이 결국 성경을 허풍(hot air)으로 대체시키는 것이라면 그냥 스팀 밸브를 열어 놓고 성경에 그 훈증(hot air)을 쐬게 하는 것이 어떠냐는 것이다.]

뒤이어 나오는 것은 『**알지 못하는 자들**』의 업적이다(1절).

이들은 기준점을 장악하고서 울타리의 가로대를 바꾼다(2절). 그 후 가축을 훔치고는(2절) "생태학적 환경보호론자들"을 위해 "서로 나눠 갖는" "5개년 징수 계획"에 농부가 합류하지 않으면 그의 가축을 몰수해 버린다(3절). (대부분의 고등 교육은 정교한 거짓말로 위선에 광택을 낸다.) 이들은 "표"를 받지 않은 사람들을 박해한다(4절, 계 13:15-17 참조). 이 도망자들(히 11:37)은 사막과 광야로 쫓겨나고(히 11:38) 거기서(호 2:14, 계 12:6) 양육을 받는다(5절).

이들은 "들나귀"(욥 11:12)가 아닌데도 들나귀처럼 살게 된다(5절). 그들은 "자기 소유의 들"이 아니라 그냥 "들"(6절)에서 식량을 얻는다. 야고보서 5:3- 5에 따르면 그때 악인들은 자신들의 포도를 모은다(6절). 대환란 때는 "기름이나 포도주를 만질 수 없기"(계 6:6) 때문이다. 극단적 세대주의자인 윌리엄스와 전천년 성경 해석자인 비더볼프와 후천년 성경 해석자인 롤린슨 목사와 무천년 성경 해석자인 존 칼빈과 지난 15세기 동안의 모든 로마카톨릭 사제들과 추기경들과 교황들과 주교들은 이 구절의 예언적인 중요성을 완전히 놓쳐 버린다.

교훈 : 〈킹제임스성경〉을 고치는 모든 죄인들을 에큐메니컬 종교적 유대로 묶어 주는 것이 하나 있다. 즉 그들은 모두 눈이 멀었다.

24 : 7 그들은 벌거벗은 자들로 옷 없이 유숙하게 하니 그들이 추위에 덮을 것이 없으며
8 산지의 소나기로 젖으니 피할 곳이 없어 바위를 품는도다.
9 그들은 아비 없는 자의 품에서 빼앗아 가고 가난한 자에게서 저당물을 취하는도다.
10 그들은 가난한 자를 옷 없이 벗은 채로 가게 하며 주린 자들에게서 곡식단을 빼앗고
11 이들은 담 안에서 기름을 짜며 포도즙틀을 밟으니 목이 말라 고생하는도다.
12 사람들이 성읍에서 신음하며 상처 입은 자의 혼이 부르짖으나 하나님께서 아직은 그들에게 어리석음을 놓지 않으셨도다.

5,6절의 주요 주제는 대환란 때 남은 자들이 받는 박해이기 때문에 6절과 7절에서 구분을 지었다. 그러나 (남은 자들이 받는 대우를 소개하는) 2절과 3절을 살펴보고 악인들을 처리해 보자. 3,4절의 "그들"은 1절에 있는 "알지 못하는 자"이다. 여기 7절에서 "그들"은 같은 무리이다. 그리고 두 번째로 나오는 "그들"(8절 참조)은 다시 남은 자이다.

『**그들은 아비 없는 자의 품에서 빼앗아 가고**』(9절). "열두 지파"(약 1:1)에게 기록된 야고보서 1:27에 나오는 대환란 비교 구절을 주시하라. 욥이 한 말은 모두 어느 시대에서나 가난한 사람들과 함께 악인을 다루는데 적용된다(신 19:14, 잠 22:28, 삼상 8:3, 애 4:5). 그러나 이 구절은 야곱의 환란의 때에 특별한 중요성을 갖는다. 그때는 부자가 되면 자신의 혼을 잃게 된다(계 13:16-18). 포도주와 기름(11절)은 대환란 때 보호를 받게 될 것이다(계 6:6). 이 묘사는 놀랄 정도로 정확하다. 왜냐하면 로마는 항상 나라들에게 포도주를 공급해서(계 17:4-7) 그들로 취하게 했으며, 아라비아(이스마엘)는 기름을 통제하고 있기 때문이다.

『**사람들이 성읍에서 신음하며**』(12절), 그리고 성읍 안에 있는 사람들(계 11:2,13)은 시골에 있는 사람들보다 훨씬 더 어려움을 겪을 것이다. 도시를 세운 첫 번째 사람은 살인자였다(창 4:17). "집에 집을"(사 5:8) 붙이는 사람들은 적그리스도가 유네스코, 유니세프, CRF, 카톨릭 교황들과 외계에서 온 그들의 "친구들"의 도움을 받아 마침내 "왕국을 도래시킬" 때 "부르짖을"(12절) 것이다. 그러나 하나님께서 도시 수로를 피로 바꾸시고(계 16:6), 도시의 대기를 우박과 불로(계 8:7), 도시의 시민을 찰스 맨슨 같은 마귀에게 사로잡힌 마약 중독자로(계 9:21), 그리고 달을 피로(행 2:20) 바꾸시는 날에 그들의 신음은 기쁨처럼 보일 것이다. 바르샤바 게토 참사(Warsaw Ghetto, 1939-1943)는, 과학자들, 진화론자들, 교육가들, 정치가들, 외교관들, 사제들과 교황들이 "지극히 높은 곳에서는 하나님께 영광"(눅 2:14, 계 14:7)을 희생시켜서 "땅에 평화"를 도래시키기 위해 준비하는 가운데 보여 준 "다가올 일들"에 대한 맛보기에 지나지 않는다.

알렉스 던랩은 이안 페이슬리를 필라델피아의 어떤 지역으로 데려가서 그곳을 보여 주었다(1972). 페이슬리는 붕괴된 담, 바리게이트가 된 문들, 깨진 창문들, 균열된 건물들을 보고 "여기서 무슨 내전이라도 있었습니까?"라고 물었다. 이것은 "도시 주택 계획," "시민 해방 연합," "억압당하는 소수의 자유"에 대한 당연한 결과임을 그에게 확신시켰다. 필라델피아의 그 지역에 사는 시민들을 위해 아일랜드 공화국 군대(100% 로마카톨릭)와 거래할 용의가 있는지 질문을 받았을 때 이안 페이슬리는 "내가 이 광경을 목격하지 못했다면 그랬을지도 모르지만 이제는 거래를 하지 않으리라는 것을 확신하네."라고 말했다. 페이슬리는 스코틀랜드 장로교인들을 필라델피아로 데려와서 미국식 사회주의의 참상을 보게 하겠다고 말했다. 그렇게 하면 그들이 암살과, 폭탄 테러와 총알 세례와 거짓 형제들과 거짓 정치인들과 "못된 언론"을 20년간 참아낸 "그들에게 큰 용기를 줄" 수 있을 것이라고 생각했다.

〈Ill Fares the Land〉(반 고더, 1953)를 읽어 본 적이 있는가?

단순히 계획된 "가스 부족"이 아니라, 계획된 기아가 1937년까지 거슬러 올라간다는 것을 아는가? 인구의 10% 이하가 식량을 생산하는 수준까지 "생활 수준"을 지나치게 끌어올린 후에 나머지 91%가 식량이 부족하게 되면 어떤 일이 일어날 것이라고 생각하는가? 천년왕국이 올 것 같은가? 창세기 40-47장에 나오는 7년을 읽어 본 적이 있는가? 성경에 나오는 12번의 기아를 표시할 수 있는가? 정직하게 말해서 사람들이 9×16평방마일의 방마다(디트로이트, 클리블랜드, 필라델피아, 뉴욕, 신시내티, 로스앤젤레스, 볼티모어, 시카고, 피츠버그) 가득 들어차 있고 빵 한 덩어리의 값이 12달러로 치솟은 상황에서 100개의 식료품 가게에서 사람들을 부양할 만한 충분한 식량을 찾을 수 있다고 생각하는가? 기아가 닥치면 도시에 사는 보통 가족은 식량을 얻을만한 땅을 얼마나 갖게 되는지 아는가? 자, 속지 말라, 『***사람의* 피부로 *사람의* 피부를 바꾸오니 정녕 사람이 자기 생명을 위하여 자기의 모든 소유를 주리이다**』(욥 2:4). 향후 20년 내에 이런 일이 일어난다면 정부는 의문의 여지없이 정부에게 복종하는 사람들을 먹이기 위해 사람들의 재산과 음식을 강제로 빼앗을 것이다. 그들이 이런 일을 하지 않는다면 여러분의 "이웃"에게 권위를 부여해서 "공동의 몫"이라는 이유로 이런 일을 하게 할 것이다.

이 세상의 모든 문명은 8단계를 거쳐서 주인 노릇을 해 왔다.

1. 발견 : (영적으로) 복음 전파에 해당.
2. 식민지화 : 영적으로 교육과 상등.

3. 교화 : 윤리적 문화에 상응.

4. 사치 : 영적 영역에서 보면 배교와 일치한다.

5. 레저 : 이 뒤에 종교 통합 운동이 수반된다.

6. 악화 : 한 나라를 정치적 파시즘인 로마카톨릭 체제로 내몬다.

7. 파괴 : 이것은 (A.D. 300-900년에는 "이교도"라고 불리었고, A.D. 1700-1900년에는 "무신론자들"로 불린) 혁명가들과 공산주의자들에 의해 수행된다.

그러나 『**하나님께서 아직은 그들을 어리석음에 놓지 않으셨도다**』(12절). 최소한 이렇게는 말할 수 있다. 대신 사상가들(마르크스, 프로이드, 다윈, 헉슬리)의 어리석음에 돈을 지불하는 사람들, 정치 지도자들(레닌, 트로츠키, 교황들, 왕들, "케네디가 사람들"), 장군들(샤를마뉴, 마오쩌둥, 알렉산더, 나폴레옹 등), 독재자들(카스트로, 프랑코, 바티스트, 드골, 히틀러, 무솔리니 등), 그리고 "계획가들"[일루미나티, CFR, 보건교육후생성(HEW), NEA]은 "악한 현 세상"(갈 1:4) 체제에 갇혀서 죽지 않고서는 어리석음을 자신들에게서 제거하지 못하는(〈확실한 예언의 말씀〉 참조) 일상적으로 매일 보는 평범한 죄인들이다.

24 : 13 그들은 빛을 거역하는 자들에게 속하나니 그들은 그 길도 모르고 그 빛의 인도함에 거하지도 아니하는도다.

14 빛과 더불어 일어난 살인자가 가난한 자와 궁핍한 자를 죽이고 밤에는 도둑같이 되며

15 간음하는 자의 눈도 땅거미 질 때를 기다리며 말하기를 '아무도 나를 보지 못하리라.' 하고 그의 얼굴을 변장하는도다.

16 그들이 자신을 위해 낮에 표시해 놓은 집을 어두워질 때 뚫나니 그들은 빛을 알지 못하는도다.
17 이는 아침이 그들에게는 죽음의 그림자처럼 여겨짐이니 누가 그들을 알면 그들은 죽음의 그림자의 공포 속에 있도다.

뒤이어 사람들이 "성읍에서 신음"(12절)하는 이유가 나온다.

"알지 못하는"(1절) 도시 거주자들은 하나님의 "길"(13절)을 알지 못하며 "그의 인도하심"(13절)에 거하지도 못한다. 왜냐하면 그들은 『**빛을 거역하는 자들**』(13절)에 속하기 때문이다. 13은 반역의 수이다(〈짐승의 표〉 참조). 그러므로 "그의 입의 말씀"(욥 23:12)에 반역하는 사람들은 결국 하나님의 말씀이 빛이므로(시 119:105) "빛"에 반역하는 것이다. [욥기 23:12에서 아주 분명하게 진술한 바와 같이 "주 예수"나 "예수"께 "주님"으로서 혹은 그들 생애의 권위자로서 복종한다고 큰소리치면서 그분의 말씀을 거슬러 반역하는 사람들은 거짓말쟁이들이다. 이들은 "왕"으로서의 그리스도(혹은 주님으로서의 예수님)께 복종하는 백성들이 아니다. 그것은 마치 오늘날 세상에서 활동하고 있는 최악의 사탄 숭배자들과 무신론자들이 그분께 복종하는 백성이 아닌 것과 같다.]

"도시 생활"의 세 가지 주요한 죄의 특징을 이제 열거하겠다.

1. 살인(14절).
2. 간음(15절).
3. 강도(14절).

오늘날 이런 죄들은 "기존 체제에 대한 시민적 반항", "관용 사회 내에서 성인의 합의", "억압받는 소수에게 가해진 불의를 보상받기"로 불린다. 이런 세 가지 "현대적" 정의는 언론에서 선전하는 신문의 정의이다. 그곳에서는 순진하고 어리석은 기자들이 이교도 대학에서 가르치는 공산주의

자와 사회주의 교수들의 길과 어긋나는 "보도"는 은폐해 오고 있다. 자신의 거짓말을 어떤 전문 용어를 써서 은폐시키려하든지 간에 거짓말쟁이는 거짓말쟁이이다.

도시에서 "재미"를 보기 위한 가장 이상적인 시간은 해가 진 뒤이다(16절). 이들은 『**빛보다는 오히려 어두움을 더 사랑하니, 이는 그들의 행위가 악하기 때문이라**』(요 3:19). "무엇이든지 드러나게 하는 것은 빛"(엡 5:13)이므로 "악을 행하는 자는 누구나 빛을 미워"(요 3:20)한다. 매 주말마다 도시의 관리들은 신시내티, 로스앤젤레스, 뉴올리언스, 마이애미, 뉴욕, 필라델피아, 시카고, 디트로이트, 클리블랜드, 볼티모어의 뒷골목과 거리들에서 시체들을 수거한다. 이 사람들이 살해되었을 때 그들에게는 대부분 돈이 별로 없는 상태였다(14절, 가난한 자와 궁핍한 자). 볼티모어 시에서는 밤에 한 번의 "마약 주사" 값 때문에 많은 남자들과 여자들이 살해되어 왔다. 유다는 그렇게까지 어리석지는 않았다. 그는 미국 돈으로 17달러를 얻었다. (인플레이션을 기준으로 볼 때 현재 돈으로 하면 약 160달러 정도이다.) 미국에는 15달러도 안 되는 돈 때문에 사람을 살해하는 마약 밀매업자, 뚜쟁이, 마약 중독자, 사기꾼들이 있다(윌커슨, 니키 크루즈, 히메니스가 쓴 저서 참조).

대환란 때는 간음자(계 2:22), 살인자(요 8:44), "도둑"(요 10:1)이 죄의 사람과 그의 여자 배우자(슥 5:7,8)로 구체화되어 나타날 것이다. 그날에는 "도덕은 상대적인 문제"가 되고 "절대적으로 옳고 그름은 없을 것"이며, 사람들이 해야 하는 유일한 일은 사탄에게 복종하는 일이 될 것이다. 그리스도의 몸이 이 죄로 저주받고 전쟁으로 찌들고 투쟁으로 얼룩지고 마마 자국으로 뒤덮여서 파멸해 가는 행성을 떠난 이후에 하나님께서는 7년간 사람들로 하여금 그들 멋대로 하도록 내버려 두실 것이다(렘 18:12). 살인은 고속도로에서 질주하는 것만큼이나 일상사가 될 것이고, 간음은 먹고 자는 일 만큼이나 다반사가 될 것이고, 하루 24시간 매 1분마다 10개의 주요 절도 사건이 터질 것이고, 매 1분마다 40개의 자잘한 절도가 있게 될 것이다. 지상에는 3년 반 동안 비가 오지 않을 것이기 때문에 살아남기 위해서는 도둑질이나 살인을 (혹은 둘 다) 해야만 할 것이다.

다윗은 그의 인생에서 한 번 욥이 언급한 이 세 가지 모두에 빠져든 적이 있었다. 반역 행위로서 그는 아내들을 늘리지 말라는 하나님의 명령(신 17:17, 삼하 5:13)에 복종하지 않았고 그 다음에는 간음을 했으며(삼하 11:4) "새끼 암양"을 훔친 후에 그 여인의 남편을 살해했다(삼하 11:14, 15). 하나님을 찬양하는 시를 모세와 바울보다 더 많이 쓴 "이스라엘의 훌륭한 시편 기자"와 적그리스도 사이에 그렇게 큰 차이가 없다는 것이 참으로 이상하지 않은가? "우리의 최상" 속에는 "공포의 왕"(욥 18:14)과 가까운 뭔가 깊은 것이 내재해 있는 것이 분명하다.

『**그들이 자신을 위해 낮에 표시해 놓은 집을 어두워질 때 뚫나니**』(16절). 진흙으로 된 담과 점토로 된 마루는 이런 식으로 해서 들어갈 수 있다(겔 12:7). 이들은 낮의 자녀가 아니라, 밤의 자녀들이므로(살전 5:5) "빛을 알지"(16절) 못한다. 이 문맥에서 우리는 다시 곧바로 대환란으로 가게 된다. 욥기 중간을 넘기도 전에 욥기에서 50개의 관련 구절을 보게 된다. 『**이는 아침이 그들에게는 죽음의 그림자처럼 여겨짐이니**』(17절). "죽음의 그림자"는 일차적으로 대환란 때 땅 위를 지나며 그 아래 있는 모든 것을 죽이는 구름을 언급하는 말이다. 그리스도께서 "아침에" 나타나실 때(삼하 23:4, 말 4:1-3)인 요한계시록 14:14과 1:7의 구름에 대해 구원받지 않은 사람들도 그와 동일한 태도를 취할 것이다. 아, 깊이를 가늠할 수 없는 엘리자베스 시대 영어의 풍요함이여! 이 본문은 윌버 스미스, 존 라이스, 커스터, 예거, 메츠거, 밥 존스 3세, 알란드, 조디아테스의 "헬라어 원본" 보다 얼마나 더 우월한가!

24 : 18 그는 물처럼 빠르고 그들의 몫은 땅에서 저주를 받았으며 그는 포도원의 길을 보지 못하는도다.

19 가뭄과 더위가 눈 녹은 물을 말리니 음부도 죄지은 자들에게 그렇게 하는도다.

20 태가 그를 잊어버릴 것이요, 벌레가 그를 달게 먹을 것이며 그가 다시는 기억되지 아니하리니 사악함이 나무처럼 꺾이리라.

21 그는 아이를 낳지 못하는 여인을 학대하며 과부에게 선을 행치 아니하는도다.

22 그는 또한 그의 능력으로 강한 자를 끌어내나니, 그가 일어서면 아무도 생명의 보장이 없느니라.

23 그가 쉬는 곳에서 그에게 안정을 주실지라도 그분의 눈은 그들의 길을 지켜보시는도다.

24 그들이 잠시 동안 높여질지라도 없어지고 낮아지나니 그들은 모든 다른 사람들처럼 길에서 제해지고, 곡식의 이삭 끝처럼 잘려지는도다.

25 비록 지금은 그렇지 않다 해도 나를 거짓말쟁이로 만들 자가 누구며, 내 말을 무가치하게 만들 자가 누구냐?" 하니라.

18절의 "그"가 이전 구절들에 나오는 "그들"뿐만 아니라 앞서 나온 표현인 "죽음의 그림자"(17절)와 어떻게 연계되는지 주의해 보라. 적그리스도는 여러 짐승들로 조합된 하나의 짐승이다(단 7:7, 계 13:2). "비히못"("짐승들"에 해당하는 히브리어)으로서의 그는 "그들"(18절)이지만 또한 "그"

(20절)이기도 하다. 100%의 주석가들(카톨릭, 근본주의자들, 자유주의, 보수주의, 복음주의, 무신론자, 신복음주의, 현대주의, 개혁주의)이 적그리스도와 관련된 욥기 40:15의 비히못을 지워버렸으므로 욥기 24:18-25의 설명에서도 그들이 기만적이고 문제를 회피하며 영적으로 해석하고 그 구절에 관해 일반화시키려고 한 내용 말고는 어떤 다른 것을 기대할 수는 없다. 이런 사소한 것들을 살펴보기 전에 성령 하나님께서 이 문제들에 관해 말씀하시고자 하는 것을 보도록 하자.

『**물처럼 빠르고**』(18절). 악인은 물들이 급류를 지나는 것처럼 왔다가 가 버린다. 즉 오늘은 여기 있지만 내일이면 사라지고 없다. 『**그들의 몫은 땅에서 저주를 받았으며**』(18절, 사 14:9; 26:14-19 참조). 『**그는 포도원의 길을 보지 못하는도다**』(18절). 그는 자신의 포도원에서 열매를 얻기 전에 떠날 뿐만 아니라(욥 20:7,28) 그리스도께서 사탄의 포도원에서 수확을 하신 후에(계 14:19,20) "포도원"(마 21:39)에 열매가 맺히는 것을 보지 못할 것이다. 이 구절들은 주로 재림에 관한 구절(신 32장)이므로 학자들(나머지 30,000명의 학자들 모두)은 이것들을 놓치거나 빠르게 지나가 버린다.

『**가뭄과 더위**』(19절)는 그 자체로 명백하다. 인간은 마치 더위가 눈을 녹이는 것처럼 무덤 속에서 썩어서 분해된다(욥 21:3,29 주석 참조). 사악함이 "나무처럼 꺾이게 된다"(20절). 이것은 느부캇넷살로 모형 지어지고(단 4장), 다윗에 의해 나무로 간주되는(시 37:36) 사탄의 모습이다(겔 31장). 적그리스도와 관련된 세 개의 관련 구절들을 100%의 주석가들은 놓쳐 버린다. ("유명한 학자들"의 전형적인 모습이다. 이들은 "자격을 갖춘 학자들"로서 이들의 말씀에 대한 충성심은 의심할 여지가 없으며, 이러쿵 저러쿵...)

21절은 그 자체로 분명하며 누가복음 23:29의 "불임"과 야고보서 1:27의 과부들과 일치한다. 『**그는 또한 그의 능력으로 강한 자를 끌어내나니**』(22절). 그의 경호원은 일부는 사람이고(단 2:41) 일부는 초능력 인간(단 2:43)인 열 명의 "킹 핀들"(계 17:12)임이 드러난다. [이것을 찾으려고 엘리코트, 델리취, 제미에슨과 포셋과 브라운, 랑게, 더멜로우, 윌리엄스, 매튜 헨리, 헤브너, 클라인, 게제니우스에게로 달려가지 말라. 이들이 태어나기 전에 있었던 50명의 교육받지 못한 설교가들의 설교에서 발견되는 성경적 진리를 이들의 모든 저술을 다 합친다 해도 단 하나도 발견할 수 없다. 이들은 하나님께서 〈킹제임스성경〉을 통해서 이미 그리스도인들에게 보여 주신 것을 과장하고 저술 당시의 이들의 변덕에 따라 이 진리들을 부인하거나 혹은 그것들을 더 보강시킨다.]

욥기 3:8에서 우리가 언급한 바와 같이 "그는 일어선다"(22절). 그는 다니엘의 "뿔들"(단 8:9) 가운데서 "일어서며" 이 땅에 두루 하나님의 권능을 선포하기 위해(계 13:1-9) 파라오처럼(출 9:16) "일어선다"(롬 9:17). 이때에는 『**아무도 생명의 보장이**』(22절) 없다. 왜냐하면 표를 받으면 문둥병으로 죽을 수 있으며(욥 11:15 주석 참조), 전염병으로 죽거나(계 16장), 전쟁에서 살해되기(계 6:8) 때문이다. 표를 받지 않으면, 목베임을 당하거나(계 20:4) 굶어서 죽게 된다(히 11:37,38, 계 13:17). "자격을 갖춘" 주석가들과 "유명한 학자들"(아래 참조)이 자신들의 더러운 불신의 발로 하나님의 진리를 짓밟으면서 이 구절을 없애 버리려는 가련한 시도들은 기독교 학자들(근본주의자들이나 그 외 다른 자들)의 타락상을 잘 보여준다.

[최근 한 목사가 내가 참석하는 모임을 취소했다. 이유는 "기독교" 신문에서 명성을 얻고 싶었기 때문이었다. 그 신문사의 편집인은 우리 책과

테이프 사역이 성공한 것에 다소 화가 나 있었다. 그의 편지에서 이 목사는 존 R. 라이스가 미국에서 "성경대로 믿는" 근본주의자들을 가장 잘 대표한다고 믿는다고 말했다. 성경대로 믿는다는 용어를 그가 어디서 얻었는지는 아무도 모른다. 라이스가 고백한 공식적인 믿음의 고백(여남은 개의 그의 저서들과 그의 서명이 있는 편지들에서)은 오직 "근본 사항들"만이 무오한 진리라는 것이다. 라이스에게는 무오한 성경이 없으며, 그는 무오한 성경을 본 적도 없으며, 읽어본 적도 없고, 하나님께서 그에게 그런 것을 주셨다고 믿은 적도 없으며, 그는 지상에서 누군가가 무오한 성경을 손에 넣었다는 말을 들은 적도 없다. 그 자신이 직접 고백한 믿음의 고백에 따르면 여러분이 오늘밤 그에게 10,000,000달러를 현금으로 준다 해도 그는 단 한 권의 무오한 성경도 살 수 없다. 이 사실을 못 믿겠으면 가서 그에게 무오한 성경을 한 권 달라고 부탁해 보라. 여기 펜사콜라성경신학원에서는 무오한 성경을 얻을 수 있지만 라이스의 서재에서는 밤을 새고 찾아도 무오한 성경을 찾을 수 없다. "근본주의"를 표방하는 것과 하나님께서 말씀하신 바를 믿는 것과는 전혀 별개의 일인 경우가 흔하다. 그들의 교회에 오도록 하기 위해 "근본주의자들을 대표하는 것"과 전능하신 하나님의 권위에 복종하는 것과는 전혀 다르다.]

적그리스도가 7년간 안정을 누리는 것처럼 『**그에게 안정을 주실지라도 그분의 눈은 그들의 길을 지켜보시는도다**』(23절). 하나님의 눈은 적그리스도의 길들과 그의 군대와 군단들 위에 있다(대하 16:9, 잠 15:3). 『**그들이 잠시 동안**(7년) **높여질지라도 없어지고 낮아지나니**』(24절). 나머지는 설명이 필요 없다.

『**비록 지금은 그렇지 않다 해도 나를 거짓말쟁이로 만들 자가 누구며...?**』(25절) 아무도 없다. 그때는 그렇지 않았어도 앞으로는 그렇게 될 것이다 - 계 13,14,17,18,19장 참조.

"야곱의 고난"의 때를 다루는 수십 개의 세부 사항들에 관해 "단서를 좀 얻기 위해" 살아 계신 하나님의 무오하신 말씀을 잠시 옆으로 치워 두고 "성경대로 믿는" 근본주의자들이 자신들이 믿기를 거부한 것에 대해 무슨 말을 하는지 이 실수투성이의 어리석음을 보도록 하자.

1. 아담 클라크 : 12절은 "하나님께서는 그들의 기도에 주의하지 않으신다"로 해야 한다. 18절은 "그는 물들의 표면에 있는 빛이다"로 되어야 한다. 19절은 "그들은 그들의 가장 낮은 깊음으로 떨어졌다"로 되어야 한다. 21절은 "그는 아이를 낳지 못하는 자를 먹인다"로 되어야 한다. 기타 등등, 기타 등등. 그렇게 해서 정확히 하나님께서 말씀하지 않으신 것을 말하는 자기 자신의 "성서들"을 갖게 될 때까지 이런 일을 계속한다.

2. 벌게이트 : 21절은 "그는 아이를 낳지 못하는 여인을 친절히 대해 왔다"로 되어야 하는데 유감스럽게도 그렇지 못했다. 23절은 "그에게 회개의 여지를 줬다"로 해야 한다. 12절은 "하나님께서는 이런 무질서를 벌하지 않고 내버려 두지 않으실 것이다"로 되어야 한다.

3. ASV(1901) : 12절은, "하나님께서 그들의 어리석음을 고려치 않으신다"로 되어야 한다. 16절은 "그들은 대낮에 스스로 문을 닫았다"로 되어야 한다. 17절은 "짙은 어둠의 공포"가 되어야 한다. 21절은 "그는 아이를 낳지 못하는 자를 삼킨다"로 되어야 한다. 22절은 "하나님께서는 그의 능력으로 강한 자를 보존하신다"로 되어야 한다. 기타 등등, 기타 등등.

4. 제미에슨, 포셋, 브라운은 20개 구절에서 15개를 변개시키고, 피크와 버드는 15구절에서 15개를 변개시킨다. 더멜로우는 9,10,13,17,18절을 총체적으로 부패한 1884년의 RV를 가지고 고친다. 그래서 테일러(LB)와 도드(NEB)가 이 구절을 다 지날 때쯤에는 이것은 마치 1945년 2월 16일 아침 독일 드레스덴처럼 엉망진창으로 보이게 된다.

이러한 변개를 가하고 이런 식으로 만드는 명분에는 간단한 두 가지 사실이 있다.

1. 지난 100년간 보수주의 최고의 두뇌들은 〈킹제임스성경〉이 구약의 지혜의 책에서 예수 그리스도의 재림을 언급할 때 자기들 얼굴 앞에 있는 자신들의 손조차 볼 수가 없었다.

2. 이런 고의적인 무지와 죄가 되는 어리석음을 "기독교 학자 연맹"과 "과학적 연구"처럼 보이는 "방수포"로 은폐시켜야만 했다.

그러므로 우리의 "자격을 갖춘 권위자들"은 저 끝까지 가서 자기 자신들에게 맞춰서 욥기 24장을 다시 기록했다. 이런 급격한 극단주의(혹은 맹목적인 광신)가 트리니티, 필스베리, 휘튼, 피에드몽, 샌프란시스코, 콜롬비아, 퍼시픽 칼리지의 교수진들의 두드러진 특징이다. 이런 성경 해석에서 나타나는 정신 이상 증세는 휴거 때까지 혹은 휴거가 지나서까지 계속되리라고 기대해도 된다. 예를 들어 존 R. 라이스는 요한계시록 22:14가 훌륭한 그리스도인 교리가 못된다고 생각했다. 그래서 그는 그 구절을 자기에게 좋은 대로 그냥 다시 써 버렸다(ASV나 NASV). 전형적이다. 여러분이 원하는 대로 욥기 24:17-25를 다시 쓴다 해도 그것은 지금까지 출판된 ASV 만큼은 "믿을 만할"(죽은 정통주의 배교자들이 〈킹제임스성경〉에 관해 말할 때 사용하는 상투어구) 것이다.

욥기 25장

25:1 수하인 빌닷이 대답하여 말하기를

2 "통치와 두려움이 그분과 함께 있고 그분은 그의 높은 곳에서 화평을 마련하시는도다.

3 그분의 군대를 계수할 수 있느냐? 그의 빛이 솟아오르면 비춤을 받지 않을 자가 있느냐?

4 그렇다면 어찌 사람이 하나님과 더불어 의롭게 될 수 있겠으며 여자에게서 태어난 자가 어찌 깨끗해질 수 있겠느냐?

5 달을 쳐다보라. 그것이 빛나지 않으며 정녕, 별들도 그분이 보시기에는 깨끗하지 못하거늘

6 하물며 벌레인 사람은 어떠하며 벌레인 사람의 아들은 어떠하겠느냐?" 하니라.

성경에서 다시 가장 키가 작은 사람이 등장한다("빌닷 신발 높이의 키"). 빌닷의 이 짧은 담화 내용은 그가 주요 논쟁에서 옆으로 이탈했음을 보여 준다. 빌닷은 욥의 강타를 얻어맞고 추상적인 몽상에 빠져서 “방황” 하고 있다.

『**통치와 두려움이 그분과 함께 있고**』(2절). 이것은 다니엘 4장에 묘사되어 있다. 천사들과 천상의 “압살롬”의 3분의 1을 내쫓으심으로써(계 12:1-10과 삼하 18:18) 『**그분은 그의 높은 곳에서 화평을 마련하시는도다**』(2절). “땅 위에는 화평이요, 사람들에게는 호의”가 있기 전에 “지극히 높은 곳에서는 하나님께 영광”이 있어야만 한다(눅 2:14). 왜냐하면 그분의 뜻은 하늘이 깨끗해질 때까지는(욥 15:15) “하늘에서와 같이 땅에서도 이루어질”(마 6:10) 수 없기 때문이다. 그리고 이들이 “빛을 지닌 자”이건(시 74:16) 천사들이건(계 1:20 주석 참조) “별들도 그분이 보시기에는 깨끗하지 못하다”(5절). (반쯤 의식이 있는 상태에서 빌닷이 “즉석”에서 한 논평은 지난 25세기 동안의 주요 주석가들보다는 조금 더 낫다.)

『**그분의 군대를 계수할 수 있느냐?**』(3절) 그분이 “만군의 주”(약 5:4)이시며, “하늘의 군상을 헤아릴 수 없다.”(렘 33:22, 창 2:1, 사 40:26)는 것을 생각해 보면 계수할 수 없다. “만군의 주”는 선지서에서만도 140번 이상이 언급된다. 그분은 재림 때는 “전쟁의 사람”(출 15:3)이므로 그의 군대(계 19장)는 “그들의 구원의 대장”(히 2:10)을 따르며, 그의 두 군대(창 32:2)는 흰 나귀들과(판 5:10) 흰 말들(계 19:11-16)을 타고 왕의 대로를 내려가서 광야로 간다(출 6:13). [55년간 정규 교육을 받은 그리스도인이 헬라어와 히브리어 학자의 저서에서 이런 지식을 찾을 수 있다고 생각지 말라. 달라스신학교의 헬라어와 히브리어 학자들은 이런 문제들에는 전혀 조명을 얻지 못했다. 로버트 딕 윌슨이 어떤 언어로든 이런 참조 구절 두 개를 발견할 수 없다면 영어로 다른 50개의 참조 구절을 그에게서 얻을 수 있다고 생각지 말라. 로버트 딕 윌슨은 25가지 언어를 읽고 쓸 수 있지만 책 중의 황제인 〈킹제임스성경〉(1611)에 직면하게 되면 그는 그 당대의 불가지론 비평가들과 함께 전혀 진전을 보이지 못한다. 헬라어와 히브리어를 유창하게 한다고 해서 그것이 믿는 마음과 겸손한 마음을 대신하지는 못한다.]

『**그의 빛이 솟아오르면 비춤을 받지 않을 자가 있느냐?**』(3절) 이것은 초림 때 유대인(눅 2:9)과 이방인(사 9:2)에게 비추는 영적 빛이었지만 재림 때에는(시 68:1,8) 바울에게 나타난 것과 같이(행 9:3) 빛나는 빛이 될 것이다(시 80:1). 그의 육신의 빛은 세상으로 들어오는 모든 사람에게 비춘다(시 19:1-6). 그의 영적인 빛 또한(요 1:9) 그렇다. 대환란 때 그의 빛이 "솟아오르면"(계 14:14,15) "그를 바라는 자들은"(히 9:28) 그를 볼 것이지만, 그를 바라지 않는 자들은(마 25:8) 그를 볼 수 없다. 왜냐하면 "거룩함"이 없이는 누구도 "주를 보지" 못할 것이기 때문이다(히 12:14). 『**마음이 순결한 자들은... 하나님을 볼 것임이요**』(마 5:8). 이것은 헬라어 원본에 있는 것이 아니라 영어 원본에 있는 것이다.

로버트 섬너(Robert Sumner) 같은 사람들은 (로버트 섬너 주석, 누가복음 1:3 참조) 성경의 진술이 자기 자신의 어리석음과 일치하지 않으면 본문을 자신의 어리석음에 맞게 고쳐 버린다. NASV가 자신들의 어리석음에 맞추기 위해 히브리서 9:28을 어떻게 변개시켰는지 보라! 존 R. 라이스와 로버트 섬너 같은 사람들에게 진리를 보존하는 일이 맡겨지면 자신들처럼 성경을 거부하는 "근본주의자들"에게서 배운 것과 일치하지 않으면 매번 진리를 변개시킨다. 이런 눈먼 "학자들"의 맹목적인 지도를 따르기에 앞서 "긴" 기도를 하는 편이 더 나을 것이다.

『그렇다면 어찌 사람이 하나님과 더불어 의롭게 될 수 있겠으며, 여자에게서 태어난 자가 어찌 깨끗해질 수 있겠느냐?』(4절) 이것은 욥기의 품질을 보증해 주는 또 다른 위대한 구절 중 하나이다(욥 3:23 주석 참조). 욥기 14:1; 15:15가 옳다면 (물론 확실하게 옳다.) 하나님께서 이 의를 가져오시기 위해 뭔가를 하시기 전에는 어느 누구도 하나님 앞에서는 의롭게 될 수 없다(갈 3:11). 인간의 자연적인 탄생(4절)은 죄와 더불어 시작되며(시 51:5) 죄와 함께 끝을 맺는다(롬 6:23). 금붕어가 TV를 수리할 수 없는 것과 마찬가지로 인간은 절대적으로 죄 없는 완전함에 대한 하나님의 요구조건을 결코 충족시켜 드릴 수 없다(롬 10:1-4).

육신적 탄생은 그 탄생이 어디서 일어났든지 간에 엉망진창이다. 에어컨이 갖춰진 분만실에서 그 탄생이 이루어졌다 해도 그 결과물은 하나님의 형상이 아니라(골 3:10) 아담의 형상대로 지어진(창 5:1-3) 아담의 아들이다. 새로운 탄생이 없이는 그의 운명은 정해졌다. 그는 그 아버지의 형상에 맞춰질 것이고(요 8:44, 엡 2:1-4) 그의 "아버지"의 거처를 함께 쓸 것이다(마 25:41). "선과 악의 지식"이 있을 때까지는(롬 5:13) 아이에겐 죄가 전가되지 않지만(롬 4:15) 하나님께서는 죽은 아이에게 그리스도의 의를 전가시키셔야만 한다. 아이들은 아담으로부터 타락하고 망가진 본성을 상속받기 때문이다(롬 5:14-20). "원죄"는 이 진리에 전혀 영향을 끼치지 못한다. 정신이 바로 박힌 사람이라면 세 가지 사항을 안다. 즉 자신이 잘못해 왔다는 것을 안다. 그리고 그 잘못한 것이 한 번 이상이라는 것도 안다. 그리고 어느 날 죽게 되리라는 것도 안다(롬 6:23). 그리고 사람들은 어떤 하나님이란 존재가 있다면 그분께 설명하게 되리라는 것을 깨달아야 한다(롬 14:12).

하나님께서 인간을 의롭게 하시면서 자기 자신도 "의로울" 수 있는 유일한 방법은 갈보리에서 일어났던 거래에 의해서였다(롬 3:20-26). 갈보리에서는 하나님께서 완벽한 의를 요구하지 않으시며(구약 체제 참조), 직접 하늘나라로 들어가는 것을 허락하지 않으신다(눅 16:19-24, 출 34:7, 히 10:4, 엡 4:8, 9, 눅 23:43). 하나님께서는 천년왕국 이후(계 12:17, 14:12) 미래의 한 날에 쓰실 개선책을 가지고 계신다(계 22:14). 이 부분에서 라이스, 섬너, 조디아테스, 스코필드, 반하우스, 펜티코스트, 아이언사이드, 커스터, 그린, 왈부어드, 맥기는 포기하고 나가 버린다. 바로 여기서 그들은 하나님께서 말씀하신 것을 믿든지, 아니면 자신들의 공상에 맞춰 그분이 말씀하신 바를 변개시키든지 한다.

『**달을 쳐다보라. 그것이 빛나지 않으며**』(5절). 파라오 때처럼(출 10:22) 환란 때에도 달이 빛나지 않을 것이다(행 2:20, 계 8:12). 더 깊게 말하자면 달은 해의 빛을 반사하는 것이지 어떤 식으로든 빛을 발하지는 않는다. 사람들은 "빌닷이 이 말을 했을 때는 이런 의미로 한 말이 아니었다."라고 말한다. 이런 의미로 말한 것이 아니라면 도대체 무슨 의미로 말을 했단 말인가? 그가 이 말을 하지 않았단 말인가? 이사야가 뒤이어 올(벧전 1:9-11) 고난과 영광을 이해하지 못한다고 해서(사 53,54장) 이사야의 입에서 성령님의 말씀을 내동댕이치고 그가 "학자들"에게 머리를 조아리도록 하겠는가? 다른 역본들의 욥기 25:5를 보면 그런 식으로 되어 있다. 그리스도께서 태어나시기 1,000년도 더 이전에 기록된 책에서 진보된 과학적 계시가 발견되게 하느니 차라리 우리의 현대의 "근본주의자들"은 다음과 같은 일을 자행했다.

1. "달은 밝음이 없다." 가짜 NASV(1971)를 만들어낸 로크만재단은 빌닷이 케플러 이전에 그런 정보를 내놓았을 리 없다는 결론을 내린다. [밥존스대학에서는 이 역본을 추천한다.]

2. "달조차도 밝지 않다." 여호와 증인의 "성서"는 로크만재단을 지지하

고 성경을 거부하는 과학자들을 지지하는 말을 덧붙인다. 이들 과학자들은 〈킹제임스성경〉 본문이 이들을 공격할 때 그들의 하찮은 감정이 상했다.

3. "달과 별들은 아무것도 아니다."라고 케네스 테일러(LB)는 말한다. 이것은 어떤 히브리어 필사본에 나오는 뜻도 아니다(쉽게 번역되었건, 아니면 음역되었건, 번역되었건, 해석되었건 간에).

4. 여호와의 증인들을 돕기 위해 1901년 ASV는 "달은 밝음이 없다."라고 말한다(디토, 더멜로우, RSV, RV).

5. "그가 달에게 명령을 하면 달은 빛나지 않는다."라고 칠십인역 필사본은 말한다. 이 필사본은 신약이 완성된 지 200년 후에 기록됐다.

6. 아담 클라크에 따르면 달은 "계속해서 그 모습을 바꾼다."

7. 클라인의 주석에서는 "달의 밝기"가 대화의 주제이다(Ibid., 479쪽).

"기독교 교육"의 강령은 간단하다. 즉 자신이 성경과 다르면 성경을 고치는 것이다. 성경이 기록된 이후로 모든 무신론자, 불가지론자, 사탄숭배자, 카톨릭, 공산주의자, 이교도, 불신자들이 해온 일이다. 이런 무리들은 많다. 프랭클린 델라노 루즈벨트는 성경을 좋아하지 않았다. 키신저는 성경을 좋아하지 않는다. 닉슨, 스펠맨, 쉰, 예수회는 성경에 전혀 신경 쓰지 않는다. 맘에 들지 않으면 고쳐 버리는 것이다. 밥존스대학, 피에드몽, 알링톤, 콜롬비아, 트리니티, 클리어워터, 마이애미, 달라스, 포트 워스, 미드웨스턴, 노스웨스턴 교수진들도 이런 식으로 처리한다. 알다시피 "근본 사항들"만 믿으면 되는 것이다.

자, 달은 빛을 내지 않으며 결코 빛을 낸 적도 없다. "더 작은 광명"으로서 달은 더 큰 광명을 반사할 뿐이다(창 1:16 주석 참조). 이사야가 세상이 원처럼 둥글다고 말하면(사 40:22) 사실이 그렇다. 버나드 램(풀러신학교)이 "코페르니쿠스 이전"의 계시를 좋아하지 않는다면 가서 냉찜질을 할 수는 있다. 모세가 의사들에게 세균을 떨쳐버리기 위해서는 흐르는 물에 손을 씻으라고 말했는데(레 14:51), B.C. 1000년부터 A.D. 1800년까지는 어떤 의사도 그렇게 하지 않았다. 그건 그 사람들의 문제지 하나님의 문제가 아니다. 그리스도께서 말씀하시기를 이 지구에는 동시에 낮과 밤이 있다고 하시면(눅 17:31,34) 사람들은 어리석게도 다른 식으로 생각한다(A.D. 33 - A.D. 1400까지의 모든 "그리스도인"). 성경이 별들을 셀 수 없다고 말하면(렘 33:22) 어리석게도 사람들은 "현대 과학"은 별들을 세어왔다고 생각한다. 그런 사람들은 "현대 과학" 정도 밖에는 "과학적"이지 못하다. 성경이 사람들에게 목을 굳게 하지 말고 목을 편하게 하고 말을 하라고 하면(시 75:5) 사람들은 그것이 "비유적인 시"라고 말한다. 그렇게 생각하는 사람들은 가서 목을 굳게 하고 말해 보라. 그렇게 해서 자신의 목소리를 다 망쳐보라. 내 목소리가 아니라 그 사람들 목소리니까. 성경이 사람들에게 농작물의 이화수분을 경고하실 때(레 19장) 그 말씀을 믿지 않고 나가서 노란 수박을 사라. 성경이 말씀하시기를 목성은 주의 깊게 살펴봐야 할 행성이며, 흡혈귀들은 이브가 피를 얻은 것과 같은 방법으로 피를 얻으며, 그리스도께서는 올리브 산에 오시기 전에 시내 산에 오시며, 천년왕국 때 에돔에는 불못이 있게 될 것이고, 향후 30년 내로 괴물들이 지구 내부의 빈 공간에서 올라올 것이며, 마귀에게도 교회가 있는데 마귀가 그 교회를 보호하며, 하나님의 말씀은 살아서 영원히 거한다고 말씀하실 때 이것을 믿지 않는다면 그건 그 사람 문제지 내 문제가 아니다. 나는 내가 이미 겪었던 문제를 가지고 전능하신 하나님과 겨루고 싶지는 않다. 기독교 대학에서 배운 불경건한 헛소리로 성경을 바로 잡을 수 있을 만큼 자신이 똑똑하다고 생각하는 사람은 자신이 시대에 15세기나 뒤진 사람임을 증명하는 것뿐이다. 성경"으로" 되돌아가자고 열심을 낼 것이 아니라 성경을 "따라"잡기 위해 애를 써야 할 것이다. 과학(그리스도인이나 무신론자들이 선전하는 모든 최신 과학)이 성경과 모순되면 그들의 "과학"에

“신화”라는 딱지를 붙이고 실제적인 일에 눈을 돌리는 것이 현명한 처신이다. 예를 들어, 〈교회와 대환란〉(로버트 건드리) 같은 성경 해석의 쓰레기더미를 처리할 때는 〈킹제임스성경〉으로 그 저자를 처음부터 끝까지 (서문부터 끝맺음 말까지) 바로잡아 주는 것이 좋다. 이 책은 그 주제에 관해서 “박식한 모범적인 연구”라고 공언하고 있다. 그는 일곱 부활과 일곱 심판을 믿지 않는 것과 똑같이 자신이 다루고 있는 성경이 하나님의 말씀이라는 사실을 전혀 믿지 않는다.

『**하물며 벌레인 사람은 어떠하며, 벌레인 사람의 아들은 어떠하겠느냐?**』(6절) 남자의 정자의 모습이 이렇다. 이 단어는 일반 대중이 사용하는 의미에서는 씨를 생산하는 수단을 언급한다. 영원에서는 “그들의 벌레도 죽지 않을 것”이다(막 9:46, 사 66:24). 왜냐하면 영원한 형벌을 참아 내신 분이 말씀하시기를, 그분 자신은 죄인들을 대신해서(민 21:8) 뱀과 같이 되었다고(요 3:14) 하셨기 때문이다. [인간의 혼이 불못 속에서 그런 형태(사 34:10-17)로 퇴화한다면 참으로 끔찍스런 참사가 아니겠는가? 이 문제를 연구해 본 적이 있는가?]

빌닷은 말을 끝맺는다. 그에게는 아무런 해답도 없으며 이전이나 이후에도 욥이 한 말과도 전혀 연결이 되지 않는다. 사실 욥은 자신을 반대하는 의견을 완전히 침묵시켰기 때문에 소팔은 그렇게 할 수 있었음에도 욥에게 세 번째 사격을 하지 않는다. 여기서 소팔은 빌닷과 엘리파스가 다다른 결론에 이른다. 즉 욥과 논쟁하는 것은 아무런 소용이 없다. 논쟁만 하는 사람이 어떻게 논쟁과 경험을 가진 사람에게 답변할 수 있겠는가? 빌닷의 웅얼거림은 점점 작아져서 침묵 속으로 빠져들고 여기서부터 32장까지 계속해서 욥은 승리를 거둔다. (어윈은 우리가 욥기 25장에서 “다 찢겨진 필사본”을 다루고 있다고 생각한다. 즉 연설의 절대 요소가 “빠졌다"고 생각한다. 자신들이 배운 것과 일치하지 않는 것은 어떤 것도 이해하지 못하는 사람들에게서 얻어 낼 수 있는 비현실적인 주석의 전형적인 모습이다. 하나님의 말씀에 대한 어원의 믿음을 제외하고는 "빠진 것"은 아무것도 없다.

빌닷의 연설 이후에 침묵이 이어진다. 다음에 욥이 입을 열 때 그는 방해받지 않고 연이어서 여섯 장을 달린다.

욥기 26장

26 : 1 그러자 욥이 대답하여 말하기를

2 "네가 힘없는 자를 어떻게 도왔느냐? 네가 기력 없는 팔을 어떻게 구원하였느냐?

3 네가 지혜 없는 자를 어떻게 조언하였느냐? 네가 어떻게 사실을 있는 그대로 전했느냐?

4 네가 누구에게 말을 발설했느냐? 누구의 영이 네게서 나왔느냐?

마태복음 12:36과 고린도후서 5:10,11의 관점에서 볼 때 욥이 지금 하고 있는 말은 그리스도의 몸에게 성경에서 가장 중요한 말에 속한다. 욥은 빌닷에게 여섯 가지 질문을 한다. 이 여섯 가지 질문은 분명히 그리스도의 심판석에서 (부패한 ASV에서처럼 "하나님"의 심판석이 아니다.) 하나님의 자녀에게 던져질 질문들이다.

1. 『**네가 힘없는 자를 어떻게 도왔느냐?**』(2절)
2. 『**네가 기력 없는 팔을 어떻게 구원하였느냐?**』(2절)

3. 『**네가 지혜 없는 자를 어떻게 조언하였느냐?**』(3절)

4. 『**네가 어떻게 사실을 있는 그대로 전했느냐?**』(3절)

5. 『**네가 누구에게 말을 발설했느냐?**』(4절)

6. 『**누구의 영이 네게서 나왔느냐?**』(4절)

성도들의 공적이 "불로써 시험될" 것이기 때문에(고전 3:13) 이 질문들은 교회 시대의 성도들에게 꼭 필요한 문제가 된다. 여섯 개의 질문 중 4개가 양("얼마나 많이")의 문제가 아니라 질의 문제("어떻게")임을 주의해 보라. 모든 설교자와 교사들은 4번 질문에 정면으로 맞부딪히게 될 것이다. 그러므로 자신의 거룩하지 못한 "헬라어 원본"으로 거룩한 성경의 권위를 찬탈하는데 일생을 낭비한 "자격을 갖춘 학자"에게 화 있을지어다. A.T. 로버트슨(미국이 낳은 가장 위대한 헬라어 학자)은 열 개의 헬라어 어휘집과 헬라어 고전 문법학자들의 단어집과 B.C. 500년부터 A.D. 1930년까지의 헬라어 학자들의 저서의 도움을 받고서도 "사실을 있는 그대로" 선언할 수가 없었다. 마찬가지로 25개 국어 지식을 가지고서도 프린스톤의 로버트 딕 윌슨은 필립 마우로나 루이스 버코프보다 "사실을 있는 그대로" 더 잘 선언하지 못했다. 로버트슨을 제외하고 이 사람들은 모두 무천년주의자로 유아 세례를 행했다. 로버트슨은 연합 프로그램의 무천년주의 지지자였으며, 자유주의 신학의 "두 문서 이론"과 같은 의견을 보이고 있다. "사실을 있는 그대로" 선언하는 문제에 관한 한 28년간의 정규 교육을 받은 구원받은 학자들은 종종 고등학교 교육밖에 받지 못한 교양 없는 그리스도인만큼이나 어리석다. 최소한 여러 경우에 이것이 사실임이 입증되어 왔다.

잠시 주 예수 그리스도께서 이 여섯 가지 질문들에 대해 하나님 아버지께 "자신을 설명"하는 것을 가정해 보자. 그분이 별 노력도 없이 "천타점"을 기록한 것을 주지했는가? 주 예수께서는 힘없는 자들을 도우셨다(마

4:24). 그분은 지혜가 없는 자들에게 바른 충고를 해 주었다(약 1:5). 그분은 항상 사실을 있는 그대로 선언하셨으며(마 16:23), 항상 풍성하게 그렇게 하셨다(마 23:2-30). 또한 주 예수께서는 유대인들(마 10장), 이방인들(요 12장), 거물급 인사들(요 3:13), 조무래기들(막 10:49), 통치자들(마 27:2), 노예들(마 15:28), 어부들(막 1:16), 세금 징수원들(마 9:9), 여자들(눅 7:48), 아이들(마 18:1-6), 군인들(마 8:10), 친구들과 적들(마 23:32)에게 말씀하셨다. 그분의 사랑은 항상 "거짓"(롬 12:9)이나 위선이 없었으며, 섬김의 동기 또한(히 10:7) 나무랄 데 없었다(요 5:30). 이 모든 것 외에도 그분에게서 나온 영(4절)은 항상 성령이었다. 결코 자기 자신의 영(요 3:34)이나 더러운 영이(마 12:24) 아니었다.

[자, 만일 당신이 "500명의 목격자들이 증언하고 그들의 삶이 그들의 믿음을 뒷받침하는(고전 15:6)" 한 기록된 증거를 역사에서 찾을 수 있다면(요 20:31), 그래서 위에 열거한 목록들이 부처, 모하메드, 마오쩌둥, 레닌, 공자, 조로아스터, "신성한 아버지" 곧 어떤 교황(혹은 여타 성경을 거부하는 모든 죄인들)에게도 사실이었음을 그 기록이 증거한다면, 우리는 우리의 "종교"를 가지고 거래할 의사가 있다. 하지만 "그와 같은" 증거를 찾아낼 수 있을 때까지는 우리의 시간을 수많은 미신적 헛소리들로 낭비하지 말라. 시간은 소중하니까 말이다.]

현재의 실제적인 문제로 되돌아가자. 즉 전능하신 하나님께서 오늘 밤 여러분에게 이 여섯 가지 질문을 하신다면 여러분은 어떻게 대답하겠는가? 힘없는 자들을 도운 적이 있는가? 어떻게 도왔는가? 힘없는 죄인의 팔을 구원한 적이 있는가? 어떻게 구원했는가? "목회자 상담"에서 어떻게 "상담"을 해 줬는가? 여러분의 안내자가 고타르, 킨제이, 나리모, 메닝거였는가, 아니면 성경이었는가? "하나님의 모든 계획"(행 20:27 주석 참조)을 풍성하게 선포했는가, 아니면 재정 지원자들과 관계를 좋게 유지할 수 있게 해주는 일부만을 선포했는가? 어떤가? 요한계시록 12:17; 14:12; 22:14를 "선포"할 때 있는 그대로 선포했는가, 아니면 존 R. 라이스와 R. A. 토레이가 자신들의 "신학"에 맞춰서 그 구절들을 변개시킨 것처럼 그렇게 했는가? 어떤가? 사람들의 지위에 상관없이 모든 사람들에게 증거했는가? (행 26:26 주석 참조). 선포하고, 상담하고, 말씀을 발할 때 여러분에게서 누구의 영이 나왔는가? 하나님의 영인가? 아니면 마귀의 영인가? 자기 자신의 영인가? 사람이 말을 할 때 사람의 입에서 나올 수 있는 영에는 세 가지가 있다.

1. "하나님"의 영인 성령(갈 3:5).
2. "마귀"의 영인(약 3:15) 더러운 영(계 16:13).
3. "인간"의 영(전 3:21)인 사람의 영(고전 2:11).

우리가 우리 자신의 "말들"(마 12:37)로 정죄받거나 의롭게 된다면, 그리고 "어떠한 빈말"(마 12:36)에 대해서도 설명하게 된다면 우리 입을 열 때(약 3:1-12) 누가 우리의 입을 사용하고 있는지 아는 것이 중요하다고 생각지 않는가? "공인 역본은 '믿을 만'하지만 오류가 없는 것은 아니다"고 말할 때 여러분의 입을 통해 하나님의 영이 나오고 있는 것인가? "공인 종교개혁 본문은 무오하지는 않지만 '믿을 만'하다"고 말할 때 전능하신 하나님께서 그런 말을 하도록 인도하셨다고 확신하는가? 이 말은 밥 존스, 밥 존스 주니어, 밥 존스 3세가 〈킹제임스성경〉 본문의 "무오성"과 "신뢰성"을 다루는 서신에서 하는 말이다. 학생들에게 "헬라어 원본"을 말할 때 자신이 새빨간 거짓말쟁이이며 성령님께서는 그와 같은 것을 전혀 중요하게 여기지 않으신다는 것을 생각해 본 적이 있는가? (자신의 영적 상태에 대해 자기 자신과 동료들을 속이는데 나머지 인생을 허비하고 싶지 않다면 하나님께서 "선호"하시는 것을 "선호"하는 것이 좋을 것이다.)

지난 50,000명의 저자들의 펜과 입에서 나온 "영들"의 종류에 관해 기록해 놓은 권위 있는 저서를 보면 참 흥미로울 것이다. 물론 문제를 판단하는데 선정된 "기준"도 없이 그렇게 할 수는 없는 일이다. 대다수의 저자들(세속 저자든, 성경관련 서적 저자이든, 구원을 받았건 그렇지 않건, 근본주의자건 자유주의자건)의 "기준"은 그들 자신의 교육이므로 그런 연구는 불가능하다. 절대 기준이 없으면 무정부와 혼란만이 있으며, 그런 무정부와 혼란을 공산주의 혁명론자가 만들어냈건, 아니면 그리스도인 보수주의자가 만들어냈건 죄는 여전히 죄이다.

『**네가 누구에게 말을 발설했느냐?**』(4절) 예를 들면 해군들에게 말을 발설했다. 나는 어느 날 밤 한 "친구"에게 설교를 했다. 내가 그와 마지막으로 함께 있었을 때 그는 16살이었다(그때 나는 구원받지 못한 상태였다). 4년 후에 이 "친구"가 해군 제복을 입고 예배에 오는 것을 봤다. 그의 가슴은 온통 메달로 뒤덮여 있었다. 내 복음 메시지가 끝날 즈음 그는 창백해져서 떨고 있었다. 그는 앞으로 나와서 내 손을 잡고 말했다. "피터, 내가 너를 마지막으로 본 이후에 네게 뭔가가 일어난 것이 틀림없어." "물론 일어났어. 나는 구원받았어."라고 나는 대답했다. "그렇지만 피터, 나는 하나님을 믿지 않아. 나는 무신론자야. 내가 저기 바깥에서 목격한 것을 네가 봤다면..."

나는 그에게 하나님이 계신지 어떤지를 알고 싶은지 물었다. 그는 그렇다고 대답했다. 그래서 우리는 기도실로 들어갔다. 나는 그에게 한 번에 한 절씩 기도를 따라하게 했다. 첫 번째 기도는, "하나님, 만약 하나님이 계시다면 당신 자신을 내게 계시해 주시기를 원합니다."였다. 두 번째 기도는, "하나님, 만약 하나님이 계시고 예수 그리스도께서 당신의 진짜 아들이라면 지금 당장 그것을 제게 보여 주시기 바랍니다."였다. 세 번째 기도 후, 네 번째 기도("하나님, 만약 내가 죄인이라면 내게 보여 주십시오.") 중간에 나는 그 친구가 "하나님, 나는 내가 죄인인 것을 압니다!"라고 소리 지르는 것을 봤다. 다시 말하자면 그 친구가 교회 밖으로 나올 때 그는 6피트 2인치의 구원받은 해군이 되었다. 우리는 그의 차로 갔다. 앞좌석에는 42살쯤 되는 작고 허약한 한 부인이 앉아 있었다. 그분은 그의 어머니였다. 그녀는 미망인으로서 웨이트리스 일을 하면서 혼자 그를 길렀다. 그녀는 거의 10년 동안을 그를 위해 기도하고 있었다. 우리가 차에 갔을 때 나는 그 친구에게 "가서 네 어머니에게 네가 방금 한 일을 말해." 라고 했다. 나는 잠시 그가 잘 못할 것이라고 생각했다. 6피트 2인치의 금발의 해군은 거기 서서 (그의 가슴에서 메달들이 짤랑거리고 있었다.) 어머니의 얼굴을 똑바로 쳐다보았다. 나는 그녀가 창밖으로 그를 응시하고 있는 것을 봤다. 그때 그녀가 말했다. "얘야, 무, 무슨 일을 했니?" 잠시 어색한 긴장이 흘렀다. 그런 후 그 친구는 갑자기 3살 난 아기처럼 울음을 터뜨리며 큰 소리로 외쳤다. "저 구원받았어요, 엄마! 저 구원받았어요." 우리는 교회 바로 앞 그 더러운 주차장에서 "부흥회"를 가졌다!

『**네가 누구에게 말을 발설했느냐?**』(4절)

예를 들면 농부들에게 발설했다. 나는 농부와 그의 가족과 함께 식탁에 앉아 있었다. 그의 "가족"은 야위고 지친 농장 여인과 - 맨발에 평직면 드레스를 입은 - 4살에서 10살 정도 된 서너 명의 맨발의 아이들이었다. (그 농부의 진짜 이름은 생각이 나지 않으므로 그를 "헨리"라고 부르겠다.) 헨리는 일 년 중 얼마 동안은 5대호에서 광석 운반 일을 했으며, 쟁기질하는 때와 파종기와 수확기 때 앨라배마에 있는 자신의 농장으로 되돌아왔다. 헨리는 술주정꾼에 욕설도 잘하고 담배도 피우고 그 외의 모든 일을 다 했다. 저녁 식사 후에 그와 나는 거실로 가서 앉았다. 나는 그에게 약 30분 동안 설교를 했고, 예수 그리스도를 영접하라고 그에게 초청을 했다. 그가 막 대답을 하려고 하는 순간에 뒤쪽 방에 있던 그의 어린 딸이 흔들의자에서 뒤집혀 넘어져서 마루에 부딪쳤다. 그 애는 죽는다고 소리를 질러댔다. 헨리는 "목사님, 실례합니다!"라고 말하고 일어서서 상황을 수습하고 돌아왔다. 그가 되돌아왔을 때 나는 복도 문으로 그의 아내가 왔다 갔다 하면서 작은 손수건을 쥐어짜고 있는 것을 봤다. 그녀는 그리스도인이었고 거의 5년 동안을 남편을 위해서 기도해 오고 있었다. 나는 단도직입적으로 그리스도를 영접하라고 초대하면서 내 손을 내밀었다. 그가 막 입을 열어 뭐라고 말을 하려고 하는 순간에 그의 두 아이들이 부엌에서 싸움질을 시작했다. 헨리는 가서 그들을 떼어 놓아야만 했다. "목사님, 실례합니다!"

그가 다시 돌아왔을 때 나는 "쇠뿔도 단김에 빼기로" 결심했다. 나는 손을 내밀고 "헨리, 만약 자네가 원한다면, 자네도 알고 있다시피, 주 예수 그리스도를 자네의 구주로 영접하는 가장 좋은 방법은..." 삑! 말 중개업자가 픽업트럭 뒤에 말 한 마리를 싣고 저택 내의 차도로 들어오고 있었다. 그는 다시 일어섰다. "목사님, 실례합니다." 나는 완전히 기가 꺾이고 말았다. 그가 나간 후에 나는 무릎을 꿇고 소리쳤다. "아, 하나님, 저 새를 위해 뭔가를 해 주십시오. 저 트럭을 날려 버리십시오. 저 말을 죽이시든지 뭐든 좀 하십시오. 주님이 무슨 일을 하시든지 상관하지 않겠습니다만, 주님, 주님의 이름으로, 예수님을 위해서 마귀를 분쇄시키시고 이 사람에게 기회를 주십시오!?"

헨리가 돌아왔다.

그는 소파에 털썩 주저앉더니 나를 바라보았다. 나도 그를 봤다. 우리 둘 다 땀을 흘리고 있었다. 나는 갑자기 "기도합시다!"라고 말했다. 우리는 둘 다 소파 옆에 꿇어앉았다. 간단히 말하자면 헨리는 주 예수 그리스도를 영접했다. 그가 일어섰을 때 그는 눈물을 흘리며 울고 있었다. "목사님,

기분이 아주 좋아졌어요!" "좋은 일일세. 그렇지만 구원받는다는 건 감정의 문제가 아니라 믿음의 문제라네." "알아요, 그래도 어쨌든 기분이 좋아요!" 나는 팔로 그를 감싸고 부드럽게 말했다. "침실로 가서 자네 아내에게 자네가 무슨 일을 했는지 말해 주지 않겠나?" 그는 고개를 끄덕였다.

빌리 그래함, 할리우드, 밥존스대학에서 지금까지 만든 영화 중에서 이와 같은 것을 볼 수는 없었을 것이다. 그 야윈 여인은 바닥 가득히 판자가 깔린 침실의 맨 마룻바닥에 서 있었다. 닭들은 잔디가 없는 "잔디밭"에서 흙을 긁적이고 있었고, "어린 것들"은 더러운 옷을 입은 채 거기 서서 "아빠"를 보고 있었다. 이 거구의 남자는 침실로 육중하게 걸어 들어갔다. 거기에서 그의 아내가 내가 그 집에 들어선 순간부터 계속해서 남편을 위해 기도하고 있었다. 나는 잠시 그가 말을 하지 못하리라고 생각했다. 그때 갑자기 그가 불쑥 말을 내뱉었다. "내, 내, 내가 방금 예, 예, 예수 그리스도를 나, 나의 구세주로 영접했어!" 그리고 나머지 말은 눈물 때문에 할 수가 없었다.

『네가 누구에게 말을 발설했느냐?』(4절)

예를 들면 살인자들에게 말을 발설했다. 척 헌트싱어(사우스캐롤라이나 스파턴버그, 1952)는 내가 십자가 그림을 그리며 거리 설교를 하고 있을 때 왔다. 그는 약 30분 동안 꼼짝하지 않고 거기 서 있었다. 내가 설교를 끝냈을 때 그는 그의 코트 주머니에서 반쯤 남은 위스키 병을 꺼내서는 내가 설교하고 있었던 건물들 사이에 있는 자갈길 위에 그것을 던져 버렸다. 그 병이 두 번 튀기도 전에 또 다른 거리의 소년이 그것을 집어서 도망쳤다. 헌트싱어는 내게 다가와서 소리쳤다. "나 구원받았죠? 그렇죠?" 나는 뚱하게 대답했다. "모르겠는데요. 당신 구원받았나요?" "글쎄요. 예수 그리스도의 피가 나의 죄들을 제거했으며, 누구나 예수 그리스도께서 흘리신 피를 믿으면 구원받는다고 당신이 말했잖소? 맞소?!"

"맞아요."

"그러면, 당신이 설교하는 동안 나는 그렇게 했소. 아내에게 가서 나에게 무슨 일이 일어났는지 말해야겠소."

이 말을 하고 척은 그의 주머니에서 38구경의 장전된 권총을 꺼내서 내게 주었다. 내가 주저하고 있는 동안 그는 "목사님, 내가 여기를 지나갈 때 나는 전에 내 아내였던 여자를 죽이러 가는 길이었습니다. 저는 살인죄로 10년 구형을 받고 5년간 복역을 했고 오늘 그 여자를 죽이러 가는 길이었습니다. 나는 이제 바르게 살고 싶습니다." (이와 똑같은 일이 사우스캐롤라이나 그린빌에서도 있었다. 그린빌에 있었던 그 사람도 자신의 계획을 회개하고 구원받은 사람이 되어서 자기 길을 떠났다.)

우리는 척을 차에 태우고 그의 이전 집으로 갔다. 그의 아내는 거기 없었고 그의 딸과 사위가 있었다. 그들은 문을 열고 그를 보자 그를 비웃었다. 그들은 그를 집에 들여 놓지도 않았으며 심지어 그의 간증을 믿지도 않았다. 그러나 척은 거기 서서 나에게 주려 했던 그 총을 그들에게 주었다. 그는 자신이 거듭났다고 말했다. 마침내 그들은 빗장을 내리고 문을 열었다. 간단히 말하자면 10분 만에 이 세 명은 모두 현관에서 무릎을 꿇고 기도하며 울었다. 내가 "척"을 마지막으로 본 것은 그가 거리에서 그리스도를 전하고 있었던 모습이다. 그는 스파턴버그 시내 29번가 도로에 있는 한 건물 앞에서 어떤 죄인을 세워 놓고 너무 커서 한 손으로는 좀처럼 펼쳐 들고 있을 수조차 없는 허텔의 "푸른 리본" 성경을 들고 그에게 "설교"를 하고 있었다!

("어리석다"고 말하려고 하는가? 그렇지만 이 남자는 교수들이 지금까지 "헬라어 원본"을 가지고 했던 일보다 훨씬 더 많은 일을 1611년 〈킹제임스성경〉을 가지고 하고 있었던 것이다.)

26:5 죽은 것들은 물 아래서 형성되었고, 그곳에 거주하는 자들도 그러하도다.
6 지옥도 그분 앞에는 벗겨지고 멸망도 가리움이 없느니라.
7 그는 북쪽을 빈 자리에 펼치시고 땅을 허공에 매다시는도다.
8 그는 물들을 그의 짙은 구름 속에 싸매시나 구름이 물들 밑에서 찢어지지 아니하는도다.
9 그는 그의 보좌의 정면을 가리시고, 그 위에 그의 구름을 펼치시는도다.
10 그가 그 물들을 경계로 두르시니 낮과 밤이 끝나는 곳까지라.
11 하늘의 기둥들이 떨고 그의 꾸짖으심에 놀라는도다.
12 그가 그의 권능으로 바다를 가르시며 그의 명철로 교만한 자를 치시는도다.
13 그는 그의 영으로 하늘들을 단장하셨고 그의 손이 꼬부라진 뱀을 지으셨도다.
14 보라, 이것이 그의 길들의 일부분이라. 그러나 그에게서 들은 것이 얼마나 적은가? 그의 능력의 천둥 소리를 누가 알아들을 수 있겠는가?" 하니라.

이 엄청난 구절은 큰 깊음과(창 1:1-4 주석 참조) 진정한 형이상학의 우주론을 다루고 있다. 13절에 다시 사탄이 등장한다("13"을 주의해 보라!). 그래서 다시(행 14:13; 19:35 주석 참조) "유명한" 근본주의와 보수주의 교수진은 이 구절을 만나자 도매금으로 모두 마귀에게로 변절한다. 심지어 스코필드(창 6:1-6)까지도 마귀와의 결탁에서 예외가 되지 않는다. 그러므로 로크만재단과 밥존스대학의 기독교 교육가들이 이보다 더 나으리라고는 좀처럼 기대할 수 없다.

『**죽은 것들은 물 아래서 형성되었고**』(5절). 그리고 언젠가 이들은 이 물에서 부활할 것이다(계 20:13). 우리는 "사람들"처럼 익사한(시 82:6,7) "천사들"(고전 6:3)을 심판할 것이다. 아틀란티스와 "지구 속의 텅빈 공간"에 대한 온갖 이야기들은 이런 성경적 진리에 그 근거를 두고 있다(시 18:4, 잠 21:16, 사 14:9). 물 아래 있는(시 18:15) 『**거주하는 자들**』(5절)에는 끝없는 구렁 속에 있는 괴물들도 포함된다. 이곳의 지도자는 아바돈(계 9:11, 잠 15:11)이며 타락한 천사들이 "타타루스"라는 곳에 있다.

『**지옥도 그분 앞에는 벗겨지고 멸망도 가리움이 없느니라**』(6절). 모든 구절이 더 낮은 지역인 지하 세계를 언급하는 구절이다("물 아래", "지옥", "멸망"). 끝없는 구렁의 천사(계 9:11)에게는 멸망이라는 이름이 붙어져 있으며, 이 천사는 성경에서 (요 17:12, 살후 2:2-4, 행 1:25, 계 17:8) 유다 이스카리옷의 영으로 신분이 밝혀져 있다(요 6:70,71).

『**그는 북쪽을 빈 자리에 펼치시고**』(7절). "북쪽"은 펼쳐져 있고, 두드려서 펴져 있는, 단단하고 넓게 트인 "창공"이며(창 1:6), 유리처럼 맑은(계 15:2) 동결된 얼음 결정으로 이루어져 있다(계 4:6). 그 결정들이 유리를 형성하고 있는데 우리가 볼 때는 "희미하게"(고전 13:12) 보인다. 거울의 뒷면은 어둡기 때문이다(욥 37:18). ("전적으로, 그리고 축자적으로 영감받은... 등"에서는 밤새 뒤져 봐도 이런 진리를 결코 찾아낼 수 없다!) 세상에 있는 모든 나침판 바늘은 이 방향을 가리키고 있기 때문에(시 75:6, 7) 사탄은 사람들이 그곳으로 올라가지 못하도록(겔 8:3) 방해를 한다(겔 8:3). 그러므로 사람들이 그곳으로 갈 수 있으려면(욥 38:30) 베일을 찢으심으로써(히 10:20) 거기에 "문"을 만드는 것이다(요 10:1-4). 그리고 물고기를 잡을 때처럼(마 4:19) 사람들을 그 얼음을 통과해서 끌어 올린다!!(욥

38:30) [〈킹제임스성경〉(1611)을 무오한 진리로서 받아들이기를 거부한 지난 4,000명의 주석가들이 우리가 제시한 첫 번째 구절에서 잘 해 내리라고 생각하는 사람은 믿음 없는 자들에 대해 하나님께서 아시는 만큼 잘 알지 못하는 자들이다. 어드만스, 존더반, 하퍼스, 베이커, 로고스 출판사에서 출판한 모든 기독교 서적을 꽂는 책장에(A.D. 200-1980) 이 문제와 관련된 진리에 있어서 단 하나의 진보된 지식이라도 제시해 주는 것은 그 어떤 것도 없다. 사탄은 교육받은 그리스도인 학자들로 하여금 이 계시들을 심판하는 자리에 앉게 함으로써 이러한 계시들을 조심스럽게 은폐시켜 버렸다.]

욥의 시대부터 A.D. 1400년까지 모든 학자들과 과학자들이 지구가 어떤 것 위에 "매달려" 있거나 고정되어 있다고 생각했음에도 성경은 하나님께서 "땅을 허공에 매다셨다"(7절)고 말하고 있다.

『**그는 물들을 그의 짙은 구름 속에 싸매시나**』(8절). 이 "물들"은 그 문맥으로 볼 때(9절 참조) 우리 머리 위를 떠다니는 것과는 전혀 상관이 없다(창 1:1-4 주석 참조). 『**구름이 물들 밑에서 찢어지지 아니하는도다**』(8절). 이 구름은 천문학에 나오는 그 유명한 "먼지 구름"과 "마젤란 구름"을 언급한다.

『**그는 그의 보좌의 정면을 가리시고**』(9절). 이 구름은 하나님께서 『**그 물들을 경계로 두르시니 낮과 밤이 끝나는 곳**』(10절)에 있다. 이 구절은 모든 추측을 뛰어넘어 하나님의 보좌의 위치가 북쪽임을 보여 준다. 보좌는 얼어붙은 유리 물체 위에 있으며, 덮여 있기 때문에 천문학자들은 보좌를 볼 수 없다. 이 보좌는 우리 태양계보다 더 큰 물층 위에 있으며, 그곳에서는 분자 활동이 정지된 상태(영원)이다. 이것은 "저 반대쪽에서" 약

3,000,000,000,000광년을 간단하게 깡충 뛰어넘는 것과 같다. (자신들이 하나님보다 더 똑똑하며, 하나님께서 계시해 주신 것보다 더 많은 것을 안다고 생각하는 "크리스천" 얼간이들만이 이와 반대되는 의견을 품는다.)

『**하늘의 기둥들이 떨고 그의 꾸짖으심에 놀라는도다**』(11절, 욜 2:30, 욥 9:6, 삼상 2:8에서 하나님께서 쓰신 주석 참조). "기둥들"이 항상 단단한 고체만은 아님을 주의해 보라(출 13:21, 잠 9:1). 이런 말을 하는 것은 "자격을 갖춘 지도자"의 미혹을 받아서 지구가 "허공에"(7절) 매달려 있다고 되어 있는데도 욥기 9:6을 가져다가 어떤 것 위에 놓여져 있는 것으로 만들어 버리는 그리스도인에게 경고를 하기 위해서이다. 예를 들어, "반 알렌 벨트"는 물리적인 "벨트"가 아니다. 연필을 가지고 그들의 자기장의 형태를 그릴 수 있다.

『**그가 그의 권능으로 바다를 가르시며**』(12절). 그분은 "깊은 바다"(시 68:22)를 통과해서 오시는 재림 때 그렇게 하실 것이다(합 3:15). 죽은 정통주의 보수주의자나 자유주의자들(비더볼프의 〈재림 성경〉에 열거된 400명)이 어떠한 시도를 한다 할지라도 이 구절을 출애굽기 15장으로 제한시킬 수는 없다. 출애굽기 15장은 (판 5장처럼) 주 예수 그리스도의 재림에 관해서 성경에 나오는 가장 위대한 구절 중 하나로 휴거를 다루고 있다. 여기서 갈라지는 "바다"(12절)는 하늘들에 있는 바다로(13절) 욥기 41장에서 발견되는 것과 정확히 일치한다. 이 주제를 다루는 모든 구절들을 보면 "꼬부라진 뱀"(13절)은 이 바다 속에 있다(욥 41장, 사 27:1). 파라오(겔 29:3)는 이 실체의 모형이다. 그러나 그림자는 실체가 아니다. 우주의 모양과 크기와 구조와 재림에 관계된 사건들, 성경을 신뢰하는 것을 방해하는 대적자의 위치와 묘사(창 3:1)에 관한 자세한 정보에 직면하게 되면 보수주의와 근본주의 주석가들과 학자들은 타월을 던져 항복을 표시하고는 이 구절을 설명하는 것을 거부해 버린다!

『**그의 명철로 교만한 자를 치시는도다**』(12절). 실제 그대로(슥 11:17, 계 13:3) 칼로서 그렇게 될 것이며(욥 40:19, 히 4:12) 여기서 "교만한 자"는 "교만의 왕"(욥 41:34)이다. 이것은 그 다음 구절인 "꼬부라진 뱀"으로 볼 때 명백하다. [이러한 진리를 1611년 〈킹제임스성경〉에 나오는 단 한 단어라도 짓밟는 "믿음의 수호자"가 쓴 주석에서 찾으려 하지 말라. 독자들이 읽고 있는 어떤 멍청이의 저서에서 "이스터"(행 12:4)를 "유월절"(라이스, 존스, ASV, NASV 등 참조)로 고쳐 놨다면 잠시라도 그 저자가 그 문제를 처리할 수 있으리라고 생각하지 말라. 하나님께서는 이런 계시를 하나님보다 더 많이 알고 있다고 생각하는 사람들에게는 맡기지 않으신다.]

『**그는 그의 영으로 하늘들을 단장하셨고**』(13절). 시편 33:6; 104:30; 148:5와 이사야 40:28에 따르면 "그는 그의 영으로 하늘들을 단장하셨다"(13절). 하늘들(복수임에 주의 - 고후 12:1-5)은 별들, 행성들, 태양들, 달들, 소행성들, 먼지 구름 등으로 꾸며져 있다. 그러나 또한 "천상에는"(골 2:15) 땅의 왕들보다 더 높은(사 24:21) "정사들과 권세들"(엡 6:11,12)도 있다. 이들은 하늘들에서 지상에서 일어나는 활동들을 나타낸다(단 10:13,20). 이런 것들에 누가 만족하는가? 점성술과 악마학의 배후에는 지구 밖에서 나라들과 사람들을 통제하는(단 10,11장) 것에 관한 확고한 성경적 기반이 있다. (성경적 체제는 창세기 30, 31장에서 은폐된 문제가 효력을 발생할 때만이 해결될 것이다. 창세기 주석서에서 그 부분 참조.)

『**그의 손이 꼬부라진 뱀을 지으셨도다**』(13절). 하늘들을 꾸미고 있는 이 "뱀"에는 세 가지 모습이 있다. 첫 번째는 적도를 따라 그 머리를 들고 있는 히드라(물뱀)이고 두 번째는 헤라클레스 발아래 있는 드라코이며, 세 번째는 여자를 삼키기 위해(계 12:15) 그 입에서 물(!)이 나오는(욥 40:23!) 세투스이다. (〈킹제임스성경〉에는 눈을 만족시켜 주는 것 이상의 것이 있으며, 망원경으로 볼 수 있는 것 그 이상의 것이 있다!)

"뱀"은 그의 모든 자녀와 동맹과 죄수들과 대표들과 보호자들을 혼란으로 내동댕이치고 뒤이어 대혼란이 발생한다.

1. 뱀은 "지음받은 것"이 아니라 이미 그 몸이 "관통" 당했다(〈확대성경〉, 로크만재단).

2. 뱀 같은 것은 없으며 오직 "어둠"만이 있을 뿐이다. (이것은 제미에슨이 자신이 〈킹제임스성경〉을 "선호"한다고 말하기 전에 한 제안이다.) [많은 형제들이 〈킹제임스성경〉을 "선호"한다(존 라이스, 섬너, 밥 존스 3세 등 참조). 왜냐하면 그래야만 재정적으로 소득이 더 많고 그렇게 해야만 근본주의 교회에서 설교를 계속할 수 있기 때문이다. 그들이 NASV를 "선호"한다면 그들은 〈킹제임스성경〉을 보자마자 재빨리 그것을 버릴 것이다. 이들의 최고의 권위는 하나님의 말씀이 아니라 자신들의 "기호"이다.]

3. 여호와의 증인의 성경에서 뱀은 이미 그 몸이 "관통" 당했다("지음받은 것"이 아니라). 〈신세계 역본〉은 그리스도의 신성에 관해서도 ASV (1901)가 취하는 동일한 태도를 보이고 있다(딤전 3:16, 요 9:35 참조). 그런데도 이런 음란한 역본을 존 R. 라이스는 추천하고 있다. ASV(1901) 본문도 "왕국 회관"에서 읽는 것과 같게 되어 있다.

4. 움브라이트는 뱀이 단순히 "북쪽의 별자리"라고 생각한다.

5. 〈새로운 성경 주석〉에 따르면 뱀은 "악어"이다(Ibid., 435쪽). 헤브너가 제시한 유일한 다른 대안은 뱀은 〈리빙바이블〉에서처럼 "인기 있는" 신화라는 것이다.

6. 위클리프 주석(Ibid., 479쪽)에 따르면 뱀은 "신화에 나오는 상상의

산물"일 뿐이다. 이 주석은 전능하신 하나님의 진리들을 부인하기 위해 지금까지 살았던 가장 위대한 그리스도인 중 한 사람의 이름을 쓰고 있다.

7. 칠십인역은 용이 그리스도 당시에도 있었고 20세기에도 여전히 활동하고 있는데도(롬 16:20) 이미 살해된 "배반자 용"으로 묘사하고 있다. 그러나 요한계시록 12:1-8를 이미 성취된 것으로 보는 존 밀턴의 "신화적 우화"는 허먼이 로마군을 채찍질하기 오래 전에 유행하고 있었다.

8. 더멜로우는 그 구절 전체를 사람들이 과거에 믿었던 "우화"(Ibid., 310쪽)적 특징으로 생각한다.

9. 캘미트(Calmet)는 이 구절이 "물고기들의 생식"에 관한 구절이라고 말한다.

10. 시리아와 아라비아 역본은 뱀이 이미 살해되었다고 말함으로써 뱀을 제거해 버린다. 아담 클라크는 마침내 뱀을 창세기 3:1과 연관시키지만(성경과 성경을 비교해서 - 드디어 때가 됐다!) 이 진리를 받아들인 후에 그것을 단 하나도 적용시키지를 못한다.

11. 제미에슨과 포셋과 브라운은 뱀을 별자리나 "일식의 초생달" 형태로 바꾸어 버리고는 독자들이 처음에 들어왔던 곳 즉 어둠 속으로 다시 독자들을 보낸다.

"유명한 학자들," "자격을 갖춘 권위자들"과 "경건하고 훌륭한 사람들"의 이런 혼돈과 마주치게 될 때 따라야 할 최상의 절차는 이들이 본문을 버리는 곳에서는 100% 이들을 치워 버리는 것이다.

이제 우리가 그렇게 이 "자격을 갖춘 권위자들"(근본주의 대학의 교수진에서 잘난 체하고, 거만하고, 이기적이며, 격식 차리는 모든 사람들)은 "럭크만 형제는 자신에게 동의하지 않는 모든 사람은 틀렸다고 생각한다. 그는 자신을 제외하고는 맞는 사람이 없다고 생각한다."라고 소리 지르기 시작한다[풀러나 에반스에게 보낸 라이스의 서신 참조(1973-1975)]. 이것은 이 "자격을 갖춘 권위자들"이 (이들은 결코 "자격을 갖추지" 못했다.) "럭크만"과 성경을 혼동하고 있기 때문이다. 성경과 나는 동일하지가 않다. 나는 실수투성이지만 성경은 그렇지 않다. 나에게는 실수가 있지만 성경에는 실수가 없다. 내가 성경을 쓴 것이 아니라 하나님께서 성경을 쓰셨다. [이런 무리들이 요즘에 해 대는 비방(1970-1980)은 "럭크만은 자신이 다른 모든 학교들보다 더 많이 알고 있다고 생각한다. 자신은 옳고 나머지들은 다 틀렸다고 생각한다."이다. 두 얼굴을 한 거짓말쟁이 타락자들은 자신을 부끄럽게 여겨야 한다! 우리는 단 한 번도 6,000쪽의 인쇄된 책에서 우리 자신의 의견으로 학자들을 바로잡은 적은 없다. 우리는 성경으로 그들을 바로잡았다.]

자, 여기서 뱀은 하늘들에 있다(13절). 그는 땅을 "이리저리"(욥 1:7) 거닐기 전에 하늘들을 위아래로 왔다 갔다 한다(욥 41:31-34). 41장에 나오는 구절들은 이 존재에 관한 세부 사항들을 제시해 준다. 이 "뱀"은 시편 74:14과 이사야 27:1의 "리비야단"이다. 그에게는 "머리"(단수)가 아니라 "머리들"(복수)이 있다. 그러므로 시편 104:26을 근거로 해서 리비야단을 "고래들"과 "악어들"로 만들려는 보수주의와 자유주의의 혼란스런 광기는 NASV에서 마태복음 16:18과 히브리서 9:28을 없애 버리라고 충동질한 그 광기와 같은 형태이다. 하나님의 손이 "꼬부라진 뱀을 지으셨으며"(13절), 하나님께서는 "바다 속에 있는" 용을(사 27:1,2) 지금이 아니라 나중에 살해하실 것이다. 위에 열거한 "성서들"에서 제시된 것처럼 과거가 아니다. 이 살해 시기를 과거로 보는 역본들(ASV, NASV, RSV, NRSV, 인터내셔널)은 어둠의 통치자를 위해 손수 만든 연막들이다.

『**보라, 이것이 그의 길들의 일부분이라. 그러나 그에게서 들은 것이 얼마나 적은가?**』(14절) 320,000시간을 정규 교육을 받았음에도 40,000명의 구원받은 학자들이 앞에 나온 구절들을 설명해 놓은 것은 너무나도 보잘 것없다. 동시에 숨을 들이마시면서 내쉴 수 없는 것처럼 이들의 설명은 너무나도 하찮다.

『**그의 능력의 천둥 소리를 누가 알아들을 수 있겠는가?**』(14절) 요한은 그것을 이해했다 해도 기록하는 것이 허락되지 않았다(계 10:3,4). 하나님께서 그것을 요한이 봉하도록 하셨기 때문에 그 부분을 완성할 수 있는 사람은 아무도 없다(14절).

우주의 구조와 그 우주 안에 있는 것들과 "이 세상 신"에 대한 하나님의 계시를 따라가 보면, 성령님께서는 구약이 비유인 것과 마찬가지로(시 78:1-6) 욥의 말이 "비유"(욥 27:1)임을 독자들에게 말씀해 주신다. 그러므로 이 말씀은 자신들이 옳고 하나님이 틀렸다고 생각하면서 뒤범벅을 만들고 거짓말을 하고 성경을 왜곡시키는 "보수주의자들"의 입을 영원히 막아 버리신다. 비유는 분명히 어떤 다른 것과 병행되는 설명이다. 성경에서 대환란과 병행되는 책이 있다면 그것은 분명히 욥기이다.

욥기 27장

27 : 1 또 욥이 계속 그의 비유로 말하기를
2 "나의 심판을 취해 가신 하나님과 나의 혼을 괴롭게 하시는 전능하
신 분께서 살아 계시니
3 내 호흡이 내 안에 있고 하나님의 영이 내 콧구멍에 있는 동안에는
4 내 입술이 악을 말하지 아니하고 내 혀가 속임수를 발하지 아니하리라.
5 하나님께서 내가 너희를 의롭다고 하지 못하게 하시니 내가 죽기까
지 나의 완전함을 버리지 아니하겠노라.
6 내가 내 의를 굳게 잡고 놓치지 아니하리니 내 마음이 내가 사는
동안 나를 책망하지 아니하리라.

욥은 자신의 입장에 대해 가혹할 정도로 독단적이다. 그가 숨을 쉬는 한(3절) 자신의 입술로 "악"(4절)이나 "속임수"(4절)를 말하지 않으리라고 욥은 결심한다. 자신이 죽는 날까지(5절) 그는 거짓 고백을 하지 않을 것이며(4절) 입술로 속임수를 발하는 죄를 짓지도 않을 것이다(5절). 그는 자신이 살아 있는 한(요일 3:21) 자신의 마음이 자신을 책망하지 않으리라고 결정을 내린다(6절). 바울처럼 그는 "하나님과 사람 앞에 항상 거리낌이 없는 양심"을(행 24:16) 가지고 살 것이다. 동시에 욥은 하나님께서 자신의 혼을 괴롭히며(2절) 법정에서 그에게 그의 말을 들어주지 않는 것을 비난한다. 아담 클라크가 이 구절을 설명해 놓은 것을 보면 순진할 정도로 영적 이해력이 부족하다(출애굽기 18:14-20을 클라크가 설명해 놓은 것 참조). 클라크는 이 말들에 "경외심이 크게 부족"하며 욥이 "신랄함이 아니라면 분노로" 말을 하고 있는데 그것은 "정당화될 수 없다"고 말한다.

클라크 형제가 그런 처지에 있다면 이보다 더 잘 할 수 있을 것 같은가?

어떤 주석가가 욥에게 커다란 바위를 던지기 전에(욥 1:21; 2:10 주석 참조) 먼저 10,000까지 천천히 세는 것이 나을 것이다. 물론 욥이 자신을 정당화시킨 것은 잘못이다(5절). 하나님께서도 욥기 42:7에서 이것을 분명히 하신다. 그러나 핵심은 이것이다. 즉 하나님께서 분명히 하시는 것이지 우리가 아니다. 엘리후조차도(욥 34:12) 욥을 설득시킬 수 없다. 욥이 **『내가 내 의를 굳게 잡고 놓치지 아니하리니』**(6절)라고 말할 때 그는 이스라엘(롬 10:1-4)과 그 영원한 "무화과 잎"(창 3:7, 사 64:6)을 대변하고 있다. 세상에 있는 모든 구원받지 못한 사람들은 갈보리의 요구가 제시될 때 이런 입장을 취한다. 욥의 자기 의에 대해서는 의심의 여지가 없지만 욥은 하나님께 말을 하고 있는 것이 아니라(클라크는 이 구절을 잘못 이해했다. Ibid., 119쪽) 빌닷과 소팔과 엘리파스에게 말을 하고 있는 것이다. **『하나님께서 내가 너희를 의롭다고 하지 못하게 하시니』**(5절). 이들이 욥에게 비난하는 죄들을 인정하기 전에 욥은 차라리 죽어 넘어질 것이다(욥 22:6,7).

욥이 "분노"하고 신랄하다면(클라크, Ibid., 119쪽) 그는 감옥에 갇힌 바울이나, 사슬에 묶인 베드로나, 엎드려 있는 여호수아나, 단두대에 있는 야고보보다 그런 죄들을 지을 권리가 더 있다. 생각해 보라. 부스럼, 상처, 재, 구더기들, 쓰레기, 불면, 고통, 열, 환상들, 더러움, 염증, 소화불량 상태에서 의사도 없고, 약도 없고 돈도 잃고 아내도 떠나고 아이들도 사라지고 집도 없고, 재산도 다 없어지고 가축도 없고 명성도 잃고 마귀는 그를 따라다니고 하나님은 그에게 무관심하고 친구들은 그를 대적하고 성경도 없고 내주하시는 성령도 없고 하나님의 보좌에는 중재자도 없는 그 상황을 생각해 보라!

아담 클라크가 바위들을 던지도록 내버려 두라. 그리고 가능한 한 빨리 나는 이 자리를 벗어나겠다.

"엉클 버드" 로빈슨이 있었다. 그는 59세때 자동차에 치었다. 차가 그를 10피트 상공으로 날리더니 20피트 거리 아래로 그를 내동댕이치고 그 위로 지나간 다음에 차가 멈추었다. 경찰들이 호루라기와 욕설을 퍼부으며 그곳으로 달려왔을 때 버드는 몸이 여기저기 찢어지고 타박상투성이에 두 군데가 복합 골절되고 왼발은 복사뼈에서 뒤쪽으로 돌아가고 팔뼈는 피부를 뚫고 셔츠 안으로 삐져나온 상태로 누워 있었다. 피를 흘리며 거기 누워서 엉클 버드는 경찰관에게 "그런 식으로 말하지 말아요. 나는 그런 욕설을 좋아하지 않아요."라고 말했다.

"엉클 버드"는 병원으로 이송되어 응급실로 갔다. 사람들이 그의 옷을 자르는 동안 인턴이 과산화수소를 그의 온몸에 퍼붓고 있었다. 그 중 한 사람이 물었다. "아저씨, 직업이 뭔가요?" 버드는 "난 목사요."라고 말했다. "저런, 여기서 나가기 전에 아저씨가 설교해 오신 온갖 인내가 필요할 거예요!" 인턴 중 한 사람이 말했다.

그들은 무신론자인 의사에게 그를 넘겨주었다. 의사는 한쪽 팔의 뼈 속이 썩어 들어가고 있으며 그 팔은 온전케 되지 못할 거라고 말했다. 버드는 팔이 안전하기를 원했다. 의사는 "내가 팔을 치료하는데 대단한 고통이 따를 겁니다."라고 말했다. 버드는 "나는 그리스도인이고 하나님께서 내게 고통을 인내하도록 은혜를 주실 겁니다."라고 말했다. 의사는 씩씩거리며 말했다. "나는 그리스도인이 뭔지 모릅니다. 나는 여기에 20년간 있었고 그리스도인 따위는 본 적도 없습니다. 그렇지만 당신이 끝까지 해 보겠다면 우리도 시도해 보겠습니다." 그리고 그 다음 3개월 동안 드레싱을 싸고 풀면서 외과용 메스로 생뼈를 깎는 일이 계속되었다. 버드는 "의사 선생님, 난 당신을 사랑합니다. 비록 고통스럽기는 하지만 난 당신이 나를 위해서 할 수 있는 최선을 다하고 있다는 것을 알고 있습니다. 나는 이해하고 있으며 당신을 위해 기도하고 있습니다. 나는 당신이 나와 함께 하늘나라에서 영원히 살았으면 합니다."라고 말하곤 했다. 의사는 툴툴거리며 일을 계속하곤 했다.

"엉클 버드"는 가끔 고통이 너무 심해서 혼수상태에 빠져 하늘나라를 꿈꾸곤 했다. 고통이 너무 심해서 참을 수가 없을 때 그는 평정을 되찾기 위해 "하나님께 영광을, 영광을!"이라고 소리치곤 했다. 그리곤 마침내 버드가 "저기, 의사 선생님, 난 당신을 사랑합니다…"라고 말하면 의사는 시뻘개져서 말하곤 했다. "좋아요, 버드 다시 합니다."라고 말하곤 했다. 긴 이야기를 짧게 하자면 버드는 이 위기를 겪어냈고 그 무신론자 의사가 마지막으로 팔을 치료할 때 그는 외과용 도구를 다루면서 땀을 흘리고 있었다. 의사가 갑자기 칼을 내려놓고는 소리쳤다. "됐어요! 하나님께 영광을. 버드, 해 냈어요!"라고 말했다. 그 병원을 퇴원하기 전에 버드는 그 의사를 그리스도께 인도했다.

그러나 "엉클 버드"는 병원에 입원하기 전에 열 명의 아이를 장사지내지는 않았다. 그는 도시 쓰레기장으로 가서 잿더미 위에 앉은 것이 아니라 깨끗한 옷을 입고 병원 침대로 들어갔다!

멤피스에 사는 진실한 그리스도인 여인을 한 사람 알고 있다. 그녀의 남편은 구원받은 주 장관이었고 "사무실"에서 증거했으며, 매년 크리스마스 때 모든 주류 상인들이 정치인들에게 보내는 "술 선물"을 거부했다. 그들은 부자였다. 그들에게는 네 명의 자녀가 있었고 도시 외곽에 훌륭한 저택이 있었으며 이들은 모두 건강했다. 어느 날 이 장관은 강철로 된 사다리를 타고 마른 풀장 바닥으로 내려가서 아직 바닥에 남아 있는 1피트의 물을 전기 청소기로 끌어올리려고 했다. 금속으로 된 청소기가 물에 닫자 그는 감전되어 풀장으로 나가 떨어졌다. (청소기 어딘가에 전선이 벗겨진 채 그대로 노출되어 있었던 것이다.) 옆집에 사는 이웃(정통 유대인)이 이 사고를 목격하고서 장관이 아마도 심장 마비를 일으켰다고 생각하고는 문에서 뛰쳐나가 풀장으로 갔다. 사다리를 타고 내려가서 장관을 끄집어내기 위해 아래로 몸을 숙였다. 그도 또한 풀장으로 나가 떨어졌다. 그때 장관의 아내가 이런 소동 소리를 들었다. 그녀는 뒷문으로 나가서 이 두 사람이 풀장에 쓰러져 있는 것을 봤다. 그녀는 사다리를 반쯤 내려가다가 뭔가가 그녀에게 금속으로 된 청소기 선에 대해 경고하는 소리를 들었다. 진공관이 여전히 풀장 가에 매달려서 물속으로 내려와 있었다. 즉 전류가 여전히 흐르고 있었던 것이다. 그녀는 공포에 질려서 천천히 사다리 위로 올라가서 집안으로 들어가서 전류를 차단시켰다. 그리고 가까스로 마음의 평정을 찾아서 전화를 걸어 도움을 청했고 시체를 수거했다.

그녀의 "정원" 중앙에 "무덤"(요 19:41)이 있었던 것이다. 그러나 심지어 그때도 그녀에게는 그녀와 함께한 친구들이 있었지만 욥에게는 없었다. 그 그리스도인 여인에게는 여전히 자녀들이 있었지만 욥에게는 없었다. 그녀에게는 『**그가 너희와 함께 영원히 거하시리라.**』(요 14:16)고 약속하신 내주하시는 위로자가 계셨지만 욥에게는 이런 것 중 하나도 없었다. 욥이 갑자가 『**나의 심판을 취해 가신 하나님...께서 살아 계시니**』(2절)라고 여러분의 귀에 대고 소리칠 때 여러분은 그의 세 친구가 앉아 있는 것처럼 침묵을 지키고 앉아서 욥의 "신랄함"이나 "분노"에 대해서는 입을 열지 않는 것이 좋을 것이다. 솔직히 말해서 욥의 아내가 그의 종교를 그의 면전에 내던지던 날에 욥이 이 말을 하지 않은 것이 내게는 놀라울 뿐이다(욥 2:9). (대환란 때의 "행위"에 대해서는 시 26:1,11 참조)

27:7 나의 원수는 악인같이 되고 나를 대적하여 일어나는 자는 불의한 자같이 될지니라.

8 위선자가 성공했다 해도 하나님께서 그의 혼을 취해 가시면 그의 소망이 무엇이겠느냐?

9 고난이 그에게 임할 때 하나님께서 그의 부르짖음을 들으시겠느냐?

10 그가 전능하신 분 안에서 기뻐하겠느냐? 그가 항상 하나님을 부르겠느냐?

11 내가 하나님의 손을 통해 너희를 가르치겠고 전능하신 분과 함께 있는 것을 내가 숨기지 아니하리라.

12 보라, 너희 모두가 친히 그것을 보았는데 어찌하여 너희가 다 함께 허황된 사람이 되었느냐?

"위선자의 소망"(8절)은 하나님께서 "그의 혼을 취해 가시면" 아무것도 아니다. 누가복음 12:20의 부자의 혼은 취해져 가고 "위선자는 다스리지 못하게"(욥 34:30) 된다. 위선자가 다스리는 곳에서는(시저, 교황들, 독재자들 등) 그들은 결코 영원히 다스리도록 허락되지 않는다. 하나님께서는 "교황 성하," "거룩한 아버지," "동무"를 취해 가신다. 주께서는 "너 어리석은 자야, 오늘 밤 네 혼을 네게서 앗아 가리니"(눅 12:20)라고 말씀하신다.

『**고난이 그에게 임할 때 하나님께서 그의 부르짖음을 들으시겠느냐?**』(9절) 대환란 때는 듣지 않으신다(잠 1:24-32).

『**그가 전능하신 분 안에서 기뻐하겠느냐?**』(10절) 그렇지 않다. 왜냐하면 그는 "하나님의 일들을 생각하지 않고 사람의 일들을 생각하기"(마 16:23, 눅 16:15) 때문이다. 위선자의 "기쁨"은 육신 안에 있으며(빌 3:3), 이들의 눈에는 다윗이 그랬던 것처럼 "영과 진리 안에서 하나님을 경배하는"(시 103:1,2) 것보다 더 큰 시간 낭비는 없어 보인다.

휴이 피어스 롱(Huey Pierce Long, 1893-1935)은 일 년에(1931) 7천 9백만 달러를 날려 버렸고 그 다음에 그가 루이지애나 사람들에게 세금을 징수하려고 했을 때 거의 무장 반란에 가까운 일을 겪었다. 1935년에 그 일은 끝이 났다. 그때 칼 웨이스 박사라는 사람이 바턴 라우지의 고층 건물 주 의회 의사당에 있는 대리석 기둥 뒤에서 나와 주지사 휴이 롱의 배를 찔렀다. 이런 일이 일어나기 바로 앞서 주지사 롱은 바턴 라우지에 있는 호텔 로비를 떠나서 주 의회 의사당으로 차를 타고 갔다. 그가 암살당하기 전에 마지막으로 그가 한 말을 어떤 사람이 들었는데 그것은 "당신이 예수 그리스도라 해도 당신에게 단 5분도 시간을 내줄 수 없소."라는 말이었다. 이 말은 기자들과 경호원들과 정치인들에 둘러싸인 채 호텔 로비를 성큼 성큼 걸어갈 때 롱의 관심을 끌려고 애쓰던 북 루이지애나 농부에게 한 말이었다. 그 농부는 특정 법안이 통과되도록 하는 문제에 관해서 그 주지사가 그와 그의 친구들을 지지해 달라고 부탁하고 있었다. 그가 롱에게서 받은 응답은, "당신이 예수 그리스도라 해도 당신에게 단 5분도 시간을 내줄 수 없소."였다. (장담하지만 그는 예수 그리스도께 5분 이상의 시간을 할애해야만 할 것이다. - 롬 3:4, 빌 2:5-10)

『**그가 항상 하나님을 부르겠느냐?**』(10절)

아더 플레겐하이머(더치 슐츠)는 1935년에 찰리 워크먼이 쏜 총에 맞아 쓰러졌다. 그는 이 사람 저 사람에게 말을 하면서 14시간 동안 혼수상태에 빠졌다. 더치 슐츠의 "마지막 유언과 간증"에서는 "하나님"이나 "예수 그리스도"의 이름은 단 한 번도 언급이 되지 않았다. 세상에서 홀로, 소망도 없고(욥 27:8), 하나님도 없이(엡 2:12) 죽어 가던 더치 슐츠는 헨리, 마르크스, 프랭키, 지미, 대니, 그리고 자기 어머니만을 불렀다. 즉 "그의 모든 생각 속에는" 하나님이 "없었다." 진실로 "그의 생각 속에는" 전혀 하나님이 없었던 것이다.

『**내가 하나님의 손을 통해 너희를 가르치겠고**』(11절). 여기서 욥은 영감받지 않은 무언가를 주장하고 있다(3절). 나중에 엘리후도 이와 동일한 것을 주장한다(욥 32:8; 33:4). "하나님의 손"(스 7:6, 대하 6:15, 시 10:12)은 잘못 이해될 수 없는 확실한 것들을 계시해 오셨다(롬 1:18-22). 『**전능하신 분과 함께 있는 것**』(11절)이 계시되었고, 욥은 로버트슨, 잉글리쉬, 라이스, 월부어드와 베니거가 그 계시를 은폐시키거나 없애기 위해(11절) 겪었던 어려움을 겪지 않아도 된다. 더군다나 욥의 친구들은 "그것을 보았고"(11절), 그래서 그들은 위선을 부리거나 욥이 무엇에 관해 말하고 있는지(12절) 모른 채 할 필요가 없다. 욥은 그의 청중들이 여러 차례 욥기 21:7-14를 봤음을 당연시 하고 있다. 그러나 물론 이것은 그 친구들을 확신시키지는 못한다. 알다시피 욥이 다시 『**악인**』(13절)에 관한 담화를 시작하자마자 욥은 그 친구들이 이미 한 말만을 되풀이할 뿐이다(욥 18,20장 참조). 세 명의 청중들은 욥이 "악인"에 관해 말하는 어떤 것도 욥에게 적용시키지 않는다. 그러므로 욥은 사실 자신의 호흡만 낭비하고 있을 뿐이다.

27:13 이것이 악인이 하나님께로부터 받을 몫이요, 압제자들이 전능하신 분께로부터 받을 유업이라.

14 그의 자녀들이 번성하여도 그것은 칼을 위함이요, 그의 후손은 빵으로 배부르지 못할 것이라.

15 그에게 남은 자들은 죽어 묻힐 것이요, 그의 과부들은 울지도 못할 것이라.

16 그가 은을 티끌처럼 쌓고 의복을 진흙같이 예비하는도다.

17 그는 그것을 예비해도 의인이 그것을 입을 것이요, 무죄한 자가 그 은을 나눌 것이라.

18 그는 자기 집을 좀과 같이 지으리니 파수꾼이 만든 장막 같으리라.

19 부자가 누우나 그는 *조상에게로* 합쳐지지 못할 것이요, 그가 눈을 뜰지라도 그는 있지 아니하도다.

20 공포가 물처럼 그를 따라잡을 것이요, 폭풍이 밤에 그를 빼앗아 갈 것이라.

21 동풍이 그를 멀리 끌어가니 그가 떠나고 마치 폭풍이 그의 처소에서 그를 집어 던진 것 같도다.

22 하나님이 그를 던지사 그를 아끼지 아니하시리니 그가 자진하여 그의 손에서 도망치리라.

23 사람들이 그에게 손뼉치고 그의 처소에서 그로 입을 다물게 하여 쫓아내리라.

적그리스도는 데살로니가후서 2장에서 "죄의 사람"으로 불리는 "악인"이기 때문에 뒤이어 나오는 구절은 모두 적그리스도에게 적용된다. 가난한 의인과(욥 24:1-12와 설명 참조) 부유한 악인(11-19절) 사이의 대조를 주의해 보라. 이것이 바로 우리가 누가복음 12:20에서 부자의 사례를 지적한 이유이다. 주 예수 그리스도께서는 이 부자의 이야기가 비유라고 말씀하신다(눅 12:16, 욥 27:1). (비록 100%의 주석가들이 이 상호관련 구절을 놓쳤다고 해서 그렇다고 해도 그 안에 담긴 교리적 진리가 폐기되는 것은 아니다. 대환란 때는 부자가 되면 혼을 잃게 된다. 대환란 때 "가난과의 전쟁"은 가난에 찌든 사람들을 대적하는 전쟁이다.)

이 구절의 모든 것이 명백하다. 악인에게는 "자녀"(14절)가 있을 수 있지만 "칼"(계 19장)이 그들을 끝내 버릴 것이다. 기아가 올 때(계 6:5,6) 삼 년 반의 가뭄이 수반될 것(왕상 17,18장)이기 때문에 그 자녀들은 살아 있어도 "빵으로 배부르지"(14절) 못할 것이다. 이 악인은 욥이 아니다. 왜냐하면 이 악인에게는 "과부들"(15절)이 있고 욥에게는 아내가 한 사람뿐이었으며(욥 31:1,9) 그녀는 "과부"가 아니기 때문이다. 『**그가 은을 티끌처럼 쌓고**』(16절 - 사이크 압둘라 알 사림 알 수바(1895)는 일주일에 7,000,000달러를 벌었다), 『**의복을 진흙같이 예비하는도다**』(16절 - 해롤드슨 라파에트 헌트는 일 년에 50,000,000달러를 벌었다), 『**의인이 그것을 입을 것이요, 무죄한 자가 그 은을 나눌 것이라**』(17절, 잠 13:22 참조).

『**부자**』(19절)는 자신의 집을 세울 수 있지만 좀의 집은 일시적이라는 관점에서 볼 때 그 집은 좀과 같다(18절). 뛰어난 솜씨와 근면함으로 세워졌다 해도 그 집은 마분지로 된 상자보다 더 쉽게 부서진다.

『**파수꾼이 만든 장막 같으리라**』(18절)는 포도원이나 정원(마 21:33) 근처에 세워진 오두막을 언급하는데 거기서 파수꾼이 농작물을 감시한다(사 1:8). 이 오두막은 딸기 바구니 만큼 엉성하다.

『**부자가 누우나 그는** *조상에게로* **합쳐지지 못할 것이요**』(19절). 일차적으로는 구약 성도로서의 "그의 조상들"을 말하는 것이고(창세기 49:33과 주석 참조), 이차적으로는 적절하게 장사되는 것을 말한다(전 6:3). 알렉산더 대제(B.C. 356-323)와 아돌프 히틀러(1889-1945)의 시체는 - 둘 다 2,000,000평방마일 이상의 땅을 통치했다 - 이들이 장사되었는지 어쨌는지 아무도 관심을 기울이지 않는 상태에서 홀로 땅 위에 나뒹굴어야만 했다(전 6:3). 알렉스는 자기 자신의 군대가 그 시체를 가지고 장난을 치기 전에 3일간이나 땅 위에 있었다. 베니토 무솔리니(1883-1945)는 로마의 광장에서 장사되지 않은 채 반쯤 나체인 상태에서 거꾸로 매달려 이틀을 있었다. 악인은 전에 언급한 바와 같이(대하 12:16) "그의 조상들에게로 가지" 못한다. 부자는 안락함과 사치와 안전함 가운데(눅 12:18,19) 눈을 감았지만(눅 12:20) 『**그가 눈을 뜰지라도 그는 있지 아니하도다**』(19절). 『**폭풍이 밤에 그를 빼앗아 갈 것이라**』(20절). 그리고 공포가 "물처럼 그를 따라 잡을 것이다"(20절, 시 69:2; 106:11 참조). 『**동풍이 그를 멀리 끌어가니... 폭풍이 그의 처소에서 그를 집어 던진 것 같도다**』(21절). 엘리파스와 빌닷과 소팔이 모두 동의하며 고개를 끄덕이는 것을 볼 수 있다! 이들은 이런 고백을 들으면서 욥의 재앙(욥 1,2장)을 상기하는 반면 욥은 이 친구들 같은 사람들을 염두에 두고 이 말을 하고 있다!

"악인"은 하나님과(22절) 그분의 심판에서 도망하기를 원한다(슥 14:12). 그러나 소용이 없다. 하나님께서 계시지 않은 곳으로 갈 수 있는 사람은 아무도 없기 때문에(시 139편) 하나님께로부터 도망할 수 있는 사람은 아무도 없다(욘 1,2장).

23절의 손뼉 치는 것은 찬성을 표하는 표시일 뿐만 아니라(왕하 11:12) 경멸을 표현하는(애 2:15) 동양적인 제스처이다. 악인은 역사의 무대에서 "쫓겨나게" 된다(사 14:4-10). (주일학교 수업 시간에 어린 소녀가 한 때 말한 바와 같이, "하나님의 이야기는 모두 해피 앤딩이다." 하나님 편에 선 사람에게는 그 이야기는 단 하나의 결말만을 가지고 있다. 즉 죄 없는 영원한 영광이다. 반면 "다른" 편에 선 사람에게는 이 이야기의 결말은 오직 하나, 즉 불못뿐이다.)

개화된 현상학자들, 통합을 주장하는 인종차별 폐지론자들, 상대적 자유주의자들은 "명상"을 하고, "의사소통"을 하고, "다시 사고"하고, "재평가"하고, "구조를 다시 개편"하고, "상호 연관시키기"를 계속해서 그들의 누룩이 들어간 음행의 복합체가 초대형의 동일 조직의 잡종의 무차별적인 얼룩을 만들어내지만 그 결과물은 여전히 하늘나라냐 아니면 지옥이냐, 구원을 받았느냐 받지 못했느냐, 위냐 아래냐, 옳으냐 그르냐, 하나님이냐 마귀냐이다. 선택하라. 이 차이를 거부한다면 더 많은 문제에 봉착하게 될 것이다.

28장을 시작하기 앞서 "대다수 보수주의 학자들"의 가련하고 거룩하지 못한 저서를 간단히 살펴보자. 존 R. 라이스는 그의 말년의 대부분을 우리가 이런 성경을 왜곡시키는 파괴적인 이기주의자들을 다루는데 "존경이 결여"되어 있고 "예의가 없다"고 불평하는 데 보냈다. 그러나 그는 자기 자신에게 더 공손히 대해 달라고 불평한 것에 지나지 않는다. 학자 연합은 성경보다 자신의 권위를 위에 두는데 필요한 일은 어떤 것이라도 하는 자기 방어적인 마피아이다. (1973년 오티스 풀러와 라이스 사이에 있었던 서신을 보면) 부패한 ASV와 NASV를 정당화시키기 위해 온갖 역겨운 변명을 늘어놓는 것을 보게 된다. 이런 변명 중에는 고대의 로마카톨릭 변명도 있다. 즉 다수의 "무식한" "교육받지 못한" 그리스도인들은 웨스트코트와 홀트의 부패한 필사본에서 나온 ASV를 추천하는 일에 관련된 문제들을 이해할 수 없다는 것이다. 그러므로 ASV는 〈킹제임스성경〉과 "동등하게 믿을 만하다."라고 광고되어야 한다는 것이다. 어리석고 무딘 평범한 그리스도인에게 진리를 알게 하려는 시도는 "교회를 나누는" 사탄의 시도라는 것이다. 로마카톨릭 교황들도 라이스가 태어나기 천 년 전부터 이와 동일한 입장을 취하고 있었다. 정확히 똑같은 입장이다. 진리를 질식시키는데 있어서는 바티칸의 성직자 계급에서 쓰는 방법이나 라이스와 섬너가 사용하는 방법 사이에는 전혀 차이가 없다. 마치 바티칸 필사본과 로마의 추기경 대학 사이에 전혀 차이가 없는 것과 같다. 여러분이나 여러분 친구들이, "평범하고," "어리석으며 교육받지 못한 그리스도인들"의 무리가 공인 역본을 거부하는 사람들의 "의견들"과 "학자적 지위"를 무시하고 공인 역본의 권위로 되돌아가는 것을 두려워한다면 여러분이나 여러분의 친구들은 "선한 사람들"이 아니라 불경건한 사람들이며 자기 자신이나 교회 회원들에게 개처럼 거짓말을 하고 있는 것이다. "경건함"의 기준이 누가복음 18:11이라는 허풍을 우리에게 말하지 말라. "경건한" 사람이라면 프로테스탄트 개혁 성경을 보수주의 배교자들의 권위로 대체시키는 평범한 다수의 미국 그리스도인들에 대해 분노할 것이다. 속임수를 쓰려는 어리석은 자가 도대체 누구인가? 자신의 특권과 소득이 그 권위와 경쟁하는데 좌우되지 않는다면 아무도 그렇게 분개하지는 않을 것이다. 목욕통에서 뱀을 발견할 수 있는 것만큼이나 쉽게 우리 중 몇은 양우리에서 수탕나귀(바보)를 발견하는 데 전혀 어려움을 느끼지 않는다. "원본을 복구시키는데" "헌신된 노동의 시간들"을 보내는 소위 말하는 수많은 "학자들"은 자신의 배를 숭배하는 자들에 지나지 않는다(빌 3:19, 롬 16:18).

1. 〈확대성경〉(로크만재단)은 6, 15, 19, 22절의 의미를 파괴시켰다.

2. 〈리빙바이블〉은 6절을 가지고 만들 수 있는 최악의 "부연 설명"을 함으로써 6, 7, 17, 18, 15절을 변개시켰다. 그 본문을 보면 욥이 "나는 죄인이 아니다."라고 말하도록 만들어 버린다. 그러나 욥은 그렇게 말한 적이 없으며 욥기 7:20에서 분명하게 그것을 부인하고 있다.

3. 여호와의 증인들의 성경(NWT)은 악인을 "쫓아내는" 대신 악인에게

(23절) “휘파람”을 불고 8절의 위선자를 “배교자”(아마도 러셀이나 러더퍼드 같은 자들?)로 변개시켰으며, 욥의 친구들은 “환상들” 외에는 아무것도 보지 않게 된다(12절).

4. 아담 클라크와 제미에슨과 포셋과 브라운은 이번에는 아주 잘 통과를 한다. 몇몇 본문들이 “가능성”이 있다고 말하기는 했지만 원래 그대로의 적절한 본문을 뻔뻔스럽게 부인하지는 않는다.

5. 더멜로우는 2절과 7절에서 1884년의 부패한 RV를 추천하며, 22절과 23절의 출처는 “페르시아의 신화 책들”이라고 말한다.

6. 헤브너는 옛날의 종족 신인 “야훼”가 이리저리 뛰어다니게 만들고(출애굽기 주석서 3-5장 주석 참조) 노골적으로 27장이 부적당함을 내비친다. (보수주의자가 이런 일을 할 때는 항상, “어떤 사람들은 믿기를...”이나 “그에 관한 우리의 관점이 어떻든지 간에”나 “두 개의 관점을 다 취할 수 있다.”거나 “어떤 사람들은 이 구절이 ...라고 주장한다.” 등등의 진술로 자신의 속임수에 연막을 치려한다. 즉 자신과 의견을 “달리”하는 사람들(성령의 권위를 강탈하는 일을 하는 자신들처럼 자격을 갖춘 다른 친구들)의 의견들을 “존중”하는 “경건한” 학자라는 명성과 위엄을 유지하기 위해 속임수를 쓰는 것이다.)

7. 18절의 “장막”에 대해 계속해서 “거미의 거미줄”을 언급하는 것은(〈리빙바이블〉과 〈확대성경〉 참조) A.D. 330-500년의 총체적으로 부패한 칠십인역에서 나온 것이다.

물론 “자신들이 숙고한 의견들에 대해 존경”해 줄 것을 요구하며, “로마 카톨릭의 악취 폭탄”을 “우리에게 다시 되살아나게 하기 위해 그들이 쏟은 수고스러운 연구 조사에 대해 적절한 관심”을 보여줄 것을 요구하는 부패한 타락자들은 다른 많은 성경의 구절들을 바꿀 것을 제안한다.

버드는 2절을 좋아하지 않고, 에발트와 딜먼은 3절을 바꾸고, 버드는 3

절을 변개시키고, 피크는 8절을 바꾸고 싶어 하며, 둠은 10절을 좋아하지 않고, 슐로트만과 델리취는 15절을 좋아하지 않고, 메이어와 버드는 19절과 20절을 고치고 싶어 한다. 이들은 욥기 27장을 완전히 다시 기록해서 이것이 욥기 26장인지 시편 38편인지 모를 정도로 만들 수 있다. 그러나 어디서부터 시작해야 할지는 분명하다. 본문에서 어려운 것이 있으면, 조간신문에서 악하고 부유하며 그 자녀들이(14절) 좌우에서 칼에 넘겨진 "부자들"에 관한 여남은 개의 사례를 조사해 볼 수 있다. 이 사람들이 쌓아 놓은 돈은 이들이 "연옥"에서 발 하나라도 빼낼 수 있을 정도도 되지 않으며, 하나님께서 "그들이 있는 곳에서 그들을 던져 버리시는 것"(잠 1장)을 막을 수도 없다.

욥기 28장

28:1 실로 은이 나는 광맥이 있고, 금은 연단하는 곳이 있도다.

2 철은 땅에서 취하고 놋은 돌에서 녹여 얻느니라.

3 그분은 흑암에 끝을 두시고 모든 온전함을 찾아내시나니 흑암의 돌과 사망의 그림자라.

4 홍수가 머물고 있던 곳에서 터져 나오니 발을 잊어버린 물이라. 그 물이 말랐고 그 물이 사람들로부터 멀리 빠져 나갔더라.

5 땅으로 말하자면 그곳에서 빵이 나오나 그 밑에는 불처럼 솟구침이 있으며

6 땅의 돌들은 사파이어가 나는 곳이며 그곳에는 사금도 있느니라.

욥은 계속해서 비유를 들고 있다(욥 27:1; 29:1). 그러므로 우리는 "인류"에 대한 애매한 일반화나 경건한 격언 이상의 것을 찾아내야 한다. 이 구절의 주제는 "주의 두려움"(The fear of the LORD)의 가치와 그 희소성이다. 이 구절을 읽으면서 성경대로 믿는 사람은 잠언 1:7을 분명하게 마음속에 새겨야 한다(잠언 주석 참조). 그리고 단 한 순간이라도 미혹되어서 스코필드 관주를 받아들여서는 안 된다("뉴"스코필드 관주 성경, 609쪽, 관주노트 2). 스코필드는 [라이스(Rice), 맥클레인(McClain), 섬너(Sumner), 잉글리쉬(English), 로버트슨(Robertson)과 다른 사람들처럼) 윌버 스미스(Wilbur Smith), 존 왈부어드(John Walvoord), 찰스 파인버그(Charles Feinberg), 패트 존더반(Pat Zondervan), 윌리엄 컬버트슨(William Culbertson)이나 헤브너(E.S.P. Heavenor) 만큼이나 "유익을 위해 아첨하는" 경향이 있다.] "주의 두려움"은 "주의 두려움"이다. 요한일서 4장을 폐기시켜서 그 의미를 "경외심을 가진 신뢰"로 만들려는 모든 시도는 지나친 광기일 뿐이다.

욥은 지하 세계로 우리를 인도함으로써 말을 시작한다. 어떤 표현들은 비유적이고 어떤 것들은 그렇지 않다(욥 20:16 설명 참조). 여기서 성령께서 우리를 인도하도록 하기 위해서는 믿는 마음, 수용적 사고방식, 그리고 분별력 있는 영이 필요하다. 자기 자신의 사적 해석을 강화시키기 위해 이 구절의 단어들을 변개시키는 사람을 허용한다면 그것은 성경의 저자를 슬프게 하는 일이다(엡 4:30). 우리가 "그분의 예언을 멸시할 때"(살전 5:20), 우리는 "성령을 소멸시키는 것"(살전 5:19)이다. 이런 일은 신학원 기념비에 새겨진 거만하고 이기적이며 잘난 체하는 사람들에게나 맡기고 우리는 그렇게 하지 말자.

『**실로 은이 나는 광맥이 있고, 금은 연단하는 곳이 있도다**』(1절). 아담 클라크, 제미에슨과 포셋과 브라운, 더멜로우, 랑게, ASV, NASV, RSV, NRSV, 인터내셔널 성경(출판되기 전에 수정된), 오렐리(Orelli), 둠(Duhm), 버드(Budde), 그리고 학자 연합은 즉시 이 구절에 변개를 가한다.

『**철은 땅에서 취하고**』(2절)는 신명기 8:9처럼 분명히 비유적 진술이다. 동은 돌(이극석 - 아연의 원광석)과 함께 녹여진 구리에서 형성된다. 이런 의미에서 볼 때만 놋은 『**돌에서 녹여**』(2절) 얻는다. "놋"(brass)을 "구리"(copper)로 변개시킨 것(지난 46개 번역본 참조)은 출애굽기 25:3에서 설명되었다. "아연"이 현대에 만들어진 고안물이라는 생각하는 것이다. 그래서 고대에는 이런 것이 알려진 바 없다는 것이다. 이것은 과학적 지식의 결여 때문이라는 둥, 현대인들은 이러쿵저러쿵... 그러나 이 문제에 관해서는 이미 두 번 다루었기 때문에(행 8:9-11, 출 28:17-19) 다시 지적하는 것은 불필요하다. 성경이 "놋"이라고 말하면 "놋"으로 받아들여야 한다. "놋"을 "구리"로 바꾸려는 강박관념은 (대부분의 근본주의 학교들에서 "구약"을 가르치는 교수에게 문의해 보라.) 성경을 진지하게 공부하는 학도들에게 학자들을 바로 알 수 있는 진정한 기회를 주는 셈이다. 여기 나오는 "놋"을 요한계시록 1:15에서는 ASV(1901), NASV(1963), 뉴스코필드성경(1967)과 다른 많은 곳에서 "놋"으로 번역을 했다. 부패한 "칠십인역 필사본"(바티칸사본과 시내사본)을 가지고 신약을 3,000군데 이상 수정한 뒤에 학자들은 요한계시록 1:15에서 쓰인 헬라어 단어가 여기 욥기 28:2에서 사용된 것과 같은 것, 즉 "놋"이라는 것을 말해주지 않는다. - 존더반 출판사(1970)는 바티칸사본과 시내사본을 "칠십인역 필사본"이라고 부른다.

의심스러울 때는 "유명한 학자들"을 다 내던져 버리라.

1절은 99%의 주석서에서 변개되었다. "학자들"이 1절과 2절의 네 개의 절이 모두 일치해야 한다고 결정을 내렸기 때문이다. 즉 이 구절들은 모두 금속이 "연단"되는 곳이 아니라, 금속이 어디서 나오는지에 관한 구절이 되어야 한다는 것이다. 〈킹제임스성경〉 본문을 파괴적으로 비평하는 자들이 일관성을 고수한다면(3세기 동안 이들은 결코 일관성을 유지한 적이 없다.) 여기서 "금"이란 단어는(히브리어. "자하브") 천연 상태의 금이 아님을(욥 28:17) 지적해야 할 것이다. 이 금은 제련과 표백을 통해서 더 선명하게 빛나게 만들어져 왔다(클라크, Ibid., 126쪽). 이 말은 사실이다. 그래서 99%의 학자들은 "히브리어 원본"을 그냥 지나쳐 버리고는 성경 구절을 자기 자신들에게 맞춰서 고쳐 버린다. 아주 전형적이다.

『**은... 금... 철... 놋**』(1,2절). 우리의 보수주의 지빠귀들이 독자들로 하여금 다니엘 2장을 참고하도록 했다면 훨씬 더 잘하지 않았을까? 다니엘 2장에는 흙을 포함해서(욥기 28:5를 보라!) 이 네 가지 금속이 모두 나온다. 사자와 독수리가 둘 다 나오고(7,8절) 문맥에서 에디오피아와 오필이 나오는데(16,19절) 우리의 보잘 것 없는 "자격을 갖춘" 친구들은 이것이 "멸망과 사망"(22절)과 분명하게 연관되며, 번개와(26절) 다니엘의 칠십째 주의 "천둥"(26절)과 연관된다는 것을 어떻게 놓쳤단 말인가? 욥의 담화는 비유라는 말이 이전에 나왔다(욥 27:1). 그런데도 어떻게 이들은 모든 구절을 다 놓쳤단 말인가? 세탁자가 심판석에 앉았을 때인(말 3:3) 대환란 때 이스라엘이 연단되는 것처럼(사 48:10) 욥은 금처럼(욥 23:10) 연단된다. "금"(1절)에 관한 구절은 금이 정제되는 장소와 관련이 있다. 한 가지 분명한 것이 있다면(밥존스대학, 달라스신학교, 로크만재단, 〈주의 칼〉, 무디 성경학교, 휫튼 대학의 눈먼 안내에도 불구하고) 그것은 에돔 땅에 있는 셀라, 페트라(애 4:22)는 "금"이 정제되는 장소라는 것이다(슥 13:9). 지난 35명의 "경건하고 헌신되었으며 분리되고 영적인" 학자들이 1절을 변개시켜서 자신들의 완고함에 맞추고자 한다면 우리가 해야할 일은 그들을 폐기처분하는 것뿐이다.

『**그분은 흑암에 끝을 두시고... 흑암의 돌과 사망의 그림자라**』(3절, 욥 10:21 주석 참조). 1절을 완전히 망가뜨린 학자 연맹은 아래로 추락하는 그 타성에 저항할 수가 없게 된다. 이제 3절은 "사람"이 "어둠의 끝을 정하는" 뜻으로 바뀐다. 1800년 이후 모든 주요 개정본과 주석서에서는 하나님에게서 영광을 가져다가(롬 1:21) 그 영광을 사람에게 주는 두드러진 왜곡들이 발견된다. 더멜로우는 "그분"(HE)이 광부라고 말을 하고는 클라크, 제미에슨과 포셋과 브라운, 랑게, 윌리엄스, 그리고 나머지 사람들에게 동의한다. 탐 맬런(Tom Malone), 존 R. 라이스, 밥 존스 3세 등이 너그럽게 대하는 부패한 ASV(1901)는 그냥 히브리어 본문("He")을 지워버리고는 "사람"(MAN)이라고 기록한다. 이런 어설픈 거짓말은 또한 소위 말하는 〈리빙바이블〉, RSV, NRSV, NASV, 인터내셔널, 스탠다드, 새 공인 성서에서도 발견된다.

평생을 성경을 개정하는 데 헌신한 보수주의자, 근본주의자, 자유주의자, 카톨릭 학자들이 이렇듯 터무니없이 끼워 넣은 것을 받아들일 때 수반되는 재난을 숙고해 보라.

1. 인간은 산들을 그 뿌리까지 뒤엎지 못한다(9절).
2. 인간은 모든 귀중한 것들을 볼 수는 없다(10절).
3. 인간은 "바위 사이에서 강들을 파지" 못한다(10절).

"인간"은 다이너마이트로 작은 산에 길을 낼 수는 있다. 또는 산의 일부를 뚫어서 고속도로를 놓을 수도 있다. 인간은 하나님께서 인간에게 보도록 허락하신 것을 볼 수 있다. 또한 인간은 "바위들 사이에" 이미 존재하는 강이나 샘을 발견할 수도 있다. 그러나 자연 상태 그대로의 인간은("자격을 갖춘 권위자들"이 아니라 성령에 의하면) 악하며(눅 11:13), 더럽고(욥 25:4), 불결하며(사 64:6), 수탕나귀(바보, 욥 11:12, 출 13:13)이다. 하나님에게서 영광을 훔쳐서(욥 28:3) 악하고 더럽고 불결한 바보에게 영광을 돌리는 번역본들을 하나님께서 축복하시리라고 생각하는 사람이 있다면 그 사람은 "대학 교육"을 받지 못한 그리스도인들을 멸시하는 것은 고

사하고 하나님과 성경에 대해 어느 누구와 논할 만큼 충분히 알고 있는 것이 아니다. 교수들이여, 차라리 입을 다물라. 그러면 최소한 사람들이 생각하기를 당신이 똑똑하다고 여길 것이다(잠 11:12).

뒤이어 나오는 것을(3-9절) 이룩하신 분은 “사람”이 아니라 “온전함을 찾아내시는” 하나님이시다(3절). ASV(1901), NASV(1971), 〈리빙바이블〉(1971)의 저자들은 비뚤어진 동기로 인해 3절의 “그분”(HE)이 인간 “광부”를 언급하는 것이라고 만들어 놨다. 이보다 더 확실한 타락의 증거는 결코 찾아낼 수 없을 것이다. “모든 온전함을 찾아내는”(3절) 광부를 발견하는 날이 바로 케네디가(家) 사람들이 전천년주의자가 되는 날이 될 것이다. 제미에슨은 이 사실을 알고 있었다. 그래서 그는 조용하게 “모든 온전함을 찾아내는”을 “가장 완벽하게 찾는”으로 변개시킨다(Ibid., 66쪽).

사람들이 “하나님께 영광 돌리기를” 거부할 때(롬 1:21) 하나님께서는 그들을 포기하신다. 이스터를 지키는 로마의 헤롯(“이스터”, 행 12:4, 부패한 ASV와 NASV에서처럼 “유월절”이 아니다)이 하나님께 영광을 돌리기를 거부했을 때 하나님께서는 그를 때려 눕혔다(행 12장).

모든 것을 보시고 살피시는 분은 사람이 아니라 하나님이시다(24절). 누군가가 어떤 것을 “모든 온전함” 가운데로 찾아낸다면 그것은 분명히 “사람”은 아닐 것이다.

『**홍수가... 터져 나오니 발을 잊어버린 물이라**』(4절). 아담 클라크가 (100년 전에) “이 구절은 매우 어렵다”고 말했다는 이유로 테일러는(LB)는 이 구절 전체를 제거해 버린다. 가련한 ASV(1901)에는(4절) “수갱에서” “밧줄에 매달린” 광부들이 나온다. 〈확대성경〉(더멜로우와 NEB와 함께)도 동일한 반복구를 선택한다. 이렇게 해서 3절의 “그”(HE)가 “광부”를 언급하는 것이 되어 버렸다. 4절도 변개시켜서 광부를 언급하는 것으로 만들어 버린다. "수갱에서 밧줄 위에서 흔들리는" 광부, 그 다음부터는 계속 쉽다. 그 다음 열 구절에서 나오는 모든 단어를 계속 변개시켜서 미혹당한 독자들로 하여금 그것이 광부라고 생각하게 만드는 것이다.

보자기 줄에 매달려 흔들리는 낙하산병으로 만들어 보는 게 어떤가?

아니면 금성에서 필사본 원본을 찾으려고 하는 세 명의 우주 비행사는 어떤가?

아니면 "더 정확하고"(동시에) "더 분명하게" 하기 위해 그냥 이렇게 말해보는 건 어떤가? "웨스트버지니아 석탄 탄광에 사는 사람들은 케네디가 그 주를 술을 밀조한 돈으로 사지 않았다면 교수형을 당했을 것이다." 8단어를 바꿀 수 있다면 80 단어를 바꾼다고 해서 안 될 건 뭔가?

A. 창세기 7:11의 "거처"에서 홍수(4절)가 터져 나왔다. 이 말씀은 너무나 분명하게 들리기 때문에 R.A. 토레이, 샘페이(Sampey), 웨스트, 델리위, 카일(Keil), 게제니우스(Gesenius), 콜만(Kolman), 하카비(Harkavy), 더멜로우, 버드, 딜먼(Dillman), 슐롯트만(Schlotmann), 에발트(Ewald), 테리(Terry), 로버트슨, 몬서(Monser)만이 그것을 놓칠 수 있었다.

B. 물들은(4절) "발을 잊어버린다." 370일 동안(창 8:13) 물이 있었던 곳에서는 어떤 발도 걷지 못했다. 이 말씀은 너무나도 명백하게 들리기 때문에 밥존스대학, 클리어워터, 트리니티, 피에드몽, 샌프란시스코, 포트워스, 달라스, 무디, 휫튼, 필스버리에 있는 구약 교수진만이 그것을 놓칠 수 있었다.

C. 이 물들이 말랐고 "사람들로부터 멀리 빠져"(4절) 나갔다. 이 말씀은 창세기 8:1,2에서 너무도 분명하게 들리기 때문에 "축자적으로 영감받은 원본의 영감"을 믿는 지난 40,000명의 근본주의자들만이 본문을 망치고, 성령을 전복시키고, 성경의 저자를 모욕하고, 자신들의 타고난 권리를 팔아 버리고, 하나님을 거짓말쟁이로 만들고, "기독교" 교육으로 하나님께서

존중하지 않는 아수라장을 만들 배짱을 갖게 된다.

새 국제 역본(NIV, 구약은 1974년에 완성되지 않았다)도 이와 마찬가지다. 단지 좀더 심할 뿐이다.

항상 공인 영어 본문으로 모든 번역본을 바로 잡으라. 자신들이 브릭스와 로버트슨처럼 헬라어와 히브리어를 공부하는데 40년을 보냈다는 이유 하나만으로 사람들의 존경을 받을 자격이 있다고 생각하는 성경을 거부하는 얼간이들에 대해서는 전혀 신경쓸 필요가 없다. 이런 수치스러운 타락자들이 주장하는 유일한 주장은 하나님께서는 한때 성경을 쓰셨는데 그것을 잃어버리셨다는 것을 자신들이 안다는 것이다.

『**땅으로 말하자면**』(5절) - 이것은 4절이 또한 베드로후서 3:5의 천상의 현상을 언급하는 가려진 구절임을 보여준다. -『**그곳에서 빵이 나오나**』(5절). 다시 한 번 비유적 사용을 주지하라. 빵은 땅에서 자라는 옥수수, 보리, 호밀, 밀에서 만들어진다는 의미에서 볼 때 빵은 (현재) "땅에서만 나온다." 그러나 유대인들이 욥이 있었던(욥 1:1, 애 4:21) 광야에 있게 될 때(계 12:14)인 재림 때는(요 6:32-50) "돌로 빵"을 만드는 일(눅 4:4)이 아주 간단한 일일 수 있음을 주의해서 봐야 한다.

『**그 밑에는 불처럼 솟구침이 있으며**』(5절)는 지구의 핵은 "지옥 불이 붙여져"(약 3:6) 있음을 보여 준다. 연장들이 녹기 전에 얼마나 깊이 "파내려" 갈 수 있는지에 대한 다양한 의견들이 있다. 그러나 일반적으로 1,500마일 깊이로 내려가면 그럴 것이라는 데에 의견이 일치된다. 그 위치의 온도는 섭씨 약 3,000도이다. 그러나 이보다 훨씬 더 지표면 가까이에도 불이 있다. 다음 구절에 나오는 금과 돌들과 사파이어를 캘 만큼 깊이 들어가지 않아도 화산에는 불이 많이 있다.

『**땅의 돌들...**』은(6절) - 땅에서(5절 참조) - "불의 돌들"(겔 28:16)과 연관되어 있으며, 스랍 외(사 6:1-6)에도 사탄의 원래의 위치에 관한 참조 구절이 된다. 그러나 이 "불의 돌들"(겔 28:16)은 원래는 산 위에 있었다(출 19,20장 주석 참조). 이 구절에는 너무 많은 것이 있어서 여전히 신비이다. 이 신비가 풀리면 "지구의 빈 공간과 현재 있는 존재들에 관한 정보가 풀릴 것이다. 현대의 저자들은 모두 에베소서 6장의 정사들과 권세들에 대해 긍정적인 시각으로 보고 있다. 그러나 이들은 사탄에게 종속된 존재들이다. 예를 들어 "외계에서 온 방문객들"과 "이웃 행성에 있는 우리의 이웃들"에 관한 열 권의 책의 저자들[프랭크 에발트(Frank Edwards), 존 풀러(John Fuller), 폰 다니켄(Von Daniken), 디온(R.L. Dione), 찰스 벌리츠(Charles Berlitz), 존 가드윈(John Godwin), 빈센트 가디스(Vincent Gaddis), 에릭 노만(Erich Norman) 등]은 성경이 타락한 "천사들", 혼혈 "거인들"과 괴물들(계 9:1-15)이라고 부르는 것들에 대해 긍정적인 관점을 취한다. 구원받지 못한 사람들은 "과학적 진보"에서 결코 불의를 감지하지 못한다. 그것은 마치 로마카톨릭이 멸망의 아들을 감지할 수 없는 것과 같다.

28:7 어떤 새도 모르며 독수리의 눈도 보지 못한 길이 거기에 있으니
8 사자의 새끼들도 그 길을 밟지 못하였고 사나운 사자도 그 길로 지나가지 못하였느니라.
9 그분은 바위 위에 손을 대시고 산들을 그 뿌리까지 뒤엎으셨으며
10 그분은 바위 사이에서 강들을 파시며 그의 눈은 모든 보물을 보시는도다.
11 그분은 큰 물들이 넘치지 못하게 붙들어 매시며 감추어진 것을 빛

으로 가져오시는도다.

지금까지(1978) 대다수의 성경 교사들과 대학 교수들, 개정 위원회, 주석가들, 언어학자들, 성경 해석자들이 "대다수의 보수주의 정신 이상증"의 급진적인 광신적 행위 때문에 종교개혁 본문을 버렸다. 그러나 우리는 이 본문만을 고수하겠다. 이런 이기적인 극단주의는 다음과 같은 표식으로 알 수 있다.

1. 이들은 항상 〈킹제임스성경〉을 파괴하거나 수정하면서도 이 성경에 아첨한다. (1974년에 밥존스대학 - 파노시안, 커스터, 닐 - 에서 내놓은 30분짜리 테이프를 구입해서 들어보라.)

2. 이들은 모두 웨스트코트와 홀트 식 학자들에게 동의한다. (밥존스대학 출판사에서 나온 책인 〈Which Translation〉에 관한 커스터의 설명 참조).

3. 이들은 모두 "축자적 영감"에 대해 장황하게 큰 소리로 떠들어 대면서도 자기 자신들의 "성서들"을 저술하고 또 저술한다. (밥존스대학에서 추천하는 NASV나 다른 배교자들이 추천하는 국제 역본 참조).

4. 이들은 모두 학생들과 교회 회원을 얻기 위해 〈킹제임스성경〉을 사용한다. 자신들이 진정으로 확신하는 바를 공개적으로 따를 만한 영적 용기나 은혜가 부족하기 때문이다. (밥존스대학 출판사에서 출판한 잡지인 〈가족을 위한 믿음〉에 나오는 광고나 잭 하일스에게 넘겨질 지도 모르는 〈주의 칼〉에 나오는 광고 참조.)

5. 이들은 자신들의 본문에 대한 "선호도"나 "선택"이 최종권위의 문제를 결정하는 요소가 되어야 한다고 생각한다. 즉 이들은 자신들이 고백하는 믿음의 고백과는 상관없이 히피들이며 쾌락주의자들이다. (케네스 웨스트나 존 R. 라이스가 〈킹제임스성경〉에 나오는 오역에 관해 설명한 것 참조).

6. 이들은 〈킹제임스성경〉을 정말로 믿는 성경대로 믿는 사람을 〈킹제

임스성경〉을 숭배한다고 비난한다. 또한 〈킹제임스성경〉에 대한 태도에 대해 여러분이 이들을 난처하게 만들면 이들은 (주먹을 쾅쾅 치고, 발을 구르며, 소리를 지를 정도로) 분노할 것이다.

7. 이들은 보통의 "교육받지" 못한 그리스도인이 필사본 증거에 관한 사실들과 현대의 "성서들"에 관한 진리를 발견하지 못하게 하기 위해 온갖 방법을 다 동원할 것이다.

오리겐에서 조디아테스에 이르는 커다란 가짜 소세지 공장이 있는데 여기서는 매년 3,000명의 졸업생을 배출해낸다. 이들에게는 졸업장과 학위가 있기 때문에 겨자와 마요네즈가 곁들여진 "집에서 만든" 것처럼 보일 지도 모른다. 길게 늘여진 이 가짜 소세지 줄은 모두가 똑같이 생겼고, 똑같이 느끼며, 똑같은 냄새가 나고, 똑같은 맛이 나며, 가격도 똑같다. 아무리 많은 역사적 사실이나 필사본 증거, 부흥의 열매, 징계 등이 있다 해도 그것은 단 한 사람도 개심시킨 적이 없으며, 앞으로도 없을 것이다. 오늘날 이들 대다수는 "럭크만은 자기만 옳고 나머지 사람들은 모두가 틀렸다고 생각한다"라고 주장한다. 그러나 이들은 자신들이 이 말을 할 때 개처럼 거짓말을 하고 있다는 것을 알고 있다. 결국 내가 생각하는 것이나, 여러분이 생각하는 것이나, 여러분의 교수가 생각하는 것은 한 무더기의 모래도 이루지 못한다. 즉 성경은 옳으며 누군가가 성경에 동의하지 않는다면 그 사람은 틀린 것이다. 우리가 "성경"이라고 말할 때 우리는 "성경"을 의미한다. 〈킹제임스성경〉을 인용하면서 "증명"하고자 애쓰는 어떤 신화적인 유령을 말하는 것이 아니다. 우리에게는 성경이 있다. 성경이 없다면 그건 그 사람의 문제이다.

『**어떤 새도 모르며... 길이 거기에 있으니**』(7절). 살아 있는 것 중에 이 길을 아는 것은 없으며(21절) 하나님만이 그것이 있는 곳을 아시는데(23

절) - ASV와 NASV와 국제 역본에 나오는 어리석은 말처럼 - 어떻게 "광부"가 그것을 찾아낼 수 있겠는가? 독수리의 눈도(7절) 이 길을 보지 못했으며 사자들도 "그 길을 밟지 못했다"(8절). 그 손을 내밀어서 바위들을 제거하고 산들을 뒤엎으시는(9절) 분만이 이 길이 어디에 있는지 아신다. "수갱"에서 밧줄에 매달린 "광부"[바보 같은 ASV(1901) 참조]는 이 길을 찾을 수 없다.

말 그대로 『**바위 사이에서 강들을**』(10절) 파시는 분은 하나님이시다(시 126:4, 사 33:21; 35:6). 사람들은 회오리바람을 뚫고 지나갈 수 없는 것처럼 강들을 "팔 수" 없다. 강이 지나가도록 한 장소를 팔 수는 있으며 물이 지나갈 수 있도록 수로나 운하를 팔 수는 있지만 "강들을 팔 수"는 없다. 하나님의 눈은 『**모든 보물**』을 보신다(10절). "주의 눈이 두루 살피시므로"(대하 16:9), "죄악의 일꾼들에게는 자신들을 숨길 수 있는 암흑도 없고 죽음의 그림자도" 없다(욥 34:22). 하나님께서는 금과 은과 구리와 석유와 가스층이 어디 있는지 아신다. 나라들이 가스와 기름을 얻기 위해 이스라엘에 대적하기 전에 이들은 시편 83편을 충분히 보고 이 매장물의 소유주이신 하나님께서 그들을 위해 "그것을 찾아내게"(3절) 하시는 것이 좋을 것이다. 여러분의 주머니에 있는 동전에는 "우리는 하나님을 신뢰한다"는 말이 있다. 그 동전을 주조한 정부는 사람을 신뢰하지 않는 편이 좋을 것이다(시 118:8).

『**그분은 큰 물들이 넘치지 못하게 붙들어 매시며**』(11절, 욥 26:10; 30:10, 렘 10:13; 51:16, 시 69:15; 104:6; 136:6). 큰 물들은 다시 "큰 깊음"에서 아래로 떨어져 내릴 수 없으며(창 1:1,7), 창세기 1:2에서처럼 다시 지구를 전복시킬 수도 없다(벧후 3:6,7). [그렇다! "간격 이론"(gap theory)는 성령에 의한 중생만큼이나 "신학적"이다.] 하나님께서 원심력과 중력을 놓아 버리신다면 지구는 온통 물에 젖은 사람들로 가득 차리라는 것을 알지 못하는가?

『**그분은... 감추어진 것을 빛으로 가져오시는도다**』(11절). 다시 "그분"(HE)이 셀리 아줌마의 집 고양이가 아닌 만큼이나 분명하게 "그분"은 "광부"가 아니다. ["그처럼 선하고 경건하며, 헌신된 근본주의자들이 어떻게 이런 끔찍한 실수를 할 수 있을까?"라고 사람들은 말한다. 답은 간단하다. 이들은 성경 본문을 수정하기 위해 앉을 때 자신들이 전능하신 하나님이라고 생각한 것이다. 교만과 질투가 매번 양을 나귀로 만들어 버린다. 그 양이 어쩌다가 동정녀 탄생과(교황처럼) 그리스도의 신성과(피의 메리처럼) 육체의 부활(이그나티우스 로욜라처럼)을 믿는다 해도 그가 하나님의 권위를 자신의 어리석음으로 대체시키고자 한다면, 그 양의 능력으로 차를 고칠 수 없는 것과 마찬가지로 그에게는 번역할 능력이 없다.]

누가복음 12:2이 11절을 설명해 준다. 하나님께서는 "감추어진 것들"(말들, 행위들, 생각들, 동기들)을 "빛"(11절)으로 가져오실 뿐만 아니라, 지옥과 사망의 거주자들(계 6:8과 9:1-15)이 하나님의 최후의 심판(고전 6:3)에 노출되기 전에(계 20:13) 여러분이 그것들을 볼 수 있는 곳으로(계 9:1-10) 데려오신다. ASV, NASV, 인터내셔날, RSV와 NRSV에서 본문에 가한 30개의 변개들은 성경을 적절하게 해석하는 데는 펜실베이니아 기차 시간표 정도의 도움 밖에는 되지 않는다.

28:12 그러나 지혜는 어디서 찾을 것이며 명철이 있는 곳은 어디인가?
13 사람은 그 값을 알지 못하며 산 자들의 땅에서도 찾을 수 없도다.

14 그 깊은 물이 말하기를 '그것은 내 안에 없도다.' 하고 또 바다도 말하기를 '그것은 내게 없도다.' 하는도다.
15 그것은 금을 주고도 얻을 수 없으며 은을 달아 주어도 그 값을 치를 수 없도다.
16 그것은 오빌의 금이나 진귀한 얼룩마노나 사파이어로도 값을 정할 수 없도다.
17 금과 수정도 그것과 같을 수 없으며 정금 장식으로도 그것과 바꿀 수 없도다.
18 산호나 진주도 말할 필요가 없으니 이는 지혜의 값이 루비들보다 더 나감이라.
19 에디오피아의 황옥도 그것과 같지 않으며 순금으로도 값을 정할 수 없도다.

12절과 20절은 둘 다 같은 질문을 한다. 즉 문제는 "사람이 어디서 지혜와 명철을 얻을 수 있는가?"이다(12절). 헬라인들은 지혜의 책을 변개시키거나 무시하면서(잠언 서문 참조) "지혜"를 구한다(고전 1-3장). 그러나 이 지혜의 책은 하나님께서 인간에게 "지혜"를 주시기 위해 쓰신 것이다. 이 장의 끝에서 욥은 "지혜"와 "명철"의 정의를 내린다. 성경이 정의하는 (성경 자체의 문맥 속에서) "지혜와 명철"은 지혜와 명철에 대해 현대의 미국인이 가진 개념과는 참으로 동떨어져 있다.

13절은 분명하다. "깊음"에도 "바다"(14절)에도 지식은 없다(욥기 26:5; 41:21-32 참조). 그러므로 "대양 바닥에 숨겨진 자원을 개발하기 위해," "아틀란티스의 잃어버린 대륙을 찾아," "인간이 수중 환경에 적응하도록 하기 위해," "깊음으로 내려가려는"(롬 10:6,7) 모든 시도는 엄청난 돈(25,000,000,000달러!)을 액체로 된 어둠 속에 수장시키는 것일 뿐이다.

해답은 바다 속에 있지 않다(롬 6:7). 해답이 바다 속에 있다면 그것을 찾는 데 돈이 들 것이다(신 30:13). 지혜는 값으로 따져 볼 때 너무나 비싸다(15절). 은으로도 지혜를 살 수 없다(잠 3:14; 8:10; 16:16). 얼룩마노와 사파이어(16절)로도 그것을 살 수 없다. 보석들과 수정으로도 그것을 살 수 없다(17절). 심지어는 산호나 진주나 루비나 황옥과 금(18,19절)과 같은 하찮은 물품과 지혜를 동시에 언급할 수조차 없다. 진정한 지혜와 나란히 세워 두면 이런 것들은 "벼룩 시장"에 지나지 않는다.

지혜로운 사람은 15달러를 15,000달러로 바꿀 수 있다. 하지만 어리석은 사람은 15,000,000달러를 간단하게 15센트로 만들어 버릴 수도 있다. 식충(植蟲)과 근족충(根足蟲)류가 산호초가 되는 데는 400세기가 걸리지만(어떤 것들은 100마일 길이에 100피트 깊이인 것도 있다) 진짜 지혜를 얻는데 드는 수고보다는 덜 든다. 금고리(17절)는 돼지 코에서 발견될 수 있으며(잠 11:22), 진주는 종종 마귀에 사로잡힌 군주들과 도덕적으로 뒷골목의 고양이 정도의 수준밖에는 안 되는 불결한 여왕들의 목에서 사랑을 받아 오기도 했다. 진주로 장식된 왕관이나 진주가 박힌 목 레이스가(피의 메리와 마리 앙투아네트, 찰스 2세 왕, 루이 14세, 교황 우르반이 차고 있었던 것들처럼) 그 통치자가 그 왕국의 국민들에게 저주나 역병 이상의 어떤 것이 되리라는 보장을 해주지는 않는다. [『**금... 얼룩마노... 사파이어... 수정... 정금... 산호... 진주... 루비... 황옥... 순금**』(16-19절)에 대한 묘사는 클라크의 주석서의 126쪽에서 찾아볼 수 있다.]

28:20 그러므로 지혜는 어디서 오는가? 명철이 있는 곳은 어디인가?
21 그것은 모든 살아 있는 것의 눈으로부터 숨겨졌으며 공중의 새들
로부터 닫혀 있도다.

22 멸망과 사망이 말하기를 '우리가 우리의 귀로 그 명성을 들었노라.' 하느니라.

23 하나님은 그 길을 이해하시며 그 처소도 아시느니라.

24 이는 그가 땅의 끝까지 살피시며 온 하늘 아래를 보사

25 바람의 무게를 다시며 물을 달아 무게를 재심이라.

26 그가 비를 위하여 규칙을 만드시고 천둥의 번개를 위하여 길을 정하셨을 때

27 그가 지혜를 보시고 선포하셨으며 그가 그것을 예비하셨고 정녕 찾아내셨도다.

28 또 사람에게 말씀하시기를 '보라, 주를 두려워함이 곧 지혜요, 악에서 떠나는 것이 명철이니라.' 하셨느니라." 하더라.

이 본문은 "지혜"와 "명철"에 대한 성경적 정의로 결론을 맺고 있다. 이 정의는 정신과 의사들, 교육가들, 과학자들, 철학자들, 종교 정치 "보스들"이 지난 6,000년간 대학교 학생들에게 제시했던 정의와는 전혀 다르다. (우리에게 이런 "기독교 교육가들"을 제시하지 말라. 스코필드 성경은 여러 해 전에 "주의 두려움"을 정의 내렸으며 기독교 교육가들은 일반적으로, 밥존스대학이 RSV를 캠퍼스 서점에 조용하면서도 기꺼이 들여놓은 것처럼(1950-1951), 하나님의 진리를 대신한 이런 대체물들을 받아들였다.) 『**그러므로... 어디인가?**』(20절) 이것은 욥기의 품질을 보증해 주는 구절(욥 3:23) 중 하나이다. 즉 『**지혜는 어디서 오는가?**』

지혜는 산의 뿌리에 있지도 않으며(9절), 바위들 사이에도 있지 않으며(10절), 물 아래에도 있지 않으며, 땅의 꼭대기에도 있지 않으며(7절), 인간들은 "지혜도 없이"(욥 4:21) 죽기 때문에 "살아 있는 자들의 땅"에도 있지 않다(13절).

죽음은 요한계시록 6:8에서 사람으로 나타나고, 멸망은 요한계시록 9:11에서 사람으로 나타날 수 있기는 하지만 "멸망과 사망"(22절)은 분명히 비유적 표현이며, 멸망과 사망은 지혜와 명철의 비밀에 대해 우리에게 "단서"를 줄 수 없다. 그렇다면 누가 단서를 줄 수 있는가? NASV와 국제역본의 "광부"인가?

『**하나님은 그 길을 이해하시며 그 처소도 아시느니라**』(23절). 광부의 전등과 석탄 바구니를 들고 백악관에서 의회 도서관을, 붉으락푸르락 해졌다가 창백해졌다가 까맣게 될 때까지 다 찾아볼 수는 있지만 전능하신 하나님께서 그것들을 계시해 주시지 않는다면 삽과 곡괭이를 가지고는 "지혜"와 "명철"을 발견하지 못할 것이다. 이것은 여러분이나 여러분을 가르치는 사람이나 여러분이 "추종하며 읽는" 사람이나 모든 사람에게 적용된다. 아멘.

중세 시대에 위대한 설교자였던 "탄첼름"(Tanchelm)이 한번은 성당의 계단을 걷고 있다가 자정쯤 되었을 때, 성경에 있는 무언가를 자신에게 가르쳐 줄 사람을 보내 달라고 주님께 기도하고 있었다. 당시는 성경을 구하기가 거의 불가능했을 뿐만 아니라, "자격을 갖춘 권위자들"이 만들어 놓은 지옥의 어두움이 전 유럽을 뒤덮고 있었고 영적 기근이(암 8:11) 그 땅에 심했을 때였다.

추운 겨울밤이었기에 탄첼름은 떨면서 돌계단 위를 걷고 있었다. 새벽 한 시경 그는 성당의 커다란 횃불 옆에 웅크리고 있는 어떤 거지에게 무심코 말을 건넸다.

"잘 지내는가, 친구?" 탄첼름이 물었다.

"저는 항상 잘 지냅니다." 그 거지가 대답했다.

"그래. 자네를 지옥에 던져 버리는 것이 하나님을 기쁘시게 하는 일이라면 자네는 어떻겠는가?"

"하나님이 없는 하늘나라보다는 그분이 계신 지옥에 있는 편이 더 행복할 겁니다." 거지가 대답했다.

탄첼름은 걸음을 멈췄고, 응답받지 못한 기도에 대해서는 까맣게 잊은 채 거지에게 다가갔다. 그리고 허리를 굽히면서 그에게 물었다. "그런데 자네는 누군가? 자네의 왕국은 어디에 있는가?"

"저는 왕이고, 제 왕국은 여기에 있습니다."라고 말하면서 그 거지는 자신의 가슴을 가리켰다.

탄첼름은 똑바로 서서 조용히 말했다. "자네는 그것을 언제 찾았는가?"

그러자 거지는 이렇게 대답했다. "제가 지혜를 찾으려고 사람들에게 가는 것을 그만두고 곧장 하나님께로 갔을 때였습니다."

그것이 바로 그날 밤 탄첼름이 했던 "성경 공부"였다!

『**땅의 끝까지 살피시며 온 하늘 아래를**』(24절) 보시는 분은 "탄광의 광부"가 아니라 하나님이시다! 바람의 무게를 다시는 분은 하나님이시다(시 135:7). 어리석은 과학자들이 A.D. 1650년까지 공기에 무게가 있다는 것을 발견하지 못했다는 사실은, 성경을 거부하는 사람의 명성이 아무리 크든지, 얼마나 많은 "학위"를 가지고 있는지와는 상관없이 그 사람에게는 지혜와 명철이 없다는 또 하나의 증거일 뿐이다(수천 개의 증거 중에서).

『**그가... 물을 달아 무게를 재심이라**』(25절). 이것이 짠물에서 소금을 얻는 유일한 방법이며, 다시 지상에 비로 내려오게 하는 유일한 방법이다. 짠 물은 공기의 800배의 무게가 나간다. 그러므로 짠물을 어떻게 위로 올라가게 할 수 있겠는가? 그 물은 해 아래서 증기가 된다. (그렇게 해서 소금을 제거한다.) 그런 다음에 공기의 1/8의 무게가 된다. 그런 다음 구름 속으로 올라간다. 구름은 그 열을 땅 위에서 잃게 되고(전도서 1:6,7 참조), (이것은 아르키메데스와 아리스토텔레스의 젖니가 나기 500년 전에 기록된 것이다.) 다시 소금기 없는 물이 떨어진다. [바핀 만의 태양열이 멕시코 만류 아래서 지나가고 그 다음에 웨스트 인디에서 뿜어 나와 열을 식힌다! 이런 "해로"(시 8:8)는 M.F. 마우리의 때(A.D. 19세기)까지는 도표로 그려진 적도 없다. 오늘날 원양 정기선은 이 "해로"를 따라 항해를 한다.]

바람과 물들은 무게가 재어져서 이 지구가 적절하게 균형을 유지하게 해 준다. 즉 질소와 산소의 비율은 수면이나 산 정상에서 79대 21이다. 이 비율이 N_2O_2(산화질소)로 바뀌면 지상에 있는 모든 사람들은 질식하거나 가스로 죽게 될 것이다. 이와 같은 두 개의 화학 물질이 우연히 결합되어("어머니 자연"이나 "진화"에 의해), N_2O를 만들어내면 지상의 모든 사람들은 하루 종일 히스테리를 부리게 될 것이다. N_2O는 질산이다! 여러분은 그런 공기를 마시며 살고 싶은가? 그렇지 않을 것이다! 하나님께서는 자신의 화학 물질들을 배포하기 전에 그 무게를 다신다. 아르키메데스가 활차 아래의 지렛대를 알기도 전에 욥이 이것을 알았는데, 여러분은 어떻게 해서 현대의 과학자들이 수하인 빌닷이 알고 있는 것만큼 알고 있다고 생각하는가?

비를 위한 "규칙"이 있으며 비는 하나님의 규칙에 복종한다(왕상 18:45, 약 5:17). "빛"에 길("장소"가 아니다)이 있는 것처럼 번개와 천둥에게도 "길"("장소"가 아니다)이 있다(26절). 수십억의 양전자가 번개를 동반한 뇌적운이 있는 상태에서 땅 위를 달릴 때 "접촉"이 생기며 뇌적운의 전류에서 나온 전자들이 전기를 만들어 낼 수 있는 이온화된 입자들로 이루어진 터널을 만든다("장소"가 아니라 "길"이다). 약 1/1000초 만에 이 터널이 열려서 벼락이 1000배나 빨리 땅에서 위로 그 길을 통과해 간다. 우리는 벼락이 아래로 번쩍이며 지날 때 그 접촉점을 보게 된다.

하나님께서는 지혜가 있는 곳을 보셨다(27절). NASV의 뒤범벅이 된 "광부"가 그분을 그 유업에서 쫓아내려고 온갖 노력을 다 함에도 불구하고 그분은 지혜를 온전하게(3절) 찾으셨으며 그것을 선포하셨다(27절). 그래서 지혜는 바로 여기 있다!

1. 『**주를 두려워함이 곧 지혜요**』(28절).

2. 『**악에서 떠나는 것이 명철이니라**』(28절, 잠 1장, 신 4:6, 전 12:13 참조).

자신들이 하나님보다 더 똑똑하다고 생각하는 "대다수의 자격을 갖춘 얼간이들"을 단번에 처리해야겠다. 욥기 공부를 하면서 지금까지 기록되고 가르쳐지고 설교된 책 중에서 가장 위대한 책에 있는 구절을 이 목마놀이를 하는 환상가들이 단 한 구절도 있는 그대로 내버려 두지 않는다는 것을 독자들은 충분히 잘 인지했을 것이다. 그들의 파괴적 헛소리가 성령 하나님을 모욕하기에 부족하기라도 한 듯 그들은 우리 성경대로 믿는 사람들이 자신들의 "학자적 지위"를 존중해 줄 것을 요구했다. 우리의 성경을 엉망으로 만들고, 우리의 지성을 모욕하고, 우리 믿음의 창시자요 완성자이신 분을 분노케 하는 것으로 만족하지 못하는 이 예의 없는 천치들은 우리가 그들의 지성과 학위와 수고와 하나님의 말씀에 대한 우리의 믿음을 전복시키려는 그들의 노력을 존경해 주기를 원하는 것이다. 이런 것들에 대해 우리가 뭐라고 말을 해야겠는가? 하나님께서 우리를 위하시는데(롬 8:31) 이런 얼간이들은 자신들이 누구라고 생각하는 것인가? 하나님께서 조만간 이들을 처리하실 것이다(롬 2,3장). 이들의 교과서가 책꽂이에서 썩고 있는 동안 우리는 우리 주인의 일을 하도록 하자. 즉 그분이 말씀하신 것을 믿고 실행하도록 하자.

[자신이 구원받았고 40년간 헬라어와 히브리어 정규 교육을 받았기 때문에 자신을 성경학자라고 생각하면서 우리가 이 얼간이들의 학자적 지위

를 존경해야 한다고 생각하다니! 어떻게 그렇게 생각할 수 있는지! 전능하신 하나님께서 신구약에서 단 한 구절에서라도 성경 진리와 성경 해석이 그런 것들에 좌우된다고 말씀하신 적이 있는가? 그런 말을 어디서 들었는가? 40년간 정규 교육을 받은 구원받은 죄인에게서 들었는가?]

『**주를 두려워함**』(28절)은 무서워서 납작 엎드려 있을 때(출 20:20), 호되게 혼이 나서 겁을 먹은 후(출 23:27), 제정신이 아닐 정도로 무서워할 때(대하 20:29)의 "두려움"(욥 4:14)을 뜻한다. 이렇게 무서운 상황에서는(마 14:26) 떨게 되고(빌 2:12) 그래서 모든 사람에게 그가 두려워하고 있음(고후 7:11)이 드러난다(계 11:11). "주를 두려워함"은 인간이 아니라(신 3:22) 하나님을 두려워한다는 뜻이다(잠 15:33). 이것은 사람이 생각하는 것보다(욥 31:34) 하나님께서 생각하시는 것에 대해(시 25:12,14) 더 신경을 쓴다는 의미이다. 나이, 암, 파문, 병원 입원, 전쟁, 조소, 기아, "유명한 학자들," 가난, 사회적 배척을 두려워하는 것보다(렘 33:9) 더 하나님을 두려워해야 하나님을 제대로 두려워하는 것이며(욥 1:1), 그래야 부적절하게 두려워하는 것이 아니다(신 13:11). "주를 두려워함"은 "경외심을 가진 신뢰"(스코필드 관주 성경 참조)가 아니다.

『**악에서 떠나는 것**』(28절)이 "명철"이다. 왜냐하면 어떤 사람이 탕자가 본 것처럼(눅 15:18) 죄와 하나님과의 관계를 보게 되면(시 51:4) 그 사람은 죄에서 떠나기 때문이다(시 6:8; 14:1-5; 34:14, 잠 14:16). 죄에서 떠나지 않는 사람은 명철이 없는 사람이다(잠 13:19 주석 참조). 그리스도의 이름으로 불리는 사람은 누구나 "죄에서 떠나야"(딤후 2:19) 한다. 지혜와 명철을 찾지 못한 죄인에게는 "너희 불법을 행하는 자들아, 내게서 떠나가라."(마 7:23)는 말씀이 들린다.

종종 우리가 말한 바와 같이(그리고 하나님께서 우리에게 시간과 은혜를 주시는 한 계속해서 말할 것이다), "여러분의 주석가, 개정자, 교사, 교수, 설교자가 성경에서 지혜를 발견하지 못한다면 그 사람은 진리를 찾아 성경이 아닌 다른 곳을 찾고 있거나, 진리를 은폐하기 위해 길을 벗어나게 될 것이다."

사례 A.

여기에 주일 예배 이후 저녁에 젊은이들의 모임에 "그리스도인의 교제"를 갖기 위해 나온 젊은 뱃사람이 한 명 있다. 그는 사실 그리스도인이 아니며 스스로도 무신론자라고 고백한다. 나는 45분간 그를 다루었는데 전혀 결론이 나지 않았다. 최소한 어떤 식으로든 반응이 있어야 할 것 같아서 나는 조용하게 홉스(Hobbes), 흄(Hume), 칸트(Kant), 데카르트(Descartes), 하이데거(Heidegger), 사르트르(Sartre), 아인슈타인(Einstein), 헉슬리(Huxley), 헤켈(Haeckel), 로렌츠(Lorenz), 다윈(Darwin), 티모시 올리어리(Timothy O'Leary)는 모두 미숙한 얼간이들이라고 말했다. 그 젊은이는 거실 탁자를 거기서 10피트 이내에서 하는 모든 대화를 멈추게 할 수 있을 만큼 세게 내려치며 소리쳤다. "당신은 위선자요! 당신이 읽었다고 하는 그런 책을 다 읽고서도 여전히 성경을 믿을 수 있는 사람은 아무도 없소!"

나는 그를 비웃으며 말했다. "이런, 바보 같긴."

"당신이 다윈, 헉슬리, 칸트의 저서를 읽었을 리 없소. 그것들을 읽고서도 당신이 믿는다고 말하는 것을 믿을 리가 없소."

"좋아요. 나는 성경을 앞표지부터 뒤표지까지 믿소. 내가 칸트와 다윈과 헉슬리의 저서를 읽지 않았다고 생각한다면 그것들에 대해 내게 질문을 해서 내가 읽었는지 그렇지 않은지 알아보시오."

그는 뒤로 물러났고 나는 사냥감을 향해 다가갔다.

"당신에게 할 말이 있는데 내가 당신에게 묻는 두 가지 질문을 당신이 내게 한다는 조건으로 개인적인 질문을 두 가지 하고 싶소. 우리 둘 다 거짓으로 겸손한 체하거나 진리에서 벗어나려는 시도를 하지 않고 정직하게 이 질문에 답하도록 합시다."

"물론입니다. 그렇게 하지요. 나는 어떤 개인적인 질문에라도 정직하게 답변할 수 있는 사람이오." 그가 말했다.

"좋소. 당신은 하나님도 없고, 십계명도 없고, 하늘나라도 없고, 지옥도 없고, 사후 세계도 없고, 절대적인 도덕적 기준도 없다고 말했지요. 그렇죠?"

"맞소."

"그렇다면 당신 말에 따르면 옳고 그름에 관한 문제에서 당신 자신이 최종적인 판결자란 말이지요. 맞지요?"

"맞아요."

"좋아요, 당신 입장을 분명하게 하고 싶었을 뿐이요. 자, 첫 번째 질문을 하지요. 거짓으로 겸손을 가장하지 말고 정직하게 답해 주시오! 당신은 자신이 아주 훌륭한 지성을 가졌다고 생각하나요?"

주저함 없이 그는 웃으며 말했다. "그래요. 나는 아주 지적이지요."(주변에서는 웃음소리가 들렸지만 나는 그들을 조용히 시켰다.)

"좋아요." 나는 계속했다. "두 번째 질문입니다. 당신은 자신이 훌륭한 지성을 갖추고 있다고 고백했고, 하나님께서 당신에게 그 지성을 주셨다고 믿지 않는데 그렇다면 그것을 어떻게 설명하시겠습니까? 당신의 그 훌륭한 지성은 어디서 온 거지요?"

그는 다시 웃으며 당당하게 말했다. "나 자신의 지식에서 나온 것이지요."

(주위에서 아까보다 더 심한 킬킬거림이 있었다.)

나는 몸을 앞으로 굽히며 말했다. "좋아요. 이제 당신이 같은 질문을 두

가지 내게 하시오."

"그렇지만" 그는 반대했다. "나는 이미 당신의 답을 알고 있는 걸요."

"상관없어요." 나는 격앙되어 말했다. "내가 당신에게 질문을 하면 당신도 나에게 같은 질문을 하겠다고 말하지 않았습니까. 나도 당신이 한 것처럼 솔직하게 답변하겠다고 약속했지요. 어서 물어봐요."

"그렇지만 나는 당신이 뭐라고 말할 지 다 알아요."

"그게 무슨 상관입니까?" 내가 물었다. "두렵소?"

"물론 두렵지 않소!" 그가 말했다. 그러면서 그는 목을 가다듬고 억지웃음을 지었다. 조롱하는 듯한 겸손을 가장하며 (매우 과장된 태도로) 그는 물었다. "당신에게 훌륭한 지성이 있다고 생각하오?"

"그렇소, 다음 질문을 하시오." 내가 말했다.

"그렇지만 나는 이미 알고 있는데요..."

"겁먹지 않았다면 어서 질문하시오."

"좋아요." 그는 한숨을 쉬었다. 그는 매우 나약한 태도를 보이며 물었다. "그렇다면 당신은 그 훌륭한 지성을 어디서 얻었소?"

"하나님께서 그 지성을 나에게 주셨소." 나는 큰 소리로 말했다. "그리고 하나님께서 그렇게 하고 싶으시면 15초 이내에 그것을 내게서 거두어 가실 수 있소."

그 다음에 무슨 일이 일어났는지 아는가? 숨 막히는 침묵이 약 5초간 지속되다가 그 젊은 바보는 백지장처럼 창백해졌다. 그런 다음 실례한다는 말을 하고 30초도 안되어 그 모임을 떠났다. 나중에 그가 그렇게 서둘러 탈출한 이유를 알게 되었다. 그는 그 교제에 참가하기 전에 약 3개월 동안 해군 비행장에서 "정신과 의사"의 진찰을 받아 오고 있었던 것이다. 그는 뭔가를 두려워하고 있었다. 그는 겁에 질린 얼간이였다. 다만 하나님을 두려워하지 않았을 뿐이다. "주를 두려워함이 곧 지혜다"(28절).

사례 B.

펜사콜라 해군 비행장에서 또 다른 똑똑한 바보를 만났다. 자신의 부모와 목사를 (이 목사는 나에게 상황 윤리, 실용주의, 말콤 보이드, 조 플레쳐 등을 강의했던 사람이다.) 500마일이나 멀리 두고 군부대에 들어온 젊은이였는데, 어떻게 그렇게 똑똑한지 놀라웠다. 그는 한 시간을 낭비한 후 결론을 내렸다. "그래서 알다시피 당신들 성경을 믿는 사람들은 인생에 맞서는 것을 두려워하는 거지요. 당신네들 '그리스도인들'은 기댈만한 절대적인 것이 있어야 하지요. 그러면서도 진짜 종교는 부인하지요. 왜냐하면 '성경' 같은 기댈만한 목발도 없이 알 수 없는 미래에 직면하려면 믿음이 필요하니까."

나는 오후에 할 일이 많았다. (게다가 그날 우리는 옥수수 밭으로 비둘기 사냥을 하러 갈 준비를 하고 있었다. 그런데 그 청년이 나를 붙잡고 있었던 것이다.) 그래서 나는 침실로 들어가서 내 학생들 중 하나가 거기에 둔 .44 매그넘 연발 권총을 꺼내서 방으로 되돌아왔다. 나는 권총 공이를 뒤로 당기며 말했다. "자, 십계명 같은 것은 없지요?, 맞죠?" 그 총명한 젊은 지성인은 소파에 깊숙이 앉으며 말했다. "물론 없습니다. 그런데 그 총으로 뭐하는 거지요?" 나는 그 청년 앞에 서서 조준하면서 말했다. "그렇다면 당신은 동물에 지나지 않고 나도 역시 동물이요. 그리고 살인에 관한 절대적 법 같은 것은 없지요, 그렇죠?" 이쯤 되자 그의 입 주위가 파란색을 띠기 시작했다. 그는 소파 뒤쪽에 기대어 소리 질렀다. "저리 치워요. 장전되어 있을지도 모르잖아요! 저리 치워요. 뭘 하려는 거지요?"

"글쎄요." 나는 말했다. "심판도 없고 법도 없고 하늘나라도 없고 지옥도 없으니까 그냥 당신 머리통을 날려 버리려고 한 거지요. 어쨌든 난 당신이 맘에 안 들고 더 이상 기댈 만한 목발도 없으니까 그냥 하는 김에 계속 당신을 쏴서 개처럼 납작 엎드러지게 할 거요. 어쨌든 그렇게 해도 별 일 없을 테니까." (내 생각에는 내가 그를 설득한 것 같았다.) 들어 보라! 그 용감하고 대담하고 똑똑하며 개화되었고 대학 교육을 받았으며 20세기의 과학적이고 객관적이며 실용적인 그 얼간이는 북동풍에 단풍잎 떨리듯 떨기 시작했다. 나는 장난을 치고 있었던 것뿐이다. 그 총은 장전되어 있지 않았고, 나는 장전할 생각도 없었다! 나는 총을 치우고 그에게 복음 전도지를 읽어 보도록 줬다. 그는 기쁘게 그 전도지를 받았다.

"주를 두려워함"은 총이나 총알을 두려워하는 것이 아니다. 하나님보다 살인자나 암살을 더 무서워하는 사람은 명철이 부족한 사람이다.

사례 C.

내가 주 예수 그리스도를 나의 구세주로 알고 나서 처음에는 증거하는 데 많은 실수를 했다. 내가 믿기로는 사람이 할 수 있는 모든 실수를 다 했으며, 사람이 할 수 없는 실수도 몇 가지 했다. 즉 나는 "웅덩이에 빠져서 발을 흠뻑 적셨다." 나는 구원받은 죄인이 범할 수 있는 개인적인 일에서 온갖 실수를 했다.

한번은 한 부유한 집에서 저녁 식사를 하고 있었다. 식탁에는 10명 정도의 사람들이 있었다. 식사 중간에 그 집의 그리스도인 여인이 갑자기 울음을 터뜨렸다. 그녀의 구원받지 않은 십대의 딸(15살)이 로마카톨릭 소녀(19살)와 어울리고 있었는데 그 아버지는 약 500명의 사람이 사는 마을에서 유일하게 술집을 경영하고 있었다. 그때 이 두 소녀는 팔과 등이 훤히 드러나는 옷 "조각"을 입고 베란다에서 일광욕을 하면서 있었다. 그 어머니는 딸의 구원을 위해서 여러 해 동안 기도해 오고 있었다. 갑자기 성령님께서 그녀를 강하게 붙드셔서 그녀는 식탁에서 울음을 터뜨렸던 것이다. 손님들 앞에서 그녀는 나에게 베란다에 가서 그녀의 딸에게 복음을 전해 달라고 부탁했다. 나는 약 3초 동안 그 상황을 판단해 보고는 뒤로 물러나려 했지만 그 어머니는 내가 그때 그곳에서 그 소녀에게 복음을 전해야 한다고 했다. 손님들은 (모두 구원받은 사람들이었는데) 내가 "혼들에 대한 부담"이 전혀 없기라도 한 것처럼 나를 쳐다보기 시작했고 마침내 나는 동의했다. 식탁에서 일어나서 그 소녀에게 복음을 전하기 위해 성경을 가지고 베란다로 갔다. 별로 "좋지 않은 상황"이었다.

매 5분마다 그 카톨릭 소녀가 대화를 방해했다. "저기, 저의 엄마는 침례교도인데요 카톨릭교도와 결혼을 했어요. 엄마가 말씀하시기를..."

나는 응수했다. "난 지금 침례교도나 카톨릭교도에 대해 말하고 있는 게 아니란다. 구원받는 것에 관해 말하고 있단다." 나는 어린 소녀에게 계속해서 구원 계획을 보여 주었다.

"우리에게도 성경이 있어요." 카톨릭 소녀가 불쑥 말을 꺼냈다. "그런데 우리 성경은 당신네 성경과 달라요."

"너, 성경 가지고 왔니?"

"아니오, 그렇지만..."

"너 아주 훌륭한 카톨릭교도구나. 성경도 가지고 다니지 않다니!" 그리고 나는 계속했다. 마음 깊숙한 곳에서 양심의 가책을 받으며 그 어린 소녀는 울기 시작했고 나는 그 소녀에게 그리스도를 영접하라는 초대를 막 하려던 참이었다. 그때 밀주업자의 딸이 소리쳤다. "이것 좀 봐요. 아저씨가 이 애를 당황스럽게 하셨잖아요. 사제처럼 달래 주지도 않잖아요!"

나는 충분히 했다. 그래서 해서는 안 될 말을 했다. 내 입장에서 보자면 그건 전혀 "지혜"가 표출된 것이 아니었다. 나는 그 카톨릭 소녀에게 몸을 돌려서 말했다. "이봐요, 자매, 나는 자매의 종교에 대해서는 잘 알지 못하지만 (이건 거짓말이다. 나는 그 소녀의 종교에 대해서 그 소녀보다 더 많이 알고 있었다.) 나의 종교가 자매가 입고 있는 그런 옷에서 나를 벗어나게 할 수 없다면 나는 그 종교에게 죽은 말 한 필도 주지 않을 거요." [그 소녀는, 그것도 옷이라고 부를 수 있다면, 어치(까마귓과의 새)에게 입힐 레깅스를 만들면 충분할 분량의 옷감으로 된 옷을 입고 있었다.]

나는 발길을 돌려서 저녁식사 자리로 돌아왔다.

당연하게도 그 "물고기"는 낚시 바늘에서 떨어져나가 버렸다. 즉 나는 그 소녀의 마음의 결심을 받아내지 못했다.

내가 부드럽고 전문적이며 매끄러운 초청 전문가였다면 그 상황을 좀 더 훌륭하게 처리했을 것이다. 그러나 그런 대화가 있은 지 두 달 후에 그 술집은 문을 닫았고, 그 카톨릭 가족은 이사 갔으며 그 그리스도인 어머니의 딸은 구원을 받았다! 내가 그들에 대해 들은 마지막 소식은 그녀의 딸이 구원받았고 거의 15년 동안 지역 교회에서 성경을 가르쳐 왔다는 이야기였다. 그녀는 내 말에 주의를 기울였고 그 술집 가족과 교제를 단절했으며 하나님께서는 그녀의 회개를 귀히 여기셨다. 『**악에서 떠나는 것이 명철이니라**.』

사례 D.

어느 날 밤 나는 사우스캐롤라이나 그린빌에 있는 기업가 홀에서 설교를 했다. 아무도 내 말에 주의를 기울이지 않았다. 나의 설교는 이 사람들이 평상시에 듣던 설교와는 다소 달랐다. 최소한 1950년대 듣던 설교와는 달랐다. 나는 떠나면서 거리를 따라 내 뒤를 쫓아오는 발자국 소리를 들었다. 나는 가로등 아래 멈춰 섰다. 그 홀에서 내 설교를 듣던 한 젊은이가 나를 따라와서 말했다. "목사님이 설교하는 것을 들었어요. 그 친구들의 태도에 대해 사과를 드립니다. 그 사람들은 목사님을 온당하게 대우하지 못했어요."

"괜찮아요, 늘 있는 일인걸요. 모든 사람을 이겨올 수야 없죠."

"저의 어머니는 그리스도인인데 저에게 주 예수 그리스도께서 오시기 전의 상황이 이와 같을 것이라고 말씀하셨어요." 그는 계속 말했다.

"뭐와 같다는 거죠?" 내가 물었다.

"목사님도 알다시피, 모든 곳에서 말씀이 전파되는 일이 있을 거예요. 그리스도께서 재림하시기 전에 기업가 홀에서 말씀이 전파되는 일이 있을 거라고 성경은 말씀하시지요."

(나는 그런 식의 종말론적인 "견해"는 처음 들었지만 계속하게 내버려 뒀다.) 우리는 잠깐 동안 그의 영적 상태에 대해 말을 나누었다. 침묵이 흘렀다. 그는 나에게 담배를 권했고 나는 거절했다. 그러고 나서 그는 천천히 말했다. "목사님, 아세요? 저는 오늘 밤에 한 여자를 죽일 거예요. 바로 여기에 총이 있어요!" 그는 왼쪽 가슴을 탁탁 치더니 거리 건너편 서쪽을 똑바로 가리켰다.

"그렇게 하지 않는 것이 좋을 텐데요." 내가 말했다. "살인자에게는 그 안에 영원한 생명이 거하지 않아요. 또한 누군가의 목숨이 지옥에 가게 하는 것은 그럴 만한 가치가 있는 일이 아니죠."

그러자 그는 탁 터놓고 말했다. 흔한 이야기였다. 멀어진 아내, 집 주위의 남자 친구들, 아내는 그를 파산시키려고 자녀 양육비 소송을 걸었다… 등등. 나는 약 20분 동안 그에게 복음을 설교했고, 그는 양심의 가책을 느끼고 계속 왼쪽 가슴을 문질렀다. 마침내 그는 (서쪽을 보면서) 말했다. 그 둘을 죽이느니, 나는 내가 그 더러운 것들보다 더 나은 사나이라는 걸 증명할 거예요!" "당신이 더 나은 사나이(그 젊은이 자신을 말함)를 살아 있게 하려는 것과는 반대로, 나는 더 나은 사나이를 죽게 하려는 사람을 알고 있소."

"그가 누군데요?" 그는 호전적으로 물었다.

"예수 그리스도시오." 그런 다음 나는 신약을 꺼내서 그에게 (가로등 아래서) 누가복음 23:34-45를 보여 주었다. 나는 그에게 세 번 읽어 주었다.

"아버지시여, 저들을 용서해 주옵소서. 그들은 자기들이 하는 것을 알지 못하나이다." "당신은 당신의 원수들을 위해서 그런 기도는 못할 것이오. 왜냐하면 당신은 그렇게까지 사나이답지는 못하니까. 마지막으로 당신이 해야 할 일이 있다면 그것은 당신이 주 예수님을 당신의 구주로 받아들이고 그분으로 하여금 당신을 진짜 사나이로 만드시게 하는 거요."

결국 그는 로마서 10:9,10의 권리를 주장했으며, 요한복음 1:12과 요한계시록 3:20을 기도드렸고, 요한복음 6:37; 5:24에서 확신을 얻었을 때 장전된 38구경 총을 꺼내서 탄창의 탄약통에서 탄약을 비우고 그것을 내 손에 쏟아 놓더니 반대 방향(동쪽)으로 걸어갔다.

『악에서 떠나는 것이 명철이니라.』

욥기 29장

29:1 또 욥이 계속 그의 비유로 말하기를
2 "오, 내가 지난 달들같이 하나님께서 나를 보존하시던 날들과 같이
되었으면!
3 그때는 그의 촛불이 내 머리 위에 비쳤고 그의 빛으로 내가 어두움
속을 헤쳐 걸었으니
4 내 젊은 시절이라. 그때는 하나님의 비밀이 내 장막 위에 있었도다.
5 그때는 전능하신 분이 여전히 나와 함께 계셨으며 내 자식들이 내
주위에 있었도다.
6 그때는 내가 나의 발자취를 버터로 씻었으며 바위가 기름의 강을
내게 부었도다.
7 그때는 내가 성읍을 질러 성문으로 나갔으며 내 자리를 거리에 마
련하였도다.
8 청년들은 나를 보고 숨었으며 나이 든 사람들은 일어나 서 있었도다.
9 통치자들은 말을 삼가고 손으로 입을 가렸도다.

10 귀족들이 잠잠하였으니 그들의 혀가 입천장에 붙었도다.

11 귀가 내 말을 들었을 때 나를 축복하였고 눈이 나를 보았을 때 나를 증거하였나니

12 이는 부르짖는 가난한 사람과 아비 없는 자와, 도움을 받을 수 없는 자를 내가 구해 냈음이라.

13 망하게 된 자의 복이 내게 임하였으며 또 내가 과부의 마음도 기쁨으로 노래하게 하였도다.

욥은 그의 『**비유**』(1절)를 계속한다. 그러면서 자신의 인생을 다른 사람의 인생과 나란히 놓는다(시 78편). 29장은 욥이 번성하던 때를 묘사하는 것이 분명하다. 30장은 "고무 타이어가 고속도로"에 닿았을 때 무슨 일이 일어났는지를 보여 준다. 그리고 31장은 욥이 자신의 도덕적 행위를 정당화하는 모습이다.

『**내가 지난 달들같이**』(2절). 성령께서는 비록 이것이 지혜롭지 못한 물음이라는 것을(전 7:10) 일깨워 주시기는 하지만 욥의 경우에 이 말은 참으로 사실이다. 우리 중 많은 사람들은 "옛날의 좋았던 시절"이 더 나았던 체한다(출 14:12 주석 참조). 그러나 욥에게 닥친 것처럼 진짜 재난이 닥쳐서 우리를 찢어 놓으면 항상 전의 상태(재난 이전의 상태)가 더 좋게 여겨지게 마련이다. "옛날"이란 말은 항상 상대적인 말일 뿐이다.

브레이크(Blake), 웨이글(Weigle), NCCC의 버트릭(Buttrick)이 자신들이 옛날 기독교의 "용어들"("하늘나라," "구원," "그리스도," "새로운 탄생")을, 이 용어들의 기독교적인 의미를 받아들이지 않고, 사용할 것이라고 말할 때 우리는 그들의 말을 그대로 믿을 수 있다. 비엔나에 있는 합리적 긍정주의자들은 이런 일을 몇 년 전에 겪었으며 그들은 단어들을 사용하고 싶은데 따라 어떤 뜻이라도 될 수 있으며, 혹은 아무런 뜻도 되지 않을 수 있다고 결정을 내렸다. 예를 들어 "유대인 문제"는 "인종 말살"을 의미할 수도 있다. 예를 들면 "통합"은 "무장 군대에 의한 강제적인 인종 혼합"을 뜻할 수도 있다. "공동체의 나눔"은 "사유 재산의 몰수"를 의미할 수도 있다. "환경 생물학"은 통신과 산업을 연방 정부에서 몰수하는 뜻일 수도 있다. (이것이 어떤 식으로 이렇게 되는지를 알겠는가? 사람들은 자신의 "죄"를 은폐시키기 위해 자기 자신의 용어를 "고안"해 낸다.)

현대의 "근본주의" 성경 대학에서 출판해 낸 "강령들"을 읽은 우리들에게 이런 이야기는 전혀 새로울 것이 없다. 우리는 이런 거짓된 이중성을 기독교 모임에서 너무도 많이 보아 왔기 때문에 우리는 완전히 거기에 적응했다. 믿음의 조항들에 성경이 하나님 말씀임을 믿는다고 하면서 같은 문단에 성경은 하나님의 말씀이었다고 고백하는 학교들이 미국에는 45개 이상이 있다. 동사의 시제를 바꾼 다음에(〈킹제임스성경〉에 나오는 과거 시제와 미완료태에 대해 불평을 하면서) 여러분과 내가 믿는 것을 자신들도 믿는 체 하는 것이다. 우리들은 성경이 하나님의 말씀임을 믿는다. 이 거짓말쟁이 서기관들이 우리를 옭아매려 해도 우리는 철회하지 않을 것이다. 우리 손에는 성경이 있기 때문이다.

『**하나님께서 나를 보존하시던 날들과 같이 되었으면!**』(2절) 성도들은 영적으로 볼 때 영원히 보존되지만(시 37:28,29, 살전 5:23) 욥은 지금 물리적이고 물질적인 번영을 말하고 있다. 사람들이 이 모든 것을 언제 잃어버릴 지 아무도 모르며(위의 예증 참조, 욥 28:28) 우리 중 누구라도 24시간 내로 우리의 셔츠와 바지와 바지 멜빵을 잃어버릴 수 있다.

한번은 에드 에임스(Ed Ames)가 "장미꽃 위에 이슬 맺힐 때"라는 아름다운 노래를 부르는 것을 들은 적이 있다. 이슬(솔 5:2)과 장미(솔 2:1)가

솔로몬의 노래에서 나온 단어임을 알고 나서 나는 그 곡조에 내가 직접 가사를 쓰기로 결정했다. 그 가사는 이렇게 되어 있다.

"젊음의 샘이 내 뼈들 속에 있고, 죄 된 쾌락으로 인해 내 혼이 신음할 때 나와 같이 시험을 받으셨던 나의 구세주 그리스도께 간구하리. 금과 같이 귀중한 시간들을 낭비하지 않게 하소서. 주여, 나의 젊음을 당신께 드립니다."

"여름 해가 높이 빛나고 내게 사고 팔 힘이 있을 때 나는 나의 구세주 그리스도께 나의 부와 건강과 호흡을 감사드리리. 이 모든 즐거움은 그분의 가난과 죽음을 통해 산 것이라네."

"나의 친구들이 낙엽처럼 떨어지고 내 영이 홀로 앉아 한탄할 때 나는 내 곁에 서신 귀중한 분이신 그리스도 나의 구세주를 기억하리. 그분이 갈보리 나무에 매달리셨을 때 그의 가장 사랑하는 친구들이 그분을 어떻게 버렸던가."

"죽음의 겨울바람이 불고 내 몸이 돌처럼 움직이지 않고 누워있을 때 나는 나를 위해 죽으신 귀중한 분이신 나의 구세주 그리스도가 계신 집으로 가리. 나는 더 이상 죽음의 노래를 부르지 않으리. 나는 영원히 살리!"

하나님께서는 사계절 내내 사람을 보존하셔야만 한다. 그렇지 않으면 사람은 썩을 것이다.

『그때는 그의 촛불이 내 머리 위에 비쳤고, 그의 빛으로 내가 어두움 속을 헤쳐 걸었으니』(3절, 욥 30:26; 3:20; 18:6, 시 27:1; 43:3, 잠 4:18과 비교). **『내 젊은 시절이라』**(4절, 욥 31:1-31과 시 25:13,14와 비교).

"내가"와 "나"라는 말이 이 장에서 40번 이상 언급된다. 욥은 자신의 자서전을 전혀 동정심이 없는 청중들에게 들려주고 있다.

『**그때는 하나님의 비밀이 내 장막 위에 있었도다.**』(4절)는 그의 집과 가계와 그 자신의 장막(즉 그의 몸 - 욥 19:12, 고후 5:1) 위에 하나님의 축복이 있었음을 의미한다. 번영과 축복과 부의 관점에서 볼 때 『**전능하신 분이 여전히 나와 함께 계셨으며**』(5절). 『**내가 나의 발자취를 버터로 씻었으며 바위가 기름의 강을 내게 부었도다**』(6절). 신명기 32:13과 창세기 49:11에서처럼 비유적 표현이 다시 쓰였음에 유의하라. 무디성경협회와 풀러신학교와 휫튼대학, 밥존스대학, 미드사우스 등에서 20년 동안 추천해온 타락으로 이끄는 ASV(1901)가 본문을 글자 그대로 취하는 것이 불가능한 상황에서 이번에는 어떻게 본문(6절)을 있는 그대로 내버려 뒀는지 주의해 보라. 이들은 욥기 21:24를 글자 그대로 취할 수가 없었기 때문에 방금 변개를 끝마쳤다. "자격을 갖춘 권위자들"의 전형적인 "기념비적인 학자적 태도"이다. 하나님의 말씀에 대한 이들의 "의심의 여지 없는 충성심"은 이러쿵저러쿵... "버터"는 욥이 자신의 가축 떼에서 많은 크림을 얻었음을 보여 주고 "기름"은 에서에게 약속된 땅인 에돔에서 그가 "기름진 땅"(창 27:39)을 소유했음을 보여 준다.

『**그때는 내가 성읍을 질러 성문으로 나갔으며**』(7절, 창 19:1; 34:24, 신 22:15,24, 수 8:29, 잠 31:23,31, 암 5:10,12 참조).

8-13절은 너무 명백해서 설명이 거의 필요 없다. 욥은 진짜 "거물급 인사"였다. 젊은이들은 욥의 지혜와 경험이 그들을 압도했기 때문에 그가 가는 길에서 비켜섰다(8절). 판사가 들어 설 때 법정에 있는 모든 사람이 일어서는 것처럼 욥 또래의 사람들도 그에게 존경을 표하기 위해 일어섰다(8절). 욥이 나타나면 "에돔의 족장들"(창 36장)로 이루어진 통치자들과 귀족들(8-10절)이 남자들끼리 하던 잡담을 그만둔다. 왜냐하면 그들은 욥

이 뽐내며 말하거나 말들을 낭비하지 않는다는 것을 알기 때문이다.

『**귀가 내 말을 들었을 때 나를 축복하였고**』(11절). 다시 이것은 비유적 표현이다. 이것은 〈킹제임스성경〉의 욥기 21:24에 대해 완벽하게 설명해 준다. 그들의 혀가 "입천장에 붙었다"고 표현되었다고 해서 귀족들이 10절에서 실제로 말을 못하는 병에 걸렸다고는 생각지 않을 것이다.

욥은 가난한 자와 아버지 없는 자들을 구해 주었고(12절) 자신의 명성을 희생해 가면서 법정에서 그들을 대변해 주었다(욥 31:34). 과부들과 유죄 판결을 받은 범죄자들(13절)이 그의 이름을 축복하였는데 이는 그가 과부들을 재정적으로 돕고 사형 판결이 난 죄인들을 적절하게 사면해 주었기 때문이다(잠 24:11 주석 참조). 물론 우리는 욥이 B.C. 클라렌스 대로우나 "시민해방연합" 변호사가 아니라는 것을 잘 알고 있다. 이들 변호사들이 살인자들을 사면해서(민 35장) 그들이 석방되어 또 다른 사람을 살해하는 것과 성경에서 말하는 자비와는 전혀 별개이다. 강간범이나 살인범을 "정신적으로 병이" 들었다고 하면서 감옥에서 3년 정도 보내게 한 다음 다시 거리로 내모는 것은 본문에서 말하고 있는 "사면"이 아니다. 사면이 거부되는 곳에서는 판결이 집행된다. 주지사가 사형대에 선 사람을 사면해 주었는데 죄수가 그 사면을 거부하고 형이 집행된 예가 몇 차례 있었다. 우리가 이런 말을 하는 이유는 아직도 칼빈주의자들이 회중들을 속여서 그리스도의 속죄가 모든 죄인을 용서할 만큼 충분하지 않다고 생각하도록 하기 때문이다. 그리스도의 속죄가 충분했다면 모든 사람이 결국에는 구원받게 될 것이라고 이들은 그 이유를 댄다. 잘못된 생각이다. 사면은 할 수는 있지만 받아들여지지 않을 수도 있다.

ASV(1901)는 "촛불"(3절)을 "등"으로 변개시켰으며, "젊음"(youth)을 "성숙"으로, "비밀"(4절)을 "우정"으로, "강"(6절)을 "시내"로, "잠잠하였으니"

(10절)를 "목소리가 조용해지다"로, "심판"(14절)을 "정의"로 변개시켰다. (총체적으로 부패한 ASV는 1881-1884년의 기만적인 위원회의 뒤를 쫓아 그 스스로 파멸의 길로 들어서서 구약과 신약에서 3만 군데 이상의 변개를 가했다.)

〈리빙바이블〉은 "비유"라는 단어를 번역하거나 부연 설명하지 않음으로써 전체 장의 열쇠가 되는 부분을 지워 버렸다. 성경의 단어가 간단하게 이 장에서 잘려나가서 비유가 아닌 것이 되어 버렸다. 3절에는 "촛불"도 없으며, 4절에는 "하나님의 비밀"도 없으며, 6절에는 "버터"도 없고, 7절에는 "자리"가 없고, 10절에는 "귀족들"도 없고, 11절에는 "증거"도 없다. 즉 다시 말하자면 아무것도 없다.

〈뉴스코필드성경〉(빌 라이스와 다른 사람들이 사용하는)은 3,4,17절에서 공인 본문 대신 1901년의 ASV 본문으로 대체시켰으면서도 여전히 자신들의 본문에 대해 거짓말을 한다. 〈뉴스코필드성경〉의 본문은 〈킹제임스성경〉이 아니다. 개정 위원회가 로버트슨, 데이비스, 트랜치, 몰튼, 밀리건, 맨틀리, 잉글리쉬의 문법 더미에 대고 그 본문이 〈킹제임스성경〉이라고 맹세한다 할지라도 여전히 그 본문은 〈킹제임스성경〉이 아니다.

〈확대 역본〉(로크만재단)은 밥존스대학의 성경을 거부하는 교수진의 맹목적인 지도를 따라서 욥의 "비유"를 "토론"으로 바꿔 버렸다. 지금까지 발견된 히브리어나 헬라어 필사본 그 어디에도 그런 본문은 없다. 히브리어 단어인 "마쉴"(Mashil)은 테일러(LB)가 마태복음 13:35에서 번역한 것과 정확히 일치하게도 확대성경의 시편 49:4와 78:2에서도 "비유"로 번역되었다.

학자 연맹[버드, 듐, 피크, 랑게, 더멜로우, 윌리엄스, 클라인(Kline), 헤브너, 파인버그, 포셋, 제미에슨, 브라운, 벌링거]은 본문에서 자신들이 좋을 대로 약 20개 이상의 수정을 가한다. 키신저, 슐레진저, E.C. 블레이크, 파이크 주교, 허먼 레이시그(Herman Reissig), 윌리엄 노그리스(William

A. Nogres), 달버그(Dahlberg), 시어도어 틸(Theodore Till), 카터 스웨인(J. Carter Swain), 트루먼 더글러스(Truman Douglass), 로버트 문(Robert Moon)은 이에 대해 전혀 반대하려 하지 않는다. 공인 역본의 권위에 분개하는 문제에 관해서는 NCCC의 이 지도자들과 1800-1989년의 "경건한" 보수주의자들 사이에 행복한 "연합"의 영이 있다.

29:14 내가 의로 옷입었더니 그 의가 나를 옷입혔도다. 나의 심판은 겉옷과 왕의 두건 같았도다.

15 내가 소경에게는 눈이 되었고 절름발이에게는 발이 되었으며

16 가난한 자에게는 아비가 되었고 내가 알지 못하는 그 이유를 찾아 내었도다.

17 내가 악인의 턱을 부수고 그의 잇사이에서 약탈물을 빼앗아 내었도다.

욥은 순회 재판관으로서의 자신의 일을 묘사한다. 그는 존귀(14절)와 의(14절)로 옷 입었고 절름발이를 위해 심부름을 했으며(15절) 눈먼 사람들을 위해 정보를 읽어 주었다(15절). 그는 아버지가 없는 자들에게는 "아버지"의 역할을 했으며(16절), 사건에 대한 진리를 알 때까지 사건을 조사했다(신 17:4). 일단 악인이 누구인가를 알게 되면(17절), 악인의 이를 부러뜨리고(합법적으로 말해서, 17절) 무죄한 자에게 그들의 합법적인 재산을 회복시켜 주었다(17절).

이 구절을 읽을 때 신약에 나오는 이와 정확히 일치하는 분을 살펴보게 된다. 즉 주 예수 그리스도를 보게 된다. 30장에 이르면(1,9,10,13,17,18,19,20절) 이 "비유"는 너무나 생생해져서 케네스 테일러(빌리 그래함이 추천하는)와 로크만재단(밥 존스 3세가 추천하는) 같은 성경을 거부하는 보수주의자들만이 이 구절(1절)에서 핵심 단어인 "비유"를 삭제하고자 한다. [이건 비방도 풍문도 아니다. 이건 악의도 아니며 "개인적인 문제"나 개인적인 의견 대립도 아니다. 이것은 어떤 사람의 입장이나 의도를 조금도 잘못 제시하지 않은 서류상으로 입증된 명백한 하나님의 진리이다. 이것은 시편 22편이 하나님의 진리인 것만큼이나 확실하게 하나님의 진리이며, 일부 성경을 왜곡시키고 성경을 거부하는 복음주의자들이 심판석에서 빌립보서 2:10에 직면해서 "예수 그리스도"가 최종권위라고 커다란 입을 놀리며 거짓말을 하면서 예수 그리스도의 인격과 사역을 언급하는 구절을 지우려고 한 이유를 설명하게 될 것이다. (이 구절들은 구약에서 나온다.) 그분이 "주"이시라면 왜 그분의 말씀을 들으려 하지 않는가?(요 8:47) 그분이 "영광의 주님"이시라면 그분의 영예는 어디에 있는가?(말 1:6) 그분이 (여러분이 고백하는 것처럼) 여러분의 교회나 학교나 여러분의 소득과 사역보다 우선시 된다면, 욥기 29,30장에서 왜 그분을 옆으로 제쳐 놓는가? 내 질문에 신경 쓸 것 없다. 답변하지 않아도 된다. 어쨌든 나한테는 설명하지 않아도 된다. 너희 거짓말쟁이들은 그분께 설명하게 될 것이다.]

다시 한 번 이 연설의 문체를 보도록 하자. 욥은 어떤 사람의 비프스테이크를 훔쳐서 씹고 있는 도둑의 입에 접근해서 그것을 빼앗아서 그것을 요리한 사람에게 되돌려 주지는 않았다. 그러므로 욥기 21:24를 변개시키면서 대는 변명은 설득력이 없다(자유주의나 보수주의 저서 참조).

욥은 훌륭한 재판관이었다. 빌라도와는 달리 욥은 돈이나 지위 때문에 부패되었을 리 없고(요 19:12), 그의 친구들이나 친척들(막 3:33)로 인해 사건에 편견을 가졌을 리도 없다(레 19:15). 주 예수 그리스도처럼(말 3:1-4) 그는 의로운 판결을 내렸다(요 7:24). 주 예수님께서는 14절의 의복(사 61:10)으로 옷을 입으셨다(사 59:17). 그분은 "눈먼 자에게 눈"을 주셨고(막 10:52), "절름발이에게 다리"를 주셨으며(막 6:56), 그분은 "가난한 자에게 아버지"(눅 7:14)이셨다. 욥의 "비유"는 여기서 너무도 한 방향을 향해 나아가고 있기 때문에, 더멜로우, 제미에슨, 포셋, 브라운, 클라인, 헤브너가 자신들이 드높인다고 고백하는 분이 말씀하신 것을 찾아내지 못한 것은 여러 해 동안 신비로 남아 있다 하겠다. 주석가들이 〈킹제임스성경〉을 멸시하는 죄인들의 환상에 맞추기 위해 〈킹제임스성경〉을 변개시키려고 결정할 때 얼마나 많은 (주 예수를 높일) 기회를 놓쳐버리는지는 항상 놀라울 뿐이다.

29:18 그때 내가 말하기를 '나는 나의 보금자리에서 죽을 것이요, 내가 나의 날들을 모래처럼 많이 늘리리라.' 하였도다.

19 나의 뿌리는 물에 의하여 뻗어나갔고 이슬이 밤새도록 내 가지 위에 내렸도다.

20 내 영광이 내 안에서 신선했고 내 활이 내 손에서 새롭게 되었도다.

21 사람들이 내게 귀를 기울이고 기다렸으며 내 권고에 잠잠하였도다.

22 내 말이 있은 후에는 그들이 다시 말하지 아니하였고 내 말이 그들 위에 내렸도다.

23 그들이 나를 기다림이 마치 비를 기다림 같았으며 그들은 늦은 비를 찾듯이 입을 크게 벌렸도다.

24 내가 그들을 비웃을지라도 그들은 그것을 믿지 않고 내 얼굴빛을 낙담시키지 않았도다.

25 내가 그들의 길을 택하였고 우두머리로 앉아서 군대 가운데 있는 왕처럼 거하였으며 애곡하는 자들을 위로하는 자와 같았도다.

욥은 계속해서 자신의 자서전을 쓴다. 그는 자신의 침대 곁에서 자녀들이 지켜보는 가운데 나이가 들어 자연사하리라고 스스로에게 말했었다(18절, 창 22:17, 시 30:6,7). 시편 1:3과 예레미야 17:7,8의 "복 있는" 사람처럼 욥의 뿌리는 "물에 의하여 뻗어 나갔고 이슬이 밤새도록" 그 가지에 내린다. ("나무"로서의 사람들에 관해서는 에스겔 15,17,31장과 마태복음 7:17-19, 사 61:3을 참조하라.) 욥의 "활"은 그의 손에서 새롭게 된다(20절). 이것은 의를 위해 싸우며 자기 자신과 가족을 보호하는 욥의 방법이 항상 훌륭했음을 뜻한다. 21절과 22절은 명백하다. 욥의 청중들은 모세에게 귀를 기울이듯이 욥의 말에 귀를 기울였고(신 32:2) 욥의 힘을 북돋아 주는 말을 적절한 때에 내리는 비처럼 여겼다(잠 16:15). 23절의 "입을 벌리다"는 "긴 가뭄으로 갈라진 땅을 은유적으로"(클라크, Ibid., 132쪽) 표현한 것 이상이다. 의심이 간다면 망망한 대양 한 가운데에서 구조선이나 뗏목 위에서 표류했던 사람과 이야기 해 보라. 에디 리켄백커(Eddie Rickenbacker, 1890-1973)가 클라크가나 제미에슨과 포셋과 브라운보다 훨씬 더 분명하게 이 구절을 설명해 줄 것이다. 루이즈 잼퍼리니(Louis Zamperini)는 활짝 트인 바다에서 뗏목을 의지해서 적군의 순찰선에 발견되어 일본 감옥에 보내질 때까지 47일 동안을 표류했다. 비가 내릴 때 루이즈가 "그 입을 크게 벌리지"(23절) 않았다고 생각한다면 그 사람은 열왕기상 18장을 주의 깊게 읽지 않았다. 3년 반의 가뭄 끝에(약 5:17) 마침내 비가 오면(왕상 18:45) 옥외에서 입을 크게 벌리고 머리를 80도 각도로 뒤로 젖히고 서 있는 사람이 있게 마련이다.

『**내가 그들을 비웃을지라도 그들은 그것을 믿지 않고**』(24절)가 비참한 ASV (1901)에서는 "그들이 자신 없어할 때 내가 그들에게 미소를 지었고"로 변개되었다. 움브라이트는 "희망이 없는 사람들에게 내가 친절하게 미소를 보냈고"로 했다. 여기서 비웃는다는 단어는 "사하크"(히브리어)이며,

"미소"라는 단어는 그 어떤 헬라어나 히브리어 필사본 신구약 어디에도 나오지 않는 단어이다. "미소"라는 단어는 "헬라어와 히브리어 원본"(이들은 그 크고 두툼하고 어리석은 입으로 이것들에 대해 무책임하게 주절거린다)을 전혀 존중하지 않는 성경을 거부하는 근본주의자들과 보수주의자들의 우스꽝스러운 변덕일 뿐이다. 하나님께서 주시고 보존하신 본문을 "미소를 지었다"로 바꾼 모든 악당들은 같은 단어(히브리어 "사하크")를 시편 2:4과 52:6에서는 "비웃는다"로 번역했다. 테일러(LB)와 여호와의 증인들(NWT)조차도 그것을 변개시켰다. 이유가 뭔가? 간단하다. "〈킹제임스성경〉의 열등한 본문"[F.F. 브루스, 제럴드 호손(Gerald Hawthorne), 로버트 마운스(Robert Mounce), 존 스킬턴(John Skilton), 제럴드 스투더(Gerald Studer), 램지 마이클스(J. Ramsey Michaels), 윌리엄 샌포드 라소르(William Sanford LaSor), 에렌슈타인(H.H. Ehrenstein)이 저술한 헛소리들 참조]과 "원어"에 대한 〈킹제임스성경〉 번역자들의 지식의 결여(위에 열거한 "보수주의자들"이 출판한 속임수 참조)에 대해 호통을 치고 고함을 치며 큰 소리를 지르는 사람들은 성경적 진리의 영역에서 이 세상에 나타난 가장 크고도 가장 혼란스럽고도 가장 일관성이 없는 위선자들이다. "비웃다"를 "미소 짓다"로 바꾼 이유는 현대의 보수주의자들은 욥이 비웃는 소리를 들은 사람들이 보인 반응과 같이 "그것을 믿지 않기"(24절) 때문이다. 본문은 본문을 믿지 않는 불신자들의 특징을 보여 주고 있다 - 이들은 모두 "근본 사항들"은 믿지만 성경은 믿지 않는다. 이 무식한 킹제임스 번역자들이 해 놓은 "우연찮게 들어맞은 배열"은 어떻게 된 것인가? 올림픽에서 금메달을 딴 양궁 선수도 이보다 더 잘 목표물을 명중시키지는 못할 것이다!

진리를 말하자면 욥이 비웃고 싶어 할 때 무슨 일이 있든지 아무도 욥의 얼굴을 바꿀 수 없었다. **『내 얼굴빛을 낙담시키지 않았도다』**(24절). 때로 욥이 비웃을 때 욥은 그들을 조롱하고 있었지만(테일러의 부연 설명보다 훨씬 더 나은 벌링거의 설명 참조) 사람들은 그것을 믿을 수 없었고 욥이 (하나님처럼) 그들을 결코 비웃지 않을 것이라는 것을 당연시했다(잠 1장과 시 2편 참조). 그래서 쉽게 속는 번역자들은(1800년 이후로 나온 모든 역본) 욥이 "미소"를 짓도록 만들어서 욥이 기독교 주일 학교, 부모, 교사, 은사주의, 핑크 레모네이드, 초교파 성경 모임, 여러분의 돈 클럽 등을 불쾌하게 만들지 않도록 한다. 그러나 욥은 하나님께서 그러신 것처럼(시 2편) 악인을 비웃었다. 여기서 히브리 단어("사카크")는 조롱하며 비웃는 사람이다. 즉 "미소 짓는 것"은 불가능하다. 윌리엄스는 역본들을 "원본"과 비교해 봐야 하며, RSV가 "예외적으로 히브리어와 최고의 헬라어 본문에 충실하다"(〈Eternity Magazine〉)라고 말을 하는데 이보다 더 부적절하고 어리석은 것은 없다. 히브리어 본문은 모두가 "비웃다"라고 되어 있으며 "미소 짓다"라고 된 히브리어 본문은 하나도 없다. 이사야 37:22와 시편 37:13은 정확히 이 문제를 기술하고 있다.

『**내가 그들의 길을 택하였고**』(25절). 욥은 그 앞에 선 사람들의 미래를 결정짓는 사법적인 판결을 내렸다. 판사는 단지 자신의 입을 열어서 범죄자의 운명을 2년에서 90년까지 결정지을 수 있다. 한번은 한 여자가 J. 해럴드 스미스(Harold Smith)에게 와서 자신이 살인 공모자라고 고백했다. 그녀는 어떤 남자와 함께 (둘 다 취해 있었다.) 호텔 바에서 한 사람을 죽여서 그 시체를 폐쇄된 기차 철로 옆에 있는 연장 창고로 끌고 갔다. 아무도 그 시체를 발견하지 못했고 시간이 지나서 그 시체는 썩었다. 그 시체는 거의 8년간을 그 연장 창고에 있었다. 그 여자는 말하기를 자신은 1년 전에 구원을 받았고 그때 이후로 그녀의 양심이 그녀를 자살 직전까지 몰고 갔다는 것이다. J. 해럴드는 이 문제를 누구에게도 말하지 않겠다고 말했다. 대신 그는 그녀에게 자수하라고 조언했다. 그리고 그녀는 그렇게 했다. 그녀는 법정에 섰고 그녀의 그리스도인 남편이 그녀 옆에 섰다. 이들은 둘 다 그녀가 종신형을 받게 될지도 모르며 행복한 그리스도인 가정에 대한 이들의 계획은 무로 돌아가리라고 생각했다. 재판이 끝났을 때 그 죽은 사람은 연고자가 없는 사회적 낙오자였으며, 그 살인에 공모했던 사람은 1차 세계 대전 때 죽은 것으로 드러났다. 판사는 스미스 형제를 불러 그녀와 그녀의 남편 곁에 서게 한 후 이렇게 말했다. "목사님, 주 정부 외에는 여기에는 고소할 사람이 아무도 없습니다. 주 정부의 판례에 따르면 의도적이라고 할 수 없는 살인은 정상이 참작됩니다. 나는 이 여인이 진정으로 개심한 그리스도인임을 믿습니다. 그렇지 않았다면 자기 자신을 법의 심판에 넘겨주지는 않았을 테니까요. 이 법정의 의견으로는 그녀에게 자유를 허락하는 바입니다. 다만 7년간 그녀를 집행 유예에 처합니다. 그 기간 동안 언제라도 이 나라의 법을 거스르는 주요 범법 행위를 하게 되면 그녀는 투옥될 것입니다. 그렇지 않다면 그녀에 대한 모든 고소는 기각될 것입니다. 사건 종결!"

그녀는 그리스도인 남편과 함께 그 법정을 걸어 나왔으며 나머지 인생을 감옥 벽 바깥에서 살았다. (그리고 지금도 살고 있다.)

『**내가 그들의 길을 택하였고**』(25절)라고 욥은 말한다.

솔로몬처럼 그는 『**군대 가운데 있는 왕처럼**』(25절, 삼하 18:3,4의 다윗 참조), 그리고 『**애곡하는 자들을 위로하는**』(25절) 사람처럼 거하였다. 다윗과 주 예수 그리스도는 둘 다 마지막 절을 놀랍도록 잘 수행했다(삼하 9:1-10과 요 14:16,26 참조). 욥은 도덕적으로 의롭고 존경받으며 성공한 현대의 지방 법원 판사와 같았다.

욥기 30장

30:1 그러나 이제는 나보다 더 젊은 자들이 나를 조롱하니, 그들의 아비는 내 양떼를 지키는 개들과 함께 세울 가치조차 없다고 내가 생각하노라.
2 정녕, 그들의 손의 힘이 내게 무슨 유익이 되랴? 그들의 노년은 사라져 버렸도다.

그런데 이제 상황이 바뀌고 "십대 싸움꾼들"과 "마약 문화"의 "비트족들"과 "거리의 건달들"이 욥을 비웃고 있다. 그들은 욥을 가리키며 그들의 머리를 흔들고(시 22:7) 엄지손가락을 코끝에 대고 네 손가락을 펴 보이며 그를 경멸하는지도 모른다. 그들의 인품과 성격으로는 그들의 아버지가 욥의 양떼 지키는 개를 돌볼 만하지도 못하다고 말한다(2절).

『정녕, 그들의 손의 힘이 내게 무슨 유익이 되랴? 그들의 노년은 사라져 버렸도다』(2절). 즉 욥이 별 어려움 없이 그들의 아버지들을 속였다면 그들을 속이는 데는 어떻겠는가? 그들은 "나이"가 들 때까지 살지 못할 것이다!(욥 36:14) 그들 안에 있는 "노년"(2절)은 "사라질"(2절) 것이다. 이들은 "나이든 세대"와 "30이 넘은" 사람들의 쓸모없음에 대해 떠들고 돌아다니지만 그들 자신은 너무나도 방탕하고 미숙해서 대부분 29살쯤 되면 무덤 속이나 정신 병동에 있게 된다.

30:3 그들은 궁핍과 기근으로 처량하더니 예전에 황량하고 황폐하던 광야로 도피하여
4 덤불들 곁에서 당아욱을 꺾었으며 향나무 뿌리를 꺾어 음식으로 삼았도다.
5 (사람들이 그들을 향해 도둑을 쫓듯 소리쳤으니) 그들이 사람들 가운데서 쫓겨나서
6 골짜기 비탈과 땅굴과 바위 사이에서 살았도다.
7 덤불들 사이에서 당나귀처럼 부르짖으며 쐐기풀 아래에 함께 모였도다.
8 그들은 어리석은 자의 자식이요, 정녕, 비천한 자의 자식이라. 그들은 흙보다도 천한 자들이었노라.

뒤이어 나오는 구절은 히브리서 11:36-39의 "신실한 자들"에 관한 베일에 가려진 구절로 환란 때 지상에서 다시 있게 될 것이며, 덤불 속에 숨고(7절), 『**향나무 뿌리를 꺾어 음식으로**』(4절) 삼게 될 것이다. 다만 이번에는 이런 축출과 피난이 최소한 9절까지 계속해서 사탄의 관점에서(7절 주석 참조) 묘사되는 것뿐이다. 그래서 이 부분을 8절에서 끊은 것이다.

『**궁핍과 기근**』(3절)은 대환란의 특징이다(계 6:6; 13:17 참조). 이스라엘은 전에 『**황량하고 황폐하던**』(3절) "광야로" 도피한다(계 12:14, 호 2:14). 마태복음 24:16의 피난자들은 "사람들 가운데서 쫓겨날"(5절) 것이고, 그들은 "골짜기 비탈과 땅굴과"(계 6:16) 『**바위 사이에서**』(6절) 살았다. 이 구절은 다니엘의 칠십째 주의 마지막 반의 상황에서는 문자 그대로 사실이다. 동굴과 바위들은 "우스 땅"에 있는(애 4:21, 욥 1:1) 셀라, 페트라에 있다.

『**당아욱을 꺾었으며**』(4절). 이것들은 아마도 "살소라"같은 덤불이거나 관목 같다. 이것들은 건조한 모래땅에서 자란다. [여기서 "당아욱"이라는 단어는 욥기 6:6에서 현대의 배교자들이 "당아욱"으로 번역한 단어가 아니다(NEB 참조). 이 단어는 "말루악"(히브리어)이다. 반면 욥기 6:6의 "달걀"은 "샬라웃"이다. 〈킹제임스성경〉 번역자들은 브루스, 호손, 에렌슈타인, 라소르, 파인버그, 스투더(Studer), 마운스(Mounce), 마이클스(Michaels), 스킬턴(Skilton)보다 히브리어를 훨씬 더 잘 이해했으므로 이들이 〈킹제임스성경〉을 제치고 추천하는 번역본들을 모두 거부하는 것에 대해 불쾌해해서는 안 된다.]

『**덤불들 사이에서 당나귀처럼 부르짖으며**』(7절)는 배고픈 도망자의 외침을 들나귀의 울음에 비유한 것이다(욥 24:5 주석 참조). 이들 도망자들은 가시덤불에 함께 모이고(7절) 『**흙보다도 천한 자들**』(8절)이라고 언급된다. 이것들은 모두 히브리서 11:38과 너무나도 유사하다! 그러나 하나님의 시각에서 이 도망자들과 피난자들은 흙보다는 훨씬 나은 자들이며, 오히려 세상이 이들에게는 살 만한 데가 못 되는 것이다(히 11:38). 욥기 30:3-8에 나오는 사람들이 적그리스도의 부대라면 - 9-13절에서는 분명하게 그렇다 - 여기서 희한하게도 이중으로 적용이 된다. 마태복음 24:22의 성도들에 대해서도 적그리스도가 이런 식으로 언급하기 때문이다. 너무 깊이 연루되면 쟁기질을 계속 똑바로 할 수 없으므로 이사야 14:12-16 이전에는 루시퍼가 욥의 위치에 있었다(겔 28:12,15)는 것만 주지하도록 하자. 요한계시록 20:1-4에서 적그리스도의 위치가 이사야 14:15의 루시퍼의 위치가 될 것이다. 이것은 29,30절에서 욥이 자신에 대해 묘사한 것과 일치한다. 주 예수 그리스도께서 수치를 당하셨을 때(갈 3:13, 고후 5:21) 그분은 "뱀"을 너무나도 닮았다(민 21:9, 요 3:14). 그래서 이들을 분리시키려면 로마카톨릭 교회가 소유한 것을 다 드려도 안 될 것이다(시 22:6, 막 9:46).

30:9 그런데 이제 내가 그들의 노래가 되며 정녕 내가 그들의 조롱거리가 되었도다.

10 그들은 나를 혐오하여 내게서 멀리 도피하고 내 얼굴에 침 뱉기를 주저하지 않는도다.

11 그분이 내 줄을 느슨하게 하셔서 나를 고통받게 하시므로 그들도 내 앞에서 굴레를 벗었도다.

12 내 오른편에서는 젊은이들이 일어나서 내 발을 밀어뜨리며 그들은 나를 대적하여 그들의 멸망의 길을 일으키는도다.

13 그들은 내 길을 훼손시키고 내 재앙을 재촉하며 그들에게는 돕는 자가 없도다.

14 그들은 큰 물살을 가르는 것처럼 내게로 오나니 폐허 속에서 내게로 굴러오는도다.

15 공포가 내게로 몰려들며 그들이 바람처럼 내 혼을 쫓으니 나의 복락이 구름처럼 사라지는구나.

욥이 처한 입장은 지옥에 있는 사람의 입장(10,18,19,30절)일 뿐만 아니라 고난당하시는 그리스도의 모습이기도 하다(9,10,12,20절). 또한 A.D. 70년부터 환란 끝까지의 이스라엘의 완벽한 모습이기도 하다. 유대 역사나 제3제국 역사 서적에 정통한 사람이라면 누구나 이 유사성을 결코 놓칠 수 없다(9절을 전 7:5, 시 69:12과 비교하라). 예루살렘 멸망(애 3:14)은 9절과 일치하며, 이 멸망은(왕하 25장) 로마의 멸망(눅 21:24)과 유엔의 멸망(계 11:1-3)의 모형이므로 이 "웃음거리"는 신명기 28:37의 성취이다. 그들이 주 예수 그리스도를 혐오한 것처럼 "그들은 나를 혐오한다"(10절). "내 얼굴에 침 뱉기를 주저하지 않는도다."(10절)는 이사야 50:6과 마태복음 26:67과 일치한다. 하나님께서는 주 예수께서(사 53:4) 고통당하게 하셨으며(11절), 로마인들이 그의 발을 "밀어뜨렸으며"(12절, 마 27:35), 그에게 돕는 자가 없을 때 그의 발에 못을 박아서(골 2:14) 그의 "길"을 훼손시켰다(13절).

"자격을 갖춘 권위자들"(하나님의 말씀을 신학교의 "기독교 교육"으로 대체시킬 만큼 자신들이 똑똑하다고 생각하는 얼간이들)은 11절의 "줄"이라는 단어를 만나자 성령께서 그들에게 감추신 것을 설명하려는 노력의 일환으로(모든 사람들이 추천하는 어떤 번역본이라도 참조) 이들은 다시 "자멸하고" "하나님의 줄," "그의 줄," "활시위," "나의 활시위," "그의 활시위" 등등을 시도한다. 시편 11:2; 21:12의 "*예델*"는 활시위는 될 수 있지만 하나님의 활시위는 될 수 없다. 그 문맥은 욥기 30:11의 문맥이 아니다. 욥의 "줄"은 욥의 "장막"을 지탱해주는 줄이다. 여기에 의심이 있다면 다음을 살펴보라.

1. "하나님의 활시위"라면 아무도 어떤 것을 쏠 수 없다. 왜냐하면 화살을 쏠 때 활시위를 "느슨"하게 하지 않기 때문이다.

2. 느슨해진 욥의 활시위라면 1번보다는 뜻이 더 잘 통한다. 욥이 욥기

29:20에서 "새롭게 된 활"에 대해 자랑하는 것으로 보아 그렇다. 그러나 여기서 욥은 "활"이나 "활시위"나 혹은 "자신을 보호하는 어떤 수단"(욥 30:11)을 논하고 있지 않다. 욥은 그의 얼굴(10절)과 그의 오른손(12절)과 그의 발(12절)과 그의 길(13절)과 그의 혼(15절)과 그의 뼈(17절)와 그의 근육(17절)에 대해 이야기하고 있다. 그렇다면 그의 "줄"은 분명히(여러분이 ASV, RSV, NASV, 인터내셔널, NRSV, NEB 번역자들만큼 어리석다면 그렇게 분명하지는 않을 것이다) "지상의 장막"(고후 5:1-10)과 어떤 관계가 있다.

자, "유명한" 학자들이 이것을 놓친 것을 어떻게 설명하겠는가? 성경과 전혀 상관없는 본문을 만들어 내기 위해 미친 듯이 날뛰는 산토끼 무리처럼 이리저리 돌아다니는 대신 성경의 저자께서 의도하시고자 한 것을 찾아내기 위해 성경의 저자에게 자문을 구하지 않는 이유가 뭔가? 성경이 성경에 대해 말씀하시는 것을 보기도 전에 이들이 어떻게 해서 모두 성경의 뚜껑을 닫을 결심을 했는지 이상할 뿐이다.

전도서 12:6에 "느슨해진" 줄이 나온다. 성경 대신 주석서를 읽고 있는 것이 아니라면 이 구절을 그냥 지날 칠 수는 없을 것이다. 더군다나 전도서 12:1,2의 예언적 문맥은 대환란이다. 하나님께서 욥의 "줄"을 느슨하게 하셨다면 [20구절에서 하나님의 이름이 언급되지 않다가 욥기 30:1-19 중간에 "그"(HE)로 나타나시는 것에 주의하라.] 하나님께서 "금그릇을 깨거나" "바가지"와 "수레바퀴"(전 12:6)를 깰 준비를 하고 계셨던 것이 아니다. 욥은 죽음의 표가 된 사람이었으므로(욥 6:21 주석 참조) 속박을 풀고 욥에게서 달아났던(10,11절: "내게서 멀리 도피하고") 사람들이 그렇게 하려고 했던 것이다. 11절의 "그들"은 12절의 "젊은이들"이 아니라 10절의 "그들"이다.

11절의 텐트 줄은 "은줄"이다. 이 은줄이 욥의 장막을 지탱해 주고 있었는데(고후 5:1-10) 이제 그 줄이 “느슨해”졌고 “텐트”는 이제 붕괴되고 있다.

이제 1절의 “젊은 자들”(12절)이 일어난다. 이런 일은 욥의 생애에서 하나님께서 욥의 자녀들과 가축과 재산을 취해가신(욥 1:13-22 주석 참조) 그 다음 해에 일어난 것 같다. 욥 당대의 더 젊은 세대가 욥을 사회에서 내쫓았고(12절) 장애물을 설치해서 그가 가지 못하게 했고(13절) 무너진 댐을 통해 조류가 밀려드는 것처럼(14절) 힘을 모아 욥을 제압하면서(14절) 그의 파산에 기여했다(13절).

『**공포가 내게로 몰려들며**』(15절, 7:9 참조). 『**그들이 바람처럼 내 혼을 쫓으니 나의 복락이 구름처럼 사라지는구나**』(15절). 욥은 욥기 27:20,21에서 자신이 그토록 생생하게 묘사했던 악인처럼 마을에서 쫓겨나고 있다. 그 구절들은 이 문맥과 정확하게 일치한다.

30:16 이제 내 혼이 내 위에 쏟아지고, 고난의 날들이 나를 붙드는도다.
17 밤이면 내 뼈가 나를 찌르며 내 근육에 쉼이 없도다.
18 내 질병의 위력으로 인하여 내 의복이 바뀌어졌으니 그것이 마치 내 내 옷깃처럼 나를 묶는도다.
19 그분이 나를 진창에 던지시니 내가 먼지와 재같이 되었도다.
20 내가 주께 부르짖으나 주께서는 내게 듣지 아니하시며 내가 일어서도 나를 유념치 아니하시나이다.
21 주께서는 내게 잔혹하셔서 주의 강하신 손으로 친히 나를 반대하시나이다.
22 주께서는 나를 바람에 들어 얹으셔서 그 위에 타고 가게 하시며 나의 재산을 해체하셨나이다.

23 이는 주께서 나를 죽음으로 또 모든 살아 있는 것들을 위하여 정
해 놓은 집으로 데려가실 것을 내가 앎이니이다.
24 그러나 사람들이 그의 멸망 속에서 부르짖을지라도 그분은 그의
손을 무덤에까지 뻗치지 아니하시리라.

전에 언급한 바와 같이 이 구절들은 지옥에 있는 사람의 상태, 속죄하시는 그리스도의 상태, 환란 성도의 상태와 일치한다.

"고난의 날들"이 위에 열거한 세 부류를 붙잡는다(그리스도에 대해서는 이사야 53:7 참조, 환란 성도에 대해서는 시편 66:11, 그리스도를 거부한 죄인들에 대해서는 시편 55:19 참조). 밤에는 관절의 고통이 욥을 괴롭힌다(17절). 콜레라에 수반되는 것 같은 근육 경련으로 욥은 고통을 겪고 있다. 그의 "옷"(18절)은 의에서(욥 29:14) 수치로(시 109:19) 바뀌었으며, 너무도 단단하게 그의 목을 묶고 있기 때문에 욥은 질식되어 가고 있다(욥 7:15). 욥은 십자가상에서 그리스도께서 하셨던 것처럼 하나님께 부르짖지만(마 27:46) 카인이나(창 4:13) 지옥에 있는 부자에게(눅 16:24) 그러셨던 것처럼 그를 유념하지 않으신다(20절). 예레미야 애가 3:1-16(특히 4-8절)이 욥의 불평에 어떻게 들어맞는지 주의해 보라. 예레미야 애가 5:10; 3:49는 욥기 7:5; 16:20과 맞는다. 전체가 다 대환란을 다루고 있다.

『**그러나 사람들이 그의 멸망 속에서 부르짖을지라도 그분은 그의 손을 무덤에까지 뻗치지 아니하시리라**』(24절). 이 구절 때문에 학자 연맹은 히스테리를 부리는 여인처럼 산산이 부서져서 뒤죽박죽 정신착란 증세를 보이며 온통 "형체가 없고 어두움이 깊음의 표면에" 있게 된다. 아담 클라크는 욥이 "내가 여기서 고통을 당하고 있기는 하지만 이후로는 고통을 당하지 않으리라"고 말하고 있다고 주장한다. 미스터 굿은 "그 파멸 속에 자유가 있다"고 말한다. A.T. 로버트슨에서부터 램지 마이클스에 이르는 모든 죽은 정통주의 배교자들이 추천하는 터무니없는 ASV(1901)는 "그의 파멸 속에서 손을 뻗치다"라고 말한다. 〈리빙바이블〉의 히브리어 본문에 대한 충실도는 마타 하리(독일 스파이, 1916) 정도의 수준이다. 더멜로우는 이미 2,11,12,13,15절을 변개시켰기 때문에(Ibid., 312쪽) 24절에서 그가 라이트풋, 엘리코트, 데이비드슨, RV(1884)의 우스꽝스러운 본문을 채택하는 것은 놀라운 일이 아니다. 즉 "가라앉는 사람이 그의 재앙 가운데서 자신의 손을 뻗치며 소리치겠느냐?"로 되어 있다. 이것은 거의 이런 식으로 말하는 것과 같다. "605 비행기가 송어 낚시에 안내자를 쓰지 않는다면 X레이 전문가가 퇴비를 모을 수 없느냐?" 심지어는 이것보다 더 나을 것이 없다고 하겠다. 진짜 허풍선이인 여호와의 증인의 "성서"를 보라. "파멸의 무더기에 아무도 자신의 손을 뻗치지 않는다."(신세계 역본). 그러나 허풍선이 중의 허풍선이는 여러분의 성경을 고치기 위해 브루스, 라소르, 마운스, 커스터, 스투더, 호손, 로버트슨이 추천하는 허풍 자체인 칠십인역이다. 이 불성실한 칠십인역은 "내가 나 자신에게 손을 얹거나 최소한 다른 사람에게 나를 위해 이것을 해 달라고 부탁할 수 있도록"이라고 되어 있다.

왜 여기서 멈추는가? 세 개의 교단에 세 개의 역본, 그리고 50개의 이단에 50개의 역본을 가지고 우리 모두가 알베르트 아인슈타인에게 절을 하며 "성경적 진리를 포함해서 모든 진리는 상대적이므로 우리가 우리 각자의 성경을 쓰도록 하자."라고 말하는 것을 멈추게 해 줄 수 있는 무엇이 거기에 있는가? 이런 식의 최신 역본을 만들어 보라. "사우디아라비아에 있는 키신저의 유정이 으깬 물고기에게서 나온다 할지라도 록펠러는 모세 다얀과 악수를 하지 않을 것이다." "최신" 언어로 성경을 다시 쓰는 데는 재능이나 배움(또는 능력이나 교육)이 필요치 않다. 바보 천치라도 그렇게 해서 돈을 벌 수 있다. 장사꾼들은 200년간 이런 일을 해 오고 있다. 토마스 넬슨과 그의 친구들이 존 R. 라이스와 그 친구들을 구워삶아서 다시 〈킹제임스성경〉을 고치도록 했을 때(1976) 개정의 동기를 "고어를 명쾌히 하기" 위해서라고 했다. 40년 동안 25번에 걸쳐 "고대어"를 없애고 "최신식"으로 만든 이후에 말이다. 〈킹제임스성경〉에 있는 모든 "고어"가 지난 40년간 25차례의 번역으로 "분명하게" 되었다는 것을 모르는 사람이 누구인가? 존 R. 라이스를 제외하고 누구인가!!? 이 글을 읽고 있는 독자들 중에 영어가 1973년 이후로 너무나 "고어"가 되어서 "새로운 번역본"이 필요하다고 믿을 만큼 어리석은 사람이 있는가? ASV, RSV, NASV, NRSV, NEB, 뉴스코필드, 예루살렘, 인터내셔널, 〈리빙바이블〉, 현대인을 위한 기쁜 소식 등을 펴낸 "동기"가 "〈킹제임스성경〉에 있는 고어를 없애기 위해서"였다. 다른 역본들에 있는 고어는 누가 없앨 것인지 말해 보라! 왜 항상 300년이나 시대에 뒤졌다고 생각되는 책을 고치려 하는가? 그 책이 "시대에 뒤떨어지지" 않을 수 있는가? 돈에 미친 장사꾼들과 출판에 미친 "학자들"이 제거될 수 없는 책을 제거하려고 하는 것이 가능한가? 이것에 대해 생각해 본 적이 있는가?

24절은 하나님에 대해 말하고 있다. 어떤 바보가 성직 수여 예배에서 누군가와 악수를 하려고 하는 것이 아니다. 욥에 의하면 하나님께서는 "그의 손을 무덤에까지 뻗치지 아니하신다." 왜냐하면 다윗처럼(시 6:5; 88:10) 욥은 어떤 사람이 죽은 후에(전 9:5) 튀어나오는 것을 본 적이 없기 때문이다. 여호와의 증인의 관점에서 보자면(시 115:17) 욥은 무덤이 지상에서의 삶을 멈추게 한다고 생각한다. 최소한 마지막 심판 때까지는 그렇다고 생각한다. 모든 여호와의 증인은 칼빈, 잉글리쉬, 와필드, A.T. 로버트슨이 이런 이단을 가르치는 것과 같이 이런 것(무천년)을 가르친다.

죽어 가는 죄인이 자신의 멸망(24절) 가운데 하나님께 부르짖을 때 그의 부르짖음은 응답되지 않으며 우리가 방금 문맥에서 읽었던 11,20절에 처한 욥의 상황과 같다. 그러므로 진지한 성경 학도라면(하나님의 말씀을 양식 있게 기도하며 공부하는) ASV(1901)와 NASV(1971)를 만들어 낸 "헌신된" 사람들의 "경건한" 학자적 지위를 전혀 배려해서는 안 된다. 이것은 마치 한 무더기의 죽은 물고기를 배려할 필요가 없는 것과 같다. 이러한 파괴적 성경 비평가들의 부족과 파산은 수십 구절에 걸쳐 너무나 명백하게 드러나기 때문에 (토마스 넬슨과 존 R. 라이스처럼) 숨은 동기를 가진 그리스도인만이 그들에게 경의를 표할 뿐이다. 섬김의 동기가 하나님에게서 나왔고(빌 2:13), 하나님을 영예롭게 하는 것이라면(시 138:2) 하나님의 말씀을 하찮은 빈센트, 홀트, 웨스트, 조디아테스, 트렌치, 데이어(Thayer), 로버트슨, 카일, 델리취, 라이스, 베니거(Weniger), 백스터(Baxter), 잉글리쉬나 〈강단의 주석〉의 저자들의 광대 짓으로 대체시키는데 시간을 보낸 구원받은 죄인들에게 장미나 키스나 칭찬을 던지지는 않는다. 이들은 자신들의 공상에 맞게 하나님의 말씀을 변개시켰다. 성령 하나님께서 말씀에 대해 기록된 그대로 이들에게 조명을 주시지 않았기 때문이다. 혼란스럽고 시시한 말을 지껄이며 쓸데없는 잡담을 하면서 말씀에 대한 조명을 받지 못했다는 이유로 하나님의 말씀을 "바꾸는" 보수주의 학자 한 명당 1달러씩 계산한다면 미국에서 도쿄까지 왕복 항공권을 살 수 있을 것이다.

30:25 내가 고난당한 자를 위하여 울지 아니하였는가? 내 혼이 가난한 자를 위하여 슬퍼하지 아니하였는가?

26 내가 선을 찾았는데 악이 내게 임하였고 내가 빛을 바랐는데 어두움이 임하였도다.

27 내 창자가 끓어올라서 쉬지 아니하였고 고난의 날들이 나를 앞섰도다.

28 나는 햇빛 없이 애곡하러 갔고 내가 서서 회중 가운데서 울었도다.

29 나는 용들에게 형제요, 올빼미들에게 벗이라.

30 내 피부는 내 위로 검어졌고 내 뼈는 열기로 탔도다.

31 내 하프도 슬픔으로 변하였고 내 오르간도 우는 자들의 소리로 변하였도다.

"소경이 소경을 인도"(마 15:14)함으로써 영국과 독일에서 뿜어져 나온 불신의 늪(1880-1910)으로 빠져들기 전에 우리는 진리를 살펴보도록 하자.

욥은 고난당하는 사람들을 위해 "울었"고 그의 혼은 가난한 자를 위해 "슬퍼하였다"(25절). 진정한 성도로서 욥은 "우는 자들과 함께" 울었다(롬 12:15). 욥기 22:6-9의 비난 중 어느 것 하나 욥이 그렇게 했다고 기대조차 할 수 없다. 그는 선한 삶을 살았으며, "사람들을 바르게 대했기" 때문에 욥은 자신이 "선을 찾을"(26절) 자격이 있다고 생각했지만 그가 찾고 있는 동안에 "악이 임했다"(26절). 욥이 초조해하며 빛을(26절) 기다리는(욥 3:26) 동안 고통과 분노와 병과 사별과 박해의 어두움이 그를 감쌌다. 『**내 창자가 끓어올라서**』(27절). 비록 이 단어가 아래쪽 창자만의 기능을 언급하는 것으로(빌 1:8, 애 1:20) 그 의미가 축소되기는 했지만(1900), 성경에서는 위아래 창자에 사용된다(창 15:4, 시 71:6). 욥이 "선"이나 "빛"을 발견하기 전에 『**고난의 날들**』(27절)이 온다. 그리고 욥이 쉼을 얻기도 전에(27절) 재난이 닥친다. 『**나는 햇빛 없이 애곡하러 갔고... 회중 가운데서 울었도다**』(28절). 욥은 "자신의 문제에 빛이" 비춰지지 못했을 뿐만 아니라 종종 햇빛도 쬐지 못한다. 그는 환란 때 남은 자들이 애곡하는 것처럼(애 3장) 영적, 물리적 어둠 속에서 애곡하고 운다. 욥은 다윗처럼(시 38:1-11) 진짜 어둠 속에 있다. 그는 모임 가운데 서서(28절) 고통 가운데

도움을 구하며 소리 지르지만 도움을 얻지 못했다. (이런 일은 욥기 1장 이후 어딘가에서 분명히 있었다.)

『**나는 용들에게 형제요**』(29절). 공개적으로 이 이름이 언급되자("용들") 전천년주의자들, 자유주의, 근본주의자들, 현대주의자들, 카톨릭 교도들, 무천년주의자들, 신정통주의, 보수주의자들은 모두 이것을 은폐시키기 위해 돌진한다. 이들의 뒤범벅이 된 정신이상의 머리로는 복수로 된 "마귀들"이나 복수로 된 "용들"은 있을 수가 없다. 그래서 이들 대다수는 채찍을 맞으며 일하는 노예들처럼 일을 하러 간다.

"용들" 같은 것은 없기 때문에 "용들"일 리가 없다. 그러므로 이 단어는 틀림없이 "재칼들"이다.

1. ASV(1901).

2. RSV(1952).

3. NRSV(1973).

4. 리빙바이블.

5. RV(1884).

6. 뉴스코필드 주석 성경. 그 외에도 더멜로우, 제미에슨, 포셋, 브라운, 랑게, 〈강단의 주석〉, 클라인, 헤브너, 여호와의 증인들!

7. 그렇지 않다. 이것은 "재칼들"이 아니라 "울부짖는 짐승들"이다(벌링거).

8. 아니다. 그것은 "짐승들"이 아니라 "괴물들"이다(칠십인역).

9. 그렇지 않다. 너희들은 모두 틀렸다. 사실 그것은 항상 "재칼들"이었다!(확대성경)

프로테스탄트 종교개혁 성경에 있는 그대로 본문을 가만히 둔 사람은 없는가?

"하나님께서 호흡을 불어넣으신 영감받은 원본"에 대해 분별없이 말하면서 성경을 거부하는 지난 3,000명 가운데는 단 한 명도 없다. 단 한 명도 없다.

어떤 사람이 어떻게 해서 "유명한 성경학자"로 명성을 날리는지 이제 좀 알겠는가? 간단하다(킹 제임스 본문을 고치기만 하면 된다. 그러면 학자 연합에 "속하게" 되는 것이다). 미국이나 유럽에 있는 학자들은 모두 〈킹제임스성경〉을 고쳐야만 "유명"해질 수 있다. RSV와 ASV를 고치는 것으로는 능력이 "입증"되지 않는다. 〈킹제임스성경〉의 본문을 공격해야만 한다. 존 라이스는 킹 제임스 본문을 고칠 때까지는 결코 성경학자로 간주되지 않는다. 성경을 고친 다음에야 그는 "속할" 수 있게 된다. 피의 메리(Blood Mary), 루즈벨트(Roosevelt) 부인, 쟈니 카슨(Johnny Carson), 포드(Ford), 그라프, 벨하우젠, 풀톤 쉰(Fulton Sheen), 크로닌(Cronin), 아워슬러(Oursler), 파이크, 브레이크, 필, 샤프, 잉글리쉬, 데비스, 마하라지 구루(Maharagi Guru)와 같은 부류에 속하게 되는 것이다. 이들 중 〈킹제임스성경〉을 있는 그대로 받아들이는 사람은 한 사람도 없다.

위에 발견되는 것과 같이 〈킹제임스성경〉을 거부하는 그 출처는 뭔가? 여기서 히브리어 단어("탄님")가 이사야 27:1에서 "용"을 뜻하지 않는가? 시편 74:13은 어떤가?(욥 41:1-2 설명 참조) 신명기 32:33은 어떤가? 에스겔 29:3을 좋아하는가? 이것이 여러분의 구미에 딱 맞아 떨어지지 않는다면 시편 148:7은 시식해 보았는가? 이 단어가 이사야 27:1에서 "용"으로 번역된다면(예를 들어 〈리빙바이블〉 참조) 용이 어떻게 해서 갑자기 재칼로 움츠러들었는가? ASV(1901) 위원회는 이 단어를 이사야 27:1에서 "괴물"로 번역했는데 여기서는 괴물이 어떻게 재칼로 바뀌었다가 신명기 32:33에서는 "뱀"으로 바뀌었는가? 일관성 없는 번역자들(1901년의 ASV 위원회)이 해 놓은 이런 무차별적인 마술로 인해서 요한계시록 12:3,4,7,13,16,17의 상호참조 구절을 잃어버리게 된다. 여러분은 이런 마술의 출처가 어디라고 생각하는가?(윌리엄 라서는 순진하게도 그 출처를 NEB에서 "원본"이라고 부르고 있다.) 이 단어는 게제니우스의 히브리어와 칼데아 어휘집을 근거로 해서 "재칼들"이나 "괴물들"로 바뀐 것이 아니다. 왜냐하면 그 책에서는(869쪽) "탄님"이란 단어는 "거대한 뱀"이나 "바다 괴물"을 언급하는 것이라고 되어 있기 때문이다(욥 41:1 주석 참조).

그렇다면 밥존스대학과 하일스앤더슨대학에서 추천하는 번역본들을 만든 우리들의 "훌륭하고, 경건하며, 헌신된" 얼간이들이 본문에 가한 학자들의 이런 착취의 출처는 어디인가? 본문은 똑바로 이사야 27:1과 이사야 13:21,22를 가리키고 있다.

해답은 간단하다.

전천년주의 근본주의 "학자들" 사이에는 한 가지 전통(골 2:8)이 있는데, 이 전통은 로마에서 가르치는 여느 미신적인 전통만큼이나 강력하다. 이 전통은 다음 두 가지이다.

1. 마귀는 오직 하나뿐이다. 그러므로 "마귀들"(복수)은 있을 수 없다. 〈킹제임스성경〉에 나오는 "마귀들"(devils)은 "demons"로 의미가 축소되어야 한다. (스코필드 주석 성경 참조)

2. 이사야 13:21과 마가복음 1:13의 "들짐승들"은 "마귀들"이나 "용들"일 리가 없다. 그러므로 올빼미들과(사 13:21) 사티로스(사 13:21)는 자연계의 동물이거나 아니면 신화이다. 이에 대해 조금이라도 의심이 간다면 로크만재단과 E.S. 잉글리쉬가 프로테스탄트 종교개혁 성경에 있는 이사야 13:21,22를 어떻게 박멸시켰는지 살펴보라.

〈킹제임스성경〉이 우리에게 사탄에 관해서 향상된 계시를 주려고 할 때마다(행 12:4나 19:25 참조) 마귀의 인격을 수호하기 위해서 갑자기 "경건한 근본주의자들"이 무장 봉기를 하는 것이 다소 이상하다는 생각이 들지 않는가? 이들은 이 일을 수행하기 위해서 입수할 수 있는 모든 "유명한" 무기를 사용한다. 천사들(복수)이 있고, 신들(복수)이 있고, 주들(복수)이 있는데 보수주의 공모자들이 마귀들(복수)이나 용들(복수)은 허용하려 하지 않는 것이 더욱 더 "이상"하다는 생각이 들지 않는가?

"괴물들"과 "올빼미들"과 함께 "타조들"과 "재칼들" 근처를 돌아다니다가 결국 동물원이 돼 버린다(마 13:32). 이것이 바넘과 베일리에 대한 정당한 평가이다. 〈킹제임스성경〉의 본문을 고치는 보수주의자나 근본주의의 지도자를 존경하는 우를 일단 범하게 되면 머지않아 곧 성경의 권위를 파괴하는데 있어서(1900-1980) 로마카톨릭과 NCC를 합친 것보다 더 많은 일을 한 단체들에게 사랑의 빛을 보내며 큰 소리로 선전하게 된다(갈 5:9).

그와 같은 "학자 연맹"을 존중하지 않는 것이 성령의 일이다. [렘 23장, 마 24장, 딤후 4장, 겔 14장, 롬 16장, 요 16:13 참조]

"모든 교만의 자식들을 다스리는 왕"(욥 41:34)이 자기 의의 줄로 욥을 돌돌 감았으므로(욥 27:5) 욥은 "마귀들"(복수)의 형제이다. 그의 동료들은 요한계시록 18:2와 마태복음 13:32의 더러운 "새들"이다. 올빼미는(사 13장) 더러운 새이다(계 11장).

이것이 본문에서 얻을 수 있는 고기이다. 이것은 본문이 보여 주는 "더 깊은 진리"로서 아무리 많은 "원어"에 대한 지식이 있다 해도 이것을 볼 수는 없다. 이런 초자연적인 문제들을 다룰 때 "원본에 대한 실제적인 지식"은 진리를 찾아내는데 분명한 장애물이다. 여러분의 "성경"이 29절에서 한 단어를 바꾼다면 그 "성경"을 쓴 사기꾼에 대한 두 가지 사실과 그 성경을 추천함으로써 여러분의 돈을 갈취하는 행상인들에 대해 두 가지 사실을 알게 된다.

1. 그들은 잘난 체한다.

2. 그들은 그리스도인 우상 숭배자들이다.

『**소경이 소경을 인도하면, 둘 다 구덩이에 빠지리라**』(마 15:14).

욥의 피부는 환란 때 유대인들처럼 새까맣다(애 4:8). 그의 뼈들은 열로 불타고 있다. 상피병에 걸리면 허리 부분과 척추에 강한 통증이 있기 때문이다(강단의 주석, 485쪽, 487쪽). 보통 사람들로 하여금 춤을 추게 하는(욥 17:6) 그의 "하프"와 "오르간"은 "오제의 죽음"(페르 귄트 모음곡)을 연주하는 바순과 더블 베이스로 퇴화한다. 이 구절은 분명히 비유적 표현이며(욥 29:17) 공인 본문에는 누군가의 개정이나 수정을 요구할 만한 문제가 전혀 없다. "오르간"을 "파이프"로 변개시킨 것은(ASV, RV, RSV 등) 향상된 계시를 없앨 뿐이다(사도행전 주석 7:43과 12:14 참조). 어쨌든 오르간은 파이프로 이루어져 있으므로 본문을 고쳐야 할 이유는 없다.

욥기 31장

31:1 내가 내 눈과 더불어 언약을 세웠는데, 어찌하여 내가 소녀를 생각하랴?

2 위로부터 주신 하나님의 몫이 무엇이며 높은 데서 주신 전능하신 분의 유업이 무엇이겠느냐?

3 그것은 악인에게 내린 멸망이 아니겠느냐? 그것은 죄악을 행하는 자들에게 내린 보기 드문 형벌이 아니겠느냐?

4 그분이 내 길을 보지 아니하시며 내 모든 발걸음을 세지 아니하시겠느냐?

5 만일 내가 허망한 것과 더불어 행하였다면 혹은 내 발이 미혹하는 데 빨랐다면

6 나를 공평한 저울에 달아서 하나님께서 나의 온전함을 아시게 되기를 원하노라.

7 만일 내 걸음이 길에서 빗겨 가고 내 마음이 내 눈을 따라 행하고 어떤 더러운 것이 내 손에 묻었다면

8 내가 심되 다른 사람으로 먹게 하며 정녕, 나의 후손이 뿌리까지 뽑힐지니라.

31장은 "피고인"이 욥 자신인 상황에서, 피고에 대해 욥이 내리는 "최종 판결"이다. 욥은 그의 세 친구들과 엘리후 앞에서 자신의 결백을 입증하려 한다. 친구들이 욥의 무죄를 인정하지 않는다 해도 최소한 자기 자신의 눈에는 의롭다(욥 35:2; 40:8). 욥을 바리새인들과 같은 부류로 떠밀기 전에(눅 18:11) 31장을 주의 깊게 읽어보도록 하자. 욥은 외적으로 의로울 뿐만 아니라 내적으로도 의롭다(7,24,25,27,29,30,33절). 반면 욥을 죄없는 존재나 교정받을 것이 없는 존재로 분류하기 전에 기억해야 할 것은 지상에서 지금까지 살았던 어떤 의로운 인간이라 할지라도, 24시간 동안만이라도, 예수 그리스도에 필적할 수는 없다는 것이다. 그러나 여전히 욥은 뛰어난 존재이다. 세상적이지도 않으며(24절), 복수도 하지 않으며(29절), 우상 숭배도(26절), 저주도(30절), 속임수도(34절), 인색하지도(32절), 타협하지도(35절), 도둑질도(39절), 비경제적이지도(38절) 않았다. 즉 욥은 오늘날 미국에 있는 거듭난 하나님의 자녀들의 평균 수준보다 도덕적으로 최소한 30%는 더 낫다. 로마카톨릭이나 자유주의자가 "서서 헤엄치는 것"을 보고 싶으면 그들로 욥기 31장을 읽어 보게 하고 욥이 이런 상황에서 하늘나라에 갈 만큼 선한지 질문해 보라. 욥은 여러분의 도시에 사는 그 어떤 로마카톨릭 사제보다 도덕적으로 영적으로 훨씬 더 낫다. 욥이 하늘나라에 갈 수 없다면 누가 갈 수 있겠는가? 그런데도 욥은 하늘나라에 갈 만큼 선하지 못했다(욥 40:2,6-14).

『**내가 내 눈과 더불어 언약을 세웠는데**』(1절). 대개 문제가 시작되는 곳은(삼하 11:2) 눈이다(창 3:6). 아칸이 여리코의 탈취물들을 보기 훨씬 전에(수 7:21) 이교도 왕(아비멜렉)조차도 이것을 알았다(창 20:10). 욥은 다윗이 시편 101:3을 쓰기 훨씬 전에 시편 101:3에 따라 살기로 맹세했다. 눈은 마음에 영향을 미치기 때문에(애 3:51) 인간은 무엇을 볼 것인가(마 6:22)와 얼마나 오래 볼 것인가(벧후 2:14)에 주의를 기울여야 한다. 이는 "삶의 문제들이 마음에서"(잠 4:23 주석 참조) 나오기 때문이다. 욥에게는 한 명의 아내만이 있었으므로(10절) 욥은 온 초장을 둘러보며 "더 새파란" 뭔가를 찾아다니지 않기로 자신의 눈과 협약을 했다(잠 4:25 주석 참조). "악의 일꾼들"(3절)에 대한 "하나님의 몫"과 "전능하신 분의 유업"(2절)은 "멸망"(3절)이다. 악한 것을 오래 보게 되면 생각이 나기 마련이며(1절), 오래 생각하게 되면 음욕을 품게 마련이다(마 5:28). 너무 오랫동안 음욕을 품게 되면 음행을 하거나 "불타게" 된다(고전 7:9). 그러므로 현대의 의상 디자인, TV 프로그램, 록 콘서트, 성인 영화들, 록 페스티벌, 저질 교육 교재들에 나오는 속임수는 십대들로 하여금 음행하거나 불타오르게 충동질한다. 현대 미국 문명의 "가속화"는 악한 것을 멀리 하는 것의 퇴화에 박차를 가하고 있으며, 그 결과 혼혈 인종인 수동적인 자동 기계가 조만간 다니엘의 칠십째 주를 위해 양산될 수 있다. 가능한 한 가장 빠른 시일 내에 이런 일이 일어나게 하는 데는 두 가지가 필요하다.

1. 미국 가정의 파괴 : 이 일은 자녀들의 "권리 장전"과 아이들이 일할 수 있게 되거나 일하는 법을 배우기도 전에 결혼하게 함으로써 이루어질 수 있다. 저소득으로는 생활을 할 수 없으므로 TV와 상업 광고(뉴스 매체)에서 젊은이들을 충동질해서 "높은 수준의 생활을 영위하기 위해" 과소비를 하게 하고, 과다하게 돈을 빌리게 하고, 돈을 낭비하게 한다. 이런 식의 세뇌의 종착점은 파산과, 중국과 러시아처럼 계속해서 복지 국가에 의존하는 것이다.

2. 도덕의 붕괴 : 젊은 층을 부추겨서 결혼하지 않고 음행(혼전 "성관

계")하게 함으로써 도덕의 붕괴를 야기할 수 있다. 이런 일을 수행하기 위해서는 비정상적인 "성관계," 자유로운 사랑, 성도착의 허용("게이 해방"이라고 부름)을 가르치기 위해 "풍부한 교과 과정"에 음란한 교재들을 사용해야 한다. TV와 신문의 사주를 받아 결혼의 필요를 전혀 느끼지 않고 결혼 생활에 책임을 지려고도 하지 않는 세대가 태어나는 것이다. 가족을 "세우고," "부양"하는데 시간을 보내는 대신 기분 내키는 대로 행동하며 "자신의 가치를 분명히 하고" 다른 가정들을 파괴하는 데 시간을 쓰는 것이다.

위에 묘사한 것의 효과를 가장 빠르게 하는 방법은 정상적인 수준 이상으로 성을 확대시키고, 결혼 생활의 성관계를 공개적으로 모든 사람들에게 드러내고, "사랑"이란 단어를 성행위로 바꾸고, 고등 문화에 강제적인 힘을 가해서 생각 대신 느낌을 강조하는 저질 문화로 통합시킨다. 이런 일을 떠맡은 곳이 뉴스 미디어이다. 강제적인 인종 통합, 백인과 흑인 학생을 뒤섞기, 살인자들을 감옥에서 석방시키는 것, 사형제도 폐지, 총기류 압수를 강행하는 세력은 미국의 의회가 아니다. 그것은 정치인들에게 압력을 가하는 뉴스 미디어이다. 미국의 다수 중에서 위에 열거한 것 중 단 하나의 항목이라도 지지하는 표는 없다. 이런 일을 하는 것은 뉴스를 파는 소수이다. 많은 유럽인들이 관찰한 바와 같이 미국의 뉴스 미디어는 상 · 하원과 CIA, FBI, 양대 정당, 미국 내 교육 체제를 통제한다. 공산주의가 러시아와 중국의 종교가 되었을 때 체포와 구금과 고문과 그리스도인 목사들을 살해하는 것을 정당화시키는 데 사용한 첫 번째 기관이 바로 언론이다.

"설명해 보라."고 요구한다면, 좋다. 그렇게 하겠다.

그리스도인이 종신형을 받거나 거짓 고백에 서명시키기 위해 고문당하거나 혹은 살해되기 전에 언론은 그리스도인을 “반동분자”, “우익 극단주의자”, “광신적인 정신 이상자”로 몰아붙인다. 마침내 “인민 법정”이 열리면 언론에서 발표한 그 폭동에 대한 견해에 따라 사건을 처리한다. “언론”의 목적은 “인민을 돕는다”는 미명하에(행 21:28 주석 참조) 사람들을 전체주의에 알맞게 준비시키는 것이다. 마침내 “인민 법정”이 소집되면 피고가 법정에 들어서기도 전에 “판결”을 내릴 준비가 다 된다. 이들은 범죄 용의자가 등장하기도 전에 언론에 의해 세뇌를 당한다. 결론적으로 중국과 러시아의 법정 기록에서(1930-1980), 변호사가 없는 피고인(혹은 피고를 파멸시키기 위해 정부에서 기용한 변호사들)들, 법정에서 답변할 기회가 주어지지 않는 피고들, “거짓 고백”을 부인하게 되면 고문당해서 죽을지도 모르는 피고의 가족들, 이웃들에 의해 감시당하는 피고들, 그리고 이 이웃들 또한 “인민의 이익”을 위해 그 피고에게서 어떤 정보를 얻어내지 못하면 고문을 당할지도 모르는 이런 기록들을 발견하게 된다 해도 전혀 놀라지 않게 된다.

이런 일이 미합중국의 벽에 손으로 기록되어 있으며, 또한 기록되어 왔다. 뉴스 미디어는 “협력 작업”을 할 뿐만 아니라, 청취자와 독자와 시청자의 마음에 정신적 그림들을 세워나간다. 제1차 세계대전 이후로 지속적으로 거짓말을 하고 있다. 유명한 영국의 정치인이 1914년에 말한 바와 같이, “두렵건대 이제부터 우리는 결코 다시는 진리를 말할 수 없게 될 것이다.” 통합과 사회적 질병과 도색잡지들과 북 아일랜드와 베트남과 “긴장 완화”와 도매가격과 연방 통제와 정치인 협잡꾼들과 고등학교 내 폭력과 지난 70년간 카톨릭의 세금 통제에 대해 “진실”을 말해 온 미국 내 주요 일간지는 단 하나도 없다. 우리가 읽고 있는 것은 도색잡지와 살인과 반성경적 선전으로 점철된 좌익 로마카톨릭 사회주의이다. 일간 신문과 “진리”와의 관계는 세계 교회 연합과 영성이 전혀 관계가 없는 것만큼이나 상관이 없다.

세켐이 "소녀를 생각했을 때"(창 34:1-8)에는 그로 인해 그에게 "보기 드문 형벌"이 내려졌다. 즉 그의 성읍 전체가 그와 함께 멸망당했다(창 34:27,28).

『**그분이 내 길을 보지 아니하시며, 내 모든 발걸음을 세지 아니하시겠느냐?**』(4절) 알베르트 아인슈타인, 로렌스, 데일리 워커, 미국시민해방연합, 글라이드기념감리교회, 루즈벨트, 믹 재거, 조니 카슨, 비틀즈, 교단 신학교에서 "사역"을 준비하는 5,000명의 학생들에 따르면 그렇지 않다. 하나님의 지식(신학)에 관한 욥은 휴스턴에 있는 우주 센터(1980)보다 상당히 앞서 있다. 욥은 다윗처럼 "우리가 회계해야 하는 그분"(히 4:13)에게서 그 어떤 것도 도망할 수 없다는 것을 알고 있다. 욥은 자신을 저울에 달아 달라고 부탁한다(6절). 욥은 벨사살 같은 사람보다(단 5:27) 자신이 더 훌륭하다는 결론이 나리라는 것을 확신한다. 하나님께서는 이미 욥의 온전함을 잘 알고 계신다(6절). 하나님께서는 이미 욥기 2:3에서 욥의 온전함에 대해 언급하셨다. 문제는 "공평한 저울"(6절)의 한쪽 접시에 욥을 올려놓고 다른 접시에는 하나님이 계시다는 것이다! 주께서 부처, 마오쩌둥, 공자, 다니엘, 베드로, 성 프랜시스, 무함마드, 요한, 바울, 조로아스터, 야고보를 반대편 저울에 놓으시면 욥은 이들보다 훨씬 무게가 많이 나갈 것이다! 그러나 여기서 욥은 하나님의 의를 대적하고 있다(욥 27:6; 40:8). 여기의 문제는, "욥이 겪었던 것을 겪도록 허락하신 하나님이 올바르신가?"이다. 그것이 문제이다. 이것은 우리가 서문에서 논했던 것과 같은 문제이며, 여러분과 내가 인생의 어느 시점에서 아무리 봐도 하나님께서 실수하신 것처럼 보일 때 직면하게 되는 질문이다. 모든 세대의 무신론자들과 불가지론자들은 단순히 인생을 살펴본 다음에 거기에는 하나님이 없다고 결정을 내렸다. 그들의 관점에서 볼 때 "인생"이란 "의미"가 없으며, 하나님이 거기 인생에 계시다 해도 아무도 그것을 찾을 수 없기 때문이다(인생은 불가지론자가 감지할 수 있는 감각에 맞춰 하나님을 계시하지 않기 때문이다). 더 분명하게 말하자면 인간이 가진 근본적인 문제는 자기 의이다(창 3:12; 4:9). 인간은 하나님보다 더 똑똑하다고 생각하거나 아니면 하나님을 지워 버린다(롬 1:19,21). 이렇게 생각하는 이유는 죄인들이 보기에는 모든 것이 우연으로 이루어지고 있으며, 하나님이라면 상황을 우연으로 인도할 수 없다는 것이다. 이렇게 함으로써 인간은 우주에서 최고의 신으로서 통치할 수 있게 된다. 이 시대에 수많은 현대의 그리스도인 유명 인사들이 이런 범주에 잘 들어맞는다는 것은 주지해야 한다. 그러면서도 이들은 "거듭났고, 구령하는 전천년주의자들"이라고 말한다. 19,20세기의 혼미한 "학자들"로 〈킹제임스성경〉을 변개시키는 그리스도인들은 누구라도 자신이 하나님보다 더 똑똑하다고 생각한다. "유명한 학자"가 그리스도인들에게 최종권위로서 심판석에 앉을 때 그는 권위와 관련해서 하나님의 자리에 앉는 것이다. 그 말이 분명한가? 이해하겠는가? 성경을 고침으로써 소득을 끌어 모으는 사람이 아니라면 이해 못할 것이 뭔가?

욥은 이미 저울에 무게가 달아졌고 이미 "부족"한 것으로 판명이 났다. 시몬 베드로도 체중계에 오르기 전에 사탄의 키에서 키질을 당했고(눅 22:31) 그도 역시 "부족"한 것으로 드러났다(마 26:75). 사실 "모든 사람이 죄를 지었으므로 하나님의 영광에 이르지"(롬 3:23) 못했다. 이 지상에 있는 어떤 사람이 예수 그리스도와 함께 저울에 올라가서 그의 의를 그리스도의 의에 놓아서 저울이 평형을 이룬다면 그날은 조니 카슨과 에바 가보르가 수성에 눈사람을 세우는 날이 될 것이다. 주 예수 그리스도께서 여러분 "안"에 계신다(골 1:27)고 한 바울의 말은, 그분이 여러분 안에 계시지 않으면 여러분은 항공모함과 평형을 이루기 위해 저울에 올려진 깃털 하나와 같다는 뜻이다.

『**만일 내 걸음이 길에서 빗겨 가고...**』(7절)

우리들 앞에 펼쳐진 성경의 "오도 페카도스"(Ordo Peccados, 죄의 순서)를 보라.

1. 눈이 본다.

2. 마음은 눈을 따라 정욕을 품는다.

3. 마음의 지시를 수행하기 위해 걸음이 길에서 돌이켜진다. 그러므로 사람들의 눈을 얻으려는 속임수가 있다(마 5:28). 뉴스 미디어에서 이런 일을 의도하고 있다(잠 12:12 주석 참조).

『**어떤 더러운 것이 내 손에 묻었다면**』(7절). 욥은 죄된 행위들을 (비유적으로) 말하고 있다(빌라도, 마 27:24 참조). 그러나 본문은 더 나아가서 요한계시록 13:17의 "표"에까지 이른다. 요한계시록 13:17에서는 검은 입맞춤 표시가(〈짐승의 표〉 참조) 손에 새겨진다(계 13:2,16).

『**내가 심되 다른 사람으로 먹게 하며**』(8절). 욥은 자기 자신의 완전함에 자기의 농작물과 자녀들을 기꺼이 내건다. "후손"이 이미 "뿌리까지 뽑혔는데"도 욥이 그의 "자손"이 아직 거기 있는 것처럼 말하는 것에 주의하라. 이것은 욥기 19:17을 이해하는 데 매우 중요하다.

아담 클라크는 즉시 진리를 서투르게 망가뜨리며 욥의 자녀들이 모두 죽은 것은 아니라고 주장한다. 〈리빙바이블〉도 "후손"을 "곡물"로 바꿈으로써 가능한 한 재빨리 이 실수를 확증한다. 케네스 테일러만큼이나 하나님의 말씀을 전복시키는데 열심을 내는 1901년의 미혹당한 광신자들은(ASV : 모두 "유명한 학자들") "후손"을 "소산"으로 바꾼다. 이런 성경을 거부하고 성경을 부패시키고 성경을 왜곡시키는 배교자들("하나님께서 호흡을 불어넣으신 원본" 등을 믿는)을 당해 내지 못한 로크만재단(확대성경)은 "견인"되어 따라간다. 더멜로우가 6절에서 얻어 낼 수 있는 것이란 이집트의 〈사자의 책〉에 나오는 오시리스에 관한 신화적인 언급뿐이다. 칠십인역은 처음 8구절에서 20개의 변개를 가한다. 매 구절 당 두 구절씩 변개시키는 것보다는 그것이 더 낫다. 제미에슨과 포셋과 브라운은 "후손"을 "내가 심은 것, 즉 나의 수확"이라고 만든다. 그리고 아담 클라크는 마침내 1절의 "소녀"를 "기름칠한 돌무더기"로 바꾼다.

현대의 모든 간섭쟁이들이 엉망으로 만든 "후손"(offspring)은 히브리어로 "체에차임"이다. 이것은 "한 남자의 몸에서 나온 자녀들"이란 뜻이다(욥 5:25; 21:8; 27:14, 사 22:24; 44:3; 48:19; 61:9; 65:23 등). 모든 새로운 "성서들"에서 이 단어는 위의 구절들에서 "후손"으로 번역되었거나 최소한 "아들들"이나 "자녀들"로 번역되었다. 그런데 여기서 이 단어를 바꾸는 저의가 무엇인가? 그렇게 해서 이들은 〈킹제임스성경〉의 번역자들이 "원천언어에 대해" 낮은 수준의 "이해력"을 보이고 있음을 제시하려 한다. 진짜 요지가 뭔가?

간단하다. 이 구절을 변개시킨 속임당한 당나귀들은 이 구절의 문맥 속에서 있는 그대로의 단어의 의미를 이해할 수 없었던 것이다. 속임당한 당나귀가 성경의 어떤 구절을 그 문맥 그대로 이해할 수 없을 때 자신의 무지의 요구에 부응하기 위해 그 구절을 변개시키는 것이다(피터 럭크만의 주석서 창세기, 출애굽기, 잠언, 마태복음, 사도행전, 요한계시록, 호세아, 요엘, 아모스, 오바댜, 요나, 미카, 나훔에 나오는 90개 이상의 예 참조). 그러한 어리석음을 얻는데 종종 40년이 걸리기 때문에 극도의 어리석음의 "인가받은 기준"에 부응하기 위해 어떤 구절을 재정리 하는 것은 매우 어려운 작업이다. 모든 성경을 거부하는 근본주의자들과 보수주의자들은 자신의 지성이나 이해력의 범위를 넘어선 소재를 다룰 때는 무신론자와 불가지론자와 똑같이 일을 수행한다. 즉 자신들과 같은 수준의 진흙 구덩이로 그것을 끌어내린다.

욥은 자신의 자녀들이 아직 살아 있어서 뿌리가 뽑히게 될 것이라고 말하고 있는 것이 아니다. 그는 분명히 "나의 당근과 순무가 뽑힐지니라."라고 말하고 있는 것이 아니다. 그는 "만약에"(5,7,9,13,16절)라고 말하고 있다. 내가 이런 저런 일을 했다면, 그렇다면(8,10,22절) "나의 후손이 뿌리까지 뽑힐지니라." 욥은 "내가 그렇게 하지 않았다면"이라고 말하고 있지 않다. 때로 공인 본문에서 이탤릭체로 표시된 단어들("then")이 교육받은 사람들을 혼미케 하는 문제들에 많은 빛을 던져 준다.

31:9 만일 내 마음이 여자에 의하여 미혹되었다면 만일 내가 내 이웃의 문전에서 숨어 기다렸다면
10 내 아내가 다른 사람을 위하여 맷돌을 갈며 다른 사람들이 그녀에게 들어갈지니라.
11 이는 이것이 극악한 범죄임이니 정녕, 이것은 재판관들에게 벌받을 죄악이라.
12 이는 그것이 멸망에 이르도록 사르는 불이요, 나의 모든 후손을 뿌리째 뽑을 것임이라.

욥은 음행(결혼하지 않은 여자들과의 관계)에서 자신을 지켰을 뿐만 아니라 결혼한 여자들과의 간음에서도 자신을 지켰다. 욥은 간음을 "극악한 범죄"(11절)라고 부른다. 그러므로 욥이 플레이보이, 에스콰이어, 램푼, 플레이 메이트, 위, 플레이걸 등의 저질 잡지의 편집진들이나 SIECUS와 전국교육협회 직원들과 아주 좋은 관계를 유지하고 있었다고는 생각할 수 없다. 이 세상은 진정한 의를 결코 좋아하지 않으며(벧후 2:5), 그래서 유대인들과 이방인들, 제자들, 로마인들, 랍비들, "아버지들"은 예수 그리스도는 고문당해서 죽어야 한다고 모두 동의한 것이다(요 18:35). 욥은 결코 "성인 사이의 합의"로 이루어진 간음을 "20세기의 가치 규명"을 해야 하는 "환경적 상황"에서 "문화를 교환"하기 위한 "조화로운 적응"으로 보지 않는다. 그렇게 말하지 않고 욥은 "범죄"라고 말한다. 성경에서 간음은 범죄자가 하는 행동이며, 그 형벌은 사형에 해당한다!(레 20:10).

다윗이 적절한 실례이다. 왜냐하면 그의 마음은 한 여인에 의해 미혹당했고, 그는 "이웃의 문에 엎드려 기다렸기 때문이다"(9절). 그래서 다윗의 아내들은 다른 사람들을 위해 맷돌을 갈았으며(10절), 다른 사람들이 "그 아내들에게 들어갔다"(삼하 16:22). 음행은 이혼의 성경적 사유가 된다(마 19:9 주석 참조). 음행이 현대에도 실제로 이혼 사유가 된다. 구약에서는 (신 19:18) 재판관들(11절)이 범죄에 형벌을 가한다. 다윗에게는 그를 벌할 재판관이 없었으므로 그의 아들이 "재판관"이 된다!(삼하 15:2) [B.C. 2000년에 살든지 A.D. 2000년에 살든지 하나님을 패배시키지는 못한다.] 12절의 "후손"(increase)은 8절의 "후손"(offspring)을 언급한다. 두 경우 다 성범죄를 논하고 있으며, 창세기 9:25; 49:4에서와 같이 두 경우 다 범법자의 실제 씨에 그 영향이 미친다. 이런 이유 때문에 "더 새로운 번역본들"은 8절을 변개시켜서(위 참조) 분명한 도덕적 연계성을 없애 버린다. 이번에는 이 번역본들이 단순히 마귀만을 은폐시키는 것이 아니라(욥 30:29 참조), 성적 범죄들을 은폐시키고 있다. (이들이 "경건한" 무리들임을 모르지는 않을 텐데! 분명히 확신하건데 이들은 주정뱅이 교황만큼이나 강력하게 낙태와 재혼에 대해 반대 입장을 취할 것이다!!)

31:13 만일 내 남종과 여종이 나와 더불어 다투었을 때 내가 그들의 사정을 멸시한 적이 있었다면
14 하나님께서 일어나실 때 그때 내가 어찌하겠느냐? 그분이 살피시려고 오실 때 내가 그분께 무엇을 대답하겠느냐?
15 나를 태 속에 만드신 분께서 그도 만들지 아니하셨겠느냐? 우리를 태 속에 지으신 분이 한 분이 아니시냐?
16 만일 내가 가난한 자들의 원하는 일을 막았거나 과부의 눈을 실망시켰다면,
17 아니면 내 적은 *음식*이라도 나 혼자만 먹고 아비 없는 자들에게는 먹이지 아니하였다면
18 (내가 어릴 때부터 그는 아비와 함께 있는 것처럼 나와 더불어 길러졌으며 또 내가 내 어미의 태에서부터 과부를 인도하였도다.)
19 만일 내가 어떤 사람이 의복이 없어서 죽은 것을 보았거나 어떤 가난한 사람이 덮을 것이 없는 것을 보았다면
20 만일 그의 허리가 나를 축복하지 아니하였다면 만일 그가 내 양털로 따뜻하게 되지 아니하였다면,
21 내가 나의 도움을 성문에서 보고 아비 없는 자를 대적해서 내 손을 들어올렸다면
22 그때에는 내 팔을 내 어깨 뼈에서 떨어뜨리고 내 팔을 뼈에서 부러뜨리라.
23 하나님으로부터 오는 파멸이 내게 공포가 되었으니 그의 위엄으로 인하여 내가 견딜 수가 없도다.

이제 욥은 자신이 가난한 사람들을 어떻게 다루었는지를 말하면서 줄곧 자신을 의롭게 여긴다. 욥의 남종이나 여종과 욥 사이에 문제가 발생해서 그에게 불평을 가져오면(13절) 욥은 그들을 멸시하시 않았다. 퉁명스럽게 “가서 일이나 하라”고(파라오, 출 5:5-9 주석 참조) 그들을 내쫓지 않았다. 욥은 그들의 말에 귀를 기울였고 그들에게 동정심을 보였다. 욥은 에베소서 6:9와 골로새서 4:1에 순종해서 이렇게 한 것이다. 욥은 언젠가 자신이 직접 하나님께 설명해야만 하며(14절) 자신이 직접 그런 “불평”에 답변해야 한다는 것을(14절, 욥 26:1-4) 알고 있었다. 눈먼 바디매오, 므피보셋, 나사로를 만드신 하나님께서 또한 니코데모, 아브라함, 빌라도, 헤롯, 다윗, 아리마대 요셉을 만드셨다. 요셉을 감옥에 넣으신 그 하나님(잠 22:2)께서 그를 또한 보좌에 앉히셨으며, 그분 자신의 아들을 마굿간에서 태어나게 하신 바로 그 하나님께서 그를 또한 우주 위에 두셨다. 욥은 가난한 자들이 원하는 어떤 것을 그것이 생활의 필수품일 경우 거절하지 않았다(17,19절). 그에게 도움을 구하는 과부의 눈이 도움을 보지 못한 적이 없으며(16절), 과부의 자녀들은 먹을 곳이 없을 때 그의 식탁에서 먹었다(17절). 욥은 태어나면서부터 과부들을 인도했고 고아들에게 아버지로서 행동했다(18절). 추위 속에서 떠는 가련한 자에게 양가죽 코트(20절)와 울 스웨터를 줬기 때문에 그들의 “허리”가 욥을 축복하였다. 먼저 덮혀져야 할 부분이 “허리”(창 3:7)이므로 비유적 표현이 사용되었다. 욥은 시 장로회에서 행하는 공식적인 투표에서 그가 원하기만 했다면 대다수가 그를 지지해 줄 수도 있었지만(21절) 아비 없는 자를 대항해서 거수를 하거나 비난하는 소리를 낸 적도 없다(21절). 욥이 이런 일을 했다면 하나님께서 그의 팔을 어깨뼈에서 찢어 놓는다 해도 기꺼이 그것을 감수하고자 했다(22절). 욥은 자신의 간증을 그의 피로 인친다(욥 27:5). [잠 13:13, 욥 22:9; 24:7; 38:22, 창 2:12; 14:2 참조]

성경해석학적 면에서 말하자면 예일, 하버드, 프린스턴, 시카고 대학,

샌프란시스코 보수 침례 신학교, 밥존스대학, 루터라이스신학교, 달라스의 교수진을 위해 성경 공부 교재를 쓴 사람들에게 시간을 쓰는 것은 아무런 도움이 되지 않는다. 똑같은 무리, 똑같은 직원들, 똑같은 어조, 똑같은 불신이다. 범죄 비밀 결사 단체와 다른 나머지 사람들과의 유일한 차이점은 어떤 사람들은 한 장 당 두 구절을 바꾸고 다른 사람들은 각 절 당 두 단어씩 바꾼다는 것뿐이다. 이 부분은 각 구절 당 네 차례 이상의 변개가 가해진 부분이다. 둠, 버드, 피크, 벌링거, 테일러, 도드, 랑게, 더멜로우, 칠십인역, ASV, NASV의 파괴적 비평을 다 합치면 볼테르, 루소, 탐 페인의 말에서 드러나는 타락한 배교의 모습의 두 배는 된다. 〈킹제임스성경〉 전체 구절에서 만족할 만하게 분명치 않은 구절은 단 한 구절도 없으며, 또한 만족스럽지 못한 단어는 단 한 단어도 없기 때문에 이 구절에 관해 뭔가를 알아내기 위해 위에 열거한 "학자"나 그들의 학생들이나 교사들에게 자문을 구할 필요는 전혀 없다. 하나님께서 말씀하실 때 죄인들은 입을 다물도록 하자.

23절은 욥기 31:1; 18:11의 관점에서 볼 때 절대적으로 분명하다.

31:24 만일 내가 금으로 내 소망을 삼거나 정금에게 말하기를 '너는 나
의 믿는 바라.' 하였다면
25 내가 내 재산이 많고 내 손에 많이 가졌다고 해서 즐거워하였다면
26 내가 해가 비치는 것을 보거나 달이 밝게 움직이는 것을 보고
27 내 마음이 몰래 유혹되었거나 내 입이 내 손에 입맞추었다면
28 이것 역시 재판관에 의해 형벌을 받아야 할 죄악이었으니 이는 내
가 위에 계신 하나님을 부인하였을 것이기 때문이라.

다음 부분은 돈과 우상 숭배와의 관계를 다루고 있다(26,27절). “탐심”은 “우상 숭배”이며(골 3:5), 우리가 가져야 할 유일한 우상은 주 예수 그리스도이므로(요일 5:20) 우리는 공산주의, 은사주의, 그리스도의 교회, 카톨릭을 경계해야 하는 것만큼 자본주의를 경계해야 한다. 욥에게는 많은 금이 있었지만(욥 1:1-5) 욥은 금을 신뢰하지 않았다(24절). 그는 다윗과 함께 “주여, 이제 내가 무엇을 기다리겠나이까? 나의 소망은 주께 있나이다.”(시 39:7)라고 말할 수 있었다. “재물은 진노의 날에 유익하지 않기”(잠 11:4 주석 참조) 때문에 욥은 금을 그의 “소망”으로 삼지 않는다. 그러나 욥의 “소망”이 자신의 의였다는 것은 고통스러울 만큼 명백하다. 욥은 하나님의 의를 신뢰할 수 없었다. 왜냐하면 지금 이 순간에 욥은 하나님께서 자신을 옳게 대하지 않고 계시다고 생각했기 때문이다. 우리의 노래는 항상 “나의 소망은 예수님의 피와 의밖에는 없네.”라고 되어야 한다(롬 10:1-5). [미국이 자신의 금을 신뢰하고(1849) 자신의 친구들을 사는 데 은에 신뢰를 두었을 때(1933-1970) 미국은 역사상 가장 사악한 적들을 양산해 냈다. 친구는 돈을 주고 살 수 없다(잠 17:17 주석 참조).]

욥은 자신의 부가 늘어날 때 기뻐하지도 않았다(25절). 그러므로 욥과 보통 목사나 교사 사이에는 엄청난 차이가 난다.

『**내가 해가 비치는 것을 보거나 달이 밝게 움직이는 것을 보고 내 마음이 몰래 유혹되었거나 내 입이 내 손에 입맞추었다면**』(26,27절). 다시 한 번 달은 “빛나지” 않는다는 것을 주지하라(욥 25:5). 달은 다만 “밝게 움직일” 뿐이다(26절).

“태양과 달 숭배”에 관한 명쾌한 책이 여러 해 전에 히슬롭에 의해 저술되었다(〈두 개의 바빌론〉). 여기서는 그 내용을 살펴볼 만한 지면이 허락되지 않기 때문에 남자 신으로서의 태양 숭배와 여자 신으로서의 달

숭배는 창세기 6장만큼이나 오랜 역사를 가지고 있다고 언급하는 것으로 만족해야겠다. 이런 종류에 관한 언급은 (그것이 바알, 아스타롯, 렘판, 이스타, 키운, 다이아나, 몰렉, 아스타르테를 언급하는 것이든 그렇지 않든) 성경 전체에서 발견된다(겔 8:16, 신 4:19, 왕하 23:5,11, 행 7:42, 왕하 21:5, 사 24:21, 판 2:11,13, 삼상 12:10 등). 우리는 이것들을 그리스, 로마, 바빌론 신화에서처럼 세분화하지 않고 하나로 통합할 수 있다. 실제로 전에 이 땅에는 많은 "신들"이 있었고 그들이 나타난 곳에서 사람들은 그들의 이름을 따서 이름을 지었다(창 6:1-6). 인간을 "신"으로 신격화하려는 신학적 목적을 위해 그것들은 모두 한 쌍으로 요약될 수 있으며(창 3:8), 하나님께서 말씀하신 것에 의문을 제기해서 교육을 받고 더 나은 지식을 가진 "신들"처럼 된 타락한 남자와 타락한 여자로 유형 지워질 수 있다(창 3:7). 그들의 자손은 살인자였고(요 8:44) 타락한 남자가 "태양"의 모습으로 비쳐지든지 "하늘의 여왕"을 아내(달)로 가지고 있으며 거짓 그리스도를 자녀로 둔(살전 2:2-6) "거룩한 아버지"로 나타나든지, 혹은 그 태양이 그 뿔들 사이에 빛나는 원형이 그려진 황소이며 자신의 어머니를 아내로 뒀으며(탐무즈, 오시리스, 셉, 이시스, 님롯 등 참조) 거짓 그리스도(아바돈, 아폴로, 바쿠스, 아도니스 등)로서 자신의 아들(아폴로)을 지옥에 두고 있든지 간에 우리는 들어온 곳으로 다시 나간다. 즉 "영과 진리로 섬기는" 실제의 경배에 음행과 간음과 성도착이 그 일부로 포함되고 육체적 사랑을 최고의 신으로 두는 자연 숭배와 만나게 되는 것이다(계 2:20,21 주석 참조).

손에 하는 키스(27절)는 "평화의 아버지"(삼하 18:18, 이것이 "압살롬"이라는 이름의 의미이다!!)가 하는 "평화의 키스"(삼하 15:5, 마 26:49)로 손에 박아 넣은 검은 키스(요 17:12, 살후 2:2-4, 계 13:16,17, 호 13:2, 삼하 15:5)의 모습을 보여 준다. 대환란 때 경배하는 자들에게는 우상 숭배가 요구되며(계 13:15) 그것은 곧 "위에 계신 하나님"(계 13:6)을 부인하는 것이다. 우리는 페인과 비더볼프, 그리고 그들이 함께하는 400명의 권위자들이 놓친 4개의 예언 관련 추가 구절들을 만났다. 그러나 K마트에서 산 일제 믹서로 성경을 갈기갈기 찢고자 한다면 많은 진리를 놓치게 될 것이다. 성경을 이해하고자 할 때는 1온스의 진정한 겸손("의견이 다른 사람들을 존경"하는 것에 대한 거짓되고 "경건"한 푸념이 아니라)이 10톤의 계획된 겸손보다 낫다.

31:29 만일 내가 나를 미워한 자의 멸망에 기뻐하였거나 재앙이 그에게 닥쳤을 때 나 자신을 추켜세웠다면

30 나는 그의 혼이 저주받기를 바람으로써 내 입으로 범죄하지도 아니하였도다.

31 만일 내 장막의 사람들이 '오, 우리가 그의 육체를 차지한다면! 우리는 만족할 수 없도다.'라고 말하지 않았다면

32 타국인이 길거리에서 유숙하지 아니하였으니 이는 내가 여행자에게 문을 열어 주었음이라.

33 만일 내가 내 죄악들을 나의 품에 숨김으로써 아담처럼 내 허물을 덮었다면

34 내가 큰 무리를 두려워하였거나 가족들의 멸시가 나를 무섭게 하여 내가 조용히 하고 문에서 나가지 아니하였던가?

다음은 개인적인 복수의 문제를 다룬다. 욥은 그의 원수들이 멸망할 때 몰래 기뻐하지도 않았다(29,33절). 마음이 입을 통제한다는 것(마 12:35)을 안 욥은 그의 입술의 문(시 141:3)에 그런 소원(30절)을 담는 것조차

피했다. 그의 원수 중에 하나가 살해되거나 암이나 당뇨병에 걸리면 욥은 진정으로 그에게 유감을 표했으며(눅 19:41) 아마도 그를 위해 기도했을 것이다. 그는 야고보가 태어나기도 전에 야고보서 3:9을 주의해서 지켰으며, 솔로몬이 뭔가를 기록하기도 전에 잠언 24:17에 복종했다. [적절한 태도, 행위, 동기, 원칙, 실행에 관한 하나님의 법은 모세가 모세의 율법을 받기 여러 세기 전에(롬 2:14) 사람들의 마음에 기록되었다(롬 1-2장). 성경은 "옛날 사람"이 현대의 하버드나 컬럼비아의 대학 교수들보다 절대 기준에 훨씬 더 익숙해 있었다는 것을 증거한다.]

더군다나 욥은 자신의 종들 중에서 욥에게 천벌이 임하기를 바랐을 때조차도 그들을 용서했다(31절). 그들은 대부분 "그의 껍질을 벗기지" 않고서도 만족했다(31절). 그러나 욥의 집의 종들이 "우리가 그의 육체를 차지한다면"이라고 말하지 않았다면 그는 정당화될 수 있다. 종들 중 몇이 그렇게 말했다는 것은 분명하다. 이러한 명백한 구조를 회피하기 위해 1800년 이후로 나온 모든 성경 개정에서 - 근본주의자가 추천한 것을 모두 포함해서 - 이 구절을 변개시켰다. 더멜로우나 랑게나 〈해석자성경〉이나 클라크에게 자문을 구해서 우리가 얻을 수 있는 것은 오직 "이 구절은 다음과 같이 되어야 더 낫다."라는 말 뿐이다. 혹은 위클리프 주석은 너무나도 퉁명스럽게 "KJV가 아니라 ASV"(Ibid., 482쪽)라고 진술한다. 우리도 퉁명스럽게 "ASV가 아니라 KJV"라고 제안할 수 있기를! 31절을 그 전 구절(30절) 대신 32절로 연결시킴으로써 본문을 망가뜨린다. "not"이라는 히브리어 단어가(31절) 제미에슨의 "본문 설명"에서 조용하게 떨어져 나갔다. 반면 그 단어는 〈확대성경〉에서는 미래에 관한 진술로 되어 있다. ASV(1901)는 두 번째 절에 또 다른 "not"을 첨가시켜서 자신들이 생각하기에 당연히 그래야 한다고 생각되는 식으로 성경을 뜯어 고친다. "경건한" 번역의 전형적인 모습이다.

본문을 있는 그대로 보면 욥을 미워하는 어떤 사람이(29절) 31절을 말하고서도 욥의 집 안에서 "잘 지낼 수" 있었다는 말이다. 어떤 사람이 그런 생각을 한다 해도 욥은 그 사람에게 저주가 임하기를 바라지 않았다(30절). 알다시피 "침상에서 왕을 저주하면" 머잖아 왕이 그것을 알게 된다(전 10:20). 전도서는 "내 생각으로라도 왕을 저주하지 말고"라고 말씀하신다.

『**타국인이 길거리에서 유숙하지 아니하였으니**』(32절). 그러나 이 구절은 앞 구절과 전혀 상관이 없다. 주석가들은 욥의 집에 있는 모든 사람이, 모든 사람이 연회에 만족해 했다(32절)는 것을 알고 있었다는 증거로 "타국인"(32절)을 들이댄다. 그러나 이런 온갖 노력은 부질없는 짓이다. 욥은 여행자들에게 자신의 집의 문을 열어 주었다. 31절의 "사람들"은 도보로 여행하는 타국인이 아니라 그의 "장막"의 "사람들"이었다.

갑작스런 아담의 출현(33절)은 두 가지 이유로 인해서 부주의한 주석가들과 개정자들에게는 너무 갑작스러운 일이다. 첫 번째는 이들은 욥기의 저작 연대를 가능하면 아담에게서 멀리 떼어 놓고 싶어 하며, 두 번째는 아담이 자신의 불의를 "품"에 숨겼다고 말한 욥에게 크게 분노한다(7,27의 마음에 관한 주석 참조). 그래서 로크만재단은 "혹은 다른 사람들처럼"을 살짝 첨가한다. ASV는 "사람들의 방식을 따라"를 제안하고, 〈리빙바이블〉은 "품"이란 단어를 삭제하고, NEB는 "사람들이 하는 것처럼"을 집어넣고, 부패한 칠십인역은 아담의 이름을 그 구절에서 없애 버린다. 다른 성서들은 그 구절을 변개시켜서 "보통 사람"이나 "사람들이 하는 것처럼"으로 바꾼다. 본문을 제외하고는 어떤 것이라도 괜찮다는 태도이다. 아담 클라크는 욥기의 기록 연대를 출애굽 이후로 잡을 기회를 하나 더 포착하고서는 욥은 "창세기에 나오는 모세의 설명"을 통해서 아담에 관해 읽었을 지도 모른다고 말한다. 그것이 사실이라면 흥미로운 문제가 발생한다. 재판관기, 여호수아, 사무엘하에 나오는 사람 중에서 이런 말을 한 사람은 하나도 없는데 욥이 왜 그런 말을 하느냐는 것이다(욥이 "모세의 설명"을 잘 알고 있다면). 이 사람들은 "모세의 설명"을 잘 알지 못했단 말인가? 욥이 이런 일을 회상한 분명한 이유는 아담의 죄가 재판관이나 사무엘의 시대보다 욥의 시대에 600년(혹은 그 이상)이 더 가까웠기 때문이다.

아담은 자신의 죄과들을 덮었다. 그는 자신의 벌거벗음을 무화과나무 잎으로 가렸다(창 3:7). 그는 자신의 불의를(33절) 자신의 마음속에 뿐만 아니라(잠 6:18) 나무 뒤에 숨겼다(창 3:8). 욥은 자신의 죄들을 자백하고 버렸다(잠 28:13). 더군다나 아담은 포도나무에 참예한 것 외에 죄과들(복수)을 저질렀다. (여러분이 다니는 학교의 교수진들은 이것을 발견할 수가 없었다. 그것을 발견했다 해도 그것으로 돈을 벌 수 없기 때문에 그들은 그냥 그것을 부인해 버린다.) 아담은 짝을 만들어 준 하나님에게 책임을 전가하며 하나님 탓을 한다(창 3:12). 그는 아내의 말에 귀를 기울였고(창 3:17), 하나님과의 교제가 깨졌으며(창 3:10), 열매를 먹은 동기에 대해 거짓말을 했다. 이런 죄과들이 "감추어졌으며," 최소한 아담은 그 죄과들을 덮으려고 시도했다. 결국 하나님께서 덮을 것을 만들어 주셔야만 하셨다(창 3:21 주석 참조). 숨겨진 모든 불의는 가슴("품") 속에 숨겨진 것이다(출 4:6 주석, 잠 6:25, 막 7:21). 사람은 "마음에 생각하는 대로 그도 그러하다."(잠 23:7 주석 참조).

워싱턴 D.C.의 법률 제정자들이 흑인 이슬람교도들과 아일랜드공화국군대와 아티가의 죄수들과 NAACP, 바티칸, 켄트주 학생들을 두려워한 것처럼 다수를 두려워했는가?(34절) 그렇지 않았다. 욥이 케네디가 사람들이나 록펠러가, 닉슨가, 루시가, 프로토가, 포드가, 듀폰가, 아스터가 사람들처럼 "가족의 멸시"(34절)를 염려했는가? 그렇지 않았다. 욥이 연합 기금, 순복음 친교회, 캠퍼스 크루세이드, 기독교 학교들 등에 대해 염려하면서 입을 다물고(34절) 침묵을 지켰는가? 그렇지 않았다. 욥이 베드로, 야고보, 요한(눅 24:36, 요 20:19)처럼 NEA, HEW, 자격을 갖춘 권위자들, "인가받은 학교들," 도시 원로들, 연합 기금, 로마 사제들, 국내 세입 서비스, 기독교 학교들의 교수진들이 반대한다는 이유로 그의 사무실에 웅크리고 있었는가?(34절) 그렇지 않았다. 미카야(왕상 22장), 바울(행 26장), 예레미야(렘 42장), 예수님, 느헤미야(느 13장)처럼 멸시하는 사회단체와 종교적 정치적 세력 앞에서 욥은 병아리 둥지 앞에 있는 퓨마처럼 전혀 겁내지 않는다.

31:35 오, 누군가가 내게 듣는다면! 보라, 나의 바람은 전능하신 분께서
내게 응답하시는 것이요, 나의 대적이 책을 썼으면 하는 것이라.
36 내가 반드시 그것을 내 어깨 위에 메고 왕관처럼 내게 묶으리라.
37 내가 그에게 나의 걸음의 수를 알리고 통치자처럼 그에게 다가가리라.
38 만일 내 땅이 나를 대적하여 소리를 치며 그 고랑들도 이같이 불
평한다면
39 내가 돈 없이 거기서 나는 열매들을 먹었거나 그 주인으로 그 생
명을 잃게 하였다면
40 밀 대신에 엉겅퀴가 보리 대신에 잡초가 나야 하리라." 하고 욥의
말이 그치니라.

욥이 자신을 변호하는 일이 거의 끝나가고 있다. 절정에 이르면서(비교를 위해 마 23:35 참조) 욥의 목소리는 점점 더 커진다. 결심을 굳게 한 침묵 속으로 잠겨들기 전에(40절) 욥은 거의 다시 울부짖을 지경에 이르며(35절) 히스테리를 일으키지 않도록 스스로를 강하게 억누르고 있다.

『**오, 누군가가 나를 듣는다면!**』(35절) 그의 친구들은 하품을 하고 있거나 아니면 도시 쓰레기장 위를 날아 다니는 말똥가리를 응시하며 경건하게 허공을 쳐다보고 있다. 자기 자신과 같은 죄인이 자신이 상대방보다 더 낫다는 것을 증명하려고 애쓰는 소리를 듣는 것보다 더 지루하고 분노스러운 일은 없다! 엘리후는 욥의 말을 듣고 있지만(욥 32:11,12) 그는 욥이 자신을 변호하는 것을 확증해 주지 않는다. 그는 단지 조용한 분노 속에서 욥을 응시하고 있을 뿐이다.

『**나의 바람은 전능하신 분께서 내게 응답하시는 것이요**』(35절). 그리고 전능하신 분은 그에게 응답하신다(욥 38:1). 『**나의 대적이 책을 썼으면 하는 것이라**』(35절). 이 두 가지 기도는 모두 응답된다. 엘리후는 욥의 대적이고(욥 34:7,8,35-37) 그가 욥기를 기록했다! [서문에 나온 욥기 32:16 주석 참조. 여기서 모든 주석가들과 개정자들이 히브리어와 영어 단어들을 바꿈으로써 욥기의 저자를 지워버렸다.]

『**내가 반드시 그것을 내 어깨 위에 메고**』(36절). 이것은 고대의 범죄자들이 자신들의 범죄 사실이 기록된 나무로 된 판을 어깨에 멘 모습을 연상시킨다. 때로 범죄 사실이 나무에 새겨진 채(욥 13:26, 렘 17:1) 수주일 동안 나무 멍에를 메고 있어야 하는 "손목과 목을 끼워 넣는 형틀의 형벌"을 받기도 했다. 37절은 그 자체로도 명백하다. 다음에 이어 나오는 것은 비통한 자기변호이다. 욥은 그가 그의 정원과 목초지를 잘못 다루었다면 하나님께서 그것들을 저주하셔서 잡초와 엉겅퀴가 나게 하시기를 바란다고 말한다(40절). 욥은 그의 고용인들을 위해서 “집단 보험”을 들었고(39절), 그들이 일하는 동안 안전하게 하기 위해 보호 조치를 취했다(39절). 그는 심지어 “여러 가지 씨앗”(신 22:9)을 뿌리지도 않았고 밭을 갈 때도 동물들을 잘못 사용하지 않았다(신 22:10). 그의 농장 경영은 자신의 재정만큼이나 흠이 없었으며 그의 땅은 자신의 금만큼이나 훌륭했다. “욥이 말을 그치니라.”

여기에 욥이 고개를 숙이고 자신의 쇠약한 다리 사이를 응시하면서, 다 떨어진 넝마를 걸치고 있고 그의 손은 팔에서 축 늘어져 있다. 그의 팔은 무릎 뼈를 의지하고 있는 데 이 무릎 뼈는 두 개의 놋으로 된 문고리만큼이나 앙상하다. 자기 자신의 의라는 더러운 넝마로 옷 입고 있는 욥은(사 64:6) 이 시점에서 게헨나 즉 도시 쓰레기장에 있는 자기 의를 내세우는 죄인의 완벽한 모습이다. 이 사람이 바로 욥기 9:20,28을 말했던 그 사람이다.

그러나 지상에는 욥 외에도 자신의 의를 신뢰하는 사람이 많이 있다.

사례 1.

펜사콜라에 있는 커다란 라디오 방송국의 매니저(내가 구원받기 전에 밑에서 일했던 사람)를 멈춰 세우고 그에게 물었다. “구원받았나요?” 그는 굳은 표정으로 벌떡 일어서서는 “네 이를 날려 버릴 테다.”와 “물론 구원받았다. 내가 구원받지 않은 것처럼 보이나?”의 중간쯤 되는 미소를 지으며 내 코밑에 손을 들이대고는 내게 반지를 보여 주었다. 솔직히 말해서 나는 프리메이슨 성직자 지위에는 관심을 가져본 적이 없었다. 나는 어리석게도 그에게 그 질문을 다시 했다. 내 질문에 그는 웃음을 멈추고는 화가 나서 “물론이지!”라고 말하고 방에서 급히 나가 버렸다. (금속으로 된 반지를 보면서) 내가 배워야 할 것은 인간 죄인은 하나님에 의해서 의롭게 되었다는 것이었다. 자, 누가 그것을 추측이나 할 수 있었겠는가?

사례 2.

한번은 대학가 거리 모퉁이에서 거리 설교를 하고 있었다. 약 40명의 사람들이 지나가다가 그림 설교를 듣기 위해 멈춰 섰다. 결론 부분에서 나는 사람들을 향해 돌아서서 말했다. "여러분 중에 주 예수 그리스도를 영접하고 싶으신 분은 앞으로 나오셔서 이 전도지를 받아 가십시오. 이미 구원을 받으셨다면 그럴 필요는 없습니다. 그러나 오늘 그리스도를 받아들이고자 하신다면 여러분 자신이 최상의 방법을 알고 있습니다. 앞으로 나오십시오. 전도지는 무료입니다." 세 사람이 내 제안에 응했다. 나는 사람들에게 가까이 다가가서 이 사람에게서 다른 사람에게로 다니다가 네 명의 젊은이들이 머리에 파란색 모자를 쓰고 있는 것을 봤다. 그 모자에는 흰색으로 "F"표시가 되어 있었다. 나는 이 젊은이들에게 "이봐요, 당신들 구원받았나요?"라고 물었다. 그러자 그들이 일시에 손을 들어 손가락으로 모자에 새겨진 "F"자를 가리켰다. 그들은 모두 단 한 마디의 말도 하지 않았다! [내가 약간의 판단력을 발휘했다면, 모자에 새겨진 "F"가 "Furman"의 머리글자라는 것을 알았을 것이다. "퍼먼(Furman) 대학"에 가면 그것이 곧 구원받은 것인가 보다. 솔직히 말해 나는 약간 혼란스럽다.]

사례 3.

나는 서커스의 "천하장사"와 이야기를 나누고 있었다. 매년 플로리다 파나마 시에서 열리는 축제에서 그는 거리에서 한 줄로 연결된 차들을 이로 끌어당겼다. (내 기억에는 열 대가 한 줄로 연결된 차였던 것 같다.) 이 천하장사는 나무랄 데 없는 사람이었다. 그의 간증을 듣고 나는 욥이 그와 같은 식탁에서 식사를 했다면 욥도 기가 죽었을 거라고 생각했다. 그는 술도 마시지 않았고 담배도 피우지 않았으며 욕도 하지 않았고 교회도 다녔고 빚도 다 지불했고... 나는 에베소서 2:1-9를 그에게 보여 주었고 다음에는 로마서 10:1-10과 요한복음 3:16을 보여 주었다. 30분 뒤에 그는 말하기를, "사형 판결을 받아서 전기의자가 정해진 살인자가 전기의자 스위치를 내리기 5초 전에 예수 그리스도를 받아들이면 그가 하늘나라에 갈 수 있다는 말입니까?"라고 했다.

"맞습니다." 내가 말했다.

"글쎄요. 그건 공평치 않아요." 그가 큰 소리로 말했다.

"왜 공평하지 않지요?"

"내 말 좀 들어봐요. 여기에 마귀처럼 사는 치사하고 더러운 그렇고 그런 사람이 마지막 순간에 "전기의자"에 앉았다고 생각해 봅시다. 반면 평생 나처럼 선한 삶을 살았고 올바른 삶을 살기 위해 온갖 것을 다 포기한 사람이 있다고 합시다. 나처럼 말입니다. 그런데 예수 그리스도를 믿지 않았다고 해서 지옥에 가야 한단 말입니까?"

"성경이 옳다면 그렇습니다." 내가 말했다.

"그렇다면 내가 행한 이 모든 선한 행위는 다 어떻게 되는 것입니까? 나는 하나님께서 나를 지옥에 가도록 내버려 두시고 그 살인자를 하늘나라에 가게 하시리라고 믿지 않아요. 비록..."

"이봐요. 하나님께서는 당신이 선한지 그렇지 않은지를 알고 계시며(막 10:21), 당신의 선행을 간과하시지는 않을 것입니다(행 9:36). 당신이 그분의 아들을 거부한다면(요 3:36) 당신은 지옥에 갈 것입니다(계 20장). 다른 사람들과 마찬가지로(신 32:22) 지옥에 갈 것입니다(마 11:22). 어떻습니까?"

이런 말이 그에게는 그렇게 좋게 들리지 않은 것 같았다. 나의 "예견"이 별로 마음에 들지 않은 것이 분명하다.

하늘 아래 자기 의를 내세우는 사람에게는, 하나님으로부터 오는 계시(욥 38-40장)로 인해 자신이 의롭지 못한 반역자임(욥 41,42장)이 계시되는 것 말고는 치유책이 없다. 구원을 받았든 아니든 일 년 열두 달 마태복음 22:37에 복종하는 사람은 없다. 수백만의 죄인들이 심판 때에 자신들은 "괜찮을 것"이라고 생각하는 이유는 그들의 도덕 수준이 개나 바리새인의 수준이기 때문이다.

욥기 32장

32:1 욥이 스스로 의롭게 여겼으므로, 이 세 사람이 욥에게 대답하기를
그쳤더라.
2 그때 람의 친족 부스인 바라겔의 아들 엘리후가 화를 내어 욥에 대
하여 그가 분을 발하였으니 이는 욥이 자신을 하나님보다 더 의롭
게 여김이더라.
3 그가 욥의 세 친구에 대하여도 분을 발하였으니 이는 그들이 답을
발견치 못하고서도 욥을 정죄하였기 때문이더라.
4 그때 엘리후가 욥이 말할 때까지 기다렸으니 이는 그들이 자기보다
나이가 많음이더라.
5 엘리후가 이 세 사람의 입에 답변이 없는 것을 보자 그가 분을 발
하였으니

[심마쿠스, 케니콧, 시리아 사본, 아라비아 사본, 칠십인역에서는 모두 1절을 없애 버렸다. 그들의 어리석음을 논할 시간은 없다.]

욥의 세 명의 친구들은 그에게 답변하는 것을 멈추었다. 왜냐하면 욥이 "스스로를 의롭게 여겼기" 때문이다(1절). 욥은 "자신을 하나님보다 더 의롭게"(2절) 여겼기 때문에 더 이상 이야기를 진행시키는 것은 무의미하다.

지금까지 엘리후는 침묵을 지키며 그의 친구들의 말을 듣고 평가하며 앉아 있었다. 이제 그에게 피가 솟구쳤으며(2절) 그는 자신의 말을 시작한다. 그는 욥의 말이 끝날 때까지 기다렸으며(4절), 엘리파스와 빌닷과 소팔의 나이를 존중하는 마음으로 침묵을 지켰다(4절). 그러나 엘리후는 아무도 욥에게 답변하지 못했다는 결론에 이르자(5절) "중재자"의 역할을 떠맡고서(욥 33:6,7) 욥을 다룬다.

32:6 부스인 바라켈의 아들 엘리후가 대답하여 말하기를 "나는 젊고 당신들은 아주 늙었으므로 내가 주저하여 당신들께 감히 내 의견을 보여 주지 못하였노라.

7 내가 말하기를 '날수가 많은 자가 말을 해야 할 것이요, 연수가 많은 자가 지혜를 가르쳐야 하리라.' 하였노라.

8 그러나 사람 안에는 영이 있고 전능하신 분의 영감이 사람들에게 깨달음을 주시는도다.

9 위대한 사람들이라고 항상 현명한 것이 아니요, 나이 든 자들이라고 심판을 깨닫는 것이 아니니라.

10 그러므로 내가 말하노니 내게 경청하라. 나도 내 의견을 보여 주겠노라.

11 보라, 내가 당신들의 말을 기다렸으며 당신들이 말할 것을 찾는 동안 나는 당신들의 논리에 귀를 기울였노라.

12 정녕, 내가 경청하였으나, 보라, 당신들 중에는 아무도 욥을 설득하

거나 그의 말에 대답하는 자가 없었으니

13 **당신들은 '우리가 지혜를 발견하였으니 사람들이 아니라 하나님이 욥을 밀어내셨다.'고 말하지 못하리라.**

14 **이제 그가 그의 말을 내게 직접 표현하지 아니하였으니 나도 당신들의 말로 그에게 대답하지 아니하리라."고 하였더라.**

아마도 엘리후는 아브라함의 친족일 것이다(창 22:20,21). 예레미야 25:23의 도시는("부스") 에돔에 있는 두 개의 도시 즉 드단과 테마와 관련이 있다. 이것은 "부스인"(5,6절)을 아브라함과 엘리후와 함께 연계시킨다.

6,7,9절은 자명하다.

『**전능하신 분의 영감이 사람들에게 깨달음을 주시는도다**』(8절). 이것은 아담의 콧속으로 들어갔던(욥 27:3 참조) 하나님의 실제적인 숨을 언급할 뿐만 아니라(욥 33:4), 사람에게 영적 명철을 주시는(8절) 하나님의 영을 언급하고 있다(욥 33:4). "모든 성경은 하나님의 영감으로 주어진 것"(딤후 3:16)이므로 뒤이어 나오는 엘리후의 말도 진정한 의미에서 볼 때 영감을 받은 것이다.

『**위대한 사람들이라고 항상 현명한 것이 아니요**』(9절). 소크라테스(B.C. 470-399)는 하나님의 말씀을 거부했기 때문에(롬 1:25) "수치스러운 욕정"(롬 1:26)에 내버려졌다. 오스카 와일드(1854-1900)도 이와 같은 불결한 부류에 속했다. 지그문트 프로이트(1856-1939)는 콤플렉스를 분석한 후 자기 자신의 "콤플렉스"를 통제할 수가 없었다. 그는 너무 많은 담배를 피운 것 때문에 입에 암이 발병해서 입술 수술을 세 번이나 한 후 죽었다.

나폴레옹(1769-1821)은 워털루 전투 전날(1815) "내가 환경을 조성한다." 라고 그의 장군들 중 하나에게 말할 만큼 어리석었다. 니체(1844-1900)는 제1,2차 세계대전이 일어나기 50년 전에 이 전쟁들을 예언할 수 있었으며 20세기 말에 유대인과 러시아를 부각시킬 수 있었다. 그러나 그는 "하나님"을 속일 수는 없었으며, 출애굽기 3:14의 "나이신 분"을 "농담"거리로 만들 수는 없었다. "나이신 분"이 니체를 골탕 먹였다. 그분은 그에게서 온전한 정신을 가져가셨다. 아돌프 히틀러는 유럽의 반을 장악할 만큼 교활했고, 한 나라 전체를 파산에서 구해 낼 만큼 똑똑했지만 창세기 12:1-4를 믿을 만한 사리분별이 없었기에 결국은 자신의 생명과 혼을 포함해서 모든 것을 잃었다. 『**위대한 사람들이라고 항상 현명한 것이 아니요**』

보잘 것 없는 독일계 유대인이(1879-1955) 1920년대에 미국으로 왔다. 그는 프린스턴에 정착했다. 젊어서 이 유대인은 학교 성적이 형편없었으며, "상대성 이론"(1905)에 관한 저서를 쓰기 전에는 시간 당 미국 돈으로 10센트를 받고 사무원으로 일했다. 1921년경에 그는 노벨 물리학상을 받았다. (원자 폭탄은 1905년도 그의 초기 저서에 나온 물리학을 근거로 만들어 졌다.) 이 유대인이 76세의 나이로 죽었을 때 그는 지금까지 세상에 배출된 가장 위대한 사상가로 분류되었다. 그는 세계적으로 알려진 유명 인사가 되었다. 그의 "지혜"(9절)에 관한 한 그의 전체 사고 체계는 "~인 체 하기"이다. 그러나 본 다빈켄 등의 사람들에 따르면, 현재 그가 세운 주요 전제는 잘못되었다고 비판받는다. 그의 "사고"와 "지혜"의 최종 결과물은 인류가 가진 단 하나의 문제도 해결하지 못했다. 왜냐하면 그것은 모두가 상상으로 시작되기 때문이다. 알베르트 아인슈타인이 자기 의의 넝마 조각을 걸치고 벌거벗은 채 백보좌 심판에 걸어 나오기 직전에 그는 바로 전에 그를 그리스도께로 인도하려 했던 한 사역자에게 말했다. "나는

수학적 공식이 아닌 하나님은 믿을 수 없소!" (욥 21:15 주석 참조)

『**당신들은 '우리가 지혜를 발견하였으니 사람들이 아니라 하나님이 욥을 밀어내셨다.'고 말하지 못하리라**』(13절). 즉 세 친구들은 답변을 하지 못했고 13절에 나오는 말을 할 수 없었던 것이다. 이들 중에서 욥의 연약함으로 인해 하나님께서 욥을 밀어내셨다는 것을 결정적으로 입증한 사람은 한 사람도 없었다. 결국 그들의 비난은 단순하고 천진스러울 정도였으며 상상에 근거를 두고 있었다. 욥기 3-30장에 이르는 뜨거운 공방전에서 욥이 지금까지 사악한 어떤 일을 했다는 것을 증명할 만한 증언은 하나도 없었다. 겉으로 드러난 것만을 고려한다면, 욥을 밀어뜨린 것은 "사람들"(13절)이었다. 14절은 그 자체로 명백하다.

32:15 그들이 놀라서 더 이상 대답하지 못하고 말을 그만두었도다.

16 내가 기다렸다가 (이는 그들이 말하지 않고 가만히 서서 더 이상 대답하지 아니하였음이라.)

17 내가 말하기를 "나도 내 몫을 답변하고 나도 내 의견을 보여 주리라.

18 이는 내가 그 일로 가득 찼음이니 내 안에 있는 영이 나를 압박하는도다.

19 보라, 내 배는 구멍 없는 포도주 같고 새 술병같이 터질 듯하도다.

20 내가 말을 해야 시원하게 되리라. 내가 내 입술을 열어 대답하리라.

21 내가 원하노니 나로 어떤 사람도 외모로 받아들이지 않게 하며 사람에게 아부하는 호칭을 붙이지 않게 하라.

22 이는 내가 아부하는 호칭도 붙일 줄 모름이니 그리하면 나의 창조주께서 곧 나를 제거하실 것이라.

성령께서 욥기의 저자를 말씀하시려 하자 근본주의자, 카톨릭, 자유주의, 보수주의, 복음주의, 현대주의자, 신정통주의 학자들은 강력한 에큐메니컬 폭동을 조직해서 정신없이 성경을 공격한다. 먼저 성령께서 로크만재단, 맨체스터대학, 휘튼신학교, 풀러신학교, 웨스턴켄터키대학, 웨스트민스터신학교, 달라스신학교와 루터라이스신학교의 교수진들의 어리석고 난잡한 글들에도 불구하고 어떻게 이 문제의 진리를 보존하셨는지 보도록 하자.

『**그들이 놀라서**』(15절). 3인칭이다. 욥기의 저자는 그들을 보고 있다.

『**그들이... 말을 그만두었도다**』(15절). 3인칭이다. 욥기의 저자는 그들의 말을 듣고 있었다.

『**내가 말하기를... 나도... 답변하고... 내가... 가득 찼음이니... 내가 말을 해야... 내가 내 입술을 열어...**』(17-20절) 1인칭이다. 이 말을 할 것이라고 말한 사람이 이 말을 한다.

성경적 진리를 제거하기 위해 1880-1980년대의 "경건한"(존 R. 라이스의 상투어 : 1940-1970) 보수주의 학자들은 다음과 같은 지경에까지 이른다.

1. 미스터 굿은 15절의 "그들"이 사람들이 아니라 "말들"을 언급하는 것으로 만든다.

2. 아담 클라크는 15절에서 11단어를 내던져 버리고는 처음 네 단어가 11절과 일치하게 한다.

3. 〈확대성경〉(로크만재단)은 15절에서 "엘리후가 말하기를"을 첨가해서 엘리후를 15절의 "그들"처럼 3인칭으로 만들어 버린다.

4. 제미에슨과 포셋과 브라운은 15절에서 엘리후가 "친구들에게서 욥에게로 돌이켰다"고 말한다. 그러나 전혀 그런 의미가 아니다. 엘리후가 그렇게 했다면 14절은 "그들의 말로 나도 그에게(욥) 답변하지 않으리라."로

되었을 것이다. 대신 엘리후는 14절에서 친구들에게 직접 "당신들의 말"이라고 말하고 뒤이은 침묵에 관해 논하면서 "그들이 놀라서... 말을 그만두었도다."라고 말한다.

5. 테일러(LB)는 "내가 기다렸으나"(16절)의 동사를 미래로 만들어서 "내가 계속 기다려야 하나?"라는 의문문으로 만들어 버린다. 이것은 또한 무디성경 학교의 교수진들이 추천하는 1901년(ASV)의 가증한 것과 일치한다.

20세기의 죽음과 지옥의 길들이 있다. 로마카톨릭은 그 지옥 같은 전성기 때조차도(A.D. 800-1500), 하나님의 모습이 마음에 들지 않으면 정면으로 하나님께 총을 쏘는 광신적인 극단주의자들의 성경 본문을 따르지 않았다. 도드(NEB)이나 웨이글(RSV)조차도 이 사람들이 성령 하나님의 권위를 전복시키기 위해 애쓴 노력을 하지는 않을 것이다. 진지한 성경 학도라면, 자신들이 성경에서 열 가지 정도를 믿기 때문에(그리고 술도 마시지 않고 담배도 피우지 않기 때문에) 자신들이 그리스도의 몸을 위해 "하나님을 가지고 놀도록" 부름을 받았다고 생각하는 이 파괴적인 당나귀들에게는 그 어떤 것도 - 절대적으로 그 어떤 것도 신성한 것이 없다는 것을 알아야 한다. 자신들의 소득과 특권을 제외하고 그들에게 신성한 것은 없다.

우리들의 비판이 비합리적인 편견에 근거한 것이라고 이 사람들이 생각하지 않도록 하기 위해 잠깐 동안 16절에서 소위 말하는 "히브리어 원본"을 살펴보고 〈킹제임스성경〉 번역자들과 비교해 볼 때 이들 20세기의 히브리어 교사들이 얼마나 "유능한지"를 보도록 하자.

15,16절에는 현재 시제 동사는 없다. 히브리어 본문의 모든 동사는 헬라어 칠십인역에서 과거 시제로 번역되었다. 이 구절에서 현재 시제나("그들이 놀라서(ARE)... 가만히 서서..." ASV) 미래 시제("내가 기다려야 하나?" ASV)는 단 하나도 없다. 칠십인역(신약에서 〈킹제임스성경〉을 2000군데

고치기 위해 밥존스대학과 로크만재단에서 사용하는 성경 - 바티칸 필사본은 신약을 수정하기 위해 사용된 칠십인역 필사본이다. 거기에는 신약이 포함되어 있다.)은 이렇게 되어 있다. "그들이 두려워해서"(Heptoathasan), "그들이 더 이상 답변하지 못했다"(Apekrithasan). "그들이 가만히 서 있었으므로"(Estasan) "나는 기다렸다"(Hupemenia). "그들은 답변하지 않았다"(apekrithasan). 이 "경건하고, 헌신된" 학자들이 바티칸 본문의 욥기 32:15,16이 〈킹제임스성경〉 본문과 일치하자 어떻게 했는지 아는가?

간단하다. 그들은 바티칸 본문을 내던져 버렸다. 그들이 하는 모든 것은 일단 〈킹제임스성경〉을 부정하고 보자는 것이다.

그것을 증명해 보라고 말하는 사람이 있을 지도 모르겠으나, 대답은 다시 간단하다. 자신이 유명하고 경건하고, 헌신되었으며, 공인되고, 권위있는 "원어" 학자이며, "축자적으로 영감받은 원본"을 믿는다면 원하는 때는 언제든지 본문을 고칠 자격이 있다는 것이다. 그 근거는 변덕이나 충동뿐이다. 이 말을 못 믿겠으면 어떤 언어로 되어 있든지 간에 장과 절을 조사해 보라.

배교자들이 사랑하는 칠십인역에서 멈추지 말고 히브리어 본문을 잘 살펴보도록 하자. 『**그들이 놀라서**』(15절, KJV) - 히브리어 "차투". 동사는 과거에 완료된 행위로 번역된 완료 시제로 칠십인역에서 번역된 것과 정확히 일치한다. 『**더 이상 대답하지 못하고**』(15절, KJV) - 히브리어 "아나". 동사는 완료 시제로 과거에 완료된 행위로 번역되었으며 칠십인역에서도 이렇게 번역되었다. 『**말을 그만두었도다**』(15절, KJV) - 히브리어 "히티쿠 메헴 밀림"(글자 그대로 "그들에게서 그들의 말해 사라졌다") 동사는("히티쿠") 완료 시제로 과거에 완료된 행동으로 번역되었고 칠십인역에서도 정확히 이렇게 번역되었다.

이 세 개의 헬라어와 히브리 동사들이 어떻게 해서 ASV(1901) 번역자들에 의해 현재 시제로 뒤바뀌어서 욥기의 저자를 분간하지 못하게 했는가?

16절의 『**내가 기다렸으나**』에서 히필 형태(1인칭 공성 단수)는 와우 연속법(와우 계속법이라고도 불림)이 있는 분명한 완료이므로 미래로 해석될 수 있다. 대개 완료 시제 동사가 와우 연속법과 같이 있을 때는 대부분의 경우 미래로 미완료태로 번역된다(1학년 히브리어 문법 참조). 그러나 여기서 "자격을 갖춘 권위자들"은 산산이 부서진다. 이 구절의 후반의 절반이 "그들이 말하지 않고"(they SPOKE not, 미완료태, 히브리어 "이다베루")이며 "가만히 서서"(STOOD still, 완료태! 히브리어 "아마두")이기 때문이다. ASV는 첫 번째 완료는 미완료태(미래)로 해석했고 두 번째 미완료태는 미완료태로(현재 : 그들이 말하지 않고, "they speak not") 번역했으며, 세 번째 완료태는 미완료태(현재 : 가만히 서서, "they stand still")로 번역했다. "진지한 성경 학도"에게 그처럼 "귀중한" 번역본의 일관성이 이 정도이다. 전체적으로 일관성을 유지해서 다음과 같이 번역하는 것이 낫지 않겠는가? : "내가 기다리고 있었다."(과거 미완료태 : 와우 연속법이 있는 완료태). 왜냐하면 "그들이 말을 하지 않고 있었고"(과거 미완료태 : 와우 연속법이 없는 미완료태) "그들이 가만히 서 있었기 때문이다"(과거 완료태).

〈킹제임스성경〉에는 최상의 훌륭한 논증이 많이 있다. 화자는 분명히 일인칭으로 말하고 있으며 그가 행하고 있는 것에 대해 반응하는 청중("그들이," "그들을")의 반응을 평하고 있다.

평범한 독자에게는 이런 문법 여행이 짐스럽고 지루하다는 것을 알지만 성경 저자와 같이 중요한 문제를 다룰 때는 ASV나 로크만재단의 혼미한 번역자들보다 더 정확성을 기해야 한다. "대비와 대등"을 위한 "병행과 일치"에서 와우 연속법과 와우 접속법의 "이전 이론들"은 어려운 주제이다. 게제니우스(1815)와 어거스트 뮬러(August Muller, 1882), 하퍼(W.R. Harper, 1888), 카우츠(E. Kautsch, 1909), 에들멘(H.L. Eddleman) 박사조차도 미완료태가 있는 와우와 완료태가 있는 와우를 동일하게 번역하는데 동의하지 않는다. J.W. 왓츠는 와우가 있는 완료태를 매번 미완료태로 번역하는 것은 잘못이며, 완료태와 미완료태는 앞에 와우 연속법(혹은 와우 계속법)이 있어도 그 기본 뜻은 결코 잃지 않는다는 의견을 내놓고 있다.

예를 들어 전도서 1:16에서 현재 논하고 있는("내가 기다렸다가", KJV) 것과 정확히 같은 구조를 보도록 하자. 와우 접속법이 있는 완료태가 과거에 완료된 행동으로 번역되었다. 다시 이사야 1:2를 보자. 와우 접속법이 있는 완료태가 과거에 완료된 행동으로 번역되었다. 창세기 9:13, 와우 접속법이 있는 완료태가 과거에 완료된 행동으로 번역되었다. 그러므로 우리가 〈킹제임스성경〉 번역자들이 옳으며 〈킹제임스성경〉의 본문을 고치는 사람들은 틀렸다고 말할 때 이것은 단순히 "의견"을 제시하는 것이 아니다. 이 문제의 진실은, "완료태"는 와우가 있는 완료태로 번역될 수 있다는 것이다. 그래서 직설법의 미완료태나 분사나 예언적인 완료태나 가정법 미완료태나 명령으로 번역될 수 있다는 것이다. 그것이 가능하다면 그렇게 된다. 즉 〈킹제임스성경〉의 본문은 유죄가 입증될 때까지는 무죄이다. 욥기 32:15,16에서는 유죄가 입증되지 않았다.

이런 모든 환상적인 "공인되고, 자격을 갖췄으며, 유명한" 말은 이제 그만두자. 바로 핵심으로 들어가자. 욥기 32:16은 부패한 ASV에서처럼 의문문이 아니다. 히브리어의 "질문"은 "he 의문문"이나 "halo"(나 혹은 mathay, kammah, lammah, maddua 등의 부사나 me, mah, ezeh같은 대명사)로 시작한다. ASV의 본문은(공동성서, RSV, NASV 등) 어리석다. 이것은 욥기의 영감받은 저자에 관한 정보를 뒤엎기 위해 고안된 어리석음이다.

그러므로 밥존스대학이 추천하는 본문은 거짓 단어들에 그 기반을 두고 있으며(렘 7:4) 그것은 "주의 입에서 나온 것"이 아니다. 그런 쓰레기를 추천하는 죄인들이 은 삼십 개에 자신의 주를 판 죄인보다 더 "경건"하거나 "분리되었다"고 생각하는 사람은 참으로 어리석다. 유다 이스카리옷도 술을 마시지 않았고 담배도 피우지 않았으며 "근본 사항들"을 고수했고, 복음전도자였다!(마 10장) 잠시 그것에 대해 생각해 보라.

엘리후가 욥기를 기록했다. 그래서 그는 중간(16절의 괄호 주의)에 일인칭으로 말한다. 이것은 욥기가 모세나 솔로몬 시대 이후에 기록되었다는 것에 대한 모든 논란들을 영원히 종식시켜 버린다. 모세가 이에 관한 편집이나 "교정 일"을 했다면 그는 그 일을 이드로의 손으로(출 2:16) 끝마쳤을 것이고 이드로의 고조부가 그 책으로 길러졌다는 말이 된다.

엘리후는 "터지기" 직전이다(19절). 뭔가 말하지 않는다면 그는 마음이 편치 않을 것이다(18절). 그는 자신의 입을 열어서 누구에게도 아부하지 않겠다고 약속한다(22절). 그러므로 그의 말은 욥이나 그의 친구들을 기쁘게 해 주지 못한다(잠 29:5 주석 참조). 마치 윌리엄 부스가 조니 카슨과 다른 것처럼, 엘리후는 20세기의 보통 그리스도인 "연설가"와는 전혀 다르다. 엘리후는 그의 친구들이 그랬던 것처럼(15,18,20절) "외모를 전혀 존중"(21절)하지 않고 문제에 대한 자신의 의견을 피력한다(17절). 다음에 나오는 다섯 개의 장은 엘리후의 말이며, 기본적으로 그의 의견과 다른 사람들의 의견 사이에 대단한 차이가 있는 것은 아니지만, 그는 잃어버린 시간을 보충한다. 진정으로 차이가 있는 것이 하나 있다면 엘리후는 욥의 진짜 문제는 겉으로 드러난 죄의 행위가 아니라 자신의 선함에 대한 욥의 태도라는 것을 인지하고 있는 것이다. 더군다나 엘리후는 하나님께서 어떤 사람에게 무슨 일을 하시든지 간에 하나님은 그것을 설명하거나 정당화할 도덕적 책임이 전혀 없으시다는 진리를 내놓음으로써 "문제를 해결"한다. 전능하신 하나님과 같이 거룩하고 강력하신 분은, 개밋둑에 있는 개미 한 마리(사 40:22)가 자신이 다루어지는 방법(롬 9:20)을 마음에 들어하지 않는다는 이유만으로는, 잘못하셨다는 비난을 받지 않으실 것이다. 욥의 겉으로 드러난 상황이 어떠한 모습이든지 간에(고후 10:7) 하나님은 어떠한 실수나, 오류나 잘못된 행동이나 거짓말이나 불의한 규칙이나 공평치 못한 심판을 행하시지 않는다(롬 2:2).

욥기 33장

33:1 그러므로 욥이여, 내가 당신께 원하노니, 내 말을 듣고 내 모든 말
에 경청하라.
2 보라, 이제 내가 내 입을 열었고 내 혀가 내 입에서 말하였도다.
3 내 말은 내 마음의 정직함이 될 것이며 내 입술이 지식을 분명히
발설하리라.
4 하나님의 영이 나를 지으셨고 전능하신 분의 호흡이 내게 생명을 주
셨도다.
5 만일 당신이 내게 대답할 수 있거든 일어서서 내 앞에서 당신의 말
을 정연하게 시작하라.
6 보라, 내가 당신의 소원대로 하나님을 대신하노라. 나도 진흙으로
지음을 받았도다.
7 보라, 나의 공포가 당신을 무섭게 하지 아니하고 나의 손도 당신에
게 무겁지 아니하리라.

이 구절에는 특별히 어려운 것은 없다. 엘리후는 정직한 마음으로 분명하게 말을 할 것이고(3절), 욥에게 그의 말이 끝나면 그에게 답변하라고 도전을 주고 있으며(5절), 하나님께서 욥에게 공포가 되신 것처럼(7절) 자신은 욥에게 공포가 되지 않을 것이라고 약속한다. [욥기 32:8,9; 6:10; 9:34,35; 16:21 참조]

33:8 당신은 분명히 내가 들을 때 말하였고 내가 당신의 말소리를 들었나니 말하기를
9 '나는 허물 없이 깨끗하고 나는 무죄하며 내 안에는 죄악이 없도다.
10 보라, 그분이 나를 반대할 기회를 찾으시고 나를 그의 원수로 간주하시는도다.
11 그분은 나의 발을 차꼬에 채우시고 나의 모든 길을 살피시는도다.' 하였도다.
12 보라, 이 점에 있어서는 당신이 의롭지 못하니 내가 당신에게 대답하리라. 이는 하나님이 사람보다 더 크심이라.
13 어찌하여 당신은 그분을 거역하여 다투느뇨? 이는 그분이 그의 일 중 어떤 것도 설명하지 않으심이라.

비록 욥은 그렇게도 많은 말 중에서 9절을 말하지는 않았지만(10:7과 9:17,21 참조) 최소한 그러한 뜻을 내비쳤다(32:1,2; 34:5 참조). 욥은 불평하면서(13:24) 몇 군데에서 10절을 말했다. 『**보라, 그분이 나를 반대할 기회를 찾으시고 나를 그의 원수로 간주하시는도다.**』 욥은 하나님께서 발을 차꼬에 채우시고(13:27; 14:16; 31:4) 그의 길을 살피신다고(11절) 하나님을 비난한다. "이 점에 있어서는" 욥은 의롭지 못했다. 이에 엘리후는

『내가 당신에게 대답하리라. 이는 하나님이 사람보다 더 크심이라.』고 말한다(12절). 물론 욥은 이것을 알고 있지만(욥 12장 참조) 다시 우리는 하나님의 속성에 대한 추상적 지식과 이 생에서 하나님께서 우리를 다루시는 것에 대한 실제적 반응 사이의 차이를 다루고 있다. 욥도 "하나님이 사람보다 더 크시다."는 것을 알고 있지만 특별한 상황, 즉 자신의 상황을 잘못 다루시는 것에 대해 비난을 모면할 만큼 그렇게 위대하다고는 생각하지 않는 것이다.

『이는 그분이 그의 일 중 어떤 것도 설명하지 않으심이라』(13절, 사 45:9와 욥 9:12 참조). 최소한 하나님께서는 모든 일들을 항상 다 설명하시는 것은 아니다. 하나님께서는 몇몇 "문제들"에 대해서는 한 번 이상 설명을 하시지만(14절) 자주 사람들은 하나님의 설명을 무시하거나 그것을 바꾼다("새로운" 번역본들이 그렇다). 하나님께서는 "자신의 문제들"을 설명할 책임이 없으시지만 종종 하나님은 그렇게 하신다(호 12:10, 신 29:29). 하나님께서 그렇게 하실 때(고전 2:7,8) 인간은 "앉아서 주의를" 하는 것이 좋으리라.

33:14 하나님께서 한 번 말씀하시고 두 번 말씀하셔도 사람은 그것을 알아차리지 못하는도다.
15 사람이 깊은 잠이 들어 침상에서 곤히 잘 때 꿈이나 밤의 환상 가운데,
16 그분께서 사람의 귀를 여시고 그들의 교훈을 인치듯 확정하시니
17 이는 그가 사람을 자신의 목적에서 물러나게 하시고 사람에게서 교만을 숨기려 하심이라.
18 그분은 사람의 혼을 구렁에 빠지지 않도록 붙드시며 그의 생명이

칼에 멸망하지 않도록 붙드시는도다.

모세 시대 이전에 하나님께서 계시하는 방법은 꿈이나 환상이나 때로는 "현현"(창 12:1-3) 등을 통한 간접적인 방법이었다. 욥기 저자가 신명기 34장 이후에 욥기를 기록했을 가능성은 전혀 없다. 신명기 34장 이후에는 하나님께서 사람이 친구에게 말하듯(민 12:6,8) 모세와 마주 대하시고 말씀하셨으며(신 34:10), 이 말들이 책에(히 9:19) 기록되었다(신 31:24)는 것을 모두 이해하고 있었기 때문이다.

그러므로 14-17절은 1492년 이전에 아메리칸 인디언들에게 자신을 계시하시고, A.D. 100년 이전에 중국 사람들이나 일본 사람들에게 자신을 계시하시고 한때 "하나님을 알았던"(롬 1:17-21) 시편 19:1-4의 "이교도"에게 자신을 계시하시는 하나님의 방법을 언급하는 것이 분명하다. 그러므로 조 스미스가 아메리칸 인디언들을 저주에서 구원시키기 위해 썼던 시간은 낭비된 시간이다. 하나님께서는 그렇게 하고 싶으실 때는 언제든지 "누구에게나" 나타나실 수 있었으며(히 12:19), 그렇게 하고 싶으실 때는 언제든지(창 16:7-10) 현현의 수에 구애받지 않고 현현을 통해서 누구하고나 "대화"하실 수 있으셨다(창 20:6). B.C. 400년의 아메리칸 인디언들이 "하나님 아버지"와 성령님에 대해 퀴리 부인보다(A.D. 1868-1934) 더 몰랐다고 생각한다면 노벨상 수상자가 알고 있는 "하나님을 아는 지식"에 대해 자세히 살펴보지 않은 것이 분명하다.

하나님께서는 밤에 『**사람의 귀를 여시고**』(16절). 이런 지시를 봉하시기 때문에 다음날 그 사람은 무엇이 그를 고무시켰는지도 모른 채 행동을 하게 된다. 심판의 날에 구원받지 못한 사람들은 자기들의 인생, 계획, 결정, 행동이 얼마나 많이 자기들이 진리를 거부한 결과(살후 2장, 겔 14장)에서 오는 "무의식적인" 지시에 따라 결정되었는지를 알면 대단한 공포에 휩싸일 것이다. 이와 마찬가지로 그리스도의 심판석에서 하나님께서 이 생에서 자신의 백성들이 한 올바른 결정과 바른 판단에 얼마나 많이 관여하셨는지가 계시되면 "어두움에 감추어진 것들"(고전 4:5)이 계시될 때 대단한 환호성이 있을 것이다. 진리가 풍미하는 곳에서는 죄가 증오의 대상이며, 죄가 풍미하는 곳에서는 진리가 증오의 대상이다. 북극곰이나 장대높이뛰기 선수도 이 "양극성"을 극복할 수 없으리라. 사람은 자신이 심은 것을 거두며, 속이는 사람은 속게 된다(살후 2:9-12). 이것이 우주를 지으신 분이(왕상 22장) 만든 우주의 법칙이다(겔 14:4-10). 그리스도께서 거부되고 성경이 왜곡되는 곳에서는 지상에 있는 어떤 사람도 24시간 내에 단 하나의 바른 결정도 확신할 만한 방법이 없다. 하나님께서 성도들을 위해 나쁜 것들을 좋은 것들로 바꾸실 수 있다면(롬 8:28) 그분은 또한 진리를 거부하는 죄인들을 위해 좋은 것들을 나쁜 것으로 바꾸실 수도 있다. 하나님께서 "밤에"(시 17:3) 다윗을 찾아가셨을 때 허물들과 죄의 기록된 흔적(요 4:18)을 주께서 복사하지 않으시리라는 결정이 내려졌다. 그가 자고 있는 동안 그에게 무슨 일이 일어났는지 누가 알겠는가? 꿈에 관한 책들, 악몽과 마녀에 관한 전설들, 제6감의 인식, 정신 치료, "뇌파"에 대한 연구는 진리를 거부하는 죄인들이 영의 세계에서 일어나는 일들을 무효한 것으로 만들고 그런 영역과 연관된 도덕적인 문제들을 없애버리기 위한 시도일 뿐이다.

33:19 사람이 자기 침상에서 아픔으로도 징계를 받으며 강한 통증으로 많은 뼈가 징계를 받으므로

20 그의 생명이 빵을 싫어하고 그의 혼이 맛 좋은 음식을 싫어하는도다.

21 그의 살은 쇠잔해져서 보이지 않고 보이지 않던 뼈들이 튀어나

오는도다.

22 이제 그의 혼이 음부에 다가가고 그의 생명이 멸망자들에게 다가가는도다.

뒤이어 엘리후는 (영적으로 말해서) 죄인의 파멸과 구속을 묘사한다. 하나님께서는 파멸을 묘사하시고(18절) 그런 다음 죄인을 회개로 인도하신다(19절). 이 묘사에서 욥은 자신의 상황을 거울로 보게 된다. 왜냐하면 19-22절에서 엘리후가 한 말은 모두 실제 그대로 욥에게 적용되기 때문이다. 하나님께서는 인간에게 자신의 자기 의에 찬 교만을 보여 주시고(17절) 인간이 자신의 행동을 신뢰하지 못하게 하기 위해(17절) 많은 것을 보여 주신다. 하나님께서는 인간을 병원, 진료소, 뼈 제조 공장에 두시고 인간으로 고통을 당하게 하신다(19절). 주께서는 사람을 붙잡으셔서 평상시 먹던 빵(20절)이나 철갑상어 알이나 구운 꿩 요리나 아보카도에 대한 식욕을 잃게 하신다(20절). 수척해진 병자는 너무나 말라서 그 뼈가 살 위로 불거져 나오기 시작한다(21절). 그의 생명이 장의사와 무덤 파는 사람, 장례 연사("멸망자들" 22절)에게 다가감에 따라, 그의 혼은 "무덤으로 더 가까이" 가게 된다. 이것이 욥이 당한 상황이다. 엘리후는 이것이 욥에게서 "교만을 숨기고"(17절) 그의 "목적"을 패배시키기 위해 초래되었다고 말한다. 그리고 지금까지 엘리후는 옳다. 그런 다음에 성경에서 발견되는 신약 구원의 가장 위대한 유형 중 하나가 뒤이어 나온다.

33:23 만일 한 전달자가 그와 함께 있다면 즉 사람에게 그의 정직함을 보여 줄 천 명 가운데 한 명의 해석자가 있다면

24 그때는 그분께서 그 사람에게 은혜로우셔서 말씀하시기를 '구렁에

내려가는 그를 구해 주라. 내가 몸값을 얻었다.' 하시리라.
25 그러면 그의 살이 어린아이의 살보다 더 신선해지리니 그가 자기 젊은 시절로 돌아가리라.
26 그가 하나님께 기도하면 그분은 그에게 호의를 베푸실 것이요, 그가 기쁨으로 그분의 얼굴을 보리니 이는 그분이 사람에게 그의 의를 주시기 때문이라.

이 구절을 보면 새로운 탄생(25절), 피로 지불된 몸값(마 20:28), 혼의 구원(24절)이 연상된다.

구원받지 못한 사람은 난파선과 같다. 이 난파선이 뉴욕이나 디트로이트시 빈민가에서 자신이 토한 것 속에서 술 취한 채 대낮에 모습을 드러내든지, 백악관에서 잘 준비된 결혼식에 턱시도를 입고 모습을 드러내든지 간에 그 잔해는 모두 같다. 지옥으로 가는 어떤 사람들은 그것을 방송에 내보내고 어떤 사람들은 그렇지 않을 뿐이다. 어떤 죄인들은 거기에 가기 전에 자신의 운명을 방송한다. 반면 다른 사람들은 위장을 한다. 즉 어떤 쓰레기통은 번쩍거리고 밝고 깨끗하며, 알루미늄으로 새롭게 단장되었고, 어떤 쓰레기통은 오랜 세파에 찌들고 녹슬어 있다. 그러나 이 둘 속에는 모두 쓰레기가 들어 있다. (내 말이 너무 강하다고 생각한다면, 마 23:27를 참조하라. 최소한 우리는 주 예수 그리스도께서 당대의 기존 종교 지도자들을 비난하셨던 것처럼 사람들을 부패한 시체라고 비난하지는 않았다.)

계속 하기 전에 구원받지 못한 사람들에게 뿐만 아니라 타락한 그리스도인에게 적용되는 결말 구절들을 보도록 하자.

33:27 그분은 사람들을 바라보시는데 어떤 사람이 말하기를 '내가 죄를 지었고 옳았던 것을 변개하였으나 그것이 내게 이롭지 않았도다.' 라고 한다면
28 그분은 구렁에 내려가는 그 사람의 혼을 구해 주실 것이며 그의 생명은 빛을 보리라.
29 보라, 하나님께서 종종 사람과 더불어 이런 모든 일을 행하심은
30 구렁에서 그의 혼을 데려오시고 산 자들의 빛으로 비추려 하심이라.
31 오 욥이여, 주의하고 내게 경청하라. 잠잠하라. 내가 말하리라.
32 당신이 말할 것이 있으면 내게 대답하라. 말하라. 이는 내가 당신을 의롭게 하고자 함이라.
33 할 말이 없으면 내게 경청하라. 잠잠하라. 내가 당신에게 지혜를 가르치리라." 하니라.

여기서 우리는 파멸(22절), 계시(23절), 회개(27절), 몸값(24절), 중생(25절), 화해(26절), 부활(30절)을 보게 된다. 이 옛 이야기는 죄 많은 인간의 역사에서 너무나도 많이 언급되고 수행되었으며, 각기 1,000페이지에 달하는 3,000권의 책을 써도 다 말하지 못할 것이다. 하나님의 구원은 수천 명의 사람들을 (말 그대로) "최하층의 빈민가에서 최상층의 가장 위"로 옮겨갔다. 이 진리가 수많은 사람들의 마음의 문기둥 위에 붙여져 있다면 거기에는 "쓰레기 더미에서 구출된"이라는 글이 새겨져 있을 것이다.

존 히메네스(John Gimenez)라는 사람이 있다. 그는 환각제와 리세르그산 다이에틸아마이드를 장난삼아 사용하기 시작했고 마침내 헤로인을 정맥에 주사하기 시작했다. 그는 25살이 되기 전에 일급 마약 사용자가 되었다. 하나님께서 그를 쓰레기 더미에서 구원하셨을 때 그는 헤로인에 푹 젖어 있는 상태였다. 어렸을 때 히메네스는 사기꾼, 헤로인 파티, 마약 단속관, 경찰, 장물아비, 마약 피하 주사, 마약 밀매인, 강도들에 대해 여러분들이 여러분의 성경에 대해 아는 것보다 훨씬 더 많이 알고 있었다. 마운틴 데일(기독교 재활 센터)에서 히메네스는 정신 이상 증세를 보이고 여섯 번의 자살을 시도한 후에 마침내 치료를 위해 마약 사용을 중지하게 되었다. 그러다가 완전히 다 타버린 잔해가 된 히메네스는 30세가 되어서야 진정한 "치료"를 받게 되었다. 그는 거듭난 것이다. 그때까지 그는 인생의 많은 부분을 낭비했고, 그 밑바닥에서는 자갈과 깨진 유리 조각 외에는 아무것도 발견할 수 없었다. 마운틴데일(기독교 재활 기관)에서 한 개심한 "칼"잡이(잭키 딘)이 어느 날 밤 갑자기 새벽 3시에 "병영"을 흔들어 깨우며 소리쳤다. "마귀가 여기에 왔다. 당장 여기를 떠나라. 예수님의 이름으로 물러가라!!" 히메네스는 식은땀을 흘리며 일어나서 건물 밖으로 나갔다. 나머지 사람들은 안에서 무릎을 꿇고 기도하고 있었다. 히메네스는 자신이 표현한 대로 "울며 흐느끼며 내면 저 깊숙이 내려갔다." 히메네스는 말하기를 하나님께서 그를 흔드셔서 더러운 넝마를 세탁기에 넣으시고 계속해서 세차게 치고 계셨다고 말했다. 안에 있는 사람들이 그를 위해 기도하고 있는 가운데 히메네스는 새벽 3:20에 더러운 길 아래로 비틀거리며 가고 있었다. 그는 동시에 울고 또 웃기 시작했다. 갑자기 모든 짐들이 그에게서 떠났고 그는 노래하고 있었다. "예수, 예수, 주의 이름을 찬양하네! 주께 감사를! 예수여, 이리 오소서!!"

아침 7시에 전에는 마약 중독자였던 이 사람이 이제는 모든 죄를 뒤로 하고 병동으로 돌아와 잠들었다. 그는 정오가 되서야 일어났으며 그가 잠에서 깨어났을 때 그는 성령으로 충만하고 거듭났으며 연기 나는 마리화나 대신 그리스도를 증거하고자 하는 욕망에 불타는, 그리스도 안에서 새로운 피조물이 되었다. 히메네스는 그의 이전 친구들 중 하나에게 보내는 글에서 "이봐, 이건 마치 폭발하는 것 같아."라고 쓰고 있다. 히메네스는

"커티스, 자네는 예수 그리스도와 함께 해 낼 수 있어. 그걸 잊지 말게. 예수님은 어떤 높은 것보다 더 높다네."라고 말한다. (골로새서 1:16-18을 읽은 우리들에게 이런 마약 사용자의 표현에 응수할 말은, 요한복음 3:16을 읽고 "아멘" 하는 것처럼 "아멘" 하는 것뿐이다.)

또 토머스 노아 카터(Thomas Noah Carter)라는 사람이 있었다. 그는 애리조나에서 마약 상용과 약물을 잘못 시행한 것 때문에 체포되었다. 그의 할아버지들은 설교자였다. 토머스 노아 카터는 머서 대학에서 공부를 했고 의과 대학을 졸업했지만 그리스도를 영접하지 않았고 성경도 믿지 않았다. 그의 어머니는 그를 위해 20년 이상을 기도했다. 감옥에서도 카터는 하나님과 성경을 거부했다. 결핵이 그에게 감염되었고 그는 여섯 달도 못 되어 225파운드에서 118파운드로 줄었다. 어느 날 그는 감옥에서 촉매 반응 상태에 빠져들었고 감옥 의사는 그가 죽었다고 선언했다. 감옥 관리인들은 카터의 노모에게 이 사실을 알렸지만 그 어머니는 다음과 같은 편지를 써 보냈다. "나는 그 말을 믿지 못하겠습니다. 나는 20년 동안 하나님께 그를 설교자로 만들어 달라고 기도해왔고, 아직 그가 설교하는 것을 들어 본 적이 없습니다!" 그는 죽지 않았다. 반 정도만 죽었을 뿐이다. 일주일 후에 카터의 목소리는 속삭이면서 하나님을 저주할 정도는 됐다. 그 다음에 카터는 예배에 참석했고 초청에 응해서 앞으로 나갔다. 그러나 목사는 그가 구원을 받기에는 너무 허약하다고(사 1:18) 말했다. 그래서 실망한 카터는 감옥으로 되돌아와서 담요를 길게 찢어서(목을 매달 결심으로) 죽을 준비를 했다. 그러나 카터의 자살 기도는 수행되지 못했다. 그가 담요로 세 번째 줄을 찢는 순간 성경 책 하나가 거기서 떨어졌다. 카터는 땀에 젖은 채 침대에 앉아서 성경책을 폈다. 요한일서 1:7절이 펴졌다. 그가 요한일서 1,2장을 읽을 때 주께서 그에게 말씀하셨다. "네가 이 책을 가르치고 설교한다면 내가 너를 구해 주고 치료해 주겠다!" 카터는 소리 지르기 시작했다. 그는 그 감옥에 있는 모든 죄수들을 깨웠다. 간수와 두 명의 경비원이 그에게로 들어와서 그에게 "특별 치료"를 하려 했지만 간수는 그 문을 들어서면서 개심했다! (하나님께서는 이 간수를 거의 3개월 동안 다뤄 오고 계셨는데 그는 감옥으로 들어서면서 카터가 "하나님께 영광을! 주 예수 그리스도를 인하여 하나님께 찬양을!"이라고 소리 지르는 것을 들었고 그는 그 즉석에서 그리스도를 영접했다!)

그들이 감옥 문을 열었을 때 카터는 그에게 달려들며 그를 껴안고 소리쳤다.

"간수 양반, 나 방금 구원받았소! 방금 구원받았다니까요!"

경비원들이 방해하기 전에 간수도 소리 질렀다.

"나도 구원받았소, 카터, 나도 구원받았소!"

토머스 노아 카터는 10년형을 받았는데 4년을 복역한 후 무조건적인 사면을 받았다. 그리고 그는 죽을 때까지 하나님의 진리를 설교했다. "쓰레기더미에서 구조된 것이다."

켄터키 켄트 출신인 "불도그" 찰리 와이먼(Charlie Wyman)을 누가 잊을 수 있겠는가? 그가 태어난 집의 벽은 신문으로 도배되었다. 바닥은 거칠거칠한 사암으로 되어 있었다. 찰리가 소년이었을 때 그의 어머니는 세 번에 걸친 주먹 싸움 때문에 그를 세 번 매질했다. 학교에서 찰리보다 나이가 많은 소년이 찰리에게 도전을 해서 싸우게 된 것이었다. 주먹 싸움을 할 때마다 그녀는 찰리를 매질했고 찰리는 이렇게 말하곤 했다. "엄마, 엄마가 나를 다시 매질하면 이번에는 그 애를 저번보다 더 심하게 두들겨 패줄 거예요." 세 번째에(그 소년을 병원에 입원시킨 후에) 찰리는 말했다. "엄마가 한 번 더 나를 매질하면 나는 그 녀석에게 가서 그 녀석을 채찍질해서 죽여 버릴 거예요." 그래서 찰리의 "가정 훈련"(아버지가 없는 상태에서)은 15세 때 거기서 끝이 났다. 찰리 와이먼의 나머지 인생은 제인 그레이 소설이나 할리우드 "서부 영화" 같다. 그는 자기 마을에 있는 모든 가로등을 갈아 끼우기가 무섭게 모두 박살을 냈다. 그를 체포하러 마을에 온 보안관 대리에게 매번 채찍을 휘둘렀다. 그는 보안관의 권총 주머니에서 총을 꺼내서는 보안관에게 "이봐, 문제에 말려들기 전에 집에 가는 게 좋을 거야."라고 말하곤 했다. 한번은 총싸움에서 한 사람을 평생 불구자로 만들었고, 또 다른 총싸움에서는 두 명을 죽였으며, 한 사람의 손가락을 한 개만 남겨 두고 모두 쏴서 날려버렸다. 유혈이 낭자한 엽총과 .38 구경 결투에서 한 사람은 미쳐버렸고 한 사람은 부상으로 죽었고, 찰리는 그 싸움과는 전혀 상관이 없는 말쑥한 한 젊은이(포스라는 이름의 십대)의 죽음을 야기했다. 술집과 도박장을 경영하면서 "불도그" 찰리 와이먼은 그 마을을 휩쓸고 다녔던 것이다. 그러다가 1913년 말을 타고 돌아다니는 시골 순회 설교자가 그 마을에 왔다. 그의 이름은 "나이트 호크"(Night Hawk) 톰이었다. 밤에 집 밖에서 "창문으로 엿보는" 것이 아니라면 어느 누구도 "나이트 호크" 만큼 회중의 죄들에 대해 많이 알 수 없다는 소문이 퍼졌기 때문에 그런 이름으로 불렸다. 톰이 길 아래를 지나 "집회 장소"로 가는 것을 처음 봤을 때 와이먼은 이렇게 말했다. "아, 저 작은 토끼! 나는 저 녀석을 죽이지는 않겠어. 그냥 마을에서 쫓아내 버려야지."

다음날 나이트 호크 톰은 거리를 가로질러 찰리의 도박장으로 가서 자신을 소개하고는 찰리의 손을 잡고 부흥회에 그를 초대했다. 그가 떠나자 찰리는 그의 머리를 흔들며 혼잣말을 했다. "저렇게 훌륭한 사람이 '나' 같은 악당에게 말을 걸기 위해 왜 시간을 내는지 참 이상하군." 선한 사람의 발걸음은 주님께 인도를 받는다는 것을 찰리는 몰랐던 것이다. 어쨌든 그는 나이트 호크 톰을 아무 데도 쫓아내지 않았다.

다음날 밤 (부흥회가 일주일 동안 계속된 이후에) 와이먼은 끔찍할 정도로 앓아누웠다. 그는 도박장을 일찍 닫고 비가 주룩주룩 내리는 마을의 어두운 거리를 가로질러 집으로 걸어가고 있었다. 비가 더 많이 내리자 그는 잠깐 비를 피하기 위해 어느 커다란 이층짜리 건물의 처마 아래로 들어갔다. 그 집은 젊은 여인(고시)의 소유였는데 그녀의 남편은 와이먼과의 총싸움에서 한 사람을 죽인 것 때문에 복역 중이었다. 창문 가까이에 난 문 기둥에 기댄 채 찰리 와이먼은 자신의 "경력"을 끝마치게 되었다. 마을 사람들은 모임에서 찰리 와이먼을 위해 거의 한 달 동안을 개인적으로 또 공개적으로 헌신적으로 기도해 왔다. 와이먼이 창 아래서 그 집에 기대어 웅크리고 있을 때 그는 앨리스 고시(감옥에 있는 남자의 아내)가 그녀의 어린 두 자녀와 함께 방으로 들어오는 것을 봤다. 그들은 창을 향해 무릎을 꿇었다. 폭풍이 누그러지고 비가 멈출 때 그는 그 여자와 그녀의 아이들이 크게 기도하는 소리를 들었다. "오, 하나님, 불경건한 죄인 찰리 와이먼을 구원해 주십시오! 오 주님, 그 살인자로부터 우리와 우리 마을을 구원해 주십시오! 그가 지옥에서 불타지 않게 해 주십시오. 주님, 그를 구원해 주십시오!"

그 기도가 뼈의 골수를 꿰뚫은 화살처럼 "불도그" 찰리에게 명중했다. 찰리는 혼자 중얼거렸다. "오, 세상에 저 여자가 나를 위해 기도하다니!"

다음날 밤 찰리는 교회에 갔다. 놀란 회중 앞에서 그는 초청에 응해 말 그대로 앞으로 달려 나갔고 거기에 꿇어앉아 "손에서 피를 뚝뚝 떨어뜨리며" 말했다. 그 제단에서 그 구식 감리교 순회 설교자는 회개하고 하나님께 호의를 구하기 전에 배상을 하라고 했다. (그 당시의 설교자들은 그런 식으로 했다.) 찰리는 일어서서 은행가에게 가서 몇몇 부도 수표에 대해 사과를 했고, 보안관에게 출두했다. 전에 보안관이 그를 체포하러 왔을 때 그는 보안관에게 총알 세례를 선사한 적이 있었다. 그의 보석 보증서에 서명해 줄 사람이 있는지 묻자 찰리는 신음 섞인 소리로 한탄했다. "이 마을에 나를 위해 증서에 서명해 줄 사람은 아무도 없을 겁니다."

보안관이 말했다. "하나님을 위한 일에 서명하는 것을 말하는 겁니까?"

얼굴에 눈물범벅이 되어 와이먼은 말했다. "아, 나도 바르게 살고 싶어요. 선한 사람이 되고 싶어요! 나도 하늘나라에 가고 싶어요. 나머지 인생을 주 연방 교도소에서 보내야만 한다 해도 하늘나라에는 꼭 가야 해요!"

보안관이 보석 보증을 하고 그를 석방해 주었다.

"불도그" 찰리는 하나님께서 그를 쓰레기 더미에서 구해 주신 이후에(욥 33:24,27, 28) 거의 50년 간 복음을 설교했다. 하나님께서 자신의 영광을 위해 구원하시고 그들의 "하프"(욥 30:31)로 시온의 찬양을 연주하게 하신, "불결한 호흡"을 가지고 "거푸집에 들어간" 무수히 많은 "성도들"의 이야기를 다 하려면 시간이 부족하다.

1949년 3월 14일, 라디오 방송국 DJ로 일하던 술 취한 건달이 예수 그리스도를 자신의 구세주로 받아들였다. 방송국 녹음실에서 그 결정을 내렸다. 27살에 이 DJ는 "치료"를 받은 것이다. 교구 회원을 아버지로 둔 감리교인으로 자라나 대학원생으로서 라디오와 심리학을 전공했고, 현역 소총 부대 지도자로서 46개월간 보병 장교 훈련을 받고, 로욜라에서 나온 예수회 사제에 의해 로마카톨릭 개심자로 교리문답을 받고, 인명 구조원, 바텐더, 라디오 아나운서, 신문 만화 작가, 댄스 밴드의 드럼 연주자 같은 일을 하면서 세상 제도에 익숙해진 이 떠돌이는 마침내 진퇴양난에 이르렀다. 술은 그의 문제들을 해결해 주지 못했고, 정욕과 방탕은 그에게 어떠한 행복도 제공해 주지 못했으며, 교육과 과학도 비참하게 실패했고, 종교와 신비주의는 그 어떤 영원한 것도 이루어내지 못했으며, 3년간의 초월명상과 선불교도 격정에 사로잡힌 양심과 죄의식을 잠재우지 못했다. 27살 때 이 쓰레기 더미는 쓰레기장으로 가는 길이었다. 구원받지 못했으며, 술 취했고, 폐허가 되어 환멸에 사로잡혔으며, 비통하고 깨지고 세상에서 “소망도 없고 하나님도 없이”(엡 2:12) 홀로 있었다.

시골 침례교 목사가 그날 아침 라디오 방송국에서 그를 그리스도께로 인도했다. 한 달도 못되어 그는 성경을 공부하고 있었다. 일 년도 못되어 그는 사역을 준비하고 있었다. 이 타락한 죄인은 (자신의 목표를 이루기 위해 거의 살인과 자살에 가까운 모든 것을 시도해 본) 28년 동안 살아 계신 하나님의 살아 계신 말씀을 설교하고 가르쳐 오고 있다(1978년 현재). 두 개의 대학과 세 개의 종교 체제와 4년간 정부를 위해 일한 것과 버본 거리(뉴올리언즈)의 모든 지옥의 구덩이에서 발견할 수 없었던 것을 하나님의 책에서 발견했다! 쓰레기 더미에서 구조된 것이다. 『**그의 살이 어린아이의 살보다 더 신선해지리니 그가 자기 젊은 시절로 돌아가리라... 그가 하나님께 기도하면... 그가 기쁨으로 그분의 얼굴을 보리니... 그분은 구렁에 내려가는 그 사람의 혼을 구해 주실 것이며, 그의 생명은 빛을 보리라**』(욥 33:25-28). 그리고 하나님께서는 “종종”(29절) 사람에게 이런 일들을 행하신다!

자신의 몸을 다 마모시킨 수많은 사람들이 자신의 법에 따라 살고 있다. 80대의 노인이 말한 바와 같이 “내가 이렇게 오래 살 줄 알았다면 나 자신을 더 잘 돌보았을 텐데!” 이 세상에는 육체적 파산자들, 사회적 파산자들, 재정적 파산자들, 영적 파산자들이 많이 있지만 우리의 하나님은 “쓰레기 전문가”시다. 그분은 육체적 파산자를 마가복음 5:5의 남자나 마가복음 5:26의 여자처럼 취하셔서 그들의 건강을 회복시키실 수 있다. 그분은 바울과 같은 종교적 파산자를 취하셔서 활활 불타오르는 복음전도자를 만드실 수 있다. 그분은 R.A. 토레이, B.H. 캐럴 같은 학자 연맹의 표류물을 취하셔서 그들로 하여금 동정녀 탄생, 피의 속죄, 육체적 부활을 설교하게 하신다. 그분은 요한복음 4:18의 사마리아 여인 같은 사회적 표류물을 취하셔서 그녀를 통치자들과 천사들과 식사하기에 적합하도록 만드신다!(계 19:9) 하나님께서 구해 주신 많은 파산자들이 있다. 이들은 누가복음 15장의 말쑥하고 윤기가 흐르며 결점도 없고 "최신 모델" 같은 사람들보다 하나님의 포도원에서 더 위대하게 섬겼다. 많은 "교양 있는" 그리스도인들은(눅 7:39) 자신들은 도덕적이고 돈과 재산과 교육과 특권이 있기 때문에 하나님께서 그들을 쓰실 책임이 있다고 생각한다. 때로 하나님께서는 일할 사람이 없을 경우 어떤 조직을 사용하기도 하신다. 하나님께서는 혼자서도 뭐든지 하실 수 있다. "협력하는 기독교계"와 공산주의가 요즘에는 매우 인기가 높다. 이렇듯 말쑥하고 호리호리하고 전문적인 선전꾼들이 "그들의" 사역에 대해 자랑을 늘어놓을 때, 그들은 때로 그들을 대신해서 일하고, 그들을 대신해서 청구서를 지불하고, "사역"을 증진시키기 위해 노예 수준의 임금을 받아가며 일하는 10-200명의 그리스도인을 언급하는 것일 때가 있다. 고린도전서 3:13이 많은 것들을 바로잡아 줄 것이다.

자, 화해를 전하는 "전달자"(23절)가 있다. 그리고 그 메시지의 저자(창 40:8)인 "해석자"(23절)가 있다. 성령께서는 분명한 용어로(눅 18:14) "사람에게 그의 정직함"(23절)을 보여 주시는 분이시다. 성령께서 욥과 바울과 같은 사람들을 연단하시면(욥 42:6) 진공청소기로 쓸어 담을 만한 "자아" 조각은 별로 남지 않게 된다. 하나님께서는 지옥을 향해 가는 죄인들을 위해(롬 3:26) 몸값을 마련하셨고(마 20:28) 이제 죄인은 구해냄을 받을 수 있다(24절). 유형적으로 볼 때 새로운 탄생은 어린 아기를 태어나게 하고(25절) 그 아기의 피부는 나아만의 피부처럼 신선하다(왕하 5장). 여기서 언급된 말들은(특히 26,28,30절) 이스라엘의 환란 성도에게 적용된다. 이들은 말 그대로(시 50:2,3) 하나님의 얼굴(히 12:14)을 "보게" 될 것이다. (욥기 11:15을 보라.)

문맥에서 보면 하나님께서는 인간 자신의 의를 인간에게 주신다. 하나님의 의가 아니다(26절 참조). 다시 현대의 근본주의 성경 해석자들은 환란 성도들의 "신실한 행위들"이라는 끔찍한 진리에 직면하게 된다. 신약(약 2:18-24)과 구약에서 가르쳐지고 있는 이 성경적 진리(계 22:14)에 복종하기보다는 현대의 "근본주의자"는 두 가지 일을 행한다.

1. 신약과 구약에서 지금까지 구원받은 사람은 모두가 그 어떤 것도 포함되지 않은 오직 믿음만으로 구원을 받았다고 주장한다. 이런 식으로 성경을 해석하기 때문에 마태복음 25장이나 스카랴 13:2,3이나 히브리서 8장을 해석할 수 없는 것이다. 그렇게 되면 그 다음에는 히브리서 11:1-30에 주어진 예들이 그리스도께서 완성하신 일에 대한 믿음을 언급하는 것이라고 주장하게 된다. 그것이 에베소서 2:1-9의 믿음이라는 것이다. 히브리서 11장의 처음 24구절은 율법 이전의 성도들을 다루는 것임을 망각하고서 현대의 성경 해석자들은 이 시대에 자신이 진리라고 알고 있는 교리 하나를 보존하기 위해 성경을 엉망으로 만들어 버리는 것이다.

2. 그런 다음에 믿음과 행위의 기반이 분명히 제시된 여러 구절이 있기 때문에(예를 들면 히 3:14; 6:6; 10:30, 약 2장 등 참조) "일반" 서신서들이라 불리는 히브리 그리스도인들의 서신서들을 해석하는 데 시간을 들인다. 이런 해석들은 (이미 〈킹제임스성경〉 본문을 거부한) 현대의 근본주의 학자들이 출판한 헬라어 문법과 성경 해석에 관한 다량의 저서로 이루어져 있다. 결국 이런 식이다: 성경을 "있는 그대로" 믿게 되면 종종 이 시대에 적용되는 한 가지 교리와 대치되기 때문에 성경을 있는 그대로 믿지 않고서 이들은 그들 자신의 어리석음에 맞추기 위해 그 교리를 다루는 모든 구절이나 단어를 고치게 된다. 그런 다음 (공개적으로!) 그 구절을 이해할 수 있게 해 주는 것은 "헬라어 원본에서 나온 빛"이며, (여러분들 중 몇몇처럼) 이런 "헬라어 원어"를 알지 못하는 평범한 보통의 어리석고 비참한 그리스도인들은 "그 구절"을 이해할 수 없다고 주장한다. 미국 내 거

의 모든 성경 대학에서 하루에 여섯 시간씩 이런 식의 마귀에게 사로잡힌 북새통이 진행된다.

이런 불경건한 헛소리의 배후에는 다음과 같은 것이 따른다.

A. 나는 헬라어를 안다. 그러므로 "헬라어"를 알지 못하는 나의 학생들보다 나는 진리에 더 가까이 접근한다.(눅 1:3에 대한 섬너의 주석 참조)

B. 그러므로 히브리 그리스도인들의 서신서에서 발견되는 "명백한 모순들"은 헬라어로 "바로 잡힐 수" 있다. 왜냐하면 나의 학생들이 내가 아는 식으로 헬라어를 안다면 "사실은 전혀 모순이 없다"는 것을 알게 될 것이다. (마태복음 23:35에 관한 커스터의 설명을 참조하라.)

C. 그러므로 나는 히브리서 3,6,10장, 야고보서 2장과 로마서 4,5장, 에베소서 2장 사이에 전혀 "모순"이 없음을 증명한 "정통주의의 구세주"이며 "보수주의의 은인"이다.

D. 이렇게 하기 위해 나는 바울 서신과 대치되는 것처럼 보이는 킹제임스 본문의 모든 구절과 모든 단어를 고칠 것이다. 이렇게 해서 명백한 모순들을 "해결"하게 되고 나는 우리 반 학생들의 눈에 신처럼 보이게 될 것이다(마태복음 23:24에 관한 커스터의 설명 참조). 프로테스탄트 개혁 성경에 보존된 하나님의 진리를 제거함으로써 〈킹제임스성경〉 번역자들이 하나님을 궁지에 몰아넣은 모든 그런 혼란에서 하나님을 도와준 것으로 인해 하나님께서는 영원히 내게 감사할 것이다. 또한 나의 학생들도 나에게 영원히 감사하게 될 것이다. 왜냐하면 내가 그들의 교육을 배가시켜서 그들의 지식으로 교육받지 못한 그리스도인들을 호되게 꾸짖어 줄 수 있게 해주었기 때문이다.

이런 식으로 일이 진행되는 것이다. 이런 말이 여러분을 분노케 한다면 나가서 술에 취하거나 마약이나 써 보는 게 어떤가? 그렇게 하는 것이 자신의 마귀 들린 어리석음으로 그리스도의 몸에 해를 덜 끼치는 길이다.

〈킹제임스성경〉 본문의 히브리서, 야고보서, 베드로서, 요한복음, 유다서는 옳다. 그리고 입수 가능한 모든 헬라어 본문보다 훨씬 더 우월하다. (여러분에게 어떤 언어적인 능력이 있다 해도) 그 능력은 결코 여러분에게 자신의 무지에 맞추기 위해 성경을 고칠 권리를 부여하지 못한다. 혹은 그런 능력이 있다고 해서 성경 본문을 믿는 사람들을 "얼간이"라거나 "이단"이라고 부를 권리가 그들에게 부여되는 것이 아니다. 이런 사람들의 문제점은 간단하다. 즉 자신이 변개시킨 본문을 그리스도의 몸에게 강요해서 사람들에게 자신이 최종 권위로 보이고 싶어 하는 것이다. 이렇게 하기 위해서는 자신이 만든 변개에 반대하는 모든 목소리를 정죄하고 "포르노 통치기"(10세기) 때 통치한 최악의 교황만큼이나 이 문제에 있어서 완고하고 독단적이게 (혹은 어리석고 관용심이 없게) 되어야 한다.

『**어떤 사람이 말하기를 '내가 죄를 지었고 옳았던 것을 변개하였으나 그것이 내게 이롭지 않았도다.'라고 한다면**』(27절). [사 57:15; 66:2 참조 - 하나님께서 찾고 계신 것이 이것이다! 여러분들이 로버트슨, 베니거, 맥기(McGee), 샤프, 트렌치, 빈센트, 데이어, 웨스트코트, 네슬, 홀트, 피크, 버드, 둠, 웨스트, 디엠, 파인버그, 스미스, 아서(Archer), 닐, 커스터, 클리슨(Cleason), 루벤(Reuben), 코더(Coder), 라서, 더멜로우처럼 옳은 것을 변개시켰다면 "나는 하나님의 백성들이 '원본'을 더 분명하게 이해할 수 있도록 해 왔다."가 올바른 답변이 아니다. 올바른 답변은 "내가 죄를 지었나이다"(27절)이다.]

파라오는 임시방편으로 이 말을 했다(출 10:16과 주석 참조). 발라암은 사정없이 두들겨 맞지 않기 위해 이 말을 했다(민 22:34). 사울은 잃어버린 영토를 다시 얻기 위해 이 말을 했다(삼상 15:24). 유다는 죄의식에서 벗어나기 위해 이 말을 했다(마 27:4). 이런 것은 모두 아무것도 아니다.

그러나 다윗은 진정한 의미에서 이 말을 했다(시 51:4). 탕자처럼(눅 15:18) 다윗은 "회개에 이르게 하므로 후회할 것이 없는"(고후 7:10) 경건한 비애의 채찍 하에 있었다. 시몬 베드로의 회개(마 26:75)는 그를 교수대로 인도한 것이 아니라(마 27:5) 겟세마네를 통과해서(마 26:41) 오순절로 인도했다(행 2:1-5). 회개하라! 회개하라! 그것이 표이다! 베드로는 이것을 이스라엘에게 설교했고(행 2:38), 바울은 이방인에게 그 설교를 했으며(행 20:21), 주 예수 그리스도께서는 누구에게나 회개하라고 말씀하신다(눅 13:1-5).

하나님처럼 엘리후는 욥을 정당화시키고자 한다(32절). 그러나 타고난 본성의 상태에서 죄인이 의롭게 될 수 있는 방법은 결코 없다(요 3:1-3). 하나님께서 여러분을 의롭게 하시려면 욥의 의보다 더 위대한 의가 필요하다(마 5:20). 하나님께서는 완벽한 의로부터 분리되어 있는 사람은 그 누구도 의롭게 하실 수 없다는 것이 끔찍스런 진리이다(롬 3:21,22). 또한 그 의에 목말라 하지 않고서는(마 5:6, 계 22:17) 이 선물을 요구할 수 없으며(롬 6:23), 그것을 결코 받지 못한다(롬 10:9,10). 회개하라! 샘 존스가 말한 바와 같이 "천박함을 버리라! 악을 행하는 것을 그치라! 선을 행하는 법을 배우라!"

정기적으로 아내와 아이들을 못살게 구는 한 남자가 도움을 구하기 위해 몇몇 정신과 의사를 찾아 갔다. 하지만 전혀 소용이 없었다. 정신과 의사들은 그에게 적당한 음행과 적당한 술과 적당한 거짓말은 어느 정도 정상적이며, 이혼을 야기하지 않는 한 그는 치우치지 않고 적절하게 "정도"를 지키게 되리라고 그에게 확신시키려 했다. 여전히 실의에 빠진 채 방황하던 이 남자는 마침내 옛날 남부 감리교 목사의 목사관에서 이 일의 결론을 보게 됐다. 목사에게 자신이 가족을 학대한다는 고백을 하자마자 그 목사는, "주님께 그 이야기를 해요. 지금 당장!"이라고 말했다. 그들은 무릎을 꿇었다. 이 거의 미친 죄인이 기도할 말을 찾으며 머뭇거리고 있을 때 그 목사는 소리치기 시작했다. "예수님, 이 사람을 고쳐 주세요. 이 사람을 고쳐 주세요!" (그리고 형제여, 그 사람은 고침을 받았다. 그는 "주사"를 맞지 않고서도 고침을 받았으며 오늘날 도시 차고에서 자동차를 수리하는 것보다 더 훌륭하게 고침을 받았다.)

『**보라, 하나님께서 종종 사람과 더불어 이런 모든 일을 행하심은**』(29절).

『**오 욥이여, 주의하고...**』(31절)

욥이 잠잠하면(33절) 그는 뭔가를 배울 것이다. 나아만의 신중치 못한 입(왕하 5장)으로 인해 그가 잠시 병 고침을 받지 못했던 것만큼이나 확실하게(왕하 5:12) 많은 의사들, 변호사들, 대학 교수들은 성경이 자신들의 생활 태도를 망치기 때문에 성경에서 오류를 발견하려고 애쓰면서 분별없이 재잘거리며 지옥으로 가는 길을 닦고 있다. 어떤 사람들은 얼마 동안만이라도 그 크게 짖어대는 입을 다물고 있으면 그리스도를 발견하게 될 것이다(사 55:6-8). 자기 자신으로 너무나 가득 차서 공작을 사냥개처럼 보이도록 만들 지경인데 하나님께서 어떻게 그런 사람에게 말씀하시겠는가? 회개하라! 자신의 성사들, 자신의 종교, 자신의 의견들, 자신의 전통들, 여러분의 뉴스 미디어 "정보들," 자신의 "교육"에서 돌이키라. 일 분만 입을 다물고 있으라. 그러면 하나님께서 여러분이 대학에서 발견할 수 없었던 것을 보여 주실 것이다!

욥기 33:17을 읽을 때마다 나는 1955년 앨라배마주 모빌에서의 어느 날 밤이 생각난다. 나는 정부 관할 하에 있는 거리 부랑아 구조 선교(Rescue Mission)에서 설교하고 있었다. (레이놀드가 전체 감독이었다.) 메시지를 끝마치고 (누가복음 16:19-25라고 기억된다.) 찬양 인도자에게 "다 같이 서서 찬송가..."라고 말하는데 말을 끝내기도 전에 청중이 술렁거렸다. 돌아서 보니 25세 가량의 젊은이가 일어서려고 안간힘을 쓰고 있었다. 그의 얼굴은 온통 눈물범벅이었고 그는 일어서서 더듬거렸다. "모, 모, 목사님! 목사님!" 누군가가 그를 통로로 인도하려 했지만, 그는 그 사람을 옆으로 살짝 제치고 (초청할 때 부르는 찬송이 나오기도 전에) 통로로 걸어 나왔고 나를 향해 비틀거리며 오고 있었다. 그는 술취한 사람처럼 걷고 있었지만 정신은 말짱했다. 유죄 판결을 받은 범죄자가 사형 집행 장소로 가듯 그 걸음은 고통에 가득 찬 발걸음이었다. 이제 눈물은 비처럼 쏟아지기 시작했고 그는 외쳐댔다. "오 하나님! 오 하나님!" 그런 다음 그는 통로에 쓰러져 무릎을 꿇었다. 다시 누군가가 그를 도우려 했지만 그는 그 사람을 뒤로 밀치고 강단 쪽으로 기어오기 시작했다. 오는 동안 내내 그는 눈물로 목이 메여 있었다. 나는 강단에서 내려가서 기도용 난간으로 그를 맞이하러 나갔다. "나는 죄를 지었습니다! 나는 죄를 지었습니다!"라고 그가 계속 반복해서 말하는 소리를 들을 수가 있었다. 두 사람이 그를 들어 올려서 기도용 난간으로 데리고 갔다. 그리고 거기서 그는 유죄 판결이 난 죄인을 위해 하나님께서 주신 주 예수 그리스도를 영접함으로써 사망에서 생명으로 옮겨졌다(28절).

예배가 끝났을 때 또 다른 난파된 (60살쯤 되어 보이는 술주정뱅이) 한 사람이 내게 와서 말했다. "목사님, 저, 저, 저를 기억하시겠습니까?"

"아니요, 누구신데요?" 내가 물었다.

"저기, 목사님, 저는 목사님이 개심시킨 사람 중 한 사람입니다. 여기서 지, 지, 지난해에 목사님께서 설교하신 예배에서 구, 구, 구원받았습니다!"

"그렇게 잘 지내는 것 같지 않군요. 그렇죠?"

"그렇습니다. 목사님. 그, 그렇지만 한 가지 말씀 드릴 것이 있습니다! 아시겠지만, 목사님, 오늘 밤 여기서 목사님 설교를 듣기 위해 화물 열차를 놓쳤습니다."

[나의 설교 "기념품" 중에서 나에게는 그날 밤이 큰 교회에서 3,000명의 사람들에게 가르치고 설교한 여러 날 밤보다 훨씬 더 소중하다.]

이 구절에 대해 (밥존스대학이 지지하는) 로크만재단이 가한 파괴적 비평들을 살펴보는 것은 전혀 유익이 되지 않는다. 하늘의 만나에 전혀 만족치 못하고 하나님께서 말씀하신 것을 그분께서 말씀하신 대로 결코 믿을 수 없으며, 지금까지 기록된 가장 위대한 책에 대해서도 전혀 감사치 않으며, 그 책에 복종하는데도 전혀 만족치 않는 학자 연맹은 이 구절에 담긴 진리를 갈기갈기 찢어서 성경이라고 불릴 수조차 없도록 만들어 버렸다. 아담 클라크는 23절에 "머리"(head)라는 단어를 첨가시켰고 28절에는 "나의 혼"이 들어가 있다(예루살렘 타검과 벌게이트). 드로시와 케니코트는 28절을 "빛처럼 되리라"로 했고, 피스에 따르면 "살아 있는" 것은 "생명"이다(30절). ASV(1901)는 사람에게 그의 의를 회복시켜주고(26절), 〈뉴스코필드성경〉에서는 29절에 "두 번, 정녕 세 번"이 들어가 있다. NEB에서는 해석자(23절)가 "천사"로 되어 있으며, 〈리빙바이블〉에서 몸값은(24절) "대체물"로 되어 있다. 여호와의 증인 성경(신세계 역본)에 해석자(23절)는 여호와의 증인들을 위한 "대변인"이다. 제미에슨과 포셋, 브라운은 약 15개의 변개에 공헌을 한다. NASV는 다른 것들과 비교해 볼 때 죽은 쥐와 죽은 다람쥐 사이의 차이 정도를 보여 준다.

클라크와 헨리는 본문을 몇몇 훌륭한 영적 적용을 하는데 사용한다. 여기서 신약을 예시하는 부분이 너무나 명백하게 드러나기 때문에 클라크와 매튜 헨리조차도 그것을 놓칠 수가 없었다.

욥기 34장

34:1 또 엘리후가 대답하여 말하기를
2 "오 너희 현명한 사람들아, 내 말을 들으라. 너희 지식 있는 자들
아, 내게 귀를 기울이라.
3 입이 음식 맛을 아는 것같이 귀가 말을 시험하나니
4 우리에게 심판을 선택하고 우리 가운데 선한 것을 알아보자.
5 욥이 말하기를 '나는 의롭도다. 하나님께서 내 심판을 취해 가셨도다.
6 내가 내 정당함에 반대하여 거짓말을 해야 하느냐? 허물이 없는데
내 상처가 낫지 못하게 되었노라.' 하였으니
7 어떤 사람이 비웃음을 물처럼 마시는 욥과 같으랴?
8 그는 죄악의 일꾼들과 동행하며 악한 사람들과 함께 다니는도다.
9 이는 그가 말하기를 '사람이 하나님과 더불어 기뻐하는 것이 그에게
아무것도 유익한 것이 없다.' 하였기 때문이라.

엘리후의 말에서 특별하게 어려운 것은 없다. "말"(2절)은 음식(3절)과

같아서 입이 여러 종류의 음식을 맛보는 것과 같이 말들을 시험한다. 성경은 사과, 빵, 우유, 고기, 꿀에 비유되므로 성경 말씀은 "필요한 음식보다" 말씀들을 더 귀히 여기는 사람에게(욥 23:12) "균형 잡힌 식단"을 제공해 준다. 구약에서 에스겔은 하나님의 말씀을 먹었다고 언급한다(겔 3:2). 신약에서는 사도 요한이 그랬다(계 10:10). 현대 미국 그리스도인들의 가장 눈에 띄는 특징은 영양실조이다. 라오디케아 시대가 영적 구루병, 괴혈병, 설사, 저혈압, 당뇨병, 침침한 시력, 관절염, 파킨슨 병, 만성 두통과 함께 나타난다는 것을 확신이라도 시키듯 "선두적인 그리스도인 학자들"과 교육가들은 ASV(1901)와 NASV(1963)를 섬겨 왔다. 자유주의자들은 〈새영어성경〉과 NRSV을 꾸며내고, 배교한 은사주의 초교파주의자들과 에큐메니컬 사회주의자들은 〈리빙바이블〉로 식탁을 차렸다. 나무는 그 열매를 보고 알 수 있으며, 음식은 그 음식으로 어떤 모양의 체격이 형성되었는지로 알 수 있다. 사람이 먹는 것이 그 사람이 된다(출 12:15와 주석 참조). 미국의 현대 그리스도인들은(1933-1978) 얼간이를 속이는 식단으로 먹여져 왔고 영양소를 공급받았다. 미국이 로마카톨릭 국가가 되어버린 개혁(1979-1982) 이후로 다른 형태의 그리스도인이 표면에 부상했지만 그때까지는 대부분의 기독교 학교에서 양산된 그리스도인의 유형은 나약한 우상 숭배자이다. 우리는 이들이 공개적으로 설교하기를 거부하는 성경 구절로 이런 세련된 미식가를 대개는 식별할 수 있다. 성경 구절들은 다음과 같다.

1. 짜다(겔 16,23장, 잠 3-8장, 유 1:16-18).
2. 부드럽다(솔, 고전 13장, 눅 2장).
3. 달콤하다(시 8,23,32편, 호 2장).
4. 거칠다(유, 벧전, 히 10장, 살후 2장, 겔 14장).
5. 메마르다(대상 1-12장, 민 1-9장).

6. 시다(애 1-5장, 렘 11,23장).

7. 향기롭고 맛있다(요 17장, 롬 8장, 엡 2장).

8. 얼얼하다(마 23장, 요 9장, 계 22장).

9. 상쾌하다(잠 1장, 전 1-9장).

현대의 그리스도인이 원하는 것은 달콤하고 맛이 부드러운 식단이다. 이것이 안전하기 때문이다. 현대의 기독교 유명 인사의 최우선적인 관심사는 안전이다. 이들의 "사역"과 "일"은 "정상적인" 사람들과 좋은 관계를 유지하는데 그 승패가 달려 있다. "안전 제일주의"가 수많은 부정직한 "믿음의 수호자"의 정직한 슬로건이다. 이들에게는 나비 한 마리에게 있는 용기조차 없다. 1940-1980년 사이의 미국 보통 그리스도인을 가장 잘 묘사한 단어는 "우유에 함빡 적신 사람"인 것 같다. "지옥"이라는 말은 여자처럼 나약한 로크만재단과 밥존스대학의 미각에는 너무나도 맵기 때문에 그들은 신약에서 지옥에 해당하는 헬라어 단어("하데스")를 번역하기를 거부한다. NASV와 NRSV에게 "마귀들"이란 단어는 너무나 단단하기 때문에 그들은 신약에서 "다이몬"이라는 단어를 번역하지 않고 그냥 내버려 둔다. 〈굿뉴스〉의 미각점에 "피"라는 단어는 너무나 짜기 때문에 수십 곳에서 "사망"이라고 변개된다. 연약한 자가 다니는 신학교의 훌륭하고 세련되었으며 지적인 호흡이, 하나님의 권위의 말씀 위에 불자 누군가를 불쾌하게 할 수 있는 모든 주요 구절이 묽어지고 발효되고 오염되어 버린다(혹은 제거된다). 예를 들자면 밥존스대학과 NCCC는 로마서 1:18,21,25를 변개시키는 데 완전히 의견의 일치를 본다. 그 구절의 말씀은 성령님께서 성경 교사들과 개정자들에게 초점을 맞춘 구절이다. [보잘 것 없고 벼룩에 찌든 정통주의 잡종개가 자유주의자들과 수십 차례 나란히 선 이후에 성경을 대적해서 "현대주의"니 "신 복음주의"니 하면서 시끄럽게 구는 것을 상상해보라. 밥존스대학의 모든 졸업생이 추천하는 ASV 참조.]

『**욥이 말하기를 '나는 의롭도다**』(5절). 욥기 27:2-7과 10:7에서 이런 의미에 매우 가까운 말을 했었다. 그런 말을 드러내놓고 한 것이 아니라 해도 욥은 최소한 네 명이 모두 들을 수 있는 자리에서 15분 정도 자신의 의를 드러냈었다(욥 31장). 6절은 욥이 의도했던 말을 자유롭게 인용한 것이다. 즉 "내가 형벌을 받을 만하지 않은데 이런 형벌을 받을만 한 체 해야 하느냐? 나는 그럴 만한 이유도 없이 하나님에 의해 상처를 입었다." 엘리후는 욥이 불의를 물처럼 마실 뿐만 아니라(욥 15:16 참조) 거기다가 비웃기까지 한다고 욥을 비난하고 있다. 엘리후는 어떤 사람이 배를 물로 가득 채우는 것처럼 욥이 그의 배를 조소로 가득 채우고 있다고 생각한다. 하나님과 사람 사이에 일어난 논쟁에서(36절) 욥이 죄악의 일꾼들 편에 섰다는 뜻에서 욥은 "죄악의 일꾼들과 동행했다"는 것이다. 엘리후는 욥을 시편 1:1의 한 가운데 털썩 내려놓는다.

『**악한 사람들과 함께 다니는도다.**』(8절)의 의미는 『**이는 그가 말하기를**』(9절)로 알 수 있다. 그 다음에 엘리후는 시편 1:1로부터 욥을 옮겨서 욥기 21:15에다가 다시 털썩 내려놓고는 말하기를 "이는 그가 말하기를 '사람이 하나님과 더불어 기뻐하는 것이 그에게 아무것도 유익한 것이 없다' 하였기 때문이라"(9절)고 한다. 그러나 욥은 그런 말을 한 적이 없다.

[이런 비난의 모순을 감지하고서 제미에슨과 포셋과 브라운, 헨리, 랑게(Range), 엘리코트(Ellicott), 더멜로우, 클라인(Kline), 헤브너와 칠십인역은 모두 이 구절을 지나쳐서 설명을 위한 참조 구절도 제시하지 않고, 칠십인역은 아예 본문을 고쳐서 엘리후가 말한 것을 그가 말하지 않은 것으로 만들어 버린다. 200명의 학자들(몬서, 프라이스, 테리, 로버트슨, 던간, 샘프레이, 아이슬렌, 제노스)이 집대성한 〈관주성경〉(Cross Reference Bible)은 독자들에게 욥기 35:3을 참조하라고 권한다. 독자가 일

단 이런 눈먼 인도를 따라 막다른 골목에 이르게 되면 결국 ASV에 도착하게 된다. ASV는 3절을 변개시켜서 절대적으로 아무런 의미도 없는 구절로 만들어 버린다.]

엘리후의 말의 의미는 심오하고 신랄하다. 엘리후는 사람이 하나님 안에서 (욥이 그랬던 것처럼) 스스로 기뻐하고 (욥이 그랬던 것처럼) 하나님께 복종하면 그에게 틀림없이 유익이 있으리라고 말한다(딤전 4:15). 그러므로 욥의 악담 섞인 비난(37:2)과 비탄에 잠긴 불평들(욥 30장)이 바로 욥이 하나님 안에서 스스로 기뻐하지 않았고 하나님을 섬기고 있지 않았다는 증거라는 것이다. (그러나 욥은 그렇게 했었다.) 즉 엘리후는 빌닷과 소팔과 엘리파스가 걸려든 것과 같은 덫에 잡힌 것이다. 그 뒤로 즉시 이어져 나오는 구절(11,21,22,26절)에서 이러한 절대적 증거를 찾아볼 수 있다. 이런 관점에서 욥은 "죄악의 일꾼들"과 동행했으며 "악한 사람들"(8절)과 함께 행하고자 했다는 것이다.

그러나 평범한 사람이 욥과 같은 심한 상태에서 계곡을 지나가면서도 여전히 "하나님 안에서 기뻐할" 수 있는 것은 신약 시대 이후이다. 예레미야조차도 힘든 상황에 직면했을 때(렘 15:18) 하나님을 거짓말쟁이라고 부르고자 하는 유혹을 떨쳐버리지 못했다. 다윗은 (유익이 있든 없든) 하나님 안에서 기뻐하는 데 매우 근접하지만, 다윗의 찬양의 기도 속에서도 역시 다른 구약 성도들과 마찬가지로(시 73:1-10), 바울 서신에서는 결코 찾아 볼 수 없는 불평들을 보게 된다. 하나님께서 바울에게 "내 은혜가 네게 충분하도다"(고후 12:9)고 말씀하셨을 때 바울은 그의 대적들이 어떻게 생각하든, 혹은 어떤 짓을 하든(빌 1:28과 주석 참조) 하나님께서 축복하신다는 외적 증거를 더 이상 요구하지 않았다. 매 맞고 반쯤 실명하고 사슬에 묶이고 투옥되고, 재산과 안전과 건물과 가족과 친구들을 다 잃고서도(딤후 4:16) 바울의 입에서는 욥기 31장에 나오는 욥의 한탄이 단 한 마디도 나오지 않는다. 바울은 "손실"(빌 3:8)을 귀찮은 것들을 다 버리는 것으로 간주했고 "모든 것"을 던져 버렸다. 그러나 살몬드 목사와 렌덜 목사(혹은 이들을 가르쳤던 학자들)은 그를 거짓말쟁이로 만들기 위해 "헬라어 원본"으로 달려간다.

34:10 그러므로 너희 총명한 사람들아, 내게 경청하라. 하나님께서 악을 행하신다는 것과 전능하신 분께서 죄악을 행하신다는 것은 그분과는 너무도 거리가 멀도다.

11 그분은 사람의 행위대로 그에게 갚으시고 각자 자기의 행위에 따라 얻게 하시는도다.

12 정녕, 진실로 하나님께서는 악을 행치 아니하시며 전능하신 분은 심판을 왜곡하지 아니하시리라.

13 누가 그에게 땅을 다스리도록 맡겼느냐? 또한 누가 온 세상을 배치해 놓았느뇨?

14 만약 그분이 그의 마음을 인간에게 두신다면, 만약 그분이 그의 영과 호흡을 자신에게로 모으신다면

15 모든 육체는 함께 멸망하고 인간은 다시 흙으로 돌아갈 것이라.

10절은 아주 분명하며, 뒤이어 나오는 두 구절은 설명이 필요 없다. 하나님의 거룩하심과 의는 그분의 완전하심으로 볼 때 자명하다. 하나님께서 절대적으로 의롭고 절대적으로 거룩하지 않다면 그분은 "알파와 오메가이며 처음과 끝"이 아니며, 수많은 우상 숭배자들이 섬기는 많은 신들도 정당하다 하겠다. 온 땅의 심판자께서는 "의를 행하신다"(창 18:25). 그분은 심판을 왜곡하지 않으신다(12절). 설령 우리 눈에 그렇게 보이는 곳에서도 그분은 심판을 왜곡하지 않으신다. 일 년 동안 실제적인 무신론자가 된 미국 병사 한 명당 일 달러씩 치면 금세 부자가 될 것이다. 아프리카, 중국, 베트남, 한국, 시베리아에서 벌어지는 고통을 거듭나지 않은 눈으로 바라보면 구원받지 않은 "지성인"에게 하나님은 죽었거나 아니면 "고용되지 않았다"(월트 켈리 인용)고 확신시킬 수 있을 것이다.

그러나 『**누가 그에게 땅을 다스리도록 맡겼느뇨?**』(13절). 여러분인가? 여러분이 그랬는가? "어머니 자연"이 그랬는가? 성운의 먼지 구름의 "우주 법칙"이 그렇게 했는가? 하나님께서 은하계들을 창조하실 때 데모크리투스, 베이컨, 홉스, 흄, 헉슬리, 아인슈타인, 칸트들은 다 어디 있었는가? 여러분의 선조 중 어느 누가 하나님께 그분이 누구에게 권세를 줄 수 있으며 누구로부터 그 권세를 거둬야 하는지 말한 사람이 있는가? 여러분이 오늘 밤 가난, 기근, 사망, 전쟁, 지옥, 고문을 멈추게 하고 싶다고 해서 멈출 수 있는가? 지난 6,000년간 여러분의 선조 중에는 아무도 그런 일을 할 수 없었다! 하나님께서는 자신이 보기에 좋은 대로 세대들을 다루신다(롬 13:1-5). 그리고 여러분 중에는 다니엘의 칠십째 주와 천년왕국이 계획대로 도래하는 것을 막을 수 있는 사람은 없다. 마치 케네스 웨스트를 성경대로 믿는 사람으로 만들 수 없는 것과 같다(잠 19:21과 주석 참조).

『**만약 그분이 그의 마음을 인간에게 두신다면... 그분이 그의 영과 호흡을 자신에게로 모으신다면... 인간은 다시 흙으로 돌아갈 것이라**』(14,15절, 전 12:7 참조). 이번에 하나님의 마음은 시편 91:14와 요한복음 10:15의 의미에서 인간에게 있는 것이 아니다. 모든 인간이 "함께 멸망했던"(창 6:13) 창세기 6:5와 시편 104:29,30의 의미에서 인간에게 하나님의 마음이 있는 것이다. 하나님께서 사람의 영(창 2:7)을 자신에게로 모으시고(전 3:21) 사람의 호흡을 그의 몸에서 거두시면 인간은 자신이 취해졌던 흙으로(창

3:19) 다시 되돌아가며 육체의 생명은 끝나게 된다.

34:16 만일 당신에게 지금 명철이 있다면 이것을 듣고 내 말소리에 경청하라.

17 의를 미워하시는 분이 통치하시겠느뇨? 당신이 지극히 의로우신 분을 정죄하겠느뇨?

18 왕에게 '왕은 악하니이다.'하며 통치자들에게 '당신들은 사악하니이다.'라고 말하는 것이 적합한 일이뇨?

19 하물며 통치자들을 외모로 받아들이시지 않고 부자를 가난한 사람보다 낫게 여기시지 않는 그분께랴? 이는 그들 모두가 그분의 손으로 지은 것들임이라.

20 순식간에 그들은 죽나니 사람들은 밤중에 괴로워하다가 사라지며 힘있는 자도 손을 대지 않고 제거되리라.

21 그분의 눈이 사람의 길들 위에 있나니 그분은 사람의 모든 걸음들을 보시는도다.

22 죄악의 일꾼들에게는 자신들을 숨길 수 있는 암흑도 없고 죽음의 그림자도 없도다.

23 그분은 옳은 것 외에는 사람에게 지우지 아니하시나니 사람이 하나님과 함께 심판에 들어가야 하리라.

24 그분은 힘센 자들을 헤아림 없이 산산조각내시며 그들을 대신하여 다른 사람들을 세우시는도다.

25 그러므로 그분은 그들의 행위를 아시고 밤중에 그들을 뒤엎으시니 그들이 망하는도다.

26 그분은 그들을 악인들처럼 다른 사람들이 보는 데서 치시니

27 이는 그들이 그분께로부터 돌이켜 그의 길들을 전혀 고려하지 않

음이라.

28 이렇듯 그들은 가난한 자의 부르짖음이 그분께 이르게 하니 그가 고난받는 자의 부르짖음을 들으시는도다.

엘리후는 욥을 유다서 1:9절과 베드로전서 2:17에서 경고의 대상이 된 불평하고 반역한 신들과 통치자들의 위치에 둔다. 민주주의에서는 이런 일을 이해하려 해도 거의 이해가 되지 않는다. 해리 트루먼은 종종 정부 내에서 공산주의를 노출시키는 사람을 "민중의 지도자"로 간주했다. 1950년대에는 친 공산주의자를 "시민권의 지도자"로 부르는 것이 아주 만연해 있었다. 〈생명 선〉[멜빈 먼드(Melvin Mund), 1960-1974]은 "영광을 받기에 합당한 분에게 영광을 돌린다"는 그리스도인의 입장에서 "존재하는 권력"에 대해 건설적으로 비평한 최고의 본보기라고 하겠다. [물론 그 책을 지나치게 극찬할 수도 있다. 라이스, 커스터, 밥 존스 3세, 윌버 스미스, 메릴 엉거(Merrill Unger) 같은 사람들은 1881-1980년대의 비겁한 배교한 보수주의자들에게 영예를 돌리는 것이 "합당"하다고 항상 우리를 다그친다. 그러면서 종교개혁 본문을 파괴하기 위해 그들이 들인 돈과 시간을 그 근거로 댄다. 이런 잘난 체하는 사람들에게 우리가 하는 답변은 간단하다. 즉 가서 압정 위에나 앉아라. 거듭나서 성경을 믿는 하나님의 자녀가 로버트슨, 네슬, 알란드, 메츠거, 수터, 티센도르프, 홀트, 바티칸 깃발에 경의를 표하는 날에는 레닌의 사진에도 경의를 표해야만 하는 날일 것이다. 고문이나 투옥, 혹은 이 두 가지를 다 해도 우리가 그렇게 하도록 하지는 못할 것이다.]

『**왕에게 '왕은 악하니이다.'...라고 말하는 것이 적합한 일이뇨?**』(18절). 존 녹스는 스코틀랜드의 메리 여왕에게 어디로 향해야 할지를 말했고, 루터는 헨리 8세에게 그의 감자를 어디다 팔아야 할지를 말했다(제네바). 앤드류 잭슨(Andrew Jackson)은 왕이 그를 거리로 내몰았을 지라도 왕에게 수긍하지 않았을 것이다. 레이먼드 룰리(Raymond Lully)는 바로 알제 거리에서(1250) 무함마드를 거짓 선지자라고 비난했다. 엘리야와 침례인 요한도 대놓고 왕을 도둑이라고 야단쳤을 것이다. 많은 통치자들이 누군가가 그들에게 그런 말을 했든지 어쨌든지 "불경건"(18절)했으며, 파라오와 느부캇넷살 같은 많은 왕들이 책망을 받았든지 그렇지 않든지 간에 "사악"했다(18절). 그러나 주 예수 그리스도께서는 통치자들(헤롯과 빌라도)이나 왕(카이사)을 공격하는데 많은 시간을 들이지 않으셨다. 주님의 주요 공격 대상은 그 당대의 종교적 유명 인사들이었다. 그들은 자신들의 권위의 근거를 자신들의 교육, 전통, 명성, 정치적 유대에 두고 있었다. 즉 국제 은행가들, CIA, CFR, 일루미나티, 연방 준비 은행을 조사해야만 한다면 거기에 너무 많은 시간을 낭비하지 말라. 록펠러, 와버그, 로스차일드보다 더 크고 더 합법적인 일이 있다. 즉 자신의 나라를 망치고 국제 사회주의를 세우기 위해 이 사람들이 사용하는 대학 교수들과 목회 준비생들이다.

『**하물며 통치자들을 외모로 받아들이시지 않고... 그분께랴?**』(19절) 이것은 절대적으로 사실이다. 통치자건 거지건 도둑이건 주교건 하나님은 사람을 외모로 취하시지 않는다. 왜냐하면 "그들 모두가 그분의 손으로 지은 것들"(19절)이기 때문이다. 어떠한 비난을 하든지(바울은 몇몇 비난을 했다. 행 13:10) 어떠한 비방을 해야만 하든지 (예수님께서는 비방을 많이 하셨다. 마 23:24-33) 어떠한 부정적인 비평을 해야만 하든지 간에 (베드로는 한 차 가득 비평을 했다. 벧후 2,3장) 무슨 대가를 치르더라도 유일하신 무오한 비평가시며 재판관이신 분에게 했던 고린도전서 10:1-12의 투덜거림과 불평만은 하지 말라. 그러나 욥의 입장에 처하면 그러기가 쉽지 않다. 전에도 언급한 바와 같이 엘리후가 했던 말을 그분께 할 수 있으려면 욥이 겪었던 것을 여러분이 겪었을 때만 가능하다. 그러나 그런 경험을 하기 전에는 하나님께서는 엘리후가 한 말을(욥 42:7) 비록 그것이 옳았음에도 불구하고 칭찬하지 않으신다.

20,28절은 환란에 적용된다. 예언을 공부하는 학생은 룻기 3:8, 마태복음 25:6, 사도행전 16:25, 재판관기 16:3에 나오는 "밤중"이라는 시간에 특별한 주의를 기울여야 한다. 21절은 로마서 6:23, 요한복음 3:6, 에베소서 2:8, 로마서 4:5, 민수기 32:23, 전도서 8:11, 히브리서 9:27, 누가복음 16:16 같은 폭탄 중 하나이다. 하나님께서는 모든 것을 보시며(21절), 모든 것을 아시며(대하 16:9), 모든 것을 이해하시며(시 139:12), 하나님께서는 인간이 하는 모든 결정에 대해 해명을 요구하신다(롬 2:16, 전 12:14). 하나님께 지은 개인적인 죄에 대해 하나님께 개인적으로 설명하는 것에 관한 한 하이데거(Heidegger), 조 플레처(Joe Fletcher), 사르트르(Sartre), 아인슈타인, 헤프너(Hefner), 버트런드 러셀, 듀이, 호프만에게 시간을 쓰고 있는 부분은 성경에는 없다. 누군가가 해왔고, 지금도 하고 있으며 앞으로 하게 될(13절) 어떤 것에 관해 뭔가를 그분에게 말해 줄 "유엔"이나 "외교 위원회" 같은 것은 주님께는 필요치 않다. 살인자가 체포되기도 전에 하나님께서는 이미 그를 재판하셨고(요일 3:15) 유죄를 선고하셨으며(요 3:36) 사형 집행 날짜를 정하셨다(계 22:15). 하나님께서 인간을 만드셨으므로 "그분은 그들의 행위를 아신다"(25절). 사람들이 『**그분께로부터 돌이켜**』(27절) "그의 길들을 고려"(27절)하기를 거부하면 하나님께서는 그들을 치셔서(26절) 산산조각을 내신다(24절). 이 묘사는 모두 시편 52편과 다니엘 2장의 적그리스도와 일치하며 『**죽음의 그림자**』(22절)가 환란을 다루는 문맥에서 다시 나온다. 『**힘있는 자**』(20절)가 "손

도 대지 않고 제거"(20절)된다. 이런 일이 실제로("손도 대지 않고" 단 2:45) 재림 때에(계 19:19) 요한계시록 17장과 다니엘 7장의 마귀에게 사로잡힌 열 왕들에게 일어난다. 그들은 "가난한 자의 부르짖음"이 하나님께 이르게 하였기 때문에 "밤에 뒤엎임을 당한다"(25절). 환란 때(약 5장, 마 24장, 욥기 30:1-8 설명 참조) 하나님께서는 "고난받는 자의 부르짖음을 들으신다"(28절). 어떤 사람은 하나님께서 옳은 것 이상을 지우신다고 알고 있을 지도 모른다. 특히 강제 수용소, 고문실, 독방, 암 병동에서 많은 시간을 보내야만 한다면 그렇게 생각할 수도 있다. 그러나 하나님은 사람에게 옳은 것 이상으로 지우지 않으신다(23절). 때로 하나님의 선하심을 부인하고자 하는 유혹을 저항하기가 거의 불가능할 때도 있으며, 하나님께서 인생사에 적극적으로 관심을 보이신다는 것을 부인하고자 하는 유혹을 떨쳐버리기가 어려운 때도 있다. 사탄은 계속해서 욥이 그렇게 생각하도록 만들려고 애써 왔다. 이처럼 사탄의 압력에 굴복한 한 사람당 1달러씩 치면 스위스 은행을 살 정도의 돈이 될 것이다.

예를 들면 평생을 휠체어 신세를 지며 사는 돈 베이커가 있다(플로리다주 펜사콜라). 그는 사냥과 낚시를 좋아했다. 그는 구원받은 사람으로 하나님을 사랑하고, 교회에 출석하며, 그리스도를 증거하고 그의 가족을 사랑했지만, 자동차 사고로 그는 평생을 불구로 살게 되었다. 그의 젊은 아들들은 자신들의 어머니를 부양하기 위해 일하러 가야만 했다. 하나님께서 돈 베이커에게 옳은 것 그 이상을 지우셨는가? 세상에는 수천의 "돈 베이커들"이 있다. 세상은 온통 언청이들, 입천장이 파열된 사람들, 곤봉 모양으로 생긴 발들, 선천적 매독, 호지킨 병, 브리트 병, 다운증후군 환자, 뇌수종, 팔 다리 절단, 굶어죽는 아이들로 가득 차 있다. "하나님이 없다"거나 "하나님은 죽었다."거나 "하나님께서 그것을 없애 버리셨지만 인간이 그것을 수행해야 한다."라고 말하려고 시도조차 하지 않은 사람들이 고문을 당해서 평생을 불구로 지낸다.

어느 날 밤 노스캐롤라이나 가스토니아에 있는 뇌성마비 병원에서 몇몇 어린이들에게 설교를 한 적이 있다. 그때는(1950) 내가 구원받은 지 일 년쯤 된 때였다. 갈보리에 대해서 마음 깊이 감사드리고, 그리스도께서 (내가 마땅히 가야 할) 불타는 지옥에서 내 혼을 구원해주신 것에 대해 깊이깊이 감사하고 있었지만, 아직 나의 "청동으로 된 이마"를 꿰뚫지 못한 하나님의 섭리적인 은혜는 여전히 많이 있었다. 그러나 그날 밤에 그 은혜가 나를 "관통"했다. 나는 청중에게 30분간 설교를 했다. 청중은 약 40명쯤 됐는데 버림받은 뇌성마비 아이들이었다. 나의 "회중"에는 무릎에서 발이 자란 아이들도 있었고, 팔꿈치에서 손이 자라는 아이들도 있었으며, 얼굴이 불에 까맣게 타서 불타는 석탄 같은 아이들도 있었고, 이중으로 언청이가 된 아이들도 있었고, 어깨나 가슴에서 기괴하게 머리가 축 늘어지거나 튀어나온 아이들도 있었다. 나는 그림을 그려가며 메시지를 전한 후 나와 함께 있었던 복음 사역자들이 아이들과 간호사들에게 상담하는 것을 마치는 것을 기다리지 못했다. 나는 화구를 챙겨서 복도를 가로질러 차 트렁크에 물건을 털썩 내려놓고는 (어둠 속에서) 거리를 가로질러 그 뇌성마비 병원과 인접한 골프 코스로 갔다. 그 골프장 잔디밭에 얼굴을 떨구고 어떤 식으로든 기도를 하려 했지만 내가 생각해 낼 수 있는 것이라고는 "여러 해 동안 허영과 자만 가운데 지냈네. 나의 주께서 십자가에 처형되신 것에 아랑곳하지 않고! 그분이 갈보리에서 죽으신 것은 나를 위해서였다는 것을 알지 못했네!"였다. 그 전 해에 내가 여러 차례 불렀던 그 노래의 가사가 내 마음속에 울렸고 마치 강철로 새긴 듯이 내 마음에 떠올랐다. 나는 거기서 28세의 나이로 하나님께서 내게 주신 지성과 몸과 혼의 모든 지체를 남용했음에도 불구하고 여전히 건강한 상태였으며, 성경에 나오는 모든 계명을 어기고 그렇게 계명을 어기면서 다른 사람들의 생명과 혼을 파괴시킨 이후에도 여전히 읽고 쓰고 설교하고 그림 그리고 노래하고 일할 수 있었다. 하나님 정면에 대고 주님을 저주하는 일 말고는 모든 일을 다 한 이후에도 여전히 낚시, 사냥, 수영, 축구 경기, 여행을 할 수 있었다. 내가 이렇듯 먹고 저주하고 마시고 노래하고 도박하고 싸우고 지옥을 확장시키며 즐거운 인생을 사는 동안 내가 방금 설교했던 이 어린아이들은 내가 방금 목격한 상황 속에서 병원에서 자라고 있었던 것이다. 오, 나의 선한 그리스도인 형제들이여! 그러한 모습은 여러분의 "혼을 훈련시켜" 줄 것이다. 그런 어린 것들이 인생에서 그런 몫을 받을 만한 일을 한 것이 무엇이 있겠는가? 그 병원에는 범죄자는 없었다. 범죄자는 바깥 골프 그린에 있었다. 그 병원에는 무죄한 자들이 있었다! 그 아이들 중 많은 아이들이 심지어 그들의 부모에게서조차 버림을 받았다. 그 부모들은 그런 상태의 아이를 키우는 현실을 마주 대할 수조차 없었던 것이다.

『**그분은 옳은 것 외에는 사람에게 지우지 아니하시나니**』(23절).

욥이 본 것을 여러분도 보는가?

어떻게 해서 칼 마르크스와 파비안 협회가 그런 혼란 속으로 들어가게 됐는지 아는가? 여러분이 구원받지 못한 사람이라면 그렇게 되기는 쉽다. 모든 국제 사회주의자들은 상황이 옳지 않으며 (만약 하나님이 있다면) 하나님께서는 자신이 하고 있는 일을 알지 못하며 알 수도 없다는 견해를 채택한다. 그래서 "우리 인민들"(행 21:28과 주석 참조)이 상황을 바로 잡아서 (만약 하나님이 거기 계시다면) 하나님께서 실수를 그렇게 많이 하시거나 정의를 잘못 행하지 않도록 해야 한다는 것이다. 모든 국제 사회주의자들은 기본적으로 성경을 거부하는 "선행 주장자들"이다. 이들은 자신들이 하나님보다 더 사리 분별이 있다고 생각하며 이들은 모두 욥이 그렇게 한 근거 위에서(욥 31장) 자기들의 자기 의를 정당화시키고자 한다. 즉 인류를 도와서 "세상을 더 살기 좋은 곳으로 만드는 것"이다.

그러나 하나님께서는 성경을 거부하고 하나님을 무시하며 그분(하나님)께서 만드시고(창 1:1) 소유하고 계시며(롬 9:20,21), 그분이 통치하실 의도를 가지고 계시는(계 20장) 세상과 함께 어떤 것이라도 하는 타락자에게는 특별하게 관심을 갖지 않으신다. "세상을 더 살기 좋은 곳으로 만들기 위한" 하나님의 계획(렘 25:15-31)에는 미래에 있을 세 차례의 세계대전과, 마귀들이 "연합 국가들"에서 활동하는 가운데(계 6,9,14장) 발생할 전세적인 기근(계 6:6)이 포함된다. 하나님께 통치자들(19절)은 거지 이상의 의미가 없으며 거지라도 귀를 기울이면(막 10:47) 35년간 헬라어와 히브리어를 공부한다 해도 통치자가 발견할 수 없는 뭔가를(막 10:52) 하나님으로부터 얻게 된다.

세상에는 항상 세상의 영웅들이 있었고, 하나님께는 항상 하나님의 영웅이 있다. 이들은 결코 같은 마구간에 있지 않다.

아칸소주 블리스빌에 있는 나의 훌륭한 친구 하나가 구원을 받았다. 개심하기 전에 그는 카드놀이의 명수였으며, 협잡꾼에다 길에서 호객 행위를 하는 사람이었다. (주먹 싸움, 칼싸움, 공갈, 사취에 한평생을 낭비한 후에) 37살의 나이에 그는 주 예수 그리스도를 발견했다. 그는 그리스도를 너무나 배우고자 열망한 나머지 새벽 두 시에 목사를 깨워서 그에게 성경을 가르쳐 달라고 했다. 30분간 설명을 하고 나서 목사는 마침내 그에게 새벽 2시에서 아침 7시 사이에는 성경을 가르칠 수 없다고 그를 설득시켰다. 대신 일 주일에 한 번씩 아침 8시에 오면 한 번에 조금씩 30-40분 정도 그에게 성경을 가르쳐 주겠다고 했다. 내 친구는 (그의 이름은 "폴"이었다) 그렇게 하겠다고 약속했다. 그런 다음에 목사는 그에게 드와이트 L. 무디(Dwight L. Moody)가 쓴 두 권의 책을 줬다. "가져가십시오. 이 책은 드와이트 L. 무디가 쓴 겁니다."라고 목사가 말했다.

"드와이트 L. 무디가 누군데요?" 폴이 물었다.

"드와이트 L. 무디에 대해 들어 본 적이 없단 말인가요?" 목사가 소리쳤다.

"없어요. 드와이트 L. 무디가 누구죠?"

"저런, 드와이트 L. 무디를 모르는 사람은 없어요. 그는 19세기에 가장 위대한 복음 전도자였습니다. 모두가 드와이트 L. 무디에 대해 알아요!"

"그래요? 타이태닉 슬림(Titanic Slim)에 대해 들어 본 적 있나요?" 폴이 물었다.

"누구라고요?"

"타이태닉 슬림!"

"타이태닉 슬림? 도대체 타이태닉 슬림이 누구죠?" 목사가 말했다.

"웬만한 사람은 누구라도 타이태닉 슬림을 알아요. 타이태닉 슬림은 미시시피 동부에서 가장 위대한 우승 경기자예요! 그는 출발점을 떠나서 골프공을 거침없이 500야드까지 칠 수 있어요. 겨울에 표면이 얼어 있는 미시건 호수에 나가서는 뒤쪽에서 북동풍이 불고 있었는데도 멈추지 않고 650야드나 굴러 갔어요. 모두가 타이태닉 슬림에 대해 알아요!"

하나님께서는 타이태닉 슬림과 드와이트 L. 무디에 대해 아시지만 지상에는 많은 그리스도인들이 자신들의 영웅이 유일하게 중요한 사람들이라고 생각한다. 존 R. 라이스와 허버트 에번스 사이에 오간 한 무더기의 서신(〈킹제임스성경〉의 권위에 관한 주제)에 대해 답변을 하면서 미국에서 유명한 한 목사가 에번스 씨에게 말했다. "더 이상 이런 것(〈킹제임스성경〉을 옹호하는 서면 증거들)을 내게 보내지 마시오. 존 R. 라이스는 여러 해 동안 나와 참으로 친한 벗이었소." 알다시피 그 목사는 "근본 사항들"은 믿고 있었지만 "종교적인 자유주의자"였다. 그의 친구들과 하나님의 말씀의 진리 사이에 최종 결정을 할 때 그는 성경이나 혹은 그 어떤 곳에서 나온 실제적 증거를 수용하지 못했다. 그는 종교적 자유주의자였기에 그것을 알지 못했던 것이다.

우리 중 많은 사람들은 구원받았을 때 이미 "친애하는 친구들"이나 "경건한 사람들"이나 "헌신되고 성별된 그리스도인들"에 대한 환상에서 깨어났다. 우리는 수 년 동안 인간의 본성을 다루는 직접적인 경험을 했다. 그 때 당시 비록 우리가 배웠던 금언들과 경구들이 "그리스도인의 원칙"(성경에 대한 자신들의 믿음의 부족을 변명하려고 애쓰면서 밥존스대학에서 출판한 모든 쓰레기 참조)이나 "그리스도인 철학"은 아니었을지 몰라도 사람들에게 해줄 말이 있다. 여러분이 신발 끈을 묶기도 전에 우리는 잠꼬대 같은 소리를 완벽하게 알아채고 허튼 행동을 식별해 낼 수 있다. 온몸에 상처투성이가 되어 목덜미를 잡힌 채 뒷골목을 끌려 다니던 우리들 늙은 개들은 단 한 번도 어떤 그리스도인 "영웅"이나 "친구"가 하나님의 말씀을 고칠 때 그를 신뢰할 만한 가치가 있다고 생각한 적이 없다. 우리는 누구를 신뢰해야 할지를 안다(시 118:8). 즉 하나님이다. 그리고 우리는 무엇을 신뢰해야 할지도 안다(요 17:17). 즉 하나님의 말씀이다! 성경을 심판하는 자리에 앉은 기독교 유명 인사들에 관한 한 우리는 그들을 괴링(Goering), 교황 바오로, 찰스 맨슨(Charles Manson), 교황 요한, 휴이 롱(Huey Long), 피의 메리, 테드 케네디, A.T. 로버트슨과 같은 범주에 놓는다.

우리의 태도가 점잖지 못하고 우리의 언어가 개탄스러운 수준일 수는 있으며, 우리의 차림새가 재고 정리 세일에도 나오지 못할 정도일 수는 있지만 권위에 관한 한 그 누구도 쓰레기를 가지고 우리를 속일 수는 없다. 우리는 누가 상황을 운영하시는지를 알며, 최종권위가 어디에 있는지도 안다. 수많은 대학에서 쓰는 헬라어나 히브리어 문법에는 결코 최종권위가 없다.

34:29 그분이 평정을 주시는데 누가 감히 분란을 일으키겠느뇨? 그분이 자기 얼굴을 감추시는데 민족에게 그리하셨든지, 사람에게만 하셨든지, 감히 누가 그분을 뵈올 수 있겠느뇨?

30 이는 위선자로 다스리지 못하게 하여 백성들로 함정에 빠지지 않게 하려 하심이라.

31 하나님께 '내가 징계를 받았사오니 다시는 범죄하지 아니하겠나이다.

32 내가 보지 못하는 것을 주께서는 내게 가르쳐 주소서. 내가 죄악을 행하였다면 다시는 행하지 아니하겠나이다.'라고 말씀드림이 마땅하니라.

33 그것이 당신의 생각대로 되어야 하겠느뇨? 당신이 거부하든지 택하든지 내가 아니라 그분이 갚으시리라. 그러므로 당신이 아는 것을 말하라.

29절은 교리적 진리를 보여 주는 성경에서 가장 위대한 구절 중 하나이다. 너무나 많은 적용이 되기 때문에 아무리 많은 설교로도 그 "깊이"를 다 다룰 수 없다. 하나님께서 평정을 주시면(29절) 그 누구도 분란을 일으킬 수 없다. 『**그분이 자기 얼굴을 감추시는데**』(29절) 이스라엘 나라든지(신 31:18, 마 13:44) 각 개인이든지(시 104:29) 어느 누구도 그분을 볼 수 없다(솔 5:6). 〈폭스의 순교사〉는 29절의 전반부를 잘 묘사해 준다. 바울은 증오와(행 20:24) 박해와(행 23:11), 채찍질과 돌에 맞는 것과(고후 11:25) 재난들과(고후 11:26) 죽음(딤후 4:18)에 직면했을 때조차도 "모든 지각을 초월하시는 하나님의 평강"(빌 4:7)에 거했던 아름다운 본보기이다. 하나님께서 평강을 주시면 세상은 그것을 빼앗을 수 없다(요 16:33). 하나님께서 평화를 주시지 않으면(마 24:6) 세상은 평화를 얻을 수 없다(살전 5:3). "지극히 높은 곳에서 하나님께 영광"(눅 2:14)을 돌리지 않고

"땅 위에 화평"(눅 2:14)을 구하는 것은 쟁기질이나 모종도 하지 않고 풍작을 기대하는 것과 같다.

한 위그노 순교자가 있다(1600). 로마카톨릭 왕이 그에게 말한다. "너의 재산을 몰수하겠다." 그는 하늘에 보물을 가지고 있다고 답변한다. "너를 투옥시키겠다." 그리스도 예수 안에서는 그는 천상에 앉혀졌다고 답한다. "이 나라에서 추방하겠다." 그의 진짜 집은 하늘에 있다고 답변한다. "그렇다면 좋다. 네 목을 잘라 버리겠다." 그는 몸을 떠나 주와 함께 있게 될 것이라고 말한다. "그렇다면 너를 고문하고 죽지 않게 하겠다." 그는 "내게 능력 주시는 그리스도를 통해서 모든 것을 할 수 있다"고 답한다. 그와 같은 광신자를 어떻게 할 수 있겠는가? 『**그분이 평정을 주시는데 누가 감히 분란을 일으키겠느뇨?**』(29절)

화형에 처해지게 될 화형대에 입 맞춘 영국의 순교자가 있다. "너 그리스도의 십자가를 환영하노라. 영원한 생명을 환영하노라!" 손뼉을 치며 소리치는 또 다른 사람이 있다. "나를 이런 높은 지위로 태어나게 하신 하나님을 송축하라." 또 다른 사람이 있다. (이번에는 여자다). 바티칸 사제들이 붙인 불꽃 속에서 불타면서 말한다. "너희 교황 추종자들이여! 너희는 항상 기적을 찾고 있구나! 나를 보라! 전혀 고통도 없이, 나를 감싸는 이 불꽃은 장미 화단처럼 감미롭구나!" 가족들과 친구들 앞에서 철판 위에서 서서히 구워지고 있는 또 다른 사람이 여기 있다. 카톨릭교도들은 그를 한 시간이 넘도록 "바베큐"로 만들고 있었다. 그는 "요리사들"을 쳐다보고 (미소를 지으며) 말한다. "이쪽 면이 다 익었으니 이제 나를 돌려야겠네." 『**그분이 평정을 주시는데, 누가 감히 분란을 일으키겠느뇨?**』(29절)

중국으로 온 그리스도인 선교사가 자기 자신의 무덤을 파기 위해 가고 있다. 그 뒤에는 그가 무덤으로 들어가면 묻으려고 공산당 군대가 뒤따르고 있다. 삽질을 하면서 그는 웃으며 말한다. "이것이 하나님의 뜻이며, 이

곳이 내가 묻히기 위해 태어난 곳이다!" 지하 감옥에 누워 있는 또 다른 그리스도인이 있다. 사제에게 아첨하는 자들이 자신의 첫째 아들(10살)의 유혈이 낭자한 머리를 가지고 들어와서 머리카락을 잡고 그의 눈앞에서 이리저리 흔든다. 로마카톨릭 살인자들에게 그는 말한다. "이것이 하나님의 뜻이라면 그분 보시기에 좋을 대로 하시오." 치명적인 상처를 입고 땅에 누워 있는 츠빙글리가 있다(1531). 로마카톨릭 병사가 그 옆에 앉아서 단도 끝을 그의 뺨에 대며 말한다. "마리아에게 기도하라!" 말을 할 수가 없는 츠빙글리는 그냥 머리를 흔든다. 그러자 그 칼이 그의 눈 속을 파고 들어간다. 13개월 간 거의 굶어 죽을 것 같은 배급량과 고문에 시달린 후 NKVD 얼간이 부대 앞에서 "차렷" 자세를 하고 서 있는 하랄란 포포프가 있다. "준비!" 포포프가 말한다. "발사!" 『**그분이 평정을 주시는데 누가 감히 분란을 일으키겠느뇨?**』(29절)

부하들을 이끌고 다수군인 "스코틀랜드 공화국 군대"(16세기)에 맞서 전투를 하다가 죽음의 위기에 몰린 한 스코틀랜드 언약도(커버넌터)가 있다. "나는 카톨릭으로 사느니 차라리 그리스도인으로서 죽겠다. 먼저 전진하는 자는 누구든지 가장 깨끗한 자이다! 나를 따르라!" 영국 방송국이 반대하는 상황에서도 하나님의 진리를 설교하는 이언 페이즐리가 있다. 아일랜드 카톨릭 공화국 군대도 그를 적대시하고, 연합 통신도 그를 대적하고, 〈라이프〉와 〈타임〉지도 그를 대적하고, 전국 "기독교" 교회 협의회도 그를 대적하지만, 그는 전진한다! 『**그분이 평정을 주시는데 누가 감히 분란을 일으키겠느뇨?**』(29절)

그러나 하나님의 이름으로 현재 행해지는 이런 일은 뭔가?!

20세기 미국 그리스도인들은 그들을 투옥하거나 고문하는 사람이 없는데도 개혁의 유산을 발견하자마자 팔아 버린다. 지상에서 가장 부유한 사람들이 하나님을 팔아먹는다. 재정적, 사회적, 도덕적, 종교적 문제들에 너무나 시달린 나머지 자신들의 궤양을 안정시키기 위해 매 5년마다 새로운 "성서"를 만들어낸다. 병들고, 반역적이며 구역질나는 ASV(1901)와 NASV(1963)를 통해서는 하나님께서 자신의 얼굴을 보이시기를 거부하거나(29절) 어떠한 진리도 계시하기를 거부하면 미국 그리스도인은 평정을 갖지 못한다. 즉 그런 그리스도인은 무엇으로나 분란케 할 수 있다.

이런 혼란 가운데서 성경대로 믿는 사람은 어디에 서야 하는가? 한 쪽에는 일루미나티, 록펠러, 국제 은행가들, 빌더버거들이 있고 반대쪽에는 로마카톨릭 교회, 예수회 사제들, 은사주의 운동, 카톨릭 운동이 있으며, 앞에는 공산당에 거스 홀, 월터 루터, 알거 히스, 휘태커 챔버, 국가 교육 협회가 있고, 뒤에는 NAACP, 모슬렘, 기근, 인종 전쟁, 공황 등이 있다. 성경대로 믿는 사람들이 말씀을 뿌리지 못하도록 하는데(전 11:6) "구름 전선"(전 11:4)만으로는 충분하지 않은가? 결코 그렇지 않다. "그분이 평정을 주시는데 누가 감히 분란을 일으키겠느냐?"(29절).

아무도 그럴 수 없다.

『주께서는 마음을 주께 의탁하는 사람을 완전한 화평 속에 지키시리니』(사 26:3). 우주인이 등장하고 폭탄이 떨어지고 사회주의자들이 말짱한 사람들로 정신 병동과 감옥을 가득 채우고 온갖 지옥이 터져 나오게 해보라(실제 그렇게 될 것이다. 계 9:11). 우리 하나님께서는 준비 운동을 방금 시작하셨을 뿐이다!

왜 하나님께서는 이스라엘 민족으로부터(신 32:20) "자신의 얼굴"을 숨기시는가? (29절). 그렇게 해서 그들로 회개하고(31절) 그들의 죄악을 그만 두게 하시기 위해서이다(32절). 하나님의 선지자들과 그분의 말씀을 거부하는데도(대하 20:20) 하나님께서 계속해서 그분의 얼굴을 비추셔서(시 24:6; 31:16; 27:8) 번영으로 그 민족을 축복하신다면(29절) "위선자"가 통치하게 되고(30절) 백성은(사 30:28) 함정에 빠지게 된다(잠 28:15;

29:12). 실제적으로 엘리후는 이런 의도로 욥을 책망하고 있다. 하나님께서 욥에게서 얼굴을 가리시면 욥이 회개하고 "바로잡히게" 되리라고 생각하는 것이다. 30절은 너무나 명백하게 요한계시록 13:1-6과 다니엘 7:8의 통치자를 언급하고 있는데도 제미에슨과 포셋과 브라운, 헤브너, 클라인, 더멜로우, 클라크, 랑게, 벌링거, 윌리엄스는 그것을 철저히 적용하지 못한다.

『**하나님께...라고 말씀드림이 마땅하니라**』(31,32절). (창세기 2:18과 "돕는 자"에 관한 주석을 참조하라.) 『**내가 징계를 받았사오니 다시는 범죄하지 아니하겠나이다**』(31절, 시 119:18; 73:14 참조). 진정으로 하나님께로 돌아서서 회개하는 죄인은 다윗이 시편 27:11과 119:33에서 말했던 것처럼, 그리고 이사야가 이사야 2:3에서, 솔로몬이 잠언 4:11과 9:9에서 말한 것과 같이 『**내가 보지 못하는 것을 주께서는 내게 가르쳐 주소서.**』(32절) 라고 말해야 한다. 『**내가 죄악을 행하였다면 다시는 행하지 아니하겠나이다**』(32절). 여기서 "만약"은 이미 이루어진 가정이다. 즉 이미 죄악을 행한 것이다. 누가복음 15장에서 탕자가 집으로 돌아오는 완벽한 예가 있다. 그는 흐느끼며 『**내가 하늘을 거역하여... 죄를 지었나이다.**』라고 말한다. 탕자는 돌아왔다. 왜냐하면 회개란 (본질적으로) 하나님께 돌아오는 것이기 때문이다. 반면에 죄란 (본질적으로) 하나님을 떠나는 것이다.

그런 다음 엘리후는 비난으로 피라미드를 쌓아가다가 담화의 꼭대기에 심히 불쾌한 현실을 머릿돌로 올려놓는다. 『**그것이 당신의 생각대로 되어야 하겠느뇨? 당신이 거부하든지 택하든지, 내가 아니라 그분이 갚으시리라**』(33절). 이것이 바로 중생하지 못한 사람의 본성이 반역을 일으키는 대상이다. 즉 권위에 반역을 일으키는 것이다. 이 진술은 다름아닌 욥의 마음에 분노를 일으키기에 충분하다. 욥은 심하게 강타를 당해서 땅바닥에 쓰러졌으며 책망을 받아들일 때까지 채찍질을 당해서 입을 다문 상태이다. 건강한 보통 사람(특히 교육받은 사람)이라 해도 이런 식으로 하는 말은 참을 수 없을 것이다(딤후 4:3). 엘리후의 머릿돌의 구조는 다음과 같다.

"너는 선이나 악을 택할 수 있지만 그렇다고 달라질 것은 없다. 네가 바로 잡혀져서 나가 떨어져 죽는다 해도 그것으로 인해 영향을 받을 만한 것은 아무것도 없으며 네가 원하든지 그렇지 않든지 간에 너는 여전히 네 행동의 결과에 책임을 져야 한다. 내가 한 말을 숙고해 보든지 아니면 무시하든지 마음대로 하라. 네가 어떻게 하든 나는 신경 안 쓴다. 왜냐하면 너의 의견은 전혀 중요치 않기 때문이다."

인간의 본성은 계산된 무관심이나 고의적인 소홀을 제외하고는 거의 모든 죄를 용서하고자 하는 경향이 있다. 콘그레브가 "지옥도 멸시당한 여인만큼 분노하지 못한다."고 한 말은 무관심과 소홀에 대한 결과를 요약해 주고 있다. 자유주의자나 현대주의자가 화내는 걸 보고 싶으면 - 내 말은 항상 자신들의 "넓은 아량"과 "관용"에 대해 자랑을 늘어 놓는 교육받은 신사들을 말하는 것이다. - 그들이 받은 교육과 학위를 깨진 변기 취급을 하면서 그들이 얼마나 "관대한지" 살펴보라! 이미 지적하고 증명한 바와 같이(잠 27:4와 주석 참조) 모든 죄의 범주에 속하는 거의 모든 죄의 배후에는 시기가 있다. "돈을 사랑"(딤전 6:10)하는 것이 세상 체제 속에 있는 모든 죄들의 뿌리라는 것은 명백하지만 하나님과 사람을 거슬러 짓는 개인의 모든 죄악의 배후에는 시기와 교만이 있다. 왜냐하면 이브가 "신들 중 하나와 같이 되리라는" 유혹을 받기 전에(창 3:5) 다섯 번째 그룹(겔 28:17, 사 14:13)을 보좌에서 밀려나게 한 것이 시기와 교만이었기 때문이다.

마리 앙투아네트는 프랑스의 가난한 사람들에게 먹을 빵이 없다는 말을 듣자 "그러면 케이크를 먹으면 되잖아요."라고 말했다고 한다. 인간의 본성은 (구원을 받았든지 그렇지 않든지 간에) 자신의 "감정"이나 개인적인 선호를 짓밟는 절대적이고, 독단적인 권위를 너그럽게 대하지 못한다. 하나님의 권위가 바로 그런 일을 한다. 예를 들어 성경의 권위에 관한 문제에서 여러분은 〈킹제임스성경〉 본문(오늘날 보편적으로 사용되는 언어로 표현한 것. 말씀을 지킨 교회에 의해 보존된 본문 - 계 3:8)을 선택할 수도 있고 거부할 수도 있다(33절). 여러분이 결코 선택을 하지 않는다 해도 그 본문의 권위나 무오성에 전혀 영향을 미치지 못한다. 여러분의 "선택"이 4,000명의 "권위자들"의 선택과 같은 질의 것이라 해도("선호"라는 말이 현 시대에 많이 쓰인다.) 〈킹제임스성경〉 본문의 권위에 전혀 영향을 미치지 못한다. 선택의 결정을 하지 않았다 해도 전혀 영향을 미치지 못한다. 그 책은 여러분의 교사들, 여러분의 모든 번역본들, 여러분의 모든 교육, 모든 서고 그리고 종국에는 전체 세상 제도를 짓밟을 것이다. 여러분이 그것을 "선호하지" 않든지 혹은 "믿지" 않든지 나는 전혀 신경 쓰지 않는다. 그건 그 사람들의 장례식이지 내 장례식이 아니니까!

이와 더불어 1974-1980년에 보수주의 성경 교수진들이 (자신들의 의지에 반해서) 억지로 〈킹제임스성경〉 본문을 믿는다고 고백하게 된 것 때문에 갑작스런 성경 지식의 "부흥"이 있었던 것을 성도들은 주지하고 있다. 이 대학들의 교수들이 성경대로 믿는 사람들 주석서 시리즈에 나오는 수십 가지 것들을 사실로 가르친다고 해서 놀랄 것은 없다. 그러면서도 그 동일한 사람들이 여전히 학생들을 속여서 이런 새로운 계시들과 진리들이 헬라어와 히브리어를 정통함으로써 얻어진 것이라고 생각하도록 만드는 것이다. 교회 역사에서 학자를 가장한 위선자들은 이런 문제에 있어서 참으로 일관성을 유지한다. 성령께서 향상된 계시와 진리를 보여 주실 때마다(이런 진리는 시간이 경과할수록 더욱 절대적 진리임이 증명된다) 학자 연합은 그런 진리를 지지하면서도 교육과 학자의 지식으로 그런 발견을 했다고 거짓말을 계속하는 것이다. 수십 명의 교수진들은 크리소스톰, 이 그나티우스, 폴리캅, 탄첼름, 버건, 루터, 녹스, 웨슬리, 휫필드, 선데이, 무디, 라킨, 펨버, 콜렛, 크로닌, 다비에게 계시된 진리들을 가르치면서도 학생들에게는 이런 진리를 얻게 된 것은 "원본에 대한 지식" 때문이라고 말을 한다. 이렇게 해서 진정한 성경적인 학자라는 개념이 헬라어, 라틴어, 독일어, 영어 표준 원문을 믿는 사람들에서 이 본문을 증오하고 공격하는 사람들(알란드, 메츠거, 샤프, 로버트슨, 네슬 등)에게로 옮겨가 버렸다. 진짜 성도들이 때로 본문을 고칠 때(토레이, 스펄전과 다른 사람들이 자신들의 글에서 몇 차례 그런 것처럼) 본문을 고치기 전에 그들이 알지 못했던 것에 대해 새롭게 계시를 얻게 되는 것은 하나도 없다. 그렇기에 〈킹제임스본문〉으로 모든 교사들, 번역자들, 개정자들, 설교자들, 원칙들, 학교 설립자들, 학생들, 교수들, 저자들, 언어학자들, 장관들을 바로 잡으라. 이들이 특정 구절에 동의하면 이들은 누구라도 얻을 수 있는 제한된 양의 지식을 얻게 된다. 이들이 어느 구절에 동의하지 않게 되면 그들은 자신의 불신의 구렁텅이 속에서 허우적거리게 된다. 라오디케아 교회의 두드러진 특징은 학식 있는 자의 어리석음이다.

『**그러므로 당신이 아는 것을 말하라**』(33절). 최종적으로 분석을 하면서 엘리후가 아니라 욥이 답변해야 한다고 말한다(같은 구절에 "내가 아니라" 참조). 욥은 하나님께서 세상을 주관하시는 방법에 대해(17,18,19절) 답변할 수 없다. 그가 답변해야 하는 것은 자신이 왜 하나님을 불의하다고 비난했는지이다. "네가 아는 것을 말하라."(33절)고 엘리후가 말한 것은 아마도 빈정대며 한 말일 수 있다. 왜냐하면 그는 방금 욥이 무슨 말을 하든지 간에(31-33절) 하나님께서는 제시간에 배를 항구에 대실 것이고 욥은 갑판에 짐을 내려야만 할 것이라고 말했기 때문이다.

34:34 총명 있는 사람들은 내게 말하고 현명한 자는 내게 경청할지니
35 욥은 지식 없이 말하였고 그의 말들은 지혜가 없었도다.
36 나의 소원은 악인들을 위한 그의 대답 때문에 욥이 끝까지 시련을 받게 되는 것이라.
37 이는 그가 그의 죄에다 반역을 더하며 우리 가운데서 손뼉을 치며 하나님을 거역하는 말을 늘렸음이라." 하니라.

욥이 말을 하지 않자(33절) 엘리후는 이제 그의 친구들에게 돌아서서 그들에게 호소한다(34절). 그는 욥이 "지식 없이 말하였다"(35절)고 말한다. 이것은 욥기 38:2에서 주께서 욥에게 하신 말씀과 정확하게 일치한다. 욥이 "끝까지" 시련을 받는 것은(36절) 마태복음 24:13, 히브리서 3:14, 다니엘 12:9와 상호 연결되는 구절임이 너무나도 명백하다. 그런데도 터툴리안에서 펜티코스트에 이르는 모든 전천년 성경 해석자들은 이 구절을 전적으로 놓쳐 버린다. 이스라엘 민족은 "끝까지 시련을 받게"(36절) 된다. 그 끝이 다니엘의 칠십째 주의 끝이다(단 9:26). 히브리서 3:14과 6:4을 고쳐서 이 시대에 해당하는 침례교 교리를 보존하려는 커스터와 파노시안(밥존스대학)과 스피로스 조디아테스의 모든 노력은 헛수고이며 종이와 잉크와 시간의 낭비일 뿐이며 하나님께서 존중치 않으시는 지성인의 어리석음일 뿐이다. 영어 본문을 이해할 수 없고, 그것을 믿을 수도 없고, 또한 감히 설명을 달 수도 없으며 "대다수의 전문적인 얼간이들"의 분노를 두려워한 그들은 본문을 폐기시킴으로써 그 구절에 나오는 환란의 진리들을 은폐해 버린다.

37절은 자명하다. 손뼉을 치는 것은 에스겔 21:17과 욥기 27:23에 묘사되어 있다. 욥의 네 "위로자들"이 욥이 "끝까지 견디도록 돕기" 위해 나타나지 않았다면 상황이 어떻게 진행되었을까 하는 것은 오직 하나님만 아시는 일이다. 그로 인해 욥의 말들은 하나님을 대적해서 "늘려졌었다."(37절) 욥은 일주일이나(2:13) 혹은 그 이상을(3:1) 하나님을 대적해서 어떠한 말도 하지 않은 채 지냈다. 욥이 당하는 고난의 반 정도만 당했다 해도 엘리후가 인내했을 날보다 여섯 하고도 하루가 더 많은 날이다.

"교역자들의 유익"을 위해, 로크만재단과 새로운 번역본들을 만들어 내는 번역 위원회와 주요 주석가들의 비평과 비방들을 잠시 살펴보도록 하자.

1. 더멜로우는 4,19,23,25,30,33,34,36절을 고쳐서 1881-1884(RV)의 번역에 일치시킨다.

2. 공인 본문이라고 큰소리치는 〈뉴스코필드성경〉은 3,4,5,12,31,36절을 변개시켜서 총체적으로 부패한 1901년 ASV에 일치시킨다(특히 2절과 12절에서). 그러면서도 여전히 킹제임스 본문이라고 주장한다.

3. RSV, ASV와 같은 헬라어 본문에서 번역된 〈새영어 성경〉은 "입"(3절)을 "구개"(palate)로 대체시킴으로써 번역을 좀 더 "분명하게" 한다. 6절에 "상처"는 없으며, 7절에 "비웃음"도 없다. 9절에서는 어느 누구도 하나님과 함께 "기뻐"해서는 안 된다. 더군다나 "죄악을 행한다"(10절)가 부드럽게 완화된다. 하나님을 언급하는 "지극히 의로우신 분"(17절)은 "그분의 통치가 너무나 공평하신 주권을 훼손시킴으로써" 뚜렷하게 드러난다. 다른 변개들은 (20구절에서 40개) 너무나 많아서 다 열거할 수가 없다.

4. 〈리빙바이블〉은 2,18,22,24,29,33절의 의미를 완전히 파괴시킨다. 게다가 6,9,30,31,34,35절의 부연 설명은 너무나 부정확해서 테일러의 사적 해석에 "성경"이라는 단어를 도저히 붙일 수가 없다.

5. 터무니없는 ASV(1901)는 3,5,6,7,14,18절을 변개시켰다. 14절에서는 하나님께서 마음을 인간이 아니라 자기 자신에게 두시게 함으로써 22절

에 나오는 환란과 상호 관련되는 구절을 말끔히 없애 버렸다. 32절의 통렬한 현실을 헤픈 감상쯤으로 만들어 버렸다. 31절은 건전한 충고가 아니라 의문문으로 바뀌었다. "믿을 만한" 번역본의 전형적인 번역이다. [ASV(1901)는 18절에서 또한 로마카톨릭 벌게이트를 따르고 있다.]

6. 아담 클라크는 30절의 의미를 이해할 수가 없어서 벌게이트에 맞춰서 그것을 변개시킨 다음 그에 대한 주석이나 적용을 시도하지 않는다. 33절은 클라크에게는 "너무나 애매한 본문"이어서 그는 미스터 굿의 설명을 추천한다. 미스터 굿은 36절에서 즉시 환란 구절을 지워 버리고("끝까지") "나의 아버지여, 욥이 시도하게 하소서"로 클라크가 대체시키는 것을 고려하게 만든다. 그것은 36절의 벌게이트 본문이다.

7. 둠은 4절을 좋아하지 않으며, 델리취와 에발트는 6절을 좋아하지 않는다. 둠은 10, 13절을 좋아하지 않고 슐로트만과 히치히(Hitzig)는 13절을 좋아하지 않고, 피크는 14절을, 딜먼(Dillman)은 18절을 좋아하지 않는다. 둠과 버드는 20,23,25,26,30,33,36절을 좋아하지 않고, 테오도시안, 줄리어스, 레이(Ley), 라이트(Wright)는 몇몇 다른 구절들을 좋아하지 않는다. 파라오, 발라암, 교황 바오로, 마르크스, 레닌, 사탄, 볼테르, 벌링거, 톰 페인, 칼빈도 역시 다른 구절들을 좋아하지 않는다. 그래서 어쨌단 말인가?

8. 신약이 완성된 지 100년 후에 기록된 오리겐의 부패한 칠십인역은 9,16,19,20,22,25,26,31,33,37절을 변개시켜서 전혀 진리를 부연 설명한 것처럼 보이지 않게 되었다. 또한 잠언 30:6의 경고에도 불구하고 11,19, 20절에 단어들을 첨가시켰다.

9. 〈확대성경〉은 31절에서 ASV의 거짓 인도를 따르고 있으며, 18절에서는 벌게이트의 거짓 인도를 따르고 있다.

10. 벌링거(각주에서) 10개의 변개를 제안한다.

11. RSV와 NRSV는 〈굿뉴스〉와 함께 본문에 20개 정도의 변개를 가한

다. 그것들 대부분은 밥 존스 3세와 존 R. 라이스가 추천한 배교한 성경들인 ASV, NASV와 일치한다.

위에 열거한 책들을 사용하는 가장 좋은 방법은 휴지가 없을 때 코 푸는 데 사용하는 것이다.

욥기 35장

35:1 엘리후가 더 고하여 말하기를
2 "당신이 말하기를 '나의 의는 하나님의 의보다 더 낫다.' 하였으니
당신은 이것이 옳다고 생각하느뇨?
3 당신이 말하기를 '그런즉 네게 무슨 유익이 있으며 내가 내 죄에서
깨끗이 되면 나는 무슨 이익을 얻을 것인가?' 하였도다.
4 내가 당신과, 또 함께한 당신의 동료들에게 대답하겠노라.
5 하늘들을 쳐다보고 바라보라. 당신보다 더 높은 구름들을 보라.
6 당신이 범죄한들 어떻게 그분을 대적하겠느뇨? 당신의 죄악이 많아
진들 그분께 무엇을 행하겠느뇨?
7 당신이 의로워진들 그분께 무엇을 드릴 수 있으며 그분이 당신의
손에서 무엇을 받으시겠느뇨?
8 당신의 죄악은 당신과 같은 사람이나 해칠 것이며 당신의 의는 사
람의 아들을 이롭게 하리라.
9 압제자들은 많은 압제로 압제받는 자들을 울부짖게 하며 압제받는

자들은 힘센 자의 팔로 인하여 부르짖는도다.

10 그러나 '나를 지으신 분 하나님, 즉 밤에 노래를 주시는 분은 어디 계시며

11 우리를 땅의 짐승들보다 더 가르치시고 우리를 하늘의 새들보다 더 현명하게 만드신 그분이 누구신가?' 하고 말하는 자가 한 사람도 없도다.

12 거기서 그들이 부르짖으나 아무도 대답해 주지 않는 것은 악인들의 교만 때문이라.

엘리후는 계속해서 지금까지 그 누구도 지워본 적이 없는 가장 무거운 짐을 욥에게 지운다. 비록 그의 의도는 선하고 그가 하는 비난은 대부분 사실이지만 진실은 항상 거짓보다 더 심한 상처를 주는 법이다. 엘리후가 주장하는 진리는, 모든 일이 잘 풀릴 때는 주장하기가 참으로 쉬운 것으로, 하나님께서 무슨 일을 하시든지 하나님께서 자신을 다루시는 것에 대해 인간은 그 누구도 불평할 권리가 없다는 것이다.

『**"당신이 말하기를 '나의 의는 하나님의 의보다 더 낫다.' 하였으니 당신은 이것이 옳다고 생각하느뇨?**』(2절) 자, 여기서 또 다른 원자 폭탄이 폭발한다. 욥은 직접적으로 이런 말을 한 적이 없다. 오히려 그는 자신의 의롭지 못함을 분명하게 고백했다(9:29-31). 그러나 이것을 주장하는 욥의 내면에는 뭔가 다른 것이 있다. 하나님이 직접 욥기 40:8에서 엘리후의 말을 지지하는 것으로 봐서 이것은 명백하다. 욥이 했던 말은 다음 절(3절)에서 발견되며 다시 욥기 21:15와 22:2에서도 나타난다. 악인들은 죄를 짓는데도 고난을 받지 않는다고 말함으로써, 그리고 그 자신(욥)은 하나님께 복종했는데도(3절) "아무런 유익" 없이 고난을 받고 있다고 말함으로써, 욥은 실질적으로는 "나는 옳고 하나님은 틀렸다."라고 말한 것이다.

이 말은 이 세기의 모든 미국인이 하나님 앞에서 의롭게 됨의 근거로 자신의 교회, 성사들, 이데올로기, 철학, 종교, 전통, 선행, 도덕적 기준(혹은 "신념들")을 내놓을 때 하는 말이다. 로마서 10:1-4에서, 성실하면서도 열렬하게 "선하게" 되고자 하는 도덕적으로 의로운 사람은 자신의 인간 본성에서 나오는 깨지기 쉽고 오류투성이이며 보잘 것 없는 "선"으로 거룩하시고 전능하신 하나님의 선에 대적하는 실제로는 하나님을 거짓말쟁이로 만드는 사람임이 분명히 드러난다. 그리스도가 하나님의 의라면(롬 10:1-4) 여러분의 의는 뭔가? 답은 더러운 걸레이다(사 64:6). 성 프란시스(St. Francis), 처칠, 카가와(Kagawa), 필(Peale), 간디(Gandhi), 만(Mann), 플로렌스 나이팅게일(Florence Nightingale), 퀴리 부인(Madam Curie), 다미엔 신부(Father Damien), 리빙스턴이 한평생 행한 모든 선행을 여러분 자신의 공으로 돌린다 해도 (하나님보다 더 의로운 것은 고사하고) 여러분은 하나님만큼 의롭게 될 수 없다(〈Tell It like It Is〉 1969, 1973, 1974 참조). 현대의 캠벨주의 목사나 카톨릭 사제처럼 욥은 "하나님, 당신은 틀렸고 내가 옳습니다."라고 말하지 않으려고 무진장 애를 썼지만 욥은 분명히 다음 세 가지 일을 했다.

1. 욥은 하나님께는 자신을 벌한 진정한 명분이 없다고 주장했다.

2. 욥은 자신이 이보다 얼마나 더 나은 대우를 받을 자격이 있는지를 보여 주기 위해 자신이 얼마나 선한가를 주장했다(욥 31장).

3. 하나님께서는 자신과 같은 선한 사람들을 박해하는 반면 악인들은 축복하고 번성케 하신다고 주장했다.

하나님께서 욥에게 행하신 이런 일로 인해 하나님이 틀렸는가?

자, 다시 그 질문이 제기된다! 우리 때가 되면("당신"이 아니라 "우리"이다) 우리도 엘리후만큼 냉정하게 앉아서 빌닷만큼 객관적으로 판단을 하면서 우리의 구속주를 대적해서 사탄의 자리에 서겠는가?(욥 1:9,10) 그것이 바로 문제이다!

엘리후가 욥과(4절) 그의 세 친구들에게(4절) 한 답변은 다음과 같다.

1. 하나님은 도덕적으로 뿐만 아니라 위치적으로도 인간보다 더 높으시다(5절, 사 55:8 비교).

2. 하나님은 인간이 옳게 살든 그렇지 않든 실제적인 상처를 받지 않으신다(6절, 34:33 참조).

3. 어느 누구도 하나님께 이익이 되는 어떤 것을 하나님께 줄 수 없다. 왜냐하면 하나님은 모든 생명과 모든 선물의 창시자시기 때문이다(7절, 롬 11:36 참조).

4. 죄는 하나님을 대적하여 짓는 것이기는 하지만(시 51:4) 그것을 범하는 사람을 손상시키는 것이지 하나님을 손상시키지는 못한다(8절).

5. 인간은 유다가 부르짖었던 것처럼(마 27:4) 종종 압제로 인해 부르짖는다(9절). 또한 파라오도 부르짖었다(출 9:27). 그러나 물질적이고 재정적인 문제로 인해 "부르짖는 것"은 진정한 경배가 아니다. 진정한 경배란 하나님이 우리에게 어떤 일을 하시든지 간에 그분을 구하고 사랑하는 것이다(요 4:24). 그러한 기준으로 볼 때 어느 시대에나 "진정한 경배자들"은 가련하게도 그리스도의 몸의 2% 정도밖에는 되지 않을 것이다. "밤에 노래"(10절)는 때로 감옥에서 불릴 때가 더 많다(행 16:25).

인간에게 "땅의 짐승들과 하늘의 새들"(11절)에게는 부여되지 않은 지혜를 주시는 분은 바로 하나님이시다(11절). "어머니 자연"이나 "진화"가 아니다. 모든 고등 교육은 동물 문화에 그 초점이 맞춰져 있으므로 연방학교 체제에서는 인간의 지혜의 창시자이신 하나님이 제거되었다. 버트런드 러셀(Bertrand Russell)이 한 말(〈Ostrich Code of Moral's Forum〉 1928. 7.)과 레스터 워드(Lester Ward)의 저서들(〈역동적 사회학〉)과 콜롬비아 대학의 프란츠 보아스(Franz Boas) 박사의 이론들과 위스콘신대학의 레너드(Leonard) 교수의 이론들에서 국립교육협회와 보건교육후생성의 전형적인 입장을 발견하게 된다. 이러한 입장은 국제 공산당이 후원하고 있다. 동물 문화라는 이 엄청난 정글 사회를 가로지르기 위해 중·고등학교 학생들은 "선두적인 권위자들이 말하기를," "대다수 과학자들이 믿기로는," "모든 주요 학자들이 믿기로는" 등의 쉴 새 없는 사격에 노출된다. (거의 밥존스대학의 교수진들이 하는 소리 같지 않은가?) 그러나 생물학 분야에서 제임스 D. 데이너(James D. Dana)와 로드 켈비(Lord Kelvi)와 아가시(Agassiz)는 위의 사람들에 "동의하지" 않는다. 베이트슨(Bateson, 케임브리지)도 "동의하지" 않으며, 톰슨(Thomson, 애버딘대학교)도 동의하지 않았으며, 피르호(Virchow, 베를린)도 동의하지 않았고, A.R. 월리스(Wallace), 팅클러(Tinkler), 챈스(Chance), 머리(Murray), 켈로그(Kellog), 파프(Pfaff), 거그(Gerg), 골트슈미트(Goldschmidt)도 동의하지 않았다. 이들 중 다윈의 동물 문화에 동의한 사람은 한 사람도 없다. 지질학 분야에서는 세지윅(Sedgwick, 케임브리지), 도슨(Dawson, 맥길 대학교), 맥레디(McReady), 프라이스(Price), G.F. 라이트(Wright, 오벌린)은 "동의"하지 않았다. 물리학과 천문학 분야에서는 켈빈(Kelvin), 케플러(Kepler), 수너(Sooner), P.J. 와이즈먼(Wiseman), 벨리코프스키(Velikovsky), 스미스(Smith), J.H. 진스(Jeans), 바이런 넬슨(Byron Nelson), 모리스(Morris), 콜 데이비스(Col Davies)는 다윈과 동의하지 않았다.

반면 국제 사회주의자들은 다윈과 동의한다. [〈킹제임스성경〉 논쟁과 유사하지 않은가? "신이 되고" 싶은 모든 학자들은 웨스트코트와 홀트, 또는 "알란드와 메츠거"에 동의하지만 버건(Burgon), 밀러, 힐스(Hills), 풀러(Fuller), 럭크만, 스크리브너, 레이(Ray), 필팟(Phillpot)은 웨스트코트와 홀트에 "동의"하지 않는다. 그러나 모든 "선하고 경건하며 유명하고 헌신된 학자들"은 웨스트코트와 홀트에 동의한다.]

악인들은 압제받는 자들(9절)의 말이 들리지 못하게 한다. 이런 일은 특히 "힘센 자"(9절)가 통치할 대환란 때 이루어질 것이다(욥 20:5-25). 이 구절에 나오는 위대한 영적 진리는 자명하다. "경배"는 예배나 적절한 삶(욥 31)과 우리의 "동료 인간"을 적절하게 다루는 것 그 이상이다. 사회주의 박애주의 기업에 연루되어서(둘째 계명을 지키기 위해) 첫째 계명을 어기는 것(마 22:38)은 결국 "선행자들"을 불못으로 인도할 뿐이다. 욥은 미국 내의 그 어떠한 그리스도인 지도자에 못지않은 도덕적, 사회적, 정치적, 경제적으로 선한 삶을 살았다. 그러나 그렇다고 해서 그것이 첫째 계명의 문제를 해결해 주지는 못한다.

한번은 76세의 노인을 그리스도께로 인도하는 특권을 누린 적이 있었다. 그는 미시건주 뉴버팔로에서 살았다. 새로운 탄생에 대한 필요성과 하나님의 의에 관해 성경적 논쟁을 힘겹게 한 시간이나 하고서 그는 마음을 결정했다. 끝날 쯤에 나는 거의 기진맥진했다. 마침내 나는 말했다. "76세라고 하셨죠? 저한테 한 말씀해 주시죠! 그동안, 즉 76년 동안 주 예수 그리스도를 위해서 하신 일이 있다면 한 가지만 제게 말씀해 주시겠습니까?"

"물론이지요. 목사님, 말씀드렸지만 저는 평생을 교회에 정기적으로 참석했습니다."

"그러나 그렇게 하신 것은 사람이 당연히 그렇게 해야 한다고 생각해서 그렇게 하신 걸로 말씀하셨던 것 같은데요. 주 예수 그리스도를 위해서 그렇게 하셨다고 말씀하시지 않았잖습니까? 76년 동안 다른 이유 없이 오직 그분을 사랑해서 한 일이 있으면 말씀해 주시지 않겠습니까?"

"말씀드렸다시피 저는 성사를 받았어요. 평생에 10번 이상은 빠지지 않왔어요…"

"잠깐만요. 성사를 받아야 한다고 가르침을 받았기 때문에 성사를 받았다고 말씀하신 걸로 아는데요. 그렇게 키워졌다고 말씀하셨지요? 이제 잠깐만 생각해 보십시오! 76년 동안 (그건 참으로 긴 시간입니다) 다른 사람 말고 오직 하나님만을 위해서 하신 일이 무엇입니까?"

짧게 말을 마치자면 (이미 열 번이나 그런 것처럼) 그런 식으로 세 번 더 질문을 하고 난 뒤, 결국 그 노인은 울기 시작했다. 그 노인이 말했다. "목사님, 사실은… 사실은 예수 그리스도만을 위해서 한 일이라고는 하나도 없습니다." "좋습니다. 옳다고 생각되는 일을 하시지 않으시겠습니까? 여기 거실 양탄자에 무릎을 꿇고 마음을 예수님께 드리고 그분께 자신을 구원해 주시고 깨끗하게 해 달라고 하십시오. 그러면 그분을 위해 뭔가를 할 수 있게 됩니다."

그는 그렇게 했고 76년간의 낭비된 인생에 작별을 고했다.

우리가 모닥불을 지피고(고전 3:15) "칩을 현금으로"(고후 5:10) 바꿀 때가 되면 남는 것은 얼마나 될까? 하나님께서 우리의 "사역"에서, 기록을 세우기 위해 한 모든 것들과, 명성을 얻기 위해 한 모든 것들과, 보이기 위해 한 모든 것들과, 사람들에게서 돈을 얻기 위해 한 모든 일들과, 부유한 그리스도인들에게 영향을 미치게 하기 위해 한 모든 일들과, 체면을 차리기 위해 저술한 모든 것들과, "긍정적인 결과들"을 얻기 위해 설교한 모든 것들을 제하신다면 모든 사람이 행한 일의 질을 시험하는 불을 견딜 만한 것은 얼마나 되겠는가?(고전 3:13)

『**그러나 '나를 지으신 분** 하나님…은 **어디 계시며… 하고 말하는 자가 한 사람도 없도다**』(10,11절). 과장 섞인 말이기는 하지만 전부 과장된 것만은 아니다. 극심한 고문이나 박해를 당하면 하나님을 의뢰하는 사람들도 있지만 지옥 같은 전차 포화와 폭탄이 온통 날아다니는 상황에서도 많은 죄인들은 오직 "내 아이들은 어디 있지?" "내 집은 어디 있지?" "물은 어디 있지?"라고만 소리친다. 지옥에 간 부자는(눅 16:24) "내게 하나님을 달라!"고 소리치지 않았다. 그는 "내게 물을 달라!"고 했다. 돈은 어디에 있는가? 내년에 마이애미는 어디서 경기를 하는가? 좋은 낚시터는 어디인가? 어디가야 고칠 수 있는가? 어디서 생계를 유지해야 하나? 최상의 직업은 어디에 있는가? 어디로 은퇴해야 하는가? 가장 궁극적인 질문인 "나를 지으신 분 하나님은 어디 계신가?"(10절)를 제외한 온갖 질문을 한다.

낮뿐만 아니라 밤에 죄인에게 노래를 주실 수 있는 분은 하나님뿐이다(출 15장과 주석). 여기서의 "밤"은 고통과 비애와 고난과 사별과 박해와 외로움과 비참함의 밤을 말하기 때문이다. 하나님은 가장 어두운 밤을 음악으로 채우실 수 있다(시 119:54). 모세의 노래(신 32장)는 세상의 밤에서 가장 어두울 때인 자정에 불릴 것이다(계 14:1-3). 너무나 어두운 밤이어서 암흑시대를 마치 복음이 부흥하는 때로 보이게 할 정도의 어둠의 때가 될 것이다.

35 : 13 하나님께서는 헛된 것은 결코 듣지 아니하시며 전능하신 분께서는 그것을 개의치 아니하실 것이라.
14 당신이 말하기를 '너는 그분을 보지 못하리라.' 할지라도 그분 앞에는 심판이 있도다. 그러므로 당신은 그를 신뢰하라.
15 그러나 지금은 그렇지 못하기 때문에 그분이 그의 진노로 벌하셨어도 욥은 그것을 끝까지 안 것이 아니라.
16 그러므로 욥이 입을 헛되이 열어 알지 못한 채 말을 많이 하는도다." 하니라.

15절을 제외하고는 어려운 부분이 없다. 15절은 실제는 이렇게 말하는 것이다. "큰 백보좌 심판이 아직 시작도 되지 않았으므로 욥이 맛본 것은 죄인들이 하나님을 뵐 때 겪게 될 그 엄청난 하나님의 진노의 맛보기에 지나지 않는다(14절, 『**너는 그분을 보지 못하리라.' 할지라도**』). 학자 연맹은 영어 본문이 ("엄청나게") 틀렸다고 주장하면서 평상시에 하던 부정적인 방법으로 이 구절을 알아 볼 수 없을 정도로 갈기갈기 찢어놨다. 이렇게 하기 위해서 ASV(1901)는 하나님께서 그분의 진노로 벌하신다(15절)는 것을 부인해야 하며(몇몇 "성서" 교사들이 추천하는 책들을 살 만큼 어리석은) 바보에게 하나님께서는 "진노로 벌하지 않으셨다"고 말을 해야만 한다. 〈리빙바이블〉도 1880년 이후 모든 자유주의자가 만든 모든 배교한 개정본과 〈확대성경〉, RV(1884), NEB와 함께 이 본문을 채택한다. NASV 광신자들이 여전히 추천하고 있는 1901년의 ASV는 고등비평과 로마카톨릭 교회의 하수인들과 타협하기 위해 만들어진 타락한 자유주의의 산물임을 잊어서는 안 된다. (토레이, 마켄, 라이스, 베니거, 와필드, 맬런, 로버트슨이 그것을 추천할 만큼 어리석다면 그건 그 사람들의 문제이지 여러분의 문제가 아니다. 몇몇 "친애하는 친구들"이나 "경건한 보수주의자들"이 때로 진리를 혼잡케 한다는 이유만으로 여러분까지 성경을 멸시할 필요는 없다.)

『**그분 앞에는 심판이 있도다**』(14절)는 미래의 심판(잠 20:8)을 언급한다. 이것은 『**당신이 말하기를 '너는 그분을 보지 못하리라.' 할지라도**』(14절)라는 진술로 볼 때 명백하다. 그러나 욥은 자신이 하나님을 볼 것이라고 진술했었다(욥기 19:27 주석 참조). 문제는 욥이 그 날 자신을 구원해 줄 것으로 신뢰한 것은 하나님의 의가 아니라 자기 자신의 의였다(31장)는 것이다. 엘리후는 "너는 그분을 신뢰하는 것이 더 나으리라"고 말하고 있는 것이다(14절). 엘리후가 욥을 "그는(욥) 그것을 끝까지 안 것이 아니니라"의 "그"에 일치시키기 위해 3인칭으로 언급하고 있음에 주의하라. 마지막 절의(15절) "그"가 하나님을 언급하는 것으로 만든 ASV(혹은 다른 부패한 부패본들)의 오류는 너무나 두드러진다. ASV는 이런 우스꽝스러운 오류를 만들어 내기 위해 "알다"(know)에 해당하는 히브리어(모든 본문에 "야다"로 됨)를 "고려하다"(regard)로 바꿔야만 했다.

ASV(1901)는 기본적으로 마음속으로는 사람의 비위를 맞추고 사람을 두려워하는 사람들이 선전하고 추천하고 밀어 주고 있기 때문에 그와 같은 단어("야다")를 다른 400곳에서는 "알다"로 번역했다고 놀랄 것은 없다. NASV와 새로운 NASV도 모두 이와 동일한 형태의 "믿을 만한 번역"을 해 놓고 있다. 기독교 교육가들에게 일관성 있는 번역(혹은 "고어를 최신화하는 것")은 사실 진짜 이슈가 아니다. 그것은 이들이 성경을 변개하는 데 사용하는 위선적인 변명에 지나지 않는다(밥존스대학 출판사에서 나온 〈성경적 관점〉 모든 호 참조).

엘리후가 하는 비난은 분명하다. 그는 욥이 심판 때에 하나님을 마주대하게 되리라는 것을 믿지 않는다고 비난하고 있다. 더군다나 엘리후는 심판이 아직 일어나지 않았지만(15절) 하나님께서는 욥에게 하나님은 욥의 "의"를 불쾌하게 여기시며 그것을 받아들이지 않으시리라는 것을 (그분의 진노로) 이미 보여 주셨다고 주장하고 있다. 욥은 다가올 진노의 전조를 맛보고 있을 뿐만 아니라(롬 2:5) 그 진노가 얼마나 극심할지 아직 알지 못한다. (상식으로 그 본문을 이해할 때 이것이 "영어 본문"의 의미이다. NASV의 본문은 썩은 널빤지만큼이나 "신뢰할" 만하지 못하다. 몇몇 "친애하는 친구"나 "경건한 근본주의자"가 이 썩은 널빤지 위로 걸어가라고 여러분에게 권한다면 나는 여러분에게 구급상자와 구명조끼와 비상용품 주머니와 구명 튜브를 가지고 갈 것을 권하는 바이다.)

욥기 36장

36:1 엘리후가 또 계속해서 말하기를
2 "나를 조금만 용납하라. 그러면 내가 하나님을 대신해서 아직 말해
야 함을 당신에게 보여 주겠노라.
3 내가 먼 곳에서 지식을 가져와서 나를 만드신 분께 의를 돌리리라.
4 진실로 내 말은 거짓이 아니니 지식으로 온전하신 분께서 당신과
함께 계시느니라.
5 보라, 하나님께서는 강하시나, 아무도 멸시치 아니하시느니라. 그분
은 능력과 지혜가 강하시니라.
6 그분은 악인의 생명은 보존하지 않으시나 가난한 자들에게는 의를
주시는도다.
7 그분은 의인들로부터 그의 눈을 돌이키지 아니하시나, 그들로 왕들
과 함께 보좌에 있게 하시며, 정녕, 그분은 그들을 영원히 세우시
니 그들이 높임을 받는도다.

이제 엘리후는 하나님께서 자신의 자녀들을 다루시는 것(6-12절)과 중생하지 않은 사람을(13,14절) 다루시는 방법의 차이를 보여 주는 위대한 담화를 시작한다. 구약에는 (욥기 1,2,38장의 천사들처럼) "하나님의 아들들"이라고 불릴 수 있는 "거듭난 죄인들"은 없지만, 여전히 영적으로 훌륭한 교훈을 얻을 수 있다. 엘리후는 하나님의 대사이기라도 한 듯(고후 5:20) "하나님을 대신해서 말한다." 그는 저 멀리서 지식을 가져다가 자신의 조성자를 위해(3절) 의를 기록한다. 이 점에 있어서 강력하시고 온전하신 분(4,5절)이 그와 함께 있으므로 자신의 말은 거짓이 아니며 이후로 거짓이 아니라고 주장한다. 엘리후는 하나님께 영광을 돌리는 데 너무나 열중한 나머지(욥 37장) 거의 욥을 잊고 있다. 엘리후는 자신이 의도하고 있는 청중에 대해서는 한 번 더 언급하고서는 욥기 36:21 이후로 하나님에 대해 "소리 지른다."

『**가난한 자들**』(6절)이 어떻게 해서 『**의인들**』(7절)과 동일시되는지 주의해 보고 욥기 30장의 주석을 다시 상기해 보라. 특히 잠언 14:9에 관한 ASV의 오류를 주의해 보라. 대환란 때에는 의로운 사람은 누구라도 부자가 될 수 없으며, 부유한 사람은 그 누구도 의롭지 못하다. 국제 사회주의자들, 보건교육후생성, 유네스코, 국제 은행가들, 스위스은행, 빌더버거, 유엔, 공산당, 로마카톨릭 국가(같은 무리, 다른 이름)가 모든 것을 관리할 것이고 "숫자"가 없이는 누구도 사거나 팔 수 없게 된다. 이런 "국가 간" 도로는 이미 놓아졌고 "자유 국가"에서 점진적으로 자유를 잃어가면서 그 일이 이루어진다. 미국에서 이미 상실된 많은 자유 중에는 사고파는 자유, 거래하고 운송하는 자유, 교육시키고 구조물을 개량하고 건축하고 재구성하는 자유 등이 있다. 개인 소득세는 헌법을 위반하는 것이고, 흑인과 백인을 강제로 섞어서 버스 통학을 하게 하는 것은 권리장전을 위반하는 것이고, 미국연방통신위원회의 "균등 시간" 법은 자유롭게 말할 기회를 범하는 것이다.

『**의인들**』(7절)은 교리적으로 환란 성도를 언급하는 것으로 이들의 의(계 12:17; 14:12; 22:14)로 인해 그들은 그런 호칭을 얻게 된다. 그러나 영적으로 적용해 보면 믿음을 통해 은혜로 구원받은 그리스도의 의를 지닌 사람들에게 적용될 수 있다. 이들은 천년왕국 때(계 20:1-4) "보좌"에 앉게 될 것이며 영원히 세워지게 될 것이다(엡 1:10).

뒤이어 하나님께서 의인을 다루시는 것이 영적으로 묘사된다.

36:8 만일 그들이 족쇄에 매이고 고난의 줄에 얽혔으면
9 그분은 그들의 행실과 방자하게 저지른 그들의 허물들을 그들에게 보여 주시는도다.
10 그분은 또한 그들의 귀를 열어 훈계를 듣게 하시며 그들로 죄악에서 돌이키도록 명령하시는도다.
11 만일 그들이 그분께 순종하고 섬기면, 그들은 번영 가운데서 그들의 날들을, 기쁨 가운데서 그들의 해들을 보낼 것이니라.
12 그러나 만일 그들이 순종하지 아니하면 그들은 칼에 망할 것이요, 그들은 지식 없이 죽을 것이니라.

우리가 알아야 할 것은 의인이든지 의롭지 못한 자이든지 어느 누구도 고통이나 사망을 피할 수 없다는 사실이다(8,12절). 그리스도인들일지라도 "육신을 따라 행한 것"으로 인해 죽을 수 있다(롬 8:13). 그러나 ASV는 로마서 8:1에서 이런 사실을 부인한다. 먼저 구약에서 이 구절의 두드러진 예를 두 가지 볼 수 있다. 하나는 므낫세로(대하 33장) 8절과 11절에 완벽하게 들어맞는다. 대부분의 주석가들은 므낫세가 유다 왕 중 최악의 왕이었지만(왕하 21:9,11,16,17,18,20) 마침내 회개하고 주께로 돌이켰다는(대하 33:13-18) 것을 알아내는 데 실패했다. 그러나 처음에는 므낫세는 "족쇄"에(대하 33:13) "매여 있었다"(8절) 우리의 본문에 진술된 그대로(대하 33:12와 13) 하나님께서는 므낫세에게 그의 악한 행위들을 보여 주시고 그는 예루살렘에 돌아 왔을 때(대하 33:13) 악에서 돌이킨다(10절). 그런 후에 므낫세는 하나님께 복종했고 그분을 섬겼으며(11절) 이방 신들과 우상들을 없애고 주의 제단을 보수했다(대하 33:15,16).

다른 한 사람은 아합이다. 아합의 경험은 12절에 나오는 상황의 좋은 본보기이다. 므낫세처럼 아합은 회개하고 주와 함께 바르게 행했지만(왕상 21:29) 그 다음에 아합은 주의 말씀에 복종하는 것을 거부했고(황상 22:16) 그래서 그에게 어떤 일이 일어났는가? 엘리후가 이 문제에 대해 진술한 바와 정확히 같게(12절) 그는 칼로 멸망당한다(왕상 22:34).

구약에서 현재의 진리를 찾는 그리스도인은 여기서 참으로 교훈을 찾아야 한다. [로마서와 고린도서의 저자에 따르면 구약은(롬 15:4) 고린도전서와 에베소서 4장에 나오는 한 몸에게 "현재의 진리"(고전 10:11)를 제시해 준다.] 그리스도인은 왕으로 부름받았고(계 5:10) 왕국을 상속받도록 부름받았지만(롬 8:17) 죄를 저지를 수 있고(갈 5:16-21) "자신의 죄들의 줄에 매일 수 있다"(잠 5:22). 그리스도인은 율법으로부터 자유롭고 죄의 주관하에 있지 않지만(롬 6:14), 육신을 따라 행하면 일시적으로는 율법의 저주하에 있을 수 있다. (성경의 로마서 8:1 참조, 우스꽝스러운 NASV에서는 발견되지 않는다.) 이런 상황에서 그 그리스도인은 매이고 얽히게 된다(욥 36:8). 이때 하나님께서는 성경을 사용하셔서 그 그리스도인에게 자신의 행위와 죄악들을 보여 주시고(시 119:9, 엡 5:1-6) 귀를 열어 훈계를 듣게 하신다. 일단 교훈을 받게 되면 그 그리스도인은 "죄악에서 떠나라"는 명령을 받게 된다(딤후 2:19). 그가 그렇게 하면 뒤이어 11절이 따라 나온다. 그렇게 하지 않으면 12절이 뒤이어 나온다. 아주 간단하다. 아무리 많은 "원어"를 "진지하게 공부"해도 이보다 더 명확하게 알지는 못한다.

나는 하나님의 은혜로 주님께서 젊은 그리스도인들의 "귀를 여셔서" "죄악에서 돌이키라"고 그들에게 명령하시는 것을 봤다. 청년부 (100명에서 1,200에 이르는 젊은이들) 수련회에서 거의 25년 간 설교하면서 성령 하나님께서 그분의 자녀들에게 9절을 이루실 때 흐르는 눈물과 주먹을 불끈 쥐는 것과 가슴속으로부터 신음소리가 토해지고 입술이 떨리는 것을 보아 왔다. 한번은 수련회(플로리다주 케이스타운 하이츠)에서 십대들에게 그들이 생각해 낼 수 있는 어떤 질문이라도 하면 20초 내에 그들에게 (그 답을) 성경에서 찾아내겠다고 도전을 준 적이 있다. 이 "열린 성경 토론"은 오후 7시에서 8시 30분까지 계속되었다. 오후 8:30분에 나는 그만 끝내고 싶었지만 그들은 계속하기를 원했다. 우리는 11시 30분까지 계속했다. 11시 45분경에 나는 서 있는 것이 피곤해서 그만 하자고 제안했다. 그러나 계속됐다. 자정 12시에 십대들이 강단에 나와 울었고 텐트 주변에서 기도했고 자신들의 거처로 돌아가서 그들의 구원받지 못한 친구들을 끌어내서 그들과 함께 텐트로 되돌아왔다. 12시 30분에 우리는 마침내 "지쳐 떨어졌다." 그 "원자폭탄 시대"의 십대들을 말 그대로 날려 버린 것은 그 옛날의 66구경 〈킹제임스성경〉이었다. 히브리어나 헬라어를 단 한 번도 참조하지 않았고 1700년 이후로 누군가가 출판한 어떤 번역본도 인용하지 않고서도 십대들을 끌어들일 수 있었다. 자, 이것을 어떻게 설명하겠는가?

여섯 번 정도 이런 상황에 처한 적이 있었다. 한 젊은이가 예배 끝에 나오더니 너무나 큰 소리로 훌쩍거려서 그의 말에서 일관성을 전혀 찾아볼 수가 없었다. 얼마간 운 다음에 그는 이야기를 꺼냈다. 그는 구원받은 지 얼마 되지 않았는데 개심하기 전에 마약 밀매를 하고 있었다. 구원받은 다음, 그는 경찰에 자수했다. (그리고 그와 "접촉하던" 사람들도 모두 경찰에 넘겼다.) 당국과 재판부에서는 그를 사면해 주었지만 그의 양심은 그렇지 못했다. 그가 했던 말은 어제 듣기라도 한 것처럼 생생하다. "그렇지만 럭크만 형제님, 나는 그 친구들이 저주를 받게 했습니다. 내가 그들을 파멸시킨 것입니다. 그들은 모두 잘못된 길로 갔습니다. 이제 나는 구원을 받았지만 너무 늦었습니다. 그들 중 많은 사람들이 잘못된 길로 갔고 내가 그렇게 한 것입니다. 내가 그렇게 했습니다. 내가 어떻게 모든 것을 원상 복귀시킬 수 있습니까?"

그렇게 할 수 없다.

바울이 디모데에게 "겨울이 되기 전에" 그곳으로 오라고 한(딤후 4:21) 메시지는 일류급 설교였다. 북풍이 불어서 나무의 잎을 다 떨어뜨려 나무가 발가벗겨지고 겨울의 차가운 바람이 얼음의 관으로 자연을 감싸게 되면 이제 어떤 일을 하기에는 너무 늦게 된다. 이런 상황에서 여러분이 할 수 있는 가장 좋은 것은 다시는 그런 일을 하지 않겠다고 맹세하는 것이다. 옛 친구들에게서 멀어지라. 하나님을 속이는 일을 그만두라. 그리고 나머지 인생을 자신이 망가뜨린 사람들을 섬기는데 사용하라. 다시는 오지 않는 기회도 있다.

오하우 섬에서 해군 훈련 담당 하사관으로 있던 스튜어트 하사관이 있었다. 그는 15년간 복무하고 있었다. 그는 구원을 받았고 다음날 그 소대를 행진 대열로 세우고 그들 앞을 왔다 갔다 하며 말했다. "신사 여러분, 여러분에게 알릴 것이 하나 있습니다. 나는 방금 구원을 받았습니다!" 그런 다음 그는 15분 동안 그들에게 설교를 했다. 사령관이 그를 불러서 그에게 그 소대에서 예수 그리스도를 증거함으로써 무신론자들, 유대인들, 공산주의자들의 "종교적 자유"를 축소시킬 수는 없다고 말했다. 하사관 스튜어트는 (차렷 자세를 하고) 말했다. "사령관님, 사령관께서는 워싱턴 D.C.에 있는 정부에서 명령을 받습니다. 저는 이 명령을 주 예수 그리스도께로부터 받았습니다!" 그는 계속했다! 사람들이 그를 위협하지 않았다고 생각하는가? 한 달 후에 준위가 그에게 정신과 치료를 받게 했다. 두 달 후에는 대위가 "부하들에게 계속해서 예수 그리스도의 이름으로 말할 수 없다."고 말했다. 스튜어트는 말했다. "대위님, 저는 대위님이 매일 이 병사들 앞에서 예수 그리스도의 이름과 하나님의 이름을 욕으로 사용하는 것을 듣습니다. 매번 대위님께서 '예수 그리스도'를 욕으로 사용하실 때마다 저는 그분을 위해 증거할 것입니다."

이제 핵심으로 들어가겠다. 성경 강연회를 끝마치고(1973) 호놀룰루를 떠나기 전날 밤 해군 스튜어트 하사관이 교회 앞쪽 문기둥에 기대어 있는 것을 봤다. 그의 얼굴은 온통 눈물범벅이었다. 나는 팔로 그를 껴안고 말했다. "힘들죠, 그렇죠?" 스튜어트는 눈물이 촉촉하게 젖은 눈으로 나를 쳐다보며 말했다. "목사님, 참을 수가 없습니다. 더 이상 참을 수가 없습니다. 어울릴 수가 없습니다. 저주와 더러운 이야기들과 불결한 이야기들을 참을 수가 없습니다. 그런 것들이 나를 죽입니다. 복무 기간을 어떻게 끝마칠 수 있을지 모르겠습니다." "형제, 우리는 뿌린 대로 거두는 겁니다. 이제 뿌렸던 것들이 어떻게 자라고 있는지를 보는 겁니다. 그 병영을 그와 같은 것들로 채웠던 지난 15년간을 기억해 보십시오." 스튜어트는 비참하게 머리를 끄덕였다. "그래요, 뿌린 대로 거두는 거예요. 자신이 행했던 일들과 죄악들을 이제 막 보기 시작한 것뿐이지요"(욥 36:9).

스튜어트 하사관을 "원어"를 30년간 공부해서도 얻을 수 없는 뭔가를 바로 그때 배우고 있었다. 그리고 "졸업"을 하게 되면 그 "교과 과정"을 결코 잊지 못할 것이다.

36:13 그러나 마음속에 위선을 부리는 자들은 진노를 쌓나니 그분이 그
들을 속박하실지라도 그들은 울지 아니하는도다.
14 그들은 젊어서 죽고 그들의 생명은 더러운 자들 가운데 있도다.
15 그분은 고난 중에 있는 가난한 자를 구해 내시고 압박당하는 그들
의 귀를 열어 주시는도다.
16 그렇더라도 그분은 당신을 좁은 곳에서 좁지 않은 넓은 곳으로 옮기
셨을 것이며 당신의 상 위에는 기름진 것으로 가득 채워 차렸으리라.
17 그러나 당신이 악인의 심판을 채웠으니 공의와 정의가 당신을 붙
잡았도다.
18 진노가 있으니 그분께서 당신을 쳐서 제거하실까 주의하라. 그때
는 아무리 큰 몸값으로도 당신을 구해 내지 못하리라.
19 그분이 당신의 재물을 존중하시겠느뇨? 아니라. 금도 아니요, 힘이
되는 모든 세력도 아니라.
20 당신은 사람들이 그들의 처소에서 끊어지는 밤을 갈망하지 말라.
21 죄악을 고려하지 않도록 주의하라. 이는 당신이 고통보다도 이것
을 택하였음이라.

이제 즉각 대조가 제시된다. 13절의 "위선자들"은 오난과 엘에 비유된다(창 38:7-9). 왜냐하면 "그들은 젊어서 죽고 그들의 생명은 더러운 자들 가운데" 있기 때문이다(14절). 이 위선자들은 다시 누가복음 12:46과 56에 언급된다. 그리고 그 본문은 재림 관련 구절이다. [이와 관련된 재림 구절은 60개가 넘는다. 이 소재가 휴거(욥 37:1-4), 출현(욥 38:10), 적그리스도(욥 40:15)에 맞춰지기 전에 재림에 관련된다. 〈예언 대백과사전〉(바턴 페인 박사)과 재림 성경(비더볼프)을 성경 학도는 어떤 식으로든지 진지하게 받아들일 필요가 없다. 진지한 성경 학도라면 이런 것들에는 단

5분도 낭비하려 하지 않을 것이다. "노력"과 "수고"를 아끼지 않았다고 해서 이런 문제에서 욥기를 명석하게 설명할 수 있는 자격이 부여되는 것은 아니다. "근본주의자들"이 8천 시간을 공부했다 해도 욥기에서 재림에 관련된 구절 20개를 찾아내지 못한다면 그런 저서들은 진지하게 살펴볼 필요조차 없다.

『**마음속에 위선을 부리는 자들은 진노를 쌓나니**』(13절). 이들은 보물을 쌓듯 진노를 쌓는다(롬 2:5). 하나님께서 그들을 묶으시면 그들은 도움을 구하기 위해 하나님께 부르짖지 않고 보건복지국이나 유네스코나 유니세프나 나토나 교육 협회 등으로 달려가거나 거리에서 방화하고 약탈하기 시작하거나 얼음송곳이나 "빗"으로 고등학교 학생들을 찌르기 시작한다. "마음" 속에 위선을 부리는 자들은 "악인의 심판"(17절)을 이루게 되고 위대한 몸값(마 20:28)으로 그들을 구원할 수 없게 되면(18절) 하나님께서 그들을 치신다(18절). 〈리빙바이블〉(1971), ASV(1901), 암흑시대 NASV(1963), 구닥다리 NEB(1971), 그 외에 다른 고대의 화석조각들은 20세기 번역자들의 의도를 분명하게 보여 준다. 즉 그들은 진짜 살아 있는 성경(〈킹제임스성경〉)에 분노하며 그 성경을 권세도 권위도 없는 죽은 잡지들로 대체시키고자 한다. 18절의 "치는 것"은 데이브 가드너의 "일격"이 아니다. 그분의 오른발(마 5:35)이 속도를 정하고, 이 춤은(시 150:4) 공개적으로 하게 되며(욥 34:26) 이 "일격"에 쓰러진 사람은(18절) 묻히게 된다(겔 24:16).

『**그분이 당신의 재물을 존중하시겠느뇨? 아니라. 금도 아니요...**』(19절) "재물은 진노의 날에 유익하지 않다"(잠 11:4 주석 참조). "군대의 하나님"(단 11:38)을 경배하는 모든 힘 있는 세력들(19절)은 일단 지옥에 가게 되면 단 한 사람의 죄인도 지옥에서 건져 낼 수 없다. 대법원 멋쟁이들이나 마오쩌둥의 졸개들 중 하나에게 하듯 요한계시록 20장의 판사를 매수하지는 못할 것이다. 이 재판관의 아들(요일 5:12)과 "연줄"이 없으면 "공의와 정의가 당신을 붙잡게"(17절) 될 것이다!

성경이 어떻게 해서 어떤 것들을 "더럽고"(14절) "추하다"(욥 15:16)고 정의 내리는지 주의하라. (교육가들, 출판업자들, 영화관들, 정신과 의사들이 경작해 낸) 미국 내에서 계속되는 미신은 누군가가 도색을 더러운 것으로 생각하지 않으면 더럽지 않다는 것이다. 이는 마치 10갤런의 버번 위스키를 만성 알코올중독자 앞에 갖다 놓고 그가 술에 취하는 것은 그 사람의 잘못이라고 말하는 것과 같다. 인간의 본성을 안다면 이런 식으로 인간 본성을 더 엉망으로 만들지는 않는다(창 6:5). 미혹당한 "긍정적 사고가들"만이 기록된 6,000년의 역사를 무시할 뿐이다. 그 역사는 미심쩍은 관행, 의심스러운 미술, 의문의 여지가 있는 음악, 이상한 처세술, 수상쩍은 정치적 동맹의 결과를 다루고 있다. 뭔가 의심스러우면(롬 14:23) 그것은 더러운 것이다. 14절의 "더러운"에는 여자 동성연애자들, 남자 동성연애자들, 게이들, 음란물 제작자들, 수간, 근친상간이 포함된다. 즉 구약은 "더러운"을 이런 집단으로 정의 내린다. 이런 집단에 속한 사람은 성경을 거부해야 한다. 성경을 거부하지 않으려면 깨끗하게 되어야 한다. "게이" 교회는 메이슨, 엘크스, 무스, 델타델타델타스, 콜럼버스기사단 등의 의미로 볼 때나 "교회"이다(행 19:37 주석 참조). 그러나 그리스도인의 교회(혹은 성경적 교회)의 관점에서 볼 때, "게이" 교회는 전혀 교회가 아니다. 이것은 마치 바티칸이 성경적인 제도가 아닌 것과 같다. 즉 생명의 창시자께서는 인간 본성에 대해 부정적인 관점을 취하셨다. 그렇다면 여러분도 부정적인 관점을 취해야 한다. 그렇지 않고 중생하지 못한 인류가 선전하는 긍정적인 관점을 취하려면 생명의 창시자를 거부해야만 한다.

18절의 "치는 것"은 여러 가지 방법으로 올 수 있다.

사우스캐롤라이나에 자신의 정원 잔디를 깎는 사람이 있다. J. 해롤드 스미스(J. Harold Smith)가 그에게 다가오자 그는 기계를 끈다. 스미스는 그에게 그리스도를 증거한다. 그는 스미스를 저주하고 "제기랄, 여기서 나가"라고 말한다. 스미스는 돌아가서 차에 탄다. 잔디를 깎던 그 남자는 기계를 다시 켠다. 그런 다음 큰 소리가 나더니 잔디 깎는 기계 위에 떨어져 죽는다. 심장 마비를 일으킨 것이다.

앨라배마 투스카루사에서(1950) 한 젊은 숙녀가 "그리스도를 위한 젊은이" 모임을 떠나면서 말한다. "내가 저 앞에 나가 무릎 꿇는 것을 보기 전에 난 지옥으로 갈 겁니다." 30분 내로 그녀는 자신의 예언을 성취시켰다. 차를 타고 시속 40마일로 가다가 정면충돌을 당한 것이다.

파나마 시에 젊은 공군 중위가 있었다(1956). 그는 어떤 그리스도인 남자의 아내와 어울려 다니고 있다. 담배를 끊고 전 생애를 제단에 바친 그 그리스도인 남편은 거실에서 온 밤을 지새우며 무릎을 꿇고 기도하고 있다. 다음 날 그 도시의 20,000피트 상공에서 큰 소리의 폭발음이 들린다. 그리고 공군에서는 그 중위 시체를 회수한다.

방탕한 젊은 유부남이 있었다. 그는 첫째 아이를 낳기 전에 십여 차례 외도를 했다. 첫째 아이가 태어날 때 그는 다른 남자의 아내와 모텔에 함께 있었다. (잠깐 병원에 들른 다음) 모텔로 되돌아오는 길에 그는 술 취한 사람이 몰던 차에 정면으로 치었고, 강철봉이 그의 다리 사이를 쳤다. 그는 아직 살아 있기는 하지만 더 이상 아이를 낳지 못한다.

젊은이 한 사람이 있었는데, 펜사콜라에서 내 친구 중 하나가 그에게 그리스도를 증거했다(1964). 그는 내 친구를 비웃으며 그에게 "지옥에나 가라..."고 말했다. 이틀 후에 정유소를 강도질하려 한 혐의로 경찰이 그 친구를 붙잡았다. 뒤이은 싸움에서 한 경관이 약 15피트 떨어진 곳에서 그를 겨냥해서 엽총을 발사했다. 그들은 그리스도를 거부한 젊은 이의 두 조각난 시체를 회수했다. 『**그분께서 당신을 쳐서 제거하실까 주의하라**』(18절).

나는 앨라배마 남부의 작은 마을에서 설교하고 있었다(1952). 마을의 주정뱅이가 모임에 대한 소식을 듣고 30년 만에 처음으로 교회에 가기로 결심한다. 예배가 시작되기 두 시간 전에 여름 천둥 번개를 동반한 폭풍이 몰아친다. 번개가 그 집 위를 가로질러 가더니 현관 뒤쪽에 있는 그를 발견하고는 그의 양 미간을 강타한다. 그는 코와 귀에 피를 흘리며 아내의 팔에 안겨 죽는다.

1887년 남부의 작은 마을에 살던 한 불신자가 하나님께 자신을 죽이라고 덤빈다. 자신이 성경을 경멸한다는 것을 보여 주기 위해 그는 폭풍우가 몰아치는데 큰길로 성큼성큼 나가서 하나님께 주먹을 휘두르며 하나님께 그를 쳐서 죽이라고 덤빈다. 번개가 그 집 현관에 내리쳐서 그의 일곱 살 난 딸을 쳐서 죽인다. 비가 멈추자 그 불신자는 이웃들이 지켜보는 가운데 그의 어린 딸을 위해 뜨거운 물과 수의를 준비한다. 여전히 하나님을 저주하며 시간이 지날수록 더욱더 광폭해지다가 마침내 소리 지른다. "너 이 더러운 폭한아! 내 어린 딸을 건드렸겠다! 나를 죽일 수는 없나보군! 그래서 일곱 살 난 여자 애를 죽인 거지, 그렇지? 이봐, 나를 쳐 보라구! 해 봐, 나를 쳐 보라니까!" 두 시간 후에 그는 죽었다. 그가 불을 피우고 있는 동안 장작더미 아래 있던 검정과부거미가 그의 손을 물었다. 그의 발작적인 비명소리에 이웃의 모든 사람들이 공포에 질렸다. 아무도 그를 도우려고 오지 않았다! 하나님께서 그를 치셨다. 그를 치기 위해 하나님께서는 쥐보다 더 작은 것을 사용하기로 결정하셨다. 그런 일을 하시는데 항상 웅장한 뭔가가 필요하지는 않다. 감염된 편도선이나 발톱으로도 오징어를 불에 굽는 것처럼 훌륭하게 여러분을 죽일 수 있다. 전능하신 주 하나님께서 그 일을 어떻게 처리하기를 원하시느냐에 달려 있다. 그분께 시간은 그렇게 큰 문제가 아니다.

나는 앨라배마주 그린즈버러에서 한 "친척"에게 그리스도를 증거했다. 그는 믿음의 고백을 거짓으로 했고, 다시 도박, 담배, 술, 거짓말, 도둑질로 되돌아갔다. 일 년도 못 돼서 그는 그의 90,000달러짜리 집 근처에 주차된 차 안에서 죽었다. 하나님을 속이지는 못한다.

"수도자" 파커(먼로 파커, Monroe Parker)가 한 작은 마을의 약방에서 한 젊은이에게 그리스도를 증거하고 있었다. 거기서 그는 천막 집회를 하고 있었다. 그 이전에 이 젊은이는 먼로를 탁자에 부딪치게 해서 그에게 싸움을 걸려고 했다. 먼로는 말했다. "고의로 이렇게 한 거지?" "그래서요? 그래서 어쨌다는 거죠?" 젊은이가 말했다.

"난 네가 두렵지 않단다." 먼로 파커가 말했다.

"좋아요. 밖으로 나가서 단 5분 만이라도 당신의 기독교를 벗어 던져요. 그리고 당신이 정말로 나를 무서워하는지 그렇지 않는지를 봅시다." 젊은이는 도전장을 던졌다.

"나는 5분 동안 벗어 던질 수 있는 그런 종류의 기독교를 입고 있지 않단다. 게다가 나는 네가 누군지 안다. 너는 뻔한 놈이고, 네 아빠는 이번 주 내내 너를 위해서 저 아래 천막에서 기도하고 계시지!"

젊은이는 사과를 했고 그 주의 "하루 저녁"은 부흥회에 나오겠다고 약속했다. "그럴 수도 있겠지. 그렇지만 너와 나는 이 칸막이들 중 하나로 지금 들어가서 지금 그리스도와 함께 이 문제를 결정해야 한단다." "싫어요. 그렇지만 오늘 밤에 모임에 나오겠다고 약속드리죠."

"그 약속을 지키지 못할지도 모르지."

"나를 뭐로 보시는 거죠? 내가 거짓말쟁이인 줄 아세요?"

"아니란다. 그렇지만 같이 기도를 하고 바로 이 가게에서 그리스도를 영접할 수 있단다."

"오늘 밤에 올 게요." 젊은이는 그렇게 말하고 신발을 신고 떠났다. 50분 후에 그는 죽었다. 그는 비명을 지르며 싸구려 호텔방의 싸구려 침대의 쇠막대를 움켜잡고 비명을 지르며 죽었다. 그가 약국을 떠난 지 20분도 못 되서 차가 그를 치었다. 먼로 파커가 침실에 도착했을 때 의사가 그의 어깨를 으쓱해 보였다. 먼로는 그 죽어 가는 젊은이의 귀에 대고 요한복음 3:16을 소리 질렀다. 그 젊은이는 애써 눈을 뜨고 거칠게 그를 쳐다보며 네 글자로 된 말로 하나님을 저주했다. 그 소리를 들었다면 누구나 이해할 수 있는 그런 말을 했다. 『**그분께서 당신을 쳐서 제거하실까 주의하라.**』

어떤 사람들은 십여 개의 "새로운" 번역본들에 나온 요한복음 3:16과 로마서 10:9,10을 가지고 너무나 오랫동안 꾸물거린다. 그러다가 마음을 결정하고 "살 준비가 될" 쯤에는 하나님께서 조용히 그 사람의 혼을 치셔서 지옥으로 보내신다. 사람들은 자신의 시간표가 아니라 하나님의 시간표에 따라 산다.

글렌 슝크(사우스캐롤라이나주 그린빌)는 보병 부대에 있을 때 그리스도를 지속적으로 증거하기로 했다(1944-1945). 항상 성공하는 것은 아니었지만 몇 명을 구령했다. 글렌이 한 미국 육군 병사에게 복음을 전했는데 (글렌은 그를 그리스도께 인도하지 못했다.) 그 병사는 48시간 후에 죽었다. 그 부대는 이탈리아의 습기 찬 동굴 속에서 아침 일찍 6시에 있을 "공격 개시"를 기다리고 있었다. 누군가가 불을 지폈다. 그 불꽃 주위에 30명에서 40명의 사람들이 둘러서 앉거나 혹은 누워서 멍하게 그 불을 응시하고 있었다. 갑자기 그 병사가 일어나더니 그 불꽃 쪽으로 다가갔다. 거의 불꽃 안에 서 있을 정도로 가까이 가서 약 10분 간 거기 서서 석탄을 응시했다. 마침내 (혼잣말이라도 하듯) 그는 말했다. "알겠니? 나는 이제 곧 삶의 방식을 바꿔야만 할 거야." 그런 다음에 동굴 뒤로 걸어가서 앉았다. 두 시간 후에 위장 설치된 수류탄이 그의 발 사이에서 폭발했다. 그는 심한 고통 속에서 죽었다. 당신이 자신을 아무리 훌륭하다고 생각한다 해도 성경을 함부로 건드리면 안 된다. 그것은 존 R. 라이스, 베니거, 월부어드, 커스터 같은 "얼간이"인 당신이 성경을 함부로 건드릴 수 있을 만큼 똑똑하다고 생각한다 해도 마찬가지이다. 당신도 구원받지 못한 사람들이 가진 것과 동일한 옛 본성을 가지고 있다.

(15절 20절에 있는 환란 구절을 살펴보고, 16절에서는 이스라엘 회복에 관한 구절을 살펴보라.) 엘리후는 욥에게 고난 대신 불의를 택했다고 비난한다(21절). 이미 언급한 바와 같이 환란 때에는 고난을 받거나, 아니면 불의를 행하거나 해야 한다. 다니엘의 칠십째 주에는 (현 시대에 있는 것과 같은) 중간 지대는 없다. 모세는 죄악을 택하느니 차라리 고난을 택했다(히 11:25). 여기서 "아버지" 내시(대니얼 내시, 1830)를 상기하게 된다. 그는 그 누구보다도 찰스 G. 피니(1792-1875)의 설교에 수반된 강력한 기름부음에 영향을 미친 사람이다. 어느 날 밤 캐기 좋아하는 어떤 그리스도인이 내시의 기도의 비밀이 무엇인지 알아보려고 결심했다. 그는 내시의 호텔 방 침대 아래 숨어 있었다. "아버지" 내시가 들어와서 옷을 벗고 가스등을 끄고, 기도하기 위해 무릎도 꿇지 않고 침대로 갔다. 30분 후에 침대 아래 있던 이 엿듣는 사람은 그가 "예수님, 안녕히 주무세요."라고 하는 말을 들었다. 이것만이 아니었다. 두 시간 후에 관절염이 너무 심해져서 "아버지" 내시는 잠을 이룰 수가 없었다. 그 노인은 일어나서 그의 아픈 팔을 붙잡고서 마루를 왔다 갔다 하기 시작했다. 침대 아래 있던 염탐꾼은 그가 방을 천천히 걷다가 이렇게 소리 지르는 것을 듣게 되었다. "오, 나의 하나님, 이것이 죄보다 얼마나 더 나은지요!"

36:22 보라, 하나님은 **자신의 권능으로 높이시나니 누가 그와 같이 가르치느뇨?**

23 누가 감히 그분의 길을 그분께 명령하겠느뇨? 누가 감히 '주께서는 불의를 행하셨나이다.' 라고 말할 수 있겠느뇨?

24 당신은 사람들이 바라보는 그분의 일을 드높이기를 기억하라.

25 모든 사람들이 그 일을 볼 것이요, 먼 곳에서도 볼 것이라.

26 보라, 하나님은 **위대하시니 우리가 그분을 알 수도 없고 그의 연수를 헤아릴 수도 없느니라.**

어느 누구도 하나님처럼 가르칠 수 없으며(22절) 어느 누구도 그분이 "하시는 일"에 대해 그분을 감독할 수 없다(23절, 『**누가 감히 그분의 길을 그분께 명령하겠느뇨?**』). 어느 누구도 그분께 오류가 있다고 비난할 수 없다(23절). 창조의 영광을(24절) "자연"이나 "자연적인 과정"으로 돌리는 진화론자들에게 화 있을지어다(25절). 밤이나 낮에(시 19:1-6) 자신의 머리 위를 똑바로 쳐다보는 사람이라면 아무리 바보라도 "자연"이나 "과정"은 아무것도 창조할 수 없다는 것을 안다(롬 1:19-21). 그런 종류의 썩은 음식을 소화하려면 교육받은 바보가 되어야 하고, 그런 문제에 대해 위선자가 되어야 한다 (열역학 제1법칙을 보라.) 물질에서 물질이 나올 수 있으며, 심지어 물질에서 전기를 띤 어떤 것이 나올 수 있다고 생각하려면 라 메트리(La Mettrie, 1748), 홀바흐(Holbach, 1770), 몰레스호트(Moleschott, 1852), 포크트(Vogt, 1885)처럼 되어야 한다. 미국 그리스도인들이 교육을 받아서 〈킹제임스성경〉을 부인하게 된 것과 정확히 같게 (존 R. 라이스가 최종 권위로서 "경건한 사람들"을 내세우는 데 대한 변명을 참조하라. 그러면서도 힐스, 레이, 필폿(Philpott), 버건, 밀러, 스크리브너, 풀러 등을 언급하지는 않는다.) 미국의 죄인은 교육을 통해 다윈과 헉슬리의 종교적 미신을 받아들인 것이다. 오늘날 밤낮으로 일하면서 모세를 거짓말쟁이로 만드는 자들은(창 1-3장) 다 교육받은 사람들이다. H.L. 프렝켈-콘라트(Fraenkel-Conrat), 콘베르크(Kornberg, 1957), 스피겔만(Spiegelman, 1965), 하야카와(Hayakawa, 1955), 스튜어트 체이스(Stuart Chase), 알프레드 코집스키(Alfred Korzybski), 노버트 위너(Norbert Wiener, 1964), 한스 라이헨바흐(Hans Reichenbach, 1938), 마그노(Margenau, 1963) 교수. 자연 법칙과 "적자생존" 법칙에 따라 자연 서식지에서 길러진 이교도들에게 하나님은 존재한다거나 하나님께는 깨뜨릴 수 없는 법칙이 있다는 말을 들려줄 필요가 없다. 그런 말은 고등학교나 대학교나 혹은 그런데 가서 그런 쓰레기를 만드는 사람들이 저술한 책에서나 배워야 할 것들이다.

『**모든 사람들이 그 일을 볼 것이요, 먼 곳에서도 볼 것이라**』(25절). "먼 곳"이 적절한 용어이다. 왜냐하면 하나님의 일은(24절) 종종 30,000,000 광년 거리에서(욥 22:12 참조) 계시되기 때문이다. 『**보라, 하나님은 위대하시니, 우리가 그분을 알 수도 없고, 그의 연수를 헤아릴 수도 없느니라**』(26절). 욥은 이것을 알았다. 소팔이 이것을 알고 있었다면(11:7과 설명 참조) 욥이 알았다는 것은 말할 필요도 없다. 엘리후가 『**그분을 알 수도 없고**』(26절)라고 했을 때는 구약이 기록되기 전이며, 예수 그리스도 안에서 하나님이 계시되기 전이며, 성령께서 나타나시기 전이며, "우리가 그를 안다"(요일 5:10-13)는 절대적 확신이 있기 전임을 주의해서 살펴보라. 우리 중 하나님에 대해 모든 것을 알 수 있는 사람은 없지만(롬 11:34) 지상에서 우리의 가장 친한 벗을 알듯이 우리는 확실하게 그분을 알 수 있다. 우리에게는 그분의 복음(고후 3,5장), 그분의 성령(요 14-16장), 그분의 임재(요 14-16장), 그분의 말씀(요 17:17), 그분의 예언(계 6-22장), 그분의 탄생과 삶과 죽음(마가복음, 마태복음 누가복음 등), 그분의 적들(행

4-26장), 그분의 사도들(고후 11장), 그분이 좋아하시는 것과 싫어하시는 것(엡 4-6장, 갈 5:1-21), 세상(요 17장)과 교회(엡 5장)와 과학(딤전 6:20)과 철학(골 2:8)과 유대인(롬 9-11장)과 세상 지혜(고전 12장)에 대해 그분이 보이시는 태도와 그분을 영접한 사람들의 운명(계 21장)과 그분을 거부한 사람들의 운명(계 22장)에 대한 지식이 있다.

36:27 그가 물방울을 작게 만드시나니 그 물방울들이 그 수증기대로 비로 쏟아지느니라.
28 구름은 수증기를 물방울로 만들어 사람 위에 많이 떨어뜨리는도다.
29 누가 구름이 펼쳐진 것이나 그의 장막의 소리를 알아차릴 수 있으랴?
30 보라, 그분은 장막 위에 그의 빛을 펴시고 바다 밑을 덮으시는도다.
31 그것들로 그분은 백성을 심판하시며 그분은 풍성하게 식물을 주시는도다.
32 구름으로 빛을 가리시고 그 중간에서 나오는 구름으로 빛이 비치지 못하도록 명하시는도다.
33 그 소리가 빛에 관하여 보여 주고 가축도 수증기에 관하여 보여 주는도다.

이제 우리는 해석을 완전하게 할 수 없는 지금까지 탐구되지 않은 구절 중 하나에 이르렀다. 일반적으로 이런 것에 관해 무슨 말을 해야 하는 지를 우리는 알고 있다. 그 안에 분명하게 드러난 진리는 표면적으로 봐서 명백하다. 그러나 이 구절을 욥기 37:15,16,21,22, 시편 104:3, 이사야 19:1과 비교해 보면, 델리취, 둠, 버드, 린턴, 딜먼, 루벤, 올슨, 커스터, 라킨, 스코필드, 페팅길, 카일, 게제니우스, S.J. 존슨이 결코 생각해내지 못한 것을 살펴보고 있다는 것을 알게 된다. (존 R. 라이스 같은 사람들은 물론 말할 필요도 없다. "성경적인 학식"은 그들과는 전혀 상관없는 분야였으며 앞으로도 역시 그럴 것이다. 광고 전단을 뿌리며 자신들의 부흥회를 선전하는 것은 진지한 성경적 학자의 범주에 속하지 않는다. 라이스의 신학은 80%가 옳은데 그것은 그가 "18,19세기의 가장 강력한 문필인들"인 웨슬리, 스펄전, 크로닌, 펨버, 클라렌스 라킨, 앤드류 머리, R.A. 토레이, C.G. 피니를 따랐기 때문이다. 위에 열거한 사람들의 저서를 읽은 사람이라면 누구라도 라이스에게 조언을 구하지 않더라도 라이스가 가진 지식 정도는 얻을 수 있다.)

우리는 우리가 전혀 모르는 것을 가지고 위험을 자초하지는 않을 것이다. 28년간 그리스도인의 섬김을 해오면서 우리가 성경의 모든 것을 다 안다고 한 적은 단 한 번도 없다. 다만 우리는 자신이 성경을 고칠 수 있다고 생각하는 오만하고 어리석은 "근본주의 얼간이"를 바로 잡을 수 있을 정도는 성경을 안다고 고백했을 뿐이다. 샘 존스처럼(1847-1906) 우리가 가진 의견은 누군가가 성경을 모두 다 이해한다면 그 말은 곧 그 사람보다 더 나을 것이 없는 누군가가 성경을 기록했다는 뜻이라는 것이다. 존 R. 라이스와(〈나는 근본주의자이다〉 참조) 그의 "훌륭하고 경건한" 친구들(성경을 읽을 때마다 하나님의 말씀을 심판하는 자리에 있는 사람들)과는 달리 우리는 성경을 고칠 만큼 우리가 충분히 알고 있다고 생각하는 치명적인 오류를 범한 적이 없다(너무나 성화되어서 거룩한 성경을 고칠 수 있는 라이스의 "훌륭한" 그리스도인들이나 "선한" 그리스도인들 중 누구라도 참조). 헬라어와 히브리어로 성경을 고치는 얼간이는 결코 자신들의 언어인 영어에 정통하지는 못한다. 여기에 여러분의 혼과 종교를 걸고 내기를 해도 된다. (이런 용어를 좋아하지 않는다는 것도 안다. 그런 사람은 순수하고 불순물이 섞이지 않은 살아 계신 하나님의 말씀을 좋아하지 않았다. 그런 사람이 내가 쓰는 말을 좋아하지 않는다고 해서 내가 왜 그런 것을 걱정해야 하는가? 내가 그런 사람들처럼 균형 잡히지 못한 사람이라고 생각하는가? 광신적이고 비판적이며 지옥을 불러일으키는 괴짜만이 전능하신 하나님에게서 결점을 찾아내고 싶어 하며 사람들이 자신들을 존경하지 않거나 자신들의 학식이나 자신들의 교사들을 존경하지 않는다고 불평을 늘어놓는다.)

대신 우리는 이 구절들에 암시되어 있는 것들을 열거해 보겠다. 어떤 사람들에게는, 우리가 이 구절의 깊이를 재는 데 드는 시간보다 훨씬 더 많은 시간이 걸릴 것이다. (출애굽기 25장과 주석에서 유사한 상황을 참조하라.)

1. 우리 머리 위를 지나는 보통 구름에는 수증기와 먼지 이상의 뭔가가 있다. 거기에는 UFO가 숨겨져 있을 수 있다.

2. 우리 머리 위를 지나는 보통 구름은 에베소서 6:11-13의 "정사들과 권세들"이 행성 사이를 관측하는 것과 관계가 있을 지도 모른다.

3. 성경의 역사 즉 홍수, 성막, 율법을 주는 것, 승천, 재림 등 거의 모든 주요 사건에서 계속해서 구름이 연관되는 것은 결코 우연이 아니다. (십자가 사건 때 어둠이 땅을 덮고 지진이 뒤따른다. 분명히 구름은 어떤 식으로든 이런 사건들과 연관이 있다. "그가 구름들과 함께 오시리니"(계 1:7).

4. 구름은 하나님께서 사람들이나 나라를 심판하시는 것과 연관된다(31절).

5. "보이지 않는 UFO들"은 미국 해군이 2차 세계 대전 중에 광선을 휘게 하는 실험을 하기 훨씬 이전에(파괴적인 결과를 초래하면서) 이미 광선을 휘게 하는 것을 배웠을지도 모른다.

6. "소리들"은 단순히 구름 속에 있는 "번개"가 아니다. 이것들은 "그의 장막의 소리"(29절)이며 "그의 장막"은 셋째 하늘에 있는 장막이 아니라 분명하게 우주이다(출 25와 설명 참조).

7. 욥기 36:30,32과 37:15의 밝은 빛은 번개일 리 없다. (출판되어 나온 모든 주석서에서는 번개라고 주장한다.) 왜냐하면 "사람들이 구름 속에 있는 밝은 빛은 보지 못해도"(욥 37:21)라고 되어 있기 때문이다. 어느 누구도 볼 수 없는 번개라면 뭔가 다른 "밝은 빛"이다. 바로 코앞에 있는 손이 보이지 않은 상황에서도 번개는 볼 수 있으며 대낮처럼 번개를 볼 수 있다. 본문은 지난 300개의 주석서에서는 없는 어떤 정보를 담고 있음이 분명하다. "의견의 일치를 보는 대다수의 학자들"(시카고 대학의 인문학 교수진에게서 존 R. 라이스가 빌려 쓰는 상투어, 1900-1940)이 "히브리어 원어"를 가지고 성경을 고치는 데 들인 시간만큼 영어 본문을 놓고 기도하는 데 시간을 보냈다면 우리가 볼 수 있는 "밝은 빛"을 얻었을지도 모른다. 성경에 관한 300년간의 주석에서 아무런 계시도 발견되지 않는다. 어떤 구원받은 죄인이 몇 단어를 고쳤다고 해서(토레이, 라킨, 디한 등) 구원받은 죄인이면 누구라도(라이스, 커스터, 밥 존스 3세 등) 그와 같은 일을 할 수 있다고 생각하는 바보 같은 얼간이들(근본주의자들)에게 하나님께서는 뭔가를 보여 주시지 않으신다.

실제적으로 말하자면 하나님께서 "물방울을 작게 만드신다"(27절). 왜냐하면 비를 만들어 내는 것은 수증기이기 때문이다(27절). 구름은 이 수증기를 떨어뜨리며 사람 위에 많이 "떨어뜨린다." 물이 증류기에서 증류될 때 본문에서 언급된 것과 정확히 같게 물이 구리 관에서 방울져 떨어진다. 구름이 "펼져진 것"에는 권운, 고층운, 난운, 적운 등이 있다. "구름 위에 펼쳐진" 빛은 햇빛과 번개의 섬광일 뿐 아니라 일출과 일몰 때 나타나는 밝은 빛의 구름이기도 하다. 일몰과 일출은 대기 중에 있는 먼지 입자와 수증기로 인해 빛이 선별적으로 흡수되고 반사되어서 생긴다. "그의 장막의 소리"(29절)는 장막(물론 장막은 우주이다. 히브리서 8,9장, 출애굽기 25:1-26:30과 주석)의 하단부에서 나오는 천둥에 실제적으로 적용될 수 있다. 번개가 표면을 질주할 때 바다 밑이 빛으로 덮인다는 의미에서 볼 때(시 18:14,15) 하나님은 실제로 "바다 밑"을 덮으시지만(30절), 이러한 적용은 좀 부자연스럽다. 이 구절의 "바다 밑"(30절)은 욥기 41:31과 요한계시록 21:1-2의 "바다"와 욥기 41:32와 창세기 1:1-3의 "깊음"을 향하고 있다. "그것들"(31절)은 폭풍, 비, 천둥, 번개, 폭풍우에 적용될 수 있으며, 이 구절(31절)의 "심판"은 때에 맞지 않은 비(삼상 12:17)는 재난이 될 수 있다는 의미이며, 반면 적절한 때에 내리는 비(신 32:2)는 인간이 지상에서 얻을 수 있는 가장 큰 축복 중 하나이다(왕상 18:45). 축복으로서의 비가 내리면 "그분은 풍성하게 식물을 주신다"(31절). 그와 반대인 경우에는(욥 37:13) 비가 오지 않을 때와 같이(슥 14:17) "음식"이 전혀 없게 된다.

번개가 치기 전까지는 뇌적운 속에 감추어져 있으며, 혹은 햇빛이 때로 구름으로 인해 그림자가 드리워진다는 의미에서 "구름으로 빛을 가리신다"(32절). "그 중간에서 나오는 구름"(32절)은 보는 사람과 태양 사이에서 보는 사람의 눈을 가려준다. 그러나 다음 구절은 햇빛이 아니라 번개를 가리킨다.

『그 소리가 빛에 관하여 보여 주고 가축도 수증기에 관하여 보여 주는도다』(33절). 아주 어려운 곳에 이르렀다. 이 구절은 뒤이어 나오는 구절로 알 수 있다. 왜냐하면 뒤이어 나오는 것은 재림 전에 있을 휴거를 직접적으로 언급하고 있기 때문이다. 재림 때는 번개와 천둥이 33절의 "소리"로 나오고 이 "소리"는 시편 29편에서 "주의 음성"으로 불린다. 이 목소리는 또한 "많은 물 위에 계시며"(시 29:3,9) "암사슴으로 새끼를 낳게도 하신다." 이 음성은 "바다 밑에 빛을 펴신다"(30절). 왜냐하면 그 음성은 "화염을 갈라놓으시며" "산림을 벗기시기"(시 29:7,9) 때문이다.

예언적으로 중요한 이 구절에서 학자 연맹은(존더반, 에드먼스, 베이커,

〈주의 칼〉, 밥존스대학 출판사, 로고스 등에서 이 구절을 다루는 모든 출판물에서) 자신들이 이해할 수 없는 구절은 모두 틀렸다고 생각한다. (예를 들면 NASV의 히브리서 9:27 참조.) 클라크는(Ibid., 161쪽) 32절은 "원문을 그대로 번역한" 것이 아니라고 말한다. 미스터 굿과 미스터 레이스케에 따르면 짐작으로 이 본문을 고치는 것이 필요하다. 클라크는 본문을 별로 고치고 싶어 하지는 않지만 "극도의 어려움"을 느끼자(〈킹제임스성경〉에 나오는 "고대어들"로 인해 사람들이 느끼는 "어려움"에 대해 허튼 소리를 늘어놓은 라이스와 비교) 구름들은 사실은 달이 해를 가리는 일식이며 33절의 "소리"와는 전혀 상관이 없다고 말한다. "소리"가 "일식"과 연관되므로 클라크는 다음 구절(33절)은 "아주 좋지 못한 번역"이라고 말한다. (클라크도 매튜 헨리와 마찬가지로 신구약의 전천년식 진리를 거부하는데, 이제 그는 진리를 이해하지 못하는 자신의 무능력에 "불행해"하며 이런 불행을 〈킹제임스성경〉 번역자들의 탓으로 돌리고 있다. 이것은 미국내 모든 기독교 대학에서 매일 300번씩 일어나는 일이다. 근본주의자들은 지상에서 살아온 최악의 자유주의자와 현대주의자들 만큼이나 이런 일에 책임이 있다.) 33절이 "행복하게" 나올 수 있도록 하기 위해 아담 클라크는 "보여 주고," "빛에 관하여," "가축," "수증기"를 삭제하고 "문맥과 잘 맞는" 자기 자신의 "행복한" 번역본을 다시 쓰게 된다. 〈확대역본〉은 하나님이 자신의 손을 가리도록 만들어 놨고(32절) 같은 구절에 "그 표를 친다"를 첨가한다. 〈리빙바이블〉은 30절에 "담요"를 처박아 넣었고, 31절에는 "환상적인 힘"을, 33절에는 "모든 죄인들이 경고를 받을 수 있도록"을 넣었다. (마지막 33절에 첨가한 것은 전혀 "부연 설명"이 아니다. 비합리적인 추측을 근거로 한 사적인 짐작일 뿐이다.) 더멜로우는 3,7,9,13,17,22,23,27,29,32절의 본문이 1881-1884년의 배교한 위원회의 본문이 되어야 한다고 하면서 그리스도인을 배교로 끌어들인다. 둠, 피크, 버드, 제미에슨과 포셋과 브라운, 랑게, 칠십인역이 제안한 변개는 (아주 당연하게도) 언급할 가치조차 없다.

욥기 37장

37:1 이것으로 내 심장도 떨리고, 그 자리에서 벗어났도다.
2 그분의 굉장한 음성과 그분의 입에서 나오는 소리를 주의해서 들으라.
3 그분은 온 하늘 아래에 그 음성을 내보내시며 그분의 번개를 땅 끝
까지 보내시는도다.
4 그후에 음성이 울려 퍼져 나가니, 그분이 자신의 탁월하심을 드러
내는 음성으로 천둥을 치시는 것이라. 그분의 음성이 들리면 그것
들을 멈추게 하지 않으시리라.
5 하나님께서는 그의 음성으로 놀랍게 천둥 소리를 내시며 우리가 알
아차릴 수 없는 큰 일들을 행하시는도다.
6 그분이 눈에게 말씀하시기를 '너는 땅에 있으라.' 하시며 작은 비와
그의 힘을 *보여 주는* 큰 비에게도 이같이 하시느니라.
7 그분이 각 사람의 손을 봉인하시나니 이는 모든 사람으로 그의 역
사를 알게 하려 하심이라.
8 그때는 짐승들이 굴에 들어가서 그들의 처소에 머물리라.

9 남쪽에서는 회오리 바람이 불어오고 북쪽에서는 찬 바람이 불어오리라.
10 하나님의 입김으로 인하여 서리가 내리고 물의 너비가 줄어드는도다.
11 그분은 또한 물을 대심으로 두꺼운 구름에 짐을 지우시며 그의 빛
나는 구름을 흩으시는도다.
12 구름은 그분의 계획에 따라 돌아다니니 이는 그것들로 그분이 명령하
신 것은 무엇이나 땅에 있는 세상의 표면에서 이루게 하려 함이라.
13 그분이 구름을 오게 하시는 것은 바로잡음이나 그의 땅이나 자비를
위해서니라.

이 구절은 구약에서 환란(혹은 교회 시대) 성도의 휴거를 다루는 가장 위대한 구절 중 하나이다. 바턴 페인(Barton Payne) 박사와 비더볼프(Biederwolf) 박사는 "예언"과 "재림"에 관해 열거하면서도 당연히 이것을 찾아내지 못했다. 둘 다 전천년 근본주의자라는 이름이 붙은 사람들이다. 그러므로 다시 한 번 우리는 어떤 그리스도인이 "근본주의자"가 된다고 해서 "성경대로 믿는 사람"이 된다는 보장이 없다는 끔찍하고도 무서운 진리에 직면하게 된다. 〈킹제임스성경〉을 심판하는 자리에 앉은 교육받은 보수주의자들이 이 구절에서 간과한 몇 가지 사항을 보자.

1. 어떤 사람의 심장은, 그가 첫 번째 부활에서 부활해서 "샛별"이 그 그리스도인의 "마음"에 떠오르면(벧후 1:19) "떨릴"(1절) 뿐만 아니라 "그 자리에서 벗어나기도 한다"(1절).

2. 하나님의 "음성"(2절)의 소리는 요한복음 12:28,29에 기록된 것처럼 천둥이다(4절). 이것은 문맥적으로 환란 성도의 환란 후 휴거를 보여 주는 마태복음 24:27과 분명하게 일치한다.

3. "그분의 음성이 들리면 그것들을 멈추게 하지 않으시리라..."(4절)로 진술된 것으로 보아 이 음성이 발하게 되면 누군가가 그들의 길로 보내진다.

고린도전서 15:50-55와 데살로니가전서 4:13-18의 현상에 관해 이렇게 분명한 성경적인 증거에 대해 대다수의 "유명한 학자들"의 답변은 무엇인가? 성경대로 믿는 설교자, 교사, 학생에게 성경대로 믿는 학자의 태도와, 성경을 거부하는 근본주의와의 차이, 그리스도인의 교육과 그리스도인의 명철과의 차이, 경외심을 가지고 진지하게 성경을 공부하는 것과 비올라, 미드웨스턴, 사우스이스턴, 노스웨스턴, 미드사우스 등의 교수진들이 해 놓은 말도 안 되는 음란하고 신성모독적인 허튼 소리 사이의 차이를 보여 주는 (이미 언급한 수십 가지 경우에서) 완벽한 사례가 여기 있다.

1. 4절의 "그것들"은 "인쇄가 잘못된 것"이다. 이것은 "천둥과 번개에 그 한계를 정하실 수 있는 분"으로 되어야 한다(클라크, Ibid., 162쪽).

2. "그것들"이란 단어(4절)는 눈(!)을 언급하는 것이다. 이것은 전천년주의자이며 극단적 세대주의자인 윌리엄스의 작품이다(Ibid., 293쪽).

3. "그것들"이란 단어(4절)는 번개이다(제미에슨과 포셋과 브라운과 확대성경).

4. "그것들"이란 단어(4절)는 "그분의 위엄의 소리"이다(리빙바이블).

5. "그것들"이란 단어(4절)는 죽어가는 사람들을 언급하는 것이다(칠십인역).

6. "그것들"이란 단어(4절)가 NEB(도드)에서는 완전히 제거되었다.

7. 클라인과 헤브너는 이 구절을 설명하려는 시도조차 하지 않는다.

8. "그것들"이란 단어(4절)는 총체적으로 부패한 NASV에서는 "번개"로 바뀌었다. 이 성경은 존 R. 라이스와 밥 존스 3세가 추천하고 있다. 더멜로우는 "섬광과 천둥소리"라고 읽는다.

우리는 두 명의 후천년주의 보수주의자, 두 명의 배교한 자유주의자, 두 명의 죽은 정통 보수주의자, 두 명의 전천년주의자, 존 R. 라이스, 스튜어트 커스터, 루벤 올슨, 밥 존스 3세, 빌리 그래함, 로크만재단에서 "믿을 만한" 번역본으로 추천되는 두 개의 성경을 열거했다. 하나님께서 숨을 불어넣으신 하나님의 권위를 사람이 만든 미신적인 천치들의 말도 되지 않는 소리로 대체시키기 위해 모든 사람이 "모든 수단을 다해서 모든 사람에게 모든 것이" 되고자 하는 (존 R. 라이스의 〈나는 근본주의자이다〉에 나오는 허풍을 참고. 여기서 그는 현대주의자들과 협력하는데 이와 동일한 핑계를 댄다.) 이보다 더 "행복한" 에큐메니컬의 영을 어디서 찾아볼 수 있겠는가?

이런 무리(자유주의자들과 배교자들뿐만 아니라 근본주의자들과 보수주의자들)에게는 성령 하나님께서 우리에게 시키시는 대로 접근하도록 하자. 즉 누가 그런 해석을 했든지, 혹은 누가 그런 것을 믿든지 간에 그들이 해놓은 해석을 100% 모두 내던져 버리자. "헌신되고 경건하며 선한 사람들"이 "엄청난 노력"과 "시간을 연구에" 쏟아서 이런 해석을 만들어 냈다면 그것들을 적절하게 다루도록 하자. 즉 내던져 버리자.

휴거(욥 37장), 출현(욥 38장).

죄의 사람(욥 40장), 멸망의 아들(욥 41장).

주께서 말씀하실 때(요 12:28) 그 소리는 천둥이나 천사장의 목소리로 오인된다(요 12:29).

천둥은 "말"을 할 수 있으며(계 10장), 비를 "전기 활동"으로 설명하거나 "양전자와 음전자" 같은 번개라고 얼굴이 붉으락푸르락해질 때까지 설명할 수 있지만 그렇다고 진리를 뒤엎을 수 있는 것은 아니다. 재림의 방향(욥 22장), 이스라엘을 먹이기 위해 내려오는 만나(6절, 욥 38:22), "늦은 비"(6절, 욜 2:23, 누가 이것을 성령이라고 말하는가?)에도 불구하고 "유명한" 100%의 전천년주의 보수주의자들은, 자신들이 "선하고" "경건하다"는 데 의견의 일치를 보이며, 허물과 죄들 가운데서 죽어서 구원받지 못한 그리스도를 거부하는 죄인 만큼이나 눈이 멀었다. (무디성경협회에서 선전하는 로크만재단에서 볼 수 있는 "유명한" 학자들의 전형적인 모습이다.)

『**그분이 각 사람의 손을 봉인하시나니 이는 모든 사람으로 그의 역사를 알게 하려 하심이라**』(7절). 이는 하나님의 손이 역사하신다는 절대적인 보증을 인간의 손에서 발견할 수 있기 때문이다. 똑같은 모양의 두 개의 지문은 없다. 정죄에 이르는 복수를 더하기 위해 주께서는 전 절에서 "눈"(6절)을 언급하셨다. 매일 어디선가 180,000,000,000개의 눈송이가 떨어지지만 그 중 똑같은 것은 하나도 없다. 누구라도 하나님께서 하시는 일을 알 수 있다(7절). 왜냐하면 모든 사람이 "먼 곳에서도 그 일을 볼 수 있기"(욥 36:25) 때문이다. "어머니 자연"이나 "진화 과정"으로 유동적이고 예측할 수 없는 확률과 "통계학적 개연성"의 "법칙"으로 이런 현상이 나올 수 있다고 생각하는 사람은 완전히 바보다. 막무가내의 진화가 너무나 주의 깊게 이루어진 결과로 똑같은 지문은 없으며, 동시에 너무나 부주의해서 공룡이 살아남지 못했다는 것은 너무나 우연한 일임을 인정해야 한다. 같은 모양의 눈송이가 없다면 "진화 과정"은 참으로 긴 행로를 지나 온 것이며 결국 아무것도 이루지 못할 것이다. 그러한 관심과 에너지가 백만분의 일만이라도 땅에서 비타민과 미네랄을 유지시키는 데 사용된다면 사람들은 건강하게 200년 동안 빵과 콩을 먹으며 살아 갈 수 있을 것이다.

하나님의 힘을 보여 주는 큰 비나 큰 눈이 내리면(6절) "짐승들은 그들의 굴에 들어가서 그들의 처소에 머문다"(8절). 곰들은 동면을 취하고 고양이와 개들은 자기들의 거처로 향한다.

『**남쪽에서는 회오리 바람이 불어오고**』(9절). 재림 때는 그렇지 않다(겔 1:4). 재림 때는 북쪽에서 불어온다(행성과 연관해서). 그렇다 해도 주께서 대기권으로 내려오시면 이 회오리바람은 남에서 북으로 움직인다(시내산에서 올리브 산으로). 이런 진리는 할 린지와 커번(그리고 다른 현대의 "예언"을 다루는 저자들)에게는 가려져 있기 때문에 이들은 대개 클라크가 이 구절을 가지고 한 일, 즉 회오리바람이(9절) 진짜 회오리바람이 아니라고 생각하고 "남쪽"을 "방들"로 변개시킨다. (자신이 무슨 말을 하는지 모르면 항상 성경을 거역한다. 펜사콜라기독대학에서 하일스-앤더슨대학에 이르기까지 미국의 모든 교실에서는 항상 이런 식으로 일이 진행된다.)

『**서리**』(10절)를 만드는 찬바람은 북쪽(9절)에서 오며, 그것은 "하나님의 입김"과 동일시된다. 물이 얼면 얼음이 물을 덮어서 물이 움직이지 못하게 된다는 의미에서 "물의 너비가 줄어든다"(10절). 자연의 힘이 계속해서 하나님께서 하시는 일과 동일시된다는 것에 주목하라(시 147:8,9,14-18). 성경이 이렇게 말할 때 현대의 성경을 믿지 않는 자들은 두 가지 가정으로 이에 응답한다.

1. 저자들이 시적 형태의 비유적 표현을 사용하고 있는 것으로 생각된다. (NASV나 ASV 참조. 이런 모양이 NRSV와 NEB와 어떻게 일치하는지 살펴보라. "용어"에 대해 불평하지 말고 살펴보고 조사해 보라.) 즉 저자들은 사실은 그렇지 않은데 하나님이 이런 자연 현상에 책임이 있는 것처럼 가정하고 있다는 것이다.

2. "원시적"이고 "과학적 연역법에 익숙치 않아서" 점진적이면서 자연스럽게 초자연적인 간섭 없이 나타나는 물질과 화학요소의 자연스러운 작용을 하나님께서 하신 일로 보고 있는데 이는 잘못된 것이라는 것이다.

이런 두 가지 현대의 종교적 독단은 하나님을 시간과 생명과 역사에서 배제시키고자 하는 미신적인 이교도의 시도로 보고 배제한다. 하나님께서 서리, 비, 눈, 허리케인, 홍수, 농작물, 기근, 열선, 태풍, 조류, "건조한 날씨"에 얼마나 많이 관여하고 계신지를 안다면 위정자를 의뢰하기보다 하나님께 기도할 것이다. 하나님께서 삶과 죽음을 주관하신다는(욥 1,2장 참조) 것을 믿는다면 - 어떤 그리스도인이 이것을 믿지 않겠는가? - 생명과 죽음을 낳는 어떤 요소가(농작물, 비, 허리케인, 지진, 기근 등) 자연적인 요소의 변덕으로 생기는 "우연의 산물"이라고 생각하는 것은 어떻게 된 일인가? 이런 태도는 다소 일관성이 없는 것 같지 않은가? 공산주의자나 무신론자가 하나님을 완전히 지워서 없애버리는 것이 훨씬 더 이치에 맞는 태도라고 생각지 않는가?

하나님께서 "내 머리카락"을 세실 수 있으며(마 10:30) 참새들이 떨어질 때 그것들을 세실 수 있는데(마 10:29), 내가 "한랭 전선"과 "저기압 지역"이 "날씨"로 인해 형성되었다고 믿어야 하는가? 어느 날 아침 너무 추운데 하나님께서 온도계를 읽지 않고 계시다고 내가 믿어야 하는가? 너무 더워서 고양이를 쫓던 개들이 걸어 다니고 있는데 하나님께서는 온도를 만드신 분이 아니라고 생각해야 하는가? 안개가 끼는 것은 "어머니 자연"이 하는 일이라고 생각해야 하는가? 자, 이 구절을 보자. "그의 추위에 누가 설 수 있으리요?"(시 147:17). 나폴레옹은(러시아, 1812) 설 수 없었다. 아돌프 히틀러도 설 수 없었다(1944). 러시아의 겨울이 다가오는데 나폴레옹과 히틀러가 서에서 동으로 공격한 것이 "우연"이라고 믿는가? "어쨌든" 눈이 오고 기온은 "어쨌든지" 영하로 내려갔을 것이라면 히틀러는 러시아를 공격하는 대신 왜 해협을 건너지 않았는가? 7월 대신 왜 4월에 작전을 시작하지 않았는가? 미국에서 러시아로 오는 "무기 대여" 탱크가 왜 대서양에 가라앉지 않았는가? 왜 나폴레옹은 독일에 대항해서 러시아와 동맹을 맺지 않았는가? 퇴보하고 있는 "과학적" 지성의 모든 타락한 "합리적인" 힘으로도 시간과 역사에 관여하시는 하나님의 섭리적인 손길을 배제시킬 수는 없다. 물이 불어난 광산 갱에서 사람들은 물이 기둥에 표시해 놓은 부분까지 지속적으로 불어나는 것을 보게 되었다. 성경에 나온 약속을 들어서 하나님께 부르짖자마자 물이 그 표해 놓은 곳에서 멈추었고 한 시간 후에는 줄어들었다. 무풍지대에서 바람이 없는데도 사람들은 돛을 올렸다. 기도 응답으로 돛이 부풀어 오르고 배가 3해리의 속도로 움직였다. 전쟁 포로들이 목숨을 걸고 새로 내린 눈 속에서 도망했다. 그들이 도망한 지 한 시간 내에 폭풍우가 몰아쳐서 추적자들이 발자국을 따라오지 못하게 했다. 망망대해에서 뗏목에서 표류하는 사람들이 비를 내려달라고 기도했다. 10시간도 안 되어서 맑은 수평선에서 뇌우가 다가왔다. 강이나 호수의 수면이 2인치만 더 넘치면 대재난이 일어나는 상황에서 사람들은 비를 멈추게 해 달라고 기도했고 비는 멈추었다. 비는 기도 응답으로 여러 차례 오기도 하고 그치기도 한다(왕상 18장, 계 11:6). 비와 가뭄으로 자신의 땅(13절)을 바로잡는 분을 제쳐놓고 비와 가뭄을 설명할 수 있다고 생각하는 사람은 참으로 터무니없는 바보이다. 땅은 그분의 땅이며, 비도 그분의 비이고, 태양과 구름과 대기도 그분의 것이다(롬 11:36). 하나님께서 "가뭄"이라고 말씀하시면 다섯 명의 원시 마법사들이 비를 달라고 춤을 추고 정부에서 12,000,000달러어치 생태학 인쇄물을 만들어도 비를 만들 수는 없다. 하나님께서 "쏟아지라"고 말씀하시면 포병 포격과 두 개의 코발트 폭탄과 태양 식물과 휴스턴에 있는 우주 센터로도 비를 멈추게 할 수 없다(욥 38:16,27). 엘리후는 욥에게 강의를 계속한다.

37:14 오 욥이여, 이것을 경청하고 가만히 서서 하나님의 경이로운 일들을 숙고하라.

15 하나님께서 언제 구름들을 배치하셨고 그의 구름의 빛을 빛나게 하셨는지 당신은 아느뇨?

16 당신은 구름의 균형잡힘과 지식이 완전하신 그분의 경이로운 일들을 아느뇨?

17 그분이 남풍으로 땅을 조용하게 하실 때 어떻게 당신의 옷이 따뜻해졌느뇨?

18 당신이 그분과 함께 단단하고 부어 만든 거울 같은 하늘을 폈느뇨?

우리가 논의한 현상들은 "하나님의 경이로운 일들"(14절)이라고 불린다. "증발 작용과 응집의 경이"가 아니다. 하나님께서 언제 구름들을 배치하셨는지 아무도 모른다. 창세기 9:13 이전에는 구름이 없었다. 95%의 "자격을 갖춘 학자들"이 전 세계적 홍수(창 6-8장)를 믿지 않기 때문에 그들은 "구름들"이 나타난 때에 관해 추측만을 할 수 있을 뿐이다. 이런 "추측들"은 900,000,000년(지상에서)에서 400,000,000,000,000년(외계에서의 먼지 구름)에 이른다. 다시 이 "구름들"은 사람의 머리 위에 떠다니는 것 이상을 말한다. "그의 구름의 빛"(15절)은 요한계시록 14:14와 에스겔 1:4에서 발견되는 특별한 구름을 언급하는 것이다.

출애굽기 25장의 문제에서처럼 우리는 이 문제에서도 우리의 지식이 부족함에 관해 설명했었다(욥 36:29,30의 주석). 18절은 분명히 얼어 있는(욥 38:30) 깊음의 꼭대기(창 1:1-3)를 말하고 있다. 이 "깊음"은 대서양이나 태평양이 아니다. 마치 그것이 여러분 앞뜰에 있는 새의 목욕통이 아닌 것과 같은 이치이다. "수정 같은"(계 4:6) "유리 바다"(계 15:2)는 알파 드라코니스 너머 북쪽에 있다(욥 37:22). 휴스턴과 커내버럴의 "우주센터"에서 이것을 이해하지 못한다면 그들은 코스에 기준 타수만을 쏘고 있는 것뿐이다. 지금까지 살았던 주요 과학자들 중에서 창세기 1장을 실제 그대로 믿었던 사람은 없었다. 거기에는 대이변 지질학에 관해 사죄하는 듯한 저서를 저술한 전체 기독교 학자들(리머, 프라이스, 모리스, 레이드, 패턴, 넬슨, 데이비드하이저 등)도 포함된다. "그의 구름"(15절)이 가진 문제는 다시 욥기 26:7,8에 귀를 기울이게 한다. 실제로 우리는 "구름의 균형 잡힘"에 경이로워할 수 있다. 또한 우리 눈에 보이는 "구름들"에도 경이로워 할 수 있다(욥기 28:25와 "균형"에 관한 주석 참조).

하나님께서 남풍으로 땅을 조용하게 하실 때 욥의 옷은 "따뜻해진다."(17절) 이 남풍은 때로 "시로코"라고 불린다. 『**단단하고 부어 만든 거울 같은 하늘을 폈느뇨?**』(18절)는 전리층이나 외기권이 아니라 분명히 창세기 1:6-8의 "창공"이다. 이것은 우리가 지금은 "희미하게"(고전 13:12) 보고 있는 "유리"이다. (이것이 혹시 빛을 반사할 수 있을지는 몰라도 단순한 거울은 아니다. 로크만재단 같은 것은 신경 쓰지 말고 자신의 성경을 읽고 그냥 믿도록 하라.) 그것은 "부어 만들어"졌는데(18절), 하나님께서 쏟아부으시어 단단한 주물처럼(욥 38:30) 만드신 것이다(창 1:6). (현대의 자유주의를 인용하자면) "고대 히브리어"에는 이에 대한 바른 개념이 포함되어 있지만 현대의 우주비행사들은 늘 그러는 것처럼 잘못된 개념을 가지고 있다.

37 : 19 우리가 그분께 말할 바를 가르치라. 이는 우리가 어두움으로 인하여 우리 말을 낼 수 없음이라.

20 내가 말하는 것이 그에게 고해질 수 있겠느뇨? 만일 사람이 말을 하게 되면 그 말이 반드시 그를 삼키리라.

21 이제 사람들이 구름 속에 있는 밝은 빛은 보지 못해도 바람이 지나가면서 그들을 깨끗게 하는도다.

22 아름다운 날씨가 북쪽에서 오나니 두려우신 위엄이 하나님께 있도다.

23 우리가 전능하신 분을 만진다 해도 그분을 알아낼 수가 없도다. 그분은 권세와 공의와 많은 정의에 있어도 탁월하시니 그가 괴롭히지 아니하시리라.

24 그러므로 사람들은 그분을 두려워하는도다. 그분은 마음이 현명하다고 하는 어떤 자도 존중하지 아니하시는도다." 하니라.

23절과 24절은 자명하며 모든 단어가 다 사실이다.

19절과 20절은 하나님 앞 "법정"에 서서 자신의 말을 발설하고자 하는(욥 23:3-7) 욥의 소망에 다시 귀를 기울이게 한다. 엘리후의 생각은 이렇다. "너는 네가 하나님께 말을 하게 되면 무슨 말을 해야 할지 안다고 우리에게 말해 왔다. 자, 우리에게는 그런 분별력이 없다! 네가 아는 것이 있다면 『**우리가 그분께 말할 바를 가르치라**』(19절). 엘리후는 『**우리가 어두움으로 인하여 우리 말을 낼 수 없음이라.**』(19절)고 말한다. (이것의 도덕적 의미에 관해 욥 38:2 참조). 하나님은 "짙은 어둠" 속에 거하신다. 왜냐하면 "유리 바다"와 그의 보좌(욥 26장)를 뒤덮고 있는 구름들은 망원경으로도 볼 수 없으며, 최소한 40,000,000년은 걸려야 레이더 전파가 거기에 도착할 수 있기 때문이다. 우리는 "큰 깊음"의 밑에 있으며 여기 하수통에서는(S자 형태의 성운의 제일 끝) 하나님께서 그 장막(행 7:55)을 거두시고 자신을 계시(행 9:5,6)하지 않으시면 우리는 하나님을 볼 수 없다.

『**내가 말하는 것이 그에게 고해질 수 있겠느냐?**』(20절) 누군가가 하나님의 임재 안으로 걸어가서 "주님, 엘리후가 여기 와서 자신을 정당화시키고자 합니다!"라고 말하겠는가? 그러나 이제는 하나님의 아들께서 완성하신 일로 인해(요 19:30) 그 "임재" 안에서 우리 편에 서서(요 1:4) 우리가 말하는 것을 하나님께 말씀드릴(롬 8:26) 누군가가 계신다. 『**만일 사람이 말을 하게 되면 그 말이 반드시 그를 삼키리라**』(20절). 자신이 한 말이 자신을 정죄한다는 뜻이다(마 12:37). 그 말이 그 사람을 삼키게 될 것이다. 그러나 시편 21:9에서는 주께서 죄인들을 삼키신다고 언급한다. 예레미야 51:44에서 마귀가 이들을 삼키는 것과 정확히 일치한다. 욥의 말은 욥기 6:3에서 삼켜졌으며 욥도 그것을 인정했다. 이뿐 아니라 땅(시 106:17)과 깊음(시 69:15)과 음부(잠 1:12)와 "어리석은 자의 입술"(전 10:12)도 사람을 "삼킬" 수 있다.

21절과 22절은 다시 우리를 재림으로 데려간다. "구름 속에 있는" 빛은 번개이며 해가 빛날 때는 아무도 해를 볼 수 없다(클라크, Ibid., 166쪽). 그러나 여기에는 "가능하면 재빨리 교리적인 중요성을 회피"하고자 하는 기미가 보인다. 이 바람은 구름을 불어서 날려버리는 것이 아니라 구름을 깨끗하게 한다. 더군다나 이 바람은 "구름"이 아니라 사람들을 깨끗하게 할 수 있다(21절). (의심이 가는 사람은 시 1:4; 35:5, 잠 25:23, 사 11:15; 57:13, 렘 18:17, 호 13:15, 행 2:2를 주의 깊게 살펴보라.) 『**아름다운 날씨가 북쪽에서 오나니**』(22절, 잠언 25:23과 비교). 『**두려우신 위엄이 하나님께 있도다**』(22절).

"북쪽"이란 단어에 관해 게제니우스(밥존스대학과 달라스대학 교수진을 가르쳤던 교수들을 위해 교과서를 저술한 사람)가 한 말은 "아름답다"이다(이것은 1940-1950년대의 상투어이다). 게제니우스는 어디서부터 말을 시작해야 할지 몰라서 "고대에는 북쪽을 어둡고 눈에 보이지 않는 것으로 생각했기 때문에 감추어지고 눈에 보이지 않는 것을 말한다"고 한다(히브리어와 칼데아 어휘집, 715쪽). 그렇다. 분명히 그랬으며 지금도 그렇다. "현대인들"이 "고대인"의 과학적 지식에 접근하지 못하는 것이 참으로 아쉬울 뿐이다. 또한 사해 사본이나 보드머 파피루스나 바티칸 필사본(알란드, 메츠거, 네슬 본문에 나온 허풍 참조)이 히브리어나 헬라어 학자들에게 "북쪽"에 관해 어떠한 조명도 줄 수 없다는 것이 참으로 유감스럽다. RV(1884)에는 또 다른 "아름다움"이 있는데 자신들이 하고 있는 일을 알지 못한 채 "북쪽에서 금빛의 광채가 나온다"고 말한다(장담하건데 그렇게 될 것이다. 겔 1장!). RV 위원회 중에서는 그 구절을 믿는 사람이 아무도 없는데 그것을 고치는 요지는 뭔가? 〈리빙바이블〉은 첫 번째 절을 전혀 부연 설명하려는 시도도 보이지 않는다. 테일러는 그냥 그 구절이 거기에 없는 것처럼 한다. 대신 그는 "아름다운 날씨"를 해가 "밝게 빛나는 것"으로 바꾼다. 나는 지구에 있기 때문에 해가 북쪽에서 "밝게 빛나는 것"을 본 적이 없다. 아마도 내가 교육을 소홀하게 받은 것 같다. "자격을 갖춘 바보들"이 다녔던 학교에는 가본 적이 없어서 그런 것 같다. (빌리 그래함의 말을 듣고 나서) 〈리빙바이블〉을 구입한 10,000,000명의 신출내기들은 20세기 천문학자에게도 여전히 알려지지 않은 과학적 정보에 접근하게 된다! (테일러가 자리를 잡고 앉아서 성경을 "부연 설명" 한다고 다 망치기 전에 〈킹제임스성경〉은 248,000,000권이 배포되었다.) 욥이 살던 곳에서 평생에 단 하루라도 해가 북쪽에서 빛나는 것을 본 사람은 한 사람도 없다. ASV의 "금빛 광채"는 아마도 노란색 북극광이었을 것이다.

다시 한번 모든 개정본들과 주석서들을 다 쓰레기통에 버리고 우리는 〈킹제임스성경〉으로 가서 나침판 바늘이 왜 북쪽을 가리키는지 보도록 하자.

1. 위대한 왕의 도성(시 48:2)이 "북쪽의 면들"에 있으며 "북쪽의 면들"(사 14:13)은 은하계들 위에 있다(사 14:12-15).

2. "북쪽의 면들"은 "산"(사 14장)으로 불리는 피라미드 구조물과 관계가 있으며(히 12장), 유리 바다는 이 "산"(계 4,15장)의 정상에 있으며 이것은 "거룩한 산"이라고 불린다(시 2:6; 24:3; 43:3). "진지한 성경 공부"에 대해 떠벌리면서도 성경을 거부하는 "근본주의자들"은 이 산을 지상의 예루살렘에 있는 시온 산과 매번 혼동한다. 이렇듯 성경을 알레고리화 해서 푸는 알렉산드리아 이단들은 성경 공부에 전혀 "진지함"을 보이지 않는다.

3. 주 예수께서 돌아오실 때 그분은 북쪽에서 오셔서 여러분과 "문"(요 10장) 사이에 있는 "질투의 형상"(겔 8:3)을 지나신다. 이 질투의 형상은 (계 13:1-8) 욥기 41장에 분명하게 그 정체가 폭로되어 있다. 그것은 북쪽

을 향하고 있는(겔 8:1-5) 바다의 입구(욥 41장)를 막고 있다.

우주의 방향은 위로 올라갈 때는 남에서 북으로 가는 것이고 아래로 내려가는 것은 북에서 남으로 가는 것이다. 〈뉴스코필드성경〉은 이 진리를 가리는데 너무 열성을 부린 나머지(구원받지 않은 배교자들과 잘 지내기 위해서) 1,261쪽(각주 1)에서 "1세기 우주학"은 너무 시대에 뒤지고 오래된 것이어서 "사람들에게 친숙한 현상적인 언어"를 사용해야만 했다고 말한다. 북쪽이나 남쪽에는 현상적인 것은 아무것도 없다. 아인슈타인 같은 구원받지 못한 유대인이나 수주키 같은 선불교도에게나 현상적일 뿐이다. 〈킹제임스성경〉에 따르면 우주에서 남쪽이 아래이고 북쪽이 위이다. 모든 구원받은(혹은 구원받지 않은) 물리학자들과 천문학자들이 이것을 믿지 않는다 해도 그런 것은 전혀 중요치 않다. 교황이 구원의 영원한 보장을 부인하는 것이 별로 중요치 않는 것과 같은 이치이다.

에베소서 3:18을 거부하고, 마귀를 악어로 바꿔 놓고(욥 41:1 참조) 하나님의 아들을(단 3:25) "신들 중 하나"로 바꿔 놓은 〈뉴스코필드성경〉은 성경의 우주학을 포기해 버린다. 존더반, 베이커, 에드먼스가 내놓은 시중의 책 중에서 "〈킹제임스성경〉이 번역된 이후로 우리에게 새로운 빛을 던져 주는 최근의 발견들"에 대해 종이와 잉크를 낭비하지 않는 책이 없다는 것은 참으로 유감스러운 일이다. 지금까지 누군가가 발견한 어떤 것이 〈킹제임스성경〉 본문을 제쳐두고 여러분에게 "북쪽"이 의미하는 바를 성경에 나온 그대로 알게 해준 적이 있는가? 1611년 이후로 누군가가 한 어떤 고고학적인 발견이 킹제임스 본문에 없는 구원과 예언과 새로운 탄생과 피의 속죄와 그리스도의 신성과 세상의 종교적 역사(과거, 현재, 미래)와 보이지 않는 세계(마귀의 세계나 혹은 다른 것)에 대해 진정한 빛을 던져 준 적이 있는가? (펜사콜라기독대학에서 너그럽게 보아 넘기고 있는 NASV의 사도행전 1:10에서 이런 속임수를 참조하라.)

욥기 38장

38 : 1 그때 주께서 회오리바람 속에서 욥에게 대답하여 말씀하시기를
2 "지식이 없는 말로 이치를 어둡게 하는 이 자가 누구냐?
3 너는 이제 남자답게 네 허리를 동이라. 내가 너에게 요구할 것이니 너는 내게 대답하라.
4 내가 땅의 기초들을 놓을 때 네가 어디 있었느냐? 네게 명철이 있다면 분명히 밝히라.
5 누가 그 치수를 재었는지 네가 아느냐? 누가 그 위에 측량줄을 띄웠느냐?
6 그 기초들은 무엇 위에다 고정시켰으며 모퉁잇돌은 누가 놓았느냐?
7 언제 새벽별들이 함께 노래했으며 하나님의 아들들이 모두 기뻐서 소리쳤느냐?

이제 욥기 2장 이후로 처음으로 주께서 등장하신다. 주께서 나타나실 때 이스라엘의 모형인 욥에게(욥 38:1) 자신을 계시하신다는 것은 중요하다. 더군다나 회오리바람이 있고(1절) 북쪽에서 오신다는 것에 주의하라(겔 1장). 우주론에 관해 스코필드 편집 위원이나 어느 학자에게 자문을 구할 필요도 없다(나 1:3, 암 1:14, 슥 9:14 주석 참조). 이 회오리바람(렘 23:19; 30:23)은 지구와 관련해서 북에서 남으로 오며 "왕의 대로"(민 20,21장)에서는 남에서 북으로 올라가며 보스라에서(에돔에 있는 "페트라", 합 3장) 암몬인들의 라바스(민 20-24장)와 모압의 아르(렘 48장)와 길갈(삼상 15:33)을 경유해서 올리브 산으로(슥 14장) 간다.

주께서 엘리후의 말을 무시하셨거나 아니면 엘리후가(다른 성경 기자처럼) 하나님께서 그에게 한 말씀을 기록하지 않았거나 둘 중 하나이다. 욥기 42:7에서도 자신에 관한 언급을 다시 생략한다. 이제 주께서 네 장에 걸쳐서 말씀하시는데 38장에서 주께서 욥에게 하시는 질문들은 1980년대 어느 과학자도 답변할 수 없는 것이다. 해리 리머는 성경에서 과학적 오류를 입증할 수 있는 사람에게는 1,000달러를 주겠다는 (그의 죽음 이후에도) 효력이 지속되는 제안을 했다. 그의 생애 동안에 해리는 이 제안과 관련해서 여덟 번 "고소인"에 의해 법정으로 소환당했다. 그리고 이 고소자의 사건은 구원받지 못한 판사를 눈물짓게 한 후 토론이 무의미한 것으로 간주되어 법정 밖의 일로 돌려졌다. 과학 회의에서 리머는 일단의 과학자들과 함께 호텔 로비에 모여서 그들에게 하나님께서 욥에게 질문하신 욥기 38장의 35가지 질문들에 답해 보라고 그들에게 도전을 주었다. 그중 25가지 이상을 바르게 답할 수 있는 사람은 한 사람도 없었다. 알다시피 보통 과학자란 "아무것도 아닌 것에 대해 모든 것을 다 알 때까지 점점 더 중요치 않은 것에 대해 점점 더 많은 것을 공부하는" 사람이다. 그래서 이 과학자들을 "전문가들"이라고 부르는 것이다. 욥기 38장에 나오는 35가지 질문에는 물리학, 음성학, 음질의 가치, 광선, 대양학, 생태학, 기후, 천문학, 철학, 지질학이 다 포함된다. 세 분야에서 바르게 이해할 수 있는 사람도 11분야에서는 그렇지 못하다. 욥기의 저자가 크리스토퍼 콜럼버스가 닻을 올리기 3,100년도 더 이전에 기록하고 있었던 것을 생각해 볼 때 그 경이로움은 참으로 크다 하겠다.

『**지식이 없는 말로 이치를 어둡게 하는 이 자가 누구냐?**』(2절) 욥은 욥기 1,2장의 천상의 재판정에 대해서는 전혀 알지 못했다. 그는 사탄의 고소에 대해서는 전혀 알지 못했으며 무엇이 그 고소를 재촉했는지, 하나님께서 그에 어떻게 답변하셨는지, 왜 하나님께서 마귀가 "지금까지"만 행하도록 허락하셨는지 전혀 알지 못했다. 하나님께서는 결국 욥을 정당화시키고 축복하실 것이지만 첫 번째 "말로 하는 징계"(히 12:5-8)가 순서에 따라 나온다. 우리가 이와 같은 말로 받는 책망을 잘 처리하면(히 12:6-9) 우리는 참으로 운이 좋은 것이다. 욥은 21,31장의 긴 비난의 연설을 함으로써 하나님께서 사람들을 다루시는 것에 대한 진리를 흐려 놓았다("어둡게 했다")는 비난을 받는다.

『**너는 이제 남자답게 네 허리를 동이라**』(3절). 하나님께서 "네가 벌거벗었다고 누가 네게 말해 주더냐?"(창 3장)고 말씀하셨을 때 아담을 관통했던 뭔가가 욥을 관통했다. 『**내가 너에게 요구할 것이니**』(롬 3:2-6에서처럼) "너는 내게 대답하라." 욥의 기도가 응답되었다. 그는 "법정에 서는 날"을 맞이하게 될 것이고 하나님을 직접 대면할 기회를 갖게 될 것이다. 그러나 그 "기회"란...! 그 기회는 요한계시록 20:11-15에서 구원받지 못한 사람이 갖는 기회와 같은 것이다.

이제 질문이 시작된다.

1. 『**내가 이 세상의 기초들을 놓을 때 네가 어디 있었느냐?**』(4절) 대답

이 없다. 누구도 그런 질문에 답을 할 수 있는 방법은 없다. 선불교의 수도승은 이렇게 말할 수 있다. "우리가 알았었습니다." 그러나 그것은 이 질문에 정말로 답하는 것이 아니다. 선불교 수도승은 직업적인 뉴스 작가가 단어들을 가지고 장난을 하는 것처럼 마음대로 상상할 수는 있다. 그러나 그것은 여전이 "네가 어디 있었느냐?"는 질문에 대한 답이 아니다. "선택되었다" 해도(엡 1:4 주석 참조) "그리스도 안에" 있지 않았다. 존 칼빈은 구약의 4,000,000명(혹은 그 이상)의 성도들은 "선택"된 이후나 "선택"되기 전에 "그리스도 안에" 있지 않았다는 것을 잊어버렸다. 아담 안에 있지도 않았다. 왜냐하면 아담은 거기에 없었으니까. "하나님의 마음속"에 있었다 해도 그것을 증명할 수 없으며 알지도 못한다. 『**네게 명철이 있다면 분명히 밝히라**』(4절). 너무나도 조용한 침묵이 따르고 빈 무덤에서는 째깍거리는 시계 소리만이 들릴 뿐이다.

2. 『**누가 그 치수를 재었는지 네가 아느냐?**』(5절) 대답이 없다. 여러분이 그 치수를 잰 것이 아니다. 여러분 중에 그 치수를 잰 사람은 아무도 없다. "조물주"나 "피조된 하나님"(밥존스대학에서 선전하는 배교한 NASV 참조)이 그렇게 한 것이 아니다. 신들과 마귀들이 한 것이 아니다(렘 10:11). 누가 했는가? 98%의 과학자들은 대답할 것이다. "아무도 하지 않았다. 그냥 우연히 그렇게 된 것이다." 그런 대답만 들어봐서 다시 살펴볼 것도 없이 "과학"을 내던질 충분한 이유가 된다. 치수를 재는 것이나 유전자 암호, 균형, 회전, 물질, 형태, 조화가 있는 것 중에 "그냥 우연히 된" 것은 아무것도 없다. 전문 용어를 쓰자면 "과학"은 "절대적인 지식의 상관적인 체제"이다. 그러므로 과학이 어떤 종류의 기원을 다룰 수 없다면 지구나 태양계의 기원은 "과학적 영역"을 넘어서는 것이다. 성경에 나온 하나님의 계시를 믿지 않으면 항상 그랬으며 앞으로도 그럴 것이다. 과학자

가 "진화"라고 부르는 것은 단순히 개발(development)에 지나지 않는다. 지구의 기원이나 사람의 기원에 관한 한 창세기 1장, 욥기 26,38장, 출애굽기 23-30장을 벗어나서는 그 어디서도 과학적 지식의 체제 같은 것은 없다. 여전히 성경만이 인간과 우주의 기원에 관해 인쇄되어 나온 유일한 과학 교과서이다. 그 외에 누군가가 기록한 것은 없다.

물리학의 기본적인 법칙 중 하나는 에너지를 생산해 내는 물질의 모든 변화는 퇴화의 결과라는 것이다. 즉 복잡한 것에서 단순한 것으로 붕괴되는 것이다. (그 반대는 성립되지 않는다.) "단순한 것"은 이런 특징의 변화가 일어나는 곳에서는 결코 복잡한 것으로 바뀌지 않는다.

3. 『**누가 그 위에 측량줄을 띄웠느냐?**』(5절) 담이나 인도나 도로나 샘이나 울타리를 쌓기 위해 벽돌을 쌓을 때 줄을 펼친다. 지구의 직경(적도에서)이 7,927마일이 되어야 하며, 원주가 24,894마일이 되어야 한다고 누가 정했는가? 무게가 5,883,000,000,000,000,000,000톤이 나가고, 전체 땅의 표면이 197,272,000평방마일이 되어야 하며, 평균적인 대양의 깊이가 12,500피트가 되어야 한다고 누가 정했는가? 지구가 적도에서 시간당 1,000마일의 속도로 돌아야 하며, 시간당 20마일로 대략 93,000,000마일 거리에서 태양 둘레를 타원형으로 돌아야 한다고 누가 정했는가?

4. 『**그 기초들은 무엇 위에다 고정시켰으며**』(6절). 이것을 알아내려면 대단히 어려울 것이다. 왜냐하면 "그는... 땅을 허공에 매다셨기 때문이다" (욥 26:7). 이것은 대륙들 아래에 있는 기초들을 언급하는 것일 수 있다. 그것들은 어디에 고정되어 있는가? 금속 핵에? 녹아 흐른 핵에? 땅을 파서 그것을 본 적이 있는가? A.D. 1970년에 그런 일을 하는 사람이 없는데 욥 근처에 앉아 있는 누군가가 B.C. 1800년에 그런 일을 했을 것이라고 생각

하는가? 1973년 연합 통신 연감을 인용하자면(343쪽), "지구 중심의 핵은 지구 내부 중에서 가장 알려지지 않은 부분이다. 지구 핵에 대한 우리의 지식은 거의가 지진파를 연구해서 얻어진 것이다..."

5. 『**모퉁잇돌은 누가 놓았느냐? 언제 새벽별들이 함께 노래했으며 하나님의 아들들이 모두 기뻐서 소리쳤느냐?**』(6,7절) 창조주께서 "태초"에 지구를 창조하실 때(창 1:1) 하신 첫 번째 일(모퉁잇돌)이 무엇인가? 1970-1980년대의 과학자들이 말해 줄 수 있는지 보자. "약 150,000,000,000년 전에 대부분의 과학자들이 믿기로는 가스와 먼지 구름이 있었다... 화학 요소의 뭉치들이 회전하기 시작하더니... 그 안에서 푸딩에서처럼 덩어리가 형성되어서... 수백만 년이 흐르자 다른 커다란 덩어리들이 행성이 되어서... 천천히 행성들이 식어서... 태양과 같은 몇몇 별들이 형성되고... 100,000,000,000년 후에 우리 태양계가 진화되었고... 천천히 지구 껍질이 식어서... 아마도 수백만 년이 걸렸을 것이고... 그 열이 우주 공간으로 발산되었고... 뜨거운 물질이 내부에서부터 부글부글 끓다가... 차츰 식어짐에 따라 그 행성 중심에서 강렬하게 타던 열이 봉해지면서 더 무거운 물질이 자리를 잡고... 그래서 지구의 중심은 아마도 철이 녹은 엄청나게 큰 구일 것이며... 맨틀은 1,800마일 두께일 것이고 아마도 철이 풍부한 바위로 이루어져 있을 것이며... 아마도 껍질 아래가 가장 약한 부분일 것이고... 이 분출물이 계속 쌓여서... 대부분의 지질학자들은 생각하기를 더 가벼운 화강암으로 된 떠 나니는 섬이 용해된 바다 위에서 단단해지기 시작해서... 혹은 이 화강암이 큰 웅덩이에 모이기 시작해서... 그래서 오늘날 위치해 있는 곳에서 굳어졌을 지도 모른다... 아마도..."

현대의 "과학자"들은 이 질문을 받으면 막다른 골목에 온 것 같은 기분을 느끼지만 이 질문에는 그 이상의 것이 있다. 별들은 음성학적인 가치

뿐만 아니라 음색적인 가치를 가지고 있으며, 아침 별들은 원한다면 "노래"도 할 수 있다. 왜냐하면 별들의 광선이 특정한 파장으로 소리를 내기 때문이다. 그러나 여기서 "새벽별들"은 분명히 요한계시록 1장의 일곱 별들 같은 "별들"이며, 그들은 창조의 아침에(사 14:12) 천상의 "합창단 지휘자"(겔 28장)와 함께 있었다. 창세기 1:1에서 루시퍼는 "아침의 아들"이었기 때문이다. [펨버의 〈지구 초기 시대〉 참조] "하나님의 아들들"은 아담의 아내가 셋을 낳기 전 창세기 1:2에 존재하고 있었다(4,5,6절).

38:8 바닷물이 마치 태에서 물이 터져 나온 것처럼 쏟아져 나왔을 때 누가 바다를 문들로 막았더냐?

9 언제 내가 구름으로 바다의 의복을 만들고 짙은 흑암으로 그것을 싸는 포대기를 만들었으며

10 나의 정해 놓은 곳에 한계를 정하여 빗장들과 문들을 세우고

11 말하기를 '네가 여기까지는 오나 더 이상 가지 못하리니 여기서 네 자만의 물결이 멈추리라.' 하였느냐?

12 네가 네 날 이후로 아침에게 명령한 적이 있으며 새벽으로 그의 처소를 알게 하여

13 그것으로 땅의 끝들을 붙잡게 하며 악인을 거기서 흔들어 떨쳐 버린 적이 있느냐?

14 새벽 해는 도장 밑의 진흙처럼 되었고 땅끝은 옷처럼 서 있도다.

15 악인들로부터는 그들의 빛이 억제되고 오만한 팔은 꺾이는도다.

6. 『**바닷물이 마치 태에서 물이 터져 나온 것처럼 쏟아져 나왔을 때 누가 바다를 문들로 막았더냐?**』(8절) 바다들이 형성될 때 물들이 땅에 범람

하지 못하도록 그 물을 멈추게 한 것이 무엇인가? 욥인가? 중력인가? 욥이여, "중력"이 뭔가? "물체의 일부분이 두 물질의 질량의 곱에 직접적으로 비례하는 힘으로 다른 부분들을 끌어당기는 것이며, 두 물질의 거리의 제곱에 반비례하는 비율로 당기는 것이다. 이것은 힘의 선이 방출되기 때문이며 질량은 끌어당기는 물체에만 관계되며, 활동 중인 물질이나 중간에 끼어드는 매개체의 화학적 물리적 상황과는 전혀 관계가 없다...." 고마워요, 욥. 그런데 중력이 뭐죠? "어떤 물질의 독립된 인력이 아니라 질량이 그 본질이나 근원을 설명하는 것을 막는다."(우리에게 〈대백과사전 아메리카나〉를 인용해 줘서 고마워요, 욥. 13권, 164쪽. 잿더미 위에 앉아서 얼마나 많은 것을 배울 수 있는지 놀라울 뿐이다!) 1969년에 〈대백과사전 아메리카나〉를 기록한 사람들이 이 질문에 답변할 수 없는데 욥이 답변할 수 있었으리라고 생각하는가?

자만의 물결(11절)은 특정 지점까지만 간 다음에 거기서 멈춘다. 사람들은 그것은 "달의 인력의 힘" 때문이라고 말한다. 그렇다면 박사님께 묻겠는데 "인력"은 뭔가? "중력은 지구의 인력 때문에 일어나는 떨어지는 물체에 하강 선형 가속이다." 좋습니다. 한 번 더 해봅시다. 박사님! 즉 인력이 뭔가? [9절은 아마도 우리가 욥기 36:29에서 언급한 구름 문제일 수도 있다. 빗장과 문들은 "하늘의 창"(창 6장)과 솔로몬의 노래 2장의 "격자무늬 창살"을 기억해 볼 때 겉으로 드러난 것처럼 그렇게 "비유적"이지 않을 수도 있다. 더군다나 "구름"(9절)은 이 "바다"(8절)의 옷이며 그 구름이 마치 포대기가 새로 태어난 아이를 감싸고 있는 것처럼 이 바다를 감싸고 있다(9절). 참조 구절은 다시 창세기 1장이 될 수 있다.]

7. 『**네가 네 날 이후로 아침에게 명령한 적이 있으며**』(12절). 그런 적이 없다. 어떠한 과학자도 살아 있건 죽었건 간에 태양에게 떠오를 시간

을 말해 주거나 떠오르지 않을 때를 말해 준 사람은 없다(출 10장). 여호수아가 그런 것처럼(수 10장) 태양의 진로를 늦출 수 있는 과학자는 아무도 없으며 태양이 떠오르는 것을 눈 깜짝하는 순간이라도 지체시킬 수 있는 과학자는 아무도 없다.

8. 『**새벽으로 그의 처소를 알게 하여 그것으로 땅의 끝들을 붙잡게 하며 악인을 거기서 흔들어 떨쳐 버린 적이 있느냐?**』(12,13절) 이렇게 한 적이 있는가? 이 구절의 "새벽"은 『**도장 밑의 진흙처럼 되었고**』(14절) "땅끝은 옷처럼 서 있다." 이 구절이 너무나 어려워서 테일러(LB)는 14절을 전부 삭제해 버리고는 〈리빙바이블〉에 나오는 많은 본문에서처럼 어떠한 히브리어 필사본에도 없는 본문을 고안해 낸다. 그것은 상상으로 만들어 낸 가상의 이야기이며 작가의 변덕에 따라 삽입된 것일 뿐이다.

태양이 어떻게 "땅의 끝을 붙잡"을 수 있는가? 하나님의 관점에서 보자면 이것은 간단하다. 즉 지구는 3월 21일과 12월 22일 사이에 북쪽과 남쪽이 기울어져 있기 때문에 태양 광선이 북극 대륙과 남극 대륙에 미치게 되어서 태양이 땅끝을 붙잡을 수 있게 된다. 게다가 지구는 진흙으로 상징되는 태양을 도는 도장과 같다. 포장지 위의 왁스 위를 회전하는 강철 롤러는 왁스 위에 온통 자국을 남긴다. 강철 롤러의 움직임 하나하나가 모두 왁스에 노출되는데 그와 같이 지구가 지나면서 회전할 때 그 마일 하나하나가 태양에 노출된다. 지난 3,000년 동안 성경 독자 중에 단 한 사람도 욥기에 나오는 이 구절을 믿을 수가 없었다. 갈릴레오(1564-1642)가 로마카톨릭이 아니라 성경대로 믿는 사람들처럼 말하기 시작하자 이들 중 아무도 그를 믿지 않았다.

『**땅끝은 옷처럼 서 있도다**』(14절). 이것은 땅의 끝을 언급하고 있으며

(13절) 문맥에서 볼 때 "끝"은 북쪽과 남쪽의 최극단이다. 땅의 끝에 오로라 북극광이 "옷처럼"(14절) 서 있는 것을 발견한다고 해서 놀랄 것은 없다. 이러한 해석을 한 풀 꺾고, 이것은 지구가 태양을 돌 때 아침빛의 활짝 펼쳐진 광선이, 뭔가를 장식하고 있는 아름다운 옷처럼, 지구 위에 있는 것들을 "두드러지게" 만드는 것이라고 말할 수도 있다. 그러나 "그들의 빛"은(15절) 아침과(12절) 태양(14절)을 언급한다. 우리는 지금 성경을 해석하는 데 어려움에 처해 있다 그렇지만 우리의 어리석음에 맞춰 본문을 변개시키기 전에(여기서 칠십인역 참조) 15절의 "꺾어진 팔"을 살펴보도록 하자. 알다시피 적그리스도는 오른쪽 팔이 좋지 않다(슥 11:17). 그는 모압 출신의 시리아계 유대인으로(렘 48:25) "심한 상처"(계 13장)를 입고 오른쪽 눈을 잃는다(슥 11:17). [무디성경협회, 풀러신학교, 달라스신학교, 밥존스대학, 펜사콜라기독대학의 교수진들이 저항하는 외침 소리가 들리는가? 자신들이 "원본"에서 발견할 수 없는 심오한 것을 누군가가 성경에서 발견했다고 해서 화를 내지는 말라. 그렇다고 해서 사실 그런 사람들을 비난할 수는 없다. 결국 그들은 (자신들의 직업상) 하나님의 말씀에서 사람들에게 계시를 보여 주는 데 전념했지만 하나님께서 그들에게 아무것도 계시해 주시기를 원하지 않으셨기 때문에 그들 자신이나 자신들의 책이나 능력이나 재능이나 연구와는 상관없는 성경에 계속적으로 나오는 "새로운 빛"을 보게 되면 참으로 비참함을 느끼게 된다.] 이 문제는 시편 10:15, 예레미야 48:25, 에스겔 30:21,22,24, 스가랴 11:17에서 언급된다. 또한 실제 태양이(시 19:3-6) 재림 때 "의의 태양"(말 4:1-3)이신 신랑의 모형이라는 관점에서 볼 때 12절을 다소 너무 빨리 끝마무리를 한 것 같다. 결국 "아침"(12절)은 누가복음 1:78의 "높은 데"서 오며 그분은 "어둠과 사망의 그림자 속에 앉은 자들에게 빛을 주기 위해" 오셨다. 이것이 문맥 속에 나온 진술을 설명해 준다(욥 38:13). "그것으로 땅의 끝을 붙잡게

하며 악인을 거기서 흔들어 떨쳐 버린 적이 있느냐?"(13절). 다시 재림 구절로 되돌아온다. 이 구절의 떠오르는 태양은 나훔 3:17, 시편 84:11, 야고보서 1:11에서 발견되는 것이다. 그래서 "악인들로부터 그들의 빛이 억제"된다(주 하나님께서 환란 중간에 이스라엘에게 나타나시는 사도행전 9:4-7 참조).

9. 악인에게서 햇빛을 제하고 동시에 그 팔을 꺾을 수 있는가?(15절) 그들 모두를 그렇게 할 수 있는가?(욥기 40:12 참조!)

38:16 너는 바다의 샘들 속으로 들어가 보았느냐? 아니면 네가 깊은 곳을 찾아 거닐어 본 적이 있느냐?

17 사망의 문들이 네게 열렸더냐? 아니면 사망의 그림자의 문들을 보았더냐?

18 네가 땅의 너비를 알았더냐? 만일 그것을 모두 알았다면 선포하라.

19 빛이 거하는 길은 어디냐? 흑암이 있는 자리는 어느 곳이기에

20 네가 그 경계로 가는 길을 택하여서 네가 그 집으로 가는 길을 알겠느냐?

21 네가 그 때 태어났기에 그것을 알았느냐? 아니면 네 날수가 많기에 네가 그것을 알았느냐?

22 네가 눈의 보고 속으로 들어갔느냐? 아니면 네가 우박의 보고를 보았느냐?

23 그것들은 내가 고난의 때와 싸움과 전쟁의 날을 위하여 간직해 둔 것이라.

24 동풍을 땅 위에 흩어지게 하는 그 빛이 어느 길로 갈라지겠느냐?

25 범람하는 물에 누가 물길을 나누었으며 천둥의 번개에 누가 길을 내며
26 사람 없는 땅에 비를 내리게 하고 사람 없는 광야에 비를 내리게 하며,
27 누가 황량하고 황폐한 땅을 적셔 주며, 연한 풀에서 싹이 돋아나
게 하였느냐?
28 비에게 아비가 있느냐? 이슬 방울은 누가 낳았느냐?
29 얼음은 누구의 태에서 나왔느냐? 하늘의 하얀 서리는 누가 낳았느냐?
30 물이 돌로 된 것처럼 감추어졌고 깊음의 표면은 얼어 있도다.
31 네가 플레아데스 성단의 아름다운 감응력을 묶을 수 있으며 오리
온의 띠를 풀 수가 있느냐?
32 네가 열두 궁성을 그의 시기를 따라 불러낼 수 있느냐? 아니면 네
가 악투루스 성단을 그의 아들들과 함께 인도할 수 있느냐?
33 네가 하늘의 규례들을 아느냐? 네가 그 통치를 땅에 펼 수 있느냐?
34 네가 네 목소리를 구름에까지 높여 많은 물들로 너를 덮게 할 수
있느냐?
35 네가 번개들을 보내어 그들로 가서 네게 말하기를 '우리가 여기 있
나이다.' 하게 할 수 있느냐?

"주간 아침 시청자들"을 위해 지금까지 나온 프로그램 중에서 가장 위대한 비상업적인 퀴즈 프로그램이 회개와 사과할 권리만을 가지고 계속 진행된다. 이번에 "전문가 위원회"는 한 명이며 지금까지 그는 아홉 개 중 하나도 맞추지 못했다.

10. 『**너는 바다의 샘들 속으로 들어가 보았느냐?**』(16절) 해리 리머의 몇몇 친구들은(욥 38:1-4 주석 참조) "바다"에는 물의 샘은 없다고 주장하지만, 1910년이 지나서야 그것이 사실임이 발견되었다. "가장 최신의 과

학적 발견"을 따를 만큼 변덕스럽고 순진한 사람은 성경적 지식보다 항상 100에서 1,000년은 뒤져 있다. 성경적 지식은 진보된 지식이며 "과학적 발견"은 비본질적인 문제를 뒤늦게 확정할 뿐이다. 지난 2,000년 간 부유한 사람이 아닌 어떤 사람의 생명을 연장시켜 주거나 부유한 사람이 아닌 어떤 사람의 생명에 대해 관용을 베풀어 준 "과학적 발견"은 없었다. 미국은 전 세계 인구의 6%이지만 여전히 전 세계의 식량의 75%를 먹어치운다. 성경을 높이는 한 우리에게는 돈이 있다(영국, 독일, 미국 등 참조). NASV의 바티칸사본을 높이거나 동양의 수많은 "신들"을 섬기면 무일푼이 된다(아프리카, 아시아, 중국, 인도, 러시아, 멕시코 참조). "과학적 발견물들"은 이것과 전혀 상관이 없으며 상관이 있었던 적도 없으며 앞으로도 상관이 없을 것이다.

11. 『**아니면 네가 깊은 곳을 찾아 거닐어 본 적이 있느냐?**』(16절) 없다. 비비 박사도 그렇게 한 적이 없다. 1960년에 피카르와 월시는 잠수함 "트리에스테"를 타고 마리아나 협곡을 탐험하면서 해발 35,000피트 아래에 닿았다. (마리아나 해협은 사이판과 괌 근처 바다에 있다.) 그 잠수함을 누르는 압력은 다섯 대의 전투함의 무게와 같았다. 그곳에서 그들은 38도의 온도에서 사는 물고기를 발견했다. 월시와 피카르가 밖으로 나와서 이리저리 걸어 다녔다고 생각하는가? (본문을 보라.) 욥도 그렇게 하지 않았다. 욥 이래로 과학은 2,000회 동안 0.000 타율을 기록했다.

12. 『**사망의 문들이 네게 열렸더냐?**』(17절) 휫튼 대학 교수진이나 로크만재단의 "번역자들"에게는 열리지 않았다. 성경을 모독하는 협회에서 추천하는 터무니없는 NASV에서는 성경적인 "지옥의 문"(마 16:18)이 "사망의 권세들"로 해석되었다. 이것은 로마카톨릭의 공식적인 가르침이다(이

구절에 관해 콜럼버스 기사단에서 펴낸 서적 참조). "문들"을 "권세들"(혹은 "권세")로 읽는 것은 로마카톨릭의 대표적인 독단이다. 실제로(고도로 과학적인 〈킹제임스성경〉 본문에 따르면) 지옥에는 빗장들과 문들과 열쇠들이 있으며, 지구 내부의 위치가 나와 있다(욘 2:1-9와 계 1:18을 믿는다면). 『**사망의 그림자의 문들**』(17절)은 이 장소와 연계되어 있다. 계속 달리는 중이지만 여기서 멈춰서야 할 것 같다. 일단 바다의 깊이(16절)와 어둠이 거하고 열 수 있는(계 9:11) 문들이 있는 "사망"이 있는 땅의 너비(18절) 사이에 갇히게 되면 "땅 속 빈 공간" 교리에 너무나 가까이 근접하게 되어서, 피에드몽, 달라스, 무디, 휫튼, 필스베리, 풀러, 고든콘웰, 웨스터민스터에 있는 사람들이 아무리 "과학적"이라 할지라도 "원본"을 좀처럼 따라 잡을 수 없게 된다. 지구 내부에 "태양"이 있을 수 있으며 심지어는 두 개의 극에서 쏟아져 나올 수 없는 강들이 있을 수 있다는(욥 38:8,9) 언급만 하고 끝을 맺어야 할 것 같다. 왜냐하면 성경에 무지한 모든 아기들(1800년 이후 모든 성경 개정자들이나 번역자들)이 교회 버스에서 뛰어내릴 지도 모르기 때문이다. 우리는 "사망의 문들"을 본 적이 없으며, 이 주석서에서 우리가 일시적으로 생략한 계시들을 주장하는, 눈으로 본 목격자들이 있기는 하지만 "문들"은 우리에게 열린 적이 없다. 버뮤다 삼각지대와 UFO는 지상에서 일어나는 현상이나 천상의 현상이 아니라 지하세계의 현상이라고만 언급하는 것으로 만족해야겠다.

13. 『**네가 땅의 너비를 알았더냐?**』(18절) 욥의 당대에는 그런 사람이 없었다. 현재 지구는 두 극을 기준으로 둘레를 재면 24,811마일이고 적도 둘레를 재면 24,894마일이다. 대양이 지구 전체 표면적의 139,000,000평방마일(70.8%) 이상을 덮고 있으며 평균 깊이는 12,500피트이다.

14. 『**빛이 거하는 길**[WAY]**은 어디냐?**』(19절) 터무니없는 "새로운 번역본들"에서 처럼 "곳"(PLACE)가 아니다. "길"이란 단어는 ASV, NASV, RSV, NRSV, 〈굿뉴스〉, NEB, 〈인터내셔널바이블〉과 다른 부패한 성경들에서는 "곳"(place)을 의미하는 것으로 잘못 해석되었다. 왜냐하면 학자 연합에서는 〈킹제임스성경〉이 과학적인 문제에서 욥의 시대(나 콜럼버스 시대나 킹 제임스 시대)의 과학자보다 더 정확하다는 것은 도저히 용납할 수 없는 일이었기 때문이다. 알다시피 빛은 항상 움직이며 그 장소가 셋째 하늘이 아니라면 진정한 "장소"(place)를 갖지 못한다(창 1:3,4와 주석 참조). 왜냐하면 "빛은 그와 함께 거하기"(단 2:22) 때문이다. 빛은 지상 그 어디에서도 "거하지"(19절) 않는다. 그러므로 ASV(1901)와 NASV(1971)의 본문은 (이 부분이 하나님 자신이 욥에게 말씀하고 계신 부분임을 명심하라.) 하나님께서 B.C. 1800년대의 "과학적인 두뇌들"에 따르도록 만든다. 하나님께는 성경에 언급된 대로 길을 물을 만한 분별력이 없다고 생각하는 것이다. [인디애나 인디애나폴리스에서 열렸던 위대한 복음 집회에 수많은 "유명 인사들"이 모였을 때 한 가지 공지 사항이 내려졌는데 집회에 모인 사람 중에 RSV, 〈리빙바이블〉, 현대인을 위한 좋은 소식이나 필립스가 번역한 것을 선전하거나 팔 수 없다는 내용이었다. 아주 이상하게도 RSV의 헬라어 본문인 ASV(1901)나 〈굿뉴스〉의 헬라어 본문인 NASV(1963)에 대한 언급은 없었다. 이러한 두 얼굴을 가진 속임수의 배후에는, 자유주의자가 어떤 번역과 연관이 있으면 본문이 어떤 것이든지 그것은 "마귀에게서" 나온 것이라는 생각이 깔려 있다. 이러한 성경을 거부하는 배교자들의 무리를 은폐시키기 위해 존 R. 라이스는 사적인 편지에서 새로운 번역본이 어디서 나왔는지 알아내기 위해 헬라어 텍스트를 조사하는 일과 그리스도인 평신도와는 전혀 상관이 없음을 증명하려 했다. 검은 KKK 단원은 더 이상 정직하거나 일관성을 유지할 수 없는 법이다.]

15. 『**흑암이 있는 자리는 어느 곳이기에**』(19절). 어둠에는 장소가 있다. 어둠은 어디 있는지 위치를 잡을 수 있다. 그래서 이번에 질문은 어둠이 "어디"에 머무르느냐이다. 인간이 우주로 나갈 때까지는 아무도 이것을 증명할 수 없었지만 20세기 말에 욥의 질문은 답변되었다.

16. 『**네가 그 경계로 가는 길을 택하여서 네가 그 집으로 가는 길을 알겠느냐?**』(20절) 욥기 10:21,22에서 욥이 언급한 "흑암의 땅"이라면 알 수 없다. 더군다나 이것이 우주의 어둠을 언급하는 것이라면 그 경계는 욥기 37:22과 38:13-15에서 언급한 유리 바다의 밑이다. 방향이 위라면(고린도후서 12:1-4에서 〈뉴스코필드성경〉에 나온 바보 같은 주는 신경 쓰지 말라.) 그 경계는 북쪽이다. 방향이 아래라면 다시 지구의 빈 공간으로 돌아오게 된다. 그러므로 우주비행사들이 북쪽 끝에서 뭔가 열린 것을 찾기 전에 우리는 저 바깥 우주로 휴거되어야 한다.

17. 『**네가 그 때 태어났기에 그것을 알았느냐?**』(21절) 분명히 그렇지 않다. 바깥 흑암이나 지구 내부의 흑암에 대해 아는 사람이 있다 해도 그 사람이 창세기 1:2-4에 있었기 때문에 그 정보를 아는 것은 아니다. 여러분은 거기에 없었다.

18. 『**아니면 네 날수가 많기에 네가 그것을 알았느냐?**』(21절) 분명히 그렇지 않다. 욥이 죽었을 때 욥은 여러분의 증조할아버지 보다 나이가 더 많았지만 그 답을 알지 못했다. 우주 지도에 손가락을 갖다 대고 "어둠을 그 경계로"(19,20절) 데려가야 한다면 손을 어디서 멈추겠는가?

19. 『**네가 눈의 보고 속으로 들어갔느냐?**』(22절) 거기에 뭔가 있다. 슈

트 박사는 일 인치의 눈으로 덮인 일 에이커의 땅에는 8.14달러어치의 질산염, 암모니아, 경단백질이 있다고 말한다.

20. 『**아니면 네가 우박의 보고를 보았느냐? 그것들은 내가 고난의 때와 싸움과 전쟁의 날을 위하여 간직해 둔 것이라**』(22,23절). 케네스 테일러나 C.H. 도드(LB와 NEB)만큼 무지한 사람은 우박의 쓰임새는 여호수아 10:11과 같은 일만을 위해서라고 생각할지도 모른다. 요한계시록 11:19(이것을 도드와 테일러는 잊어 버렸다!)의 전쟁과 전투에서 이것은 사실이다. 그러나 태양이 떠오르면 녹아 버리는(출 16장) "작은 흰 서리" 같은 것이(출 16:14) 환란 때(계 12장) 유대인에게 다시 내려서(미 7:14 주석 참조) 이스라엘인이 "표"를 받지 않고서도 먹을 수 있게 된다(애 5:9). [엘리자베스 시대 영어의 이루 다 헤아릴 수 없는 풍요로움이여! 고대의 단어가 "살아 있는 성서들"보다 얼마나 더 우월하며, "믿을 만한 번역본들"과 비교해 볼 때 그 계시는 얼마나 무오한가!]

"싸움과 전쟁의 날"에 있을 눈과 우박이 승리를 후퇴로 바꿀 수 있으며 패배를 대살인극으로 바꿀 수 있다. 〈스탈린그라드〉(하인츠 슈뢰더), 〈레닌그라드의 포위〉(밸런타인 북스), 〈이런 종류의 전쟁〉(페렌바흐)을 읽어본 독자라면 눈이 군대에게 어떤 일을 할 수 있는지 안다. 드미트렙카, 고로디체, 노보-알렉세옙카, 카르폽카와 바부르킨 근처에 있던 독일의 다섯 개 사단이 러시아 탱크에 의해 궤멸당했고, 부상당한 군인들의 물결이 피톰니크와 굼락을 향해 서쪽으로 도피해야만 했다. 수주일 내내 눈이 내리고 있었고 기온은 영하 18도였다. 부상병들은 들판을 기어 다니다가 얼어 죽었다. 다시 눈이 오기 시작했고 많은 트럭들이 길 아래에서 망가졌다. 만 사천 명이 길에서 쓰러졌고 찬바람에 꽁꽁 얼었으며 그들의 피는 썩어가는 상처 위에서 응고되었고 그들의 몸은 도망하는 차량의 바퀴에 깔려 으깨졌다. 꽁꽁 얼어붙은 뼈는 유리 조각처럼 갈라졌다. 눈보라가 휘몰아치는 밤에 운전병들은 앞 타이어에 사람이 부딪칠 때까지 (살아 있는 사람이건 혹은 죽은 사람이건) 사람을 분간할 수가 없었다. 부상당한 병사들은 그들을 지나치는 트럭 뒷문에 매달리기 위해 소리를 지르고 욕설을 퍼부었지만 이미 그 차들은 부상병들로 가득 차서 "차에 달라붙은 병사들"은 두들겨 맞고 트럭의 뒷문에서 떨어져 나갔다. 트럭에 탄 부상병을 끄집어 내리고 타는데 성공한 병사들도 있었다. 차에 타지 못한 사람들은 길에서 얼어 죽었다.

피톰닉까지 도로로 병력을 6마일 이동시키는데 12시간이 걸렸으며, 생존한 사람들은 종종 꽁꽁 얼어서 공처럼 쌓여진 죽은 사람들의 무더기를 지나쳤는데 그 무더기는 20-30명의 사람들로 이루어져 있고 피에 젖은 붕대와 담요와 군복은 얼어붙어 단단한 고체가 되어 있었다. 그날 밤과 다음 날 밤에 부츠를 신은 많은 사람들의 다리가 꽁꽁 얼은 상태가 극에 달하게 되자 떨어져 나갔다. 두 대의 비행기가 부상병들을 "후송"시키기 위해 피톰니크에 착륙했을 때 다시 눈이 오기 시작했다. 부상병들은 비행기에 자리를 잡기 위해 서로 짓밟다가 그 중 반이 다시 부상을 당했고 한꺼번에 몰려드는 바람에 20명이 죽었다. 어떤 병사들은 "다리와 발에 부상"을 입은 병사들 사이를 비집고 더 빨리 움직였다. 눈 속으로 떨어져 밟힌 병사들은 더 이상 비명을 지르지 못했다. 대신 공항에 도착해서 비행기에 오를 수 없었던 병사들이 비명을 지르고 있었다. 개머리판을 사용해서 길을 닦으며 문에까지 이른 경비병들은 무기를 내던지고 안으로 뛰어들었다. 조종실 문이 여전히 열려진 상태로 (20명을 수용해야 할) 비행기 한 대에 40명을 태운 채 낡은 비행기들이 이륙하고 있었다. 비행기 날개와 꼬리에 매달리려 하는 병사들이, 지상에서 다른 병사들이 누워 있는 들것들이 장사진을 이룬 길 위로 떨어졌다. 한 가련한 병사는 비행기가 200피트 상공에 이를 때까지 차가운 비행기 바퀴를 붙들고 있다가 떨어졌다.

마지막 비행기가 독일을 향해 굼막 비행장을 떠났을 때(1943. 12. 19.) 24명의 병사가 16명을 수용하도록 지어진 화물칸에 밀어 넣어졌고, 9명은 (영하 15도의) 바깥 눈 속에 남겨졌다. 바깥에 남겨진 9명이 탈 공간을 만들기 위해 그들은 들것들, 탄환, 붕대들, 드레싱, 보급품 상자들, 점화 장비들을 바깥으로 내다 버려야만 했다. 이때 비행기 문에 서 있던 한 일병이 바깥으로 뛰어내리면서 한 부상병에게 말했다. "나는 두 팔이 다 부러졌지만, 친구, 자네는 심지어 걸을 수조차 없군." 그는 지상에 있는 그 병사에게 자리를 내 준 것이다. 그렇게 해서 그 다리를 다친 병사가 비행기에 실려졌고 그 일병은 전장에 남겨졌다. 그 비행기가 이륙했을 때 홀로 남겨진 외로운 병사가 굼막 비행장에서 눈 속에 앉아 있었다. 그의 두 벌의 오버코트 깃이 세워져 있었고 뒤얽혀진 스카프가 그의 얼굴을 덮고 있었다. 조종사는 말하기를 눈 속에서 머리를 쳐든 채 자신에게서 구원이 떠나가는 것을 지켜보며 하늘을 쳐다보고 있는 그 병사보다 더 외롭게 보이는 사람은 본 적이 없다고 했다. 그 비행기는 스탈린그라드를 떠나 독일로 향하는 마지막 비행기였다. 그는 팔이 부러진 상태였기 때문에 비행기를 향해 손을 흔들 수조차 없었다. 조종사는 이륙해서 (소중한 휘발유를 낭비하며) 비행장을 선회하면서, 놀랄 만큼 용감하고 이타적인 그 독일 병사에게 비행기 날개를 내려 경의를 표하며 저공비행을 했다. 군 역사상 비행기가 한 사병에게 경의를 표하기 위해 원을 그리며 날았던 다른 경우는 없다.

『**그의 추위 앞에 누가 설 수 있으리요?**』(시 147:17)

(미국 내 공산주의자들의 지원을 받은) 러시아 탱크들은 스탈린그라드에서 몇 천 명의 독일 병사들을 눈 속으로 밀어 넣을 수가 없었다. 왜냐하면 영하 20-30도의 기온에서는 아무도 "땅을 팔" 수가 없었기 때문이다.

심지어 수류탄이나 박격포로도 지하 8피트 아래까지 꽁꽁 얼어붙은 땅에 참호를 "팔" 수가 없었다. 그래서 탱크가 왔을 때 그들은 종종 한 번에 한 명씩 사냥해 나갔다. 부츠와 오버코트만을 입고 40에서 60파운드 장비를 운반하면서 8인치의 눈이 쌓인 차가운 땅 위를 달려본 적이 있는가? 그들이 추적하던 병사들은 대부분 부상병들이었으며 동상으로 고통을 겪고 있었고 그들 중 수십 명은 화씨 102도나 혹은 그 이상의 열에 시달리고 있었으며 겨울 군복도 입지 않은 상태였다. 눈을 "싸움과 전쟁의 날을 위하여 간직해" 두었다(23절)는 것은 종종 군대를 파멸로 인도한다. 나폴레옹의 지휘 하에서(1812) 모스크바로 진군했던 500,000명의 병사들 중에서 25,000명만이 귀환했다. 그 전투에서 총알에 전사한 병사들보다 러시아의 눈보라와 영하의 날씨로 열 배나 많은 병사들이 전사했다. 구름이 하늘에 깔리고 대기에 찬 기운이 배인다. 병사 중 하나의 뺨에 눈송이가 느껴진다. 곧 장교들의 모자가 흰색으로 장식된다. 말들은 물자를 수송하는데 어려움을 느끼기 시작하고 병사들은 피로로 쓰러지기 시작하며 행렬 가운데 드러누워서 다시는 일어나지 못한다. 눈은 계속해서 내린다. 눈을 멀게 하고 얼굴에 몰아치고 시야를 가리고 보병의 발을 묶으며 목표물에 정확하게 발사하지 못하게 되고 쉬기 위해 눈 속에 누운 사람들을 덮는다.

『**그의 추위 앞에 누가 설 수 있으리요?**』(시 147:17)

로버트 고치는 북극권 근처의 얼어붙은 호수 위의 오도 가도 못하는 비행기 안에서 58일간을 지냈다(1975). 먹을 것이라고는 냉동된 날 물고기뿐이었는데 비행기에서 뚝뚝 떨어지는 유동액과 가솔린으로 따뜻하게 할 수 있을 뿐이었다. 2일에 한 번씩 그는 눈으로 뒤덮인 얼음 위에 150피트 상공에서 볼 수 있는 글자(SOS)를 만들어 놓곤 했다. 그러나 두 시간도 안 되서 눈이 그 글자를 다시 덮어버리곤 했다. 50일간 네 대의 비행기가 그 위를 나는 것을 봤는데 그가 만들어 놓은 것을 발견한 비행기는 하나도 없었다. 그의 송신기와 캐나다 공군과 연락을 취하는데 사용된 가지고 다닐 수 있는 라디오인 "수색 구조 자동 유도 장치"는 작동되지 않았다. 발가락은 동상에 걸리고 살이 썩어 가던 고치는 58일째에 구조되었는데 그를 구조한 사람은 작은 캠프로 비행을 하는데 3시간 반 동안 지체하고 있던 사람이었다. 정확히 오전 6시 10분에 그 비행기의 부조종사가 "우연히" 비행기의 방풍 유리에 반사된 호수 위의 비행기를 보게 되었다. 30분이 더 빨랐거나 더 늦었다면 그는 그 모습을 볼 수 없었을 것이다. 왜냐하면 북극의 해는 비행기에 직접 비칠 만큼 그렇게 높이 뜨지 않기 때문이다. 그들은 착륙해서 그를 이송시켰다. 그는 나중에 발가락 다섯 개를 잃었고 수 주 동안 입원치료를 받아야 했다. 고치의 "생존 비밀"은 간단했다. 즉 그에게는 그리스도인 아내가 있었는데 그녀가 집에서 그를 위해 계속 기도하고 있었던 것이다. 캐나다 공군이 수색을 포기한 뒤에도 30일간을 계속 기도했던 것이다!

(스탈린그라드 전투에서) 아직까지 "포위 돌파"가 가능한 상태였을 때 독일 204 기갑 부대 연대에서 104대 탱크 중 39대만이 1942년 12월 10일 아침에 움직일 수가 있었다. 65대의 탱크가 못 쓰게 된 이유를 아는가? 날씨가 심하게 추워지면 짚으로 덮여 있는 탱크 수리소의 짚더미에 쥐들이 보금자리를 만들어서 탱크에 들어가 전선의 고무 절연체를 씹어 먹었던 것이다. 몇몇 탱크는 짧은 회로와 도화선에 불이 붙어서 출발할 수가 없었다. 이것으로도 모자라 그 기갑 연대는 동계 작전에 필요한 "트랙 슬리브"가 없어서 탱크가 미끄러운 도로 이쪽에서 저쪽으로 미끄러졌다.

만일 당신이 눈과 우박이 전투에 영향을 끼칠 수 있다는 데에 회의적이라면 1950-1953년 한국전에 참전해서 살아남은 병사들에게 상황이 어땠는지 물어보라. 창진 저수지에서 흥남까지 꽁꽁 언 채 피에 물들어서 힘겹게 진군했던 해군들에게 물어보라(1950년 11월 30일 - 12월 11일). "추위" 속에서 하는 전투는 다른 어떤 형태의 전투에서도 볼 수 없는 그 특유의 형벌과 고문이 있다. 즉 핀조차 나를 수 없는 동상에 걸린 손가락들과 총탄을 발사할 수 없는 꽁꽁 얼어붙은 총신, 얼어서 기계에 붙어 버린 차량의 유동액, 얼어붙은 발가락과 발이 결국 그 사람의 죽음을 초래하고, 얼음이 박힌 귀를 따뜻하게 하려다가 상처를 입고 소리를 지를 수 있을 때까지 비명을 지를 수도 있으며, 눈으로 인해 50피트 거리에 있는 적을 분간할 수도 없으며, 밤중에 옷이 땅에 붙어버리고, 땅을 팔 수가 없어서 시체를 묻을 수도 없고, 음식을 따뜻하게 할 수가 없어서 먹을 수가 없으며, 병들은 땀으로 데워졌다가 다시 얼어붙고, 방아쇠도 당길 수 없는 손가락하며, 손발이 굳어서 제시간에 총검이나 칼을 피할 수도 없고, 서 있기조차 힘들 만큼 피곤해서 누워도 너무 추워서 잠을 이룰 수 없는 비참한 밤들이 계속된다.

원자핵 분열로 생긴 우박으로 인해 비키니 아톨에서 "소함대"에 최악의 손해가 가해졌다. 1959년 겨울에 뉴욕 북부지역은 "페리스 관람차 바퀴통"이 눈 속에 잠길 만큼 눈이 왔다. 1888년(3월)에 내린 눈으로 브룩클린, 뉴욕, 워싱턴, 리치몬드의 교통이 두절되었다. 시카고의 어느 한 겨울 날(1962) 차량이 시간당 11.7마일의 속도로 움직였다. 약 10인치의 눈으로 그렇게 된 것이다.

컬리 홀링거(앨라배마, 베이 미네트)는 안지오 해안 교두보에서 제45사단과 함께 전투 중에 독일 제14군에 포로가 되었다(1944. 2. 16). 제45사단은 파디글리오네에서 안지오-알바노 도로까지 줄지어 있었으며 독일 제715보병사단, 제114경보병사단과 제3기갑척탄병사단과 정면충돌했다. 그 다음 몇 주 동안 컬리는 전쟁 포로들과 함께 북쪽으로 행군했다. 점점 더 추워졌고 눈이 오기 시작했다. 그는 폐렴에 걸렸다. 비참한 지경에 이른 포로들 속에서 행군하다가, 그는 병사들이 총검으로 찔린 복부가 다 열려진 상태로 울타리에 걸려 널어져 있는 것을 목격했다. 포로들은 도로 가에서 날 음식을 먹다가 토하기 시작했으며 고통으로 몸부림치기 시작했다. 몇몇은 죽기도 했다. 눈 내리는 추운 겨울 밤 그들은 옥외 길에서 자기 위해 멈췄다. 컬리는 머리가 온통 점액질로 가득 찬 상태에서 고열에 시달리며 눈 속에 누웠다. 그는 죽기 위해 드러누웠다. 자신이 그날 밤을 결코 넘기지 못하리라고 생각했다. 눈이 그를 덮었고 그 위에 더 많은 눈이 내렸다. 다음날 그는 "은신처"를 뚫고 무사히 나왔다. [시베리아에 내리는 눈을 조사해 보면 눈 위에 있을 때보다 눈 아래에 있을 때 거의 80도 정도가 더 따뜻함을 알 수 있다. 고산성 식물들은 영국의 따뜻한 겨울에 그 식물들을 따뜻하게 덮어 줄 눈이 부족해서 죽는 것으로 알려졌다. 절대 영도는 화씨 -460도이며 물의 끓는점은 빙점 위인 약 212도이다. 생각해 보라! 빙점이 4% 더 낮아지면 영상 6도에서 비가 올 것이다! "진화"가 참으로 놀랍지 않은가!]

21. 『**동풍을 땅 위에 흩어지게 하는 그 빛이 어느 길로 갈라지겠느냐?**』(24절) 빛은 "분광기"의 프리즘으로 흩어질 수 있다. 그러나 하나님께서 욥에게 그 질문을 하신지 오랜 시간이 지나서야 죄인이 그것을 발견하도록 하나님께서 허락하신다. 성경이 미래에 대해 그 어떤 것도 암시하지 않는다는 것을 확실히 하기 위해 "새로운" (지옥만큼 오래된) 번역본들은 이 구절은 이런 식으로 된 것이 아니라 "...로 가는 길이 어디 있는지... 등"이라고 주장한다(ASV, NASV 참조). 다시 (19절의 설명 참조) 이것은 1880-1980년대의 거만하고 잘난 체하는 이기주의자들의 전형적인 모습이다. 이들은 태양이 "현대 과학"에 근거해서 뜨고 진다고 생각한다. 독자들 중에 이 말에 의심을 표하는 사람이 있다면 "근본 사항들"을 믿는 거듭난 그리스도인인 잰 레버 박사의 설명을 살펴보기 바란다.

"우리는 성경에서 결코 물리적, 천문학적, 생태학적인 정확한 지식을 얻어 낼 수 없다." 창세기를 언급하면서 레버 박사는 성경은 물리적인 삶을 속속들이 살피는 "구체적인 접촉점"이 없으며 "우리에게 과학적 자료를" 주지 못한다고 말한다. 라오디케아 교회의 현대의 보수주의자들과 자유주의자들과 일치해서 레버는 성경은 하나님의 행동에 대한 "과학적 학술 논문"이 아니며 그러므로 창세기는 "과학적 관점"에서 우리에게 아무것도 전달해 줄 수 없다고 말한다. 지금까지 레버는 아무것도 읽거나 쓰거나 말하거나 본 적이 없다. "과학적"이라는 말은 진실로 알려진 진실을 의미한다. 성경만이 인생에 관한 유일한 과학적인 학술 보고서이다. 그 외 다른 것은 없다.

(〈창조와 진화〉에서 인용된, 21,56,121,139,214쪽) 위의 공식은 미국 내 50개의 "보수주의 요새"의 모범적인 공식이다. 이것은 "믿음"은 한쪽 선반에 있고 "과학"은 다른 쪽 선반에 있으므로 "사실을 다루는 지성인들은 항상 믿음만을 다루는 어리석은 성경대로 믿는 사람들보다 위에 있다."고 하는 칸트의 넝마 같은 소리이다. 우리는 과학이 접근할 수 있는 것보다 더 많은 사실들을 다룬다. 최소한 이런 사실들이 실제적이고 주요한 과학적 문제들을 다루는 곳에서는 더욱 그렇다. "과학"이 성경을 따라 잡는데 느리다면 그건 그들의 문제이다. 우리는 일순간이라도 "학자들"을 존경할 만큼 어리석지도 않으며, 빙하시대, 마이오세, 플라이스토세, 플라이오세, 올리고세, 에오세(혹은 쥐라기, 백악기 등의 "기" - 새로 만들어낸 전문 용어들을 가지고 문제를 혼란스럽게 만들지 말라.)를 믿을 만한 믿음을 가진 사람들의 "논리적 자료들"을 존중할 만큼 어리석지도 않다.

여러분도 알다시피 (고등학교 수준 이상) 기독교 교육의 전체적인 흐름은 이런 미혹당한 원숭이들(이나 그들의 친구들)의 의견을 존중하거나 최소한 이들이 배운 것이나 지적인 성취에 주의를 기울인다. 이렇게 되면 누룩이 첨가되고(마 13:33) 머지않아 이런 악당들에게 자문을 구하게 된다. 그 이후 곧바로 하나님의 말씀을 희생시킨 이들의 관점을 선전하게 된다. 일순간이라도 이것에 대해 의심하지 말라. 트렌치, 홀트, 웨스트코트, 빈센트, 그레고리, 메츠거, 웨스트의 성경적인 학자적 업적을 "존경"하는 사람들은 결코 성경을 최종 권위로 믿지 않는다. 이들은 기독교 교육을 최종권위로 대체시킨다. 자신이 성경을 고칠 수 있을 만큼 똑똑하다고 생각하는 사람들을 존경하지 않는 성경대로 믿는 사람일수록 그 자신도 잘 되고 그의 교회도 더 잘 되고 그 나라도 더 잘 된다. "최소한 우리는 이 사람들에게 이들이 ...에 끼친 방대한 연구와 엄청난 노력으로 인해 그들의 입지에 합당한 존경을 표해야 한다..."는 식의 말은 집어치우라. 이봐, 무엇에 대한 노력이란 말인가? 무엇에 대한 노력인가? 무엇에 대한 연구인가? 단순히 자신이 이해하지 못하는 어휘들에 압도된 것이 아닌가? 그 어휘들은 사람들이 이해하지 못하도록 고안된 것이 아닌가?

후기 백악기, 에오세, 크레돈타, 콘딜라트라, 둔각류, 테니오돈타, 피시페다, 유제류, 빈치류, 히라코이데아, 프로보세시데아, 고래류, 제우글로돈티아, 천신갑, 땅돼지, 리토프텐라, 티포테리아, 엔텔로돈, 미시데, 톡소돈티아, 피로테리아, 엠브리토포다, 아남니오타, 림네이데, 시프레이데, 루디스타, 시레니아, 미오히푸스, 기제류, 우제류, 시난트로푸스, 에리나세우스, 메간트로푸스, 에피피데, 팔레오딕티오프테라, 비근부, 파라히푸스, 누쿨리데, 크세노피테쿠스, 할리초에루스, 피테칸트로피데, 팔레오시미아, 힐라피테쿠스, 나리카스, 미리오포다, 벨루티네, 팔리투리데, 믹소피세에, 디플로포다, 파우로포다, 칠로포다 등등.

"...에 관한 방대한 연구들..."이라고 말하는 데 무엇에 관한 연구인가? 아직 이해하지 못하겠는가? "네게 아직 명철이 없느냐?"

자신들의 타락한 상상 속의 허구에 맞추기 위해 새로운 용어들을 고안해 내는 이런 사람들은 "리비야단"(욥 41:1)이 "악어"라고 생각한다. 커스터, 웨스트코트, 홀트, A. T. 로버트슨도 마찬가지이다.

이제 이해하겠는가?

여러분이 이해할 수 없는 전문 용어를 사용하는 사람들은 "비히못"(욥 40:15)이 하마라고 생각한다. 빈센트, 트렌치, 샤프, 티센도르프도 마찬가지이다.

〈킹제임스성경〉을 고친 오만 명의 학자들이 - 인간의 노력으로 이루어낸 모든 분야에서(과학, 철학, 물리학, 생물학, 고고학, 종교, 정신 병리학, 사회주의) 대부분의 시간을 사람들을 나귀로 만들고 하나님을 광대로 만드는데 보냈다는 것을 어리석고 믿음 없는 사람들은 도대체 언제쯤 이해하겠는가?

교육받은 학자인 체하는 자들이 "피터 럭크만은 학자에게 존경을 표하지 않는다"고 여러분을 괴롭히기 시작하면 그 사람에게 "무엇을 존경하지 않는다고요?"라고 물어보라. 그렇지 않으면 이런 얼간이들이 설교한 것을 실행하고자 한다면 잠시 생각을 해보고, 앨버트 수어드 경(Albert Seward), 월코트(Walcott), 메츠거(Metzger), 그레고리(Gregory), 레이몬드(Raymond), 바렛(Barrett), 카이유(Cayeux), 로슨(Lawson), E.S. 무어(Moore), 폼페키(Pompecki), C.E. 밴 그런디(Van Grundy), R.S. 바젤러(Baseler), G. 스티아스니(Stiasny), 댈리(Daly), W.K. 브룩스(Brooks), 그레이보(Grabau), 브래들리(Bradley), 라마르크(Lamark), 랠리(Laley), 라이엘(Lyell), 헉슬리(Huxley), 니체(Nietsche), 더 프리스(De Vries), 베이트슨(Bateson), 로즈(Rhodes), 골트슈미트(Goldschmidt), 심프슨(Simpson), 메더워(Medawar), 리센코(Lysenko), 토비아스(Tobias), 프라이스(Price), 주커만(Zukerman), 포퍼(Popper), 하이젠베르크(Heisenberg), 러셀(Russell), 슈빈트볼프(Schwindwolf), 아인슈타인(Einstein), 베르그송(Bergson), 라이헨바흐(Reichenbach), 데이비스(Davies), 쉴더(Schilder), 모리스(Morris), 넬슨(Nelson), 로머(Rommer), 스미스(Smith), 패턴(Pattern), 누탈(Nuttal), 뉴먼(Newman)의 이론과 발견을 공부하는 데 어느 정도의 시간을 쓴 다음에(이들이 진화와 창조에 대해 말하는 것에 대해), 리머(Rimmer), 라킨(Larkin), 펨버(Pember), 스코필드(Scofield), 스탬(Stam), 벌링거(Bullinger), 아이언사이드(Ironside), 피터스(Pieters), 펜티코스트(Pentecost), 웨스트(Wuest), 니(Nee), 티메(Thieme), 빈센트(Vincent), 트렌치(Trench), 페팅길(Pettingill), 조 스미스(Joe Smith), 러셀(Russell), 러더퍼드(Rutherford), M.E. 화이트(White), 암스트롱(Armstrong), 로버트슨(Robertson), 그레고리(Gregory), 데이비스(Davis), 버건(Burgon), 데이크(Dake), 밀러(Miller), 스크리브너(Scrivener), 웨스트코트(Westcott), 홀트(Hort), 될린거(Döllinger), 라이트풋(Lightfoot), 엘리코트(Ellicott), 뉴웰(Newell), 알퍼드(Alford), 패러(Farrar), 유세비우스(Eusebius), 샤프(Schaff), 뉴먼(Newman), 게제니우스(Gesenius), 랑게(Lange), 헨리(Henry), 클라크(Clarke), 카일(Keil), 벨하우젠(Welhausen), 그라프(Graf), 반하우스(Barnhouse), 바이스(Weiss), 세이스(Seiss), 백스터(Baxter), 크로닌(Cronin), 다비(Darby), 모건(Morgan), 칸트(Kant), 아스트룩(Astruc), 플라토(Plato), 소크라테스(Socrates), 라이프니츠(Leibnitz), 아리스토텔레스(Aristotle), 듀이(Dewey), 헤겔(Hegel), 베이컨(Bacon), 데카르트(Descartes), 틸리히(Tillich), 키에르케고르(Kierkegaard), 브루너(Brunner), 바르트(Barth), 라우센부시(Rauschenbusch), 슐라이어마허(Schleirmacher), 선불교를 (이들이 성경이나 철학이나 "실체"에 대해 말한 것에 관해) 주의해서 공부해 보라. 달라스나 시카고 대학의 교수진 같은 아마추어들이 킹제임스 본문을 고치는 것으로 우리에게 감동을 주려한다는 것을 어떻게 생각하는가? 우리에게 감동을 주려하는 그들은 도대체 누구인가? 새파란 풋내기들이 아닌가?

천문학과 이상 심리학에 관한 모든 저서와 화학, 지질학, 고고학에 관한 많은 저서들에 더해서 UFO, 우주선, 제6감의 인식, 초월 명상에 관한 심원한 저서와, 장미 십자 회원의 지혜, 흑마술, 마귀학, 사탄 숭배, 투시력, 이단들, 슈트라(바라문교의 경전), 사스트라(힌두교 경전), 푸라나(인도 신화의 성시집), 트리피타카, 코란에 더해서 석공기술, 목공 기술, 사냥, 낚시, 보트 타기, 캠핑, 생존에 관한 책자들과, 제1,2차 세계대전, 미국 남북전쟁, 한국전, 베트남전, 알렉산더의 원정, 한니발, 나폴레옹, 살라딘, 프레드릭, 구스타브스 아돌프스(Gustavus Adolphus)에 관한 저서들과, 쇼(Shaw), 로드(Lord), 레키(Leckie), 레마큐(Remarque), 하인리히(Heinrich), 크리첼(Critchell), 메일러(Mailer), 존스(Jones), 캐턴(Catton), 코프(Cope), 크레이그(Craig), 워크(Woulk), 코체스터(Cochester), 미천(Michene), 로렌스(Laurence), 미들턴(Middleton), 양크 매거진(Yank Magazine), 처칠(Churchill), 보먼(Bowman), 스타일스(Stiles), 판 프라흐(Van Praag), 케이시(Casey), 마이러(Myrer), 샤이러(Shirer), 웨스(Wyeth), 웨스트(West), 도스(Dawes), 헨더슨(Henderson), 고스(Goss), 프리먼(Freeman), 몰딘(Mauldin), 파일(Pyle), 포사이스(Forsyth), 포어트(Poert), 힌만(Hinman), 트로브리언(Trobrian), 풀런(Pullen), 루이스(Lewis), 월리스(Wallace), 리버모어(Livermore), 보먼(Bowman), 램(Lamb), 불워(Bulwer), 가렛(Garrett), 헤밍웨이(Hemingway)가 쓴 작품들과 유도, 육박전, 보병 무기과 전략, 근접 전투에 관한 저서들, 대중음악과 고전 음악, 데생, 조각, 예술의 기교, 오페라, 심포니에 관한 저서들과, 칼빈(Calvin), 안셀름(Anselm), 아퀴나스(Aquinas), 췌이퍼(Chafer), 스트롱(Strong), 벌콥(Berkhof), 댑니(Dabney), 카이퍼(Kuiper), 핫지(Hodge), 올리어리(O'Leary)의 신학과 42개의 성경 주석가들과 200권이 넘는 40개의 교회사와, 6개의 다른 헬라어 성경들을 조심스럽게 살펴보고 나서 나 같은 사람이, 어떤 순진하고 미신적인 얼간이가 "우리는 이들의 지칠 줄 모르는 노력으로 인해 이 사람들의 노고에 존경을 표해야 합니다."라고 하는 말에 대해 내가 어떻게 할 것 같은가? 박사님, 도대체 무엇을 위한 노력입니까? 진흙 파이를 만드는 데 들인 노력인가? 아니면 구슬 끼우기? 혹은 종이 인형 만들기?

위에 언급한 것에 관해 (직접적이든지 간접적이든지) 뭔가를 저술한 20,000명의 저술가들을 〈킹제임스성경〉이 완전하게 바로 잡아 줄 수 없다면 이 성경을 옹호하는데 시간을 낭비하지 않을 것이다.

세상에서 가장 뛰어난 등급의 대학 교수진이 자신들의 지식을 다 합쳐서 세계 법정에서 역설한다 해도 (절대 진리에 관한 한) 〈킹제임스성경〉과는 경쟁이 되지 않는다. 이것은 마치 바퀴 벌레가 은행을 지키는 일에 독일 셰퍼드와 경쟁이 되지 않는 것과 같다. 벽돌과 회반죽으로 세운 기념비가 하나님의 영원한 말씀의 영원한 진리보다 더 위대하다고 생각하는 거만한 풋내기들에게 진리는 결코 양보하지 않는다. 30,000명의 저자들이 성경을 고치면 여러분은 그들을 고치면 된다. 즉시 그들을 바로 잡아 주라. 그들의 배경, 혈통, 자란 환경, 학자적 지위, 교육, 훈련을 고려하지 말고 그렇게 하라. "존경"은 불가능하다. 우리에게 존경받기를 원한다면 우리의 성경에서 그들의 더럽고 믿음 없는 손을 치우게 하라.

24절의 "빛"은 『**동풍을 땅 위에 흩어지게**』 한다"(24절). [욥기 28:26과 비교] 이런 이유 때문에 클라크와 다른 사람들은 "동쪽의 폭풍우"(Ibid., 171쪽)를 흩어 버리는 것은 번개라고 생각한다. 이 구절이 이런 식으로 이해된다면 빛이 흩어지는 "길"을 아무도 모르게 된다. 왜냐하면 번개가 지그재그 형태를 취하는 이유를 아무도 모르기 때문이다. ("플러스와 마이너스 전자... 등"의 말로 빠져나갈 수는 없다.) 양전자와 음전자를 만들어

내는 것이 무엇인지 말해 줄 수 있는 살아 있는 전기 기술자는 없다. 혹자는 "자기"라고 말하기도 한다. 그렇다면 "자기"는 뭔가? 말하지 말라! 그건 "중력"과 같은 것 아닌가? [알다시피 이것은 우리가 이 문제에 관해 언급한 것과 같다. 사람들은 사람들을 감동시킬 말들을 만들어 낸다. 그리고 그런 말은 성경에서 찾아볼 수 없는 것이다. 그러면 그것으로 충분하다. 이런 장사꾼들은 하나님의 말씀을 "믿을 만한 번역본들"로 대체시킴으로써 생계를 유지한다. 그러면서 "그들의 학자적 지위"나 몇몇 언어 전문가들의 학자로서의 업적을 우리가 존경해야 한다고 말한다. 존경해야 할 이유는 고작해야 그 사람이 "과학적으로 타당한 공인된 연구"를 한 것으로 명성을 얻었기 때문이라는 것이다. 진화론은 철학적 사색에 지나지 않으며 이교도의 타락한 환상에서 나온 상상에 지나지 않는다. 밥존스대학의 알란드와 메츠거의 본문을 정당화시키기 위해 사용된 웨스트코트와 홀트의 이론들도 같은 부류이다. "최상의 헬라어" 본문이 ASV와 NASV에 사용되었다거나 그것들이 믿을만한 "필사본"이라는 증거는 헤켈의 "태아의 발생 반복"에 관한 증거보다도 더 적다.]

22. 『**범람하는 물에 누가 물길을 나누었으며... 연한 풀에서 싹이 돋아나게 하였느냐?**』(25,27절) 아담 클라크는 "물이 범람하거나 급류가 증발 외의 다른 방법으로 위로 올라 갈 수 있는 방법"(Ibid., 171쪽)을 알 수 없기 때문에 이 구절을 보통 구름과 보통 폭풍우에 제한시킨다. "방법을 볼 수 없거나" 혹은 "방법을 볼 수 있는" 성경 거부자들과는 우리는 특별한 관계가 없기 때문에 다음 두 구절이 분명하게 적용되는 그 이상까지 가서, 우리는 "물들의 범람"이 노아 때 조수 작용으로 일어난 것으로 이해할 것이며(휘트콤의 〈창세기 홍수〉와 페이턴의 〈빙하 시대〉 참조) 지구가 우주 속으로 가라앉았을 때 전 우주적으로 일어난 사건으로 볼 것이다(창

1:2). [창세기 1:2에는 "간격 이론"(Gap theory)은 없으며 베드로후서 3:6는 노아 시대의 홍수가 아니다.]

욥기 37장에서 설명한 바와 같이 "천둥의 번개"를 위해 길이 만들어졌다. "황량하고 황폐한 땅"(27절)에는 부드러운 풀들이 있고 사막에서 조차도 그 싹이 난다. 아프리카 사막에는 푸른 클레이나가 있으며, 멕시코 사막에는 멕시코 시덤이 있다. 게다가 비가 내린 직후 사막은 휘황찬란한 빛깔의 꽃들로 카펫이 깔린다. 흰색 데이지, 자주색 나마, 노란색 에리오필럼, 원통형 선인장, 고슴도치 선인장, 비버 꼬리 선인장.

게다가 천둥과 번개는 "비를 내리게"(26절) 한다. 왜냐하면 가스 폭발(수소와 산소)은 구름의 구성을 깨뜨리는 수단이 되기 때문이다. 그러나 이런 모든 것은 부차적인 것이다. 근본 질문은 이런 모든 것을 "누가"(25절) 했냐는 것이다. 현대의 유물론자들이나 무신론자들은 이 질문에 답변할 수 없다. 왜냐하면 이 사람들에게 적절한 질문이 될 수 있는 것은 처음부터 - "반동적인 고집쟁이"의 관점에서 보면 - "누가 나누었는가…"(25절)이기 때문이다. 생각해 보라! 어쨌든 지구의 전체 표면과 바다 밑을 수많은 식물들과 미생물들, 해양 동물, 꽃들, 곤충들, 관목들, 바위로 장식하는 요지가 뭔가? 매 500년에 한 번이나 혹은 그보다 더 오랜 세월에 한 번 인간의 눈이 닿을까 말까한 "오지의 뒤편"에서 아름다운 식물들과 관목(이나 혹은 작은 동물들)을 발견하지도 못하고, 사냥하는 데나 가끔 시간을 보내는 사람이 이런 것을 읽어낼 수 있겠는가? 바깥 숲속에 가끔 누워보라. 야생풀이나 죽은 나뭇잎들 속에 누워서 매일 20,000,000곳에서 어느 누구도 눈길 한 번 주지 않는(39절과 주석 참조), 하나님만이 보시는 활동들을 잘 바라보라. 하나님께서 하루 24시간 돌보시는 모든 동물을 여러분이 돌봐야만 한다면 참으로 우스꽝스러운 농장이 되지 않겠는가? "이런 식물들과 동물들을 누가 돌보시는가?"가 질문이다. "무엇이 이들을 돌보는가?"가 아니다. [그러나 다윈, 헤겔, 프로이드, 마르크스, 헉슬리, 사르트르, 아인슈타인, 하이데거(와 유엔)은 결코 이것을 바르게 이해할 수 없었으며 앞으로도 결코 이해하지 못할 것이다.]

세상의 창조주시며(히 1:2-4) "빛들의 아버지"이신(약 1:17) 전능하신 하나님은 무궁함 속에서 자신의 손을 흔드시며(시 147:4) 자신의 피조물이 기록된 5,000년의 역사 동안에 발견할 수 없었던 10,000개의 은하계를 쏟아 부으셨다. 그분은 숨을 불어넣으셔서 대양을 펼치시고 거기서 수많은 살아 있는 생물들이 나오게 하셨다(창 1:20). 500명의 대양학자들이 하루 8시간씩 100년을 일해도 이 생물들을 모두 다 분류할 수 없을 정도로 많은 생물들을 만들어 내셨다. 그분은 밝은 붉은 색 물고기를 만드셨는데 이 물고기는 아무것도 아닌 것에도 비늘을 사용해서 위장을 한다 - 진화론자들이 "환경에의 적응"에 대해 가르치는 우스꽝스러운 가르침을 보라. 그분은 또한 빨리 움직이지 못해서 먹이가 되는 동물들을 만드신다. 이들 중에는 딱딱한 표피나 새까만 먹물이나 날카로운 이빨이나 발톱도 없고 심지어 독성분이 있는 향기를 발하지 못하는 것도 있다. "적자생존"과 "점진적인 진화"에 대해 말하는 사람에게 어떠한 존경도 보여서는 안 된다. 최소한 12살 난 신문 배달 소년에게 보이는 경의조차도 보여서는 안 된다. 예의는 지키라. 그러나 수많은 속임수에 휩쓸리지는 말라. 존경에 관한 한 우리 모두가 동의하는 바는 (내가 확신컨대!) 가고 싶어 하지 않는 학교에 억지로 상대방을 가게 하지 않을 정도는 서로를 존중해야 한다. 우리 모두가 동의하는 것은 우리는 서로를 "존중"하되 상대방으로 인해 불쾌해하는 사람들 앞에서 서로를 욕하거나 더러운 농담을 하지 않을 만큼 존중해야 한다. 물론 우리 모두는 서로를 "존중"하되 성경대로 믿는 설교자들도, 카톨릭 사제와 자유주의자만큼 텔레비전과 라디오 시간을 할애받을 만큼 충분히 존중되어야 한다는데 "동의한다." 그와 같이 친절하고 사랑스럽고 예의 바르고 마음이 넓고 관대한 사람들을 다룰 때 제임스, 듀이, 러셀, 마르크스, 사르트르, 램, 하이데거, 다윈, 틸리히가 지껄여댄 말을 믿는 사람의 학자적 위치를 "존중"해야 한단 말인가? 하나님께서는 수천의 동물들(새들, 물고기들, 포유류)를 만드셨는데 그중에는 뿔로 인해 숲속을 가로질러 달리는데 어려움을 겪는 것들도 있고(사슴), 밝은 색깔로 인해 눈에 잘 띄어서 총에 더 잘 맞는 것들(새들)도 있고, 이나 딱딱한 껍질이 없어서 더 잘 먹힐 수 있는 것들도 있으며(새우와 청어류의 작은 물고기), 가장 오랫동안 생존한 것들에게는 (아인슈타인에 따르면 400,000,000년에서 800,000,000년이라고 한다. 몇 천억 년을 빼거나 더할 수도 있다.) 이도 없고 껍질도 없으며, 위장술도 부리지 못하고 한 시간에 2피트를 움직이게 해 줄 기관차의 도움도 없다.

머리에 낚싯대가 매달려 있는 이 물고기는 뭔가? 거기서 이 물고기는 자기보다 더 작은 물고기 앞에서 "미끼"를 흔들리게 할 수 있다. 젖은 올챙이처럼 부드럽고 끈적끈적한 몸에 온통 혹과 검은 점이 뒤범벅이 된 이 바보처럼 생긴 것은 뭔가? 내 낚싯대에 끌어올려진 반은 뱀이고 반은 뱀장어인 이 불쾌한 모습은 뭔가? 이놈이 나타날 때 마다 흰 송어(약한 물고기)는 떠나버린다! 티라노사우르스 같은 이빨을 가졌으며 태양 속에서 칼날처럼 빛나며 아른거리는 은빛 피부를 가진 이 리본처럼 생긴 것은 뭔가? 혹자는 "어류학자가 말하기를..."이라고 말한다. 그렇지만 누가 이것을 만들었으며 왜 만들었느냐는 것이다. 사람들이 자신들의 "분류학"에 맞춰서 자신이 컴퓨터화된 동물원처럼 보일 때까지 문이니 아문이니 종이니 하고 분류하고 재분류하는 것에 나는 관심 없다. "어머니 자연"이 이 모든 일을 했으며 각각의 종은 그 환경에 "맞춰서" 그 서식처에 맞게 "적응한다"고 내게 말하지 말라. 훌륭한 어머니 자연이 이런 일을 했다면 다소 자연은 어리석은 것이 아닌가? 즉 자원을 낭비하는 것이 아니냐는 것이다!

즉 관계없는 군더더기가 아니냐는 것이다. 35 마리 새가 모두 같은 온화한 기후대에서 살 수 있고 이 35마리 모두가 그 지대에서 같은 종류의 먹이를 먹는다면 이들을 각각 30개의 다른 색깔로 입혀야 할 이유가 뭔가? 누군가 "색깔"을 좋아하고 그래서 "다양한 색깔의 파레트"에서 쾌감을 느끼는 것이 아니라면 그렇게 해야 할 이유가 없다. 식물군과 동물군과 동물의 생활에 존재하는 수십만 가지의 다양성의 배후에 깔린 진정한 목적은, 어떤 것이라도 하실 수 있는 전능하신 분의 손길을 나타내려는 것이 아닌가 하는 생각을 한 적이 없는가? 자, 하나님께서는 말씀하신다. "여기를 보라! 꽝!" 그리고 거기에 있다!(창 1장) 큰 백보좌 심판에서 자신의 의를 내세울 수 없는 것과 마찬가지로 누구도 이것을 되풀이할 수는 없다(욥 40:10). 펩시스 말벌이 알을 낳기 전에 인큐베이터로 타란툴라 독거미를 사용해야만 하는 이유를 박사님들이 한 번 우리에게 말해 줬으면 한다. 사막 도처에 펩시스 말벌이 있다. 그런데도 아리조나와 뉴멕시코와 텍사스에는 이 말벌이 알을 낳는 것을 단 한 번도 본 적이 없는 2,000,000명 이상의 사람들이 있다. 이런 다양성을 다 무엇을 위한 것인가? 보기 위한 것인가? 그렇다면 누가 그것들을 보는가?

23. **『비에게 아비가 있느냐? 이슬 방울은 누가 낳았느냐?』**(28절) 이 질문에 대한 자연과학자들의 답변은 "비에는 '아버지'가 없으며 '이슬'을 '낳은' 사람은 아무도 없다."이다. 스스로 현명하다고 공언하는(롬 1장) 유물론자들은 하나님께서 그들에게 찾게 하신 정보를 얻어내고서(롬 1장) 하나님은 그것에 전혀 관여하지 않으신다는 것을 증명하기 위해 그것을 사용한다(고전 1:21). "그들은 스스로 현명하다고 말하나 우둔하게 된 것이다"(롬 1:22). 현대의 기독교 교육가들도 이보다 나을 것은 없다. 마지막 3,000,000달러에 2,000,000달러를 더하기 위해 열심을 내서 이들은 자신

들의 학교를 최종권위로 지지하고 스스로 현명하다고 말한다(고전 3:19, 20). 그들의 학자들은 하나님께서 그들로 찾게 하신 정보를 얻어내서(눅 10:21) 하나님께서 그것에 관여하지 않으심을 증명하기 위해 그것을 사용한다(시 12편). 그러나 "하늘의 이슬을 주시는"(창 27:28) 분은 하나님이시며, "위로부터 내리는 하늘의 이슬"(창 27:39)은 "〈킹제임스성경〉이 틀렸고 이슬은 땅에서 온다"는 경박한 말에 아무런 영향을 받지 않는다(출 16:13,15 주석 참조). 하나님께서 "하늘들은 그들의 이슬을 내리리니"(슥 8:12)라고 말씀하실 때, 어떤 바보(이 사람의 "학자적 지위"는 존중되고 있지만)가 〈킹제임스성경〉을 좋아하지 않는다고 해도 하나님께서는 전혀 영향을 받지 않으신다. 이슬을 낳는 세 가지 상호 관련된 출처가 있는데(〈미국 대백과 사전〉, 9권 44쪽) 첫 번째는 "대기 중의 습기가 응집되는 것"이다. 그뿐만 아니라 하나님은 모든 진정한 과학적 진리의 창시자이시기 때문에 말씀을 사용하기 원하는 방법대로 말씀을 사용하시는 방법을 가지고 계시다. 그분만이 홀로 "과학적 발견물"에 맞추기 위해 바꿀 필요가 결코 없는 유일한 "과학적" 교과서를 만드셨다. 성경에서 "이슬"은 전체적으로 응집된 수증기 방울을 나타내며 이 방울들은 구름이나(잠 3:20) 안개 낀 대기 중(시 133:3)에도 나타날 수 있으며 혹은 땅 위의 식물에게서 나오는 이슬일 수도 있다(사 26:19). 자신들이 성경을 공격하지 않으면 교육받은 지성인들이 자신들을 어떻게 생각할까를 염려하는 반쯤 미친 근본주의자들의 요구에 맞추고자 히브리어나 헬라어를 가지고 〈킹제임스성경〉을 결코 고치지 말라.

24. **『얼음은 누구의 태에서 나왔느냐? 하늘의 하얀 서리는 누가 낳았느냐?』**(29절) 답변: "이 표현들은 비유적이며 인격체를 언급하는 것일 수 없다. 질문은 '무엇이 얼음과 서리를 만들어지게 하느냐?'로 되어야 한다." 그

러나 질문은 그렇지 않다. 다음을 주의해 보라. “물이 돌로 된 것처럼 감추어졌고 깊음의 표면은 얼어 있도다.”(30절) 캘리포니아에서 “대이변 지질학” 연구에 참여하고 있는 구원받은 과학자를 포함해서 단 한 명의 과학자도 “깊음의 표면”이 무엇인지 모르는데(창 1:2,3 주석 참조) 구원받지 않은 죄인이 어떻게 이 질문에 답변할 수 있겠는가? 구원받은 과학자들이(모리스, 리머 등) 창세기에 나오는 처음 4절을 믿으려하지 않는데 도대체 어떻게 “깊음”과 연관된 얼음에 관한 질문에 답변할 수 있겠는가? “얼음”(29절)이 외계에서 온 “밴 알렌” 벨트 주위에 퇴적된 얼음이라면(패턴 참조, Ibid.), 1960년 이전의 과학자는(구원을 받았든지 그렇지 않든지) “무엇이 얼음으로 하여금 ...하게 하느냐...!”라고 질문했다 해도 이 질문에 답변할 수 없었을 것이다.

이것만이 아니다. 물은 왜 확장과 수축의 법칙에 복종하지 않는가? 다른 요소들은 그렇지 않는데 왜 물은 차가우면 늘어나고 열이 가해지면 수축되는가? 혹자는 “저기 그것은 화학적 요소(H_2O)의 원자 구조가...”라고 말한다. 좋다. 그러나 왜 그렇게 많은 다양성이 있는지에 대해서는 답변이 되지 못한다. 왜 같은 원칙에 따라 모든 것이 확장되고 수축되지 않는가? “어머니 자연”은 왜 그렇게도 변덕스럽고 제멋대로여서 물은 이런 법칙을 따르게 하고 납은 또 다른 법칙을 따르게 하는가? 금성이 그 축을 기준으로 해서 다른 방향으로(시계 방향으로) 도는 것은 어떻게 된 것인가? 달은 왜 그 축을 기준으로 돌지 않는가? 자, 과학자들은 이런 것들에 관해 참으로 적은 양의 “적절한 답변”을 가지고 있을 뿐이다. 그런데도 거기서 “법칙”을 도출해낸다. 그러나 이런 동일한 바보들은(롬 1:22), 이 법칙이 분명하게 “점진적인 진화”나 “자연 발생”은 몽상에 지나지 않는다고 분명하게 제시해 줄 때는 그들 자신의 법칙을 완전히 거부해 버린다. 열역학 제1,2법칙(모든 진화론자들이 채택하는)은 진화론자들로 하여금 진화론을 믿지 못하게 한다. 자신들의 이론에 대치되는 과학적 법칙을 발견하게 되면 그들은 어떻게 하는가? 그들은 법칙을 폐기시켜 버리고 "이론"을 지지해줄 "사실들"을 계속 찾아 나선다. 그런데도 이런 새 대가리들이 행성들의 움직임과 천상의 현상을 다루는 "물리학의 법칙들"에 근거해서 사람들에게 답변을 제시할 때 이들을 신뢰하는 것이 당연시 되고 있다! 하나님께서 다시 요한계시록 19,20장에서 모든 것을 다 망가뜨리시게 될 것처럼 창세기 1:2에서 그리고 다시 창세기 6장에서 모든 것들을 다 뒤범벅으로 만들지 않았다는 것을 어떻게 아는가?

예를 들어, "깊은 표면"은 "얼어 있다"(30절). 그 표면은 절대 영도(영하 460도)이며, 불과 함께(계 15:2) 결정체로 된 "창공"을 형성하고 있다(계 4,14장). 과학은 계속해서 감춰진 ...의 "새로운 발견들"과 더불어 진보하기 때문에 우리가 과학에 자문을 구할 것을 요구하고 있지만 이런 문제들에 관해서 과학을 참조하거나 거기에 "순응"할 필요는 전혀 없다. 〈킹제임스성경〉은 과학적 사실을 진술하고 있으며, 평생에 걸쳐 그것을 따라잡는 사람은 평균보다는 더 잘하는 것이다. 그들이 따라 잡지 못한다 해도 헬라어나 히브리어 어휘집이 더 정확하다고 생각하는 몇몇 반동적인 고집쟁이들에게 맞추기 위해 우리는 단 한 글자도 바꾸지 않을 것이다. 1850년대 비엔나에서 외과 의사들은 흐르는 물에 손을 씻지 않으면 의사들의 손에 세균이 남아 있다(레 14장)는 가르침으로 인해 한 내과 의사를 감옥에 집어넣는 것을 제외한 모든 짓을 다했다. 1860년에 그들이 〈킹제임스성경〉을 따라잡았다면 그렇게 하지는 않았을 것이며, 환자들 중에서 90%는 더 구할 수 있었을 것이다. 성경으로 되돌아가든지 아니면 정글로 되돌아가든지 하라. 자신이 선택하라. "카톨릭의 바티칸 헬라어 본문(알란드, 메츠거, 밥 존스, 웨스트코트, 홀트, 웨스트, 네슬이 펴낸 본문 참조)으로 되돌아가는 것은 세 번째 선택 사항이 아니다. 바티칸사본은 아프리카 학자들(어거스틴과 오리겐)을 위해 아프리카 교회가 아프리카에서 기록하였다.

25. **『네가 플레아데스 성단의 아름다운 감응력을 묶을 수 있으며 오리온의 띠를 풀 수가 있느냐?』**(31절) 플레아데스는 오리온 별자리에 있는 일곱 별들이다. 이 별들은 봄에 그 모습을 드러낸다. 오리온은 별자리들의 "거인"이며 10월에서 1월까지 간헐적으로 볼 수 있다. 하나님께서 욥에게 하신 질문은 간단하다. "네가 여름 내내 봄이 머물러 있게 할 수 있으며, 자연에서 겨울이 묶어놓은 것을 풀 수 있느냐?"이다. 아무도 답변할 수 없다. 지금까지 그 누구도 답변하지 못했으며 앞으로도 답변하지 못할 것이다. "아름다운 감응력을 묶기 위해"(31절) 여름 내내 "에어컨디셔너"를 틀어 놓든지 혹은 "그 띠를 풀기 위해"(31절) 겨울 내내 전기 히터를 틀어 놓는다 해도 결국 에너지가 바닥날 것이고 전기 요금만 매 5년마다 두 배로 올라갈 것이고 그 사람의 몸은 땀을 흘리지 않아서 독으로 가득찰 것이고 땅과 곡식은 겨울에는 눈에 파묻힐 것이고 여름에는 가뭄에 시달릴 뿐이다. 카인이 아벨을 살해한 이후로(창 3,4장 주석 참조) "과학"이 뭔가를 이루어 냈다고 생각하고서 하나님(혹은 욥기)을 가지고 놀 수 있다고 생각하는 사람은 참으로 얼간이다.

오리온은 남쪽 지평선에 나타나며 겨울에는 약간 서쪽에서 보인다. 벌링거는 "강한 자"를 예수 그리스도를 언급하는 "다가올 통치자"로 보고 있지만 그것은 총체적으로 틀렸다. 예를 들면 "전갈좌"는 "구속주의 투쟁"이 아니며 게좌("거해궁")는 "메시아의 확고한 위치"(Ibid., 18쪽)를 나타내는 것도 아니다. 작은개자리를 구성하고 있는 별들은 "승리에 차서 정복하는 구속주"(벌링거, Ibid., 18쪽)를 나타내지 않는다. 개들과 게들을 창조하신 분이 주신 무오한 정의에 따르면 게들과 개들은 깨끗하지 못한 동물들이다

(레 11장). 고난과 구속 사역과 연관해서 주 예수 그리스도는 벌레(시 22편)와 뱀(요 3장)에 비유되지만 결코 게와 개에 비유되지는 않는다. “개들”은 주께서 돌아가실 때 그분을 공격한다(시 22:16). 성경을 똑바로 보라.

케실(오리온)은 “바보”라는 뜻이다. 이 유형론은 반박의 여지가 없다. 구속주는 결코 “바보”가 아니다. 바보와 “어리석은 사람”은 욥기 5:2,3, 잠언 17:12,24; 18:2,6,7, 누가복음 12:20, 스카랴 11:15에 나온다(마지막 구절을 잘 살펴보라.) 그는 거인일 수 있으며(창 6:2-6) “기간토피테쿠스 블라키”(GIGANTOPITHECUS BLACKI)일 수도 있다. (마지막 구절이 다소 애매하다면 가장 가까운 곳에 있는 대학교 인류학 교수나 생물학 교수에게 물어보라. 국립교육협회 회원으로 현대의 환상에 대해 익히 잘 알고 있는 사람이면 더 좋겠다.) 거인들은 전에도 여기에 있었다. 그들이 여기 있었을 때 그들은 바보들이었다. 1700, 1750, 1800, 1850, 1900년에 무오한 본문을 읽은 독자라면 원자가 나누어지기 전, 달 여행을 하기 전, 베리코브스키(Velikovsky)나 밴 다니켄(Van Daniken)이 지구의 역사에 관해 추측할 만큼 나이를 먹기 훨씬 전에 그것을 알고 있었다. 과학과 더불어서는 앞으로 전진하지 못한다. 뒷걸음질을 할 뿐이다. 더군다나 “오리온”은 실제로 묶여 있다(계 20:1,2). 아틀란티스의 잃어버린 지혜나 화성인들의 숨겨진 지혜나 제6감이나 초월 명상, 점성술의 컴퓨터, 아이큐 170에 도달한다 해도 “그 띠를 풀 수” 없다. 현재 “흑암의 사슬”(벧후 2:4)에 묶여 있는 “거인들”을 묶은 줄을 풀 수도 없으며, 대학교수들(구원을 받았건 그렇지 않건)은 우리가 그들에게 보여 주지 않는한 헬라어나 히브리어 본문으로도 이러한 상호 참조 구절을 알아 낼 수 없다. “오리온의 띠” 즉 힘센 사냥꾼(창 10:9 참조)은 현재(1974) 미국 국회 도서관에 있는 책들이 미칠 수 없는 과학적 사실을 언급하고 있으며 그 자료를 찾으려고 하는 것은 시간 낭비일 뿐이다.

26. 『**네가 열두 궁성을 그의 시기를 따라 불러낼 수 있느냐?**』(32절) 이것은 아마도 황도대의 12궁을 언급하는 것 같다(처녀자리, 천칭자리, 전갈자리, 궁수자리, 염소자리, 물병자리, 물고기자리, 양자리, 황소자리, 쌍둥이자리, 게자리, 사자자리). 대부분의 주석가들은 히브리 서기관이 실수를 해서 히브리어 "라메드"를 "레쉬"로 기록했다고 생각한다. - Mazzaluth(게제니우스, Ibidl, 462쪽). 이렇게 되면 그 의미가 "너는 황도대의 각 궁들을 적당한 때에 그 '집'에서 내올 수 있으며, 태양으로 하여금 매 계절마다 이 '집'이나 거처를 통과하게 할 수 있느냐?"가 된다. 그러나 이 구절에는 이보다 좀 더 심오한 뭔가가 있다. 오리온(31절)은 너무나 분명하게도 적 그리스도의 모습인데도 비더볼프, 페인, 펨버, 라킨, 커반, 린지, 폰 다니켄은 그것을 놓쳐 버렸다. 성경 본문을 그대로 고수하게 되면 다음과 같은 의미가 나온다. "너는 황도대의 별자리들을 그의 시기(루시퍼의 때)에 맞게 불러 낼 수 있느냐?" (벌게이트가 이 해석에서 껑충 뛰어넘어 32절에 "루시퍼"라는 단어를 어떻게 기록하고 있는지 주의해 보라.) 현대의 맛소라 성경은 이 소유격을 "그들의" 때로 번역해서 대부분의 주석가들이 한 해석에 일치시키고자 했다. 그러나 히브리어는 3인칭 단수 남성인 "etho"이다. 이사야 13장과 요한계시록 6장(그리고 16:1-10)에서 일어나게 될 사건들의 관점에서 보면 "Mazzaroth"는 그들의 시기에 오지 않을 것이며, 힘센 사냥꾼인 오리온이 통치하는 동안에는 가끔조차도 볼 수 없게 될 것이다.

27. 『**네가 악투루스 성단을 그의 아들들과 함께 인도할 수 있느냐?**』(32절) 악투루스는 "큰곰자리"이며, "큰 국자"로도 불리는 "북두칠성"을 포함하고 있다. 이 별자리는 또한 아라비아에서는 "상여"라고 불린다. 북두칠성의 손잡이 부분을 이루고 있는 세 개의 별은 "상여의 딸들"이라고 불린다. 여기서 "그의 아들들"(32절)이라는 표현은 이 세 별을 언급하는 것으

로 생각될 수 있지만 다시 우리가 다루고 있는 것은 아라비아 어근이나 천문학 그 이상임을 주지해야 한다. 다니엘 7장의 곰과 요한계시록 13장의 곰과 아모스 5:19의 곰을 발견한 사람이라면 누구나 "별에 소원을 비는" 것 이상을 알고 있으며, "곰들"에 대해 긍정적으로 생각한다. 주께서 "새끼를 빼앗긴 암곰처럼" 이스라엘을 갈기갈기 찢어놓으시겠다고 말씀하실 때 그분은 누군가의 "아들들"에 대해 말씀하고 계신 것이며 요한복음 1:12의 관점에서 볼 때 그들은 "하나님의 아들들"은 아니다. 잠언 28:15의 "달려드는 곰"이 네 번 사자와 연관되어 나타난다(잠 28:15, 단 7:5, 계 13:2, 삼상 17:36). 단 한 번도 "구속"에 대해 "긍정적으로" 표현된 것은 없으며(벌링거, Ibid.) "자신의 종교적 경험을 나누는 것"도 없다. 달려드는 곰은 숲 속에 붙은 불 정도의 도움 밖에는 주지 못하며 전혀 건설적이지도 않다.

28. 『**네가 하늘의 규례들을 아느냐?**』(33절) 알지 못한다. 라플레이스 케플러, 뉴턴, 코페르니쿠스, 페이턴, 아인슈타인, 프라이스, 넬슨, 벨리코프스키, "저속 잡지들"을 모두 다 통독했다 해도 알지 못한다. 달에 착륙했다고 해서 잠언이나 욥기에서 풀리지 않은 인류의 중요한 단 하나의 문제라도 풀리는 것은 아니다. "달에서 가져온 바위에서 발견된 것"은 진화에 대한 눈곱만한 증거도 되지 못한다. 일차적으로 달 탐험에 25,000,000,000달러를 들인 이유가 진화의 증거를 찾는 것이기는 해도 그 목적에 합당한 기여를 하지 못했다. 사색적인 환상가들에게 철학적인 음식을 제공해 주는 것 외에 (어떤 사람들은 그것으로 생계를 유지한다.) 3,000년 동안 누군가가 발견한 것 중에서 인간에게 하늘의 규례를 알게 해 줄 수 있는 것은 아무것도 없다. 1978년 현재 그들은 여전히 태양계의 기원, 지구에서의 생명의 기원과 별들의 기원, 별들의 구성 요소, 우주의 기원, "다른

행성에 있는 생명체"에 대해 추측하고 있다. 사람들이 알고 있는 최고의 천문학자라 해도 "하늘들"에 대해서는 하늘들에 있는 별들에 어떻게 가는지, 거기에 간 다음에는 무엇을 해야 하는지 말해 줄 수 있을 정도로 아는 사람은 없다.

사람들은 금성은 이 방향으로, 화성은 다른 방향으로 도는 이유를 모른다. 지구의 대기가 해왕성과 명왕성의 대기와 다른 이유를 사람들은 알지 못한다. 별들이 400,000,000,000년 동안 저 위에 있었는지 어쨌는지도 사람들은 모르며, 광년으로 그것을 증명하려 한다 해도 그것을 증명할 수 없다. 우라늄으로 지구의 나이를 증명할 수 없는 것과 마찬가지이다. 사람들이 아담을 봤다면(창 2장) 그들은 "성서들"을 걸고 맹세하기를 자신들이 본 아담이 그 상태에까지 이르는 데는 30년이 걸렸을 것이라고 할 것이다. 지구가 1,000,000,000년이 됐다고 주장하는 사람들도 이와 동일한 잘못을 하고 있는 것이다. 하나님께서 우주에 있는 모든 것을 만드셨으며, 그것들은 나이가 든 모습으로 보인다. 즉 아담은 "성장한" 채 태어난 것이다.

어떤 성운들은 검고 어떤 성운들은 검지 않은 이유를 사람들은 모른다. 북쪽 위에 있는 빈 공간이 어디 있는지 사람들은 모른다. 별들이 왜 천사들을 나타내는 지도 모른다(그리고 천사들이 별들을 나타내는 이유도). 피조물들이 외계에서 UFO 같은 것이 없이도 어떻게 위 아래로 움직이는 지도 모른다(엡 6장). 하나님께서 사람들의 망원경으로도 미치지 못하는 별자리들의 자취를 살피시면서 동시에 참새의 활동에 이르기까지(마 10:31) 지상에서 일어나는 모든 것을 어떻게 아실 수 있는지 사람들은 모른다. 사람들이 하늘의 물리적 규례를 이해한다면 도덕적 영적 규례들도 알지 않겠는가?

29. 『**네가 그 통치를 땅에 펼 수 있느냐?**』(33절) 5억의 로마카톨릭교도

들은 10세기 동안 성경대로 믿는 사람들을 살상하고 고문하고, 화형시키면서 "주의 왕국이 임하시오며 아버지의 뜻이 하늘에서와 같이 땅에서도 이루어지기를"(마 6:10) 계속해서 기도해 오고 있다. 그 통치가 지금까지 온 적이 없는가? 인간이 자신의 노력으로 온전한 왕국을 도래시킬 수 있다고 믿는 이 어리석은 후천년주의자들은(모든 공산주의자들과 사회주의자들) 위대한 성경을 거부하는 진화론자인 세인트 어거스틴이 무릎을 꿇고 신플라톤주의 안개 속으로 가라앉은 이후로 계속해서 "왕국의 도래"에 관해 말해 왔다. "그의 진리는 계속 행진해 오고 있다." 그런가? 우리에게는 "꿈이 있다"(마틴 루터 킹 주니어). 그런가? 지상에서의 통치를 수립할 수 있는가? 사람들은 "그렇게 하기 위해 일하고 있다"고 말한다. 나폴레옹, 마르크스, 샤를마뉴, 안젤라 데이비스, 알렉산더, 교황 우르반, 루이 14세, 페핀, 피의 메리, 카스트로, 히틀러, 레닌, 스탈린, 루즈벨트, 마오쩌둥, 호치민, 아비 호프만도 그렇게 하기 위해 일했다. 사람들은 "피터 럭크만, 당신은 냉소적이군요. 이 사람들이 모두...라고 생각한 것은 아니지요."라고 말한다. 좋다. 그렇게 말하는 사람은 자신이 얼마나 풋내기인가를 보여 줄 뿐이다. 위에 열거한 사람들은 모두 세상의 상황을 더 진전시키기 위한 계획을 가지고 있었으며 이들 모두는 자신들의 계획들이 세상을 더 살기 좋은 곳으로 만들게 되리라는 확고한 신념을 가지고 있었다. 이들 모두는 정직하게 살상과 거짓말, 도둑질, 거짓으로 맹세하기 등이 그 마음에 있는 훌륭한 목적을 얻기 위해서라면 온전히 정당화될 수 있다고 믿었다. 구원받지 않은 지도자 중에서 다른 식으로 생각한 사람은 지금까지 없었다(종교, 정치, 군사, 과학, 교육에서의 지도자).

사람들은 "실망해서는 안 돼! 희망을 포기하지 마! 우리가 모두 '함께 모이면' 할 수 있어..."라고 말한다. 그리고 흑인을 백인으로 만드는 건가? 그리고 백인을 흑인으로 만들고? 카톨릭을 프로테스탄트로, 프로테스탄트를 카톨릭으로 만들 수 있단 말인가? 모든 남자를 여자처럼 만드는 것 말인가? 맞는가? 동양인을 서양인으로 만들고, 서양인을 동양인으로 만드는 것 말인가? 가난한 사람들을 부유하게 만들고 부자를 가난하게 만들고, 어른을 청소년으로 만들고 청소년을 어른으로 만들고, 악을 선이라고 부르고 선을 악이라 부르고...!

그런 것들이 "하늘의 규례들"(33절)인가? 그렇다는 것을 증명할 수 있는가?

욥의 질문 중에서 긍정적으로 답변할 수 있는 종교적 정치적 지도자는 (살아 있는 사람이건 죽은 사람이건) 없다(욥기 38:33). [확실한 예언의 말씀 참조, 1970]

30. 『**네가 네 목소리를 구름에까지 높여 많은 물들로 너를 덮게 할 수 있느냐?**』(34절) 그렇게 할 수 있다면 2억의 사람들이 그 사람에게 그 값을 지불하기 위해 기다리고 있다. 훌륭한 공산주의자인 프랭클린 델라노 루즈벨트가 맥주를 다시 되돌려 주었을 때 서부 오클라호마와 서부 캔사스에 모래 폭풍이 불었다. 이 엄청난 황무지 중에서 한때는 농장이었던 다코타에(1933) 으스스한 표지가 세워졌다. "당신은 우리에게 맥주를 줬다. 이제 우리에게 물을 달라." 프랭클린 델라노 루즈벨트는 그들에게 물을 줄 수 없었다. 아무도 그렇게 할 수 없다. 하나님께서 대환란 때 수로의 꼭지를 잠그시면(약 5:17) 사람들은 "최첨단 전자무선통신 장비"를 이용해서 금성까지 목소리를 높인다 하더라도 여전히 흙먼지를 마실 뿐이다(왕상 17:7). "과학"은 결코 인간이 가진 주요 문제를 해결한 적이 없으며 앞으로도 결코 해결하지 못할 것이다. 과학은 광대에 지나지 않는다. 과학은 여러분의 할아버지와 증조할아버지에게 자식이 없으면 여러분에게도 자식이 없을 것이라고 "결론적으로 증명한다." 아무리 잘해 봐야 과학은 몇몇 기계 장치를 만들어서 일부 부유한 사람들로 하여금 몇 주 더 살 수

있게 해 주고 일부 부유한 사람들로 하여금 그들이 할 수 있는 것보다 좀 더 움직일 수 있게 해줄 뿐이다. 최악의 경우 과학은 지상에서 뉴스 매체와 종교 보다 더 더 많은 파괴적이고 폭력적인 무의미한 살상에 책임이 있다. 종교와 뉴스 매체는 둘 다 "과학"을 신으로 만드는 경향이 있다.

31. **『네가 번개들을 보내어 그들로 가서 네게 말하기를 '우리가 여기 있나이다.' 하게 할 수 있느냐?』**(35절) 벤 프랭클린(1706-1790)과 A.G. 벨(1847-1922)은 마침내 여기까지 이르렀으나 우리가 인정해야 할 것은 "과학적 사실"이 26세기나 뒤졌다는 것이다. 마침내 길들여진 전기가 전화를 탄생시켰고 전화로 사람들이 "네게 가서 말하기를 우리가 여기 있나이다."라고 말할 수 있게 되었다. 그러나 욥은 이 질문에 대답을 할 수 없었다. 마치 하나님께서 욥에게 4절에서 하신 질문을 프랭클린과 벨이 대답할 수 없는 것과 같다. "전기"란 무엇인가? "저기, 알다시피, 자성(磁性)을 가진 물체가 감겨진 전선 안에서 돌 때, 전자들이..."

"그런데 당신이 계속 언급하고 있는 '자성'은 또 뭐죠?"

"뭐랄까. 자성이란 일종의 '중력'과 같은 것으로서..."

그래서 우리는 항상 나가는 곳으로 들어오고 들어가는 곳으로 나간다. 현대에 보이는 태도는 이렇다. "자, 그것은 효과가 있고, 우리가 그것(실용주의)을 가지고 해 낸 모든 일을 보라구요. 그것이 어떻게 해서 그렇게 됐는지 누가 신경이나 씁니까?" 자, 인류가 5,000년 동안 그것 없이 어떻게 잘 지내왔는가? 될린거와 유세비우스가 역사를 기술하면서 라투레트나 뉴먼보다 더 눈에 문제가 있었다는 무슨 증거가 있는가? 자동차가 없다는 이유로 나다나엘 베드포드 포레스트와 샤를마뉴가 래리 종커나 패튼 장군보다 더 보잘 것 없었다는 어떤 증거가 있는가? 존 웨슬리와 찰스 웨슬리가 라디오나 텔레비전이 없었다고 해서 빌리 그래함이나 데이브 윌커슨보다 더 육신적이었다는 무슨 증거가 있는가? 만약 옴(Ohm, 1878-1854), 패러데이(Faraday, 1791-1867), 모스(Morse, 1791-1872), 마르코니(Marconi, 1874-1937), 에디슨(Edison, 1847-1931), 스타인메츠(Steinmetz, 1865-1923)가 결코 그런 부질없는 일에 관여하지 않았다면 지금 원자 폭탄이나, 텔레비전 브라운관 광선으로 인한 암이나, 대륙 간 탄도미사일이 있을 수 있겠는가?

내 친구 하나는 교회 지붕에 페인트칠을 하다가 3,000볼트에 감전되어 재처럼 새까맣게 되었다. 오하이오주 데이턴에 사는 한 남자는 팔이 녹아서 그의 옆구리에 붙어 버렸다. 그는 나무에 기댄 채 죽음을 기다리고 있었는데 한 간호사가 그를 4시간 동안 치료한 끝에 다시 "살아나게" 되었다. 신시내티에서 어떤 사람이 감전이 되서 모자 속에 있던 머리카락이 완전이 다 날아가 버렸고 한쪽 손과 한쪽 발이 잘려져 나갔다. 여기 펜사콜라에서 어떤 사람은 온 몸이 440볼트에 감전되었는데 누군가가 아세틸렌이 가득한 횃불을 가지고 그의 몸 위를 지나간 것처럼 보였다. 그래도 전기를 "긍정적으로" 보겠는가!

밤새도록 일할 수 있고 하루 24시간 식물을 계속해서 자라게 할 수 있는 것이 얼마나 좋은지 생각해 보라! 이것이 공해 방지와 "에너지" 보존에 얼마나 많은 도움이 되었는지 보라! 해가 진 후에도 잠자리에 들기 전에 6시간에서 8시간을 더 있을 수 있고, 토스트를 굽고, 옷을 세탁하고, 머리를 말리고, 베이컨을 튀기고, 전화 교환수와 다투고, 칠면조를 썰고, 전기 회사를 고소하고, 달걀을 휘젓고, 등을 긁느라고 한 달에 100달러를 지불하는 것이 얼마나 더 좋은지 생각해 보라! 약이 다 떨어진 배터리나 끊어진 퓨즈나 타버린 전기 스위치나 작동하지 않는 미등이나 불이 들어오지 않는 후진등이나 매 5년마다 요금을 올리는 전화 회사나 두 달 밖에는 지속되지 않는 전구와 응급 사태가 생기면 매번 불이 들어오지 않는 "응급"

시의 손전등이나 꺼져 버린 헤드라이트나 점화 장치가 누전된 라디오가 없다면 어떻겠는가? 이에 관한 온전한 진실을 말하자면 전파 천체, 에코 기술, 로란, 방해 전파, 근접 전파 신관, 고사포 조준 산정기, 수정 결정판의 자이로스코프 효과, 라디오 음파탐지부표, 목적지로 인도하는 수뢰, 유도 미사일, 원자핵 분열의 아름답지만 파괴적인 속성들을 지적해야 하지 않겠는가? 이런 모든 것들은 "과학적 귀납법을 통해 인간이 전기에 대해 방대한 연구"를 한 결과 가능하게 된 것이다!

우리를 속이려 하지 말라! 17세기와 18세기의 사람들은 20대, 30대, 40대, 50대에 죽었고 지금도 여전히 그렇다. 1800년과 1850년 사이에 폐렴과 결핵으로 죽었던 (20대에서 50대) 사람들만큼이나 많은 (20대에서 50대) 사람들이 미국에서 1920년대 이후로 고속도로에서 죽었다. 우리를 속이려 하지 말라. 당신네 정신과 의사나 속이라. 지금은 엄청난 병원비용을 부담하기 때문에 좀 더 오래 사는 것이다. 그들이 사람들을 치료하는데 사용하는 기계의 반이 전기로 작동된다. 우리를 속이려 하지 말라. 번개에 마구를 묶어 달리게 하고 "우리가 여기 있다"고 말할 수 있다면 (35절) 31개의 질문 중에 한 개를 맞게 답한 것뿐이다. 문제의 핵심은 "진보"가 아니다.

38:36 누가 속에다 지혜를 주었느냐? 또한 누가 마음속에 명철을 주었느냐?

37 누가 지혜로 구름을 셀 수 있겠느냐? 누가 하늘의 병들을 멈추게 할 수 있겠느냐?

38 그때 먼지가 굳어지고 흙덩이가 함께 단단히 엉키는도다.

39 네가 사자를 위하여 먹이를 사냥하겠느냐? 아니면 젊은 사자들의 식욕을 채워 주겠느냐?

40 **그들이 굴 속에서 웅크리고 은신처에서 숨어 기다리려고 거할 때**
에 그리하겠느냐?
41 **까마귀 새끼들이 하나님께 울부짖고 먹이가 없어 방황할 때 누가**
그 까마귀를 위하여 그의 먹을 것을 마련해 주느냐?

32. 『**누가 속에다 지혜를 주었느냐? 또한 누가 마음속에 명철을 주었느냐?**』(36절) 어머니 자연이 그렇게 한 것이 아니다. 다윈이 한 것도 아니며, 여러분이 한 것도, 진화가 그렇게 한 것도 아니다. 교육은 바보스런 사기꾼을 똑똑한 사기꾼으로 만드는 일을 해왔을 뿐이다. 지혜는 자신이 아는 것을 사용하는 방법을 아는 것이고, 명철은 그것이 하나님과 어떻게 연관되는지를 아는 것이다(욥 28:28 참조). 지혜는 동물들의 내부 기관으로 가는 반면 명철은(잠 1:2,5 주석 참조) 사람의 마음에 들어간다. 하나님께서 동물에게서 지혜를 박탈하시면(욥 39:17) 재난이 뒤이어 오고, 하나님께서 사람에게 명철을 빼앗으시면(잠 6:32) 참사가 이어진다. 교육, 재능, 훈련, 종교, 과학, 성사는 그 어떤 것도 이런 본질적인 요소들을 제공해줄 수 없다. 피조된 동물 세계에서 발견될 수 있는 내재된 지혜에 관한 예증은 (자연에서 얻은) 책으로 펴내자면 각각 800페이지에 달하는 10권의 책이 될 것이다. 거미는 “본능적으로” 거미줄 치는 법을 안다. 물고기는 “본능적으로” 언제 어디에 알을 낳아야 하는지를 알며, 새들은 “본능적으로” 어디로 날아가야 하며 어디에 내려야 하는 지도 안다. 병든 동물들은 “본능적으로” 무엇을 씹어야 하고 어디에 숨어야 하는 지를 안다. 벌들과 개미들의 활동은 모두 본능적으로 이루어지기 때문에 사람이 그것들을 관찰해 보고 “본능”은 내재된 지혜가 아니라는 결론에 이르려면 반쯤 미쳐야만 한다.

33. 『**누가 지혜로 구름을 셀 수 있겠느냐?**』(37절) 아무도 없다. 사람들은 별조차도 셀 수 없다(렘 33:22). 그렇지만 하나님께서는 그 모든 것들을 세시고 이름을 붙여 부르신다(시 147:4). 별들은 구름과 비교해 볼 때 움직임이 없다. 별들은 때때로 여러 밤이 지나도 여전히 같은 위치에 고정된 상태에 있는 것을 볼 수 있다. 그러나 구름은 이와는 다르다. 구름은 분마다 혹은 시간마다 모습을 만들었다가 다시 흩어진다. 어떤 것들은 빠르게 움직이고 어떤 것들은 대기 중에 15분 동안 100야드에 걸쳐 움직이지 않고서 목화솜처럼 앉아 있다. 어떤 것들은 50,000피트까지 쌓아 올려진 것도 있고 어떤 것들은 모양을 형성하는 중에 사라져 버린다. 어떤 구름 둑은 3,000,000평방마일에 걸쳐져 있고, 때로는 3층과 4층으로 겹겹이 된 것도 있다. 하나님 외에는 아무도 구름을 셀 수 없다. 사람들이 구름의 수를 셀 때쯤에는 그 수가 다시 바뀌기 때문이다. 구름을 "셀" 수 있는 유일한 방법은 레이더와 레이저로 작동되는 자동 산술 컴퓨터를 이용해서 지상 표면의 매 평방마일을 살필 수 있게 설치해 놓는 것이다. 이 컴퓨터가 매 2분마다 중앙 통제 센터에 보고를 하게 되면 뇌적운을 이루고 있는 각각의 구름을 알릴 수 있게 될 것이고 구름 위에 겹겹이 쌓인 구름의 수가 즉각 레이더에 포착될 것이다. 그런 것은 시도하지 말라. 별 소용이 없을 테니까.

34. 『**누가 하늘의 병들을 멈추게 할 수 있겠느냐? 그때 먼지가 굳어지고, 흙덩이가 함께 엉켜 있었도다**』(37,38절). 아무도 없다. 왜냐하면 3년 반의 가뭄 끝에 비가 억수로 쏟아진 이후에(시 11:6, 출 9:34, 눅 17:29, 솔 2:11) 비가 쏟아 부어질 것이기 때문이다(호 6:3, 잠 16:15, 시 68:9, 왕상 18:44, 45). "하늘의 병들"(37절)은 진짜 병들이며(계 16:1-10) "비가 한 번 오면 억수로 쏟아진다!"

35. 욥이여, 이제 이 장에서 마지막 질문이다! 『**네가 사자를 위하여 먹이를 사냥하겠느냐?... 그 까마귀를 위하여 그의 먹을 것을 마련해 주느냐?**』(39-41절) 그렇게 하지 못한다. 동물의 왕에서부터 썩은 고기를 먹는 새들에 이르기까지 하나님께서 돌보신다. 젊은 사자들(39절)은 아직은 돌진해서 먹이에 뛰어들 수 없다. 그래서 그들은 "굴속에서 웅크리고 은신처에서 숨어 기다리고" 있는 것이다(40절). 하나님께서 그들이 숨어 있는 곳에 먹이를 보내지 않으시면 그들은 굶주리게 된다. "이와 발톱"의 법칙이 처음으로 주어진 때부터(창 9:3) 사자와 표범이 송아지와 소와 함께 "누울 때"까지(사 11:3-9) 자연의 법칙은 "서로 먹고 먹히는" 것이다. 어떤 동물들은 먹이가 된다. 하나님의 권능과 영광을 드러내는 것으로 가득 찬 아름다운 "어머니 자연"은 단에 홀로 서서 아직 이루어지지 않은 결혼을 기다리며 울고 있는 신부와 같다(실제로 그렇다. 호세아 2:19를 보라. 자신이 하나님의 말씀을 충분히 잘 알지 못하는 것이 이 성경 해석을 거부할 수 있는 이유가 되는 것은 아니다.)

까마귀들은 옥수수와 음식 찌꺼기를 달라고 "하나님께 울부짖는다"(41절). 그리고 하나님께서는 마태복음 6:26에 따라 그들을 먹이신다.

욥기 39장

39:1 바위의 들염소가 새끼 낳는 때를 네가 알 수 있으며, 암사슴이 새끼 낳는 때를 네가 정할 수 있느냐?
2 그들이 만삭이 되는 데 몇 달이 걸리는지 네가 헤아릴 수 있느냐? 아니면 그들이 낳을 때를 아느냐?
3 그들이 몸을 구부리고 새끼들을 낳아 그들의 아픔을 떨쳐 버리느니라.
4 그 새끼들은 튼튼하고 그들은 낟알을 먹고 자라며 나가서 돌아오지 아니하느니라.

주님께서는 동물의 왕에서부터 썩은 고기를 먹는 새들에게까지 가 보셨고, 이제 썩은 고기를 먹는 짐승(1절)에서부터 새들의 왕(27절)까지 동물들을 살펴보신다. 이 장에서는 10가지 동물이 나열된다. 전 장에서 두 가지 동물은 이미 언급되었고(사자와 까마귀) 40장과 41장에 두 개를 합해서 모두 14가지 "짐승들"이 나온다. 그러나 이중 두 개는 요한계시록 4:7과 에스겔 1:10의 "동물들"과 유사한 영적인 존재들임이 분명하다.

질문은 계속 되지만 이제 이 질문들의 수를 더 이상 열거하지는 않겠다. 지금쯤이면 미국의 평균 대학원생들은 이중 반도 제대로 답변할 수 없다는 것이 명백히 드러났을 것이다. 처음 35개 중에서 열 개에 답변을 하는 사람은 자신을 천재라고 생각할 수도 있다. 하나님께서 질문을 시작하시면 아무도 3할의 타율을 기록할 수가 없다. 예를 들어 마가복음 2:9,25; 3:4,23; 7:18,19; 8:18을 살펴보도록 하라.

『**새끼 낳는 때를 네가 알 수 있으며**』(1절). 뒤이어 나오는 질문들은 욥에게 들염소와 암사슴의 임신 기간을 묻고 있다(2절). (미국이나 유럽 내) 5,000명의 대학원생들에게 내일 이 질문을 하게 되면 50명에게서 정답을 얻어내면 잘 하는 것이다. 잘 하면 100명 중 한 명에게서는 훌륭한 답변을 얻어 낼 수도 있다. 보통 염소는 그 기간이 약 147-155일이며, 암양은 145-152일인데 반해 큰 동물들(암말, 소, 나귀)은 279-372일 정도이다. 들염소와 "암사슴들"은 "새끼를 낳을 때" 몸을 구부리며(3절) 창세기 3:16의 의미에서 볼 때 "그들의 아픔을 떨쳐 버린다." 반면 인간은 창세기 3:16에서 "고통 가운데" 아이를 낳는다. "어린 것들"이 태어나면 그들은 자신들의 짐과 고통에서 벗어난다.

『**그들은... 자라며 나가서 돌아오지 아니하느니라**』(4절). 이 말은 야생 동물의 새끼들은 얼마 후에 "자신들의 힘으로" 사는 법을 배운다는 사실을 말하고 있다. 그래서 그들은 나가서 자기 자신의 "가족"을 만든다.

39:5 누가 들나귀를 놓아주어 자유롭게 하였느냐? 누가 들나귀의 줄을 풀어 주었느냐?

6 내가 광야를 그들의 집으로 불모지를 그들의 처소로 마련했느니라.
7 들나귀는 성읍의 북적댐을 조소하며 부리는 자의 외치는 소리도 무
시하느니라.
8 산등성이가 그의 초장이니 그가 푸른 것은 모두 찾아다니느니라.

출애굽기 13:13과 욥기 11:12에서 들나귀에 대해서는 설명한 바 있다. 남부 타타르, 페르시아, 시리아, 에게해의 섬들에는 아직도 들나귀들이 있다. (1918년 이후로) 문명이 그들의 울창한 숲을 상당히 파고 들어갔지만 어떤 것들은 리비아와 누미디아의 사막을 아직도 달린다. 하나님께서 욥에게 말씀하고 계신 당시에는 시리아와 아라비아와 북아프리카에는 많은 들나귀 무리들이 있었다. 지금도 들나귀들은 안장 없이 달릴 뿐만 아니라 ("누가 들나귀의 줄을 풀어 주었느냐?") 그 본성을 통제할 수가 없어서 그 등에 올라타기 전에는 들나귀를 길들일 수 없다. 6절과 7절은 그 자체로도 분명하며 15-20피트 채찍을 사용해야만 하는 "노새를 부리는 마부"라면 누구나 들나귀는 "부리는 자의 지르는 소리도 무시한다"(7절)는 것을 증거해 줄 수 있다. 이야기는 무궁무진하다.

남부 흑인이 노새로 하여금 수레를 끌도록 하기 위해 두께 2인치 폭 4인치 각목으로 노새를 때리는 것을 보고 한 양키가 그 이유를 알고 싶어 한다. 흑인이 말한다. "저기, 먼저 노새의 주의를 끌어야 해요!" 흑인이 고집 센 노새에게 가하는 매질을 보고 소름이 끼친 양키가 그 사람에게 말한다. "글쎄요, 이봐요, 그런 식으로 노새를 때리지 말고 노새에게 말을 해봐요!" 그 말을 듣고 그 흑인은 노새의 머리로 다가가서 재갈 옆에 있는 가로등 기둥에 기대어 말한다. "내 이름은 윌리 루즈벨트인데 너의 이름은 뭐니?"

"노새처럼 고집 세다"(잠 26:9 주석 참조)는 "수정처럼 맑다"나 "불처럼 뜨겁다" 같이 통용되는 표현이다. 한 농부가 짐을 끌기를 거부하는 노새 아래에 불을 지폈다. 노새는 다섯 발자국을 앞으로 간 다음에 다시 멈추었고 그 불은 마차와 짐을 다 태워 버렸다. 옛날 "20마리가 한 팀을 이룬 노새 무리"를 다루는 수동 착압기 같은 팔과 30세 해군 같은 어휘를 구사하는 마부가 있었다. 이 옛날 노새 마부 중 한 사람(1880)이 개심했다. 그가 공개적으로 믿음을 고백한 그 다음 주에 그가 다루기 어려운 노새 무리를 출발시키려는 것을 보기 위해 사람들이 모여들었다. 사람들은 그 노새 무리가 움직이기 전에 그의 입에서 "옛날 말버릇"이 튀어 나오리라는 쪽에 승산을 건 5대 1의 내기를 했다. "이랴"라고 십 분 간 소리 지르고 2분간 분노에 찬 침묵이 흐른 뒤 그 그리스도인 마부는 갑자기 큰 소리로 "할렐루야! 할렐루야!"라고 외쳤고, 노새 무리는 마침내 움직이기 시작했다.

노새에 관한 재미있는 이야기가 또 하나 있다. 콜로라도에 사는 한 설교자가 "할렐루야!"라고 하면 멈추고 "주님을 찬양하라!"라고 하면 계속 가도록 훈련된 "종교적인 말"을 샀다. 말을 타고 산등성이를 가다가 갑자기 절벽을 만났다. 놀란 말은 멈추지 않고 벼랑 끝을 향해서 미친 듯이 질주했다. 목사는 말을 세우려고 했지만 아무 소용이 없었다. "워워, 멈춰. 멈추라니까! 워워!" 벼랑 끝 1피트쯤에서 설교자는 갑자기 기억이 나서 "할렐루야!"라고 소리쳤다. 말은 그 자리에서 딱 멈춰 섰다. 설교자는 이마의 땀을 닦으며 (감사하는 마음으로) 말했다. "주님을 찬양하라!"

(8절은 그 자체로 명백하다.)

39:9 유니콘이 너를 즐겨 섬기겠으며, 네 외양간에 머물겠느냐?
10 네가 유니콘을 줄로 매어 고랑을 갈게 할 수 있느냐? 그가 너를 따라 골짜기를 써레질하겠느냐?

11 그가 힘이 세다 해서 네가 그를 신뢰하겠느냐? 네가 네 수고할 것을 그에게 맡기겠느냐?

12 너는 그가 네 씨앗을 집으로 가져오고, 네 곳간에 모아들일 것이라고 믿겠느냐?

자, 질문에 나온 동물은 "외뿔"인데(유니콘, 9절) 이것은 아마도 코뿔소 종류인 것 같다. 그러나 신화에 나오는 (이마에 길게 구부러진 뿔을 가진) 말과 같은 동물을 유럽에서 흔히 볼 수 있는 무기 등에 새겨진 문장으로 한정시키기 전에 "우리가 가는 길을 잘 살펴보도록" 하자. 잠깐 여기 데본기, 실루리아기, 백악기, 쥐라기계, 점신세, 중신세기, 석탄기 멍청이들을 버려두었던 곳에 멈춰 서서 이들이 진짜 "유니콘"을 믿을 만큼 곧이곧대로 믿는지 보자. 여기 미국 너구리의 꼬리에 쥐의 머리를 하고 있으며 여우 원숭이의 다리를 가지고 원숭이의 몸에 올라탄 그 옛날 "노타르크투스"(Notharctus)가 있다. 또한 코끼리의 다리에 코뿔소의 몸에 사자의 꼬리를 한 그 옛날 "우인타테리움"(Uintatherium)이 있다. 우인타테리움에 관한 것 중에서 가장 특이한 것은 코끝에 있는 두 개의 뿔과 함께 6개의 뿔이 달린 두개골이다. 자 변증법적 유물론자가 그린 만화를 근거로 그런 동물이 있다고 쉽게 속기도 하는데 "유니콘"이 있다고 믿는데 어려움을 느끼는 것은 어떻게 된 것인가? 또 눈 위로 가는 염소 뿔을 가지고 있으며, 코끝에 Y자 형태의 뿔이 있는 "신디오세라스"(Syndyoceras)도 있다. 아직까지 별 재미를 느끼지 못한다면 타이닐라비스(Tainilabis), 크테나코덴(Ctenacoden)이나 잘라브마무세드(Zalabmamused)나 프티올로두스(Ptiolodus)나 솔레노돈(Solenodon)은 어떤가? 이것으로도 디즈니랜드에 맞는 충분한 자격이 없다면 바를람브다(Barlambda), 코르포돈(Corphodon), 페나콘두스(Phenacondus), 테트라카에노돈(Tetracaenodon)은 어떤가?

이렇듯 비참하고 미혹당한 광신자들(롬 1:2-23)의 "뛰어난 학식"이나 "의심의 여지가 없는 학자적 지위"나 "박식한 지식"을 우리가 "존경해야" 한다는 것이다. 동시에 말은 코 주위에 외뿔을 가지고는 결코 살아갈 수 없다고 생각해야 한다. 충분히 이해하라. 눈멀고 성경을 거부하는 바보들은, 외계에서 온 방사성 폭발로 생긴 자연계 내의 기형적인 것들(혹은 배열이 잘못된 유전자나 지상의 화산 활동 같은 것)이 1,000,000년에서 600,000,000년 전 사이에 살았던 "잃어버린 고리"의 동물과 잃어버린 고리의 사람들 전체 종족이 살았다는 증거라고 생각한다. 현대 과학의 기초는 전파된 하나님의 말씀을 거부한(벧후 2:5) 멸망당한 피조물의 화석 잔해이다(창 1:1; 6-8장). 원숭이 인간과 인간 원숭이(족제비 개, 고양이 곰, 사슴 염소처럼)만이 수십 가지 피조물의 유전자, 염색체, 세포 구조가 "노아 시대" 대기의 변화와 야수성으로 급격하게 영향을 받았음을 증명해 준다.

지상에서 거인 인간을 찾아 볼 수 있는데("그 당시에", 창 6장) 거인 곰, 거인 호랑이, 거인 상어, 거인 들소는 왜 찾아 볼 수 없는가? "하나님의 아들들"은 에너지의 힘을 다룰 수 있었다(단 11:38). 왜냐하면 그들은 창조의 아침에도 있었으며(욥 38:4,7) 얼마든지 변종들을 만들어 낼 수 있었기 때문이다. 이러한 변종들을 나중에 원숭이 조상을 찾고 있는 원숭이 인간들이 발견하게 될 것이다. 크립토조익, 선캄브리아기, 이첩기, 삼첩기, 중생대, 고생대, 홍적세, 삼각룡, 프로신테토세레스 같은 몇몇 단어들을 구원받지 않은 사람의 면전에 몇 마디 내던지면 그 사람을 원숭이로도 만들 수 있다. 구원받지 않은 사람들은 (이브처럼) 이런 어휘들이 더 우월한 지식에서 나온 것이라고 생각한다. 그러나 약간의 라틴어와 헬라어를 알면 어떤 바보라도 그런 단어들을 나열할 수 있다. 라틴어와 헬라어가 바닥나면 독일어나 일본어를 사용할 수 있다. "선사 시대" 동물들에 관한 다음의 목록은 콜롬비아 대학 교과서에 나오는 마지막 열 개의 리스트만큼이나 "진실하고" "믿을 만"하다.

1. 게헨돈데코비사 : "그는 내가 좋아하지 않는 곳으로 간다"에 해당하는 독일어 - 스페인어 - 팜판가어.

2. 구트베호모트마카칼랄레카 : "느긋한 좋은 동물"에 해당하는 독일어 - 히브리어 - 따갈로그어.

3. 아카타르트토사우루스 : "깨끗하지 못한 공룡"에 해당하는 헬라어 - 라틴어.

4. 세라차바키발로 : "아주 큰 말"에 해당하는 독일어 - 히브리어 - 스페인어.

5. 에인그로세쿠오바 아베크퀘레님: "뿔들을 가진 큰 개 한 마리"에 해당하는 독일어 - 헬라어 - 불어 - 히브리어.

여러분 자신의 목록을 만들어 보라. 요즘 박사 학위는 전혀 경쟁력이 없다. 여러분 자신의 목록을 만들어서 십대들이 그것들을 암기하는데 한 학기 당 2,000달러를 청구하라. 그 십대가 졸업을 하게 되면 자신이 알베르트 아인슈타인만큼 많이 안다고 생각하게 될 것이다. 그러나 그 졸업생이나 알베르트는 하나님께서 웨일스에서 석탄을 캐는 사람에게 주신 만큼의 분별력도 없다.

『**유니콘이 너를 즐겨 섬기겠으며...**』(9절) 밭을 쟁기질 한 후에(10절) 외양간에서 먹이를 먹는(9절) 길들여진 코뿔소를 찾아보기는 어렵다. 코뿔소에게 여러분의 일을 맡기려면(11절) 차라리 야생 물소에게 맡기는 편이 더 나을 것이다. 코뿔소가 자신의 밭을 쟁기질해 줄 것이라고 믿는 사람들은(10절) "집에" 아무런 씨도 가져오지 못하며 곳간에 들일 것이 아무것도 없게 된다(12절).

39:13 너는 좋은 날개를 공작새들에게 주겠으며 날개와 깃을 타조에게

주겠느냐?

14 타조는 땅에 알들을 버려 두고 흙으로 따뜻하게 하다가

15 발로 밟아 으깨거나 들짐승이 깨뜨리는 것을 잊어버리느니라.

16 마치 제 새끼가 아닌 것처럼 제 새끼들에게 무정하게 하여 그녀의 수고가 두려움 없이 헛되나니

17 이는 하나님이 그녀에게서 지혜를 박탈하며, 명철을 나눠 주지 않음이라.

18 타조가 스스로 높이 솟아 달릴 때에는 말과 거기 탄 자를 조롱하는도다.

공작과 타조가 한 부류에 포함된다. 주석가들은 새들 간의 유사점을 볼 수가 없었기 때문에 즉시 "공작새들"을 "타조들"로 바꾼다(밥존스대학에서 추천하는 극악한 ASV 참조). 그렇게 해서 이 변개가 이 구절의 의미를 파괴시킨 것을 알고 "깃"을 "매"나 "펠리컨"으로 바꾼다(아담 클라크, Ibid., 177쪽). 〈리빙바이블〉은 타조가 "그 날개를 화려하게 펄럭인다"고 말하는 반면 칠십인역에서는(A.D. 300-500) 13절에서 황새가 날아다닌다. 확대성경(로크만재단)은 "공작새들"을 "타조"로 바꾼 다음에 13절의 잔해에 "그러나 날개 끝과 깃털 장식"(pinion and plumage)이라는 말을 삽입시킨다. 히브리어로 "공작새들"이란 단어는 복수인데 그것을 한 마리 타조로 격감시키는 것은(ASV, NASV, RSV, NRSV와 다른 모든 공산주의와 카톨릭 "성경들") 시시껄렁한 소리에 지나지 않는다. 성경을 왜곡시키고 성경을 부인하며 성경을 거부하고 진리를 멸시하는 이런 근본주의자들은 복수를 단수로 번역하는 데 전혀 주저하지 않으면서 동시에 〈킹제임스성경〉 번역자들이 그와 동일한 일을 한다고 불평을 늘어놓는다. [얼마간 〈뉴스코필드성경〉에 대해서는 언급을 하지 않았는데 이 성경은 나머지 세 장에서 공인 역본을 20군데나 고친다. 그러면서도 여전히 "공인 역본"이라고 말한다. 마음으로 사기꾼이 되지 않고서 누가 이런 사악한 일을 할 수 있겠는가? 10절에서 "유니콘" 대신 "야생 황소"를 집어넣는 것이(〈뉴스코필드 성경〉) "현대의 과학적 조사"나 "증명할 수 있는 자료"의 요구를 만족시키기 위해 비상한 노력을 기울이는 전형적인 존 R. 라이스의 "근본주의"이다. 콜롬비아, 마라나타, 미드사우스, 휘튼, 풀러, 샌프란시스코의 일부 교수진들은 자신들이 완고한 구식 사람들이라고 생각하며 자신들이 "박식하고" "지식수준이 높다"는 것을 증명하기 위해 10초 만에 여러분의 성경을 팔아 치울 수도 있다.] 야생 황소에게는 외뿔이 없으며, 성경 본문은 "유니콘"이라고 말한다. 외뿔에 관한 한 모든 코뿔소는 두 개의 뿔을 가지고 있으며, 한 개의 뿔 뒤에 또 다른 뿔이 있다. 이것은 "들소"나 "코뿔소"를 의미한다는 시답잖은 변명은 전혀 타당하지 않다. 왜냐하면 이사야 34:7에서 성경 본문은 "유니콘들이 그들과 더불어 내려오며"라고 말하고 있기 때문이다. 이사야 34장이 무엇에 관해 말하고 있는지 궁금한가? 재림과(2절) 적그리스도의 군대의 멸망과(3절) 이 두 가지에 수반되는 대참사와(4절) 그때 주님께서 에돔에서 오셔서(5절) 그분의 칼을 가지고 왕의 대로를 올라가시며(6절) 천년 왕국에서(마 13:42) 에돔이 불못으로 바뀌는(9, 10절) 것을 다루는 구절에서 유니콘(7절)과 수송아지들(7절)이 단순히 땅에 사는 네 발 달린 동물을 언급하는 것이라고 생각하는가?

장담할 수 있는가?

성경이 열 뿔을 가진 용을 말하는데(욥기 41:1 주석 참조) 자신이 성경을 믿지 않는다는 이유 때문에 "야생 황소"(NSRB)를 집어넣는 사람은 도대체 누구인가? 그 사람이 우리 그리스도인들이 "존경"해야 하는 "헌신된 학자"란 말인가? 앞뜰로 나가서 교통 놀이나 하는 것이 어떤가? 그래야 우리가 하나님의 말씀에서 진리를 얻어내려 할 때마다 매번 그 사람을 밟지 않아도 될 테니까.

공작새는 "좋은 날개"를 가지고 있으며, 타조에게는 좋은 날개가 없다. 타조가 가진 것은 "날개와 깃"(13절)으로 본문에 진술된 것과 정확히 일치한다. 브리태니커 대백과사전(혹은 아메리카나 대백과사전)을 읽어 본 사람이라면 이 두 동물을 언급한 이유를 분명하게 알 수 있다. 그러나 더멜로우, 클라크, 벌링거, 랑게, 헤브너, 라인, 로크만재단에게는 그 이유가 다소 "모호"한 것 같다. 알다시피 공작새들은(타조처럼) "흙"에 알을 낳는다(14절). 땅 위에 있는 공작새의 흙으로 된 보금자리는 20-50개의 알이 있는 타조의 보금자리를 두르고 있는 땅의 성벽보다 더 나을 것이 없다. 더군다나 이 두 동물은 둘 다 같은 장에서 언급된 매나 독수리처럼 높이 날지도 못한다(26,27절). 하나님께서는 분명히 조류 친구들 중에서 이 두 개의 극을 선택하셔서 다시 우리에게 그분의 지혜와 권능의 다양함을 보여 주시고자 하는 것이 분명하다. 공작은 (파노니나에 아과의 파보 속에 속하는데) 꼬리 깃털에 있는 "눈들" 때문에 "공작"(PEACOCK)이라고 불린다. 그 꼬리가 공작의 영광을 나타내는 핵심 부위이다. 공작은 꿩처럼 날 수 있지만 공작새 무리들이 "겨울을 나기 위해 남쪽으로 간다"고는 생각되지 않는다. 공작이나 타조 둘 다 날아다니는 것은 전공이 아니다.

『**타조는 땅에 알들을 버려 두고 흙으로 따뜻하게 하다가**』(14절). 뒤이어 나오는 것은 모두다 사실이다. 하나님께서 "타조에게서 지혜를 박탈하셨기 때문에"(욥 38:36 주석 참조) 타조는 "마치 제 새끼가 아닌 것처럼 제 새끼들에게 무정하게 한다."(16절) 타조가 낳은 알들은 대부분 도둑맞거나 동물들이 먹어버리거나 무거운 물체로 으깨진다.

타조가 기수와 달리기를 하면 25피트 정도 앞서 갈 수 있으며 건강한 말들이 릴레이를 해야 따라 잡을 수 있을 정도다. "말과 거기 탄 자를 조롱하는도다."(17,18절) 제노폰은 타조와 같은 속도로 달릴 수 있는 말이 있으면 금화 일천 개나 혹은 낙타 백 마리를 줬다고 말한다. 타조는 하늘까지 솟아오르지 못하는 것을 만회시키기라도 하듯 전속력으로 질주하며, 공작은 제비와 비둘기와 경쟁할 수 없는 자신의 무능력을 보충이라도 하듯 자신의 고유 의상을 펴고 자랑스럽게 활보한다. 포셋은 (공작에 관한 올바른 본문이라면) "날개" 대신 "좋은 꼬리 깃털"이 되어야 한다고 말하고, 옥스퍼드, 웨스트민스터, 요크에 있는 광신자들(1800-1869)에게 맞추기 위해 본문을 계속해서 변개시키지만 그런 것들은 진지하게 살펴볼 가치도 없다. 구약에서 "날개"에 해당하는 단어는(히브리어 : eber, ebrah, gaph, kanaph, tsits) 새에게 있는 부속물들을 묘사한 유일한 단어들이다. 꼬리에 해당하는 하는 단어(히브리어: zanab)는 결코 새에게 사용되지 않으며, 뱀들(출 4:4), 여우들(판 15:4), 리비야단(욥 40:17), 전갈들(계 9:10)에게만 사용된다. 성경에서는 새들과 조류만이 날개를 가지고 있고 꼬리는 세 번째 날개로 간주된다. 이것은 마치 비행기의 꼬리 날개와 꼬리 부위의 날개로서 그와 동일한 기능을 수행하는 것과 같은 이치이다.

그러나 우리는 다시 아프리카를 활보하는 타조들이나 인도에서 날아다니는 공작새 그 이상을 다루고 있음을 주지해야 한다. 즉 『**그녀의 수고가 두려움 없이 헛되나니**』(16절)를 살펴보라. 이것이 또한 욥기 41:9에 나오는 사탄을 언급하는 것임을 100%의 성경 주석가들이 놓쳤다는 것을 어떻게 생각하는가? 『**그에 대한 소망이 헛되니**』 그는 『**두려움 없이 지음을 받았도다**』(욥 41:33). 자신의 자녀에 대해 전혀 관심을 기울이지 않는 여자가 마귀와 연계되어 언급됐으며(계 17:1-9), 95%의 주석가들이 타조를 "황새"라고 한(1901년 ASV 각주 참조) 사실에서 볼 때 그들은 어떻게 해서 두 개의 황새의 날개를 가진 스카랴 5:9의 여자들을 놓쳤단 말인가? 이 여자들은 자신들 위에 바빌론을 세워서(슥 5:11) 요한계시록 17:1-9를 준비한다. “성경으로 성경을 해석하기”(NSRB 위원회에서 나온 팜플렛 참조)와 성경이 말씀하시는 바를 “분명하게 주장하기”(Ibid.)라고 하며 경건한 척 허풍을 떨고서는 자신들의 생각(!)에 맞춰 더 “정확하게 하기 위해”(Ibid.) 공인 본문을 수정했음을 스스로 인정하면서도, 윌버 스미스, 왈보드, 파인버그, 잉글리쉬, 맥크래와 그 동료들은 잠시라도 하나님의 말씀을 파괴적으로 비평하는 일에 자신들이 결코 관여하지 않았다고 생각한단 말인가? “말과 그 탄자”(출 15:1)가 하나는 적그리스도이고 다른 하나는 주 예수 그리스도임을(계 19:11) 알고 있는데 “말과 거기 탄자”(18절)가 무엇을 하고 있는가? 성경은 이미 그리스도인 “학자”로 가장한 “스파이”의 “의심의 여지 없는 학식”에 의지하지 않고 그 스스로 해석을 다 해놨는데 건전한 생각을 지닌 그리스도인이(딤후 1:7) 올바른 “해석”을 위해 게제니우스, 가스탕, 램세이, 카일, 델리취, 피크, 버드, 둠이나 이들의 친구들에게 왜 자문을 구하고자 하겠는가?

자, 이 성경을 왜곡시키는 그리스도인 불가지론자들이 자신들의 마귀적 행위를 어떻게 모면하고 있는지 아는가? 아주 간단하다. (만약 이들이 구원받기라도 했다면) 구원받을 때는 〈킹제임스성경〉을 읽고(혹은 〈킹제임스성경〉의 가르침이나 설교를 통해서) 구원을 받는다. 예외적으로 ASV나 RV(혹은 듀웨이 림즈 - 퇴비를 충분히 넣고 쟁기질을 한다면 어느 번역본에서나 구원의 계획을 찾아 볼 수 있다)를 읽거나 설교를 듣고 개심한 경우에도 새로 개심한 사람은 말씀의 권위를 결코 의심하지 않는다. 그러다가 그 개심자는 다른 비평가들에게 가르침을 받은 비평가들에게서 배우게 된다. 이 비평가들은 다른 비평가들에게서 그렇게 가르침을 받았고 다른 비평가들은 또 다른 비평가들에게서 배웠고 또 다른 비평가들은 다른 비평가들을 또 가르쳐서 말씀의 권위를 의심하게 한다. 1980년대의 모든 보수주의 학자의 뿌리는 공인 본문을 고치는 문제에 관한 한 결코 성령님께서 주시는 계시의 권능이 아니다. 이와는 반대로 그 뿌리는 구원받지 않은 영국과 독일 이신론자들(1700-1900)의 철학과 이론이다. 이 보수주의 교수진에 합류한 구원받지 않은 학자들은 성경에 관한 몇몇 사실들을 알고 있다. 그러나 놀라운 사실은 이들 이전에 〈킹제임스성경〉을 있는 그대로 믿고 받아들였던 사람이 성경에 대해 알지 못했던 것을 이들이 아는 것은 하나도 없다는 것이다. 예를 들어 펜사콜라기독대학이나 샌프란시스코 신학교나 클리어워터 대학의 교수진들이 동정녀 탄생, 천년왕국 이전에 예수 그리스도께서 오심, 육체의 부활, 어느 성경에서나 나오는 성경의 영감의 교리는 발견할 수도 있다. 그러나 〈킹제임스성경〉을 믿는 구원받은 죄인은 누구라도 다른 영어 "성서들"이 나오기 100-300년 전에 성경에서 그와 동일한 것을 발견할 수 있었다. 성경을 "좀 더 이해하기 쉽게" 하기 위해 "더 분명한 언어"로 45개의 번역본들을 출판하는 목적이 뭔가? 1611년 본문에서 찾아 낼 수 없었던 것을 45개의 번역본을 가지고 찾아낸 경우는 하나도 없는데 좀 더 쉽고 좀 더 분명한 언어라는 구실을 내걸어 45개의 번역본을 만들어 낸 목적이 무엇인가? 1200-1800년대의 카톨릭교도들과 감독교인들은 모두 동정녀 탄생, 육체의 부활, 마지막 심판을 믿었다. 이 문제에 관해 헬라어와 히브리어 학자들이 출판해 낸 500권의 저서들에는 새로운 "계시"가 될 만한 것은 아무것도 없다. 바티칸 필사본(ASV, NASV, RSV, NRSV 등)이 기록되기도 전인 A.D. 325년에 "근본 사항들"은 이미 잘 알려졌고 사람들은 그것을 고백하기도 했다. "근본 사항들"을 믿는다는 것은 결코 어떤 그리스도인이 성경대로 믿는다는 것을 보증해 주지 않는다.

A.D. 325년 이후로 그분의 몸에게 성경에서 나온 엄청난 빛을 주셨고 현대의 교수진들은 이 지식을 입수해서 그것을 이용할 수는 있지만 사실은 이렇다. 즉 하나님께서 믿음을 통한 구원에 관해 조명을 주신 것은 시

리아 헬라어 표준 원문과 거칠고 투박하며 단정치 못하고 부정적으로 지옥을 외치는 마틴 루터를 통해서였다. 하나님께서 홀리니스에게 주신 조명은 심지어는 구원의 영원한 보장도 믿지 않았던 사람인 요한 웨슬리의 손에 있던 〈킹제임스성경〉을 통해서였다. 하나님께서 전천년주의에 관해 주신 조명은 1611년 〈킹제임스성경〉을 공부했던 성경 학도들인 크로닌, 다비, 플리머스 형제 교회를 통해서였다. 하나님께서 세대주의에 관해 주신 조명은 라킨, 펨버, 스코필드, 스탬을 통해서였다. 위에 열거한 사람들의 가르침을 따르기 위해서 헬라어 본문 같은 것은 필요치 않다. 하나님께서 현대의 주일 학교와 "심방"에 대해 주신 조명은 스펄전, J. 프랭크 노리스를 통해서였으며 이들 중 이에 관한 가르침을 뒷받침하기 위해 헬라어 본문에 매료된 사람은 없다. 하나님께서 현재 공인 본문의 권위에 관해 비춰 주시는 (J.J. 레이, 힐스, 풀러, 피커링, 클라크, 에반스 같은 사람들에게 주신) 조명을 하나님께서는 미국과 유럽의 모든 기독교 대학의 히브리어와 헬라어 교수들에게서는 거두고 계신다. 방금 열거한 사람들의 가르침을 뒷받침하기 위해 헬라어 본문은 전혀 필요치 않다. 그래서 어떻게 됐는가? 구원받은 지 얼마 되지 않아 설교자로 부르심을 받은 젊은 풋내기는 자신 안에 있는 "옛 사람"의 존재를 인지할 만큼 주 안에서 성숙하지 못했기 때문에 여전히 "인정"을 받기 위해 아우성을 친다. 그는 조용히 "보수주의의 요새"의 교실로 안내되어 "변명의 여지없이 성경의 절대적 권위를 수호하며" 거기서, 우리가 방금 열거한 자료를 읽었다는 이유만으로 성경대로 믿는 사람으로 통하는 사기꾼들로 인해, 그 손에서 전능하신 하나님의 권위를 (그 자신의 인생에서!) 내동댕이쳐 버리는 것이다!

1700년 이후로 하나님께서 헬라어와 히브리어 학자에게 보여 주신 향상된 계시(그리고 그 계시는 진리이다) 하나 당 1달러씩 치면 모퉁이 가게에 가서 모자 하나 살 돈도 되지 않는다. 어떤 교수가 고든, G.C. 모건,

할리, 펨버, 맥스웰, 니, 머리, 핑크, 소어, 라킨, 피터스, 다비, 스탬, 벌링거, 샘 존스, 밥 존스, 프랭크 노리스, 스펄전, 에드워드 힐스의 저서를 읽었다고 해서 하나님께서 원어에 대한 지식을 통해서 그 교수에게 이런 지식을 주셨다고 생각하는 젊은이들이 있다면 참으로 큰 실수를 범하는 것이다. 하나님께서는 결코 그렇게 하지 않으셨다. 결코 그러신 적도 없으며 앞으로도 그러지 않으실 것이다. 성경의 저자께서 성경을 계시해 주시며(신 29:29), 성령님께서 성경의 보존자이시며(시 12:6,7), 성경의 해석자이시다(눅 24:45). 어떤 바보라도 50년간의 정규 교육을 받은 사람이 펴낸 헬라어와 히브리어 어휘집에서 얻을 수 있는 것보다 더 많은 진짜 진리를 단 5분 내에 성경의 저자로부터 얻어 낼 수 있다.

39:19 네가 말에게 힘을 주었느냐? 네가 그 목을 천둥 같은 소리로 옷입혔느냐?

20 너는 그를 황충처럼 두려워하게 할 수 있느냐? 그의 콧구멍의 영광은 무섭도다.

21 그는 골짜기에서 땅을 긁으며 자기 힘을 즐기며 무장한 군인들을 맞으러 나가느니라.

22 그는 두려움을 비웃고 놀라지 아니하며 칼로부터 돌아서지 아니하느니라.

23 화살통과 번쩍이는 창과 방패가 그를 향해 덜컹거리고

24 그는 맹렬함과 사나움으로 땅을 집어삼키며 그 소리가 나팔 소리라고 믿지도 않는도다.

25 나팔 소리가 나면 '하, 하.' 하며 웃고 멀리서 싸움 냄새를 맡고 대장들의 호령과 외침을 듣느니라.

이제 아마겟돈 전쟁의 모습이 나온다(마 24:28, 눅 17:37 참조, 욥 39:30과 비교). 여기서 『**말과 거기 탄 자**』(출 15:1과 주석 참조)가 재난을 당한다(계 19:11-18). 이 말은 "골짜기에서 땅을 긁는다"(21절). "결단"의 골짜기(욜 3:14)라는 것이 매 구절마다 너무도 명백하게 드러나는데도 라킨, 펨버, 스코필드, 디한, 베니거, 코이네베어, 램지, 루터, 칼빈, 백스터, 커번, 웨스트, 티메, 버코프, 샤프, 엉거와 함께 멈춰 버린 교수진들은 이것을 놓쳐 버린다.

묘사된 동물은 수천의 전투에 사용되는 유명한 전쟁용 말이다. 여기에는 치열한 전투에 참여하기를 열망하며 전투에서 절대적으로 두려움이 없는 짐승의 모습이 묘사되어 있다(21-24절). 이 구절에서 두드러진 것은 진실성이다. 왜냐하면 말은 선천적으로 매우 예민하고 잘 놀라고 부끄러움을 타고 신경질적이기 때문이다. 전투용으로 훈련된 말은 독일 셰퍼드에서 볼 수 있는 이중적인 속성이 보인다. 독일 셰퍼드는 너무나 감성이 예민해서 주인이 눈을 부릅뜨고 노려보면 웅크리고 앉아서 귀를 내린다. 그러나 또한 너무나 강해서 기관총의 포화 속을 뚫고 메시지를 전달하기 위해 달린다. (나는 이런 것을 직접 목격했다. 1944) 독일 셰퍼드는 너무나 예민해서 책을 넘기는 데서부터 넥타이를 바로 잡는 데 이르기까지 방 안에서 일어나는 가장 사소한 움직임에까지 눈길을 준다. 그러나 동시에 밤에는 도둑에게 살금살금 접근해서 그 목을 덮쳐서 경정맥을 찢어 놓는다.

나다나엘 베드포드 포리스(Nathaniel Bedford Forrest)를 탄 사람들은 (1861-1865) 매번 돌진할 때마다 장애물경기를 하는 것 같았다고 말한다. 어쨌든 말들은 기수보다도 그런 돌격의 결과에 대해서는 별로 고려치 않는 것 같다. 발라크라바의 죽음의 계곡의 기병들(1854), 워털루에서 스코트족 남군 병사들의 돌진, 오하인에 있는 말라빠진 시궁창에서 네이스 갈보리의 전멸, 젭 스튜어트와 모스비 대령의 앞뒤를 가리지 않은 기습

(1862-1865), 백년 전쟁에서 우뢰처럼 울리는 금속 소리들(1338-1453)은 사자 왕 리처드와 알렉산더 대왕 같은 사람들처럼 말도 살상과 죽음과 부상과 손발의 절단에 목말라 할 수 있음을 거듭해서 보여 준다. B.C. 2000년 이후로 제1차 세계 대전에 이르기까지 지상에서 벌어진 모든 주요 전투에는 기병대가 사용되었으며, 제2차 세계 대전에서 코작 기병들은 여전히 그들의 말들을 자동 무기 화염 속으로 맹목적으로 돌진시켰다. 100파운드의 활에서 날아오는 화살들이나, 석궁으로부터 날아드는 강철 화살들이나, 무기를 가지고 조준하면서 무릎을 꿇고 있는 창수들이나, 다른 기병들의 반격하며 달리는 말들을 뚫고(크레시, 1346) 말들을 질주케 하는 것이 무엇인지 큰 신비일 뿐이다. 무함마드에게는 물웅덩이에서 그의 군대를 공격했던 한 적에게 돌진했던 3,000마리 중 다섯 마리의 말이 있었다. 아라비아 순수 혈통 종마는 이 다섯 마리 말이 낳은 후손에서 나온 것으로 생각되고 있다. 야만인인 켈트족이 서부 유럽을 짓밟았을 때(B.C. 2500-1200) 그들은 말을 타고 왔다. 히타이트족과 엘람족과 수메르인들과 칼데아인들이 서로를 공격했을 때(B.C. 2500-1000) 이들은 말을 이용했다. 투트모스 3세가 시리아와 메소포타미아의 일부를 정복했을 때(B.C. 1496) 전투가 한창 치열한 바로 그곳에도 말이 있었다. 다윗과 요압이 싸우러 나갔을 때 그들은 말들과 병거들과 기병들과 함께 나가서 싸웠다(B.C. 1050-1000). 아리안이 인도를 침범해서 인두스 계곡을 파괴시켰을 때도(B.C. 1500-500) 그들은 말들과 함께 왔다. 로마의 군대와 알렉산더의 군대가 유럽과 아시아를 마치 돌림병이라도 되듯이 휩쓸었을 때 그들은 기병들과 함께 왔다(B.C. 600-100). 게르만족이 서유럽을 침입하고, 색슨족, 슬라브족, 투린지언즈, 아레만니, 프랑크족, 롬바르드족, 고트족, 서고트족, 반달족, 훈족이 서로를 짓밟고 뛰어다닐 때 말들이 그 달리기의 대부분을 감당했다(A.D. 200-600). 시리우스, 아탁세르세스, 크세르크세스,

다리우스는 세상에서 가장 훌륭한 기병대를 훈련시켰으며(B.C. 550-330), 세월이 흘러도 이들 중 가장 용감한 군인의 묘비에 새겨진 기병대 돌격자라는 말은 남아 있다. 자신의 말의 이름이 뭔지 질문을 받았을 때 어떤 흑인이 말한 바와 같이 "사실 진짜 이름은 모르지만 그냥 다들 이 말을 '짐'이라고 부르지요."

십자군이 말을 탔을 때(A.D. 100-1200) 갑옷과 투구의 무게가 너무 무거워 전속력으로 가도 한 시간에 10마일밖에 갈 수가 없었다. 사라센인들이 말을 탔을 때 그들은 유럽인들이 발이 하나밖에 없는 말을 타고 있기라도 한 듯이 질주하며 그들을 쓰러뜨렸다. 독일인들이 전장으로 행진해 들어 갈 때 그들은 양쪽 어깨에 캐틀 드럼을 메고 말들을 위해 연주를 했고 말들은 그 연주에 맞춰 천천히 가거나, 속보로 달리거나 전속력으로 질주했다. 제1차 세계대전 이전에 고전적인 질주에서는 기병이 말의 갈기 위에 자리를 잡고 기병 검을 말의 머리 위로 똑바로 내밀었다. 그렇게 하고 적의 진로를 향해 돌진하면 철 발굽과 강철 등자쇠와 칼날과 함께 시간당 35마일로 1,200파운드 유도 미사일처럼 질주했다. 기병이 말등에서 떨어지거나 총이나 화살에 맞거나 질주 도중 1마일 뒤로 나가 떨어져도 말들은 질주를 끝까지 했다. 사람들이 마침내 필드 마셜 네이를 붙잡았을 때(워털루, 1815. 6. 18.) 이미 그가 탔던 네 마리의 말들이 쓰러졌고 다섯 번째 말을 타고 있는 상태였으며, 그의 신발은 온통 기병 검으로 난도질당한 상태였고 얼굴에는 화약으로 온통 뒤범벅이 되어 있었고 한쪽 눈은 완전히 튀어나온 상태였다. 그 숭고한 동물의 등자쇠 위에 탄 "용감한 자 중에서 가장 용감한 자"가 포효했다. "프랑스의 필드 마셜이 전쟁터에서 어떻게 죽어 가는지 와서 보라!" ("나팔 소리가 나면 '하, 하!' 하며 웃고")

워털루 전투가 끝난 지 여러 해가 지난 후에 웰링턴 공의 마굿간 근처에 살던 사람들은 특이하지만 늘 그래 왔던 모습을 보게 되었다. 즉 천둥 번개가 칠 때마다 초장에 있던 전쟁에 사용되었던 말들이 자동적으로 모여서 열을 지어서 발로 땅을 긁으며(21절) 갈기를 흔드는 것이었다. 아호아인 도도의 아들 엘르아살처럼(삼하 23:10) 이 말들은 너무나 오랫동안 전투에 참여해 왔고 훈련이 너무나 정확해서 그들의 "손이 칼에 달라붙었던 것"이다. 이 말들은 완전히 옆으로 쓰러져서 무력하게 되어 죽어간다 해도 다시 일어서려고 애를 쓸 것이다.

자, 하나님께서 말에게 힘을 주셨으며(19절) 오늘날도 사람들은 "마력"으로 힘을 측정한다. (여기서 사람들이 〈킹제임스성경〉을 믿는가 믿지 않는가는 중요치 않다. 〈킹제임스성경〉은 선두로 달리고 있으며 여러분들은 할 수 있다면 하나님의 은혜로 따라 잡을 것이다.) 말의 목은 "천둥으로 옷 입혀졌다." 이것은 시적인 의미에서 뿐만 아니라(겉핥기식의 주석 참조), 어떤 말들은 불이며(왕하 2:11; 6:17) 실제 천둥이 말들의 말굽 소리에 수반된다는(계 10:3-7) 과학적이고 절대적이며 무오하고 실제적이며 증명할 수 있는 사실에 비춰 볼 때 천둥으로 옷 입혀지는 것이다. [물론 어떤 사람들은 이것을 믿지 않는다는 것을 우리는 알고 있다. 그러나 4년간의 기독교 "고등" 교육을 받은 후에 이들이 성경에 관해서 무엇을 믿을 수가 있겠는가?]

이 구절에 담긴 생각은 다음과 같다. "네가 말을 겁먹게 해서 말이 황충처럼 뛰도록 만들 수 있느냐?" 뭔가가 말의 다리 사이로 굴러 가면 말은 황충처럼 뛰게 된다. 날아다니는 종잇조각이나 나뭇잎이나 방울뱀의 소리에도 말은 그렇게 뛴다. 그러나 전투에 사용되는 말은 위협을 한다고 해도 그렇게 황충처럼 뛰지 않는다. 전쟁용 말은 뛰라는 명령을 받으면 뛴다. 훈련시키는 사람의 명령에 따라 뛰라고 명령을 받은 곳에서 뛴다. 『**그의 콧구멍의 영광은 무섭도다**』(20절). 특히 불을 호흡할 때는 더욱 그렇다(왕하 2:11)[버질은 자신의 이교도적이고 신화적인 작품에서 "그리고 그의 콧구멍에서는 모아진 불들이 구르는도다."라고 표현함으로써 이 표현을 흉내 내고 있다. 클라크 인용, Ibid., 179쪽].

21-24절은 그 자체로서 명백하다. "나팔 소리"(24절)는 다시금 민수기 10:1-9과 요한계시록 11:15의 나팔을 가리킨다. 25절의 "말의 웃음소리"는 1611년에 기록되었을 당시와 같이 오늘날에도 "살아" 있다. 왜냐하면 결국 〈킹제임스성경〉은 항상 다른 번역본들보다 앞서 달리기 때문이다. 전투는 그 피(사 9:5)나, 그 엔진(사 9:5)이나 그 연기(수 8:20)로 "냄새"를 맡을 수 있다(25절). "대장들의 호령"(25절)은 카인이 아벨을 죽인 이래로 모든 전쟁터에서 들렸으며 이 호령 소리에 머스킷 총, 전장포, 대포, 포병 장비, 자동 조종 폭탄, 로켓, 지뢰, 수류탄, 박격포, 자동 소총, 권총, 소총, 기관총, 폭약통, 경기관총 소리가 더해져 왔다. 기병이 그 길로 말을 몰면 말은 이러한 모든 소리가 섞여서 혼란한 상태에서도 그곳을 곧바로 뚫고 질주한다!

39:26 매가 너의 지혜로 날겠으며 남쪽을 향하여 나래를 펴겠느냐?
27 독수리가 네 명령에 올라가며 높은 곳에 보금자리를 만들겠느냐?
28 독수리는 바위 위와 바위 위의 험한 곳과 단단한 장소에 거하고 머무니,
29 거기서 먹이를 찾고 눈으로 멀리 보는도다.
30 그 새끼들도 피를 빠나니 죽임당한 자들이 있는 곳에는 독수리도 거기 있느니라." 하시니라.

매는 "너의 지혜"로 나는 것이 아니라 하나님의 지혜로 난다. 매는 그 날개를 활짝 펴고 가을에 "남쪽을 향하여"(26절) 날아간다. 왜냐하면 매도 (황새나 왜가리나 제비처럼, 렘 8:7) 자신의 "정한 때"를 알기 때문이다.

『독수리가 네 명령에 올라가며 높은 곳에 보금자리를 만들겠느냐?』(27절) 대개는 그렇지 않다. 매나 독수리가 명령에 따라서 높은 곳으로 올라가게 하려면 새를 사로잡아 길러서 사슬에 묶어 놓고 훈련을 시키면 그렇게 될 수도 있다. 그러나 자연 그대로는 그렇게 되지 않는다. "독수리는 바위 위와 바위 위에 험한 곳에 머무르니"(28절). 우스 땅에 있는 셀라 페트라가 바로 그들의 얼굴 앞에 있는데(히브리어 본문에서), 모든 보수주의와 근본주의 학자들은 마치 안개 속에서 길을 잃기라도 한 듯 재림에 관한 구절을 바로 지나친다. 아담 클라크는 재림에 관련된 구절은 어떤 것이라도 지우고자 열망한 나머지 마태복음 24:28을 인용하면서 재빨리 "이것은 ...의 표현에 대한 통상적인 방식인 것 같다..."라고 말한다.

자, 그렇다면 이것은 아담 클라크를 가르쳤던 그 어떤 사람보다도 역사적으로 최소한 30,000배는 더 정확한 "표현 방식"이다. [계시록 19:17,18은 욥기 39:29,30의 성취이다. 클라크는(매튜 헨리와 더멜로우처럼) 이 구절을 놓쳐 버렸는데 그 이유는 그가 로마카톨릭 교황들의 사사로운 성경해석인 후천년주의를 따랐기 때문이다.]

"셀라"(히브리어)라는 단어는 "반석"으로 시편 18:2; 31:3; 40:2; 42:9; 71:3; 78:16에서 발견된다(출 17:6, 고전 10:4의 "반석" 참조). 이 단어는 "페트라"라고 불리는 에돔에 있는 한 도시의 이름을 나타낸다. 이 도시는 사해와 아퀴아바 만 사이에 있는 와디 모시 계곡에 있으며 B.C. 822년 이후로 아마샤에 의해 "욕드엘"(Joktheel)로 불렸다. "셀라"는 욥이 살았던 우스에 있으며 환란 때(계 12:14) 이스라엘이 "도피"(마 24:20)하게 될 곳이 바로 이곳이다(셀라 하멜레코트 : "도피의 바위, 혹은 분리의 바위"). 시편에서 음악 기호로 나오는 "셀라"(시 49,50,52,55,57,59,60,62,67,68,75,76,77,81,82편 등)는 "셀라"의 마지막 근음에서 "야인"(히브리어)을 "헤"로 대체시킨 것일 뿐이다. 이 단어(셀라)가 시편에서 나올 때마다 그 단어에서 4구절 이내에 그리스도의 재림에 관한 구절에 나온다. [델리취, 카일, 게제니우스, 드라이버(Driver), 에발트, 브릭스(Briggs), 데이비드슨, 킴치(Kimchi), 욀러(Oehler), 노왁(Nowack), 헹스텐베르크(Hengstenberg), 둠(Duhm), 데이비스, 케이(Kay), 키텔에게 도움을 구하기 위해 달려가지 말라. 즉 그들은 아무런 도움이 되지 않는다. 프로테스탄트 개혁을 주도한 표준 원문이 개혁기 이후의 비평가들의 평생에 걸친 연구와 조사로 인해 거부될 때 하나님께서는 차양을 내리시고 불을 끄고 가스를 잠그고, 가게 문을 닫고 경기가 나빠지도록 내버려 두신다. 만약 20,000명의 거듭나고 "헌신되고 경건한 학자들"이 받은 200,000년간의 교육(기독교 기관에서)을 응집한다 해도 이들은 욥기 39:26-30의 예언의 위치를 찾아낼 수 없으며, 다른 사람이 찾아 낼 수 있으리라는 것도 부인한다. 다른 사람들은 "교육이 부족"하기 때문이라는 것이다. 그들은 소련에 있는 여느 20,000명의 그리스도를 거부하는 무신론자들만큼이나 잘못되고 사악하다. 학자가 계시를 거부한 것으로 인해 하나님께서 보수주의(혹은 정통주의) 학자를 눈멀게 하시면 그 학자는 하나님의 말씀에 관해 사람들에게 뭔가를 말하는 일과는 전혀 상관이 없게 된다. 그 사람들이 아는 것은 어떤 것이라도 이미 하나님의 말씀을 믿었던 사람들이 저술한 책에 나와 있다. 또한 그 사람은 자신이 알지 못하는 것은 찾아 낼 수도 없다. 왜냐하면 계시된 진리의 원천을 거부했기 때문이다.]

욥기의 독수리와 매(26,27절)는 에돔에 있는 셀라 페트라에서 날아와서 아마겟돈에도 있게 된다. "죽임당한 자들이 있는 곳에는 독수리도 거기 있느니라"(30절). 독수리는 보통 어린 새끼들에게 죽은 고기를 먹이지 않기 때문에 "어린 것들"을 데리고 다니면서(30절) 유엔 세계 해방군의 부상병들이나 죽어가는 사람들의 피를 빨게 될 것이다(계 19:17,18). 이 군대는 "모든 사람의 인간성과 자유를 수호하기 위해 헌신된" 군대이다. 여기서 매와 독수리는 거머리의 피를 빠는 딸들처럼 암컷이다(잠 30:15 주석 참조). 그러므로 타조와 공작새는(매와 독수리와 말과 함께) 모두 간접적으로 재림 때에 있는 것들과 아마겟돈 전쟁의 결과를 언급하는 것들이다. 이것들은 성경의 저자께서 욥에게 말씀하신 것이며 엘리후가 오류 없이 기록한 것이며 오늘날까지 하나님께서 사람들이 그 말씀들을 읽도록 의도하신 대로 보존되어 있다.

욥기 40장

40:1 또 주께서 욥에게 대답하여 말씀하시기를

2 "전능하신 분과 더불어 다투는 자가 그분을 가르치겠느냐? 하나님을
꾸짖는 자로 그것을 대답하게 하라." 하시더라.

3 그때 욥이 주께 대답하여 말씀드리기를

4 "보소서, 나는 악하오니 내가 무엇을 주께 대답하리이까? 내가 내
손으로 내 입을 가리겠나이다.

5 한 번 내가 말하였으나 대답하지 아니할 것이며 실로 두 번 말하였
으나 더 이상 하지 않겠나이다." 하니라.

지금쯤 욥이 처한 상황이 어떤지 잘 상상할 수 있을 것이다. 그는 40개 이상의 질문을 받았으며 하나도 답변을 할 수가 없었다. 이제 주께서는 욥에게 말씀하시기를 "전능하신 분과 더불어 다투는 자가 그분을 가르치겠느냐?(2절)고 하신다. 욥의 답변은 이러한 상황에서 인간이 할 수 있는 유일한 답변이며 이 답변은 백보좌 심판에서 너무나도 많이 튀어나올 동일한 답변이기 때문에 50,000,000,000명의 사람들이 모두 "복제" 되었다고 생각할지도 모른다.

『**보소서, 내가 악하오니...**』(4절) 바로 그렇다. 욥! 그게 바로 핵심이다. 진정한 자화상을 얻는 데는 부정적인 사고만 한 것은 없다. 케네스 테일러나, 욥의 악함을 "나는 아무것도 아니다."로 축소시키려는 것에는 신경 쓰지 말라. "나는 별로 중요치 않다."라고 한 ASV나 밥존스대학의 교수진은 신경 쓰지 말라. "무게가 전혀 나가지 않는다."라고 한 NEB와 "게이 운동가들"의 변덕에는 신경 쓰지 말라. 사내답지 못한 이 배교자들의 전체 무리는 냉동 포장 자루에 넣어 버리라. NASV에서 빌립보서를 고쳐서 "악한 것"은 아무것도 없게 만든 것에는 신경 쓰지 말라. 밥존스대학의 교수진보다 한 발 앞서 이들을 인도하기 위해 RSV가 이와 똑같은 짓을 한 것에는 신경 쓰지 말라. 썩은 쓰레기 더미는 모두 쓰레기통에 그냥 집어넣고 쓰레기 처리반에게, 하나님께서 A.D. 350년의 칠십인역과 1901년의 ASV를 버려 두신 곳으로, 그 쓰레기를 가져가라고 하라.

『**내가 무엇을 주께 대답하리이까?**』(4절) 인간은 천 개 중에 하나도 대답할 수 없다(욥 9:3). 하나님은 지금까지 욥에게 45개 정도만을 질문하셨을 뿐이다! 『**대답하지 아니할 것이며... 더 이상 하지 않겠나이다**』(5절). 항상 이런 식으로 된다. 이사야가 주님을 정면으로 받아치고 나서 그는 갑자기 하나님께서 실수하셨다고 말하지 않고 자기 자신의 깨끗하지 못한 입술에 대해 소리친다. 베드로는 주님을 살짝 비켜 가더니(눅 5:8) 갑자기 "두 사람이 동의하지 않고는 함께 걸어갈 수 없다"(요 6:68)고 결정하고 문제는 자기 자신에게 있음을 시인한다. 다니엘이 주의 천사와 마주쳤을 때 그는 얼굴을 땅에 대고 납작 엎드린다. 모세는 연료 공급을 받고서(출

33:18) 바른 쪽에 서기 위해 자기 자신을 온통 짓밟아 댄다(출 34:9). 전능하신 하나님과 개인적으로 만날 때 "악하다"는 말을 "아무것도 아니다"나 "별로 중요치 않다"로 바꿀 수는 없다. 그런 말은 알파와 오메가이신 분이 "비행 물체"에 타고 계신 "우주 비행사"라고 생각하는 정신병에 걸린 아마추어들에게나 걸맞은 말이다. 모세와 다윗(시 51:5)과 바울(행 9:5,6)과 이사야나 욥이 가진 것을 얼핏 보게 되면 여러분은 "악하다"는 말에 만족하고 그 단어를 "저주받았다"(마 25:41)는 "현대식" 단어로 바꿀 필요가 없는 것에 감사할 것이다. 욥의 말은 끝이 났다. 그는 전체 성경에서 가장 관심 있게 귀를 기울여 듣는 청중 중 하나가 되었다. 그래서 주께서 계속 말씀하신다.

40:6 그때 주께서 회오리바람 가운데서 욥에게 대답하여 말씀하시기를
7 "이제 너는 남자답게 네 허리를 동이라. 내가 네게 요구하리니 너는 내게 표명할지니라.
8 네가 나의 심판을 무효화시키려느냐? 네가 나를 정죄함으로써 네가 의롭게 되려느냐?
9 네가 하나님과 같은 팔이 있느냐? 네가 그와 같이 음성을 천둥처럼 낼 수 있느냐?
10 이제 너는 위엄과 탁월함으로 스스로 꾸미고 영광과 아름다움으로 스스로 단장하라.
11 네 진노의 격정을 쏟아 버리고 모든 교만한 자를 보고 그를 낮출지니라.
12 모든 교만한 자를 쳐다보고 그를 낮추며 악인을 그들의 자리에서 밟으라.
13 그들을 흙 속에 함께 감추고 그들의 얼굴을 몰래 싸맬지니라.

14 그리하면 나도 네 오른손이 너를 구원할 수 있다고 네게 말하리라.

이제 욥의 진짜 문제가 드러나고 "모든 마음을 살피시고" "생각의 모든 상상을 아시는"(대상 28:9) 분이 그 문제를 제시하신다. 자신의 투시력으로 하늘과 땅과 지옥(시 139:1,2)을 꿰뚫는 바로 그 최고의 정신과 의사께서 욥의 "죄들"에 관해 평을 하신다(히 4:12,13). 52구절 내내 엘리파스, 빌닷, 소팔, 엘리후는 주께서 욥을 평하시는데 전혀 도움을 주지 못한다. "각 사람이 행한 대로 갚아 주시는"(롬 2:6) 온 땅의 재판자(창 18:25)께서는 항상 "진리대로"(롬 2:2) 심판하시며 욥의 무화과 잎은(욥 31장 참조) 더 이상 그의 자기 의를 덮지 못한다. 이것은 최초의 모형(아담의 "치마")가 아담의 벌거벗음을 가리지 못했던 것과 같다.

『**이제 너는 남자답게 네 허리를 동이라**』(7절). 전투에 임하려는 사람처럼(엡 6:10, 왕상 20:11) 혹은 힘들고 지저분한 일을 하도록 부름을 받은 사람처럼(렘 1:17, 요 13:4). 욥은 하나님께 도전했고(롬 9:20) 그래서 이제 하나님께서 욥에게 도전하신다. 하나님은 지상에 있는 그 누구도 답변할 수 없는 네 가지 질문을 긍정문 형식으로 욥에게 하신다. 이 질문을 받은 사람이 욥과 동시대 사람이거나(B.C. 1800) 아니면 록펠러와 동시대 사람이거나(A.D. 1980) 그 사람은 이 질문들에 "예"라고 답변할 수 없다.

『**네가 나의 심판을 무효화시키려느냐?**』(8절)
『**네가 나를 정죄함으로써 네가 의롭게 되려느냐?**』(8절)
자, 바리새인들도 이 일을 시도했으며(마 22:15) 빌라도와 헤롯도 시도했다(요 19:9). 그러나 정말로 그렇게 될 수 있는가? 어느 정도의 성취를 이룬 어떤 죄인이 "옳고 그름을 판단하는"(중생하지 못한 사회주의자라면

"가치 규명") 대회에서 하나님을 제압할 수 있는가? 『**교만한 자**』(11절)를 탐지할 수도 없는데 어떻게 그들을 "낮출 수"(12절) 있겠는가? 악인들의 "자리"는 고사하고 악인들을 찾아 낼 수도 없는데 어떻게 "악인들을 그들의 자리에서 밟을 수" 있겠는가?(12절) FBI(1930), CIA(1970), 게슈타포(1940), 소련 비밀경찰(1950)과 비밀경찰(1960)이 결코 악인이 어디 있는지 찾아 낼 수 없는데 어떻게 여러분이 찾아 낼 수 있겠는가? 그러나 하나님께서는 찾아내실 수 있다! 주 예수 그리스도께서(마 23:12, 눅 14:11)는 이 일이 중력의 법칙만큼이나 매끄럽고도 자연스럽게 처리될 것이라고 말씀하셨다(잠언 15:3 주석 참조).

욥의 문제는 자기 의이다(롬 10:1-4 참조).

그리스도께서 완성하신 피의 대속에 황금률이나 십계명을 가지고 맞서는 모든 죄인들은 욥이 가진 "문제"에 대해 배워야 한다. 하나님의 은혜를 거부하기 위해 야고보서 2:24이나 제2계명으로 도피하는 모든 카톨릭과 은사주의와 공산주의와 캠벨주의는 욥이 처한 처지를 이해해야 한다. 사도행전 2:38과 "산상 수훈"을 통해서 새 예루살렘으로 몰래 기어들어가고자 했던 모든 죄인은 상황이 어떻게 진행되고 있는지를 알아야 한다. 즉 욥은 의로웠지만 그는 자기 의에 빠져 있었다. 이것은 이사야 64:6에서 성령께서 "더러운 걸레"라고 부르신 의이다. 바울은 그것을 "배설물"이라고 불렀다. 비록 밥존스대학에서 추천하는 NASV에서 그 단어를 고쳐서 자신의 "간증"을 그렇게 심하게 잃지 않으려 했지만...

욥은 지옥에 있는 죄인, 환란에 처한 유대인, 하나님의 진노를 겪는 그리스도, (그리고 최종적으로) 자기 의라는 더러운 걸레로 감싼 채 "성공적으로 살면서" "자신의 동료들에게 유익을 주는" 것에 대해 떠들어 대는 살아 있는 죄인의 완벽한 모습이다. 욥은 미국, 유엔, 소련의 대통령이며, 그는 교황, 사제, 왕, 세상의 모든 주요 국가의 "의장"이다. 공산주의자들과 카톨릭교도와 자본주의자들은 모두 자신의 행위를 정당화시키기 위해 자신들의 "삶"에 의존하고 있다.

『**네가 하나님과 같은 팔이 있느냐?**』(9절) 여러분이 흙을 이로, 물을 피로, 바다를 마른 땅으로 바꿀 수 없고, 한 나라의 모든 첫태생을 하룻밤에 죽일 수 없다면(출 6:6; 15:6) 하나님과 같은 팔로 적절하게 갖춰진 것이 아니다. 하나님께서 "펼치신" 팔은(신 4:34; 5:15) 너무나 멀리까지 펼쳐져서 이 지상에서는(눅 1:51) 육신의 팔이 되어서(요 12:38) 아픈 사람들을 치유시키시고, 마귀들을 쫓아내시고, 눈먼 자를 보게 하시고, 벙어리가 말할 수 있게 하시며, 귀머거리는 듣을 수 있게 하시며, 무력한 자에게는 힘을 주시며, 관과(눅 7:14) 묘지에서(요 11장) 죽은 사람들을 끌어내심으로써 그 절정을 이루신다.

『**네가 하나님과 같은 팔이 있느냐?**』

과학, 철학, 교육, 종교(역사의 크고 비극적인 광대들)에게는 하나님과 같은 팔이 없다.

이 지상에서 지금까지 살았던 가장 위대한 500명의 지성들은 4,000년간 (이들의 모든 노력과 발견들을 다 합쳐도) "하나님의 팔"(요 12장)이 그의 지상 사역에서 1년간 행했던 것을 할 수 없었다.

『**네가 그와 같이 음성을 천둥처럼 낼 수 있느냐?**』(9절) 물론 낼 수 없다. 인간이 만든 천둥이나, 코발트탄이나 4메가톤 "폭죽"도 하나님의 천둥소리에는 필적할 수 없다. 왜냐하면 하나님의 천둥은 뭔가를 말씀하시며(욥 37:1-5) 세상에서 아무리 위대한 언어학자라도 성령님의 계시 없이는(욥 26:14) 이 천상의 암호를(계 10장) 해독할 수 없기 때문이다.

『**이제 너는 위엄과... 스스로 꾸미고...**』(10절) 상처투성이에 벌레들이 기어 다니는 상황에서 잿더미 위에 앉아 있는 병자에게(욥 1,2장) 이런 말씀을 하시다니! 『**영광과 아름다움으로 스스로 단장하라**』(10절). 냉소에 대해 말해 보자! 절대적인 비열함과 "듣기 싫은 소리를 자꾸 되뇌는 것"에 대해 말해 보라. 욥이 자신의 세 친구들이 자기에게 심했다고 생각했다면 아마 여기쯤에서 그 마음을 바꿨을 것이다. 지상에서 가장 위대한 사람(이 경우에는 욥)과 사람이신 그리스도 예수(딤전 2:1-10) 사이에 얼마나 큰 대조를 이루는가? 몰약과 알로에와 계피 향이 나는 옷으로 단장하고 그의 동료들보다 우위에서 "기쁨의 기름"으로 부음을 받고 만 사람 중에서 가장 뛰어난 이는 전적으로 "사랑스러우며"(솔 6장, 시 45편) 세상이 시작되기 전 육신을 입고 오시기 전에 그분이 가졌던 영광 가운데서(요 17:24) 그분은 탁월함으로 두르시고 찬양을 받으셨다. 창조의 아침에 그분은 우주를 마치 옷을 차려 입은 왕처럼 입히셨으며(히 1:12) 스스로를 위엄(10절)과 능력(시 93:1)뿐만 아니라 존귀(시 104:1)와 빛(시 104:2)으로 꾸미셨다. 우주는 재봉사로서의 하나님의 능력을 드러내고 있으며, 하나님께서 우주를 "옷"처럼 말아버리시기 전에(히 1:12) 피에 적신 옷을 입으시고(계 19:13) 이 전쟁터에 오셔서 원수를 섬멸하신 다음 그분의 영광의 보좌 위에(마 25:31) 아름다움 가운데 앉으신다!(슥 11:7,10)

벌레로 뒤덮인 한 죄인에게 이 도전은 어떠한 도전이겠는가!

"스스로 옷 입으라!"

우리는 그렇게 할 수 없다. 지금 이 시간 우리가 입고 있는 옷의 모든 땀은 식물이나 동물에게서 온 것이다. 사람은 아무도 자기 자신의 옷을 기를 수 없다. 교육, 사회적 이미지, 정치적 신분, 세상 명예, 사회의 인정, 소득, 아이큐는 이 문제와는 전혀 상관이 없다. 자기 자신의 옷을 기를 수 있는 사람은 아무도 없다. (그의 모든 영광으로도) 솔로몬은 들의 백합꽃 하나가 만들어 낸 것(마 6:28,29)도 만들어 낼 수 없었다. 하물며 영광과 의와 아름다움에 관해서 하나님과 단 한 순간이라도 자신이 겨루게 되리라고 생각하는 그런 죄인의 자기 의를 생각해 보라!

『**모든 교만한 자를 보고 그를 낮출지니라**』(11절, 단 4:37, 잠 16:18; 19:23의 주석 참조). 하나님께서 느부캇넷살의 앞뜰 잔디밭에 그의 무릎을 꿇게 하신 것처럼 "그를 낮출지니라." 사람들이 "그를 쌌을" 때(행 5:6) 나사로의 얼굴이 붕대로 감겨져 있었던 것처럼 "그들의 얼굴을 싸맬지니라." 모세가 이집트인 감독관을 살해하고 그 시체를 모래 속에 숨겼던 것처럼 『**그들을 흙 속에 함께 감추고... 그리하면 나도 네 오른손이 너를 구원할 수 있다고 네게 말하리라**』(13,14절).

"구원은 주께로부터" 오며 "구원이 유대인에게서 나온다"(욘 2:9, 요 4:22). 구원은 에큐메니컬 사회주의와 "황금률"이나 〈리빙바이블〉을 가지고 새 예루살렘의 문들을 두들기려고 하는 이방인 "선행자"와는 전혀 상관이 없다. 이 세대에 사람들이 하늘나라에 가기 위해 행위로 해야 할 일은 신명기와 레위기를 글자 그대로 지키는 것이다. 예루살렘에서 경배하고 죄 없는 삶을 살고 세상에 있는 다른 모든 죄인들을 위해 죽은 뒤에 장사된 지 사흘 뒤에 무덤에서 스스로의 힘으로 나오는 것이다. 간단하지 않은가? 그런가? 은사주의자들, 공산주자들, 카톨릭교도들이 하는 말을 들어보면 거침없이 그런 일을 이룰 수 있다고 생각하게끔 말을 한다. 실제로 그렇게 할 수 있을 때까지는 "종교"나 "경험을 나누는 것"에 대해 성경대로 믿는 사람들이 진지하게 받아들이지 않는다고 해서 놀라지는 말라. 그 사람들에게도 말할 권리가 있기는 하지만 하나님의 말씀을 아는 사람들은 누구라도 그런 말을 진지하게 받아들이지 않는다.

여기서 성경 해석을 뒤로 하고 "성경에 대한 의심할 나위 없는 충성심"

으로 인해 "이렇고 저런 일들"에 잘 준비된 "대다수의 자격을 갖춘 학자들"을 살펴보는 것은 시간 낭비인 것 같다. 거리의 돌팔이 의사들의 영원한 주제가는 "유명한 학자적 지위," "경건하고 헌신된 학자들," "박식한 학식," "의심할 바 없는 충성" 등으로 이런 말을 들으면 성경에 대한 "충성"과 관련해서 로마의 소위 말하는 "무오한" 주교들이 생각난다. 우리는 그들의 "충성심"에만 의문을 제기하는 것이 아니라 그들의 학식, 자료나 학식의 출처, 〈킹제임스성경〉을 공격하는 그들의 동기와 공개적이고 고의적이며 계속적으로 거짓말을 하는 성향에도 의심을 제기하는 바이다. 어떤 구원받은 죄인이 "동정녀 탄생," "축자적으로 영감받은 원본"에 대해 말하면서 양 무리에 살며시 들어왔다는 이유만으로 그 사람이 "성경에 대한 충성"에 대해 말하도록 부름을 받았다거나 혹은 그런 권리가 있다고 생각해서는 안 된다. 결국 마귀는 처음 입을 열었을 때 위의 교리들을 공격한 것이 결코 아니다. 마귀가 처음 입을 열었을 때 그는 하나님께서 말씀하신 것에 의문을 제기했다. 그는 하나님께서 말씀하신 것을 들었던 어떤 사람에게 하나님께서 말씀하신 것에 대해 의문을 제기했다. 신복음주의자들이나 "자유주의자들"이 공격을 가했던 "근본 사항"에 대한 논의는 없었다. 그런 근본 사항은 현대의 근본주의자들이 〈킹제임스성경〉의 권위에 대한 자신들의 증오를 감추기 위해 세워놓은 지푸라기 인형에 지나지 않는다. 원본이 "어떻게" "영감받았는가"에 대한 논의도 없었다. 사탄은 현실주의자였고 그는 입수할 수 없는 "원본"에 대해서는 전혀 관심이 없었다. 마치 그가 지난해의 곡물 수확에 관심이 없는 것과 같은 이치다. 로버트슨, 트렌치, 메이어, 빈센트, 그레고리, 패러, 체인, 샌데이, 드라이버, 라이트풋, 엘리코트, 홀트, 웨스트코트, 티메, 웨스트, 렌덜, 새먼, 잉글리쉬, 와필드, 네슬, 알란드, 메츠거가 "하나님의 말씀"에 대해 보여 준 "의심할 바 없는 충성"에 대해 말할 때 우리가 말하고 있는 것은 세상에서 가장 천박한 파괴적 비평가 무리의 은폐 공작을 말하고 있는 것이다. 무신론자나 교황추종자 중에 24시간 동안 이 사람들을 대신할 수 있는 사람은 아무도 없다. 로마나 공산주의가 공인 역본을 대체시킬 수 없었다는 사실에서 이 것은 분명해진다. 기독교 학자들이 그 일을 해낸 것이다(A.D. 1880-1980). 우리는 이 이기적인 벼락 출세자들(과 말씀에 대한 이들의 "충성도")의 학식에 "의문"을 제기할 뿐만 아니라 우리는 그들의 성실성, 방법, 태도, 지난 100년간 진리를 고의적으로 날조한 이들의 이중성과 살아 계신 하나님의 살아 있는 말씀의 권위를 자신들의 기만적인 연구로 의도적으로 대체시킨 것에 의문을 제기하는 것이다. 빌리 선데이가 아주 적절하게 지적한 바와 같이 "성경이 이 말을 하고 학자들이 다른 말을 하면 학자들은 곧장 마귀에게로 갈 수 있다." 정확한 말이다.

1. 1901년의 고대 ASV - 이 나라의 모든 근본주의 학자들이 50년 동안 추천해온 - 는 2절에서 "다투는"(contendth)을 "트집을 잡는"(cavilleth)로 기록했다. "꾸짖는"(2절)으로 번역되는 히브리 단어("yakach")는 히필 단수 남성 분사이다. ASV(1901)의 어리석고 이교도적인 개정자들은 이 단어를 "논쟁하다"(argueth)로 잘못 번역했다. 이들의 "하나님의 말씀에 대한 의심할 나위 없는 충성심"은 창세기 3:1정도의 수준이다. 엉망진창인 ASV 위원회는(모두 정통 보수주의자들로 구성된) 같은 단어를 욥기 6:25, 26; 13:10에서는 "책망하다"(reprove)로 번역했고 그런 다음에 열왕기하 19:4에서는 "꾸짖다"(rebuke)로 번역했고 이사야 11:3에서는 "판단하다"(judge)로 번역했다. ["그래도 번역자들은 ...의 의미를 가져오는 데는 그것이 최상이라고 생각했다..."라고 말할 수도 있다. 그렇다. 우리도 알고 있다. 1611년에 번역자들도 그렇게 했다. 문제는 1611년 번역자들에게는 하나님의 축복이 임했지만 1901년 위원회는 그렇지 않았다는 것이다.]

이런 눈먼 비평가들("유명한 학자들")이 공인 본문에 관해 시끄럽게 재잘댄다 해도 그런 것은 별로 중요시 하지 않을 것이다. 1800-1900년대 이런 일관성 없는 위선자들이 떠들어 대는 주요 주제는 KJV(1611)에 헬라어와 히브리어 단어들이 "일관성 있게 번역되어 있지" 않다는 것이다. 맞는가? 그렇다. 검댕이(예를 들면 새 ASV)가 어떤 필사본에도 없는 관사들을 번역하고(벧전 1,2장), 같은 헬라어 단어를 세 가지 다른 방법으로 번역하고(행 1,14장), 모든 본문에 있는 관사를 생략하고(눅 4-6장), 그런 다음에 어떤 헬라어 본문에도 없는 단어들을 고안해 내고서(고전 13장) 어떻게 숯더러 "검다"고 할 수 있겠는가?

존슨, 글리슨, 베니거, 커스터, 맥클레인, 파노시안, 체인, 올슨, 레만, 칸츠거, 브린턴, 앤더슨, 컬버트슨, 백스터, 스미스, 문츠, 웨지, 코더, 파인베르크, 로버트슨, 웨스트, 잉글리쉬가 자신들이 말하고 있는 것에 대해 알 때까지는 이들은 자신들의 입을 닫고 있는 것이 좋을 것이다.

2. NEB(도드 역본)는 1절에 "완고한"을 삽입했다. 그런데 이런 말은 히브리어 본문에서는 전혀 발견되지 않는다. 그런 다음 "악한"을 "전혀 무게가 나가지 않는다"로(4절) 의미를 축소시켰고 성경적 용어인 "심판," "정죄," "의롭게"를 8절에서 살며시 제거해 버린다.

3. 버드와 둠이라는 학자들은 1-12절이 마음이 들지 않아서 그 구절들에서 12개를 바꾼다.

4. 〈확대성경〉은 그 구절에 자연스럽게 40개 이상을 첨가한다.

5. 벌링거는 〈킹제임스성경〉을 대체시키기 위해 "새로운 운율의 역본"을 제안한다.

6. 여호와의 증인들은 1901년(ASV)의 아리안 성경을 따라서 욥의 "악함"(4절)을 줄여서 욥이 "영광과 아름다움"으로 스스로를 "단장"할 수는 없지만 거의 존경받을 만한 모습 정도는 되어 보이도록 만들었다. "위엄"과 "탁월함"이라는 단어들은 위원회에서 미끄러져 내려와서 "우월함과 높

음"으로 대체된다. 매우 서투른 대체라고 하겠다.

7. 1절에서 "대답하여"라는 히브리어 단어("안나")가 사용되는데, 아담 클라크는 전체 구절의 위치가 잘못 되었다고 생각하고는 그 말이 욥기 41장에 뒤이어 나오는 욥기의 마지막에 와야 한다고 말한다. 이중으로 〈킹제임스성경〉 본문의 팔다리를 자르기 위해 클라크 박사는 (이 박사의 "하나님의 말씀에 대한 충성도는 의심의 여지가 없으며... 등등") 헤스 박사라는 사람을 간단하게 인용한다. 즉 헤스 박사는 42장의 15절을 39장 끝에 추가해야 하며, 40장의 처음 열 네 구절을 42장의 여섯 번째 절에 넣어야 모든 것이 더할 나위 없이 좋게 된다고 말한다. 그렇지만 그와 같은 "하나님의 말씀에 대한 의심할 나위 없는 충성심"을 가지고 왜 여기서 멈추는가? 계속해서 20장의 처음 열다섯 구절을 30장의 마지막 열 구절 뒤에 넣은 다음, 4장의 중간에 있는 다섯 구절을 빼내서 22장의 처음 열 구절 뒤에 넣고 그런 다음에... 이런 식으로 계속해 보는 게 어떤가? 내 말은 우리의 "충성심"이 "의심할 여지가 없다"면 위대한 옛날의 그 책을 갈기갈기 찢어서 어떤 형태로든지 다시 조합해서 우리 자신의 책을 만드는 것을 방해할 것이 뭐가 있냐는 것이다! 우리가 "유명"하다면 누가 우리의 "충성심"에 "의문"을 제기하겠는가?

8. A.R. 포셋(주석서 98쪽)은 "대답하다"(5절)가 "항변하지 않다"로 되어야 한다고 말한다. [히브리어 단어 "아나"는 창 18:27; 23:10,14; 31:14,36; 40:18; 45:3, 출 4:1; 15:21; 19:8, 민 11:28; 22:18; 32:31, 신 1:14,41; 21:7, 수 1:16; 7:20, 삼상 1:15,17; 9:8,12,19,21과 다른 95구절에서 "대답하다"는 의미이다.]

9. 〈리빙바이블〉(테일러의 역본)은 언급할 가치도 없는 수많은 변개를 가한다.

그러나 욥기 40:1-4은 사실은 우리의 파괴적 비평가들의(선두 근본주의

자들) 금속을 시험하지도 않으며 그들의 진짜 색깔을 드러내지도 않는다. 진짜 신성 모독적인 허튼 소리를 하며 넘어지게 하는, 행렬을 인도하는 거룩하지 못한 타락자들을 보고 싶다면(오리겐에서부터 커스터까지) 뒤이어 나오는 것을 읽어 봐야 한다.

40:15 이제 내가 너와 함께 만든 비히못을 보라. 그가 소처럼 풀을 먹는도다.
16 이제 보라, 그의 강함은 그의 허리에 있고 그의 힘은 그 배의 중심에 있도다.
17 그는 그의 꼬리를 백향목같이 움직이고 돌들로 된 그의 힘줄은 함께 얽혀 있도다.
18 그의 뼈들은 강한 놋 조각들 같고 그의 뼈들은 철 빗장들 같도다.
19 그는 하나님의 길에서 으뜸이며 그를 만든 이가 자신의 칼로 하여금 그에게 다가가게 할 수 있느니라.
20 모든 들짐승들이 노니는 산지가 정녕 그에게 먹이를 내느니라.
21 그는 그늘진 나무 아래와 갈대 숲속과 늪 속에 누워 있도다.
22 그늘을 만드는 나무들은 그늘로 그를 덮으며, 시내의 버드나무들도 그를 두르는도다.
23 보라, 그가 강을 마시되 서두르지 않으며 요단을 자기 입 속으로 빨아들일 수 있다고 믿고 있도다.
24 그가 그의 눈으로 그것을 지키고 있으며 그의 코가 덫들을 꿰뚫는도다.

버건, 밀러, 힐즈, 클라크, 스크리브너, 마우러, 런던의 트리니테리안 성경 학회(Trinitarian Bible Society)에서 나온 저서들을 주의 깊게 살펴본, 필사본 증거를 공부하는 학생이라면 한 기독교 대학에서 다른 기독교 대학으로 자동적으로 진행되는 큰 오류들의 "사도적 계승"에 익숙해 있다. 어떤 사람이 "경건한" 사람으로 학자적 지위가 인정되면 그 사람이 하는 말을 살펴보지도 않고 받아들임으로써 열성과 성실함을 가진 기독교 교육과 보수주의 학자들에게 계속해서 오류가 누적되어서 누군가가 그들에게 빛을 비추려고 하면 그 사람은 기독교계에 알려진 모든 형태의 중상과 비방의 목표물이 된다. NIV와 NASV는 둘 다 19세기의 순수하게 다른 것이 섞이지 않은 시시껄렁한 것의 정점을 이룬다.

욥기 40:15에서 보수주의와 근본주의 학자들은(전천년주의 독립 침례교도들을 포함해서) 구원받지 않은 주석가들의 말을 하나님의 말씀보다 더 우위에 두고 (이들이 그렇게도 많이 언급하는) 히브리어 본문은 전혀 살펴보지도 않고 이 구절의 "비히못"은 "악어"이거나 "하마"라고 말한다. (NASV나 NSRB를 참조해 보고 자유주의 번역본과 대조해 보라. 이것들은 다 일치한다.) 여호와의 증인들조차도 그렇게 엄청난 오류는 범하지 않았다(신세계 역본 참조).

더멜로우는 비히못이 코끼리라고 말한다. 〈강단의 주석〉은 (확대성경과 함께) 하마라고 말한다. 포셋은 비히못은 "물소"라고 말한다. 코넬리우스 스탬과 NEB를 대변하는 조지 윌리엄스는 비히못은 악어이며 〈킹제임스성경〉의 "모호성"은 RV(1881-1884)로 분명하게 될 수 있다고 말한다. [1881-1884의 RV는 그리스도의 몸을 저주한 것 중에서 가장 부패하고 배교한 쓰레기이다. 그것은 바른 본문을 36,000군데나 변개시켰으며, 거기서 최종적으로 사용된 본문은 어떤 본문이건 축자적으로 영감받았다고 믿는다는 고백을 결코 한 적이 없는 두 사람이 개정 위원회에 살며시 들여놓은 출판되지 않은 본문이었다(데이비드 오티스 풀러, David Otis Fuller, 〈True or False?〉 참조).]

〈위클리프 주석〉은(영국 멋쟁이만큼이나 재치 있고 정중하게) 조용하게 이 동물의 올바른 정체를 "신화적인 해석"(메러디스 클라인)이라고 일축해 버린다. 누구의 발자국인지 분간했는가? 신화? 전설이라고? (분명히 정통 보수주의자는 아스트룩, 데베테, 그라프, 벨하우젠, 슈트라우스를 양산해 낸 바로 그 작업대에서 교육을 시작할 수 있다.)

그러나 본문의 "비히못"은 신화에 나오는 괴물이 아니다. (혹은 악어나 하마나 코끼리도 아니다.)

"비히못"은 요한계시록 13장과 다니엘 7장의 짐승인 적그리스도를 하나님께서 직접 과학적으로 묘사한 것이다. 19세기 동안 연구를 하고 모든 필사본에서 번역된 모든 번역본을 다 연구한다 해도 그 학자가 스스로 하나님의 책을 심판하는 유능한("자격을 갖춘") 재판관의 자리에 앉게 되면 아무리 많은 "원어"에 대한 지식을 갖춘 학자(자유주의, 정통주의 혹은 근본주의)라 해도 아무런 참조 구절도 발견해 낼 수 없다. 로버트슨은 시내사본에서 상호 참조 구절을 발견할 수가 없었으며, 그레고리는 바티칸사본에서 참조 구절을 발견해 낼 수 없었다. 로크만재단은 칠십인역에서 참조 구절을 발견할 수 없었으며 ASV(1901) 위원회는 네슬의 본문에서 발견할 수 없었으며, 드라이버, 델리취, 게제니우스, 카일(히브리어 학자들)은 욥기가 히브리어로 기록되었음에도 어떠한 히브리 본문에서도 참조 구절들을 찾아 낼 수가 없었다. 미국과 유럽 내의 모든 기독교 대학의 교수진들이 모두 자기들 코앞에 "하나님께서 호흡을 불어 넣으신 원본"을 가지고 있다 해도 그들은 "비히못"이 어떤 존재인지 알아 낼 수 없을 것이다. 이것은 마치 이들이 자신들의 눈멂과 혼란의 근원이 어디서 나왔는지 알 수 없는 것과 같다.

죄인이 자신이 전능하신 하나님을 바로 잡을 수 있을 만큼 똑똑하다고 생각하는 한, 언어적 능력은 결코 죄인에게 성경을 이해할 수 있게 해 주지 못한다(구원받았건 구원받지 못했건 간에).

여기서 히브리어 단어는 "짐승"이나 "가축"에 해당하는 "바헤마"의 여성 복수이다. "비히못"은 복수의 동물이다. 즉 "동물들"이다. 이 "동물"(단수)을 구성하는 세 가지 동물들이 다니엘 7장과 요한계시록 13장에 제시된다. 밥존스대학, 피에드몽, 노스웨스턴, 미드사우스 필스버리, 노스이스턴, 비올라, 샌프란시스코의 교수진들에게 영원히 수치스럽고 당황스럽게도 〈킹제임스성경〉 본문을 100년 동안 공격해온 헬라어와 히브리어 학자들은(살아 있건 죽었건) 단 한 명도 이 기본적이고 단순하고 주요하고 예언적인 진리를 알 수 없었다. 오리겐이 자신의 모국어로 된 초등학교 3학년 수준의 헬라어도 읽을 수 없었다고 말하는 것은 결코 "과장"된 표현이 아니다. 지상에는 요한계시록 11-13장을 이해할 수 없는 500,000명의 헬라어를 말하는 헬라어 설교자들이 있다.

하나님께서는 자신의 아들을 어린양에 비유하셨다. 하나님은 자신의 아들을 거짓으로 흉내 내는 자를 표범에 비유하신다. 그것은 일곱 머리를 한 사자-곰-표범이다(계 13:2). 이것이 바로 1611년 영어 성경에 나오는 "비히못"이다. 어휘집이나 문법책의 도움 없이, 그리고 자신이 죽은 정통주의 언어학자일 뿐인데도 30년간의 정규 교육 덕택에 성경적 학자로서의 위치를 점유할 수 있게 됐다고 생각하는 타락한 자의 도움 없이도 알 수 있다. 하나님께서는 자신의 아들을 벌레(시 22:6), 뱀(요 3:14), 사자(계 5:5), 어린양(벧전 1:19)에 비유하셨다. 멸망의 아들이 사자, 곰, 표범에 비유되어서는 안 될 이유라도 있는가?

"하마"라고?

"악어"라고?

『**그가 소처럼 풀을 먹는도다**』(15절). 하나님께서 창세기 3장에서 뱀을 저주하셨을 때 하나님께서는 뱀을 가축으로 분류하셨다(창 3:14). 왜냐하면 그는 타락하기 전에는(겔 28:14) 원래 갈라진 발굽을 가진(겔 1:7) 뿔 달린 그룹(겔 10:14)이었기 때문이다. 다니엘 4:33에서 구약에서 적그리스도의 가장 위대한 모형을 이와 동일한 위치에 놓고 있는 것을 살펴보라. 즉 소의 위치에 두고 있다.

그래서 여기서도 창세기 1:3-7에서처럼(창세기 주석 참조) "유명한 학자들"의 기괴한 속임수와 불신이 히스테리 물결처럼 그들의 개정본과 주석서들을 휩쓴다. 이들은 "과학자들"을 비웃을 수도 없으며 위험을 무릅쓰고 그렇게 하려 하지도 않는다. 그래서 이들은(여느 변증법적 유물론자와 같이) "비히못"을 동물원에 가면 볼 수 있는 것으로 뭔가로 바꿔야만 했다. "과학"이란(본질적으로) 25세기 동안 돈을 버는 광대에 지나지 않는다는 사실이 입증되었음에도 어리석음은 계속된다. 생계유지에 애쓰는 사람들에게 일자리를 제공해준다는 것은 차치하고 "과학"(일곱 개 대륙에서 25세기 동안 발견된 것들을 다 합쳐서)은 다음 두 가지 사소한 항목을 제외하고는 인류를 위해 아무것도 성취한 것이 없다.

1. 일부 사치를 감당할 만한 능력이 있는 사람들이 좀 더 안락한 삶을 살 수 있게 해 주었다.

2. 특정 기구가 있으면 생명을 며칠 더 연장시켰다.

암페어, 아르키메데스(Archimedes), 파렌하이트(Fahrenheit), 베르질리우스(Berzelius), 티메, 카벤디쉬, 데카르트, 유레이, 리에만, 루엔호크, 뉴톤, 아인슈타인, 케플러, 갈릴레오, 위니, 란다우, 콤프톤, 다비, 드워, 법스, 허블, 젠센, 프랭클린, 로렌스, 해리엇, 파스칼(그리고 오늘날 살아 있는 모든 주요 과학자들을 포함해서)의 모든 재능과 발견들과 발명품들과 이론들을 다 합쳐도 위에 제시한 두 가지 이상을 수행했다는 "과학적 증거"는 지상이나 지옥이나 하늘나라에는 없다. 30,000명의 최고 철학자들과 과학자들의 두뇌를 다 합쳐도(그들의 축적된 실험의 결과와 함께) 우주의 역사에서 인류가 가진 주요 문제 한 가지를 결코 해결하지 못했다. 즉 질병과 죽음과 가난과 종교적 불일치와 전쟁과 기근과 정치적 분쟁의 문제들은 노아가 방주에서 나왔을 때처럼 현재도 계속된다. 현재가 더 많다. 노아에게는 다뤄야 할 죄인이 7명밖에 없었다.

성경대로 믿는 사람들이 이런 무미건조하고 어리석고 상업적인 "바알"에게 경배하고 그 발에 키스를 해야 한단 말인가? 하나님의 지식(잠 1:1-15 주석 참조)이나 그분의 말씀의 지식이 아닌 "과학"으로 빛을 발하기 위해서인가?

알다시피 "비히못"을 악어나 하마로 한정시키는 것은 현대의 학자들이(모든 〈킹제임스성경〉의 비평가) 이미 디모데전서 6:20을 변개시켜서(NIV나 NASV 참조) "과학"에 - 소위 거짓되이 일컬어지는(〈킹제임스성경〉 본문 참조) - 대한 경고에 주의를 기울이지 못하게 한 사실에 기인한다. "비히못"은 사람들이 볼 수 있는 물리적인 짐승이 아니다. 하나님께서 그를 만드셨으며 다음 장에 나오는 "리비야단"처럼 하나님께서 그를 보신다.

『**그의 힘은 그 배의 중심에 있도다**』(16절). 당연하지만 그의 배는 하얗다. 표범은 연합된 동물이다(계 13장 주석 참조). 그래서 그의 "야펫의 부분"이 배이다. "그의 뼈들은 강한 놋 조각들 같고, 그의 뼈들은 철 빗장들 같도다."(18절, 창 4:22에서 카인과 투발카인에 관한 주석 참조). 자, 이 뼈들은 비히못을 만드신 분의 칼로만 그 골수까지 뚫을 수 있는(히 4:12) 그런 뼈들이다. 그래서 다음과 같은 말씀을 보게 되어도 놀라울 것이 없다 : "그를 만든 이가 자신의 칼로 하여금 그에게 다가가게 할 수 있느니라."(19절) 이주 당연하게도(현대 번역본의 오류투성이의 어리석음에 익숙한 사람이라면 이것은 늘 일어나는 일이다.) RV 위원회는 "그분(하나님)이 코뿔소들에게 칼을 제공해 주신다"가 되어야 한다고 말한다.

『**그는 하나님의 길에서 으뜸이며**』(19절). 그는 "모든 교만의 자식들을 다스리는 왕"(욥 41:34)인 41장의 리비야단과 동류이다. 이 "왕들"과 "으뜸인 자들"이 높은 곳에 있는(사 24:21) "통치자들"(단 10:20)과 "주관자들"(엡 6:11,12)을 다스리며 이들은 동물들로 상징된다(단 7:4-6, 겔 19:2; 32:2, 눅 13:32). 비히못은 하나님께서 방금 제시하신 목록에서 - 염소들, 암사슴들, 들나귀들, 유니콘들, 공작새들, 타조들, 말들, 황충들, 매들, 독수리들, 사자들, 까마귀들 - 13번째의 짐승이다. "자신의 성경을 진지하고 세심하게 공부하는"(NASV와 확대성경을 선전하는 사람들이 사용하는 부패한 상투어) 사람들은 결코 13이라는 수의 중요성을 놓칠 수 없다. 이 사람은 역대기하 9:13과 에스라 2:13에서 나오는 그의 숫자와 더불어 요한계시록 13장에 묘사되어 있다.

하나님께서는 영적인 것들의 모습을 보여 주시기 위해 여러 번 실제 동물들을 사용하시기 때문에(사역자들에 해당하는 고린도전서 9장과 기도의 용사들을 묘사하는 이사야 40:31) 이 땅에도 비히못의 모습을 보여줄 수 있는 동물들이 있다고 말할 수 있다. 20-22절은 비히못과 같은 몇몇 동물들을 언급하는 것일 수 있지만 확실하게 맞아 떨어지지는 않는다. 왜냐하면 "강을 마시되 서두르지 않는"(23절) 동물은 없으며 요단강을 이리저리 수영하며 다니는 하마나 악어를 잡은 사람은 지금까지 없기 때문이다. 〈킹제임스성경〉을 대적하며 광적인 분노를 발하는 주석가들은 욥 시대의 요단 강에는(현재 시제임에 주의 : "요단을... 빨아들일 수 있다고 믿고 있도다.") 노아가 악어들을 방주로 인도한 이후 악어들(혹은 하마들)이 떠다닌 적이 없었다는 것을 분명히 잊은 듯하다.

다시 한 번 우리가 기억해야 할 것은 성경에서 나무들은(욥 40:21,22; 겔 31:18) 항상 겉으로 보는 만큼 그렇게 잎이 무성한 것만은 아니며(겔 31:3) "산지"(field, 필드)(욥 40:20)가 항상 경기장 안에만 있는 것은 아니라는 것이다. "밭(field)은 세상이며"(마 13:38). 또한 요한계시록 12:3의 용은 다른 곳에서 얻은 물로 그 입에서 홍수가 나게 할 수 있으며(계 12:15) 그렇게 하면 요단 물이 불어난다(렘 12:5)는 것을 잊어서는 안 된다. 더군다나 이 홍수(단 9:26)는 실제적인 물의 홍수이며(계 12:15), 오직 기적이 일어나야만 도피중인 이스라엘의 남은 자들(마 24:22)이 익사당하지 않는다(출 10-15장 주석과 비교). 비히못과 리비야단은 분명히 초자연적인 것들이며 우리가 이런 것을 다룰 때 보수주의와 근본주의 학자 연맹이 너무나 눈을 부릅뜨고 바라봐서 연민의 정을 자아내게 한다. 우리는 그들의 "성경에 대한 충성심"에 의문을 제기할 뿐만 아니라 그들의 성경에 대한 믿음의 고백 또한 그렇게 존중하지 않는다. 이들은 성경대로 믿는 사람들이 아니라 단지 파괴적 비평가들일 뿐이다. 성경 권위에 관해서 근본주의 학자 연맹과 자유주의자들의 불신이 완전히 맞아 떨어진다는 이유만으로 시중에 나온 모든 새로운 번역본들은 24절을 의문문으로 만들어 버렸다(ASV, NASV, RSV, NRSV, NIV, 필립스 등). 인간에게 알려진 모든 히브리어 필사본 중에서 24절 앞에 의문문의 "헤"(히브리어)는 없다. 이 절은 욥기 41:2, 18과 일치시키기 위해 의문문으로(24절) 만들어진 것이다. 왜냐하면 1800년 이후로 개정자들과 번역자들 중에는 욥기 40:15에서 다루고 있는 것이 무엇인지 아는 사람은 아무도 없었기 때문이다. C.H. 도드(완전한 자유주의자)는 "리비야단"이란 단어를 "고래"로 바꿈으로써 비히못과 리비야단을 같은 동물로 만들어 버렸다! (NEB는 "유아용 놀이방 성경"이라고 불려야 한다.)

욥기 41장

41:1 네가 갈고리로 리비야단을 끌어낼 수 있겠느냐? 또한 끈으로 그의
혀를 맬 수 있겠느냐?
2 네가 갈고리를 그의 코에다 넣을 수 있겠느냐? 가시로 그의 턱을
꿸 수 있겠느냐?
3 그가 네게 여러 가지 간구들을 하겠느냐? 그가 네게 부드러운 말들
을 하겠느냐?
4 그가 너와 언약을 맺겠느냐? 네가 그를 영원히 종으로 삼겠느냐?
5 네가 새와 더불어 노는 것처럼 그와 더불어 놀겠느냐? 네 소녀들을
위하여 그를 매어 두겠느냐?
6 동료끼리 그를 가지고 잔치를 벌이겠느냐? 그들이 상인들 가운데서
그를 나누겠느냐?
7 너는 철창들로 그의 가죽을 뚫어 메울 수 있겠느냐? 작살들로 그의
머리를 뚫어 메울 수 있겠느냐?
8 그에게 네 손을 대어 보라. 싸움을 상상해 보고 다시는 하지 말지

니라.

9 보라, 그에 대한 소망이 헛되니 사람이 그를 보기만 하여도 기가 질리지 아니하겠느냐?

10 아무리 사나워도 감히 그를 격동시킬 자가 없으니 누가 내 앞에 설 수 있겠느냐?

11 누가 내게 앞섰다고 내가 그에게 갚아야 하겠느냐? 온 하늘 아래 있는 것은 무엇이든지 내 것이니라.

이전에 했던 성경 해석에서도 "실수"를 한 대다수의 "유명한 학자들"은 전혀 알지 못한 상태에서 성경 해석을 계속한다.

1. ASV(1901) : 리비야단은 악어이다.
2. NASV : 리비야단은 악어이다.
3. NEB : 리비야단은 고래이다.
4. RSV : 리비야단은 악어이다.
5. 아담 클라크(후천년주의자) : 리비야단은 악어이다.
6. 윌리엄스(전천년주의자) : 리비야단은 악어이다.
7. 더멜로우(무천년주의자) : 리비야단은 악어이다.
8. 강단의 주석(후천년주의) : 리비야단은 악어이다.
9. 제미에슨, 포셋, 브라운 : 리비야단은 악어이다.
10. 위클리프 주석 : 리비야단은 악어이다.
11. 로크만재단(확대성경) : 리비야단은 악어이다.
12. 미키 마우스 : 리비야단은 스누피이다.

보수주의, 정통주의, 근본주의 학자들(자유주의를 포함해서)의 최고의 두뇌를 살펴보고 나서 위에 열거한 사람들의 "학자적 일치"에 비추어 우리가 취할 수 있는 유일하고도 적절한 행동을 취하도록 하자. 즉 그들의 학식을 모두 창문으로 던져버리고 이들이 처음부터 전혀 의견을 내놓지 않은 것처럼 행동하자.

결국 100%의 경건한 학자들이 하나님을 바로 잡는데 동의를 한다면 취해야 할 최선의 방책은 그들의 경건과 학식을 무시하는 길밖에 없다. 학자들은 잠시 한쪽으로 치워놓고 300년 전에 하나님께서 "사실 그대로" 그것을 말씀하셨고 "있는 그대로" 우리에게 주셨으며 우리 손에 하나님의 계시된 진리를 가지고 있다고 생각하자. 결론적으로 우리와는 다르게 생각하는 학자들에게는 모두 닫혀진 정보에 우리는 접근할 수 있다. 이 장은 성경에서 사탄의 인격과 사역에 관한 가장 긴 장이므로 처음부터 우리는 기독교계의 두뇌들이 일을 잘 처리할 수 없었다는 것을 알았어야 했다. 이들은 창세기 1장을 적절하게 나눌 수가 없었다. 그런데 어떻게 여기서 올바르게 나누리라고 생각하는가?

1. 여기에 묘사된 존재는 "모든 교만의 자식들을 다스리는 왕"이다(34절).

2. "악어"와는 달리 이 존재는 "두려움 없이" 지음을 받았고, 악어와는 달리 이 존재는 "모든 높은 것들을" 바라본다(33,34절).

3. 악어와는 달리 리비야단에게는 한 개 이상의 머리가 있다(계 12:1-6, 시 74:14). 이런 관점에서 보면 그는 요한계시록 12장의 용과 일치한다.

4. 이사야가(훌륭한 1611년 엘리자베스 영어로) "리비야단"은 용이며 뱀(사 27:1)이라고 말할 때 리비야단의 정체에 대한 모든 의혹이 일소된다.

미혹당한 학자들은 - 뉴스코필드 협회나 로크만재단이나 다른 근본주의나 정통주의 집단 - 사탄을 "악어"나 "고래"로 바꾸려 하면서, 카인이 그의 첫 외침 소리를 내뱉은 이후로 지상에서 들릴 수 있는 가장 가련한 성경 해석을 내놓는다. 흰 고래가 사탄의 모형임을 아는 사람이라면(시 104:26, 욘 2:1 등) 아무리 바보라도 욥기 41장의 리비야단이 태양계 저 너머에서 움직이고 있음을 안다. 나머지 구절들은 한 단위로 묶어서 설명하도록 하겠다.

41:12 나는 그의 지체들이나 그의 힘이나 그의 잘생긴 부분에 대하여 숨기지 아니하리라.

13 누가 그의 외피의 생김새를 찾아내겠느냐? 누가 두 겹 재갈을 가지고 그에게 다가갈 수 있겠느냐?

14 누가 그의 얼굴의 문들을 열 수 있겠느냐? 그의 이빨은 무섭게 둘려 있도다.

15 그의 비늘은 그의 교만이라. 봉한 것처럼 서로 닫혀 있도다.

16 비늘과 비늘 사이가 너무 가까워서 그 사이로 바람도 들어갈 수 없도다.

17 그들은 서로 연결되어 있고 물려 있어 나눌 수 없도다.

18 그의 재채기로 인하여 빛이 비치며 그의 눈은 아침의 눈꺼풀 같고

19 그의 입에서는 타는 등불들이 나오며 불똥이 튀는도다.

20 그의 콧구멍에서는 연기가 나오니 마치 끓는 솥이나 가마솥에서 나는 것 같도다.

21 그의 숨결로 숯불을 피우며 화염이 그의 입에서 나오는도다.

22 그의 목에는 힘이 몰려 있고 그 앞에서는 슬픔이 기쁨으로 변하는도다.

23 그의 살에서 늘어진 부분들은 서로 연결되어 있고 단단해서 움직여지지도 않는도다.

24 그의 심장은 돌처럼 단단하며, 정녕, 맷돌의 아래짝같이 딱딱하도다.

25 그가 일어서면 용사들도 무서워하니 그들은 부숨으로써 스스로를 정결케 하는도다.

26 칼로 그에게 대어도 소용이 없고 창이나, 단창이나, 갑옷도 소용이 없도다.

27 그는 철을 지푸라기같이 놋을 썩은 나무같이 여기는도다.

28 화살도 그를 도망치게 할 수 없으며 던진 돌들도 그에게는 그루터

기 같도다.

29 단창들도 그루터기처럼 여겨지니 그가 투창의 흔들림을 비웃는도다.

30 그의 밑에는 뾰쪽한 돌들이 있으니 그가 진흙 위에 뾰쪽한 것으로
자국을 내는도다.

31 그는 깊음을 솥같이 끓이며 그는 바다를 향기름 솥같이 만드는도다.

32 그는 자기 뒤에 빛을 내는 길을 만드나니 보는 사람이 깊음을 회
백색이라고 생각하는도다.

33 땅 위에는 그같이 생긴 것이 없나니 그는 두려움 없이 지음을
받았도다.

34 그가 모든 높은 것들을 바라보니 그는 모든 교만의 자식들을 다스
리는 왕이니라." 하시니라.

이 구절을 읽은 독자에게 한 가지 질문을 하겠다 : 어떤 "경건한" 그리스도인이 이 구절을 읽고 요한계시록 13장, 시편 74편, 이사야 27장에서 하나님께서 말씀하신 그 의도대로 구절을 비교해 보면 리비야단이 뭐라고 생각하겠는가? 즉 "초등학교 3학년 수준의 영어 문법을 해독할 만한 분별력이 있는 '경건한' 학자라면 어떻게 생각하겠는가?"(말한 그대로 "3학년 수준"의 영어이다.)

두 번째 질문 : "헬라어나 히브리어 지식이 없이도 어떤 바보라도 이 해석을 바르게 알 수 있는데 어떻게 해서 모든 '경건한' 성경 파괴자들은 올바른 해석을 놓쳤는가?"

세 번째 질문 : "원어에 대한 지식과 '축자적 영감'에 관한 정통주의의 견해가 학생들이 성경을 이해하는 데 어떠한 도움을 주는가? 이런 훈련을 받은 교수들조차 욥기 41장만큼이나 단순하고 초보적인 구절도 이해할 수 없는데 말이다."

〈강단주석〉의 이 "마지막 적용(악어)을 현재 모든 학자들이 거의 보편적으로 받아들이고 있다."

그렇다면 좋다. 그것 역시 즉각 버리는 것이 참으로 안전하다.

1. 리비야단은 뱀, 파충류 혹은 양서류에 속하는 수중 동물이다(15,31절).

2. 리비야단은 일곱 머리를 가지고 있고(계 12:1-16) 그는 붉은 색이다. 푸른색이나 회색 혹은 진초록(악어처럼)이나 갈색이나 흰색(고래처럼)이 아니다.

3. 리비야단은 "아무런 소망"(9절)이 없음에도 아무때나 어디서나 누구라도 이길 수 있다(8절).

4. 사람들이 리비야단을 보면(9절) 그들은 기절할 것이다(왕하 6:17).

5. 리비야단 앞에 설 수 있는 사람은 아무도 없다. 그렇다면 그를 지으신 창조주 앞에는 어떻게 설 수 있겠는가?(10절)

6. 하나님의 말씀만이 그의 비늘을 가르고(17절) 그 뼈들에 접근할 수 있다(히 4:12,13). 이것이 바로 그리스도께서 그를 다루실 때 성령의 검을 사용하신 이유이다(눅 4:1-8).

7. 리비야단은 진짜 중국 용처럼 입에서 불과 온갖 것이 나온다(18-21절).

8. 리비야단은 자해를 하며(25절, 왕상 18:28과 비교) 그를 높이는 사람들에게서 숭배를 받는다(욥 3:8! 엘리자베스 본문의 헤아릴 수 없는 풍요함이여!).

9. 리비야단은 영적 존재이기 때문에(26-29절) 육신의 무기로는 그와 싸울 수 없다(고후 10:4).

10. 그와 닮은(요 8:40-44) 그의 추종자들은 담배를 피우며(19절) 그들이 지옥에서 숨 쉬게 될(계 14:10,11) 물질을 들이마심으로써 석탄에 불을 붙인다(21절). [아, 시대에 뒤떨어지고 "이해하기 어려운" 고대 빅토리아 중기 종교개혁 본문의 헤아릴 수 없는 부요함이여! "필사본 원본"을 바

로잡아 주고 〈뉴스코필드성경〉에서 발견된 것을 판단해 주는 이 성경은 참으로 얼마나 심오한가!!]

11. 31절의 "깊음"은 요단강이나 지중해도 아니며 그렇다고 부엌 싱크대도 아니다. 31절의 "깊음"은 창세기 1:1-3의 깊음이며 욥기 38:30의 깊음이다. 성령으로만 계시되는(고전 1,2장) "하나님의 깊은 것들"(고전 2:10)에 대해 배우고 싶다면 헤켓, 카일, 델리취, 더멜로우, 클라크, 클라인, 와필드, 알포드, 워즈워드, 수터, 샤프, 웨스트를 썩은 감자 자루를 버리듯 내버려야 한다.

12. "깊음"(32절)은 "땅 위"(33절)에 있지 않다. 1492년의 잘 속는 "과학자들"은 그들의 용을 대서양에 두었고 1980년대의 잘 속는 얼간이들("과학자들")은 그를 그대로 내버려 두었다. 틀린 장소이다. 리비야단은 태양계 저 너머 여러분 머리 위 물들 속에 있다(창 1:1-6, 주석 참조). 의심스러우면 항상 100%의 과학자들을 내던져 버리라. 그러면 그들은 우리가 방금 내던진 100%의 현대적 근본주의자들과 교제를 갖게 된다.

리비야단은 하나님께서 사탄을 보시는 대로 상세히 묘사된 사탄의 모습이다.

리비야단이 아담의 집고양이가 아닌 것과 마찬가지로 그는 "악어"나 "고래"가 아니다.

여러분을 가르친 교사가 30년간의 "기독교 교육"을 받고서 리비야단이 "악어"라고 생각한다면 그런 "교육"은 제쳐놓는 편이 좋을 것이다. 성경에서 마귀에 관한 가장 위대한 장에서 마귀를 은폐시키려고 하는 그 모든 교육과 학자나 학교가 은폐시키기 위해 하는 모든 일은 다 마귀에게서 영감을 받은 것이다. "거역함은 마법하는 죄와 같고"(삼상 15:23). "마법사"가 성경의 저자보다 더 똑똑하다는 이유로 성경의 기록된 권위에 대항해서 거역하는 것은 "마법하는 죄와 같다." "근본주의자들의 마법"이나 부두교의 마법이나 흑마술의 마법은 서로 다를 것이 없다.

욥기 1:9에서 욥을 대항해서 처음 고소를 했던 존재에 관해 욥에게 여러 질문이 제시된다.

『**네가 갈고리로 리비야단을 끌어낼 수 있겠느냐?**』(1절) 그럴 수 없다. 기술된 동물은 명백히 수생 동물이지만 그렇게 할 수 없다. 『**또한 끈으로 그의 혀를 맬 수 있겠느냐?**』(1절) 어느 누구도 배 옆면에 드리운 낚시줄 끝에 달린 갈고리로 마귀를 "낚시하러 갈" 수 없다. 황소의 코에 고리를 채우는 것처럼 『**네가 갈고리를 그의 코에다 넣을 수 있겠느냐?**』(2절) 『**가시로 그의 턱을 뀔 수 있겠느냐?**』(2절) 여기서 가시는 줄이나 사슬이 관통할 수 있도록 구멍을 파는 송곳으로 사용된다. 현대의 농부라면 누구나 아는 가장 흔한 형태는 잡힌 물고기의 아래턱(혹은 아가미)을 관통하는 "물고기 스트링거"이다. 『**그가 네게 여러 가지 간구들을 하겠느냐?**』(3절) 그렇지 않다. 마귀는 지금까지 누구에게 간구를 하러 갈 필요가 없었다. 심지어는 하나님께도 간구하지 않았다. 전능하신 분과 사탄의 대화에는 굽실대거나 위축되거나 간구하는 것이 없다(24절). (바이런 경이 죽음의 침상에서 "내가 자비를 구할까? 아니다! 자, 자, 끝까지 남자답게 행동하자!"고 말했던 것과 같다.) 리비야단은 "두려움 없이"(33절) 지음 받았으며 그에게 귀를 기울이는 여자들도 같은 방법으로 지음받았다(욥기 39:16 주석 참조). "그가 네게 부드러운 말들을 하겠느냐?"(3절). 그는 이브에게 탄원하지 않았다. 그는 그리스도께 간청하지 않았다. 그는 여러분에게도 간청하지 않을 것이다. 사탄에게서 나온 "부드러운 말들"은 자유주의 설교가들, 카톨릭 사제들, 근본주의 학자들을 통해서 로마서 16:18과 베드로후서 2:18의 형태로 나온다. 그러나 그는 결코 누군가에게 "간구"하지 않는다. 『**그가 너와 언약을 맺겠느냐?**』(4절) 그는 이스라엘과 언약을 맺을 것이며

(사 28:18, 단 11:32) 그 언약은 지난 70년간에 있었던 나토 협약이나 소금 협정이나 러시아나 미국이 서명한 조약 정도의 가치밖에는 없을 것이다. 1400-1945년까지 나라들 사이에 서명된 조약은 8,000개이지만 평균 4년 이상 그 효력을 유지한 것은 없다. 『**네가 그를 영원히 종으로 삼겠느냐?**』(4절) 하나님께서는 하실 수 있다. 느부캇넷살이 주님의 "종"이었던 것만큼이나 확실히 사탄도 그의 주인이 허락하신 뜻 아래서(단 11:31-36) 로마서 13:1-4의 권세만을 갖게 될 것이다. 수생 생물이나 바다에 사는 동물을 단지나 수족관에 넣어둘 수는 있지만 리비야단을 그렇게 할 수는 없다! "네가 새와 더불어 노는 것처럼 그와 더불어 놀겠느냐?"(5절). 사람들은 금붕어, 작은 물고기들, 카나리아, 앵무새, 비둘기, 잉꼬와는 놀 수 있지만 "리비야단"과는 그럴 수 없다. 사람들은 악어들과 놀 수 있다. 악어들이 사람들과 같이 물속으로 뛰어들어서 씨름을 했던 것으로 알려진 바 있다. 그러나 레슬링 시합을 하기 위해 사탄의 "못"으로 뛰어들지는 못한다. 휴스턴 우주 센터에서 그렇게 하려고 시도했던 사람들만큼 어리석지(유 1:9) 않다면 그런 짓은 하지 않는다!

『**네 소녀들을 위하여 그를 매어 두겠느냐?**』(5절) 못한다. 그러나 하나님은 그렇게 하실 것이다. 요한계시록 20:1을 보라. 처녀 신부, 회복된 아내(호 2장), 첩들(솔 6장), "셀 수도 없이 많은 처녀들"(솔 6:8)을 위해 그런 일이 이루어진다! 아, 이 〈킹제임스성경〉(1611)이 헬라어와 히브리어 어휘집에 비취는 빛은 참으로 놀랍다!

『**동료끼리 그를 가지고 잔치를 벌이겠느냐?**』(6절) 욥의 동료들은 잔치를 벌이지 않는다. 그러나 엘리야의 동료들은 그렇게 할 것이다! 환란 때(계 12:13-17) 출애굽기 15-20장의 사건들이 다시 재현될 때(미 7:14) 리비야단은 "광야에 거하는 백성들에게 식물로" 주어진다(시 74:14). 만나는 리비야단의 머리와 연관이 있다(출 16:14 주석 참조).

『너는 철창들로 그의 가죽을 뚫어 메울 수 있겠느냐? 작살들로...』(7절) 26-29절 때문에 그렇게 못한다. 그는 바다 생물이며 수생생물이며 파충류이고 뱀이며 양서류이다. 그러나 현대나 고대나 어부들이 알고 있는 어떠한 방법을 다 쓴다 해도 그를 갈고리에 걸어서 뭍으로 데려 올 수는 없다. 3,000명의 근본주의와 보수주의 불신자들은 본문을 뒤틀어서 자신들을 파멸시켰는데 이들 중 마틴 루터만이 유일하게 "신실한 사람"으로 발견될 수 있을 것 같다. (마틴이 쓴) 귀에 익은 찬송가 가사처럼 "잔인한 증오로 무장한 그와 같은 것은 지상에 없다!" 이 가사는 욥기 41:33에서 나온 것으로 마틴은 이 본문을 이해하고 교황주의자들을 다룰 만큼 마귀에게 가까이 있었다. 그는 단 한 순간이라도 리비야단을 "악어"로 오인한 적은 없었다.

기술된 인물은 입에서 불과 연기가 나는 일곱 머리를 가진 용으로 우주를 위 아래로 왔다 갔다 하며 그가 지나간 뒤에는 은하수를 남긴다(32절). 31절의 "바다"는 지중해나 갈릴리 호수를 언급하는 것이 아니다(시 77:19, 겔 32:6, 롬 10:7 등). 34절에 있는 13개의 단어는 공포의 왕을 직접적으로 가리키고 있으며, 욥이 자기 자신의 의를 신뢰한다면 "모든 교만의 자식들의 왕"(34절)이 그의 아버지라고(요 8:44) 욥에게 말씀하고 계신다!!

고래나 "악어"에게 하는 말 치고는 너무 과한 찬사가 아닌가!

이 구절에 관한 설명을 끝맺으면서 성경대로 믿는 사람들에게 적신호를 하나 더 지적하고자 한다. 즉 이 구절에서 (사탄을 위해 행해진) 로마 카톨릭의 "고해성사"를 은폐하기 위해 정신이상 증세를 보이며 극단적인 광기를 발한다(새 번역본들). 하나님께서 주시고 하나님께서 보존하시고 하나님께서 존중하시는 본문(〈킹제임스성경〉) 25절은 "그들은 부숨으로써 스스로를 정결케 하는도다."라고 말씀하신다. 이것은 열왕기상 18장의 검은 옷을 입은 바알을 숭배하는 제사장들의 마조히즘과 자해를 가리킨다. 이들은 "아버지"로 불리는 사제들과 함께(판 17:10) 하늘의 여왕을 숭배하는(렘 44:19) 사람들이었다. 친 로마 역본들은(1800년 이후로 출판된 것은 다 포함됨) 이 구절을 다음과 같이 변개시켰다(25절).

1. 도드 역본(NEB) : "그의 꼬리의 채찍질에 당황하여"

2. 테일러 역본(리빙바이블) : "공포가 그들을 사로잡다."

3. 로크만 역본(확대역본) : "공포와 충격으로 그들은 제정신이 아니다."

4. 배교자들의 역본(NASV) : "충격으로 그들은 당황한다."

5. 딘 웨이글 역본(RSV) : "충격으로 그들은 제정신이 아니다." [여기서 밥존스대학과 국립교회협회 사이에 완전한 의견의 일치를 본다. 이들은 둘 다 같은 부패본을 추천했다.]

6. 여호와의 증인 역본(신세계 역본) : "대단히 놀라서 그들은 당황하게 된다."

7. 아담 클라크 : "고대든 현대든 어떤 역본도 이 구절을 이해하지 못한 것처럼 보이며 그 진짜 의미도 알려지지 않았다."(클라크의 주석서, 190쪽). 아담이 이 구절들의 순서를 바꾸고(욥 40:1과 주석 참조) 이 장에 이르기 전에 마귀를 제거해 버렸는데 (성경을 믿는 사람으로) 분별력이 있는 사람이라면 이 문제에 관해서 아담의 의견을 고려할 가치가 있다고 생각하겠는가? ASV, NASV, RSV, NRSV는 바울이 죽은 지 200년 후에 기록된 부패한 알렉산드리아의 칠십인역을 따랐다. 오리겐의 부패한 아프리카 사본은 (여기에는 외경이 구약의 일부로 포함되어 있다) 이렇게 되어 있다. "그가 자신을 돌이킬 때 그는 땅의 모든 네 발 동물들을 공포에 떨게 한다." 윰브라이트는 "그들은 당황하여 도망쳤다"고 말한다. 제미에슨과

포셋과 브라운은 "그들은 길에서 벗어나 방황한다"고 말한다. 더멜로우는 "사슴들은 깨진 곳 가운데서 미끄러지는 것을 두려워한다."고 말한다. 〈강단주석〉은 "공포가 그 앞에서 춤을 춘다"로 이 우스꽝스러운 농장을 끝마무리한다.

자, 이렇게 해 보는 것은 어떤가? "고래 한 마리가 사해 아래에서 그의 꼬리를 흔들 때 그의 코에서는 서리가 날리고 모든 악어들과 함께 춤추고 있는 모든 영양들은 속도를 내어 마룻바닥으로 내닿는다."

어떻게 해서 이런 식으로 되는지 알겠는가? 그냥 "스스로 만드는 성경"을 마음 내키는 대로 만들면 된다.

어떻게 해서 이렇게 되는지 알겠는가? 구절이 이해가 안 가면 이렇게 하면 된다.

1. 〈킹제임스성경〉이 "애매"하다고 생각한다.

2. 헬라어나 히브리어 본문이 "더 정확"하다고 생각한다.

3. 그런 다음 히브리어나 헬라어를 있는 그대로 설명할 수 없으면(어느 본문이건 간에) 자기 자신에게 명확한 본문을 고안해 낸 다음 어리석은 그리스도인에게 "이 구절은 아무도 이해할 수 없다"고 말한다. "아무도"라는 말을 이해하겠는가? 즉 보이스카우트 소년이 다룰 수 있는 것을, 히브리어나 헬라어 학자가 이해할 수 없으면 "아무도 그 구절을 이해할 수 없다!"고 하는 것이다.

이 구절은 분명히 유엔(1980-1993) 내부에서 적그리스도의 지배를 받는(계 13,17장) 공산주의 카톨릭교도들이 죄들로부터 스스로를 정결케 하기 위해 바쿠스나 플루토의 정결 의식에서 하는 것처럼(히슬롭, 〈두 개의 바빌론〉 참조) 자신의 몸을 자해하는 것이다. 술에 취한 춤이 이 "경배 의식"에 수반된다(출애굽기 32장 주석 참조).

이 구절의 진리를 완전히 놓쳐 버렸음을 확실시하기 위해 테일러가 해

놓은 부연 설명은(〈리빙바이블〉) 마지막 구절을 다음과 같이 잘못 번역한다. "그는 그가 보는 모든 것의 군주이다"가 "그는 모든 교만의 자식들을 다스리는 왕이니라" 대신에 그 자리를 차지하고 있다. 테일러가 순박하게도 "부연 설명"이라고 부르는 이 솜씨 좋게 뒤틀어 놓은 것으로 인해 현대의 그리스도인들은 하나님이나 인간이나 마귀에게 알려진 적이 없는 피조물을 다루는 구절을 만나게 된다. 테일러의 리비야단은 일어설 수는 있지만(25절) 그는 깊음 속에도 없고(31절) "바다"(31절) 속에도 없다. 사실 그는 증기 롤러처럼 움직이며(30절) 살을 가지고 있으며(23절) 아무도 그를 잡을 수 없고(9절) 창이나 작살이나 쇠로 된 투창을 가지고도(7,29절) 그를 잡을 수 있는 사람은 아무도 없다.

"악어"라고?

악어들은 창으로 잡힌다. 악어들은 포획되어 가죽이 벗겨진다. (그리고 때로는 식용으로도 쓴다.) 악어에게는 "두려움"이 있으며 원주민들은 이들의 가죽이나 알을 얻기 위해 "이들을 격동시킨다"(10절). 혹은 강가 빨래터에서 이들을 쫓아 버린다. 테일러의 "리비야단"은 농담에 지나지 않는다.

여기서 우리는 성경에서 사탄에 관한 가장 위대한 장에 대한 설명을 끝마치고자 한다. 에스겔 28장, 요한계시록 13장, 이사야 14장에서도 여기에 있는 것만큼 그렇게 많은 자료는 없다. 그러므로 개혁 본문을 파괴적으로 비평하는 자들이(먼저 기독교 대학들에서) 본문을 거부하거나 변개시키거나 혼미케 하거나 잘못 해석해서 마귀를 은폐시킴으로써 마귀의 정체가 탐지되지 못하도록 하리라는 것을 예상할 수 있다. 하나님께서는 "그의 지체들이나 그의 힘이나 그의 잘생긴 부분에 대하여 숨기지"(12절) 않으실 것이라고 말씀하셨다. 그러나 항상 "믿음의 근본 사항들"에 대해 입을 놀리는 보수주의와 정통주의 학자들의 기만적이고 엉성하고 불신에 찬 저서에는 이것들은 감추어져 있다.

욥기 42장

42:1 그러자 욥이 주께 대답하여 말씀드리기를
2 "주께서는 모든 것을 하실 수 있으며, 어떤 생각도 주께 알려지지
않을 수 없음을 내가 아나이다.
3 지식 없이 이치를 가리는 자가 누구니이까? 그러므로 나는 깨닫지
못한 것을 말하였으니 그것들은 내게 너무 경이로워서 내가 알지
못하였나이다.
4 내가 간구하오니, 들으소서, 내가 말하겠나이다. 내가 주께 묻겠사
오니, 나로 알게 하소서.
5 내가 주에 대하여 귀로만 들었사오나 이제는 내 눈으로 주를 보나이
다.
6 그러므로 내가 나를 미워하고 티끌과 재 속에서 회개하나이다." 하
더라.

이제 욥이 답변할 차례이다. 욥은 "남자답게 허리를 동이고" 대답한다(4

절). 이번에 욥이 31장에서 했던 자신의 독백을 뜨거운 바위라도 된듯 떨어뜨리게 된다. 그것이 유일하게 얻은 것이다. 이 마지막 말에서는, "자아"에서 나오는 말은 욥의 입술에 단 하나도 없으며 이번에 욥은 그의 "위로자들"의 위선과 모순을 지적하는 데도 호흡을 전혀 낭비하지 않는다. "우리 모두가 회계해야 할" 절대자와 대면한 욥은 자기 자신을 설명한다(롬 14:12). 여러분과 나도 그렇게 할 것이다. 자유주의자들(그리고 보수주의자들과 근본주의자들)이 욥의 고백을 "식히기" 위해 온갖 노력을 했음에도 불구하고 욥은 올바른 방법으로 올바른 것을 말했으며(6절 참조) 하나님께서 직접 7절에서 이것을 증언하신다.

『**주께서는 모든 것을 하실 수 있으며... 내가 아나이다**』(2절, 시 145편과 역대상 28장과 비교).

『**이치를 가리는 자가 누구니이까?**』(3절) 욥은 욥기 38:2의 주님의 질문을 반복하며 설명한다. 『**나는 깨닫지 못한 것을 말하였으니 그것들은 내게 너무 경이로워서 내가 알지 못하였나이다**』(3절). 이것은 엘리파스, 빌닷, 소팔이 즉석에서 맞장구를 쳤어야 하는 말이다. 이 세 명은 모두 "지식 없이" 많은 말을 했다.

『**내가 주에 대하여 귀로만 들었사오니, 이제는 내 눈으로 주를 보나이다**』(5절). 욥은 아브라함(행 7:2)과 마노아의 아내(판 13:3)와 야곱에게(창 32:24) 나타났던 하나님의 현현을 보고 있는 것이다. 비행 물체에서 말하는 "우주인" 같은 것은 없다. UFO "승무원들"(그리고 고대 문명과 신비들에 관한 저서들)은 주의 천사(혹은 그리스도)와는 전혀 닮지 않았다. 예수 그리스도께서 외계에서 온 "우주인"이라면 그는 이 지상에 온 방문객 중에서 가장 비판적이고 부정적인 시각을 지닌 방문객일 것이다(마 23장과 요 9장 참조). 그분은 전쟁과 분쟁을 주러 왔다고 고백하셨으며(눅 12:51) 하나님을 신뢰하듯 예수님을 신뢰하는 사람들만을 구원하고자 하신다. 더군다나 그분은 명백하게 진술하시기를 그분에게 돈을 줄 수 있는 상황에서 가난한 사람들을 돕는 데 돈을 낭비하는 것은 전혀 의미가 없다고 하셨다(요 12:8). UFO 승무원이, 더 크고 더 대단한 전쟁이 기다리고 있으며(마 24장) 개인적으로 방어하기 위해 무기를 준비해야 하며(눅 22장), 이 행성의 유일한 희망은 한 유대인이 흘린 완성된 피의 속죄에만 있다고 말하는 것을 상상해 보라! 이런 식으로 이야기하는 "금성인"이나 "아틀란트인"이 있었는가? 그리스도께서는 자신의 이야기 중에 50번 이상을 자신의 "아버지"를 언급했으며 이런 이야기들은 50페이지도 채 되지 않는다. UFO 승무원들은 자신의 "아버지"에 대해 단 5분이라도 이야기하지 않는다. "외계에서 온" 진짜 하나님의 사람들 중 하나가 나타나면 - 예를 들면 창세기 16:9 참조 - 그는 전기가 있는 곳을 묻지 않는다. 그냥 185,000명을 ("광선 총"이나 화학 무기 없이) 도살하고 자신의 일을 계속한다(왕하 19:35).

『**그러므로 내가 나를 미워하고 티끌과 재 속에서 회개하나이다**』(6절). 욥! 날려 버려라. 이런 "긍정적 사고," "나도 좋고, 너도 좋고, 우리 다 좋다"는 생각은 모두 날려 버려라. "네 자신을 찾아라," "동료 인간에 대한 믿음을 가지라"고 항상 말하는 이런 "젊음의 투쟁, 역동적인 긴장"을 운운하는 사람들을 차례차례 제거하라. 나 자신을 미워하라!

이것은 회개의 고전적인 본보기이다. 이것은 죄로 인한 비애가 아니다. 이것은 자아로 인한 비애이다. 우리가 행한 것에 대한 비애가 아니라 우리 존재 자체에 대한 비애이다(고후 7:10). 발라암, 사울, 파라오, 유다가 "내가 죄를 지었나이다."라고 말한 것은 "오, 이런 발각됐잖아!"라고 말하는 것에 지나지 않는다. 그러나 다윗과 탕자가 이 말을 했을 때는 하늘에서 천사들이 기뻐하기 시작한다(눅 15장, 시 51편). “하나님의 뜻대로 하는 슬픔”(고후 7:10)은 잘못된 존재에 대한 비애지 잘못을 행한 것에 대한 비애가 아니다. 카톨릭교도, 공산주의자, 캠벨라이트, 혹은 은사주의자는 이 위대한 성경의 진리를 결코 완전히 이해하지 못할 것이다. 왜냐하면 이들은 모두 구원에 대한 자신들의 계획에서 자아에게 어느 정도의 여분을 남겨놓고 있기 때문이다. 개인의 구원과 “사회”의 구원에 자아의 역할을 포함시키고 있는 것이다. 이러한 증거로 “성경 역본들”로서 그리스도인에게 제시된 쓰레기가 가득 찬 지난 35개의 쟁반을 살펴보도록 하자.

1. 도드 역본(NEB) : “그러므로 내가 녹아 없어졌다.”

2. 여호와의 증인 역본(NWT) : “내가 움츠러든다.”

3. 딘 웨이글 역본(RSV) : “내가 나 자신을 멸시한다.”

4. 새 배교 역본(NASV) : “그러므로 내가 움츠러든다.” (이 번역본이 여호와의 증인의 성경인 신세계 역본의 아리안 본문을 어떻게 채택했는지 주의해 보라 - 이 번역본을 존 R. 라이스와 밥 존스 3세는 추천하고 있다.)

5. 구 배교 역본(ASV, 1901) : 각주 - “내 말들을 싫어한다.”

6. 제미에슨과 포셋과 브라운 : “내가 경솔한 말을 증오한다.” (문제는 우리가 진술했던 것이다. 제미에슨과 포셋과 브라운은 욥이 자신의 존재를 증오한다는 것을 상상조차 할 수 없어서 욥이 자신이 한 말을 증오하는 것으로 생각했다.)

7. 작은 빨간 모자 : “너무 서둘러 말을 해서 미안해요.”

8. 찰리 브라운 : “그것에 대해 미안해요.”

9. 참으로 새로운, 최신, 새 권위 개정 일반 표준 에큐메니컬 국제적이며, 새롭고 새로운 미국표준역본 : “나의 고독한 성향이 정신 분열증을 야기시켰는데 십자가의 윤리관을 다양화시키는데 새로운 강조점을 지닌 확

장된 세계관에 민감하게 반응케 하는 고착된 요소는 없다. 십자가의 윤리관에서는 과학적 돌파구가 저주받을 ...에서의 관계 구조에 중대한 박차를 가할 수 있다..."

진리를 제외하고는 어떤 것이라도 좋다.

현대의 근본주의자들과 보수주의자들이 소화하기에는 〈킹제임스성경〉의 "미워하다"(ABHOR)는 단어는 너무나 강하다. 이 단어의 뜻은 "극도의 증오심을 가지고 싫어하는 어떤 것"이기 때문이다. (구원을 받았건 받지 않았건) 현대의 개정자는 성경의 권위에 직면하게 되면 자신에 대해 그런 식으로 생각해 본 적이 있는가? 욥은 어떤 사람이 죽은 개구리의 썩어가는 몸뚱이를 바라보는 식으로 자기 자신을 바라본다. 이것이 욥기 15:16과 일치하는 사람의 "시각"이다. "인간은 만물의 척도"가 아니다. 인간은 "불결한 입술을 가진 사람"(사 6:5)이다. "사람이라는 고상한 이름을" 가질 만한 가치 있는 존재가 아니다. "나를 떠나소서. 나는 죄인이로소이다."(눅 5:8) "나는 생각하므로 존재한다."가 아니다. 오히려 "주여, 내가 어떻게 하기를 원하시나이까?"(행 9장)라고 해야 한다. 똑바로 하라. 소크라테스에서 사르트르에 이르는 고의적으로 무지하고 자기를 속이는 천치들은 자신이 어디로 향하고 있는지 (혹은 어떻게 거기에 가는지) 폭풍우 속의 눈먼 바구미 해충만큼도 알지 못한다. 1온스의 부정적인 진리에는 15,000톤의 "긍정적인 사고"에 있는 것보다 더 많은 진정한 힘이 있다. 긍정적 사고는 성경을 거부하는 바리새인들이 스스로 도출해낸 환상에 지나지 않는다. 이제 욥이 처한 상태는 하나님께서 그를 축복하실 수 있는 상태이다! 전능하신 하나님은 단연코 그분 자신의 약속을 꼭 지키신다(창 18:18).

42:7 주께서 욥에게 이런 말씀을 말씀하신 후에 주께서는 테만인 엘리파

스에게도 말씀하시기를 "내 진노가 너와 네 두 친구를 향해 일어
났나니, 이는 너희가 내 종 욥이 한 것같이 내게 옳은 것을 말하지
않았음이라.
8 그러므로 너희는 지금 수송아지 일곱과 숫양 일곱을 가지고 내 종
욥에게 가서 너희 자신을 위하여 번제를 드리라. 그리하면 내 종
욥이 너희를 위하여 기도하리라. 그를 내가 기뻐 받으리니 너희가
내 종 욥이 한 것같이 내게 옳은 것을 말하지 아니한 것으로 인해
내가 너희의 우둔함대로 너희를 다루지 않겠노라." 하시니라.
9 그리하여 테만인 엘리파스와 수하인 빌닷과 나아맛인 소팔이 가서
주께서 그들에게 명하신 대로 행하였더니 주께서도 욥을 기쁘게 받
으셨더라.
10 욥이 그의 친구들을 위하여 기도하였더니 주께서 욥의 사로잡힘을 돌
이키셨고 또 주께서는 욥에게 전에 소유했던 것의 두 배를 주시니라.
11 그때 그의 모든 형제들과 그의 모든 자매들과 전에 알았던 모든 자
가 그에게 와서 그의 집에서 그와 함께 음식을 먹었으며 그들은 주
께서 그에게 내리셨던 모든 재앙에 대하여 그를 애도하고 위로하
더라. 각자가 욥에게 돈 한 닢과 금 귀고리 한 개씩을 주더라.
12 그리하여 주께서는 욥의 후반을 그의 처음보다 더 복 주셨으니 그
가 양 일만 사천과 낙타 육천과 소 일천 겨리와 암나귀 일천을
가졌더라.
13 그는 또한 아들 일곱과 딸 셋을 두었으니
14 그가 첫째 딸의 이름을 여미마라 하였고, 둘째의 이름을 크시야, 셋
째의 이름은 케렌합푹이라 하더라.
15 온 땅에 욥의 딸들만큼 아름다운 여자는 없었으니 그들의 아비가
그들에게 그 형제들 가운데서 유업을 주었더라.

16 그후 욥이 일백사십 년을 살며 그의 아들들과 손자들을 사 대까지 보았더라.

17 그리하여 욥이 늙고 날들이 차서 죽었더라.

10절은 이 구절을 적절하게 해석하는데 필수적인 열쇠이다. 보수주의나 근본주의 학자("경건하거나" 그렇지 않거나)는 성경 본문이 말씀하시는 바에 전혀 주의를 기울이지 않는다(이 본문은 욥의 "훈련"에 마침표를 찍는다.) 그래서 이들은 당연하게도 전체 구절에서 가장 위대한 예언적 진리를 놓쳐 버리게 된다. 즉 욥의 자녀들이 부활한 것을 놓친다.

10절은 욥기를 시편 126:4, 스파냐 2:7; 3:20, 아모스 5:27, 예레미야 33:7, 11,26에 정면으로 내려놓는다. 즉 성경을 19세기 동안의 학자의 세균과 비교하는 대신 "영적인 일들을 영적으로"(고전 2:13) 비교하는 성경적 방법을 믿는다면 그렇다. "유명한 권위자들"의 살인적인 학식으로 성경을 황폐화시키고 갈기갈기 찢어 놓는 사람은 물론 진리와 상호 관련된 구절을 결코 찾아낼 수 없다. "자신의 성경을 진정으로 진지하게 공부하는" 진정한 성경 학도는 성경적 진리를 찾고자 할 때 개정 위원회의(1800년 이후 모든 개정 위원회) 곤죽에는 단 5분도 결코 낭비하지 않는다. 1881-1884년의 개정 위원회가 개혁 표준 원문을 파괴시키는 일을 하고 있는 동안에도 다비와 무디는 전천년주의 진리를 설교하고 있었지만 이 개정 위원회는 이러한 진리에 대해서는 전혀 알지 못했다. 버건과 스크리브너가 30년간 알렉산드리아 본문의 부패성에 대해 공개적으로 증명 자료를 내놓고 있었지만 1901년 개정 위원회는 알렉산드리아 본문의 부패성에 대해 아는 바가 전혀 없었다. 스코필드와 라킨이 1930년 이전에 전 세계적으로 다니엘의 칠십째 주에 대해 설명했지만 1952년 위원회는 다니엘의 칠십째 주에 대해 전혀 알지 못했다. 1959-1970년 개정 위원회는(NASV) 대환란 때의 구원, 짐승의 표, 〈킹제임스성경〉의 장과 절 체계, 일곱 부활, 세 번의 휴거, 왕국의 교리에 대해 전혀 알지 못했다. 이 위원회가 하나님의 말씀을 곤궁에 빠뜨리기 위해 탁자에 앉기도 전에 성경대로 믿는 사람들이 10년에서 30년간 이 진리들을 설교하고 가르쳐왔지만 이들은 이 진리들을 전혀 알지 못했다.

로크만재단과 밥존스대학의 교수진이 성경에 대해 조금이라도 아는 바가 있다면, 그것은 이들이 라킨과 스코필드에게서 얻은 지식이다. 라킨과 스코필드는 1940년 이전에 자신들의 모든 저서를 출판했고, 그 대부분은 1920년 이전에 출판되었다. 〈킹제임스성경〉을 변개시킴으로써 생계를 유지하는 모든 집단의 전문 장사꾼들에게도 이것은 동일하게 적용될 수 있다. 이들에게는 누군가에게 필요한 어떤 지식이 없다. 지식이 필요하다면 이들 "프로들"에게 자문을 구하지 않고서도 누구라도 그 지식을 얻을 수 있다. 그들이 알고 있는 모든 성경 지식은 성경대로 믿는 사람들에게서 얻어 낸 것이다. 이 성경대로 믿는 사람들은 이들보다 10에서 500년 전에 있었으며 어디에나 있었다. 존 R. 라이스가 저술한 책에서는 아무것도 얻어 낼 수 없다(사역에서 경험한 실제적인 경험에 대한 개인적인 예증들을 제외하고는 - 그러나 이런 경험은 사역을 하는 사람이라면 누구에게나 있는 것들이다). 존 R. 라이스가 저술한 것은 모두 그가 개심하기 50년 전에 한 명에서 10명에 이르는 저자들이 이미 분명하게 제시해 놓은 것들이다. 케네스 웨스트가 저술한 책들을 모두 처음부터 끝까지 읽고서 헬라어 본문에서 나온 교리적 진리를 찾은 것이 있다면 그것은 웨스트가 그의 첫 번째 책을 저술하기 50-60년 전에 피터스와 스코필드가 분명하게 밝혀 놓은 것들일 뿐이다. 1930년 이후로 어떤 "유명"하다는 근본주의 학자가 저술한 책들을 읽어 볼 수는 있지만, 그것들은 모두 라킨과 스코필드가 1611년판 〈킹제임스성경〉에서 자료들을 얻은 이후로(1890-1930), 하나님께서 아무것도 보여 주시지 않은 사람들의 책일 뿐이다. 주위에서 성경에 대적해서 죄를 짓도록 유혹하는 "경건한 형제들"의 압력에 라킨과 스코필드가 (스펄전과 토레이처럼) 때때로 굴복한 것은 사실이다. 때로 이들의 저서에서 RV의 본문 인용이나 "헬라어" 참조 구절이 발견되는 것을 보게 된다. 이것은 이들이 성경학자들로서 "인정"받고자 하는 연약한 순간에 이루어진 것이다("모든 사람이 죄를 지었으므로"). 그러나 이 사람들은 캐리(Carey), 고포스(Goforth), 리빙스턴, 브레이너드, 에드워드, 웨슬리, 테넌트(Tennant), 피니, 샘 존스, 밥 존스, 프랭크 노리스, 빌리 선데이, 피터 카트라이트(Peter Cartwright)이 계시를 얻었던 곳과 동일한 곳에서 계시를 얻어냈다. 즉 1611년 〈킹제임스성경〉에서 얻어 낸 것이다.

사람을 기쁘게 해주고 사람을 따르는 흉내쟁이들 중 하나를 난처하게 하고 싶으면 이렇게 질문해 보라. "선생님, 저에게 한 가지, 단 한 가지만 보여 주시겠습니까? 내가 〈킹제임스성경〉에서 발견할 수 없는 것을 당신의 "원어" 연구를 통해서 배운 것이 있으면 딱 한 가지만 말씀해 주시겠습니까?" 그런 다음 그가 미끄러지는 것을 보라! 딱 한 가지 것만 요구하면 된다. 한 가지 정도야 보여 줄 수 있지 않겠는가? 한 가지면 충분하다. (정통주의 언어학자라면 모두 성경대로 믿는 사람들이 이미 알고 있는 것을 증명하기 위해 '원어'를 이용한다. 혹은 '원어'를 참조하지 않은 사람들의 저서에서 찾아 낼 수 있는 것을 증명하기 위해 '원어'를 사용한다.)

『**내 진노가 너...를 향해 일어났나니...**』(7절) 이 말씀은 엘리파스에게 초점이 맞춰져 있지만 그의 두 친구들도 포함이 된다. 『**이는 너희가 내 종 욥이 한 것같이 내게 옳은 것을 말하지 않았음이라**』(7절). 먼저 욥이 "내가 죄를 지었사오니"(7:20)라고 말했다. 그의 위로자들은 서른여덟 개의 장에서 그들 자신에 관해 한 번도 그런 말을 하지 않았다. NEB, 〈리빙바이블〉, RSV, 그리고 총체적으로 부패한 ASV(ASV나 NASV 모두)는 모두 욥기 7:20을 변개시켜서 욥이 "옳은 것을 말하지" 않은 것으로 만들어 버렸다. 그러나 욥기 7:20을 "내가 죄를 지었다면," "내가 죄를 짓는다면"으로 변개시킨다 해도 복음주의 배교자들이 하나님께 져야 할 책임을 경감시켜 주지는 못한다. 욥은 "내가 죄를 지었사오니"라고 말했고 그것은 올바른 말이었다. 욥의 입에서 나온 이 진리를 없애 버린 무책임한 근본주의자들은 자신의 입으로 그것을 시인하지는 않았지만 죄를 지었다. 그리고 "그들의 죄가 그들을 반드시 찾아 낼 것이다." 욥은 "내가 나를 미워하고"라고 말했고 그것은 올바른 말이었다. "현대의 최신 영어로 된" 새로운 역본에서 욥이 말한 것으로 된 부분은 사실 욥이 한 말이 아니다. 하늘과 땅이 다 사라질 때까지 하나님께서는 자신의 책을 마켄, 체인(Cheyne), 와필드, 카일(Keil), 로버트슨, 델리취, 올슨(Olson), 베니거, 커스터, 홀트, 알란드, 메츠거, 티메, 오리겐, 게제니우스, 월부어드가 당연히 그렇게 기록되어야 한다고 생각하는 식으로 기록하지 않으실 것이다.

요한복음 3:16에 관해 로버트슨, 와필드, 마켄, 홀트가 "불신자"라거나 "자유주의자"라고 말한 적은 없다. 그리스도의 몸 내부에서 일어나는 배교는 항상 "주님을 사랑하며"(〈킹제임스성경〉의 파괴적 비평가의 말을 인용하자면) "축자적 영감에 충실한"(두 개의 얼굴을 한 또 다른 위선자의 말을 인용하자면) 구원받은 사람들에 의해 이루어졌다. 사실 우리는 "자유주의"나 "신복음주의"에 대해서는 전혀 관심이 없다. 20세기의 마지막 후반부에 우리가 다뤄야 할 사람은 거만하고 고집 세고 이기적이면서 구원받은 잘난 체하는 사람들로 이들은 19세기 동안의 학자들의 쓰레기에 자신들이 접했다는 이유로 하나님의 책을 바로 잡을 수 있을 만큼 똑똑하다고 생각한다. 우리가 다뤄야 할 사람들은 A.T. 로버트슨, 와필드, 웨스트, 홀트, 마켄 같은 사람들이다. 이들은 사탄이 근본 사항들이 아니라 성경의 권위를 전복시키고자 할 때 그의 손아귀에서 미혹되어 스스로를 속이는 얼간이들이 되어 버렸다. 이들은 교수진들을 훈련시켰는데 이 교수진들은 다른 교수진들을 훈련시켰다. 이 다른 교수진들은 하나님의 말씀을 바로잡고 부인하는 일을 전임으로 감당하도록 현재 젊은이들을 훈련시키고 있다. 이들은 세상에서 가장 위대한 배교의 도구들로서 사용되고 있으며, 1582-1980년 사이의 카톨릭과 자유주의가 이루어놓은 일도 이것에도 결코 필적하지 못한다. 누구도 두려워하지 않고 (혹은 어떤 사람의 감정을 고려치 않고) 우리는 이 "보수주의"가 미국 기독교의 특징과 용기를 전국 교회 협회, 공산당, 로마카톨릭 계급 제도보다 더 망쳐 놓았음을 시인할 수 있다. 50,000명의 젊은 설교자들의 사역과 지성에 이들이 끼친 손해는 (1890-1980) 다 헤아릴 수도 없으며 그리스도의 심판석에서만이 정확하게 계산될 것이다.

『**그러므로 너희는 지금 수송아지 일곱과 숫양 일곱을 가지고**』(8절). 여기서 주께서 요구하신 사항은 이 욥기의 시기를 율법 이전에 이방인이 경배하던 시기로 되돌려 놓는다(서문에서 기록 연대에 관한 설명 참조). 민수기 23:1,14는 발락과 발라암이 욥기 42:8의 희생제를 모범적인 희생제로 인지하고 있었음을 보여준다. 『**너희가 내 종 욥이 한 것같이 내게 옳은 것을 말하지 아니한 것으로 인해 내가 너희의 우둔함대로 너희를 다루지 않겠노라**』(8절). 그렇다면 욥은 자신이 틀렸을 때조차도 줄곧 옳았다는 말이 된다. 그는 스스로를 의롭게 하고자 했으며 자신을 공평치 못하게 하나님께서 다루신다고 하나님의 권위를 약화시키려한 면에서는 틀렸다(3절). 그러나 욥은 그의 세 친구들이 놓쳤던 다음 세 가지 면에서는 옳았다.

1. 이 생에서 악인이 항상 그들의 행위대로 모두 다 되돌려 받는 것은 아니라고 생각한 점에서는 옳았다.

2. 악인에게 일어나는 일이 성도에게도 일어날 수 있다고 생각한 점에서 옳았다.

3. 인간은 죄인이므로 하나님의 임재 앞에서 자신을 변호해줄 "중보자"가 필요하다고 생각한 점에서는 옳았다.

『그리하여... 엘리파스[가]... 주께서 그들에게 명하신 대로 행하였더니 주께서도 욥을 기쁘게 받으셨더라』(9절). 즉 주께서는 그들을 위해 간구하는 욥의 간구를 받아들이셨다. 이번에는 욥 자신이 "중보자"가 되어야 했다(8절). 아브라함도 창세기 20:17에서 이와 동일한 일을 했다. 여기서 우리는 다시 욥기의 족장 시대 배경을 보게 된다. 몇몇 탁월한 ("더 오래된 필사본"을 입수할 수 있는) 문법가가 덤불숲에서 머리를 내밀고 "사해 사본이 비춰 준 빛에 따르면 욥기는 모세 시대 이후에 기록되었다..."고 말하면, 우리는 그에게 산딸기를 주고, 다람쥐 사냥총 한 방을 상징적인 인사로 그에게 선사해야 한다.

『주께서 욥의 사로잡힘을 돌이키셨고...』(10절) 욥기가 미래를 예언하는 책이라는(서문 참조) 수십 개의 명백한 증거에 대해 근본주의자들의 선두 주자로서 〈킹제임스성경〉의 탐욕스러운 비평가들은 그들의 피 묻은 도살용 칼, 단검, 푸줏간의 고기 써는 칼, 손도끼를 꺼내 들고 성경을 난도질하고 훼손시키기 시작한다. 진리가 빠져나가도록 해서는 안 된다! 싸움을 위해 전진하라! 서둘러라! "축자적으로 하나님께서 호흡을 불어 넣으신 원본"을 만들어 내서 아무도 진리를 발견할 수 없도록 하라! 어떤 희생을 치르더라도 성경적 진리를 제거하라!

1. "그리고 주께서 욥의 재산을 회복시켜 주셨다"("NASV"로 이름이 잘못 불려지고 있는 로크만 역본).

2. "그리고 주께서는 욥을 돌이켜 회개케 하셨다"(제롬의 벌게이트).

3. "이 관용적 표현은 실제로 흔히 사용되며, 그것을 은유적으로는 거의 사용하지 않는다. 그러나 이것은 아주 단순한 은유이다. 리 교수가 말한 바와 같이 이것은 이전의 행복했던 환경으로 회복되는 것을 나타낸다"(강단의 주석, 663쪽).

4. "포로 된 상태를 돌이켰다"(여호와의 증인 역본 : NWT).

5. "주께서 그의 부와 행복을 회복시키신다"(테일러 역본 : LB).

6. "주께서 재산을 회복시키셨다..."(딘 웨이글 역본 : RSV)

7. "그래서 주께서 욥의 재산을 회복하셨다..."(도드 역본 : NEB)

아주 당연스럽게도 타협한 확대성경(가끔씩 올리버 그린이 사용함)에는 같은 절에 개혁 본문과 공산주의자 본문이 함께 나온다. 즉 〈킹제임스성경〉 본문에 RSV 본문을 같은 절에 함께 넣은 것이다. 전형적인 수법이다.

우리 스스로에게 해 볼 만한 질문은 다음과 같다. "롤린슨 박사(강단주석)와 리 박사는 둘 다 구약의 3분의 2를 믿지 않는데 이들의 의견을 언제 심각하게 받아들여야 하는가?" 재림의 교리를 다루는 성경의 예언을 "은유"로 만들어 버리는 이 악당들은 도대체 뭔가? 이것은 마치 버코프와 카이퍼가(셰드, 댑니, 핫지, 스트롱, 길, 칼빈을 포함해서) "첫 번째 부활" (계 20:4-6)은 몸을 입은 육신의 부활이 아니라고 말하는 것과 같다. "첫 번째 부활"은 몸을 입은 부활이 아니기 때문에 이미 지나갔다고 가르친 것으로 인해 바울이 후메내오에게 어떻게 했는지 아는가? 살펴본 적이 있는가? 로버트슨, 잉글리쉬, 윌슨, 와필드는 모두 첫 번째 부활이 영적인 것일 뿐이라고 가르쳤다. 디모데전후서에서 성령께서 이런 유명한 "학자들"에 대해 어떻게 말씀하시는지 아는가? "성경을 참으로 진지하게 공부하는" 우리들이 "자격을 갖춘 의견"을 얻기 위해 사탄에게 넘겨진 사람에게 가리라고 생각하는가? 성경을 믿는 우리들이 "죽은 자를 비방"하는 것이나

"이러한 믿음의 '거인들'에 대한 거룩한 기억"을 비방하는 것을 염려할 만큼 어리석다고 생각하는가? 평생 동안 매일 〈킹제임스성경〉을 비방한 죄인에 대해 무엇을 염려하는가? "죽은 자에게 적절한 경의"를 표하는 것에 대해 관심을 표하는 이런 두 얼굴을 한 이 사람들은 〈킹제임스성경〉 번역자들과 이 성경을 옹호하는 사람들(힐스, 레이, 풀러, 버건 등)을 비방하고 중상하는 데는 결코 실패하는 법이 없다. 다소 "이중적 기준"이라고 생각지 않는가?

10절은 "사로잡힘을 돌이키셨고"라고 말한다. 이 말은 마흔 두 장이 지난 후에 언급된 것으로 42장은 다니엘의 칠십째 주의 후반부 42개월과 조화를 이룬다(단 9장, 계 12,13장 참조). 이것은 7년과 일치하는(단 9:25) 일곱 날과 일곱 밤이(욥 2:13) 지난 후에 언급된 것이다. 이 기간 동안 사탄은(욥 1,2장) 우스 땅에 있는 에돔 땅에서(애 4:21) 이스라엘을 박해할 것이다. 욥기는 이스라엘이 팔레스타인으로 귀환하는 것과 성전을 재건축하는 모습을 묘사하는 책(에스라와 느헤미야) 뒤에 나온다. 또한 다윗이 모형인(시 1,2편) 메시아 왕에 관한 책이 그 뒤를 잇는다. 영어 본문에서 얻을 수 있는 이러한 예언적 정보는 초등학교 6학년 수준의 독서 능력을 가진 독자라면 학자들이 사용하는 히브리어나 헬라어 본문을 참조하지 않고 누구라도 읽을 수 있다. 그런데도 이 절에 비합리적인 공격을 가하고 그 뒤를 이어 13절에서 보이는 무지를 어떻게 설명해야 하는가?

시편 14:7과 126:1은 이 절을 해석하기 위해 하나님께서 정하신 무오한 권위이다. 어떤 히브리어나 헬라어 학자가 이 절이 "신약" 하에서 분류될 수 있다고 생각할 수 있다. 그러나 그런 생각은 전혀 중요치 않다.

욥은 이스라엘의 유형이다. 즉 내던져지고 박해받으며 거부되고 회복되고 개심하고 축복받는다.

이것을 부인하기 위해 (혹은 이 사실을 가리기 위해) 누군가가 지원하는 성경 공부 체계는 사탄적이다. 사탄이 그리스도인 학자들을 속일 수 없다고 생각할 만큼 쉽게 속는 사람이라면 (기독교 대학에서 사용되는 교과서를 집필한 사람들을 가르친 사람들처럼) 최고의 미혹하는 자에게(계 12:9) 속임을 당한 것이다. 로마카톨릭이나 공산주의자도 성경적 신학에 있어서 욥기 42:10을 고칠 정도까지 그렇게 심하지는 않았다. 근본주의자들과 보수주의자들만이 이 구절에 관한 진리를 거부하고자 열심을 냈다. 카톨릭교도들과 공산주의자들도 다름 아닌 공인 본문을 대체시키고자 하는 명분이라면 어떤 구절이라도 변개시키고자 한다.

11,12절은 우스에서 잿더미에 앉은 압제받는 성도 그 이상을 가리킨다. 이 구절들은 이사야 2,11장, 아모스 9장과 다른 수십 개의 예언적 구절들의 위대한 예언을 지적하고 있다. 그런데 이 예언들을 매튜 헨리, 아담 클라크, 와필드, 마켄, 칼빈, 몰턴은 "비유적 은유"라고 무시해 버린다.

『**그들은... 그를 애도하고 위로하더라**』(11절, 사 40:1; 49:13, 렘 31:13, 슥 1:17과 비교).

『**각자가 욥에게 돈 한 닢...을 주더라**』(11절). 환란 이후에 유대인이 천년 왕국에서 소유하게 될 부와 이것을 비교해 보라 : 로마서 11:15,23, 이사야 2:1-4; 66:10-14, 역대기하 9:1-12 등. 계속해서 욥기에서 위대한 예언적인 모형을 확실케 해주는 구절들이 발견되는데도 비더볼프, 움브라이트, 스타이거(Steiger), 뢰시(Roesch), 스타크(Starke), 브릭스, 벨하우젠, 림(Riehm), 퓨지(Pusey), 터치(Tuch), 찬(Zahn), 빈센트, 스트롱, 스위트(Swete), 로젠뮐러(Rosenmüller), 오스터제(Oosterzee), 둠, 슐텐(Schulten), 칼리시(Kalisch), 카일, 쿠르츠(Kurtz), 히추크(Hitzug), 바이스, 트렌치, 파울루스(Paulus), 플러머, 케인, 데이비드슨, 욀러, 군켈(Gunkel),

그라츠, 딜먼, 블레크, 바르(Bahr), 오지안더(Osiander), 슐츠, 세믈러(Semler), 리들(Riddle), 몰턴(Moulton), 라잉케(Reinke), 티센도르프, 웨스트코트, 홀트, 드라이버, 케니코트, 호턴, 크노벨, 로스, 베넷은 시간 당 60마일로 부는 뜨거운 바람 속에서 달리는 보트처럼 이 구절을 지나쳐간다. 이들과 이들의 "동료들"은 천 년간의 기독교 역사에서 1,000명의 저자가 쓴 5,000권의 책을 대표하는데 평범한 그리스도인이라면 누구라도 자신의 모국어로 발견할 수 있는 것 외에 별다른 것은 없다. 순수한 허튼 소리 외에는 아무것도 없다.

『**그리하여 주께서는 욥의 후반을 그의 처음보다 더 복 주셨으니**』(12절). 이것은 욥기가 미래를 예언하는 책이라는 열다섯 번째 경고이다. 민수기 24:14, 호세아 3:5, 다니엘 10:14, 예레미야 23:20, 야고보서 5장과 비교해 보라.

『**그는 또한 아들 일곱과 딸 셋을 두었으니**』(13절). 13(!)절에서 우리는 카톨릭, 보수주의, 자유주의, 근본주의자들, 신복음주의, 무신론자들이 10절을 제거하기 위해 공동의 힘을 모은 이유를 보게 된다. 욥의 열 명의 자녀들이 1장에서 사라진 것만큼이나 확실하게 이들은 다시 42장에서 나타난다! 가능하면 빨리 (그리고 말끔하게) 이런 성경적 진리를 제거하기 위해 테일러(〈리빙바이블〉)는 이 구절에 "일곱 명의 아들들과 세 명의 딸들을 더"를 삽입한다. 하나님께서 케네스 테일러에게 하신 경고(잠 30:6 참조)에도 불구하고 그는 각주에 이제 욥이 20명의 자녀들을 갖게 됐다고 덧붙인다(44쪽).

테일러 형제, 누가 이 아이들을 낳았단 말인가?

욥의 아내는 어디 있었는가?

나는 “욥의 아내는 어디 있었는가?”라고 말했다.

“롯의 아내”를 기억하는가? 예수 그리스도께서 “롯의 아내”를 기억하라고 말씀하시지 않았는가?

“자신의 성경을 진지하게 공부”하는 사람이 어떻게 욥과 롯은 둘 다 대환란 시대 성도의 모형이라는 것을 간과할 수 있는가? 이들이 환란 시대 성도의 모형이라면 환란 끝에 아이들을 임신한 이들의 아내들은 어떻게 된 것인가? 주석가들과 개정자들은 유형에 대해 성경 자체가 기술하는 정의를 무시하고서 케네스 테일러처럼 “디즈니랜드식 성경 해석”을 개발해 낸다.

누구 테일러 형제에게 와서 그가 진리를 제거하는 것을 도울 사람 없는가? 아, 있다! 롤린슨 박사(강단주석, 664쪽)가 가까이에 있다! 그는 “주를 사랑하는” “훌륭한 사람”이며 확실히 우리를 잘못 인도하지는 않을 것이다! “대략의 숫자나 정확하게 중복되는 숫자가 역사적인 사실이라고 생각할 필요는 없다.”(롤린슨) 아, 그렇군!

이들은 강단주석이 “학자들”의 말씀이라고 생각하는 교만한 사람들이다. 그러나 우리는 “〈강단의 주석〉의 저자가 자신이 어리석다는 이유로 영감을 부여 받은 말씀이 설명하는 역사성을 공격할 때 자신이 무슨 말을 하는지 알고 있다고 생각할 필요는 없다.”

(사물을 보는 데는 두 가지 시각이 있다. 모두들 동의하리라고 생각한다. 편견 없는 마음을 지니는 것만 한 것은 없다. 안 그런가?)

욥에게는 열 명의 자녀가 더 있었다. 그런가? 그리고 그 이후에 140년을 살았다. 그런가? 16절을 보자. 하나님께서 욥을 회복시키셨을 때 욥이 50살이라고 하면 욥은 190살까지 산 셈이 된다. 즉 50세가 되기 전에 10명의 자녀가 있었고 그 다음에 50세가 넘은 이후에 아내가 없는 상태에서 10명의 자녀를 더 갖게 된다. 자 말해 보라! 욥의 시대에 이삭은 180세까지 살았지만 40세가 되어서야 결혼을 했고 그 다음 140년 동안에 두 자녀를 가졌다. 욥에게 하나님을 저주하고 죽으라고 말하고 나서 그 다음에는 다시는 나타나지 않았던 욥의 아내가 20명의 자녀를 낳았는데 그 중 열 명은 욥이 50세가 된 이후에 낳았다고 주장하는 것인가? 60세까지 일 년에 한 명씩? 70세까지 2년에 한 명씩? 아브라함이 90세가 넘은 이후에 아이를 가진 것은 기적이었으며, 이삭은 60세 이후까지 자녀가 없었다. 하나님을 저주하고 죽으라고 말했던 바로 그 여자가 욥에게 다시 와서 욥이 70세가 되기 전에 그 가족에 열 명을 더했다는 것은 주석가들이 다소 너무 억지를 부리는 것 같다. 이런 짜 맞추기는 좀 지나친 것 같다. 이것보다는 다음을 믿는 것이 더 낫겠다.

1. 환란 끝에 죽은 성도들의 부활이 있다.

2. 이 부활에는 이스라엘의 죽은 자도 포함된다(겔 37:1-12).

3. 욥은 "훗날"에 있을 부활을 믿었다(욥 19:25).

4. 그리스도의 부활 때 구약 성도들이 부활하는데 이것은 환란 끝의 부활의 모습을 보여 준다(마 27:52,43).

5. 이스라엘은 후일 죽은 자들을 되돌려 받는다(사 26:17-19).

6. 이스라엘 민족의 아버지인 아브라함은 자신의 죽은 아들을 다시 되돌려 받게 되리라는 것을 믿었다(창 22:5, 요 8:56).

욥은 자녀들을 되돌려 받은 것이다!(13절)

숫자가 이렇게 정확한 이유(일곱 명과 세 명)는 극도로 간단하다. 즉 이 자녀들은 욥이 1장에서 잃었던 자녀들인 것이다. 14절에 딸들의 이름이 나온다는 사실로 인해 성경 해석자들은 위의 진술을 거부했다. 왜냐하면 욥이 처음 세 딸에게 새로운 이름을 붙여 주지 않았거나 혹은 이 이름들은 원래의 이름이 아닌 다른 이름들이었거나 둘 중 하나라고 가정하기 때문이다. 그러나 이러한 가정은 에스겔서, 요한복음, 창세기, 이사야,

마태복음이 환란 이후 부활(마 24:31)과 환란 성도의 휴거(겔 37장)를 다루는 것과 조화되지 않는다. 욥기 42장은 이스라엘의 회복과 그 뒤를 잇는 이스라엘의 천 년간의 축복을 포함해서 이러한 문제들을 정확하게 보여 주고 있다.

성경적으로 명백하게 욥은 그의 자녀들을 죽은 자들로부터 되돌려 받은 것이다. 욥의 놀라운 "돕는 자"에 관해서는 더 이상의 언급이 없다. 욥의 아내는 롯의 아내와 같은 최후를 맞는다. 롯의 아내처럼(창 19:26) 그녀는 "사탄을 따라 길을 잘못"(딤전 5:15) 들어선 것 같다. 롯과 욥은 자신의 여행을 홀로 끝마친다. 롯은 딸들과 더불어 홀아비로서 끝을 맞이하고 반면 욥은 아들들과 딸들과 손자들(16절)과 함께 홀아비로서의 생을 마친다. 장수는 천년왕국의 특징 가운데 하나이다(사 65장). 그때는 많은 것이 에덴동산의 상태로 회복될 것이다(사 2,11,33장, 암 9:13, 롬 8:18-22). "장자의 권리"(신 21:17)는 여호와의 "첫태생 아들"로서(출 4:23) 이스라엘에게 속한다. 그리고 첫태생에게는 "두 분깃"(신 21:17)의 권리가 보장된다. 이것은 욥이 다시 받은 것과 정확히 일치한다(10절). 욥기의 90%를 "비유적"인 것과 "은유적"인 것으로 만들어 버린 주석가들과 개정자들이 이제 갑자기 "두 배"(10절)라는 말을 문자 그대로 받아들인다. 그러기 전에 이들은 같은 구절의 처음 반을 변개시킨다! 그러나 욥은 두 아내를 되돌려 받지 않았다. 심지어 전에 있었던 잔소리꾼 아내도 되돌려 받지 못했다. 그러므로 "두 배"라는 말이 사람들을 두 배로 받았다는 해석은 욥기에 명백하게 제시된 유형론의 관점에서 볼 때 학자의 불신을 수용하기 위해 본문을 가지고 억지를 부리는 것에 지나지 않는다.

『**그리하여 욥이 늙고 날들이 차서 죽었더라**』(천년왕국에서 사람들이 그러는 것처럼, 17절). 주일학교에서 한 어린 소녀가 말한 것과 같다. "하나님의 이야기는 모두 행복한 결말로 끝나요." 과학, 교육, 돈, 인본주의, 성, 종교, 철학이나 혹은 마귀를 따라 자신들의 멸망으로 가는 사람들의 역사적인 서술은 행복하지 못한 결말로 끝을 맺는다. "악인의 끝"은 쉽게 예견할 수 있다(잠 4:14; 10:6,24,25; 15:9; 11:10,23 주석 참조). 그 끝은 바깥 흑암과 불못이다. 욥처럼 회개하고 하나님의 계시를 자신의 지혜보다 더 우월한 것으로 받아들이면서 동시에 죄인으로서의 자신에 대한 하나님의 심판을 받아들이는 사람의 결말 또한 예견할 수 있다. 즉 새 하늘과 새 땅과 새 예루살렘에서 죄 없으신 구세주와 영원히 거하는 것이다(계 21:22 주석 참조).

부상당하고 죽어가는 그리스도인들의 비명소리가 미국의 고속도로와 고층 빌딩들 사이에서 여전히 메아리치고 있고, 다음 몇 년 내에 고문당한 성도들의 신음 소리와 울부짖음이 감옥과 병원의 벽에 울려 퍼진다 해도 그 끝은 예견할 수 있다. 즉 새 예루살렘이다. 하나님의 자녀에게 일어날 수 있는 최악의 것은 결국 영광이다. 결국 욥은 건강하고 부유하고 성공적이며 존경받고 축복받고 행복하게 되었다. 비참하게 "오, 나의 하나님, 주께서 나를 죽이실지라도 나는 여전히 주를 신뢰하겠나이다."라고 울부짖었던 사람이 살아서 "오, 나의 하나님, 주께서 나를 얼마나 선대하셨는지요!"라고 외치는 날을 맞이하게 된 것이다. "나 자신의 침을 삼킬 때까지 나를 홀로 내버려 두소서!"라고 내뱉었던 사람이 살아서 선포한다. "오 내 혼아, 주를 송축하라. 내 안에 있는 모든 것들아 그의 거룩하신 이름을 송축하라."

"이는 현재의 고난들이 우리에게 나타나게 될 영광에 감히 비교되지 못한다고 내가 여기기 때문이라...이는 우리가 잠시 받는 가벼운 환난이 우리를 위하여 훨씬 뛰어난 영원한 영광의 비중을 이루어 가기 때문이라... 우리를 사랑하시는 그분으로 말미암아 우리가 이기는 자들보다 더 나으니라!"(롬 8:18, 고후 4:17, 롬 8:37).

이 위대한 책(성경에서 60번 이상 인용된다)은 우리에게 일곱 가지 위대한 교훈들을 가르친다. 순수하고 단순한 마음을 지닌 보통 그리스도인이라면 이러한 모든 것들을 〈킹제임스성경〉 외에 누군가가 쓴 어떤 역본을 참조하지 않고서도 배울 수 있다.

1. "경건하게 사는 모든 사람들"은 박해를 받아야 한다.
2. 하나님께서는 자신을 영화롭게 하시기 위해 사탄을 사용하신다.
3. 인간은 가장 좋은 상태에 있어도 죄인이다.
4. 어떤 일들은 초자연적인 계시로만 설명될 수 있다.
5. 하나님의 길은 우리의 길이 아니며, 그분의 생각도 우리의 생각과는 다르다.
6. "하나님을 사랑하는 자들...에게는 모든 일이 합력하여 선을 이루느니라."
7. 하나님께서는 자신의 의를 버리고 하나님의 의를 받아들인 모든 죄인들에게 자비로우시며 친절하시다.

이것으로 욥기의 책을 덮고 우스 땅 셀라 페트라 출신의 유목을 하는 친구를 떠나고자 한다. 이 친구는 자신의 초장을 한가롭게 거닐면서 그의 친구들과 잡담을 하고 그의 손자 손녀들과 놀고 그의 아들들이 "혹시 그들의 마음속에 하나님을 저주하였을까" 하여 아들들을 위해 희생제를 드리며 자신의 순전함을 지킨다. 그러나 이번에는 자신의 순전함을 신뢰하지는 않는다! 고대의 두루마리가 말릴 때 욥의 "울타리"(욥 1:10)가 그것을 심으신 분에 의해 다시 세워진다. 그리고 영원의 문턱에서 대적자가 접근하지만 그는 경고를 받는다. "이제 그만. 그에게서 물러서라. 그는 시련을 받았고 시험을 거쳤다. 다른 사람을 찾아 봐라."

『**보라, 우리는 견디어 내는 자들을 복 있는 사람들로 여기나니, 너희가 욥의 인내를 들었고 또 주의 결말을 보았거니와, 주는 인정이 심히 많으시**

고 자비로우시니라』(약 5:11).

이와 같이 숭고한 결말에 비평을 하나 더 첨가시키는 것은 창피스러운 일인 것 같지만 우리가 "이미 얻은 영예에 만족"하거나 "시온에서 편히" 지내지 않도록 하기 위해 우리가 잊지 말아야 하는 것이 있다. 즉 커스터(밥존스대학), 로버트슨(루이스빌, 남침례신학교), 잉글리쉬(프린스턴과 웨스트민스터), 웨스트(무디성경협회), 아프만(테네시 템플), 존 R. 라이스(NASV를 추천함)가 권위의 자리에까지 올려놓은 부패한 알렉산드리아 필사본은 고의적으로 잠언 30:6을 범했다. 이것은 케네스 테일러가 욥기에 15단어를 첨가시킴으로써 그 말씀을 범한 것과 정확히 일치한다(13절). 이 단어들의 기만성은 너무나 명백하게 드러나기 때문에 시내사본과 바티칸사본을 숭배하는 우상 숭배자들조차도 감히 여기서 이들의 본문을 필사하지 못한다. 여기서 칠십인역의 본문은 다음과 같다. "주께서 일으키신 사람들과 함께 그가 다시 일어나리라고 기록되었다."

욥기 저자는 그런 것을 "기록하지" 않았고 "기록한 적도 없으며" 앞으로도 "기록하지" 않을 것이다. 이 마지막에 나오는 기록에 관한 오류는 그것이 나온 부패한 헬라어 본문만큼이나 위조된 것이다. 이 헬라어 본문은 NIV, NASV, 테일러의 의역 성경에 사용된 본문이다. 100%의 "경건한" 그리스도인 학자들이 이 본문을 추천하는데, 이들은 여전히 하나님의 진리를 흉내 낸 가짜 모조품을 추천하고 있는 것뿐이다.

"악어"라고? 차라리 "틀니"가 어떤가?

• 옮긴이 / 윤 지 영

• 경희대 영문학과 졸업

• 펜사콜라성경신학원 졸업

• 역 서

• 〈죄인은 죽어서 어디로 가는가〉 (말씀보존학회)

• 〈피터 럭크만의 주석서 사도행전〉(말씀보존학회) 등 다수

피터 럭크만의 주석서

욥 기

1997년 8월 30일 초판1쇄
2020년 7월 24일 개정판1쇄

지은이 피터 S. 럭크만
옮긴이 윤 지 영
펴낸이 이 송 오
펴낸곳 말씀보존학회

서울시 강서우체국 사서함 제90호
전화 (02) 2665-3743 / 팩스 (02) 2665-3302
인터넷 / www.biblemaster.co.kr
출판등록 1988. 12. 12. 제16-223호

값 35,000원